Seventh Edition

Kaleidoskop

Kultur, Literatur und Grammatik

Jack Moeller
Oakland University

Winnifred R. Adolph
Florida State University

Barbara Mabee
Oakland University

Simone Berger
Rösrath, Germany

Houghton Mifflin Company
Boston   New York

Publisher: Rolando Hernández
Development Editor: Judith Bach
Project Editor: Harriet C. Dishman/Elm Street Publications
Art and Design Manager: Gary Crespo
Senior Photo Editor: Jennifer Meyer Dare
Composition Buyer: Chuck Dutton
Manufacturing Manager: Karen Fawcett
Executive Marketing Director: Eileen Bernadette Moran
Associate Marketing Manager: Claudia Martínez

Cover image: Harold Burch, Harold Burch Design, NYC

Printed in the U.S.A.

Library of Congress Control Number: 2005934813

Student Text ISBN 13: 978-0-618-66882-3
Student Text ISBN 10: 0-618-66882-9
Instructor's Annotated Edition ISBN 13: 978-0-618-68911-8
Instructor's Annotated Edition ISBN 10: 0-618-68911-7

23456789-DOC-10 09 08 07 06

Contents

Erster Teil Lektüre

Zweiter Teil Grammatik

To the Student

Introduction

Kaleidoskop, Seventh Edition is an intermediate course designed for students who have completed two semesters of college German or two years of high school German, or the equivalent. The program consists of
- Textbook
- Student Activities Manual: *Übungsbuch* (Workbook, Lab Manual, and Video Workbook)
- In-Text Audio CDs
- SAM Audio CDs
- Video (VHS)
- Online Study Center

Kaleidoskop, Seventh Edition has two main sections. Ten *Themen* make up the reading section (*Lektüre*), containing texts dealing with issues in the German-speaking countries, short stories, a fairy tale, a screenplay, poems, and songs. Ten *Kapitel* make up the grammar review section (*Grammatik*). In addition, there is a Reference section with grammatical tables, German-English and English-German vocabularies, and an index.

Goals of the Textbook

The goal of *Kaleidoskop* is to continue the development of all the language skills: speaking, listening, reading, and writing. Reading plays a primary role in *Kaleidoskop*. Exercises for listening, speaking, and writing revolve around the reading texts. German material you may encounter later in your private or professional life will be written for German speakers, not for learners of German. Therefore, the readings found in *Kaleidoskop* are "authentic texts," the term used to denote printed materials that native speakers read in daily life for information or for enjoyment.

Authentic Texts

The texts in the *Themen* in **Kaleidoskop, Seventh Edition** include advertisements, charts, newspaper and magazine articles, postcards, letters, polls, interviews, biographies, songs, poems, and fiction. **Kaleidoskop** presents these texts unsimplified and unedited (although not all are printed in their entirety). Authentic texts challenge you to use all your linguistic skills as well as your native reading skills. **Kaleidoskop** helps you identify those reading strategies and skills you already possess and guides you in transferring them to read German.

Reading Strategies

Activating What You Know

Any time we read, we do so with a goal that can be as specific as finding a telephone number or as general as "relaxing with a good book." We are aware of this goal, choose the text accordingly, and expect it to fulfill that goal. The degree of our knowledge of different types of texts will decide if we find the information we need. For many texts we know how the information is organized and what information to expect. For example, we expect a telephone book to be organized alphabetically. We expect other texts, short stories, or poems to be less predictable. This pre-reading knowledge of the text types, together with knowledge about the subject, allows you to predict what you will find in a text, and in many instances helps to overcome linguistic limitations by enabling you to guess the meaning of unfamiliar words intelligently.

Reading Extensively

The purpose for reading also influences how we read. To get an idea of the daily news we may skim a paper, using visual clues such as the size of type to identify the headlines. Or we may scan it for a particular bit of information by noting phrases that are typographically highlighted. In reading for specific information or details, we may disregard anything that does not fit the category, concentrating our reading effort on looking for names, numbers, or key phrases that match our goal.

Reading Intensively

When we reach the part of the text that appears to contain information we need, we probe for the usefulness of that information by shifting our reading mode from extensive to intensive reading. At this point we may have to look up special words and check for grammatical details.

Using Reading Strategies with *Kaleidoskop, Seventh Edition*

Using the appropriate reading strategies, being aware of what to expect from a text and how it is organized as well as being familiar with the subject, all make reading efficient and successful. The texts and exercises in **Kaleidoskop** will help you develop reading skills and at the same time reinforce and expand your knowledge of the German language and the ability to use it.

Pre-reading

Through the pre-reading activities you will develop expectations of each text and be able to approach it the way you approach readings in your native language. Each *Thema* is introduced by *Einstieg in das Thema*. This introduction, written especially for **Kaleidoskop, Seventh Edition,** will provide you with background information that is specific to the German-speaking culture. In addition, the *Gedankenaustausch* will give you a chance to brainstorm and think independently about the topic. You will exchange ideas with your classmates about the topic and activate your German vocabulary. You will discover what you and your classmates already know about the topic and what opinions you hold. The activity *Vor dem Lesen* alerts you to the general content of an individual text. You may also be asked to use specific strategies, such as skimming, before reading the text in its entirety. *Vor dem Lesen* will also call your attention to the text type (*Textsorte*). On pages xii–xiv you will find a chart outlining the various text types in **Kaleidoskop, Seventh Edition** and the characteristics and points to look for while you read the text.

Post-reading

Each text is followed by a variety of activities that permit you to see what you understand, require you to reread the text for specific information, or help you interpret the text. The section entitled *Vermischtes* (miscellaneous) provides items of interest that are related to the topic of the *Thema*. Your goal should be to get the basic information without trying to understand each word. Each *Thema* also contains conversation and writing activities. In addition to giving you practice in speaking and writing, these activities ensure that you understand the general idea of the text and can discuss your reaction to it.

The pre-reading and post-reading activities in **Kaleidoskop, Seventh Edition** ease the frustration students often feel in reading a foreign language; they often assume that, even after only two or three years of study, they should understand a text in German just as easily as they understand it in their native language. However, at the intermediate stage of language learning, reading in a foreign language is like reading a highly specialized text in one's native language in an unfamiliar field. Many native readers would not understand such a restricted article without special guidance. On the first reading they might understand only the most general outline of the article. They would have to guess at the meanings of many words, reread the text several times, ask more knowledgeable people for help, and possibly do some extra research in the field. Even after all that the reader might only be able to summarize the information in a simplified form. **Kaleidoskop** will give you that extra help so that at the end of the course you will have a feeling of accomplishment and be able to read German for basic understanding and retain that skill for many years.

Developing Your Other Linguistic Skills

Kaleidoskop provides several features that help develop your linguistic skills. The *Was meinen Sie?* section contains activities that help you develop your skills in expressing your own thoughts orally and in writing. You may be required to role-play a situation, to prepare a debate, or to discuss and negotiate a topic to arrive at a consensus. Other features include the *Grammatik im Kontext* sections in the *Themen*, in which you will be asked to identify a grammatical structure used in the reading and to practice it.

A comprehensive and systematic review of grammar is provided in the *Kapitel* in the second half of the book. Other linguistic aids are the vocabulary exercises (*Wortschatzübungen*) in the *Themen*. The words chosen for the vocabulary exercises are among the most commonly used words in German. Mastering these high-frequency words actively will greatly increase not only your ability to understand written and oral German but also to communicate in German. *Kaleidoskop* assumes that you already have a basic command of 1,200 common German words. Meanings of "low-frequency" words that are neither a part of the basic list of 1,200 nor of the active vocabulary part of a particular *Thema* are provided in the margin or as footnotes. These glosses will help you understand and enjoy your reading. However, because you are also expected to develop your ability to guess meaning from context, not all words have been glossed. Often it is possible to understand the gist of a text without understanding each individual word.

Photographs

Kaleidoskop, Seventh Edition contains many black-and-white photographs of sights, people, and activities in the German-speaking world. In addition, there are color photographs located at the beginning of *Erster Teil: Lektüre*. Thumbnails of these photos are inserted in the margins throughout the textbook to help you find the photo that illustrates the cultural topic at hand. The photographs will give you a visual idea of what a particular *Thema* is about before you begin your work. As you continue working on the *Thema*, looking at the photographs will reinforce what you are reading and discussing.

Acknowledgments

The authors and publisher of *Kaleidoskop, Seventh Edition* would like to thank the following instructors for their thoughtful reviews of the previous editions of *Kaleidoskop*. Their comments and suggestions were invaluable during the development of the Seventh Edition.

Judith Aikin, *University of Iowa*
Regina Braker, *Eastern Oregon University*
Sandra Dillon, *University of Oregon*
Joe K. Fugate, *Kalamazoo College*
Maria Funk, *University of Oregon*
Christina Guenther, *Bowling Green State University*
Ronald Horwege, *Sweet Briar College*
Janette Huson, *University of Virginia*

Joan Keck Campbell, *Dartmouth College*
Edgar Landgraf, *Bowling Green State University*
Kristin Lovrien-Meuwese, *University of Wisconsin-Madison*
Debborah Luntsford, *University of Colorado*
John Pizer, *Louisiana State University*
Larson Powell, *Texas A&M University*
Judith Ricker, *University of Arkansas*
Kristina Russell, *University of Hartford*
Patricia Schindler, *Bradley University*
Margaret Setje-Eilers, *Vanderbilt University*
Rebecca S. Thomas, *Wake Forest University*
Ruth Thomas, *McMaster University*

The authors would also like to express their appreciation to several additional persons for their contributions to this Seventh Edition. Christine Kuljurgis, Oakland University, has been very generous in sharing her experience teaching **Kaleidoskop** and has offered a number of thoughtful suggestions. We are grateful to Dagmar Wienroeder-Skinner, Saint Joseph's University, for recommending Wladimir Kaminer's "Geschäftstarnungen" as a story reflecting Berlin's multicultural society. We thank Werner Kiausch, a retired teacher in Elsfleth, for writing the description of the German school system that appears in *Thema 6*. We also owe gratitude to Esther Bach (Berlin) and Usch Kiausch (Mannheim) for providing access to the ads listing concerts in Berlin. Contacting the concert agencies was a time-consuming undertaking for Esther Bach, and we do appreciate her efforts.

The authors would like to thank the staff and associates of Houghton Mifflin for their valuable contributions to the Seventh Edition of **Kaleidoskop,** and Harriet C. Dishman for her expert shepherding of the manuscript through the many stages of production. The authors would also like to thank Susan Gilday (designer), Linda Rodolico (art editor), Karen Hohner (copyeditor), and Lieselotte Betz and Susanne van Eyl (proofreaders).

Finally, the authors would like to thank Judith Bach, who guided the Seventh Edition of **Kaleidoskop** through the various phases of manuscript development. Judith is a creative editor and the Seventh Edition shows her original and thoughtful contributions. Judith is marvelous to work with—an editor with many ideas but ready to listen, always cheerful and patient. We are grateful for her contributions.

Changes in German Spelling

Since 1998 a number of changes in German orthography (**Rechtschreibung**) have taken place. As students of German and users of **Kaleidoskop, Seventh Edition** you should be aware of the implications of this reform.

- The orthography changes are not major and will not cause misunderstandings.

- By law, the schools in the German-speaking countries must teach the new rules.

- Not all writers, publishers, and members of the general public are following the rules at this time, however. An individual writer may follow the changes in one area or for one letter but not for another. For example, a writer may write **dass** according to the new spelling, but keep **Spaghetti** in the old spelling (vs. new spelling **Spagetti**).

- You will discover in ***Kaleidoskop, Seventh Edition*** examples of both "old" and "new" rules in spelling. The authors of ***Kaleidoskop*** observe the new rules. Some of the texts that appeared after 1998 were written in accordance with the new rules. All of the copyrighted texts published before 1998 use the old rules. Therefore you will sometimes see alternate spellings in close proximity. For instance, in a reading selection you may see the word **daß** (old spelling), but in the activity based on that copyrighted selection the word will be spelled **dass** (new spelling).

The change that may strike you as the most obvious in texts using the "old" spelling is the use of **ss** and **ß**. The rules used before the spelling reform that are still observed are:

1. **ss** is used after short vowels: **Wasser, Flüsse**
2. **ß** is used after long vowels: **groß, Füße**

However, a rule before the spelling change also required that **ss** be written as **ß** at the end of a word. Thus **dass** was written as **daß** and **Fluss** as **Fluß**. This change of **ss** to **ß** no longer applies today.

Text Types

The following table will introduce you—in broad outline—to the text types found in **Kaleidoskop, Seventh Edition**. The table gives you general characteristics of texts and guidelines for reading. You should ask yourself the basic questions (who, what, where, when, why, and how) while reading in German just as you would in English. You should also ask what you know about similar texts and topics in English and how the German text is the same or different from a similar English text.

Textsorte (*Text type*)	What to look for or expect
• *Übersicht* (chart, table) • *Schaubild* (graph, chart) • *Tabelle* (table)	Organization of chart Visual or graphic clues: numbers, illustrations Title or caption Use of incomplete sentences Use of infinitives as nouns Use of nouns to indicate categories
• *Anzeige* (advertisement) • *Kontaktbörse* (bulletin board – Internet) • *News-Board* (bulletin board – Internet) • *Kleinanzeigen im Internet* (online ads) • *Werbung* (advertisement)	Telegraphic style Name of product, service, or company advertised Information provided by visual and graphic clues: photos, layout, special type, size of type Prices, dates, times, address, telephone numbers, fax numbers, e-mail Use of incomplete sentences or phrases, adjectives, nouns Colloquial language and slang
• *Schriftliche Mitteilungen* (written communication): *Leserbrief [Online-Brief]* (letter to the editor)	Name of sender and recipient Opening and closing Format of writing—personal, subjective, direct, factual

Textsorte (*Text type*)	What to look for or expect
• *Zeitungs- und Zeitschriftenartikel* (newspaper and magazine articles): *Bericht* (report) *Feature* (feature) *Kolumne* (column) *Online-Zeitungs- und Zeitschriftenartikel* (online newspaper and magazine articles) *Online-Forum-Beitrag* (online discussion) *Skizze* (sketch)	Title and headlines for content clues First paragraph for possible background information Last paragraph for possible conclusions Descriptions Supporting examples or anecdotes In German publications—more editorial comment than in North American publications Point of view Suppositions, hypotheses of author Personal opinions Colloquial language Abbreviations
• *Nachschlagewerke* (reference works): *Handlexikon* (small encyclopedia) *Lexikon* (encyclopedia) *Reiseatlas* (travel guide) *Reiseführer* (travel guide)	Historical depiction Chronological presentation Description Compression of information and resulting sophisticated grammar Factual tone; concrete language Use of passive voice Use of abbreviations
• *Interview* (interview) • *Studie* (study) • *Umfrage* (survey, poll)	Information and opinion sought by interviewer and responses of interviewee Name and affiliation of questioner Name and number of interviewees and their affiliations Visual clues: photos, graphs, charts Information about topic in headline/title Questions (read them through as a guide to the interview) Why was this person interviewed? Does interviewer ask questions or comment, or both? Direct and indirect questions Use of subjunctive for indirect discourse Colloquial language Oral language, i.e., not always carefully structured language Use of statistics (study, survey) Predictions or conclusions based on the study/survey
• *Biografie, Autobiografie* (biography, autobiography) • *Tagebuchaufzeichnung* (diary entry)	The time frame Chronological presentation Important events in life Important contributions of person Unique or special experiences of person

Textsorte (*Text type*)	What to look for or expect
	Narrative point of view Author's comments on events Why the person chose to write an autobiography
• *Literarische Werke* (literary works): *Erzählung* (story) *Kurzgeschichte* (short story) *Drehbuch* (screenplay) *Gedicht* (poem) *Lied (klassisches Lied,* *Ballade, Volkslied, Song)* (song: classical song, ballad, folksong, pop song) *Märchen* (fairy tale)	*Erzählung, Kurzgeschichte:* Time frame Main characters Narrative point of view Plot Episodes within plot Description Possibility of abstract, metaphorical language Not always predictable from extratextual knowledge *Drehbuch:* Dramatic structure (conflicts) Major characters Dialogue Direct language often in colloquial style Directions in script for camera (cutting for scenes) Directions in script to character (how to deliver lines) Directions in script for setting location *Gedicht, Lied, Song:* Title Topic Plot (in ballads) Visual clues Rhymes Highly metaphorical or abstract language Language may be altered to fit meter or rhyme Allusions *Märchen:* Topics or themes typical of other fairy tales Magical elements Characters typical of other fairy tales Formulaic language Use of simple past tense
• *Bildgeschichte* (picture story): *Zeichenserie* (comic strip) *Cartoon* (cartoon) *Karikatur* (caricature, cartoon)	Hand-drawn characters, places, things Subject's features exaggerated or distorted An everyday situation Dramatic structure Development of story from one frame to the next Development of characters from one frame to the next Changes in location from one frame to next Changes in facial expression throughout the story Punchline in final frame(s)

Useful Words and Phrases for Class Interaction

Learning the following phrases and expressions will make your German conversations easier and more fluent.

Clarifying information

Kannst du/Können Sie das bitte wiederholen?	Can you please repeat that?
Kannst du/Können Sie das ein bisschen näher erklären?	Can you explain that a little more?
Was meinst du/meinen Sie damit?	What do you mean by that?
Wie meinst du/meinen Sie das?	How do you mean that?
Wo steht das im Text?	Where is that in the text?

Summarizing

Die Graphik zeigt, dass ...	The graph shows that . . .
Es geht um ...	It's about . . .
Im Text steht, ...	In the text it says . . .

Expressing agreement and positive feedback

Ich bin der gleichen Meinung.	I have the same opinion.
Ich stimme damit überein.	I agree with that.
Das stimmt./Stimmt genau.	That's right.
Das sehe ich auch so/genauso.	That's the way I see it also.
Da hast du/haben Sie Recht.	You are right there.
Das ist Klasse/Spitze/super/toll.	That's great.
Gut gemacht.	Well done.
Das ist ein gutes Argument.	That's a good point.

Expressing disagreement and negative feedback

Ich bin (da/hier) anderer Meinung.	I have a different opinion.
Ich stimme damit nicht überein.	I don't agree with that.
Das stimmt (doch) nicht.	That's wrong.
Es stimmt nicht, dass ...	That's not true that . . .

Das ist kein gutes Argument (dafür/dagegen).	That's not a good argument (for it/against it).
Auf keinen Fall ...	In no case ...
Das sehe ich nicht so/anders.	I don't see it that way./I see that differently.
Quatsch!/Unsinn!	Nonsense!
Doch!	On the contrary!
Ich glaube/finde doch!	But I do think so!

Correcting misunderstandings

Das habe ich nicht so gemeint.	I didn't mean it that way.
Das war nicht mein Ernst.	I wasn't serious.

Asking for feedback

Was hältst du/halten Sie davon?	What do you think of that?
Wie findest du/finden Sie das?	What do you think of that?
Wie siehst du/sehen Sie das?	How do you see it?
Was meinst du/meinen Sie?	What do you think?
Siehst du/sehen Sie das auch so?	Do you see it that way too?
Was ist deine/Ihre Meinung dazu?	What is your opinion about that?
Was denkst du/denken Sie darüber?	What do you think about that?

Surmising

Ich nehme an.	I assume.
Ich glaube schon.	I think so.
Das könnte/dürfte wahr/richtig sein.	That could/might be true/right.
Das könnte stimmen.	That could be (right).

Working in a group

Wie sollen wir anfangen?	How should we begin?
Ich schlage vor, ...	I suggest . . .
Wie wäre es, wenn ...	How would it be if . . .
Es wäre keine schlechte Idee, wenn ...	It wouldn't be a bad idea, if . . .

Prefacing opinions

Ich finde ...	I think/I find . . .
Meiner Meinung nach ...	In my opinion . . .

Wassersportler auf dem Hopfensee bei Füssen.

Thema 1

Freizeit

Eine Cafészene vor dem Rathaus in München.

Badegäste am Berliner Wannsee.

Am schwarzen Brett in der Frankfurter Uni.

Thema 2

Kommunikation

An diesem Kiosk in Hannover gibt es eine große Auswahl von Zeitschriften.

Begrüßung oder Abschied?

In den Tagen nach der Öffnung der Mauer wiederholt sich diese Szene oft. (11.11.89)

Die East Side Gallery in Berlin.

Thema 3

Deutschland im 21. Jahrhundert

Der Reichstag in Berlin ist ein wichtiges Symbol für die deutsche Geschichte und das neue Deutschland zu Beginn des 21. Jahrhunderts.

Eine Familie bei einem Restaurantbesuch in Bamberg.

Thema 4

Familie

Familientreffen in Rüdesheim.

Vater und Tochter kochen ein libanesisches Gericht. (München)

Ein klassisches Konzert in der U-Bahn in Frankfurt am Main.

Die Rapperin Sabrina Setlur und der Popstar Xavier Naidoo bekommen einen Preis in Monte Carlo.

Thema 5

Musik

Drei bekannte Persönlichkeiten aus der klassischen Musikszene: Die deutsche Geigerin Anne-Sophie Mutter (links), der deutsche Pianist und Dirigent Justus Franz und die Schweizer Sopranistin Noemi Nadelmann.

Mozartfest in Wien.

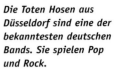

Die Toten Hosen aus Düsseldorf sind eine der bekanntesten deutschen Bands. Sie spielen Pop und Rock.

Der Thomanerchor aus Leipzig ist in der ganzen Welt bekannt.

Eine Lufthansa Flugbegleiterin bedient die Gäste.

Thema 6

Ein Professor hält eine Vorlesung an der Universität Leipzig.

Die Welt der Arbeit

Eine Wissenschaftlerin bei der Auswertung von medizinischen Tests im Institut für Immunologie in Basel.

Medizinstudentinnen arbeiten in der Universität Bonn.

Thema 7

Multikulturelle Gesellschaft

Eine türkische Familie bei einem Picknick im Park.

Die Zahl ausländischer Studenten an der Technischen Universität Berlin liegt bei 19,8%.

Ein Spaß für Jung und Alt: Eislaufen auf dem Theaterplatz in Chemnitz, Sachsen.

Thema 8

Jung und Alt

Ein Großvater spielt mit seinem Enkel Fußball.

Ein junger Mann bringt einer Seniorin die Einkäufe.

Brot und Brötchen in einer typischen deutschen Bäckerei.

Thema 9

Stereotypen

Eine Autobahnstrecke im Spessart.

Ein typischer Balkon mit Blumen an einem Mehrfamilienhaus in Dortmund, wie man ihn überall in deutschsprachigen Ländern findet.

Der bayerische Wald ist einer der 12 Nationalparks in Deutschland. Ist der deutsche Wald am Absterben?

Thema 10

Umwelt

Überall in Deutschland gibt es diese Radwege.

Für Recycling ist man nie zu jung. (Basel)

Auf dem Markt in Basel gibt es organisch angebautes Obst und Gemüse.

Eine Idee der Grünen: Es geht auch ohne Auto.

Recycelbarer Müll in Gelben Säcken am Garten einer österreichischen Familie.

Thema 1–10

Lektüre

Thema 1

Freizeit

Blade Night in Berlin

Texte
TABELLE: Freizeitstudie

ONLINE-FORUM-BEITRAG: Ewige Diskussion – Autos und Inliner

REISEFÜHRER: Berlin

Gedicht
Vergnügungen *Bertolt Brecht*

Kurzgeschichte
Mittagspause
Wolf Wondratschek

Resources
The following icons indicate additional resources available in the program components:

Online Study Center

Go to the *Kaleidoskop, 7e* Online Study Center at *http://college.hmco.com/pic/kaleidoskop7e* for additional practice and cultural exploration.

VIDEO
Watch the *Kaleidoskop* Video.

Go to the **In-Text Audio CDs** to listen to the readings.

Einstieg in das Thema

The **Einstieg in das Thema** (entry into the topic) provides a general introduction to the topic. You will have the opportunity to think about the topic, discuss what you already know about it, and make conjectures about the specific texts that deal with the topic in the chapter **(Thema).** Included in the **Einstieg** are an introduction in German and brainstorming activities.

In the readings and exercises you will note that some words are marked with a degree mark (°). The meanings of these words are given either in the margin or below the reading to help you in your reading. Words that you are expected to learn and that you will encounter again in subsequent **Themen** are listed and practiced in the **Wortschatzübungen** sections.

To help you expand your familiarity with the culture of German-speaking peoples, the Online Study Center icon will direct you to additional information and activities on the website *http://college.hmco.com/pic/kaleidoskop7e*. Pictures are another good source of information. The pictures in the margins are small versions of colored photographs that precede this section called **Erster Teil: Lektüre.**

Online Study Center

Since 1998 a number of changes in German orthography have taken place. The most important changes are listed in the section entitled *Changes in German Spelling,* in the To the Student section at the beginning of your textbook. You will discover in **Kaleidoskop** examples of "old" spelling and "new" spelling. All copyrighted material published before 1998 used the old rules and we therefore cannot change the spellings. In addition, not all writers, publishers, and members of the general public are following the new rules at this time. However, the authors of **Kaleidoskop** do observe the new spellings as listed in the dictionary *Duden,* 23rd edition, 2004. Therefore, you will sometimes see alternate spellings in close proximity. For instance, you will find the words **daß** or **kennengelernt** in a reading selection, but **dass** and **kennen gelernt** in the questions based on the text. Don't let the lack of consistency bother you. The German-speaking people of Austria, Germany, and Switzerland are faced with the same variety of spellings every day.

Die Deutschen sind in der ganzen Welt für ihren langen Urlaub und für ihre Begeisterung° für Urlaubspläne bekannt. Mit etwa 42 Tagen haben die Deutschen mehr Urlaubs- und Feiertage° als Amerikaner und Kanadier, die im Durchschnitt° 25–26 Urlaubstage haben. Die Deutschen planen auch gern besondere Freizeitbeschäftigungen für ihre freien Abende und für das Wochenende, denn sie haben mehr freie Zeit als die Menschen in vielen anderen Ländern. „Schönen Feierabend°" ist ein Gruß, den sich viele Arbeiter und Angestellte° in Firmen am Ende des Arbeitstages zurufen. Die Arbeitswoche der Deutschen liegt auch bei den meisten unter 40 Stunden.

enthusiasm
Feiertage: *Germany has 11–13 holidays. / on the average*

lit: celebrate the evening / employees

In diesem Thema lesen Sie über verschiedene Freizeitbeschäftigungen der Deutschen. Wir lernen junge Leute beim Inlineskating kennen und hören wie sie Freunde im Internet finden. Wir werden auch erfahren, was „Blade Night" ist und was man in einer Blade Night alles erleben° kann. Es ist auch interessant, wie die Einwohner von Städten auf die Blade Night reagiert haben. Dann machen wir eine kurze Reise nach Berlin. Wir sehen viele interessante Dinge in dieser historischen und modernen Großstadt.

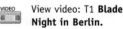 View video: T1 **Blade Night in Berlin.**

experience

Training auf Spinningrädern in einem Fitnesscenter in Iserlohn.

Gedankenaustausch Your comprehension of the various texts that make up each **Thema** will improve if you draw on what you may already know about the topic. In order to facilitate your reading of German, each **Thema** will be introduced by a series of brainstorming questions in which you can explore and exchange ideas **(Gedankenaustausch)** that relate to the general theme and often to the specific texts in the **Thema**.

1. Stellen Sie eine Liste von Ihren Freizeitbeschäftigungen auf (mindestens° drei).   *at least*

2. Was ist Ihre Lieblingsfreizeitbeschäftigung? Warum?

3. Freizeit und Urlaub sind sehr wichtig für die Deutschen. Was halten Sie davon? Meinen Sie, dass so viel Freizeit gut ist, oder ist das eine Zeitverschwendung°? Sollten Amerikaner und Kanadier mehr Freizeit haben?   *waste of time*

4. Feiertage sind in vielen Kulturen sehr wichtig. Welche deutschen Feiertage kennen Sie? Was ist Ihr Lieblingsfeiertag? Was machen Sie an diesem Tag?

Kulturlesestücke

Tabelle: Freizeitstudie

Vor dem Lesen In order to understand a piece of writing you must first determine its topic. The sooner the topic is clear to you, the more immediate will be your understanding. This section will help you learn to read more efficiently and effectively by asking you to do certain tasks. You may be asked to identify the text type and talk about the structure and purpose of such texts. To get an overview you may be asked to guess what the text is about based on the title. You may be asked to find lead sentences or main topics or themes, make a list of some features in the text or chart, locate some key grammatical features or expressions, or answer some study questions **(Leitfragen)**. Resist the temptation to read each word the first time; rather skim the text and focus on the assigned task.

In dieser Tabelle aus der Zeitschrift *Focus* erfahren wir etwas über die Freizeitbeschäftigungen von jungen Deutschen. Während Sie die Tabelle lesen, vergleichen Sie Ihre Aktivitäten mit den Beschäftigungen der deutschen Jugendlichen°. Fragen Sie sich: Mache ich das auch gerne oder nicht?

young people

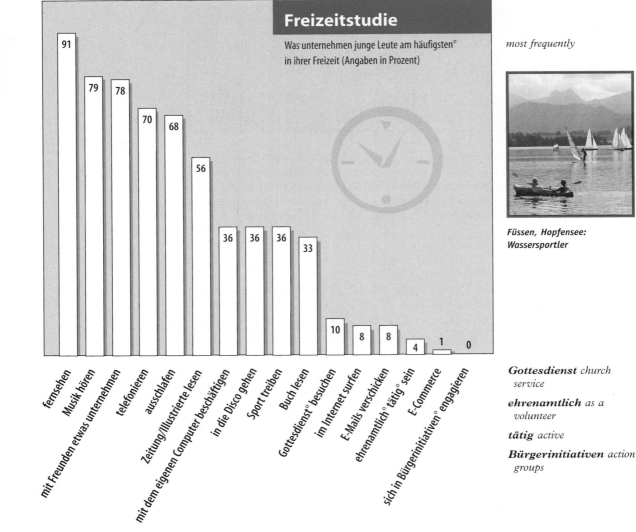

Freizeitstudie

Was unternehmen junge Leute am häufigsten° in ihrer Freizeit (Angaben in Prozent)

most frequently

fernsehen	Musik hören	mit Freunden etwas unternehmen	telefonieren	ausschlafen	Zeitung/Illustrierte lesen	mit dem eigenen Computer beschäftigen	in die Disco gehen	Sport treiben	Buch lesen	Gottesdienst° besuchen	im Internet surfen	E-Mails verschicken	ehrenamtlich° tätig° sein	E-Commerce	sich in Bürgerinitiativen° engagieren
91	79	78	70	68	56	36	36	36	33	10	8	8	4	1	0

Füssen, Hopfensee: Wassersportler

Gottesdienst *church service*

ehrenamtlich *as a volunteer*

tätig *active*

Bürgerinitiativen *action groups*

Quelle: BAT-Freizeit-Forschungsinstitut
Focus 6/2000

*Mit ihrem klaren 3:0-Sieg
(victory) gegen den FFC
Frankfurt haben die Frauen
vom Fußballverein Final
Turbine Potsdam den
UEFA°-Cup gewonnen.*

UEFA = *Union of
European Football
Associations*

Zum Text

The **Zum Text** section follows each text. It consists of a variety of activities that permit you to see what you understand, may require you to reread the text for specific information, or help you interpret the text.

A Zum Inhalt

1. Was machen deutsche Jugendliche am häufigsten in ihrer Freizeit? Was am wenigsten?
2. Welche drei Freizeitbeschäftigungen sind gleich beliebt°? *popular*
3. Für welche Aktivitäten braucht man einen Computer?
4. Vielleicht haben Sie Freizeitbeschäftigungen, die nicht auf der Liste stehen, wie z.B. kochen, campen (zelten), Gewichte heben°, fischen, einkaufen, faulenzen, Auto reparieren, im Garten arbeiten. Machen Sie eine Liste mit den Aktivitäten, die Sie selbst machen. Vergleichen Sie Ihre Liste mit den Aktivitäten einer Partnerin/eines Partners. *weightlifting*

B Zur Diskussion

1. Überrascht° Sie etwas in der Tabelle? Sind Ihrer Meinung nach die Freizeitbeschäftigungen der deutschen Jugendlichen anders als die Aktivitäten von Ihren Freunden und Bekannten? Benutzen Sie auch die Liste mit Ihren eigenen Freizeitbeschäftigungen bei der Diskussion. *surprise*
2. An dritter Stelle steht „mit Freunden etwas unternehmen". Welche Beschäftigungen in der Tabelle kann man allein machen und welche mit Freunden? Was unternehmen Sie mit Freunden? Was machen Sie allein?

1. Wie viel Freizeit haben Sie eigentlich? Machen Sie einen Plan von einer typischen Woche. Wie viele Stunden arbeiten Sie, wie viel freie Zeit haben Sie? Was machen Sie am meisten (am häufigsten), was machen Sie am liebsten? Vergleichen Sie Ihre Tabelle mit den Tabellen von drei Kommilitoninnen/Kommilitonen°.

fellow students

2. Schreiben Sie die Freizeitbeschäftigungen Ihrer Kommilitoninnen/Kommilitonen in eine Tabelle. Machen Sie eine Umfrage° in Ihrem Kurs. Verwenden Sie die Kategorien aus der *Focus*-Tabelle. Hat jemand Interessen oder Hobbys, die nicht in der Übersicht° stehen? Schreiben Sie sie auf. Was sind die häufigsten Freizeitbeschäftigungen in Ihrem Kurs?

poll

chart

Meine Woche								
Aktivität	**Montag**	**Dienstag**	**Mittwoch**	**Donnerstag**	**Freitag**	**Samstag**	**Sonntag**	**Stunden insgesamt**
schlafen	8 Studen	8	8	8	6	6	6	
arbeiten	1	1	2	1	5	3		
Unterricht°	2	1	5	1	1			
Hausaufgaben machen/ Bibliothek	2	2	2	2	2	2	5	
Sport treiben		2		1				
fernsehen						2		
mit Freunden etwas unternehmen	4	4	4	4	4	4	4	
faulenzen	1	1	1	1	1	1	1	

Unterricht *classes*

Vermischtes

Under **Vermischtes°** you will find information that is relevant to the chapter theme.

miscellaneous

1. Urlaubs- und Feiertage von einigen Industrienationen:

Land	Urlaubs- und Feiertage
Deutschland	42
Schweden	41
Österreich	40
Großbritannien	31
Schweiz	29
Irland	29
Kanada	26
USA	25

München: Cafészene

2. **Deutsche Feiertage:**

   Silvester: 31. Dezember

   Neujahr: 1. Januar

   Tag der Arbeit: 1. Mai

   Tag der deutschen Einheit: 3. Oktober (die Vereinigung Deutschlands)

   Christliche Feiertage in ganz Deutschland:

   Karfreitag°   *Good Friday*

   Ostern (Ostersonntag und Ostermontag)

   Christi Himmelfahrt° (der 6. Donnerstag nach Ostern)   *Ascension Day*

   Pfingsten° (der 7. Sonntag und Montag nach Ostern)   *Pentecost*

   erster Weihnachtstag und zweiter Weihnachtstag

3. Einige weltbekannte deutsche Feste° und Feiern°:   *festivals / celebrations*

   a. Fasching und Karneval. Im Februar feiert man im Rheinland „Karneval" und in Süddeutschland „Fastnacht" oder „Fasching". Höhepunkt ist der „Rosenmontag", an dem große Straßenumzüge° *street parades* stattfinden. Berühmt sind die Straßenumzüge in Mainz und Köln. Die Feiern enden am Aschermittwoch°.   *Ash Wednesday*

   b. Oktoberfest. Das Münchner Oktoberfest (*www.oktoberfest.de*) ist das bekannteste deutsche Fest und das größte Volksfest der Welt. Sechs Millionen Menschen besuchen das Fest, das Ende September beginnt und 16 Tage dauert.

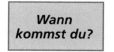

Wann kommst du?

ITS ist Urlaub.

Online-Forum-Beitrag: Ewige Diskussion – Autos und Inliner

Vor dem Lesen Seit 1999 gibt es die so genannte Blade Night und sie findet in den größeren Städten Deutschlands einmal pro Woche bis zweimal im Monat statt. München war die erste Stadt, in der diese Nacht als Veranstaltung° gefeiert wurde, und andere Großstädte in der ganzen Welt, wie Salzburg, Paris und New York, folgen seit einigen Jahren ihrem Beispiel. Bei jeder Blade Night in München kommen circa 10 000 Skater zusammen, die sich im Sommer jeden Montagabend treffen: ab 19 Uhr gibt es Musik und verschiedene Snacks und um 21 Uhr wird dann „losgebladet". Ein Teilnehmer an der Blade Night in München schreibt Folgendes in einer E-Mail: „Partyfeeling, Fitness und Feierabendstimmung° alles auf einmal? Das geht nun wirklich nicht. Geht doch!". Der folgende Beitrag° „Ewige Diskussion – Autos und Inliner" ist ein Beitrag im Internet Forum zur Münchner Blade Night.

event

pleasant after-work feeling

message, post

Beim Lesen

1. Dieser Beitrag hat die Überschrift° *Ewige Diskussion*. Warum kann das Thema „ewig" werden? Beachten° Sie besonders, was Autofahrerinnen und Autofahrer ärgern könnte und was Spaß macht.

title

notice

2. Denken Sie nach: Was machen Sie, wenn Sie im Stau stehen?

Forensystem von GreenCity   **zurück zur Münchner-Blade-Night-Seite**

CD1–2

Forum-Übersicht | Suche | Neuer Benutzer | Anmelden | Wer ist online | FAQ

---

usien Beitrag 5	☐ **Ewige Diskussion – Autos und Inliner**

Nun, ich kenne jetzt beide Seiten. Ich stand am Anfang der Münchner Blade Night im Stau und zwar so, dass ich nicht mehr nach vorne° und nach hinten konnte. Ich gebe zu, dass das nicht angenehm war, besonders wenn man, wie ich in dem Moment wohin wollte, wo
5 ich auch noch erwartet wurde. Aber nach diesem Aufenthalt° hatte ich was gelernt. Nach diesem Zeitpunkt schaute ich immer nach, wann und wo die Blade Night am Montag verläuft°, um nicht wieder in einem solchen Stau zu stehen.
     Die neuste Entwicklung ist nun, dass ich selbst mitfahre.
10 Verwundert° stelle° ich fest, dass es mir einen Riesenspaß° macht. Spaß, obwohl ich eher jemand bin, der nicht auf einer Massenveranstaltung° gesehen wird. Spaß, weil ich über diese glatten Straßen rollen darf, und zwar mit über 90 Prozent von Leuten, denen es nicht nur Spaß macht, sondern die ohne besondere Aufforderung°
15 miteinander zurecht° kommen. Zurechtkommen, weil sie Rücksicht° nehmen, weil sie zusammen dieses Erlebnis haben wollen. Dies wird auch nicht durch einzelne gestört, die meinen, in dieser Menge

forwards

stop

the path (the Blade Night) is taking

*surprised / **stelle fest:** find out / great fun*

event with large crowds of people

*request / **zurecht kommen:** get along / **Rücksicht nehmen:** show consideration*

dadurch glänzen° zu müssen, dass sie ohne Platz und Möglichkeit mal *shine (impress)*
schnell durch die Leute fahren müssen und meinen, dass es ja nicht
20 so wichtig ist, ob der eine oder andere umfällt.

Auf jeden Fall sehe ich jetzt die Leute, die in ihren Autos
sitzen und nicht weiterkommen, und wisst ihr, welche mir am besten
gefallen, es sind die, die aussteigen, die Musik anmachen, sich wohl
fühlen und zuschauen. Sollte ich als Autofahrer wieder mal in die
25 Situation kommen, so werde ich es auch so handhaben°. *handle*

Nicht vergessen will ich einen Gruß an die Kids auszusprechen, die
ich auf der Nordstrecke gesehen habe und die mir ihre begeisterten° *enthusiastic*
Augen gezeigt haben. Das habe ich bisher nur auf der Nordstrecke
gesehen. Also bitte ein Miteinander°, dann klappt das schon. *togetherness*

Usien

Zum Inhalt

D **Wie geht es weiter?** Schreiben Sie diese Sätze im Sinne des Textes zu Ende.

Das erste Mal, dass der Autor die Blade Night erlebte, war nicht
angenehm, weil er _____.

Danach hat er immer aufgepasst, wo und wann _____.

Es hat den Autor überrascht, dass er jetzt selbst _____.

Es hat dem Autor gefallen, dass die Blade Night den meisten Leuten Spaß
macht und dass die Leute _____.

Nur ein paar Leute nehmen keine Rücksicht, und diese Leute _____.

Die Autofahrer und Autofahrerinnen, die dem Autor am besten gefallen,

_____.

Der Autor schickt einen besonderen Gruß an die Kids auf der
Nordstrecke, weil _____.

Am Ende möchte der Autor, dass alle zusammenarbeiten, denn _____.

E **Zwei Seiten.** Der Autor sagt, er kennt beide Seiten von Blade Night.
Machen Sie eine Liste von positiven und negativen Sachen für
Autofahrerinnen/Autofahrer und Skaterinnen/Skater auf einer Blade Night.

Autofahrer/innen[1]	Skater/innen

[1]**Autofahrer/innen** and **Skater/innen** use a plural form that indicates the dual reference
to female and male gender. This spelling has been predominantly used in informal writing, advertising, and academic writing for several decades. Also used are the variations
AutofahrerInnen and **SkaterInnen**.

F **Zur Diskussion/Zum Schreiben**

1. **Rollenspiel: Kommst du mit?** Ein begeisterter Skater will, dass sein Freund/seine Freundin mit zur Blade Night kommt. Der Freund/die Freundin will aber nicht mitgehen und gibt seine/ihre Gründe an. Machen Sie ein Rollenspiel.

2. **Ein Gespräch über Massenveranstaltungen.** Viele Leute gehen gern zu Massenveranstaltungen (z.B. einem Rockkonzert, einem Stadtfest oder einer Sportveranstaltung°). Was halten Sie davon? Besprechen Sie diese Fragen in einer Gruppe. Dann berichten Sie Ihren Kommilitoninnen und Kommilitonen über Ihr Gespräch. Haben Sie schon an einer Massenveranstaltung teilgenommen°? Beschreiben Sie eine solche Veranstaltung. Was sind die Vor- und Nachteile° von Massenveranstaltungen?

sports event

participated
Vorteil: *advantage /*
Nachteil: *disadvantage*

3. In dem greencityforum (*www.greencityforum.de*) haben viele Leser eine Antwort auf Usiens Beitrag geschrieben.

   Hier sind drei Beispiele:

   a. Ich kann Usien gut verstehen! Auch ich bin schon mal nicht mit dem Auto vorwärts gekommen, weil die Blade Night im Weg war! Ehrlich gesagt°, wollte ich auch lieber duschen und ins Bett, aber irgendwie war es auch schön zuzuschauen. Also Musik an, Fenster runter und entspannen° ...

   Ehrlich gesagt: *frankly*

   relax

   b. „Warum fahren Sie mit?" war die Frage, und die Antwort einer Jura-Studentin lautete°: „Weil ich es geil° finde, wenn sich die Autofahrer ärgern."

   was / really great

   c. Allerdings° haben sich einige Lokal-Besitzer tierisch° beschwert°, die wohl Gäste hatten, die dann alle nicht mehr wegkamen, bzw.° auch keine anderen Gäste mehr zum Lokal kamen.

   of course / dreadfully /
   complained /
   beziehungsweise *or*
   likewise

   Stellen Sie sich vor, dass Sie die Blade Night als Teilnehmerin/Teilnehmer oder Autofahrerin/Autofahrer erlebt haben. Schreiben Sie eine E-Mail an das Forum. Vielleicht konnten Sie nicht in ein Lokal – oder vielleicht hat es Ihnen Riesenspaß gemacht?

G **Kontaktanzeigen°.** Viele Deutsche benutzen das Internet, um Partner für Ihre Freizeitaktivitäten zu suchen. Hier sind drei Beispiele von der *Skaterbörse,* einer Kontaktbörse° für Inlineskater.

contact ads

bulletin board

Thema:	Ich suche Mitskater		Priorität:	Normal ▼

Köln
Hallo, ich bin 31, männlich°, und suche Leute in Köln, mit denen ich abends ein wenig am Rhein entlang fahren kann, nicht zu schnell, aber schon schneller als Fußgänger. Ich bin mittelgut bis gut. Also, wer Lust hat, bitte schickt mir eine Mail: *Andreas_Bach@csi.com*.

male

Thema:	Mitskater	Priorität:	Normal ▼

Duisburg
Hallo Jungs & Mädels!
Mein Name ist Sascha, bin 22 Jahre alt und schon seit bestimmt 5 Jahren regelmäßig am Skaten. Ich suche nun im Raum Duisburg noch Mitskater, da es alleine bekanntlich weniger Spaß macht. Vielleicht habt Ihr mich auch schon mal im Zentrum herumflitzen° sehen. Zurzeit° besitze ich relativ schnelle Skater, wollte aber demnächst° auch Halfpipe-Skater dazukaufen, so dass ich das gesamte° Spektrum mitskaten kann (außer Hockey!). Also, wenn jemand Lust haben sollte, einfach eine Mail an: *suisian@gmx.net* senden ...

flitting around
Zurzeit: *at the moment / before long / complete*

Thema:	SkaterInnen	Priorität:	Normal ▼

Berlin
Hi, ich bin weibl.° 19 und wohne in Berlin (10825 – Schöneberg). Leider habe ich kein Auto, bin daher auf Euch oder den ÖPNV° angewiesen°. Ich suche noch SkaterInnen, die mit mir skaten wollen (aggressive°), bin noch kein Pro, aber auch keine totale Anfängerin mehr. :) Euer Alter ist egal, Hauptsache Ihr seid nett und habt Spaß am Skaten. Ich bin gespannt. *petra@bacchae.de*

weiblich: *female*
Öffentlicher Personen-nahverkehr: *public transportation system / rely / skating with stunts, e.g., halfpipes*

Vervollständigen° Sie die Tabelle mit den Informationen aus den Kontaktanzeigen.

complete

Name	Alter	Ort	Blade-Kenntnisse
			kann viel, will alles außer Hockey machen
		Köln	
	19		

Zur Diskussion/Zum Schreiben

1. Schreiben Sie eine kurze Antwort auf eine dieser Anzeigen.
2. Schreiben Sie eine E-Mail, in der Sie jemanden suchen, um etwas zu unternehmen.

Vermischtes

Inlineskating: In den siebziger Jahren wollte der amerikanische Eishockey-Star Scott Olson aus Minnesota sein Training auch im Sommer weiterführen. Er brachte die Inlineskates zur Serienreife° und gründete° eine Firma namens Rollerblade. In den neunziger Jahren kamen die ersten Inlineskates auf den deutschen Markt. Nach den USA ist Deutschland die zweitstärkste Inlineskater-Nation.

ready for production / founded

Reiseführer°: Berlin

travel guide

Vor dem Lesen   Unser Reiseziel° ist heute die Hauptstadt und Kulturmetropole Berlin. Von der Teilung° Deutschlands im Jahr 1949 bis zur Öffnung der Mauer am 9. November 1989 war Berlin eine geteilte Stadt. Mit dem Umzug° der Hauptstadt des vereinigten° Deutschlands von Bonn nach Berlin hat das größte Bauprojekt° seit dem Bau der Pyramiden begonnen. Viele Menschen meinen, dass Berlin die Weltstadt des 21. Jahrhunderts werden könnte. Berlin wird aber immer auch ein Symbol für die deutsche Teilung und Wiedervereinigung° bleiben. Berlin ist nicht nur historisch wichtig, sondern auch eine Attraktion für viele Touristen. Sie lesen jetzt sechs kurze Beschreibungen von Sehenswürdigkeiten° in Berlin. Die Beschreibungen kommen aus verschiedenen Touristenführern. Bevor Sie die Texte lesen, beantworten Sie im Gespräch mit Ihren Kommilitoninnen/Kommilitonen die folgenden Fragen.

travel destination
division
move
unified
building project

reunification

sights

1. Woran denken Sie, wenn Sie „Berlin" hören? (Ereignisse, Sehenswürdigkeiten)
2. Was machen Sie, wenn Sie eine Stadt zum ersten Mal besuchen?

KaDeWe

Tauentzienstr. 21–24
D-10789 Berlin
Tel.: 030/21 21-0
e-mail: info@kadewe.com
www.kadewe.de

BERLIN

Brandenburger Tor

Das Wahrzeichen° Berlins: Jahrelang war das Brandenburger Tor Sinnbild° der deutschen Teilung. Weder von West-Berlin noch von Ost-Berlin konnte man es erreichen ... Direkt hinter dem Tor verlief° die Mauer, die Grenze mitten durch die Stadt. Als am 9. November 1989 nach der friedlichen° Revolution der DDR°-Bürger° die deutsch-deutschen Grenzen fielen, war das Brandenburger Tor der Ort, auf den sich alle Kameras zuerst richteten°. Hier fuhren die ersten Trabis° aus Ost-Berlin in die

Pariser Platz mit Brandenburger Tor

Freiheit, hier wurde die größte Vereinigungsparty° in ganz Deutschland gefeiert. Seitdem ist das Brandenburger Tor das Symbol der deutschen Wiedervereinigung schlechthin° ...

Potsdamer Platz

... Das alte Stadtzentrum Potsdamer Platz ... wurde aus dem Nichts, in das die Bombenangriffe° der Alliierten° es verwandelt° hatten, neu aufgebaut ... Der Potsdamer Platz (Berlins neue Mitte mit über 130 Geschäften, 20 Kinosälen und einem großen Musicaltheater) soll das kulturelle und politische Zentrum der deutschen Hauptstadt sein.

East Side Gallery

Kunstwerk Mauer: Die wahrscheinlich längste Galerie der Welt. Gut 1,3 Kilometer lang ist die East Side Gallery ... Sie hat keine Öffnungszeiten und verlangt keinen Eintritt°: Zu sehen ist ein Stück Mauer, das nach 1990 von internationalen Künstlern bemalt wurde – einer der wenigen noch erhaltenen° originalen Mauerreste ...

Kaiser-Wilhelm-Gedächtniskirche°

Eines der Wahrzeichen Berlins ist der zerstörte Turm der Kaiser-Wilhelm-Gedächtniskirche.

... im November 1943 zerstörten die Bomben der Alliierten das Gotteshaus, stehen blieb nur der Westturm. 1957 wollte man die Ruine abreißen°, doch die Berliner protestierten vehement. Man einigte sich° auf einen Kompromiß: Der Turm, mittlerweile° hohler° Zahn genannt, blieb stehen ... [Neben der Ruine wurde eine moderne Kirche errichtet.] Das gesamte° Ensemble nennen die Berliner recht salopp° *Puderdose und Lippenstift°* ...

KaDeWe: Kaufhaus des Westens

Kaufrausch° pur. Ein Muß bei einem Berlin-Besuch ist das Kaufhaus des Westens ... kurz KaDeWe. ... das größte Kaufhaus des Kontinents ... Im KaDeWe gibt es nichts, was es nicht gibt ... Der „Hit" des KaDeWes ist die Lebensmittelabteilung° im 6. Stock: Dort hat man die Qual der Wahl° zwischen rund 1800 Käsesorten, 1000 Sorten Wurst und 800 verschiedenen Brotarten ...

Strandbad Wannsee

... Das Strandbad° ... ist immer noch das beliebteste Bad Berlins. Die großzügig° angelegte° Badeanstalt° ist mit ihren Terrassen und dem 1,3 km langen und 80 m breiten Sandstrand die größte ihrer Art in Europa.

Wahrzeichen *symbol* ***Sinnbild*** *symbol* ***verlief*** *ran* ***friedlichen*** *peaceful* ***DDR = Deutsche Demokratische Republik*** ***Bürger*** *citizens* ***richteten*** *focused* ***Trabi*** *East German car* ***Vereinigungsparty*** *party celebrating unification* ***schlechthin*** *per se* ***Bombenangriffe*** *bomb attacks* ***Alliierten*** *Allies* ***verwandelt*** *transformed* ***Eintritt*** *admission* ***erhaltenen*** *preserved* ***Gedächtniskirche*** *memorial church* ***abreißen*** *tear down* ***einigte sich*** *agreed* ***mittlerweile*** *in the meantime* ***hohler*** *hollow* ***errichtet*** *built* ***gesamte*** *entire* ***salopp*** *slangy* ***Puderdose ...*** *compact and lipstick* ***Kaufrausch*** *spending spree* ***Lebensmittelabteilung*** *food section* ***Qual ...*** *agony of choice* ***Strandbad*** *bathing beach* ***großzügig*** *spaciously* ***angelegt*** *laid out* ***Badeanstalt*** *swimming area*

Kaufhaus des Westens KaDeWe (Berlin)

Kaiser-Wilhelm-Gedächtniskirche (Berlin)

Potsdamer Platz (Berlin)

Kaleidoskop Kultur, Literatur und Grammatik

Zum Text

Ⅰ Zum Inhalt

1. Was passt zusammen? (Für manche gibt es mehr als eine Antwort.)

   1. Brandenburger Tor
   2. East Side Gallery
   3. KaDeWe
   4. Kaiser-Wilhelm-Gedächtnis-Kirche
   5. Potsdamer Platz
   6. Wannsee

   a. Spitzname: Puderdose und Lippenstift
   b. im Zweiten Weltkrieg bombardiert
   c. kultureller und politischer Mittelpunkt von der Hauptstadt
   d. größtes Kaufhaus in Europa
   e. der alte Turm steht noch
   f. das größte Strandbad Europas
   g. 1,3 Kilometer lang; bemalt von Künstlern aus vielen Ländern
   h. Symbol für Deutschland vor 1990

2. Welche Sehenswürdigkeiten würden Sie Touristen in Berlin empfehlen, die sich für die folgenden Themen interessieren?

   den Zweiten Weltkrieg

   den Kalten Krieg

   Kunst

   Einkaufen

   Unterhaltung

   Entspannung°   *relaxation*

3. Was würden Sie bei einem Berlinbesuch unternehmen? Welche Sehenswürdigkeiten würden Sie sich auf alle Fälle ansehen? Nennen Sie mindestens zwei Berliner Sehenswürdigkeiten, die Sie interessant finden, und erklären Sie warum.

Verwandelt sich schneller, als man gucken kann: das neue Berlin.

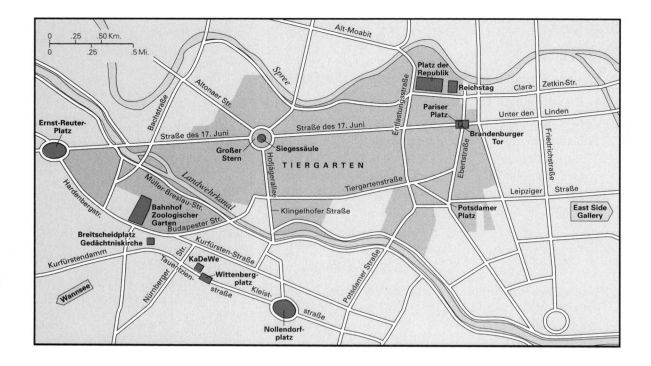

J Gruppenarbeit

1. Suchen Sie auf einem Stadtplan von Berlin die Sehenswürdigkeiten, die in den Auszügen° aus den Reiseführern beschrieben werden. Planen Sie einen Stadtrundgang°.

   excerpts
   city tour

2. Welche Sehenswürdigkeiten gibt es in Ihrer Gegend? Beschreiben Sie zwei davon. Denken Sie an wichtige Gebäude, Kunstwerke, Orte von historischer Bedeutung und Naturlandschaften.

K Zur Diskussion

1. Welche Art von Urlaub machen Sie gern? Besuchen Sie im Urlaub Großstädte oder verbringen Sie die Zeit lieber in der Natur? Was machen Sie am Tag? Was am Abend?

2. Was würden Sie bei einem Berlinbesuch unternehmen?

The words listed in **Wortschatzübungen** are very common in German and appear in the readings and exercises preceding the **Wortschatzübungen.** You should learn them so you can use them to express your thoughts. The exercises that follow this list provide practice. Each list contains approximately 20 words.

Wortschatz

Substantive

das **Alter**   age
die **Beschäftigung, -en**   activity; occupation
die **Entwicklung, -en**   development
das **Erlebnis, -se**   experience
der **Fall, ⸚e**   case
   auf jeden Fall   at any rate, definitely
   auf keinen Fall   in no case
die **Freizeit**   leisure time
die **Grenze, -n**   boundary; border; limit
das **Kaufhaus, ⸚er**   department store
Lieblings-   favorite (*prefix for noun*)
   die **Lieblingsbeschäftigung, -en**   favorite activity
die **Möglichkeit, -en**   possibility
der **Stau, -s**   traffic jam

Verben

an·machen   to turn on
aus·schlafen (schläft; schlief, geschlafen)   to have a good sleep
aus·sprechen (spricht; sprach, gesprochen)   to express
campen   to camp
erreichen   to reach, attain
faulenzen   to be lazy, take it easy
fest·stellen   to find out; observe
klappen   to work out
   das klappt   that works
stören   to disturb
unternehmen (unternimmt; unternahm, unternommen)   to do, to undertake
vergleichen (verglich, verglichen)   to compare
zu·geben (gibt; gab, gegeben)   to admit, to own up to
zu·stimmen   to agree (to)

Andere Wörter

bisher   up to now, so far
ewig   eternal
gespannt   curious; eager
glatt   smooth; slippery

L Definitionen. Welche Wörter aus der Vokabelliste passen zu den
Bedeutungen?

1. funktionieren
2. wenn so viel Verkehr ist, dass die Autos nicht weiterfahren können/nicht gut durchkommen
3. bemerken — *notice: remark*
4. wenn etwas definitiv so ist
5. vorher, bis zu diesem Zeitpunkt - *moment*
6. die Meinung sagen, etwas ausdrücken
7. die Gelegenheit - *occasion, opportunity*
8. sagen, dass etwas auch negative Aspekte hat
9. wenn man keinen guten Halt hat
10. ein großes Geschäft, in dem Waren aller Art verkauft werden
11. die Linie zwischen Ländern
12. eine Erfahrung
13. Zeit, in der man nicht zu arbeiten braucht
14. was man in der Freizeit tut; der Beruf
15. wie alt man ist
16. behindern; etwas schwieriger machen *hard*

M Welches Verb? Ergänzen Sie die Sätze mit dem richtigen Verb aus der
Vokabelliste.

In den Sommerferien werden wir für eine Woche am Bodensee (1)
_____. Am ersten Morgen kann ich dann richtig (2) _____. Den
ganzen ersten Tag möchte ich nichts tun, nur (3) _____. Später können
wir etwas (4) _____, vielleicht windsurfen oder wandern. Morgen
wollen wir segeln gehen. Bei gutem Wind (5) _____ wir die andere Seite
des Sees sicher in zwei oder drei Stunden. Mit einem Urlaub am See kann
man den Urlaub in einer Großstadt nicht (6) _____. (7) _____ du mir
_____? Oder bist du anderer Meinung?

N Verwandte Wörter. Ergänzen Sie die Sätze.

a. der Schlaf • die Schläferin/der Schläfer • schlafen • ausschlafen •
schläfrig *—sleepy*   *sleep*   *sleeper*

Sabine muss immer früh aufstehen und kann nicht lange (1) _____. Sie
ist auch eine unruhige (2) _____. Auch am Wochenende kann sie nie
richtig (3) _____. Sabine ist immer müde und (4) _____. Sie braucht
wirklich viel mehr (5) _____.

b. geben • zugeben • ausgeben   *to give*   *admit*   *give out*

TANJA: Beim Kaufhof (1) _____ es tolle Lederjacken. Ich glaube,
ich kaufe mir eine.

KATHRIN: Du wolltest diesen Monat doch nicht so viel Geld (2) _____.

TANJA: Hmm, du hast Recht. Und ich muss (3) _____, ich brauche
gar keine Jacke.

Grammatik im Kontext

These sections focus on one or more of the grammatical features that occur in the readings that precede it. The exercises will require you to either identify or practice the grammatical feature(s) being highlighted in the section. Usually reference is made to the *Kapitel* in which more information about the grammatical topic can be found.

Online Study Center

Rat geben, Vorschläge° machen

suggestions

1. Modal verbs are often used to give advice or express suggestions in German.

   a. **müssen:** for a suggestion or advice implying absolute necessity

   Ich bin krank. —Du **musst** zum Arzt gehen.

   b. **sollen:** for a suggestion or advice implying obligation

   Werner ist zu dick. —Er **soll** nicht so viel essen.

   c. **können:** for a suggestion of mere possible choices

   Wir sind mit der Arbeit fertig. Wir **können** ins Kino gehen.

   For more on modals see *Kapitel 1.*

2. **Warum ... nicht?:** Questions with **Warum ... nicht?** often do not expect an answer, but represent a mild suggestion, e.g.:

   Warum gehst du **nicht** ins Bett? Du siehst so müde aus.

   Warum gehen wir **nicht** ins Kino? Oder willst du/wollt ihr lieber fernsehen?

3. Imperative + **doch:** Imperatives with **doch** express a degree of informality in making a suggestion, e.g.:

   Besuchen Sie mich **doch** einmal, wenn Sie Zeit haben.

0 **Partnerarbeit.** Diskutieren Sie mit Ihren Kommilitoninnen/Kommilitonen einige Dinge, die Leute für ihre Gesundheit tun sollen.

1. Auf Seite 22 sehen Sie vier Bilder und eine Sprechblase°. Geben Sie den Leuten einen Rat. Wählen Sie einen Ratschlag° aus der Sprechblase oder formulieren Sie Ihren eigenen.

   speech bubble
   piece of advice

   ▷ Ich habe nicht genug Ausdauer°. Ich weiß nicht, was ich machen soll.
   a. *Du musst Rad fahren.*
   b. *Du kannst Tennis spielen.*
   c. *Warum treibst du nicht mehr Sport?*
   d. *Geh doch regelmäßig spazieren.*

   endurance

Ich habe nicht genug Kraft°.
Was soll ich tun?

Max wiegt° zu viel. Was muss
er tun?

Irene hat nicht genug Ausdauer.
Was soll sie tun?

strength / weighs

Anna und Thomas möchten ihre Kondition verbessern° und neue Freunde kennen lernen. Welche
Vorschläge machen Sie ihnen?

improve

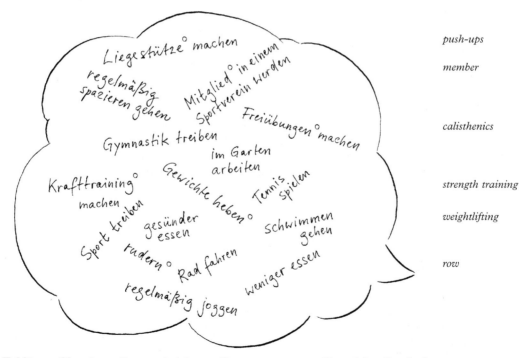

Liegestütze° machen

regelmäßig spazieren gehen

Mitglied° in einem Sportverein werden

Freiübungen° machen

Gymnastik treiben

im Garten arbeiten

Gewichte heben°

Tennis spielen

Krafttraining° machen

Sport treiben

gesünder essen

schwimmen gehen

rudern° Rad fahren

weniger essen

regelmäßig joggen

push-ups

member

calisthenics

strength training

weightlifting

row

2. Erklären Sie einer Partnerin/einem Partner, warum Sie nicht fit sind
(z.B.: nicht genug Ausdauer; zu schwer; nicht genug Kraft), und fragen
Sie, was Sie tun sollen.

Was meinen Sie?

The activities in this section are designed to elicit your thoughts and opinions about the readings, to have you represent a certain point of view, or to have you role-play a situation. You may be asked to work with a partner, in a group, or alone. Your instructor will advise whether your responses should be oral or written.

P Zur Diskussion/Zum Schreiben

1. Ein Traumwochenende°: Sie haben ein Wochenende frei und Geld ist kein Problem. Sie können machen, was Sie wollen. Die einzigen Regeln° sind: 1) Sie dürfen nicht länger als acht Stunden pro Nacht schlafen; 2) Sie dürfen nicht fernsehen. Machen Sie Pläne für ein Traumwochenende.

   Traum: dream
   rules

2. Schreiben Sie einen kurzen Aufsatz° zum Thema: Warum Freizeit für die Menschen wichtig ist.

   essay

3. Weitere Aktivitäten finden Sie auf der **Kaleidoskop** Webseite. The icon indicates a source of additional activities related to the **Thema** (e.g., **Freizeit**).

   Online Study Center

Q Meinungsaustausch°/Verhandeln°

exchange of opinion / negotiating

1. Sie und ein paar Freundinnen/Freunde wollen eine Reise nach Berlin machen. Sie laden einige junge Leute ein mitzukommen, aber diese zeigen kein Interesse. Versuchen Sie, sie zu überreden° den Ausflug mitzumachen. Eine Gruppe sammelt die Argumente dafür, die andere sammelt Argumente dagegen.

   persuade

2. Planen Sie mit Ihren Freundinnen/Freunden eine Party. Wann soll sie sein? Wen wollen Sie einladen? Wie wollen Sie Ihre Gäste unterhalten? Was gibt es zu essen und zu trinken?

3. Einige der beliebtesten deutschen Touristenattraktionen sind: der Reichstag, Berlin; Deutsches Museum und Neues Rathaus, München. Finden Sie etwas über eine dieser Attraktionen heraus und berichten Sie kurz darüber. Sie können in einem Buch nachlesen oder Informationen darüber im Internet suchen. (Gute Suchmaschinen sind *www.google.de* und *http://de.yahoo.com.*) Sie dürfen auch eine andere Attraktion wählen.

Literarische Werke

Gedicht: Vergnügungen

Bertolt Brecht

Bertolt Brecht (1898–1956) is one of the most important literary figures of the twentieth century. Such plays as **Die Dreigroschenoper** (*The Threepenny Opera*), **Mutter Courage und ihre Kinder** (*Mother Courage*), **Der gute Mensch von Sezuan** (*The Good Woman of Sezuan*), and **Der kaukasische Kreidekreis** (*The Caucasian Chalk Circle*) are well known and his dramas and dramatic theories have influenced many modern playwrights.

An opponent of Nazism, Brecht left Germany in 1933 and remained in exile in various European countries until 1941 when he fled to Santa Monica, California. After World War II he moved to East Berlin where he founded the **Berliner Ensemble,** one of the best-known theatrical companies in Europe.

Besides the plays that made him famous, Brecht wrote short stories, essays, and poems. His poems often contain critical comments on politics and society. He wrote the poem **Vergnügungen** between 1955 and 1956 in East Berlin. His phrase "Wechsel der Jahreszeiten" could refer to the new socialist government in the former German Democratic Republic **(Deutsche Demokratische Republik)** as well as to the change of seasons. And in his image of the "Reise" Brecht evokes a hope for a future classless society in which everyone tries to get along, "freundlich sein."

CD1–9

Vergnügungen°

pleasures

1 Der erste Blick° aus dem Fenster am Morgen — *look*
Das wiedergefundene alte Buch
Begeisterte° Gesichter — *enthusiastic*
Schnee, der Wechsel° der Jahreszeiten — *change*
5 Die Zeitung
Der Hund
Die Dialektik
Duschen, Schwimmen
Alte Musik
10 Bequeme Schuhe
Begreifen° — *understanding*
Neue Musik
Schreiben, Pflanzen
Reisen
15 Singen
Freundlich sein

Mittagspause

Wolf Wondratschek

Wolf Wondratschek was born in 1943 in Rudolstadt in Thuringia and currently lives in Vienna. When only 25, he received the Leonce and Lena Prize for his poetry. "Mittagspause" appears in his first book, **Früher begann der Tag mit einer Schußwunde** (The day used to begin with a gunshot wound). Because it lacks a plot in the conventional sense, Wondratschek would call "Mittagspause" a piece of prose that records a moment in someone's everyday existence rather than a story. In this selection, a young woman is experiencing the transition to an independent life, with its duties of work and its problems of human relationships. She is dissatisfied and feels oppressed by the monotony of her secretarial position. She spends her lunch hours trying to escape the boredom of her day by imagining exciting things that might happen to her. During her dull work at the typewriter she has time to dwell on her exciting thoughts.

Wondratschek uses colloquial language; his sentences are short and clear, grammatically reduced to a minimum. The language of "Mittagspause" is conventional, reflecting the conventional life of the young woman, and the story expresses nothing of consequence. Thus Wondratschek seems to comment subtly on the meaning of "Mittagspause."

Zum Thema

1. Was machen Sie gerne in Ihrer freien Zeit in der Mittagspause?
2. Gehen Sie auch manchmal in ein Café oder ein Restaurant in Ihrer Mittagspause? Was erleben° Sie da?   *experience*

Leitfragen

Beim Lesen fragen Sie sich:

1. Was passiert in der Geschichte?
2. Die Geschichte ist eine Mischung aus dem, was die junge Frau tut und was sie denkt. Entscheiden Sie, was sie tut und was sie nur denkt.
3. Wie stellen Sie sich das zukünftige° Leben dieser Frau vor?   *future*
4. Was ist an dieser Frau emanzipiert und was nicht?
5. Warum ist diese Frau so unsicher? Was meinen Sie?

Mittagspause

1 Sie sitzt im Straßencafé. Sie
schlägt sofort die Beine übereinander. Sie hat wenig Zeit. Sie
blättert in einem Modejournal.
5 Die Eltern wissen, daß sie schön
ist. Sie sehen es nicht gern.

Zum Beispiel. Sie hat Freunde.
Trotzdem sagt sie nicht, das ist
mein bester Freund, wenn sie zu
10 Hause einen Freund vorstellt.

Zum Beispiel. Die Männer
lachen und schauen herüber und
stellen sich ihr Gesicht ohne
Sonnenbrille vor.

Conrad Felixmüller, Bildnis
von einem Mädchen, *1915*

15 Das Straßencafé ist überfüllt. Sie weiß genau, was sie will. Auch am
Nebentisch sitzt ein Mädchen mit Beinen.

Sie haßt Lippenstift°. Sie bestellt einen Kaffee. Manchmal denkt sie
an Filme und denkt an Liebesfilme. Alles muß schnell gehen.

lipstick

Freitags reicht die Zeit, um einen Cognac zum Kaffee zu bestellen.
20 Aber freitags regnet es oft.

Mit einer Sonnenbrille ist es einfacher, nicht rot zu werden. Mit
Zigaretten wäre es noch einfacher. Sie bedauert, daß sie keine
Lungenzüge kann.°

*sie ... kann: she cannot
inhale / spoken to*

Die Mittagspause ist ein Spielzeug. Wenn sie nicht angesprochen°
25 wird, stellt sie sich vor, wie es wäre, wenn sie ein Mann ansprechen
würde. Sie würde lachen. Sie würde eine ausweichende° Antwort geben.
Vielleicht würde sie sagen, daß der Stuhl neben ihr besetzt sei. Gestern
wurde sie angesprochen. Gestern war der Stuhl frei. Gestern war sie
froh, daß in der Mittagspause alles sehr schnell geht.

evasive

30 Beim Abendessen sprechen die Eltern davon, daß sie auch einmal
jung waren. Vater sagt, er meine es nur gut. Mutter sagt sogar, sie habe
eigentlich Angst. Sie antwortet, die Mittagspause ist ungefährlich.

Sie hat mittlerweile° gelernt, sich nicht zu entscheiden. Sie ist ein Mädchen wie andere Mädchen. Sie beantwortet eine Frage mit einer Frage.

in the meantime

35 Obwohl sie regelmäßig im Straßencafé sitzt, ist die Mittagspause
anstrengender als Briefeschreiben. Sie wird von allen Seiten beobachtet.
Sie spürt sofort, daß sie Hände hat.

→ to watch (a creepy way)

Der Rock ist nicht zu übersehen°. Sie spielt mit der Handtasche.
Sie kauft jetzt keine Zeitung.

*nicht ... übersehen: not
to be overlooked*

40 Es ist schön, daß in jeder Mittagspause eine Katastrophe passieren könnte. Sie könnte sich sehr verspäten. Sie könnte sich sehr verlieben. Wenn keine
Bedienung° kommt, geht sie hinein und bezahlt den Kaffee an der Theke°.

server / counter

An der Schreibmaschine hat sie viel Zeit, an Katastrophen zu
denken. Katastrophe ist ihr Lieblingswort. Ohne das Lieblingswort wäre
45 die Mittagspause langweilig.

Zum Text

A **Suchen Sie im Text.** Wie drückt der Autor folgende Ideen aus? Suchen Sie den genauen Satz im Text. Was sagen die Worte über die junge Frau oder die Situation aus?

1. Sie liest in einem Journal.
2. Sie ist eine hübsche junge Frau.
3. Sie hat keinen festen Freund.
4. Am Freitag ist die Mittagspause länger.
5. Gestern hat ein Mann sie angesprochen.
6. Die Eltern finden es nicht gut, dass die Tochter allein im Straßencafé sitzt.
7. Im Straßencafé fühlt sie sich nicht ganz wohl.

B **Was passt zusammen?** Verbinden Sie die Satzteile links mit einem passenden Satzteil aus der rechten Spalte°.

column

1. Die junge Frau denkt …
2. Sie trinkt freitags …
3. Sie trägt eine Sonnenbrille, …
4. Die Männer schauen sie an, …
5. Gestern hat sie ein Mann …
6. Es wäre den Eltern lieber, …
7. Wenn sie nervös wird, …
8. Wenn sie gehen will, …
9. Sie denkt oft an Katastrophen, …

a. wenn ihre Tochter das Café nicht mehr besuchen würde.
b. weil es ihr im Café nicht wohl ist.
c. damit das Leben interessanter wird.
d. an Liebesfilme.
e. spielt sie mit der Handtasche.
f. einen Cognac zum Kaffee.
g. weil sie schön ist.
h. zahlt sie beim Ober oder an der Theke.
i. angesprochen.

C **Zum Inhalt**

1. Erzählen Sie, was die junge Frau in der Mittagspause tut. Machen Sie eine Wortliste, die Sie zum Nacherzählen brauchen.
2. Was sollte die junge Frau vielleicht lieber in ihrer Mittagspause machen, statt ständig° ins Café zu gehen?

   continually
3. Glauben Sie, dass diese Frau viel Sport treibt? Warum oder warum nicht?
4. Welche Meinungsverschiedenheiten° gibt es zwischen der jungen Frau und ihren Eltern?

   differences of opinion
5. Woran denkt die junge Frau gern bei der Arbeit? Warum?
6. Was hält sie von ihrem Beruf? Begründen° Sie Ihre Meinung.

   support

D **Negative Wörter.** Das Wort „langweilig" hat eine negative Bedeutung. Suchen Sie im Text andere Wörter mit negativer Bedeutung.

Wortschatz

Substantive

die **Mode** fashion
die **Schreibmaschine, -n** typewriter
die **Sonnenbrille, -n** sunglasses
das **Spielzeug, -e** toy, plaything

Verben

beantworten to answer
bedauern to regret
blättern (in + *dat*.) to leaf (through)
beobachten to observe; to watch
reichen to suffice
  es reicht nicht it's not enough
rot werden (wird; wurde, ist geworden) to blush
spüren to feel; to sense; to perceive
sich verlieben (in + *acc*.) to fall in love (with)
sich verspäten to be late

Andere Wörter

anstrengend exhausting
besetzt occupied
regelmäßig regularly

E **Vokabeln.** Bilden Sie Sätze. Sagen Sie **richtig**, wenn der Satz mit der Geschichte übereinstimmt. Wenn er nicht stimmt, sagen Sie **falsch.** Korrigieren Sie die falschen Sätze.

1. die junge Frau / blättern / in einem Modejournal

2. die Männer / müssen / sich vorstellen / ihr Gesicht // denn / sie / tragen / eine Sonnenbrille

3. die Männer / beobachten / sie // und / sie / rot werden // denn / sie / spüren / ihre Blicke°   *glances*

4. freitags / bestellen / sie / einen Cognac // denn / freitags / reichen / die Zeit

5. in der Mittagspause / sie / spielen / mit einem Spielzeug

6. die Männer / ansprechen / sie / nie // denn / der Stuhl neben ihr / besetzt sein / immer

7. die Mittagspause / anstrengender sein // denn / sie / müssen / spielen / eine Rolle

8. die Eltern / fragen / sie / oft / etwas // aber / sie / beantworten / die Frage / mit einer Frage

9. sie / sich verspäten / viel // denn / die Mittagspause / zu kurz sein

10. ihr Lieblingswort / sein / langweilig

11. sie / möchten / sich verlieben

12. sie / finden / das Leben an der Schreibmaschine / uninteressant

F **Nicht verwechseln!** Ergänzen Sie die Sätze.

   die Antwort • antworten • beantworten

1. Was sollte ich auf deine Frage _____?
2. Ich kann deine Frage nicht _____.
3. Ja? Was war denn _____?
4. _____ mir!

G **Wortbildung.** Wolf Wondratschek benutzt in seiner Kurzgeschichte viele Komposita°. Jetzt sind Sie dran°. Bilden Sie Komposita, indem Sie ein Wort *compounds / it's your turn* aus der linken Spalte mit einem passenden Wort aus der rechten Spalte verbinden. Übersetzen Sie Ihre Wörter.

1. der Abend   a. die Brille
2. der Brief (+ e)   b. das Café
3. die Hand   c. das Essen
4. das Haupt   d. der Film
5. die Liebe (+ s)   e. das Journal
6. der Liebling (+ s) f. die Pause
7. die Lippe (+ n)   g. die Sache
8. der Mittag (+ s)   h. das Schreiben
9. die Mode   i. der Stift
10. neben   j. die Tasche
11. die Sonne (+ n)   k. der Tisch
12. die Straße (+ n) l. das Wort

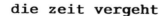

Ernst Jandl: *die zeit vergeht*

die zeit vergeht

```
               lustig
            luslustigtig
        lusluslustigtigtig
     luslusluslustigtigtigtig
   lusluslusluslustigtigtigtigtig
 luslusluslusluslustigtigtigtigtigtig
luslusluslusluslusluslustigtigtigtigtigtigtig
lusluslusluslusluslusluslustigtigtigtigtigtigtigtig
```

D1–11

Was meinen Sie?

H Was verstehen Sie darunter? Mit seinen kurzen Sätzen sagt Wondratschek oft mehr, als es scheint. Suchen Sie die Sätze und lesen Sie sie noch einmal im Zusammenhang. Wie interpretieren Sie die folgenden Sätze?

1. „Die Eltern wissen, daß sie schön ist. Sie sehen es nicht gern."
2. „Aber freitags regnet es oft."
3. „Sie spürt sofort, daß sie Hände hat."
4. „Ohne das Lieblingswort wäre die Mittagspause langweilig."

I Was sind Ihre Lebensziele°? Sagen Sie, was Sie sich für Ihr Leben wünschen. Wie wichtig sind die folgenden Lebensziele für Sie? Benutzen Sie die Skala von 1 bis 5.   *life goals*

1 = Das ist wirklich wichtig.

2 = Das interessiert mich.

3 = Das ist mir egal.

4 = Das interessiert mich nicht.

5 = Das spielt überhaupt keine Rolle.

—— a. Karriere, Aufstieg° im Beruf   *advancement*
—— b. Heirat° und Kinder   *marriage*
—— c. Viel Geld verdienen
—— d. Gesundheit
—— e. Schöne Dinge, wie ein tolles Auto
—— f. Teure Kleidung
—— g. Glück
—— h. Guter Abschluss° (Universität)   *graduation*
—— i. Arbeit finden, guter Arbeitsplatz
—— j. Immer sofort die neuesten elektronischen Geräte° kaufen   *equipment*
—— k. Einen Sinn° im Leben finden   *meaning*
—— l. Für andere da sein, anderen helfen
—— m. Ein guter Computer
—— n. Spaß und Genuss°   *enjoyment*

J Zur Diskussion/Zum Schreiben

1. An einem Sonntagnachmittag kommt ein Freund der jungen Frau zu ihren Eltern zum Kaffeetrinken. Schreiben Sie einen Dialog über diesen Besuch.

2. Die junge Frau erzählt ihrer Freundin beim Mittagessen in einem Restaurant, warum sie Katastrophen liebt. Entwickeln Sie das Gespräch der beiden Freundinnen.

3. Erfinden Sie ein neues Ende, in dem ein Erlebnis aus der Fantasie der jungen Frau Wirklichkeit wird.

Thema 2

Kommunikation

Mädchen lesen SMS-Nachrichten auf ihren Handys.

Texte

ONLINE-ARTIKEL: Jeanette und ihr Handy

ZEITUNGSARTIKEL: Gewalt im Fernsehen

Gedicht

Nicht Zutreffendes streichen
Hans Magnus Enzensberger

Kurzgeschichte

Eine Postkarte für Herrn Altenkirch *Barbara Honigmann*

Resources

The following icons indicate additional resources available in the program components:

Online Study Center

Go to the *Kaleidoskop, 7e* Online Study Center at *http:// college.hmco.com/pic/kaleidoskop7e* for additional practice and cultural exploration.

 Watch the *Kaleidoskop* Video.

Go to the **In-Text Audio CDs** to listen to the readings.

Zwei junge Frauen beim Surfen im Internet Café Website in Berlin.

VIDEO View video: T2
Internet-Cafés.

Einstieg in das Thema

Durch Sprache, Gesten, Bilder und auch Musik kann man kommunizieren. Aus einer großen Auswahl° von Möglichkeiten stellt dieses Thema repräsentative Arten von Kommunikation vor. Sprache als Kommunikationsmittel steht hier im Vordergrund.

    Seit einigen Jahren sind das Handy und das Internet neue Kommunikationsquellen°. Hier lesen Sie einen Online-Artikel darüber, welche Bedeutung das Handy für Jugendliche hat. Nicht alle Menschen kommunizieren natürlich per E-Mail. Auch in Briefen und Karten teilen° wir mit, was wir tun und denken. Wie wichtig Post für einige Menschen ist, erfahren wir in der Kurzgeschichte „Eine Postkarte für Herrn Altenkirch".

    Zeitungen, Zeitschriften, Fernsehen und Radio sind wichtige Kommunikationsmittel, aber die größte Rolle spielt heute wohl das Fernsehen. Der Inhalt° der Fernsehprogramme ist natürlich sehr wichtig. Viele Leute meinen, es gibt zu viel Gewalt° im Fernsehen. Ein Zeitungsartikel berichtet darüber.

selection

Quellen: sources

teilen mit: inform

content

violence

Uni Frankfurt: Schwarzes Brett   *Hannover: Kiosk*   *Begrüßung?*

1. In der Einleitung haben Sie etwas über verschiedene Kommunikationsmittel gelesen. Was für andere Kommunikationsmittel gibt es? Welche spielen in Ihrem Leben eine wichtige Rolle?

2. Auf jedem der folgenden Bilder sehen Sie Menschen in verschiedenen Situationen. Beschreiben Sie ihre Kleidung, ihre Körpersprache (Körperhaltung° *body posture* und Gestik), ihre Stimmung° und die Situation. Wählen Sie dann ein Bild aus *mood* und denken Sie sich dazu ein Gespräch aus. Was ruft der Mann in Bild 3?

Kulturlesestücke

Online-Artikel: Jeanette und ihr Handy

Vor dem Lesen   Mit ihrem Handy versucht die Schülerin Jeanette mit Freunden in der alten Heimat in Kontakt zu bleiben, nachdem ihre Familie umgezogen ist. Auch mit Hilfe von SMS (Short Message Service oder Systems Manager Server) kann sie mit ihren Freunden die neuesten Nachrichten austauschen°.   *exchange*

   Denken Sie vor dem Lesen darüber nach, wie Sie Ihr Handy gebrauchen und welche Erfahrungen Sie damit haben.

1. Wofür benutzen Sie Ihr Handy?
2. Wie viele Stunden pro Woche telefonieren Sie mit dem Handy?
3. Tauschen Sie mit Ihren Freunden auch SMS aus oder telefonieren Sie nur?

4. Nennen Sie ein paar Nachteile° des Handys. *disadvantages*

5. Wie viel bezahlen Sie etwa pro Monat für Ihr Handy?

Beim Lesen Schreiben Sie alle Wörter auf, die mit Telefonieren und Handys zu tun haben.

CD1–12

Jeanette und ihr Handy

Die beiden sind einfach unzertrennlich°. Doch der klingelnde° Freund machte° auch schon Sorgen.

    Als Jeanette mit ihren Eltern in eine andere Stadt umzog, weil ihr Vater dort eine neue Stelle angenommen hatte, brach für sie eine Welt zusammen. Ihren Kummer° bekämpfte° sie mit ausgedehntem° Telefonieren und SMS-Versenden°. Sie brauchte einfach den Kontakt zu ihren Freunden und ganz besonders zu ihrem Freund, den sie in der alten Heimat zurücklassen musste.

inseparable / ringing
machte Sorgen: *caused problems*
⟹ *worked*
sorrow / fought / extended
messages

Hohe Kosten

Das böse Erwachen° kam mit der Telefonrechnung. Über 500 Euro konnte ihr Vater nicht mehr lachen. Er kaufte seiner Tochter ein eigenes Handy und nun muss sie versuchen, ihre „Sucht"° mit Prepaid-Karten im Zaum° zu halten. 80 Euro Handykosten im Monat sind immer noch keine° Seltenheit für die 16-Jährige. Sie sagt, sie braucht ihr Handy ganz einfach. Wenn sie es zuhause vergisst, kehrt sie extra noch einmal um und holt es, und obwohl es in der Schule verboten ist, kann sie kaum die Pausen erwarten, um mit ihren Freunden SMS auszutauschen.

awakening
addiction
im ... halten: *to keep in check* / **keine Seltenheit:** *not unusual*

Statussymbol Handy?

Andere Jugendliche besitzen sogar mehr als nur ein Handy und schielen° trotzdem nach wenigen Monaten schon wieder zum nächsten neuen Modell. Für sie ist das Handy schon längst nicht mehr nur ein Kommunikationsmittel. Ohne Handy ist man „uncool", wer das neueste Modell hat, wird beneidet°. Die zahlreichen° Extrafunktionen der neuen Handys bringen Jugendliche darüber° hinaus dazu, immer mehr Geld auszugeben für Downloads, MMS (Bildmitteilungen°) und vieles mehr.

look with longing
envied / numerous
darüber hinaus: *over and above that / sending pictures*

Zum Text

A **Zum Inhalt**

Handys – mittendrin per Tastendruck

1. Wie reagierte Jeanette auf den Umzug in die neue Stadt?
2. Warum kaufte Jeanettes Vater ihr ein neues Handy?
3. Was zeigt, dass Jeanette ihr Handy sehr wichtig ist?
4. Finden Sie die Handykosten sehr hoch?
5. Warum kann man sagen, dass ein Handy nicht nur Kommunikationsmittel ist, sondern auch Statussymbol?

B Zur Diskussion

1. Beschreiben Sie die Vor- und Nachteile von Handys.
2. In welchen Situationen sollten Handys verboten sein?
3. Beschreiben Sie das „ideale" Handy. Welche Extrafunktionen sind wichtig?
4. Was halten Sie von Handys? Sind die Gebühren zu hoch? Können Handys auch Statussymbole sein?

C Rollenspiele

1. **Es geht um die Rechnung.** Jeanettes Vater hat gerade die Handyrechnung von 500 Euro bekommen. Er ist nicht erfreut darüber. Führen Sie eine Konversation zwischen Jeanette und ihrem Vater auf. Was sagt der Vater? Was antwortet Jeanette?

2. **Ein neues Handy.** Jemand möchte ein Handy kaufen. Führen Sie ein Gespräch zwischen der Kundin/dem Kunden und der Verkäuferin/dem Verkäufer. Was will die Kundin/der Kunde haben? Was will die Verkäuferin/der Verkäufer verkaufen? Was sagt die Kundin/der Kunde? Was sagt die Verkäuferin/der Verkäufer?

D ÖZ-Net Leserbrief-Forum.

Viele Zeitungen und Zeitschriften haben im Internet eine „elektronische" Ausgabe. Lesen Sie die „elektronischen" Briefe an so eine fiktive Zeitung, die *Österreichische Zeitung (ÖZ)*, und beantworten Sie dann die Fragen. Beachten° Sie: Im Internet benutzt man oft **ss** statt **ß** und **ae**, *note*
oe, ue statt der Umlaute **ä, ö, ü**, z.B. **fuer** statt **für**. In den folgenden Online-Leserbriefen benutzen die Leserin und der Leser keine Umlaute, wohingegen° *whereas*
die Redakteure° eine Tastatur haben, mit der man Umlaute tippen kann. *editors*

Thema:	Oez-Net-Ausgabe		Priorität:	Normal ▼

Datum: 27.4.2006
Hallo,
beim Surfen durch das WWW bin ich zufaellig° auf die Internetaus-gabe° der Oesterreichischen Zeitung gestossen. Ich bin fuer einen Monat in New York und freue mich sehr ueber die Moeglichkeit, via Internet aktuelle Nachrichten aus Oesterreich bekommen zu koennen. Gute Arbeit haben Sie damit geleistet°. Die Seiten lassen sich auch relativ leicht runterladen. Die Papiervariante waere mir zwar lieber, aber eine schnelle elektronische Zeitung ist doch besser als eine langsame aus Papier.

by chance
Ausgabe: *edition*

performed

Peter List
New York

**Lieber Herr List,
danke für Ihre E-Mail. Schön, dass unsere ÖZ-Net-Ausgabe
Ihnen gefällt. Schöne Grüße nach USA
Ihr ÖZ-Net-Team.**

Zwei junge Leute arbeiten mit ihrem Laptop im Freien auf dem Gendarmenmarkt in Berlin.

| Thema: | Frische Semmeln | | Priorität: | Normal ▼ |

Datum: Mon, 3. Sept 2006
OK, ich kann die OeZ ueber Internet bekommen — aber wo bleiben die frischen Semmeln°?   *rolls*

Sabine Gnam
Indiana, USA

**Liebe Frau Gnam,
Ihr Verlangen° nach österreichischen Semmeln verstehen wir**   *desire*
gut, müssen Sie aber leider enttäuschen. Via Internet geht so
was noch nicht. Aber viel Spaß beim Lesen.

Mit freundlichen Grüßen
Ihr ÖZ-Net-Team.

1. Wer hat *ÖZ-Net* zufällig gefunden?
2. Was gefällt dem Leser an dieser elektronischen Zeitung?
3. Was will Frau Gnam? Kann das *ÖZ-Net*-Team ihr helfen? Warum (nicht)?
4. Warum scheinen Onlinezeitungen besonders wichtig für Leute im Ausland zu sein?

E **Rollenspiel.** Stellen Sie sich vor, ein Geist° aus der Vergangenheit°   *ghost / past*
erscheint plötzlich – vielleicht Karl Marx oder Johannes Gutenberg. Führen Sie
mit einer Partnerin/einem Partner ein Gepräch, in dem die in der Gegenwart
lebende Person dem Geist erklärt, was man alles mit Computern und elektronischen Medien macht. Spielen Sie sich selbst oder wählen Sie eine Gestalt° aus   *figure*
der Gegenwart. Sie können Begriffe aus dem Wortkasten auf Seite 37 benutzen.

Wortkasten

Einige Computerbegriffe:

abrufen° (E-Mails)	*call up*	die Kontaktbörse	
der Bildschirm°	*screen*	(das Newsboard)°	*bulletin board*
der Browser		kopieren	
browsen		laden	
die CD-ROM		der Laptop	
der Chat		die Mailbox	
chatten		mailen (E-Mails)	
der Chatpartner/		das Modem	
die Chatpartnerin		der Monitor	
der Chatroom		das Netz°	*net*
der Cyberspace		das Notebook	
die Datei, -en°	*file*	online	
die Daten		der PC	
downloaden		der Provider	
der (Farb) Drucker°	*printer*	scannen	
das Equipment		schicken (E-Mails)	
faxen		die Software	
die Festplatte°	*hard drive*	der Speicher°	*memory*
der Hacker/		speichern°	*save*
die Hackerin		die Suchmaschine°	*search engine*
die Hardware		surfen (im Internet)	
die Homepage		die Tastatur°	*keyboard*
die Informatik	*computer science*	das Textverarbeitungs-	
der Informatiker/	*computer*	programm°	*word processor*
die Informatikerin	*specialist*	vernetzt	
installieren		die Website	
das Internet		das WWW	
die Internetadresse		(*ausgesprochen:*	
Klicken Sie hier		weh, weh, weh)	

Die Zukunft telefoniert übers Internet.

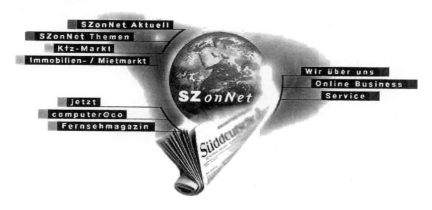

SZonNet Aktuell
SZonNet Themen
Kfz-Markt
Immobilien- / Mietmarkt
jetzt
computer@co
Fernsehmagazin
SZonNet
Wir über uns
Online Business
Service

Vermischtes

1. In Europa kann man mit einem Handy problemlos von Land zu Land und sogar über den Ozean telefonieren. Der Grund für diese Möglichkeit ist das System GSM (Global System for Mobile Communications).

2. Drei von vier EU-Bürgern haben ein Handy. Fast 80 Prozent der 13- bis 17-Jährigen in Deutschland telefonieren mit dem eigenen Handy. 47 Prozent der 11- bis 12-Jährigen besitzen ein Handy.

3. In vielen europäischen Ländern ist das Telefonieren mit Handys ohne Freisprechanlage° während der Fahrt verboten. In Deutschland ist die Strafe° 40 Euro (auf dem Fahrrad 25 Euro), in Österreich 21 Euro, in der Schweiz 65 Franken und in den Niederlanden 136 Euro.

   hands-free set
   fine

4. In Deutschland sehen die Menschen täglich durchschnittlich° 203 Minuten fern und hören 193 Minuten Radio. Jeder Haushalt mit Radio und Fernseher muss montliche Rundfunkgebühren° zahlen. 2005 waren es für einen Fernseher und ein Radio 17,03 Euro pro Monat.

   on the average
   radio and TV fees

5. Man schätzt°, dass um° die 4000 Wörter aus dem Englischen und dem Amerikanischen in die deutsche Sprache eingegangen sind. In den Bereichen° Wirtschaft und Werbung°, Pop-Kultur, Mode und Computertechnik kommt man ohne Englischkenntnisse gar nicht mehr aus.

   estimates / around
   fields / advertising

6. In Österreich müssen alle Kinder ab° der ersten Klasse etwa im Alter von sechs Jahren Englisch lernen. In Deutschland beginnen die Kinder ab der dritten Klasse – etwa mit acht oder neun Jahren – Englisch oder eine andere Fremdsprache zu lernen.

   from

7. In vielen osteuropäischen Ländern ist Deutsch eine wichtige Sprache. In Slowenien lernen 82,2 Prozent der Schüler Deutsch, in der Slowakei sind es 78,8 Prozent, Polen 62,4, Lettland 51,8, Ungarn 47,8, Estland 46,3 und Litauen 37,0.

CD1–13

Umgangsformen

Mich ichze ich.
Dich duze ich.
Sie sieze ich.
Uns wirze ich.
Euch ihrze ich.
Sie sieze ich.
Ich halte mich an die Regeln.

—Kurt Marti

Zeitungsartikel: Gewalt im Fernsehen

Vor dem Lesen Das Fernsehen ist ein beliebtes Kommunikationsmittel. Nachrichten informieren uns; Shows, Musikprogramme, Spielfilme° und Sport unterhalten uns. Jedoch für viele Deutsche ist Gewalt im Fernsehen problematisch. Der folgende Artikel aus der *Nordamerikanischen Wochen-Post* berichtet über eine Studie zu diesem Problem.

feature films

Beantworten Sie die Fragen mit einer Partnerin/einem Partner.

1. Wie viele Stunden sehen Sie am Tag fern?
2. Wie oft sehen Sie sich Kriminalfilme oder Sendungen mit Verbrechen° und Gewalt an? Wie heißen diese Sendungen?
3. Welchen möglichen Effekt hat Fernsehgewalt auf das Leben?

crime

CD1–14

Gewalt im Fernsehen
Studie: Jeden Tag 70 Leichen° auf der Mattscheibe°

FRANKFURT – Wenn ein Kind in Deutschland zwölf Jahre alt wird, hat es im Durchschnitt° bereits° 14 000 Tötungsdelikte° erlebt – im Fernsehen. Zu diesem Ergebnis° kommt eine Studie der Frankfurter Universität. Der ständige° Mord und Totschlag° auf dem
5 Bildschirm° führe dazu, daß die Kinder den Eindruck bekämen, Gewalt sei etwas ganz Normales. Diese Studie stellt auch eine Parallelität fest° zwischen der Zunahme° der Fernseh-Kriminalität und der steigenden° Zahl der Gewaltverbrechen in der Wirklichkeit.
10   Gewaltdarstellungen° füllen, so die Studie, 25 Stunden pro Woche auf allen Kanälen. Durchschnittlich werden auf dem Bildschirm jeden Tag 70 Menschen umgebracht°, alle 20 Minuten einer. Von den 70 täglichen Leichen entfallen° auf den kommerziellen „Pro 7"-Kanal 20, auf die öffentlich-rechtliche ARD°
15 dagegen nur zwei. Ein „Pro 7"-Sprecher erklärte zu der Studie, man werde sich bemühen°, den Blutrausch° einzudämmen. Auch die ARD will der Brutalität entgegenwirken.

Leichen corpses **Mattscheibe** *screen* **Durchschnitt** *average* **bereits** *already*
Tötungsdelikte *homicides* **Ergebnis** *findings* **ständige** *constant* **Totschlag** *homicide*
Bildschirm *screen* **stellt fest** *determines* **Zunahme** *increase* **steigenden** *increasing*
Gewaltdarstellungen *portrayals of violence* **umgebracht** *killed* **entfallen** *ascribed to*
öffentlich ... ARD: *public TV network* **bemühen** *endeavor* **Blutrausch** *bloodlust*

Zum Text

F Zum Inhalt

1. Wie viele Tötungsdelikte hat ein zwölfjähriges Kind im Fernsehen bereits gesehen?
2. Wie viele Stunden pro Woche sind Gewaltdarstellungen im Fernsehen zu sehen?
3. Wie viele Menschen werden jeden Tag im Fernsehen umgebracht?
4. Welche Reaktion haben die zwei Hauptkanäle auf die Studie? Werden sie in Zukunft weniger Gewalt darstellen?

G Gewalt. Suchen Sie die Wörter im Artikel, die mit Gewalt zu tun haben.

H Zur Diskussion/Zum Schreiben

1. Finden Sie, dass es im Fernsehen zu viele Sendungen mit Gewaltverbrechen gibt? Warum (nicht)? Nennen Sie Beispiele.
2. Stimmen Sie mit der Studie überein, dass es eine Verbindung zwischen Fernsehkriminalität und wirklichen Gewaltverbrechen gibt? Erklären Sie das.

I Fernsehen. Beantworten Sie in einer kleinen Gruppe die Fragen und vergleichen Sie Ihre Antworten innerhalb der Gruppe.

1. Welche Sendungen sehen Sie regelmäßig°?   *regularly*

Nachrichten *news*	Sport	Dokumentarfilme
Shows/Musik	Spielshows	Comedyserien
Spielfilme *feature films*	Zeichentrickfilme°	Talkshows *cartoons*
Serien *series*	Kriminalfilme (Krimis)	Quizshows

2. Was sind Ihre Lieblingssendungen°?   *favorite shows*

Kleine Kinder beim Fernsehen

Wortschatz

Substantive

der **Eindruck, ⸚e**   impression
die **Gewalt**   power; violence
   die **Gewalttat, -en**   act of violence
das **Handy, -s**   cell phone
die **Heimat**   hometown; native country
der/die **Jugendliche** (*noun decl. like adj.*)   young person
die **Nachricht, -en**   news; report
die **Rechnung, -en**   bill
die **Sendung, -en**   TV or radio program

freuen

Verben

auf·schreiben (schrieb auf, aufgeschrieben)   to write down
erleben   to experience
freuen   to make happy, please
   sich freuen (auf + *acc.*)   to look forward (to)
   sich freuen (über + *acc.*)   to rejoice, be glad, be happy (about)
laden (lädt; lud; geladen)   to load a program (computer)
runter·laden (lädt runter; lud runter, runtergeladen) (*colloq. for*
  herunterladen)   to download (computer)
   etwas vom Internet runterladen   to download a file from the Internet
um·kehren   to turn back

Andere Wörter

aktuell   current; topical; latest
-jährig   year old
   die **16-Jährige**   the sixteen-year-old
längst   long time ago

J **Definitionen.** Welche Wörter aus der Vokabelliste passen zu den
Bedeutungen? *to experience*

1. erfahren müssen; durchmachen
2. über etwas glücklich sein
3. sich etwas notieren
4. der Effekt, den man auf andere hat; wie man zu sein scheint
5. das Neueste, neu, modern
6. ein Programm vom Internet kopieren
7. eine Neuigkeit
8. Brutalität

K **Synonyme.** Wie kann man den Satz anders sagen? Benutzen Sie ein Synonym aus der Vokabelliste für den **fett gedruckten°** Ausdruck und schreiben Sie den Satz um.

boldfaced

1. Wie oft siehst du dir **Sport** im Fernsehen an?
2. Wie viele **brutale Taten** sieht ein Kind im Fernsehen, bis es erwachsen ist?
3. Deine Antwort hat **mir** sehr **gefallen.**
4. Ich muss mir noch die neue Telefonnummer von Professor Reineke **notieren.**
5. Ich bin in München geboren und ich fühle mich wohl da. München ist einfach **mein Zuhause.**
6. Tanja hat ihren Regenschirm zu Hause vergessen. Sie muss noch mal **zurückgehen,** um ihn zu holen.
7. Fast alle **Teenager** haben einen Computer.
8. Oft haben schon Kinder **ein mobiles Telefon.**
9. Sarah hat ihren alten Laptop schon **vor langer Zeit** verkauft.

Was meinen Sie?

Ich verspreche nichts und das halte ich auch!
Es ist alles nicht so schlimm°, wie es aussieht. Das meiste ist schlimmer.

bad

Ich geh kaputt. Gehst du mit?
Wer keine Angst hat, hat auch keine Phantasie.
Jeder ist Ausländer° – oder verreisen° Sie nie?

foreigner / take a trip

Es gibt nichts zu tun. Fangt schon mal an!
Lieber eine tote Ratte als Aerobic von der Platte.
Wer zuletzt lacht, stirbt wenigstens fröhlich.
Wo wir sind, klappt° nichts, aber wir können ja nicht überall sein.

works, runs smoothly

Junge Leute feiern auf der Kirmes (fair) in Düsseldorf.

L **Meinungsaustausch/Verhandeln.** Graffiti ist ein Mittel, Ideen und Meinungen auszudrücken, wobei man anonym bleiben kann. Arbeiten Sie in kleinen Gruppen:

1. Klassifizieren Sie die Graffiti auf Seite 42 als kritisch, aggressiv oder humorvoll und diskutieren Sie, welche zwei Sprüche° Ihnen am besten gefallen. *sayings*
2. Schreiben Sie als Gruppe zwei oder drei eigene Sprüche.

Literarische Werke

Gedicht: Nicht Zutreffendes streichen

Hans Magnus Enzensberger

Hans Magnus Enzensberger was born in 1929 in Kaufbeuren, in the Allgäu region of Germany. He is considered to be one of the greatest poets of the German language and one of the most influential literary figures of his generation. He has been recognized for his innovative theories about modern poetry and his prolific output, which includes volumes of poetry, plays, essays, and translations. Testimony to his place in German literature is the number of literary prizes he has received, including the **Georg-Büchner-Preis** (1963), the **Heinrich-Böll-Preis** (1985), the **Heinrich-Heine-Preis** (1998), and the **Ludwig-Börne-Preis** (2002).

His first poems from **Die Verteidigung der Wölfe** (1957) are early examples of his political and socially committed **("engagierte")** poetry that is filled with biting irony and sarcasm. Enzensberger attacked the consumer society of postwar Germany and tried to arouse his fellow citizens from what he viewed as their self-satisfaction during the period of the "economic miracle" **(Wirtschaftswunder).** In all his texts, Enzensberger is concerned with establishing a connection between literature, especially poetry, and ethical and social issues in the post-Holocaust era, challenging aesthetic and social values. He has also been one of the most critical voices against the media. Enzensberger is a nonconformist who mistrusts all ideologies and emphasizes independent thinking and action. His position as cultural critic is evident in the poem "Nicht Zutreffendes streichen," in which he heaps scorn on the person who, out of fear of saying something wrong, ends up saying the wrong thing. This person does not, of course, participate in the process of communication. The phrase "Nicht Zutreffendes streichen" is found on German forms where one is instructed to cross out what doesn't apply rather than to mark the information that does apply.

CD1–15

Nicht Zutreffendes streichen

Was deine Stimme so flach macht
so dünn und so blechern°   *tinny*
das ist die Angst
etwas Falsches zu sagen

5 oder immer dasselbe
oder das zu sagen was alle sagen
oder etwas Unwichtiges
oder Wehrloses°   *vulnerable*
oder etwas das mißverstanden werden könnte
10 oder den falschen Leuten gefiele°   *would be liked by*
oder etwas Dummes
oder etwas schon Dagewesenes°   **etwas … Dagewesenes:**
etwas Altes   *something said before*

Hast du es denn nicht satt
15 aus lauter° Angst   *nothing but*
aus lauter Angst vor der Angst
etwas Falsches zu sagen

immer das Falsche zu sagen?

Kurzgeschichte: Eine Postkarte für Herrn Altenkirch

Barbara Honigmann

Barbara Honigmann was born in East Berlin in 1949, where her parents chose to live after World War II. As Jews, her parents had fled to England during the period of National Socialism. For a number of years Honigmann was a dramatic adviser, theater director, and producer in the German Democratic Republic before becoming a writer. Since 1984, she has lived with her family in Strasbourg, France. Honigmann's emigration became a catalyst for writing about her Jewish identity in the former GDR and her chosen exile in Strasbourg, where she returned to her roots to become a practicing Jew. She published her first volume, **Roman von einem Kinde**, in 1986. The book contains six narratives, among them the story "Eine

Postkarte für Herrn Altenkirch." Since 1986, she has published novels, novellas, and essays, which have been translated into several languages. Her works were widely acclaimed: **Eine Liebe aus Nichts** (1991), **Soharas Reise** (1996), **Am Sonntag spielt der Rabbi Fußball** (1998), **Damals, dann und danach** (1999), and **Alles, alles Liebe!** (2000). She has received a number of prestigious prizes, the latest being the **Kleist-Preis** (2000), the **Jeanette-Schocken-Preis** (2001), Koret Jewish Book Award (2004), and the **Solothurner Literaturpreis** (2004). Honigmann is also a painter and has regular exhibitions at the Hasenclever Gallery in Munich.

Honigmann's works have been described by critics as varied segments of fictionalized autobiography and autobiographical sketches. She uses a variety of narrative devices: diary excerpts, passages from letters, anecdotes, quotations from poetry, factual reportage, and reflections of the narrator. In "Eine Postkarte für Herrn Altenkirch" a lonely old man rents a room to a young woman who is an advisor on theatrical concerns **(Dramaturgin)** such as choosing plays. She holds this post at a theater in Brandenburg in the German Democratic Republic. For a year she provides welcome company to her lonely landlord. Then their ways part.

Zum Thema

1. Kennen Sie einige alte Menschen? Was für ein Leben haben diese Personen? Sind sie zufrieden, aktiv, einsam, gelangweilt?

2. Manche alte Leute sind einsam. An wem oder woran kann das liegen?

Leitfragen

1. Wie zeigt die Autorin die Einsamkeit von Herrn Altenkirch? Wie sieht er aus? Wie verbringt er seine Zeit? Wie sieht seine Wohnung aus?

2. Was macht Herr Altenkirch für seine Mieterin°? Was macht sie für ihn? *tenant (f.)*

3. Kommunikation ist mehr als nur Sprache. Wie zeigt sich das in der Geschichte?

Eine Postkarte für Herrn Altenkirch

Als ich nach Brandenburg kam als Dramaturg° ans Theater, fragte man mich am ersten Tag, ob ich ein Leerzimmer oder ein möbliertes Zimmer haben wollte … Ein Zimmer, das zu einer Wohnung gehört, die Wohnung gehört einer Familie, und wer immer diese Menschen
5 sein werden, ich werde ihnen dankbar sein, wenn ich die Wärme ihrer Wohnung mit ihnen teilen kann.

Ich zog zu Herrn Altenkirch in die Hauptstraße 7. Er wohnte im Hinterhof°, das Haus war nur klein, und die Wohnung war warm. Herr Altenkirch heizte jeden Morgen die Öfen der drei Zimmer: seine
10 „Stube°", sein Schlafzimmer und das Zimmer, das er vermietete.

Herr Altenkirch war alt und sehr dünn, und wenn er ausging, setzte er den Hut auf, wie die Männer seiner Generation es zu tun pflegen°. Ich glaube, er lebte schon sehr lange allein dort, ich habe nie erlebt, daß er Besuch bekam, und ein Telefon hatte er auch nicht. Er sagte bei unserem
15 ersten Gespräch zu mir: „Morgens, nach dem Aufstehen, wollen wir

theatrical advisor (e.g., advises on selection of plays)

back of the property

parlor

are accustomed

immer zusammen frühstücken und uns unterhalten. Da habe ich ein bißchen Gesellschaft."

So taten wir es auch. Beim 20 Frühstück, das er immer schon vorbereitet hatte, wenn ich aus meinem Zimmer kam, unterhielten wir uns, und da zeigte er mir auch sein Fotoalbum, in das er neben Familienbildern auch Bilder von Künstlern des Theaters eingeklebt° hatte. Zwei von ihnen hatten vor mir bei ihm zur Untermiete gewohnt°, eine Schauspielerin und ein Musiker. 30 Der Musiker war lange sein Untermieter° gewesen, und später, als er schon nicht mehr in Brandenburg war, hat er von Reisen Ansichtskarten geschickt, die Herr Altenkirch alle aufgehoben und auch in das Album eingeklebt hatte. Und als wir sie uns ansahen, dachte ich: Später werde ich auch solche Ansichtskarten an Herrn Altenkirch 40 schreiben, ich werde ihm damit eine Freude machen, denn er ist doch einsam.

Einmal, als ich vom Theater nach Hause kam, merkte ich, daß Herr Altenkirch in der Zwischenzeit meine Schuhe geputzt hatte. Ich sagte ihm, daß er das um Gottes willen° nicht tun soll, ich könne doch meine 45 Schuhe sehr gut selber putzen. Aber er bat mich, ihn zu lassen, es macht ihm Spaß, er hat doch nichts zu tun den ganzen Tag, und er kann auch nicht so lange schlafen und ist jeden Morgen schon ganz früh wach, schließlich komme ich doch immer erst spät in der Nacht von den Proben nach Hause. Da soll ich ihm ruhig meine Schuhe einfach 50 draußen stehenlassen, er putzt sie dann gleich morgens vor dem Frühstück und ich kann sie schon anziehen, wenn ich wieder ins Theater gehe. Es war mir so unangenehm, mir von ihm, einem alten Mann, die Schuhe putzen zu lassen, er wollte es aber unbedingt, und so ließ ich es geschehen, da es ihm Freude machte und er so stolz° war auf die 55 glänzenden° Schuhe. Nie wieder in meinem Leben habe ich glänzende Schuhe gehabt.

Manchmal, wenn ich nachmittags zwischen den Proben nach Hause kam, saß Herr Altenkirch in seiner „Stube" im Sessel und guckte aus dem Fenster, die Tür zum Flur° ließ er immer auf, so daß er mich

pasted in

bei … gewohnt: *rented a room from him*

roomer

Käthe Kollwitz: Stehender Arbeiter mit Mütze, *1925*

um … Willen: *for heaven's sake*

proud
shining

hallway

60 gleich sah, wenn ich die Wohnungstür aufschloß, und er bat mich dann
hereinzukommen, und ich erzählte vom Theater, und wir blätterten° *leafed through*
zusammen in alten Illustrierten, die da wohl schon sehr lange rumlagen.
Manchmal hatte er auch ein Paket aus dem Westen gekriegt°, und das
packte er dann mit mir zusammen aus und gab mir von den Schoko-
65 ladenriegeln° ab und kochte noch extra einen Nachmittagskaffee. *chocolate bars*

Aber ich war nur ein kurzes Jahr in Brandenburg, schon vor dem
Ende der Spielzeit° ging ich vom Theater dort wieder weg. Es hatte viel *season*
Krach° gegeben, einen Prozeß° sogar. Wir waren eine Gruppe, Schau- *quarrels / lawsuit*
spieler, Regisseur° und Dramaturg, die alles anders wollte, und der *director*
70 Anführer° der Gruppe war nun verurteilt° worden zu gehen. Da gingen *ringleader / forced*
wir alle mit, aus Solidarität. Nachher allerdings stand jeder für sich allein
da, hatte nichts, fand nichts und mußte schließlich irgendein Engagement annehmen, das sich bot, wo es auch sei und was es auch sei. Der
Anführer der Gruppe zog sich ganz zurück und lebt, soviel ich weiß,
75 heute als Holzfäller° im Walde. *woodcutter*

Ich zog also wieder weg von Herrn Altenkirch. Ich packte meine
Sachen, die ich in seiner Wohnung ausgebreitet° hatte, wieder ein, nahm *spread out*
meine Kunstpostkarten von der Wand und verabschiedete mich von
ihm. Er nahm seinen Hut und brachte mich noch bis zur Ecke, hin-
80 ter der die Straße zum Bahnhof führt. An der Ecke blieb er stehen, und
ich ging weiter. Ich drehte mich oft um°, der kleine Herr Altenkirch **drehte mich um:** *turned around*
winkte mit dem Hut, bis ich endgültig in den Bahnhof hineinging.
Und da dachte ich wieder: Ich werde ihm ab und zu eine Postkarte
schicken, wenn ich irgendwo unterwegs bin, eine Ansichtskarte, einfach
85 einen Gruß:

An
Herrn Altenkirch
18 Brandenburg/Havel
Hauptstr. 7
90 Lieber Herr Altenkirch!
Ganz herzliche Grüße aus …
sendet Ihnen
Ihre

Inzwischen sind so viele Jahre vergangen°. Herr Altenkirch wird *gone by*
95 jetzt bestimmt schon tot sein, und ich habe diese Postkarte nie
geschrieben, ich weiß nicht warum. Einfach weil … weil … und weil …

Aber ich muß mir jetzt immer vorstellen, wie Herr Altenkirch zu
der Stunde, wenn der Briefträger kam, hinunterging und in seinen
Kasten schaute, in dem so selten etwas lag, und wie er hoffte, einmal
100 vielleicht von mir eine Ansichtskarte darin zu finden, aber sie nie fand,
und wie dann sicher mit der Zeit die Hoffnung langsam schwand°, aber *vanished*
die Enttäuschung° sicher blieb. *disappointment*

Und jetzt tut es mir weh.
Bitte verzeihen Sie mir, Herr Altenkirch.

Zum Text

A Zum Inhalt

1. Wie sieht Herr Altenkirch aus? Beschreiben Sie ihn.

2. Wo wohnt Herr Altenkirch? Beschreiben Sie seine Wohnung.

3. Wir können die Einsamkeit des alten Mannes sehen und fühlen. Geben Sie Beispiele.

4. Was machen Herr Altenkirch und die Erzählerin beim gemeinsamen° Frühstück? — *common*

5. Im Fotoalbum sind nicht nur Fotos, sondern auch Ansichtskarten einge-klebt. Welche Rolle spielen die Ansichtskarten in seinem Leben?

6. Warum will Herr Altenkirch die Schuhe der Erzählerin putzen? Wie reagiert sie darauf? Warum?

7. Was macht Herr Altenkirch, wenn er ein Paket bekommt? Inwiefern° ist das für ihn typisch? Warum erwähnt° die Erzählerin, dass das Paket aus dem Westen kommt? — *in what respect / does mention*

8. Warum verlässt die Erzählerin Brandenburg? Welche Probleme hat es am Theater gegeben?

9. Woran können wir sehen, dass der Abschied° Herrn Altenkirch sehr schwer fällt? — *farewell*

10. Was für ein Versprechen° gibt die Erzählerin sich selbst beim Abschied? — *promise*

11. Was tut der Erzählerin besonders weh, wenn sie an Herrn Altenkirch und seinen Briefkasten denkt?

B Rollenspiel

1. Spielen Sie mit Ihrer Partnerin/Ihrem Partner ein Wiedersehen von Herrn Altenkirch und seiner Mieterin nach zehn Jahren.

2. Sie sind der Briefträger von Herrn Altenkirch und treffen ihn eines Tages vor seinem Briefkasten. Worüber beklagt° er sich beim Briefträger und wie tröstet° ihn der Briefträger? — *does complain / console*

C Zur Diskussion/Zum Schreiben

1. Beschreiben Sie das gute Verhältnis°, das Herr Altenkirch und seine Mieterin ein Jahr lang miteinander hatten. — *relationship*

2. Warum hat Ihrer Meinung nach die Erzählerin nicht geschrieben?

3. Diese Erzählung sagt uns etwas über Kommunikationsprobleme in der modernen Gesellschaft. Welche Kommunikationsprobleme sehen Sie in der Beziehung zwischen Herrn Altenkirch und der Erzählerin?

Wortschatz

Substantive

die **Ansichtskarte, -n**   picture postcard
der **Briefträger, -/die Briefträgerin, -nen**   letter carrier
die **Illustrierte, -n, -n**   illustrated magazine
der **Kasten, ⸚**   box
  der **Briefkasten, ⸚**   mailbox
der **Künstler, -/die Künstlerin, -nen**   artist; performer
die **Probe, -n**   rehearsal
der **Schauspieler, -/die Schauspielerin, -nen**   actor/actress

Verben

auf·heben (hob auf, aufgehoben)   to keep, preserve
auf·schließen (schloss auf, aufgeschlossen)   to unlock; to open
ein·packen   to pack up; to wrap
gucken   to look; to peek
mieten   to rent
  Sommergäste mieten ein Zimmer in der Villa Seewind.
  Summer guests rent a room in Villa Seewind.
sich verabschieden (von)   to say good-bye (to a person)
vermieten   to rent (out)
  Die Villa Seewind vermietet zehn Zimmer an Sommergäste.
  Villa Seewind rents ten rooms to summer guests.
verzeihen (+ *dat.*) (verzieh, verziehen)   to pardon, forgive

Andere Wörter

ab und zu   now and then
allerdings   certainly; of course; though
endgültig   final, definitive
herzlich   cordial(ly); warm(ly)
  herzliche Grüße (*letter closing*)   kind regards
unbedingt   unconditional; absolute

D **Vokabeln.** Ergänzen Sie mit Wörtern aus der Vokabelliste.

In Brandenburg gibt es ein bekanntes Theater, an dem während der Spielzeit viele (1) _____ und (2) _____ ein Gastengagement haben. Oft (3) _____ diese Menschen ein Zimmer in der Stadt. Ein Jahr lang (4) _____ Herr Altenkirch eins von seinen kleinen Zimmern an eine Dramaturgin vom Theater. Jeden Morgen essen sie zusammen Frühstück und (5) _____ manchmal sein Fotoalbum an. Herr Altenkirch hat nicht nur Familienfotos in seinem Album, sondern auch Ansichtskarten, die er

gern (6) _____. Bis spät in die Nacht hat die Mieterin am Theater
(7) _____, aber (8) _____ kommt sie auch am Tag für einige Stunden
in die Wohnung zurück. Herr Altenkirch hört gern, wenn sie die
Wohnungstür (9) _____ und Zeit für ihn hat. Manchmal sehen sie sich
alte (10) _____ an. Er will auch (11) _____ ihre Schuhe putzen,
obwohl die Erzählerin das nicht gern sieht. Eines Tages, noch vor dem
Ende der Spielzeit, erzählt die Mieterin von einem Krach am Theater.
Kurz danach (12) _____ sie ihre Sachen bei Herrn Altenkirch wieder
(13) _____. Sie muss sich von ihm (14) _____, aber sie verspricht° _promises_
ihm zu schreiben. Herr Altenkirch bringt sie zum Bahnhof und winkt, bis
sie (15) _____ nicht mehr zu sehen ist. Jeden Tag wartet er nach ihrem
Abschied auf den (16) _____, aber der hat nie eine Karte von der
früheren Mieterin. Sein (17) _____ bleibt leer. Als die Mieterin sich
später an Herrn Altenkirch erinnert, ist sie traurig und bittet ihn in
Gedanken ihr zu (18) _____.

E **Verwandte Wörter.** Ergänzen Sie die Sätze.

die Miete • mieten • der Mieter/die Mieterin • vermieten • der
Vermieter/die Vermieterin

1. Ein alter Mann _____ oft ein Zimmer an Schauspieler.
2. Junge Schauspieler _____ gern ein Zimmer bei ihm, denn _____ ist
   nicht sehr hoch und junge Schauspieler verdienen oft sehr wenig.
3. Der Mann freut sich _____ im Haus zu haben, denn er ist einsam.
4. Als _____ ist der Mann freundlich und nett.

Suffix *-lich*

The suffix **-lich** forms adjectives and adverbs from nouns, verbs, or other
adjectives: **der Freund > freundlich; kaufen > käuflich.** The English
suffixes *-ly* after nouns and adjectives (*friendly*) and *-able* after verbs (*purchasable*) correspond to **-lich.**

F **Wörter auf *-lich*.** Übersetzen° Sie die Wörter mit dem Suffix **-lich.** _translate_
Dann geben Sie ein verwandtes deutsches Wort.

Berlin, den 4. März 2006

Sehr geehrte Frau Scharf,

ich danke Ihnen ganz herzlich für die Materialien. Nächste Woche mache
ich meine halbjährliche Reise nach Bonn, wo ich geschäftlich zu tun habe.
Es wäre schön, wenn ich mich bei Ihnen persönlich bedanken könnte.
Lassen Sie mich bitte wissen, ob das Ihnen recht ist.

Mit freundlichen Grüßen

Jürgen Kleinschmidt

Grammatik im Kontext

G **Die Vergangenheit°.** Honigmann schreibt über Ereignisse in der Vergangenheit und benutzt deshalb hauptsächlich° das Präteritum°. Wir finden aber auch andere Zeitformen°. Lesen Sie sich den letzten Teil der Geschichte noch einmal durch. Beginnen Sie mit Zeile 76. Beantworten Sie folgende Fragen zu Form und Funktion der Zeitformen im Text. (Siehe *Kapitel 2.*)

past
mainly / simple past
tenses

Online Study Center

1. Suchen Sie vier Verben im Präteritum. Geben Sie die Infinitive an. Sind die Verben stark oder schwach?
2. Suchen Sie ein Beispiel vom Plusquamperfekt°. Ist das Verb stark oder schwach? Warum benutzt die Autorin das Plusquamperfekt? (Was ist das Zeitverhältnis° zwischen Präteritum und Plusquamperfekt?)
3. Suchen Sie zwei andere Zeitformen (außer Präteritum und Plusquamperfekt) in diesem letzten Teil. Erklären Sie Form und Funktion.

past perfect

relationship in time

H **Schreiben Sie!** Die folgende Anekdote handelt° von einer alten Dame. Schreiben Sie die Geschichte noch einmal und setzen Sie sie ins Präteritum.

is about

In einem großen Haus wohnt eine alte Dame. Sie hat eine große Wohnung und ist immer allein und einsam. Nur wenige Leute grüßen sie. Sie zieht immer schwarze Kleider an. Eines Tages kommt sie vom Einkaufen zurück, sie trägt zwei schwere Taschen. Auf dem Gehweg spielen Kinder. Plötzlich fällt sie hin und Äpfel, Orangen, Kartoffeln, Käse – alles liegt auf dem Boden. Da nicken die Kinder einander zu und helfen der alten Dame, die zwischen ihren Einkäufen sitzt. Sie steht auf, die Kinder steigen mit ihr die Treppe in den vierten Stock hinauf, die Einkaufstaschen in den kleinen Händen. Sie schließt die Wohnung auf, gibt den Kindern Äpfel und Orangen und erzählt ihnen eine lustige Geschichte. Von da an bleibt sie nicht mehr allein. Eine Freundschaft beginnt. Oft kommen die Kinder zu ihr, hören ihre Geschichten und lachen. Wer freut sich mehr – die Kinder oder die alte Frau?

Was meinen Sie?

I **Zur Diskussion/Zum Schreiben**

1. Stellen Sie sich vor, Sie haben Ihren Urlaub in Berlin verbracht. Schreiben Sie eine Postkarte an Herrn Altenkirch, in der Sie Ihren Urlaub beschreiben.
2. Stellen Sie sich vor, die junge Frau in der Geschichte „Die Mittagspause" zieht aus dem Haus ihrer Eltern aus und mietet ein Zimmer bei Herrn Altenkirch. Erfinden Sie eine Szene mit einem Dialog und spielen Sie diese Szene mit einer Kommilitonin oder einem Kommilitonen nach.
3. Wie bleiben Sie mit Ihren Freundinnen/Freunden, Bekannten und Verwandten in Kontakt? (Telefon? Briefe? Karten? Fax? E-Mail?) Welches Kommunikationsmittel benutzen Sie am liebsten/am meisten? Warum?
4. Finden Sie etwas über Frankfurt oder Brandenburg heraus und berichten Sie kurz darüber. Sie können in einem Buch nachlesen oder Informationen darüber im Internet suchen.
5. Weitere Aktivitäten finden Sie auf der ***Kaleidoskop*** Webseite.

*Online Study Center*

Thema 3

Deutschland im 21. Jahrhundert

Kinderspielplatz vor dem Spreebogen mit seinen modernen Glastürmen

Texte

INTERVIEW: „Bei den Wessis ist jeder für sich"

ZEITSCHRIFTENARTIKEL: Kontinent im Kleinformat: Die Europäische Schule in München

Gedicht

Berliner Liedchen
Wolf Biermann

Drehbuch

Das Versprechen *Peter Schneider und Margarethe von Trotta*

Resources

The following icons indicate additional resources available in the program components:

Online Study Center

Go to the *Kaleidoskop, 7e* Online Study Center at *http://college.hmco.com/pic/kaleidoskop7e* for additional practice and cultural exploration.

VIDEO Watch the *Kaleidoskop* Video.

Go to the **In-Text Audio CDs** to listen to the readings.

Einstieg in das Thema

Seit dem 3. Oktober 1990 ist Deutschland wieder ein vereinigtes° Land. Von 1949 bis 1990 gab es zwei deutsche Staaten, Westdeutschland (die Bundesrepublik Deutschland [BRD]) und Ostdeutschland (die Deutsche Demokratische Republik [DDR]). Diese zwei Staaten hatten unterschiedliche° Wirtschaftssysteme: in der BRD eine freie Marktwirtschaft und in der DDR eine zentrale Planung des Wirtschaftssystems, wie in anderen kommunistischen Ländern. Viele DDR-Bürgerinnen und Bürger sahen Positives in ihrer sozialistischen Gesellschaft, wie z.B. soziale Sicherheit, Arbeitsplätze für alle, niedrige° Mieten und staatlich subventionierte°, niedrige Lebensmittelpreise. Andererseits wollten die Menschen größere Freiheit und bessere und mehr Waren in ihren Geschäften. Daher flohen° viele Leute in den Westen. Um das zu verhindern, baute der Staat 1961 eine Mauer zwischen Ost- und West-Berlin und verstärkte die Grenze zwischen Ost- und Westdeutschland.

unified

different

low / subsidized

fled

VIDEO
View video: T3
Ost und West und die Liebe.

1989 ging eine demokratische Bewegung durch die Ostblockländer[1]. In vielen Städten der DDR gab es Demonstrationen gegen das totalitäre Regierungssystem. Am 9. November 1989 fiel die Berliner Mauer, und ein Jahr später, am 3. Oktober 1990, fand die Vereinigung der beiden Staaten statt.

Wie sieht es im vereinigten Deutschland aus? Nach einer kurzen Euphorie erkannten die Menschen in beiden Teilen Deutschlands die vielen Probleme. In der ehemaligen° DDR gab es plötzlich viele Arbeitslose. Überall wurde das Leben teurer – Preise für Lebensmittel, Verkehrsmittel und Mieten stiegen°. In der alten Bundesrepublik waren viele Bürgerinnen und Bürger ärgerlich darüber, dass sie die neuen Länder jedes Jahr mit vielen Milliarden° Mark unterstützen° mussten. Trotz großer Schwierigkeiten° am Anfang hat sich vieles in den neuen Bundesländern[2] gebessert. Aber die Meinung der deutschen Industrie ist, dass es noch 15 bis 20 Jahre dauern wird, bis Ostdeutschland und Westdeutschland wirtschaftlich gleich sind.

former

rose

billions / support / difficulties

Das vereinigte Deutschland ist (nach Frankreich und Spanien) das drittgrößte Land der Europäischen Union (EU)[3]. Es ist halb so groß wie Texas und etwas kleiner als Neufundland. Mit 82,5 Millionen hat Deutschland die meisten Einwohnerinnen und Einwohner von allen Ländern der EU. Insgesamt gehören 450 Millionen Menschen zu den 25 Ländern der EU.

---

[1]**Ostblockländer:** Bulgarien, die DDR, Polen, Rumänien, die Tschechoslowakei, die UdSSR (Sowjetunion), Ungarn.

[2]**Die neuen Bundesländer** = Länder der Ex-DDR. Die westdeutschen Länder sind die „alten Bundesländer".

[3]**Europäische Union (EU):** Belgien, Dänemark, Deutschland, Estland, Finnland, Frankreich, Griechenland, Großbritannien, Irland, Italien, Lettland, Litauen, Luxemburg, Malta, die Niederlande, Österreich, Polen, Portugal, Schweden, die Slowakei, Slowenien, Spanien, Tschechien, Ungarn, Zypern.

Deutschland ist im 21. Jahrhundert ein Teil des europäischen Hauses. Die Deutschen haben jetzt keine deutschen Pässe mehr, sondern europäische. Seit 2002 gibt es nur noch eine Währung°, den Euro[4]. Deshalb brauchen die Deutschen und die Bürgerinnen und Bürger von zehn anderen EU-Staaten jetzt kein Geld mehr zu wechseln°, wenn sie in eins dieser EU-Länder reisen.

currency

change

Gedankenaustausch Wählen Sie für jedes der folgenden historischen Daten das richtige Ereignis in der rechten Spalte°. Die Antworten finden Sie unten.[5]

column

E 1945
C 1948
h 1948–1952
d 1949
b 1961
f 1989
j 1990
i 1995
a 2002
g 2005

a. In Deutschland und Österreich gibt es statt Mark und Schilling jetzt nur noch den Euro.

b. Beginn des Mauerbaus in Berlin

c. die Blockade West-Berlins

d. Gründung° der BRD und der DDR

e. das Ende des Zweiten Weltkrieges

f. die Regierung der DDR tritt zurück°

g. Zehn neue Länder treten° der EU bei.

h. durch den Marshall-Plan bekommt Westdeutschland amerikanische Hilfe für den Wiederaufbau°

i. Zu diesem Zeitpunkt sind 15 Staaten Mitglieder° der Europäischen Union (EU).

j. Vereinigung der beiden deutschen Staaten (BRD und DDR)

founding

tritt zurück: *resigns*

join

rebuilding

members

---

[4]Der Euro ist die Währung in elf Ländern: Belgien, Deutschland, Finnland, Frankreich, Irland, Italien, Luxemburg, den Niederlanden, Österreich, Portugal und Spanien.

[5]**Antworten:** 1945 e; 1948 c; 1948–1952 h; 1949 d; 1961 b; 1989 f; 1990 j; 1995 i; 2002 a; 2005 g

1. Welche Ereignisse passen zu welchen Kategorien: der kalte Krieg, vereinigtes Deutschland, ein neues Europa? Was wissen Sie über diese Ereignisse? Sie können Ereignisse aus der vorhergehenden° Übung benutzen, aber auch andere. *preceding*

2. Finden Sie es gut, dass Ostdeutschland und Westdeutschland wieder ein Land sind? Warum (nicht)?

Kulturlesestücke

Interview: „Bei den Wessis ist jeder für sich"

Vor dem Lesen Mit der Vereinigung Deutschlands verloren die DDR-Bürgerinnen und Bürger ihr vertrautes° Land, ihre Heimat°. Wirtschaftlich geht es den meisten Menschen der ehemaligen° DDR heute besser, aber trotzdem vermissen sie einiges aus ihrem alten Leben. Die Nostalgie, mit der manche Menschen auf DDR-Zeiten und auf die alte Gesellschaft im Osten zurückblicken, nennt man „Ostalgie". Filme, wie **Sonnenallee** (1999) und **Good bye, Lenin!** (2003) schauen mit leichtem und humorvollem Blick auf die DDR zurück. **Good bye, Lenin!** reflektiert die politischen Ereignisse° des Mauerfalls am Beispiel der fiktiven Geschichte der Ostberliner Familie Kerner. Kurz vor dem Ende der DDR fällt die Mutter nach einem Herzinfarkt° ins Koma und verschläft° den Eintritt in die freie Marktwirtschaft und den Kapitalismus. Um das schwache Herz seiner Mutter zu schonen°, nachdem sie nach acht Monaten aus dem Koma aufgewacht ist, lässt ihr Sohn Alex in ihrer Wohnung die DDR wieder aufleben° und versucht zum Beispiel die Werbeplakate° von Fast-Food-Ketten° und überhaupt alles Westliche von ihr fernzuhalten.

familiar / homeland
former

events

heart attack / sleeps through
spare

come to life / ads
chains

   In einem Interview aus dem Magazin *Spiegel* erzählen vier Thüringer° Schülerinnen und Schüler über ihre Kindheit in der DDR. Besprechen Sie mit einer Partnerin oder einem Partner, was Sie schon über die DDR wissen. Was haben Sie über das Leben dort gehört? Wissen Sie etwas über die Beziehung zwischen den Menschen im Osten und Westen (den „Ossis" und „Wessis")?

state in Germany

1. Bevor Sie den Text lesen, suchen Sie Thüringen auf einer Landkarte von Deutschland. Welche Städte sind in Thüringen? Kennen Sie eine oder mehrere Städte?

2. Achten° Sie beim Lesen darauf, welche Dinge die Schülerinnen und Schüler in der DDR gut fanden und was sie an der neuen Bundesrepublik kritisieren.

note

Die vier Thüringer Schüler – Carla, Volker, Ferenz und Susanne – finden, dass bei den Ossis das kollektive Zusammengehörigkeitsgefühl noch ein bisschen da ist.

„Bei den Wessis ist jeder für sich"
Vier Thüringer Schüler über ihre Kindheit in der DDR

Carla Porges, 15, aus Gera, Susanne Strobel, 16, aus Erfurt, Ferenz Langheinrich, 15, aus Niederzimmern bei Erfurt und Volker Weyh, 16, aus Apolda besuchen die Oberschule.°

SPIEGEL:
Was fällt euch zu dem Wort DDR ein?

SUSANNE:
Zusammenhalt° unter Menschen.

CARLA:
Daß man sozial richtig abgesichert° war. ?

VOLKER:
Totalitär.

FERENZ:
Eingeschränkte° Freiheit.

SPIEGEL:
Was meinst du mit Zusammenhalt, Susanne?

SUSANNE:
Das wichtigste war: Jeder hatte Arbeit. Man hat das Angstgefühl oder das Gefühl des Unter-Druck°-Seins nicht gehabt. Man hat sich auch gegenseitig° geholfen. Weil der Druck nicht da war, brauchte man den anderen nicht zu beneiden°.

CARLA:
Das war ein besseres Kollektiv, so zusammen.

SUSANNE:
Auch in Plattenbauten°. Da hat eben das ganze Haus mal im Garten gegrillt. Das war alles viel freundlicher.

Oberschule *high school*   **Zusammenhalt** *solidarity*   **abgesichert** *protected*
eingeschränkte *limited*   **Druck** *pressure*   **gegenseitig** *each other*   **beneiden** *envy*
Plattenbauten *apartment houses of prefabricated construction common in the GDR*

VOLKER:

Früher hat auch der Nachbar die Axt mal freiwillig geborgt°.

SPIEGEL:

Würde er das heute nicht mehr?

ALLE:

Nein!

SPIEGEL:

Ihr wart bei der Wende° gerade mal fünf oder sechs. Woher wißt ihr überhaupt, was in der DDR los war?

CARLA:

In der Hauptsache von den Eltern und dann durchs Fernsehen.

SUSANNE:

Ich interessiere mich dafür, weil ich da aufgewachsen bin. Viele Sachen habe ich noch als Kind mitbekommen, mein Vater war Direktor an der Schule.

SPIEGEL:

Was hört ihr denn in der Schule über die DDR? Es wird oft behauptet, daß die Lehrer die DDR viel zu positiv sehen.

FERENZ:

Wir nehmen in unserer Klasse gerade die DDR durch. Meine Geschichtslehrerin enthält sich° jeder Meinung.

VOLKER:

Es wird viel Pompom drum gemacht.° Die meisten Lehrbücher°, die wir in der ehemaligen DDR besitzen, sind vom westlichen Denken geprägt°, und da wird auf den Kommunismus geschimpft. Es ist halt° Ost gegen West, in den Büchern merkt man das an bestimmten Schlüsselsätzen° immer wieder.

SUSANNE:

In der DDR gab es Noten in Fleiß° und Betragen°. Die würden einigen Schülern auch heute ganz guttun. Manche haben nicht mal Lehrern gegenüber Respekt. Das gab es in der DDR nicht.

SPIEGEL:

Seht ihr denn ein großes Problem zwischen Ossis und Wessis?

---

geborgt *lent*   **Wende** *change (term used for 1989 peaceful revolution in GDR)*   **enthält**
sich *refrains from*   **Es ... gemacht.** *There's a lot of show.*   **Lehrbücher** *textbooks*
geprägt *molded*   **halt** *simply (regional flavoring particle)*   **Schlüsselsätzen** *key sentences*
Fleiß *effort*   **Betragen** *conduct*

SUSANNE:

Ich kenne einen, der ist im Westen zur Schule gegangen. Das erste, was die drüben sagten, war, hier kommt ja der Osttürke. Die Wessis versuchen nicht, uns persönlich kennenzulernen. Das finde ich schlimm. Auch in der Verwandtschaft° haben wir das erlebt, daß, nachdem die Mauer gefallen war, wir plötzlich die Sachen auch hatten, die sie drüben hatten. Damit sind die nicht klargekommen°. Wir waren immer die armen Ossis, denen Pakete geschickt wurden.

CARLA:

Die Mentalität von Ossis und Wessis ist anders. Bei den Ossis ist das kollektive Zusammengehörigkeitsgefühl° noch ein bissel° da. Bei den Wessis ist halt jeder für sich.

VOLKER:

Ich habe auch schon viele aus dem Westen getroffen. Die sind meistens zuerst sehr distanziert. Und man kommt an die Leute sehr schlecht ran°. Auch was Persönliches angeht°. Man kann auch nicht zuviel erzählen, so wie das früher war in der DDR.

SPIEGEL:

Habt ihr euch denn früher alles offen erzählt in der DDR?

SUSANNE:

Man wußte halt, über was man sprechen darf und über was nicht. Man wußte, daß man über politische Sachen nicht so sprechen sollte oder nur in gewissem Rahmen°.

VOLKER:

Mein Vater hat mir erzählt, daß er damals Äußerungen° gegen die DDR gemacht hat. Er hat deshalb zwei Jahre im Knast° gesessen und durfte nicht studieren. Von Grund auf war die DDR halt eher totalitär.

FERENZ:

Meine Mutter durfte damals auch nicht studieren, weil mein Opa früher Selbständiger° war.

SPIEGEL:

Wie sollte der Staat mit denen umgehen°, die damals für solche Repressionen verantwortlich waren?

Berlin: 11.11.89

---

in ... Verwandtschaft *among relatives*   **damit nicht klargekommen** *couldn't deal with it*   **Zusammengehörigkeitsgefühl** *communal spirit*   **bissel** *(dialect)* = *bisschen* **kommt schlecht ran** *hard to approach*   **angeht** *concerns*   **Rahmen** *framework* **Äußerungen** *remarks*   **Knast** *(slang) jail*   **Selbständiger** *independent businessman* **umgehen** *treat*

VOLKER:

Schon wegen meines Vaters würde ich sagen: DDR-Unrecht° muß aufgeklärt° werden.

SUSANNE:

Aber wenn das ein Mann von 80 ist, das bringt nichts mehr. Was soll man den noch fünf Jahre ins Gefängnis° stecken.

CARLA:

Wenn man alles bis ins kleinste ausdiskutiert, das bringt doch auch nichts.

SPIEGEL:

Fragt ihr eure Lehrer, was sie in der DDR gemacht haben?

CARLA:

Ich denke, daß die Lehrer da nicht so gern antworten würden.

VOLKER:

Nein, die Schüler stellen solche Fragen nicht.

SUSANNE:

Bei unserem Lehrer ist das anders, der ist offen, der redet mit uns über alles. Wir fragen auch, wie es war.

SPIEGEL:

Seid ihr traurig, daß es die DDR nicht mehr gibt?

CARLA:

Man kann nicht sagen, daß alles schlecht war. Im Gesundheitswesen° mußte keiner die Medizin° bezahlen. Die Leute, die jetzt arm sind, können sich nicht unbedingt jede Behandlung° leisten. Die Bildung° war billiger, man hatte die Chance, ausgebildet zu werden.

SUSANNE:

Ich hatte eine schöne Kindheit in der DDR. Klar es gab Vor- und Nachteile. Die gibt es heute aber auch.

VOLKER:

Was den Zusammenhalt betrifft°, bin ich schon traurig, daß es die DDR nicht mehr gibt.

FERENZ:

Ich bin nicht traurig. Es war ein totalitäres System. Es gab zwar Wahlen°, man konnte aber nicht frei entscheiden und auch nicht seine Meinung sagen.

INTERVIEW: ALMUT HIELSCHER

Politik

Unrecht injustice **aufgeklärt** resolved **Gefängnis** prison **Gesundheitswesen** health care **Medizin** colloq. for **Medikamente** **Behandlung** treatment **Bildung** education **betrifft** concerns **Wahlen** elections

Zum Text

A **Fragen zum Text.** Beantworten Sie die Fragen

1. Inwiefern° fand Susanne das Leben in der DDR „freundlicher"? *in what respects*
2. Woher haben die Schülerinnen und Schüler ihre Informationen über die DDR?
3. Was lernen die Schülerinnen und Schüler in der Schule über die DDR?
4. Was sagt Susanne über ihre Verwandtschaft im Westen?
5. Warum hat Volkers Vater im Gefängnis gesessen?
6. Machen Sie eine Liste mit den Vor- und Nachteilen vom Leben in der ehemaligen DDR und vom Leben im vereinigten Deutschland.

B **Wie ist Ihre Reaktion?** Vervollständigen° Sie die Tabelle. Schreiben Sie *complete* eine oder mehrere Aussagen° aus dem Text und Ihre Reaktion auf die *statements* Aussagen auf.

Mögliche Reaktionen:

Das überrascht° mich, weil … ; *surprises*
Das finde ich schwer zu glauben, weil … ;
Das kann ich mir nicht vorstellen, weil … ;
Ich stimme damit (nicht) überein°, weil … *stimme überein: agree*

Schreiben Sie auch Vokabeln auf, die Ihnen helfen werden.

Name	Interessante Aussagen	Meine Reaktion darauf	Stichworte°
Carla			
Susanne			
Ferenz			
Volker			

keywords

C **Zur Diskussion/Zum Schreiben**

1. Was fällt Ihnen dazu ein? Zusammenhalt, soziale Sicherheit, einge-schränkte Freiheit sind wichtige Begriffe° für die Thüringer Schülerinnen *concepts* und Schüler. Versuchen Sie in Gruppenarbeit diese Begriffe zu definieren. Welche Beispiele führen die Thüringer Schülerinnen und Schüler dafür an°? Vergleichen Sie Ihre Ideen mit den Aussagen im Text. Welche Bei- *anführen: to mention* spiele für diese Begriffe gibt es in Ihrem Land und in Ihrem Leben?

2. Diese Schülerinnen und Schüler waren fünf oder sechs Jahre alt, als die Mauer fiel. An was erinnern Sie sich aus Ihrer Kindheit? Erinnern Sie sich nur an persönliche Ereignisse oder auch an politische Ereignisse? Wie zuverlässig° sind Erinnerungen aus der Kindheit? Beschreiben Sie ein Ereignis aus Ihrer Kindheit.

reliable

D **Rollenspiel: Fleiß und Betragen.** Eine Elterngruppe will Noten in Fleiß und Betragen wieder einführen. Andere Eltern sind dagegen. Führen Sie eine Diskussion, in der die zwei Gruppen die Vor- und Nachteile von Noten in Fleiß und Betragen besprechen. (Sie finden einige Gründe dafür im Text.) Dann stimmen Sie ab°. Sollen diese Noten wieder eingeführt werden?

stimmen ab: *vote*

Vermischtes

1. Vor der Nazizeit lebten etwa 522 000 Juden in Deutschland. Bis 1941 waren nur etwa 300 000 Juden vor den Nazis geflohen°. Von den zurückgebliebenen Juden wurden 200 000 ermordet°. In ganz Europa hat eine unbegreifliche° Zahl von Menschen den Holocaust nicht überlebt: sechs Millionen Juden und neun bis zehn Millionen Nicht-Juden.

fled
murdered
incomprehensible

2. In den Jahren 1939 bis 1945 hatten neun bis zehn Millionen Menschen als Zwangsarbeiter/Zwangsarbeiterinnen° und Sklavenarbeiter/Sklavenarbeiterinnen° für Deutschland gearbeitet. Zwischen 2000 und 2004 zahlten die deutsche Regierung und über 100 deutsche Firmen dann Reparationen in Höhe von etwa fünf Milliarden Euro, was für den einzelnen nur einen kleinen symbolischen Betrag° bedeutete: Die ehemaligen° Sklavenarbeiter bekamen jeweils° 1 669 Euro, die 130 000 lebenden Zwangsarbeiter bekamen jeweils 2 556 Euro. Insgesamt bekamen nur 1,9 Millionen Menschen Reparationen.

forced laborers in concentration camps / forced laborers in German industries

amount / former
each

3. Die Berliner Mauer wurde 1961 gebaut und war 41,5 km lang und 4 Meter hoch. Heute stehen an vier Stellen Mauerreste° zur Erinnerung. Der längste Mauerteil, die East Side Gallery, ist 1,3 km lang.

remains of the wall

4. An den Grenzen zwischen Ost- und Westdeutschland wachten° 13 000 Soldaten. Es hat bis 1989 1 065 Todesopfer° gegeben – durch Minen, Selbstschussanlagen° und Schüsse° der Soldaten. Allein an der Berliner Mauer kamen° 190 Menschen ums Leben.

guarded
deaths
*automatically triggered weapons / gunshots / **kamen ums Leben:** lost their lives*

5. Im Sommer 1989 öffnete Ungarn die Grenze zu Österreich für die Deutschen aus der DDR, die nach Westdeutschland fliehen wollten. Diese Handlung° läutete° das Ende der Ära des Kommunismus ein. Zwischen August und Ende November 1989 reisten 70 000 Ostdeutsche über Ungarn in den Westen aus.

*action / **läutete ein:** led to*

6. Zwischen 1991 und 2004 flossen 1,25 Billion° Euro vom Westen in den Osten Deutschlands. Wegen der hohen Kosten der Einheit zahlen die Westdeutschen einen Solidaritätszuschlag° (seit 1998 5,5 Pozent). Jedes Jahr bekommen die Ostdeutschen 15 Milliarden Euro aus Westdeutschland. Von 2005 bis Ende 2019 sollen die ostdeutschen Länder weitere 156 Milliarden Euro bekommen.

trillion

solidarity surcharge tax

7. Nach einer Umfrage **(Sozialreport 2004)** sahen 55 Prozent der Ostdeutschen nach der Wiedervereinigung noch große Unterschiede zwischen Ost und West. 36 Prozent fanden die Einheit für sich gut, 30 Prozent schlecht. 40 Prozent waren mit ihrem Leben zufrieden, 18 Prozent unzufrieden.

8. Heute ist etwa einer von vier Ostdeutschen ohne Arbeit, das heißt die Zahl der arbeitslosen Ostdeutschen ist doppelt so hoch wie die der arbeitslosen Westdeutschen. Seit 1990 ist die ostdeutsche Bevölkerung um 1,8 Millionen gesunken, so dass heute nur noch 14,8 Millionen Menschen in Ostdeutschland wohnen. Besonders junge Frauen sind in den Westen gezogen, um nach neuen Arbeitsmöglichkeiten zu suchen.

Berlin: East Side Gallery

Neues vom Aufbau Ost

Das Holocaust Mahnmal in
Berlin wurde zum Gedenken
(commemoration) an die
ermordeten Juden Europas
erbaut (built).

Zeitschriftenartikel: Kontinent im Kleinformat: Die Europäische Schule in München

Vor dem Lesen   Zurzeit gibt es in der Europäischen Union zehn Europäische Schulen, davon zwei in Deutschland: in Karlsruhe und in München. Die Gründung° einer neuen Europäischen Schule erfordert° einen einstimmigen° Beschluss° der Mitgliedstaaten°. So sind die Europäischen Schulen nicht nur ein kleines Europa, sondern auch eine kleine Europäische Union. Ein Artikel im Magazin *Deutschland* beschreibt den Alltag° in der Europäischen Schule in München. In dieser Schule werden alle Fächer in fünf Sprachen angeboten. Nach 12 Jahren machen die Schülerinnen und Schüler den Abschluss°. Mit diesem Abschluss können sie dann an allen Universitäten der EU-Staaten, der Schweiz und der USA studieren. Hätten Sie Lust eine Europäische Schule zu besuchen? Warum oder warum nicht?

establishment / requires / unanimous / decision / member states

daily life

diploma

Große Pause an der
Europäischen Schule in
München

Kontinent im Kleinformat

DIE EUROPÄISCHE SCHULE IN MÜNCHEN

Markus Verbeet

An dieser Schule ist alles europäisch. Sogar der Lärm, der pünktlich um Viertel vor elf über den Schulhof° hereinbricht. „Let's go", rufen zwei Jungen und stürmen aufs Fußballfeld. Ein kleines Mädchen mit Schokoriegel° wünscht seinen Freundinnen einen guten Appetit: „Eet smakelijk.°" Und ein Teenager fragt seinen Klassenkameraden: „Hast Du die Hausaufgaben auch nicht gekonnt?" Spiele, Schokoriegel und Sorgen wie auf allen Schulhöfen Europas.

Das Sprachenwirrwarr° aber zeigt, dass diese Schule etwas Besonderes ist. Wie es Pressesprecherin Catherine van Even mitten im Pausenlärm ausdrückt: „Unsere Schule ist nicht mehr und nicht weniger als ein kleines Europa." Ein Kontinent im Kleinformat also, mitten in München, bestehend° aus einem Kindergarten, einer Grundschule und einer Höheren Schule°. Zusammen bilden° sie die Europäische Schule, eine von insgesamt zehn solcher Schulen, von der EU-Kommission für die Kinder ihrer Angestellten° geschaffen. ...

Die Europäische Schule ist vielsprachig wie kaum eine andere, alle Fächer werden in fünf Sprachen angeboten. Die Lehrer sind handverlesen° und werden von den Mitgliedstaaten° für neun Jahre entsandt°. Die Schüler schließlich schaffen in zwölf Jahren einen Abschluss, der sie zum Studium in allen EU-Staaten sowie der Schweiz und den USA berechtigt°. ...

Vom runden Raum in der Mitte des Gebäudes gehen fünf Türen ab – jede Sektion für sich. Auch wenn die Sektionen getrennt sind: Die Kinder spielen und lernen zusammen. Zumindest° im Kindergarten. Später mischen sich die Nationalitäten nicht mehr so einfach. „Das werden Sie gar nicht glauben", sagt Catherine van Even und erzählt entrüstet°, dass manche Schüler gar kein Deutsch sprächen. Die Pressesprecherin hält das für „eine große Lücke° im System".

Da hilft es nicht viel, wenn in den Grundsteinen° aller Europäischen Schulen wohlklingende° Worte auf Pergament zu finden sind. Den Kindern werde, heißt es dort, „während sie heranwachsen, in die Seele° geschrieben, dass sie zusammengehören". Ein hehres° Ziel und manchmal nicht mehr als ein frommer° Wunsch. Die Schule ist eben nicht weniger als ein kleines Europa, aber auch nicht mehr. Kommen niemals alle Kinder zusammen? Catherine van Even überlegt kurz. „Doch", sagt sie, „bei Feueralarm."

Schulhof *schoolyard* **Schokoriegel** *chocolate bar* **„Eet smakelijk."** *Dutch for "enjoy the snack"* **Sprachenwirrwarr** *confusion of languages* **bestehend** *consisting of* **Höheren Schule** *secondary school* **bilden** *form* **Angestellten** *salaried employees* **handverlesen** *handpicked* **Mitgliedstaaten** *member states* **entsandt** *sent* **berechtigt** *entitles* **zumindest** *at least* **entrüstet** *indignantly* **Lücke** *flaw* **Grundsteinen** *foundations* **wohlklingende** *nice-sounding* **Seele** *innermost being* **hehres** *lofty* **frommer** *pious*

Zum Text

E **Richtig oder falsch?** Entscheiden Sie, ob die folgenden Aussagen richtig oder falsch sind. Geben Sie die Zeile im Text an, wo Sie die entsprechenden Informationen finden. Dann formulieren Sie die falschen Aussagen um, so dass sie mit dem Text übereinstimmen.

1. Essen ist auf dem Schulhof verboten.
2. Die Schule beginnt um Viertel vor elf.
3. Die EU-Schule ist eine Höhere Schule.
4. Kinder aus der EU-Kommission besuchen die Schule.
5. Der Unterricht° findet in fünf Sprachen statt.   *instruction*
6. Die Lehrerinnen und Lehrer der Schule kommen aus den Mitgliedstaaten der EU.
7. Mit dem Abschluss kann man an allen Unis Europas studieren.
8. Im Laufe der Schuljahre wird der Kontakt zwischen den Nationalitäten immer größer.
9. Die Pressesprecherin findet, dass die Schule nicht immer ihr Ziel erreicht.
10. Es gibt viele Situationen, wo alle Kinder zusammen sind.

F **Zur Diskussion/Zum Schreiben**

1. Hätten Sie Lust auf so eine Schule zu gehen? Warum (nicht)? Was sind die Vor- und Nachteile einer solchen Schule?

2. Frau van Even ist enttäuscht, dass manche Schülerinnen und Schüler kein Deutsch sprechen. Sollte die Schule Deutsch als Pflichtfach° einführen?   *required subject* Bilden Sie Gruppen und diskutieren Sie diese „Lücke im System". Machen Sie Vorschläge zur Lösung°. Nutzen Sie die folgenden Fragen als   *solution* Anregung°.   *stimulus*

   Wie wichtig ist es die Sprache eines Landes zu beherrschen°, wenn man   *master* später nicht in dem Land leben wird?

   Wie wichtig sind Fremdsprachen?

   Ist das Sprachenwirrwarr etwas Negatives oder Positives?

   Hätten die Schülerinnen und Schüler mehr Kontakt miteinander, wenn sie alle Deutsch könnten?

3. **Hehre° Ziele.** Die Europäischen Schulen sollen die Ziele der EU wider-   *lofty* spiegeln°. Was wissen Sie über die EU und ihre Ziele? Machen Sie eine   *reflect* Liste davon. Wie passen die Ziele der Europäischen Schule in München dazu? Welche Ziele hat die Schule? Welche Ziele hat sie schon erreicht? Welche noch nicht? Machen Sie eine Liste davon. Diskutieren Sie darüber, welche Ziele für eine EU-Schule wichtig sind. Was meinen Sie, wie man diese Ziele erreichen könnte?

Vermischtes

1. **Europa:** 48 Staaten, 100 Sprachen

2. **Die Europäische Union:** 25 Staaten, 20 Amtssprachen°, 450 Millionen Menschen. Mit 82,5 Millionen Einwohnerinnen und Einwohnern ist Deutschland das größte Land der EU.

   official languages

3. **Ein Binnenmarkt°:** Die Bürgerinnen und Bürger der Union können durch die Mitgliedstaaten fahren und werden an keiner Grenze nach Pass, Personalausweis° oder Waren gefragt.

   single market

   identity card

4. Die Unionsbürgerinnen und -bürger können in den Mitgliedstaaten studieren, einkaufen, ein Geschäft eröffnen oder da leben.

5. Der Sitz des Europäischen Parlaments ist in Straßburg. Der Sitz von dem Rat° der Europäischen Union ist in Brüssel.

   council

6. Die Verordnungen° aus Brüssel befassen sich selbst mit den kleinsten Details im Leben der Mitgliedstaaten. Ein Beispiel: In Dänemark standen immer linke Schuhe in den Regalen der Schuhgeschäfte. Nach einer Verordnung aus Brüssel (1999) dürfen die Dänen nur noch rechte Schuhe anprobieren, wie in den anderen Ländern.

   ordinances

Blick von der Aussichtsplattform (observation platform) der Frauenkirche in Dresden auf die Stadt und die Elbe

Wortschatz

Substantive

die **Hauptsache, -n** main thing
die **Hausaufgabe** assignment, piece of homework
  die **Hausaufgaben** *(pl.)* homework
der **Lärm** noise
der **Nachteil, -e** disadvantage
die **Note, -n** note; mark (school)
das **Studium** studies (college)
  ich beginne mein Studium I'm starting college
die **Vereinigung** unification
der **Vorteil, -e** advantage
das **Ziel, -e** goal

Berlin: Reichstag

Verben

aus·bilden to educate
ein·fallen (fällt ein; fiel ein, ist eingefallen) to occur to
  es ist mir gerade eingefallen it just occurred to me
halten (hält; hielt, gehalten) to hold; to stop
  halten für to regard as
  halten von to think something of someone
sich *(dat.)* **leisten** to afford
  ich kann es mir nicht leisten I can't afford it
schimpfen to scold; to swear; to grumble
  er schimpft über ihn he complains about him
sich *(dat.)* **überlegen** to think about, consider
  ich werde es mir überlegen I'll think about it

Andere Wörter

auch wenn even if
europäisch European
immer wieder again and again
insgesamt altogether; all in all
mitten in (+ *dat.*) in the middle of
verantwortlich (+ **für**) responsible for

G **Anders gesagt.** Wie kann man die Sätze anders sagen? Suchen Sie in der Vokabelliste jeweils ein Synonym für die fett gedruckten Ausdrücke.

1. Am 3. Oktober 1990 fand **der Zusammenschluss der beiden Teile** Deutschlands statt.

2. **An was denken Sie,** wenn Sie das Wort „Freiheit" lesen oder hören?

3. Einige Lehrerinnen und Lehrer sagen noch heute **sehr oft,** wie gut ihnen das Leben in der DDR gefallen hat.

4. **Das Wichtigste** war für viele DDR-Bürgerinnen und -Bürger, dass sie alle eine Arbeitsstelle hatten.

5. Die Tatsache°, dass niemand in der DDR für seine Medikamente bezahlen musste, war **etwas Positives** im Vergleich zum Westen.   *fact*

6. Nach Ferenz' Meinung war es **eine negative Seite** des Lebens in der DDR, dass die Menschen nicht frei entscheiden konnten.

7. Die Schülerinnen und Schüler aus Thüringen diskutieren, was man mit den Politikerinnen und Politikern machen soll, die an den Repressionen der Menschen **Schuld hatten.**

8. Die Schülerinnen und Schüler finden es gut, dass jeder in der DDR auf eine Berufsschule gehen konnte, um für einen Beruf **geschult** zu werden.

H **Vokabeln.** Ergänzen Sie die Sätze mit Wörtern aus der Vokabelliste.

1. Die Europäische Schule in München ist nicht leicht, deshalb haben einige Schülerinnen und Schüler Probleme mit den _____.

2. In der Pause ist auf dem Schulhof so ein _____, dass die Kinder kaum miteinander sprechen können. Man kann verschiedene _____ Sprachen hören.

3. Die EU hat _____ zehn Europäische Schulen für die Kinder der Angestellten gegründet.

4. Eine Pressesprecherin versucht, _____ im Pausenlärm etwas zu sagen.

5. Catherine van Even _____ es _____ wichtig, dass alle Schülerinnen und Schüler auch Deutsch sprechen.

6. Die Pressesprecherin _____, wie das Schulsystem Deutsch einbauen könnte.

7. Wenn die Schülerinnen und Schüler die Europäische Schule beendet haben, können sie ein _____ in allen EU-Staaten, in der Schweiz oder in den USA beginnen.

8. Das _____ der Schule ist, den Schülerinnen und Schülern ein Gefühl der Zusammengehörigkeit zu geben.

9. _____ _____ die Kinder nur bei Feueralarm alle zusammen sind, haben sie doch das Gefühl, ein kleines Europa zu sein.

Grammatik im Kontext

I **Konjunktionen.** Suchen Sie in den beiden Texten „Bei den Wessis ist jeder für sich" und „Die Europäische Schule in München" jeweils drei Sätze, die durch Konjunktionen verbunden sind. Schreiben Sie die Sätze heraus und unterstreichen° Sie die Konjunktion einfach, das Subjekt doppelt und das Verb dreifach. (Siehe *Kapitel 3.*)

Online Study Center

underline

▷ Ich interessiere mich dafür, <u>weil</u> <u>ich</u> da <u>aufgewachsen bin.</u>

Was meinen Sie?

J **Zur Diskussion/Zum Schreiben**

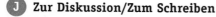

1. Sie sind Ostdeutsche/Ostdeutscher und sprechen mit Ihrer Nachbarin/
   Ihrem Nachbarn über Ihre Probleme im vereinigten Deutschland. Sie
   können nur noch Teilzeitarbeit° finden. Es ging Ihnen vor der Wende viel   *part-time work*
   besser. Ihre Nachbarin/Ihr Nachbar findet es heute besser und erinnert
   Sie auch an Gutes seit der Wende. Spielen Sie die Szene.

2. Sie besuchen Berlin und lernen eine Ostdeutsche oder einen Ostdeutschen in einem Café kennen. Sie möchten wissen, wie das Leben in
   der DDR war. Stellen Sie einige (5–8) Fragen. Ihre Partnerin/Ihr Partner
   gibt hypothetische Antworten.

   ▷ War es nicht furchtbar, dass du nicht reisen konntest?
   Ja, ich wollte immer Paris sehen. Jetzt war ich schon ein paar Mal da.

3. Als Touristin/Tourist in Deutschland haben Sie einige Deutsche aus Ostdeutschland kennen gelernt. Schreiben Sie Ihren Verwandten darüber,
   was sie Ihnen über ihr Leben in der ehemaligen DDR und heute erzählt
   haben.

   Oder schreiben Sie darüber, was Sie auf Ihrer Reise über Deutschland
   und die EU im Allgemeinen erfahren haben.

4. Weitere Aktivitäten finden Sie auf der *Kaleidoskop* Webseite.

Online Study Center

Literarische Werke

Gedicht: Berliner Liedchen

Wolf Biermann

Wolf Biermann is a poet and **Liedermacher**. A **Liedermacher** is a writer and performer of songs that deal with modern-day topics, including political and social ones. Biermann was born in Hamburg in 1936. In 1953 he emigrated to the German Democratic Republic (GDR), where he wrote songs and poetry and performed in cabarets. In his first collection of ballads, stories, and songs, published in 1965, Biermann criticized in the name of communist ideals the actual conditions in the GDR. Such an ideal for Biermann would be collective responsibility which is implied in the word **Commune** in line 14 of this poem. But because of his critical stance, from 1965 on Biermann was forbidden to appear on stage, travel to the West, or publish his works in the GDR. However, he continued to write, finding fault with Communist leadership, expressing strong anti-Stalinist sentiments, and voicing objections to government censorship. At the same time he expressed hope for unification of the two Germanys in a peaceful revolution. In 1976 Biermann was allowed to go on a concert tour in West Germany. But after only four days he received notice that he could not return home to the GDR. An unsuccessful petition by fellow writers and artists protesting his expatriation was the beginning of an extremely difficult period for writers and intellectuals in the GDR. As a consequence, many of the best writers and artists emigrated to the West. Biermann subsequently made his home in Hamburg and continued to criticize both East and West Germany, especially the division of the two countries.

In 1989 Biermann was given permission for reentry into the GDR, where he gave concerts in Leipzig and Berlin. From 1993–1995 he was a guest professor at the University of Düsseldorf. In 1997 Biermann spent a year in Berlin. Ballads and songs about Berlin appear in his CD and book **Paradies uff Erden** (2001). Today he lives in Hamburg and France, writing political commentaries and giving concerts.

"Berliner Liedchen" (1989)[6] was written after the Berlin Wall came down. The poem is characteristic for Biermann in that he first makes statements about East and West Germany that are rather widely held and then adds doubt about them by giving his own views. What are his views?

Note that Biermann uses some dialect and colloquial speech: **Westn (Westen), ooch (auch), det (das), nich (nicht), is (ist)**.

---

[6]Biermann's other works include: **Mit Marx- und Engelszungen** (1968), eine Sammlung von Balladen, Gedichten und Liedern; **Der Dra-Dra** (1970), ein Drama, das Balladen in der Tradition von Brecht enthält; **Deutschland. Ein Wintermärchen** (1972), eine poetische Satire, die sich an Heines **Deutschland. Ein Wintermärchen** (1844) anlehnt; **Alle Lieder** (1991), die Gesamtausgabe seiner Lieder, einschließlich „**Berliner Liedchen**".

Berliner Liedchen

Der Westn is besser
Der Westn is bunter
Und schöner und schauer°   *flashier*
Und reicher und frei
5 Und trotzalledem°   *in spite of that*
Ich sag dir die Wahrheit:
Der Westn is ooch nich
– det Gelbe von' Ei

Der Ostn is schlechter
10 Der Ostn is grauer
Und klein sind die Chancen
Und groß ist die Not°   *distress*
Und trotzalledem:
Der Traum der Commune
15 der schlief nur und is doch
– noch lange nich tot

Die neue Mauer

Drehbuch°: Das Versprechen oder Der lange Atem der Liebe

screenplay

Filmszenarium° von Peter Schneider und Margarethe von Trotta

film scenario

Margarethe von Trotta, director of **Das Versprechen,** was born in 1942 and grew up in Düsseldorf. She gained her first experiences with film in Paris but returned to Germany in the early 1960s. In 1965 she started working as an actress at the Stuttgart Theater and in the following years became one of the most famous actresses of the New German Film. In 1970 she began writing screenplays and directed her first film, with the well-known German movie director Volker Schlöndorff, whom she later married. Von Trotta became famous as a director in 1975 when she co-directed **Die verlorene Ehre der Katharina Blum** *(The Lost Honor of Katharina Blum)* with Schlöndorff. With **Die bleierne Zeit** *(The German Sisters* or also: *Marianne and Juliane,* 1981) she gained international success. Other films followed, among them **Mit fünfzig küssen Männer anders** (1998) and **Jahrestage** (2000). **Das Versprechen** (1994), von Trotta's film on divided Germany, was critically acclaimed. Von Trotta's film **Rosenstraße** from 2003 goes back to an event in the Nazi period. While Jews were regularly sent to concentration camps, the Jewish husbands of Aryan women were imprisoned in a factory building at Rosenstraße 2-4. In March 1943 hundreds of wives protested at the site chanting: "Gebt uns unsere Männer wieder." The husbands were released.

Peter Schneider was born in Lübeck in 1940. From 1961 he lived as a freelance writer in Berlin. In the late 1960s Schneider was active in the German student revolt movement. His first narrative **Lenz** (1973) is a kind of political educational novel with autobiographical elements. In **Der Mauerspringer** *(The Wall Jumper,* 1982) he addresses issues of divided Germany. **Vati** (1987) depicts generational conflicts between the Nazi official Mengele and his son. In **Eduards Heimkehr** *(Eduard's Homecoming,* 1999) a German scientist returns to East Berlin after a ten-year absence in the United States and confronts the many changes that took place in the 1990s. In **Das Versprechen** Schneider returned to the topic of divided Germany. Although he co-authored the script with von Trotta, much of the work is his. With his recent text **Und wenn wir nur eine Stunde gewinnen** (2002), Peter Schneider has joined the most recent discourse on literature and film of the post-Holocaust era. In this work, he describes how a Jewish musician survives because of altruistic German rescuers. The book has been mentioned in literary debates connected with Günter Grass's novella **Im Krebsgang** (2002) and Bernhard Schlink's **Der Vorleser** (1995), and films such as *Schindler's List* (1993) and *Life is Beautiful* (1998).

Zum Thema

1. Dieser Film heißt „Das Versprechen oder Der lange Atem der Liebe". Denken Sie über die Bedeutung des Titels nach.

   a. Was für eine Bedeutung hat ein Versprechen für Sie?

   b. Wie wichtig ist ein Versprechen für Sie?

   c. Wem versprechen Sie etwas?

   d. Muss man ein Versprechen immer halten?

e. Muss man manchmal ein Versprechen brechen?
„Langer Atem" heißt „Ausdauer° haben, etwas eine lange Zeit machen *perseverance*
können". Was meinen Sie: Was könnte die Beziehung zwischen den zwei
Teilen des Titels sein? Was für ein Ende erwarten Sie?

2. Sie lesen jetzt Auszüge° aus einem Drehbuch. Was ist der Unterschied *excerpts*
zwischen einem Drehbuch und einer Kurzgeschichte?

Das Versprechen

In den Auszügen aus dem Drehbuch zu **Das Versprechen** erleben wir in der
Liebesgeschichte von Sophie und Konrad die Geschichte des geteilten
Deutschlands. Im Herbst 1961, dem ersten Jahr der Berliner Mauer, versuchen Sophie und Konrad mit drei anderen Jugendlichen aus Ostberlin zu
fliehen. Alle bis auf Konrad, der stolpert° und zögert°, kommen durch einen *stumbles / hesitates*
Gully°. Konrad hat nur noch Zeit den Gully wieder abzudecken° und zu ver- *drain / cover up*
sprechen: „Ich komme nach."

Konrad findet jedoch keinen Weg in den Westen. Er macht Karriere in der
DDR als Physiker, während Sophie in Westberlin als Model arbeitet. 1968 kann
Konrad in dem sogenannten „Prager Frühling°" endlich seinen Professor ***Prager Frühling:*** *time of*
nach Prag zu einem Kongress begleiten. Dort treffen sich Sophie und Konrad *democratic reforms in the*
wieder. *former country of*
Czechoslovakia

47 Prag. Café   Tag, Innen

Sophie und Konrad in einem Prager Café mitten im Gespräch. Nach sieben Jahren Trennung versuchen sie, die alte Vertrautheit° wiederzufinden. — *closeness*

SOPHIE
Hast du mich gleich wiedererkannt? — *recognize*

KONRAD
Sofort. An deinem Gang°. — *walk*

SOPHIE
Auch schon von weitem?

KONRAD
Ich würd' dich immer erkennen.

SOPHIE
Wenn ich nicht gewesen wäre, hätten wir uns wieder verpaßt[7]!

KONRAD
Das ist nicht wahr.

SOPHIE
Doch.

KONRAD
Ich hätte jedes Hotel nach dir durchsucht, jedes Zimmer, ich … ich hätte ganz Prag auf den Kopf gestellt, um dich zu finden.

SOPHIE
Wie damals, als du den Deckel° über mir zugemacht hast? — *cover*

KONRAD
Ich bin hingefallen, das hast du doch gesehen.

SOPHIE
Und als ich deine Flucht vorbereitet hatte[8], da bist du gar nicht erst hingegangen.

KONRAD
Wer hat dir denn diesen Schwachsinn° erzählt? Wolfgang? Und das hast du geglaubt? — *nonsense*

SOPHIE
Auf jeden Fall konntest du in Ruhe zu Ende studieren. Das war ja wohl die Hauptsache.

KONRAD
Ich bin gut, Leute wie ich werden gebraucht. Muß ich mich dafür entschuldigen? — *to excuse*

---

[7]Konrad had sent an inexact description of their meeting place, and Sophie had had to search for him.

[8]Sophie had arranged a second escape attempt for Konrad.

SOPHIE
Es gab nur einen kleinen Preis zu zahlen: mich.

KONRAD
Sophie – du weißt, daß nichts davon wahr ist. Du hättest ja
auch zurückkommen können, als du gesehen hast, daß es mir
unmöglich war ...

SOPHIE
Zurück? Ich dachte, wir wollten beide weg!

KONRAD
Dein Leben drüben war dir eben wichtiger.

SOPHIE
Ich bin weggegangen, das ist wahr. Ob ich irgendwo
angekommen bin, weiß ich nicht. Ich habe immer irgend
etwas vermißt – dich, meine Mutter ...

KONRAD
Sophie – jetzt fängt eine neue Zeitrechnung° an ...

Sophie beugt sich vor°, küßt Konrads Hände, lächelt ihm zuversichtlich° zu.

era

beugt ... vor: *bends forward / confidently*

Sophie hat vor im Osten, in Prag, bei Konrad zu bleiben. Aber sie kann nicht,
denn sowjetische Panzer° rollen plötzlich durch Prag, weil die Tschechen zu
viel Freiheit („Prager Frühling") bekommen haben. Die Stasi (Staatssicher-
heit°) verweigert° Sophie die Einreise nach Ostberlin und Konrad darf nicht
nach Westberlin.

    Aus dem Wochenende in Prag haben Sophie und Konrad einen Sohn,
Alexander, bekommen. Alexander lebt bei seiner Mutter in Westberlin. Eines
Tages im Jahre 1981 darf Alexander seinen Vater in seinem Ostberliner Insti-
tut besuchen.

tanks

State Security Service / refuses

88 Astrophysikalisches Institut   Tag, Innen

Konrad zeigt Alexander die Anlagen° im Teleskop-Raum.

equipment

ALEXANDER
Aber wenn du damals, bevor ich geboren war, mitgekommen
wärst, dann wären wir drei jetzt zusammen.

KONRAD
Bestimmt.

ALEXANDER
Warum bist du eigentlich nicht mitgekommen? Du hast Angst
gehabt, oder?

KONRAD

Angst? Wieso? Hat Sophie dir das erzählt?

Alexander schüttelt° den Kopf. Konrad widerspricht° heftig.   *shakes / objects*

KONRAD

Hierzubleiben – das war ein Wagnis°, ein Abenteuer. Wir   *risk*
wollten hier etwas ganz Neues aufbauen. → *establish*

ALEXANDER

Ja? Was denn?

KONRAD

Wir nannten es Sozialismus.

ALEXANDER

Was is'n das?

KONRAD

Das erklär' ich dir später. Weißt du, es gab einen Unterschied → *distiction difference*
zwischen deiner Mutter und mir. Ich habe mich hier zu
Hause gefühlt.

ALEXANDER

Aber wenn du damals mitgegangen wärst, wie wäre es dann
alles weitergegangen? → *fall, stop, downfall*

KONRAD

Auf jeden Fall wär' mein Leben ganz anders verlaufen°.   *turned out*

ALEXANDER

Dann wär' ich vielleicht gar nicht geboren worden. Ihr hättet
euch nämlich gestritten, und dann wär' ich jetzt nicht da.

KONRAD

Oder du wärst schon sechzehn. Was hat dir deine Mutter
sonst noch erzählt über mich?

ALEXANDER

Sie sagt, du wärst ein Genie.

KONRAD

(lacht) Und du bist ein Genie im Schach.

ALEXANDER

Na ja, Gérard° ist noch etwas besser.   *Sophie's live-in companion*

KONRAD

Du verstehst dich gut° mit ihm?   **verstehst ... gut:** *get*
along well

ALEXANDER

Ja.

KONRAD

Und Sophie auch?

ALEXANDER

Du horchst mich ja ganz schön aus°.

horchst aus: interrogating

Beide lachen. Konrad fängt Alexander auf°, der sich von der Leiter° in seine Arme fallen läßt, und wirbelt ihn im Kreis herum°.

fängt auf: catches / ladder
wirbelt herum: *twirls around*

In der Nacht vom 9. zum 10. November 1989 fällt die Mauer unerwartet.

114 Wohnung Sophie   Nacht, Innen

Sophie, mittlerweile° Mitte Vierzig, an ihrem Computer. Der zwanzigjährige Alexander stürzt ins Zimmer.

in the meantime

ALEXANDER

Mama … Du mußt sofort mitkommen.

└ at once, right away

SOPHIE

Ich kann jetzt nicht.

ALEXANDER

Los komm …

SOPHIE

Was ist denn passiert?

ALEXANDER

Du würdest es ja doch nicht glauben … Los komm …

Er zieht seine Mutter hoch und zur Tür, hilft ihr in den Mantel.

115 Wohnung II Konrad   Nacht, Innen

Einige Zeit später – Konrad im Bett … Von der Straße ist Motorenlärm zu hören … Konrad steht auf, öffnet die Balkontür. Die Szene vor seinen Augen scheint unwirklich: Die Straße ist verstopft° von hupenden Autos, die nur im Schrittempo vorankommen. Überall in den umliegenden Fenstern Licht, die Bürgersteige° voller Menschen, Konrad wendet sich° an den Nachbarn auf dem Balkon der Nebenwohnung.

jammed up

sidewalks
wendet sich: *turns*

KONRAD

Was is'n los?
Whess the matter?

NACHBAR

Die Mauer ist offen.

KONRAD

Welche Mauer?

116 Geöffneter Grenzübergang°   Nacht, Außen

*Die Nacht vom 9. zum 10. November 1989. Starke Scheinwerfer°
erhellen den Grenzübergang Bornholmer° Brücke. Ein unübersehbarer
Strom jubelnder°, feiernder Menschen. In der Straßenmitte eine schmale
Gasse° für die Autokarawane, die sich von Ost- nach Westberlin schiebt.
Im Gedränge° Sophie und Alexander, die sich einen Weg in die
entgegengesetzte Richtung bahnen. Reporter fangen die Stimmung der
Passanten ein°.*

...

*Die Kamera schwenkt° zu einer Frau in rotem Mantel. Mit Sektflasche°
und Gläsern geht sie auf zwei Grenzposten° zu, die steif und wortlos den
Jubel° über sich ergehen lassen.*

FRAU IM ROTEN MANTEL
Prost! – Hier, nehmt doch mal ab°. Auf alle Grenzer.

JUNGE FRAU AM ZAUN
Wir konnten's nicht glauben. Wir mußten uns selbst überzeugen. Jetzt sind wir hier.

IHR FREUND
Sogar die Grenzer sind freundlich, ja – nicht zu fassen°.

ROTHAARIGE
(sichtlich bewegt°) Ich hätt' nie gedacht, daß dieser Tag kommt
– und daß es so leicht geht – so leicht ...

*Am Straßenrand° eine etwa fünfzigjährige Frau, die an der
euphorischen Stimmung keinen Anteil° nimmt.*

1. REPORTER
Und Sie jubeln nicht mit?

FRAU
Für mich kommt es zu spät.

1. REPORTER
Aber Sie freuen sich doch.

FRAU
Wenn nach dreißig Jahren der Käfig° aufgemacht wird, kann
man nicht mehr fliegen.

*Alexander und Sophie schieben sich weiter gegen den Menschenstrom,
der von Ost nach West flutet. Sophie bleibt stehen, Alexander will sie
weiterziehen.*

ALEXANDER
Komm, wir gehen rüber.

Marginal glosses:

border crossing

search lights

Bornholm: *a section of Berlin / cheering*

lane

crowd

fangen ein: *catch*

pans / bottle of champagne

border guards

jubilation

nehmt ab: *take these. They are for you.*

comprehend

moved

side of the street

interest

cage

Kaleidoskop   Kultur, Literatur und Grammatik

SOPHIE

Ich weiß nicht, geh du. Ich warte auf dich.

ALEXANDER

Warten – das Wort kannst du jetzt streichen°.

erase

SOPHIE

Geh schon.

117 Straße vor Konrads Haus   Nacht, Außen

Konrad tritt aus dem Haus. Alexander geht an ihm vorbei, bleibt nach wenigen Schritten stehen, dreht sich um. Er geht zurück, erkennt seinen Vater, hält ihn an der Schulter fest. Sie fallen sich in die Arme.

118 Geöffneter Grenzübergang   Nacht, Außen

Die jubelnde Menge auf der Brücke, Sektflaschen werden herumgereicht, hupende Autos und trommelnde° Fäuste° auf den Autodächern. Im Fußgängerstrom, der über die Brücke nach Westen drängt°, Konrad und Alexander. In der Gegenrichtung Sophie. Konrad entdeckt sie zuerst.

drumming / fists pressed

KONRAD

(zu Alexander) Ist das nicht Sophie? *(ruft)* Sophie!

Sophie wendet den Kopf, erkennt Konrad. Beide bleiben stehen, blicken sich an. Die Kamera zeigt groß Sophies Gesicht, in dem Freude und Trauer miteinander streiten. Das Bild bleibt stehen.

Das Ende des Films

Berlin war von 1961 bis 1989 durch die Mauer geteilt.

Zum Text

A Fragen zum Text

1. Warum kann Konrad nicht aus Ostberlin fliehen?
2. Was verspricht Konrad Sophie und den anderen?
3. Welche Themen besprechen Sophie und Konrad im Prager Café? Sind Sophie und Konrad glücklich mit ihrem getrennten Leben?
4. Wie endet die Szene im Café? Ist sie optimistisch oder pessimistisch?
5. Wie erklärt Konrad seinem Sohn Alexander, warum er im Osten geblieben ist?
6. Beschreiben Sie, wie die Nacht vom 9. zum 10. November 1989 im Film dargestellt wird. Wie sehen die Straßen aus? Was machen die Leute?
7. Was meint die Frau, wenn sie sagt: „Wenn nach dreißig Jahren der Käfig aufgemacht wird, kann man nicht mehr fliegen."
8. Welche politischen Ereignisse sind für die Handlung° wichtig? Warum? *plot*
9. Wie interpretieren Sie den Schluss° des Films? Werden Sophie, Konrad und Alexander eine Familie? *ending*
10. Möchten Sie diesen Film sehen? Warum (nicht)?

B Gruppenarbeit.
Bilden Sie eine Gruppe und verteilen Sie die Rollen des Films. Führen Sie eine Szene auf°.

führen auf: act out

C Eine Filmbesprechung.
Bilden Sie eine Gruppe von drei bis vier Studentinnen/Studenten. Besprechen Sie Ihre Lieblingsfilme. Diskutieren Sie diese Punkte:

- den Hauptdarsteller/die Hauptdarstellerin° — *lead*
- den Regisseur/die Regisseurin° — *director*
- die Schauplätze° des Films — *locations*
- in welcher Zeit der Film spielt
- wann der Film gedreht° wurde — *shot*

Wortkiste

die Art des Filmes	Adjektive	Andere Wörter/Ausdrücke	
der Krimi	spannend°	die Kameraführung°	*exciting / camera work*
der Actionfilm	lustig	Regie führen°	*Regie führen: directing*
die Liebesgeschichte	romantisch	der Film handelt von° ...	*handelt von: deals with*
der Zeichentrickfilm°	wertvoll	der Film spielt in ...	*cartoon*
der Western	sentimental	der Schauspieler/die	
die Literaturverfilmung	überzeugend	Schauspielerin°	*actor/actress*
der Thriller	kitschig°	darstellen	*overly sentimental*
die Komödie			
der Science-Fiction-Film			

Wortschatz

Substantive

das **Abenteuer, -** adventure
der **Kreis, -e** circle, circle of people, friends, etc.
die **Ruhe** rest; quiet; peace
  in Ruhe calmly
  in Ruhe lassen to leave alone
der **Schritt, -e** step; pace
der **Unterschied, -e** difference

Verben

begleiten to accompany
entdecken to discover
hupen to honk
lächeln (über + *acc.***)** to smile (about)
reichen to pass; to reach; to hand
  herum·reichen to pass around
stehen bleiben (blieb stehen, ist stehen geblieben) to stop; to remain
 standing
(sich) streiten (stritt, gestritten) to quarrel; to dispute
  sie streiten sich they quarrel
überzeugen to convince
vermissen to miss (someone)
verpassen to miss (an opportunity; a train)
versprechen (verspricht; versprach, versprochen) to promise
  er hat mir versprochen, mit ins Kino zu gehen he promised to
  go to the movies with me

Andere Wörter

heftig violent(ly)
überzeugt (von) convinced (of)
wieso? why?, why so?, but why?

D **Vokabeln.** Ergänzen Sie mit Wörtern aus der Vokabelliste.

Der Film **Das Versprechen** beginnt im Herbst 1961. Vier Jugendliche fliehen° in den Westen. Ein fünfter, Konrad, (1) _____ die Gelegenheit und bleibt zurück. Aber er (2) _____ seiner Freundin Sophie, nachzukommen. Während Konrad dann Karriere als Physiker macht, arbeitet Sophie als Model in Westberlin. Sieben Jahre später (3) _____ Konrad seinen Professor zu einem Kongress nach Prag. Sophie reist auch

a chance
flee

nach Prag, um Konrad zu treffen. Sophie ist unglücklich, dass Konrad damals nicht mitgekommen ist, und die beiden (4) _____ sich, nicht (5) _____, aber ein bisschen. Sie findet einen (6) _____ zwischen sich und Konrad. Er wollte in (7) _____ studieren und Physiker werden. Sophie wollte weg aus dem Osten. Sie ist jedoch bereit, nach Ostberlin zu Konrad zu ziehen, denn sie (8) _____ ihn und ihre Mutter sehr. Aber es ist zu spät. Sowjetische Panzer rollen in die Stadt. Danach verbietet man Sophie die Einreise in den Osten und Konrad die Reise in den Westen.

Zwanzig Jahre später fällt die Mauer. Am Grenzübergang herrscht° eine frohe Stimmung. Man hört Autos (9) _____, Leute schütteln sich die Hände, fallen einander in die Arme, (10) _____ Sektflaschen herum. Mitten in diesem Jubel (11) _____ Konrad und Sophie einander. Sie (12) _____ _____ und blicken sich an. Mit dieser Szene endet der Film.

prevails

E **Definitionen.** Welche Bedeutungen passen zu den Wörtern in der Vokabelliste?

1. aus welchem Grund?
2. traurig sein, dass eine Person oder eine Sache nicht da ist
3. nicht weitergehen
4. Stille
5. lautlos lachen
6. ein Signal geben (Auto)
7. etwas Unbekanntes oder Unerwartetes finden
8. eine gefährliche oder spannende Situation
9. zu spät da sein, um etwas zu erleben
10. einen Disput haben
11. jemanden dazu bringen, eine bestimmte Meinung zu etwas zu haben
12. jemandem etwas hinhalten°
13. stark, gewaltig
14. mitgehen; hinbringen
15. das Setzen eines Fußes vor den anderen
16. eine Gruppe (von Freunden)

hold out to

Suffix -ung

The suffix **-ung** is added to verb stems to form nouns: **meinen > die Meinung.** Nouns ending in **-ung** are feminine and form the plural by adding **-en.**

F **Wortbildung.** Ergänzen Sie die Sätze. Machen Sie aus dem fett gedruckten Verb im ersten Satz ein Substantiv für den zweiten Satz.

1. Nach dem Krieg **hofften** viele Bürger der DDR, dass der Sozialismus eine bessere Alternative zum Kapitalismus wäre. Viele gaben diese _____ auf, als der Lebensstandard nicht so stieg wie im Westen.
2. Das **Wohnen** in der DDR war sehr billig. Die Mieten für viele _____ wurden vom Staat subventioniert.

3. Die Mauer **isolierte** die DDR. Die Ostdeutschen fühlten diese _____ sehr stark.

4. Im Jahr 1960 hatte die DDR-Regierung die Landwirtschaft **kollektiviert.** Die _____ der Landwirtschaft war ein wichtiger Teil des kommunistischen Programms.

5. Seit 1949 wollten die Westdeutschen, dass Ost- und Westdeutschland sich eines Tages wieder **vereinigen** würden. Der Traum wurde durch die _____ am 3. Oktober 1990 Wirklichkeit.

6. Nach der Vereinigung wollte man über 12 000 staatliche Firmen **privatisieren.** Die _____ begann sofort danach.

Grammatik im Kontext

G **Konjunktionen.** Verbinden Sie die kurzen Sätze so miteinander, dass sie einen logischen Sinn ergeben. Wählen Sie eine der angegebenen koordinierenden und subordinierenden Konjunktionen. (Siehe *Kapitel 3*.)

Online Study Center

1. Fünf junge Ostdeutsche fliehen in den Westen. Sie wollen mehr Freiheit. (damit / denn)

2. Konrad kann nicht mitgehen. Er ist hingefallen. (bevor / weil)

3. Konrad macht als Physiker Karriere. Sophie, seine Freundin, arbeitet als Model in Westberlin. (während / wenn)

4. Konrad und Sophie sehen sich in Prag wieder. Sie können nicht zusammenbleiben. (obwohl / seitdem)

5. Konrad geht auf die Straße. Er hört, dass die Mauer offen ist. (ob / nachdem)

6. Konrad und Sophie sehen sich auf der Straße wieder. Sie sagen nichts. (aber / da)

H **Miteinander reden.** Sprechen Sie mit Ihrer Partnerin/Ihrem Partner. Beenden Sie die folgenden Sätze, indem Sie und Ihre Partnerin/Ihr Partner jeweils drei vollständige Sätze mit passenden Argumenten geben.

1. Ich finde eine Europäische Schule (nicht) gut, weil …

2. Ich halte (nicht) viel von Politikerinnen und Politikern, denn …

3. Ich studiere, damit …

Vorwärts immer, rückwärts nimmer.

Geschichten einer Metropole.

Photo: AKG Berlin

Was meinen Sie?

I **Zur Diskussion/Zum Schreiben**

1. Konrad in „Das Versprechen" und die Erzählerin in „Eine Postkarte für Herrn Altenkirch" haben ein Versprechen gegeben und es nicht gehalten. Vergleichen Sie die zwei Versprechen unter diesen Gesichtspunkten:

   a. Was hat Konrad versprochen? Was hat die Erzählerin versprochen?

   b. Warum wurden die Versprechen nicht gehalten?

   c. Inwiefern kann man das Handeln der Personen rechtfertigen°?   *justify*

2. Stellen Sie sich vor, Sie sind Drehbuchautorin/Drehbuchautor und schreiben das Drehbuch für „Eine Postkarte für Herrn Altenkirch". Schreiben Sie drei Szenen mit Dialogen und Szenenanweisungen°.   *stage directions*

3. Schreiben Sie die Handlung° von „Das Versprechen" als eine Ich-Erzählung   *plot* um. Schreiben Sie aus der Sicht° von Sophie, Konrad oder Alexander.   *point of view*

4. Schreiben Sie eine Zusammenfassung° von Ihrem Lieblingsfilm.   *summary*

5. Zwei bekannte Städte in Ostdeutschland sind Dresden und Leipzig. Finden Sie etwas über eine von diesen Städten heraus und berichten Sie darüber. Sie können in einem Buch nachlesen oder Informationen darüber im Internet suchen.

Thema 4

Familie

Großeltern, Eltern und Kinder sitzen fürs Familienfoto auf einer Treppe im Garten.

Texte

INTERVIEW: Einstellungen zur Familie

TABELLE: Aufgabenverteilung im Haushalt

KOLUMNE: Michael Kneissler: Ich muß für meinen Sohn nachsitzen

Gedicht

Dich *Erich Fried*

Märchen

Die sieben Raben *Jakob und Wilhelm Grimm*

Resources

The following icons indicate additional resources available in the program components:

Online Study Center

Go to the *Kaleidoskop, 7e* Online Study Center at *http://college.hmco.com/pic/kaleidoskop7e* for additional practice and cultural exploration.

VIDEO Watch the *Kaleidoskop* Video.

Go to the **In-Text Audio CDs** to listen to the readings.

Einstieg in das Thema

Das Bild der deutschen Familie hat sich im letzten Jahrhundert stark verändert. Heute gibt es viele verschiedene Formen des Familienlebens: die traditionelle Familie mit Vater, Mutter und Kind, die Ein-Eltern-Familie mit Frau oder Mann als Familienoberhaupt°, die so genannte Patchwork-Familie mit Kindern aus verschiedenen Ehen und die nichteheliche° Gemeinschaft° mit Kindern. Auf der anderen Seite entscheiden sich Millionen von Menschen aus verschiedensten Gründen dafür als Singles zu leben.

head of the family

non-married / union

Wie wir in den Antworten von Jugendlichen und Leuten zwischen 30 und 40 Jahren sehen werden, haben sie alle ganz unterschiedliche° Einstellungen° zum Thema Familie. Zwei andere Texte geben weitere Einblicke in das moderne Familienleben. Eine Focus-Studie von 2004 zeigt das Dilemma der Frauen heute, den Aufgaben in der Familie und im Beruf gerecht° zu werden. In einer Kolumne aus der Zeitschrift *Brigitte* lesen wir die Anekdote eines Vaters, der sich um die Erziehung seines Sohnes und dessen° Schulprobleme kümmert°.

diverse / views

gerecht ... werden: *to do justice to*

his (the latter's) / concerns himself

Gedankenaustausch

1. Was verstehen Sie unter dem Begriff° „Familie"? Machen Sie ein Assoziogramm° zur Familie. (Siehe unten.)

2. Wie stellen Sie sich Ihre Zukunft vor?

   a. Möchten Sie in einer festen Partnerschaft leben oder möchten Sie lieber allein leben?

   b. Möchten Sie Kinder haben?

   c. Wie wichtig ist Familie jetzt für Sie und wie wichtig wird das für Sie in 20 Jahren sein?

   d. Wie wichtig wird Ihnen Ihre berufliche Karriere sein?

   e. Wenn Sie Kinder hätten, würden sie eine Teilzeitarbeit°, eine volle Arbeitsstelle (Vollzeitjob°) oder ein Leben als Hausfrau/Hausmann vorziehen°? Warum?

term

concept map

 View video: T4 **Vaterschaftsurlaub.**

part-time job
full-time job
prefer

Familie

Großeltern

Sicherheit

$\mathcal{K}$ulturlesestücke

Interview: Einstellungen zur Familie

(((**Vor dem Lesen** In den folgenden Texten beschreiben fünf Personen ihre Einstellung zur Familie. Welche Bedeutung hat Ihre Familie für Sie?

Rüdesheim: Familientreffen

Einstellungen zur Familie

CD2–2

Johanna (16 Jahre) „Für unsere Eltern sind wir Kinder – ich habe noch vier Geschwister – der Lebensinhalt°, sagen sie immer. Natürlich müssen sie durch uns auch auf manches verzichten° und wir machen nicht nur Freude."

purpose in life
do without

CD2–3

Gregor (30 Jahre) „Ich brauche meine Freiheit, um ‚mich selbst verwirklichen'° zu können, wie man heute sagt. Ich tauge° einfach nicht für die Familie. Sich immer nach einer anderen Person richten° zu müssen, in der wenigen Freizeit dauernd Kompromisse eingehen°, das hat mich ganz krank gemacht."

fulfill
am suitable for
go along with

make (compromises)

CD2–4

Ute (40 Jahre) „Wir leben mit den Schwiegereltern und haben mehr Unabhängigkeit als die meisten anderen Familien, denn wir helfen uns gegenseitig°. So können wir öfter mal ein paar Tage weg ohne die Kinder. Selbstverständlich gibt's auch Meinungsverschiedenheiten° zwischen den Generationen, aber auch gemeinsamen Spaß."

one another

differences of opinion

Ein- Eltern Familie
Patchwork- Familie – Kindern aus verschieden Ehre
Nichteheliche Gemeinschaft
als Singles

CD2–5

Martina (18 Jahre) „Familie hat für mich einen großen Stellenwert°. Später möchte ich Kinder haben. Wenn schon, mehrere. Ich war allein, und früher fand ich das sehr gut. Man hat alles, man kriegt alles, man muss nicht teilen. Aber so im° Nachhinein fehlen mir doch die Geschwister."

value

im Nachhinein: *in retrospect*

CD2–6

Lukas (16 Jahre) „Meine Familie ist ein großer, kunterbunter° Haufen°. Dazu gehören unter anderen°: mein Vater (63), meine Mutter (45), meine Halbschwester (32), die in Düsseldorf studiert, mein Halbbruder (30), der mit seiner Familie in Hannover lebt, eine Tante, die älter ist als meine Omi, und viele Cousinen und Cousins in Hamburg und in Karlsruhe im Alter von 46 bis 8."

motley / bunch / among others

Zum Text

A **Wer sagt das?** Wer ist das? Welche Person macht diese Aussage?

Johanna • Gregor • Ute • Martina • Lukas

___ 1. Ich finde es gut, wenn mehrere Generationen zusammenleben.

___ 2. Meine Familienmitglieder leben in verschiedenen Städten in Deutschland.

___ 3. Ich möchte meine Freizeit selbst gestalten und mich nicht nach meiner Familie richten.

___ 4. Meine Eltern haben fünf Kinder. Wir Kinder sind für sie das Wichtigste im Leben.

___ 5. Ich bin Einzelkind. Das war früher ganz schön, aber jetzt wünschte ich mir, dass ich Geschwister hätte.

B **Zur Diskussion**

Bamberg: Restaurantbesuch

1. Lesen Sie die Texte noch einmal durch. Besprechen Sie dann die folgenden Fragen.
   • Wessen Einstellung zur Familie gefällt Ihnen am wenigsten? Warum?
   • Wessen Einstellung zur Familie entspricht am meisten Ihrer eigenen Einstellung?

2. Was ist für Sie die ideale Familie? Beachten Sie folgende Punkte.
   • Wohnen alle Familienmitglieder in derselben Stadt?
   • Wie groß ist die ideale Familie?
   • Macht die Familie alles zusammen?

Tabelle: Aufgabenverteilung° im Haushalt

distribution of chores

Vor dem Lesen Eine Focus-Studie aus dem Jahr 2004 untersucht°, wie junge Paare heute zusammenleben und welche Probleme die Frauen haben, Familie und Beruf unter° einen Hut zu bringen. Die folgende Tabelle zeigt, wie sich Frauen und Männer die Hausarbeit in verschiedenen Phasen teilen.

investigates

unter ... bringen: *accommodate*

Aufgabenverteilung im Haushalt		
	Schwangerschaft°	nach 34 Monaten
tägliche Einkäufe	F-60 b-39 M-1	F-79 b-20 M-1
kochen	F-57 b-40 M-3	F-79 b-20 M-1
aufräumen, putzen	F-23 b-77 M-0	F-72 b-28 M-0
Abfall° entsorgen	F-11 b-53 M-36	F-25 b-55 M-20
Reparaturen im Haushalt	F-1 b-26 M-73	F-4 b-31 M-65

pregnancy

Abfall entsorgen: *emptying the trash*

Angaben° in Prozent (gerundete Werte°)
F (Frau)   b (beide)   M (Mann)

data / results

Zum Text

C **Fragen zum Text**

1. Wann macht der Mann mehr im Haushalt? Vor oder nach der Geburt des Kindes?
2. Welche Aufgabe machen die Männer nie allein?

 D **Zur Diskussion**

1. Warum machen Ihrer Meinung nach Frauen mehr im Haushalt?
2. Benutzen Sie dieselben Aufgaben wie in der Tabelle oben und machen Sie eine Tabelle von der Aufgabenverteilung bei Ihnen zu Hause. Vergleichen Sie die Aufteilung in der Tabelle mit der Verteilung bei Ihnen.
3. Was ist für Sie die ideale Aufgabenverteilung im Haushalt?

München: Vater und Tochter beim Kochen

Vermischtes

1. Der Staat fördert° Familien mit Kindern durch: — *encourages*

   a. **Mutterschutz°:** Eine Frau bekommt sechs Wochen Urlaub vor der Geburt und acht Wochen nach der Geburt des Kindes. In dieser Zeit bekommt sie ihr volles Gehalt°. — *legal protection of expectant and nursing mothers* — *salary*

   b. **Elternzeit:** In Deutschland bekommt die Mutter oder der Vater Erziehungsurlaub, bis das Kind drei Jahre alt ist. Eine Weiterbeschäftigung° nach der Elternzeit wird garantiert. Nur 2,5 Prozent aller Väter nehmen Elternzeit. — *reemployment*

   c. **Erziehungsgeld°:** Eine Familie mit einem Einkommen bis 51 130 Euro bekommt vom Staat für jedes Kind in den ersten sechs Monaten 307 Euro pro Monat. Familien mit einem Einkommen bis 16 470 Euro bekommen den Betrag° von 307 Euro pro Kind auch noch ab dem 7. Lebensmonat des Kindes, bis es zwei Jahre alt ist. — *financial aid for raising a child* — *amount*

   d. **Kindergeld:** Der Staat zahlt 154 Euro für das erste, zweite und dritte Kind, 179 Euro für das vierte und jedes weitere Kind bis zu 18 Jahren, bei Schul- und Berufsausbildung° bis zu 27 Jahren. — *vocational education*

2. Nur jeder dritte Mann beteiligt sich° an der Hausarbeit und der Kindererziehung°, obwohl heute 60 Prozent der Frauen berufstätig sind. Nach einer Umfrage sind fast zwei Drittel der Frauen bereit ihren Beruf für die Kindererziehung aufzugeben. Von den Männern wären nur 24 Prozent bereit zu Hause bei den Kindern zu bleiben.

beteiligt sich: shares in childrearing

3. Jede dritte Ehe in Deutschland wird geschieden und in 55 Prozent der Scheidungen sind minderjährige° Kinder betroffen°.

underage / affected

4. 79 Prozent der deutschen Kinder leben bei beiden Eltern, 15 Prozent wachsen bei nur einem Elternteil auf.

5. Deutschland hat eine der niedrigsten° Geburtsraten° in Europa. Die Rate ist 8,8 auf je° 1000 Einwohner und die Sterberate° ist 10,2. 2003 starben 147 000 mehr Menschen als geboren wurden.

lowest / birth rates
every / death rate

Kolumne: Michael Kneissler: Ich muß für meinen Sohn nachsitzen

Vor dem Lesen Sie lesen jetzt einen humorvollen Artikel über Disziplin in der Schule. Bevor Sie den Artikel lesen, sehen Sie sich die Zeichnung° an. Beschreiben Sie die Zeichnung. Wer ist auf der Zeichnung? Was machen die beiden Personen? Finden Sie die Zeichnung lustig oder ernst? Warum?

drawing

Besprechen Sie diese Themen.

1. Was für Probleme gab es, als Sie in der Schule waren?
2. Was, glauben Sie, ist eine geeignete° Strafe für die folgenden Ereignisse während des Unterrichts?

appropriate

   a. Eine Schülerin/Ein Schüler schlägt eine Mitschülerin/einen Mitschüler mit einem Buch.

   b. Eine Schülerin/Ein Schüler weigert sich°, während des Turnunterrichts° mitzumachen°.

weigert sich: refuses
gym class / participate

Vergleichen Sie beim Lesen Ihre Vorschläge mit den Ereignissen im Artikel.

Ich muß für meinen Sohn nachsitzen

Die blauen Briefe, die mir der Postbote°
bringt, sind gar nicht blau. Sie sind grün.
Und auch sonst ist alles anders. Mein Sohn
Eddie beispielsweise mag die grünen blauen
5 Briefe. Manchmal spart sich die Schule das
Porto° und gibt den Brief Eddie mit. Noch nie
hat Eddie einen solchen Brief verschwinden
lassen. Warum sollte er auch? Den Ärger mit
den Briefen hat nämlich nicht er. Den Ärger
10 habe ich. Obwohl ich unschuldig bin.

Im ersten grünen blauen Brief beispiels-
weise befand sich° ein grauer Zettel, auf dem mir mitgeteilt wurde, man
sehe sich veranlaßt°, meinem Sohn einen Verweis zu erteilen°. Handschriftlich hatte eine mir bis dahin unbekannte Lehrkraft° vermerkt°,
15 Eddie habe während des Unterrichts mit einem Buch einem Mitschüler
auf den Kopf geklopft. Das sei ordnungswidrig°.

Der Meinung bin ich auch. Deshalb finde ich, die Lehrkraft könnte
ein wenig pädagogisch wirken° und Eddie im ordnungsgemäßen° Gebrauch von Büchern unterweisen° – notfalls° in einer Sondersitzung°
20 nach dem Unterricht.

Auf solche Ideen kommen Lehrkräfte aber nie. Ihre Nachmittage
verbringen sie anscheinend nur ungern mit Schülern. Ihre Nachmittage gestalten° sie gern mit uns Eltern. Das ist dumm für mich: Immer
wenn mein Sohn Mist baut°, muß ich nachsitzen. Die Schule nennt das
25 Sprechstunde.

In diesem Fall fand die Sprechstunde in einem muffigen° Kabuff°
statt. Während ich dort mit der Lehrkraft eingesperrt° war, ging Eddie
mit Freunden Eis essen.

Vorher hat er mir noch geraten, ganz cool zu bleiben. Die Alte sei ein
30 wenig umständlich°, die Sprechstunde könne sich ziehen°. „Im Unterricht jedenfalls ist sie ziemlich zäh°."

Zäh ist gar kein Ausdruck°! Ausführlich° referierte° die Lehrkraft
das Problem. Es stellte sich heraus°, daß es sich bei dem Buch um ein
postkartengroßes Heftchen gehandelt hat, das im Rahmen° einer allge-
35 meinen Keilerei° zum Einsatz° kam. Außerdem sei sie an dem Tag
nervlich etwas belastet° gewesen, deshalb der Verweis.

Ich sehe ein, daß 30 pubertierende Schülerinnen und Schüler
schlecht für die Nerven sind – aber was geht mich das an? Ganz cool
schlug ich vor, mich aus der Sprechstunde zu entlassen° und meinen
40 Sohn zum Nachsitzen einzubestellen°. Die Lehrkraft fand das keine
gute Idee. Nachsitzen sei altmodisch.

Als ich am frühen Abend zu Hause eintraf°, wartete Eddie schon
auf mich. Er war blendender° Laune. „Weißt du", sagte er, „diese Verweise sind eine geile° Erfindung. Alles schriftlich, kein Streß."

---

letter carrier

postage

befand sich: *was*
obliged / **Verweis**
 erteilen: *to reprimand* /
 teacher / *noted*

against regulations

operate / *proper*
instruct / *if necessary* /
 special session

arrange
Mist baut *(slang): messes*
 up
musty / *small room*
locked in

tedious / *drag on*
persistent, tough
ist ... Ausdruck: *isn't*
 the word for it / *in detail* /
 reported / **stellte ...**
 heraus: *it turned out* /
 framework / *brawl* / *action* /
 nervlich belastet:
 under nervous tension

dismiss
to order

arrived
splendid
(slang) brilliant

45   Unterdessen° habe ich schon drei Nachmittage in Eddies Schule   *meanwhile*
verbracht. Keiner davon hat wirklich etwas gebracht. Deshalb ist jetzt
Schluß damit.

    Kürzlich° konfrontierte mich Eddies Sportlehrerin mit der vagen   *recently*
schriftlichen Mitteilung, mein Sohn habe „durch eigenmächtiges°   *unauthorized*
50 Verhalten° den Unterricht gestört". Die Sprechstunde finde am Freitag   *conduct*
von 12.20 Uhr bis 13.05 Uhr im Lehrerzimmer statt.

    Nicht im Traum dachte ich daran°, dort hinzugehen. Statt dessen   ***nicht ... daran:** I didn't*
machte ich mir einen schönen Nachmittag, während Eddie an seinem   *dream of*
Schreibtisch einen erklärenden und schuldbewußten° Bericht zu den   *guilt-laden*
55 „eigenmächtigen Verhaltensweisen" in der Turnstunde° verfaßte°. Stun-   *gym class / composed*
den später war der Text fertig. Er handelte davon, daß die Kids im
Gegensatz zum Lehrer keine Lust auf Volleyball gehabt und eine Art
spontanen Streik inszeniert hatten.

    Am Abend schob ich den Bericht in einen Briefumschlag,
60 adressierte ihn an die Sportlehrerin, steckte ihn in Eddies Schultasche
und sagte ganz cool: „Weißt du, alles schriftlich, kein Streß."

Zum Text

E **Schulvokabeln.** Es gibt im Artikel Ausdrücke, die mit der Schule zu tun
haben. Definieren Sie auf Deutsch diese Wendungen°:   *expressions*

    die Lehrkraft • ein blauer Brief • der Verweis • die Sprechstunde •
    nachsitzen

F **Zum Inhalt**

1. Warum gibt Eddie seinem Vater alle blauen Briefe?
2. Welchen Rat gibt Eddie seinem Vater, bevor der Vater zur Sprechstunde geht?
3. Was macht Eddie, während sein Vater zur Sprechstunde geht?
4. Was hat Eddie gemacht? Finden Sie sein „ordnungswidriges" Benehmen°   *behavior*
   sehr schlimm?
5. Was schlägt Eddies Vater der Lehrerin vor? Was hat sie dagegen?
6. Welche Kritik übt der Vater an° der Schule und an den Lehrern?   ***übt Kritik an:** criticizes*
7. Was macht der Vater, als er den Brief von der Sportlehrerin bekommt?
8. Warum ist die neue Lösung° „cool" für den Vater und nicht so „cool" für   *solution*
   Eddie?

G **Mit anderen Worten.** Erzählen Sie die Geschichte aus Eddies Perspektive. Was hat Eddie gemacht?

H **Humor.** Beschreiben Sie, wie der Autor dieses Artikels Humor erzielt°.   *produces*
Oft entsteht° Humor, weil der Autor zeigt, wie die Sachen anders sind, als die   *emerges*
Leser erwarten. Man erwartet z.B., dass ein Schüler einen Brief von der
Schule verschwinden lässt, aber Eddie macht das nicht. Warum nicht? Suchen
Sie andere Beispiele von Humor im Text.

Wortschatz

Substantive

der **Briefumschlag, ⁻e**   envelope
die **Erfindung, -en**   invention; discovery
die **Erziehung**   education; upbringing
der **Gegensatz, ⁻e**   contrast; (the) opposite
   im **Gegensatz (zu)**   in contrast (to)   *— argue a point; positivly*
die **Geschwister** *(pl.)*   brother(s) and sister(s), siblings
der **Haushalt, -e**   household, housekeeping
die **Karriere, -n**   career
der **Schluss, ⁻e**   end; conclusion
   Schluss damit   that's it
der **Schüler, -/die Schülerin, -nen**   elementary or secondary student, pupil *— not univeristy*
die **Schwiegereltern** *(pl.)*   parents-in-law
die **Sprechstunde, -n**   office hour; consultation
der **Unterricht**   instruction; classes
der **Zettel, -**   note; slip (of paper)

Verben

an·gehen (ging an, ist angegangen)   to concern   *— Concerns me, Po*
   das geht (mich) nichts an   that doesn't concern (me)   *— peers, familie*
auf·räumen   to clear, tidy up
handeln   to act
   handeln von   to be about, deal with   *— film ex- der Film handeln von ...*
   es handelt sich um   it is a matter of
kriegen   to get, receive   *— bekommen*
mit·teilen   to inform
nach·sitzen (saß nach, nachgesessen)   to be kept after school
   usually used with **müssen: Uwe musste nachsitzen**   Uwe had to stay after
   school
steigen (stieg, ist gestiegen)   to rise; climb up
stören   to disturb   *— b? bitte nicht stören*
verschwinden (verschwand, ist verschwunden)   to disappear; to vanish

Andere Wörter

gemeinsam   joint(ly); common; mutual
gleichzeitig   at the same time, simultaneously
schriftlich   in writing, written
tatsächlich   real, actually; indeed, really

I **Vokabeln.** Ergänzen Sie die Sätze mit passenden Vokabeln aus der Vokabelliste.

Manchmal geht er nachmittags in die Schule seines Sohnes und muss (1) _____, obwohl er nichts gemacht hat. Es ist nämlich Eddie, der im (2) _____ einen Mitschüler geschlagen hat oder eine Sportlehrerin (3) _____ hat. Aber die Lehrer und Lehrerinnen wollen nachmittags nicht die Kinder, sondern die Eltern in der (4) _____ an der Schule sehen. Sie geben den Kindern einfach einen (5) _____ mit nach Hause für die Eltern. Eines Tages hat Eddies Vater von dem Stress genug und sagt zu Eddie: „(6) _____ damit!" Eddie muss der Sportlehrerin (7) _____, warum er sie geärgert hat. Er sagt, dass die Schüler und Schülerinnen im (8) _____ zur Lehrerin keine Lust hatten, Volleyball zu spielen, und gestreikt haben. Der Vater steckt den Brief in einen (9) _____ und freut sich, dass er den Stress los ist.

J **Verwandte Wörter.** Was bedeuten folgende Wörter? Geben Sie ein verwandtes Wort aus der Vokabelliste.

1. die Handschrift
2. die Mitteilung
3. erfinden
4. die Schwester
5. das Verschwinden
6. unterrichten
7. schließen
8. der Raum
9. die Zeit
10. die Handlung

K **Wichtige Wörter.** Hier finden Sie die Definitionen von wichtigen Wörtern zum Thema Familie. Lesen Sie zuerst die Definitionen und setzen Sie dann in die folgenden Sätze jeweils das richtige Wort ein.

heiraten   eine Ehe eingehen

verheiratet sein   in einer Ehe zusammenleben

das **Ehepaar, -e**   ein verheiratetes Paar

scheiden (schied, geschieden)   die Ehe vor Gericht° auflösen°   *court / dissolve*
   sich scheiden lassen

die **Scheidung, -en**   die Auflösung der Ehe

1. Herr und Frau Müller sind seit über 20 Jahren _____.
2. Sie haben sich damals beim Studium kennen gelernt und direkt danach _____.
3. Doch in letzter Zeit hat das _____ große Probleme.
4. Frau Müller will sich jetzt sogar _____ _____.
5. Aber Herr Müller möchte die _____ auf keinen Fall und hofft, dass sie ihre Probleme lösen können.

Grammatik im Kontext

L **Welcher Fall°?** Wie Sie wissen, verwendet° das Deutsche verschiedene „Fälle", um die Funktion eines Substantivs oder Pronomens im Satz anzuzeigen. Damit wird auch die Bedeutung klar gemacht. Lesen Sie die folgenden Sätze aus „Ich muß für meinen Sohn nachsitzen" und geben Sie Fall und Funktion der fett gedruckten Substantive und Pronomen an.

case / uses

Online Study Center

1. Zeile 37–38: Ich sehe ein, daß 30 pubertierende **Schülerinnen** und Schüler schlecht für **die Nerven** sind – aber was geht **mich** das an?

2. Zeile 38–40: Ganz cool schlug ich vor, **mich** aus der Sprechstunde zu entlassen und **meinen Sohn** zum Nachsitzen einzubestellen.

3. Zeile 40–41: **Die Lehrkraft** fand das **keine gute Idee.**

4. Zeile 42–43: Als ich am frühen Abend zu Hause eintraf, wartete **Eddie** schon auf **mich.**

5. Zeile 43–44: „Weißt du", sagte er, „**diese Verweise** sind **eine geile Erfindung.**"

6. Zeile 45–46: Unterdessen habe ich schon **drei Nachmittage** in Eddies Schule verbracht.

Was meinen Sie?

M **Partnerarbeit**

1. Eine Person spielt eine Journalistin/einen Journalisten, die andere ist Hausmann. Die Journalistin/Der Journalist stellt Fragen über die Vor- und Nachteile für den Hausmann.

2. Ein Ehepaar erwartet ein Kind. Die Frau und der Mann sprechen darüber, wer von beiden Elternzeit nehmen soll. Wer bleibt drei Jahre zu Hause – der Vater oder die Mutter?

N **Zur Diskussion/Zum Schreiben**

1. Inwiefern° sind Eltern für das Benehmen ihrer Kinder verantwortlich?

to what extent

2. Schreiben Sie einen blauen Brief an die Eltern einer Schülerin, die während der Unterrichtsstunde Rockmusik hört.

3. Weitere Aktivitäten finden Sie auf der *Kaleidoskop* Webseite.

Online Study Center

0 **Marie Marcks.** Die bekannte deutsche Karikaturistin° wurde 1922 in Berlin geboren. Sie hat fünf Kinder großgezogen°, ist zweimal geschieden° und war fast immer alleinerziehend. Zwei ihrer Lieblingsthemen verwundern° daher nicht – Emanzipation und Kindererziehung.

> *cartoonist*
> *raised / divorced*
> *surprise*

Erst 1965 begann Marie Marcks ihre Karikaturen für Tageszeitungen zu zeichnen° und brach° damit in eine Männerdomäne ein. Weitere Themen ihrer Karikaturen sind Umweltverschmutzung° und Atomenergie.

> *draw / **brach ein:** broke into / environmental pollution*

Marie Marcks Zeichnungen wurden in mehreren erfolgreichen Anthologien veröffentlicht°. Sie selbst sagt: „Es ist ein schöner Beruf. Ich kann täglich das loswerden, was mich ärgert und beschäftigt°. Wer kann das schon?"

> *published*
> *occupies*

1. Beschreiben Sie die Karikatur. Beachten Sie folgende Punkte.

   - Wer sind die zwei Männer? Was für ein Verhältnis° haben sie wohl zueinander?

     > *relationship*

   - Wo sind sie?

   - Was machen die Kinder?

   - Wie könnte das Gespräch weitergehen?

2. Wie wichtig ist es Ihrer Meinung nach, dass ein Elternteil° bei den Kindern bleibt? Macht es einen Unterschied, ob die Mutter oder der Vater zu Hause bleibt?

   > *parent*

Literarische Werke

Gedicht: Dich

Erich Fried

Erich Fried, one of the most famous German-speaking poets of the twentieth century, was born in 1921 in Vienna. As a Jew, Fried found his life changed forever with the arrival of Hitler's troops in Austria in 1938. His father was murdered by the Gestapo but Fried was able to flee to London. Once there he helped his mother and 70 other people leave Austria. After the war, Fried became an editor with several journals and later became a commentator with BBC. In the meantime he had become a respected writer with several volumes of poetry, a novel, and many translations, including the almost complete works of Shakespeare into German. Fried participated frequently in public discussions on political and literary topics in Germany and Austria, drawing on his experience as a refugee and victim of racism and fascism. These themes are also found in his poems. In 1982, he again became an Austrian citizen but kept his British citizenship. Fried received several prestigious awards and prizes—the Bremen Literary Prize (1983), the Austrian State Prize (1986), and the Georg-Büchner Prize (1987). Erich Fried died in 1988 and is buried in London.

Themes in many of Fried's poems are fear, pain, but also longing, and love. The love poem **Dich** comes from one of his most famous volumes, **Liebesgedichte** (1979), which sold the most volumes of any book of poetry in Germany. What are the reasons the writer of the poem gives for loving the person addressed, **Dich?**

Suchen, finden, lieben!

CD2–8

Dich

Dich nicht näher denken
und dich nicht weiter denken
dich denken wo du bist
weil du dort wirklich bist

5 Dich nicht älter denken
und dich nicht jünger denken
nicht größer nicht kleiner
nicht hitziger° und nicht kälter   *more passionate*

Dich denken und mich nach dir sehnen°   *long for*
10 dich sehen wollen
und dich liebhaben
so wie du wirklich bist

Mutter und Kind beim Radausflug in Göttingen

Märchen: Die sieben Raben

Jakob und Wilhelm Grimm

In 1812 a collection of fairy or folk tales **(Märchen)** called **Kinder- und Hausmärchen** was published by the brothers Jakob (1785–1863) and Wilhelm (1786–1859) Grimm. Their work is the first systematic collection of the entire tradition of European and oriental tales. The **Kinder- und Hausmärchen** are, next to the Luther Bible, the best known and most widely distributed artifact from the German cultural tradition. The **Märchen** have been translated into over 160 languages. In 2004 they were entered into the UNESCO world register of world documents.

The Grimm **Märchen** have long been a part of childhood experience. Children identify with the hero, suffer through the inevitable trials and tribulations, and experience relief and triumph when virtue is finally rewarded. But **Märchen** are not only for children. Today the **Europäische Märchengesellschaft,** founded in 1956 in Germany, has 2600 members from all over Europe, has a website, and holds weekend seminars once each month. Scholars publish books on **Märchen** motifs and use **Märchen** as a source of information about life and values in different times and cultures.

Central to "Die sieben Raben" (*The Seven Ravens*) is the typical **Märchen** motif of the great quest. The hero or heroine is given a task and sets out into the world to accomplish it, often with supernatural assistance. Note other typical **Märchen** motifs that are present in "Die sieben Raben."

Zum Thema

1 Welche Märchen kennen Sie? Was finden Sie typisch für ein Märchen? Zum Beispiel, was für Personen, Tiere und Motive gibt es im Märchen?

2 **Märchenmotive.** Im Märchen findet man immer wieder dieselben Motive. Welche der Motive unten finden Sie in einem der folgenden Märchen?

Rotkäppchen°   *Little Red Riding Hood*

Dornröschen°   *Sleeping Beauty*

Schneewittchen°   *Snow White*

Rumpelstilzchen

Der Froschkönig°   *The Frog Prince*

Hänsel und Gretel

1. magische Zahlen (sieben, drei usw.)
2. das jüngste Kind ist besonders schön und gut
3. Bestrafung°, weil man seine Pflicht° nicht tut   *punishment / duty*
4. eine Verwünschung°   *curse*
5. Verwandlung° in ein Tier   *transformation*
6. ein Geheimnis°   *secret*
7. Aufgaben erfüllen
8. eine Reise mit Schwierigkeiten
9. Tiere und Dinge, die sprechen
10. gute und böse Wünsche werden erfüllt
11. man wird durch gute Taten gerettet
12. der gute Mensch findet das Glück
13. ein Happyend
14. das Übernatürliche°   *supernatural*

3 **„Die sieben Raben".** Während Sie das Märchen „Die sieben Raben" lesen, beachten° Sie bitte Motive aus der Liste.   *note*

CD2–9

Die sieben Raben

Ein Mann hatte sieben Söhne und immer noch kein Töchterchen. Als seine Frau wieder ein Kind er-
5 wartete, wünschte er sehr, dass es eine Tochter wäre. Und als es zur Welt kam, war's wirklich ein Mädchen. Die Freude war groß, aber
10 das Kind war schwach und klein und sollte wegen seiner Schwachheit die Nottaufe° haben. Der Vater schickte

baptism by layman (in fear of death)

schnell einen der Söhne zur Quelle, um Taufwasser° zu holen. Die baptismal water

15 anderen sechs liefen mit und weil jeder der erste sein wollte, fiel ihnen
der Krug in den Brunnen°. Da standen sie und wussten nicht, was sie well
tun sollten. Keiner hatte den Mut° nach Hause zu gehen. Als sie aber courage
nicht zurückkamen, wurde der Vater ärgerlich und rief: „Gewiss haben
sie beim Spiel das Wasser vergessen, die gottlosen Jungen!" Er hatte

20 Angst, das Mädchen müsste ungetauft° sterben und rief: „Ich wollte, unbaptized
dass die Jungen alle zu Raben würden." Kaum hatte er das gesagt, so
hörte er ein Geschwirr° über sich. Er blickte in die Höhe und sah sieben whirring
kohlschwarze Raben vorbeifliegen.

Die Eltern konnten die Verwünschung° nicht zurücknehmen. Sie spell

25 waren sehr traurig über den Verlust ihrer sieben Söhne, aber ihre
Tochter war ein Trost für sie, denn sie wurde bald kräftig und mit jedem
Tag schöner. Sie wusste lange Zeit nicht einmal, dass sie Brüder gehabt
hatte, denn die Eltern sprachen nicht von ihnen. Da hörte sie eines
Tages die Leute von sich sprechen, das Mädchen wäre wohl schön; aber

30 das Unglück seiner Brüder wäre doch seine Schuld. Das Mädchen
wurde traurig, ging zu Vater und Mutter und fragte, ob es Brüder
gehabt hätte und was mit ihnen geschehen wäre. Nun konnten die
Eltern nicht länger schweigen°. Sie sagten aber, dass der Himmel es so remain silent
gewollt hätte, dass seine Geburt nur der unschuldige Anlass° gewesen cause

35 wäre. Das Mädchen aber glaubte, es wäre an dem Unglück der Brüder
schuld und müsste seine Geschwister erlösen°. Es ging heimlich° von zu set free / secretly
Hause weg und in die Welt, um seine Brüder zu suchen und zu befreien.
Es nahm nur einen Ring von den Eltern mit zum Andenken°, ein Stück **zum Andenken:** as a
Brot für den Hunger, einen Krug Wasser für den Durst und ein keepsake

40 Stühlchen für die Müdigkeit.

Nun ging das Mädchen weit, weit, bis ans Ende der Welt. Da kam
es zur Sonne, aber die war zu heiß und fürchterlich und fraß die kleinen
Kinder. Schnell lief es weg und lief hin zu dem Mond. Aber der war kalt
und auch böse. Als er das Kind bemerkte, sprach er: „Ich rieche

45 Menschenfleisch." Da lief das Kind eilig fort und kam zu den Sternen.
Die waren freundlich und gut, und jeder saß auf seinem besonderen
Stühlchen. Der Morgenstern aber stand auf, gab ihm ein Knöchelchen
und sprach: „Wenn du das Knöchelchen nicht hast, kannst du den
Glasberg nicht aufschließen. Und in dem Glasberg sind deine Brüder."

50 Das Mädchen nahm das Knöchelchen, wickelte° es in ein Tüch- wrapped
lein und ging fort, so lange, bis es an den Glasberg kam. Das Tor war
verschlossen. Als es aber das Tüchlein aufmachte, war es leer. Es hatte
das Geschenk der guten Sterne verloren. Was sollte es nun anfangen?
Seine Brüder wollte es retten und hatte keinen Schlüssel zum Glasberg.

55 Das gute Schwesterchen nahm ein Messer und schnitt sich ein kleines
Fingerchen ab, steckte es in das Tor und schloss glücklich auf. Als es
hineingegangen war, kam ihm ein Zwerg° entgegen, der sprach: „Mein dwarf
Kind, was suchst du?" – „Ich suche meine Brüder, die sieben Raben",

antwortete es. Der Zwerg sprach: „Die Herren Raben sind nicht zu
60 Haus. Aber wenn du so lange warten willst, bis sie kommen, so tritt
ein." Darauf trug der Zwerg das Essen der Raben herein auf sieben
Tellerchen und in sieben Becherchen°. Und von jedem Tellerchen aß   *little goblets*
das Schwesterchen ein bisschen, und aus jedem Becherchen trank es ein
Schlückchen. In das letzte Becherchen aber ließ es das Ringlein fallen,
65 das es mitgenommen hatte.

Auf einmal hörte es in der Luft ein Geschwirr. Da sprach das
Zwerglein: „Jetzt kommen die Herren Raben heim." Da kamen sie,
wollten essen und trinken und suchten ihre Tellerchen und Becherchen. Da sprach einer nach dem andern: „Wer hat von meinem Teller-
70 chen gegessen? Wer hat aus meinem Becherchen getrunken? Das ist
eines Menschen Mund gewesen." Und als der siebente auf den Grund
des Bechers kam, rollte ihm das Ringlein entgegen. Er sah es an und
erkannte, dass es ein Ring von Vater und Mutter war, und sprach:
„Gott gebe°, unser Schwesterlein wäre da, so wären wir erlöst." Als das   ***Gott gebe:*** *may God*
75 Mädchen, das hinter der Tür stand, den Wunsch hörte, trat es vor; und   *grant*
da bekamen alle Raben ihre menschliche Gestalt wieder. Und sie
umarmten und küssten einander und zogen fröhlich heim.

Zum Text

Ⓐ Zum Inhalt

1. Warum freuten sich die Eltern über die Geburt eines Mädchens so sehr?
2. Warum hatten sie Angst, das Kind würde nicht leben?
3. Welchen unglücklichen Wunsch sprach der Vater aus? Warum?
4. Wie erfuhr das Mädchen, dass ihre Brüder Raben waren?
5. Was nahm sie mit auf den Weg, als sie ihre Brüder suchte?
6. Wie half ihr der Morgenstern?
7. Wie konnte sie ohne Schlüssel das Tor des Glasbergs aufschließen?
8. Was tat das Mädchen, um die Raben an ihr Menschentum und an die Eltern zu erinnern?
9. Durch welche Tat hat das Mädchen ihre Brüder befreit?

Ⓑ Motive.
Welche Märchenmotive finden Sie in „Die sieben Raben"?
Geben Sie die Hauptzüge° der Motive wieder.   *main features*

Wortschatzübungen 2

Wortschatz

Substantive

die **Gestalt, -en**   shape, figure
die **Höhe, -n**   height; hill
der **Knochen, -**   bone
  das **Knöchelchen, -**   little bone
der **Krug, ̈-e**   pitcher, mug
die **Quelle, -n**   spring; source
der **Schluck, -e**   swallow, sip
  das **Schlückchen, -**   small sip
die **Schuld, -en**   debt; fault, guilt
  schuld sein (an + *dat.*)   to be guilty (of)
  ich bin (nicht) daran schuld!   it's (not) my fault!
der **Trost**   comfort, consolation
der **Verlust, -e**   loss   *[handwritten:] finacial oder family member*

Verben

blicken   to look
ein·treten (tritt ein; trat ein, ist eingetreten)   to enter, come in, *[handwritten:] to happen*
entgegen·kommen (kam entgegen, ist entgegengekommen)   to come
toward; to meet   *[handwritten:] figuritve thank you for your support*

Andere Wörter

ärgerlich   annoying, angry
eilig   speedy, hurried
  es eilig haben   to be in a hurry   *[handwritten:] Ich habe eilig.*
heim   home
kräftig   strong, powerful
[handwritten:] adv.   also a meal "harty"

C **Vokabeln.** Wie sagt man das auf Deutsch? Ergänzen Sie.

1. Bitte, *treten* Sie *ein* .
   Please come in.

2. Der Plan gewinnt langsam an *Gestalt*
   The plan is slowly taking shape.

3. Ich möchte aus dieser *Quelle* trinken.
   I'd like to drink from this spring.

4. Hast du es *eilig* ?
   Are you in a hurry?

5. Mit dreißig stand der Autor auf der _____ seines Ruhms.
   At thirty the author was at the peak of his fame.

6. Die finanziellen _____ dieser Firma gehen in die Millionen.
   The financial losses of this company are in the millions.

7. Das ist ein schöner Bier_____.
   That's a nice beer mug.

8. Mir tun alle _____ weh.
   Every bone in my body aches.

9. Ich bin nicht an dem Unglück _____.
   The accident's not my fault.

10. Sie _____ mir auf halbem Weg _____.
    She met me halfway.

11. Er _____ böse auf mich.
    He looked at me angrily.

12. Das ist wirklich _____.
    That is really annoying.

13. Der Tenor hat eine _____ Stimme.
    The tenor has a powerful voice.

14. Das ist nur ein schwacher _____.
    That is little comfort.

15. Nehmen Sie noch einen _____!
    Take another sip!

16. Morgen fahren wir _____.
    Tomorrow we're driving home.

D **Verwandte Wörter.** Geben Sie für jedes fett gedruckte Wort ein verwandtes Wort an.

1. Ein Mann **ärgerte** sich, weil seine Söhne einen Krug verloren hatten.
2. Weil die Söhne Raben geworden waren, fühlte sich der Vater **schuldig.**
3. Der Vater versuchte, seine Tochter zu **trösten.**
4. In einem **hohen** Glasberg entdeckte die Tochter sieben Raben.
5. Mit einem **Blick** auf die Raben sagte das Mädchen: „Ich wollte, die sieben Raben wären meine Brüder."
6. Als sie nach Hause **eilen** wollte, standen ihre Brüder vor ihr.

E **Wörter auf -*chen* und -*lein*.** Die Verkleinerungsform° von Substantiven findet man in vielen Märchen. Diese Substantive mit den Nachsilben° **-chen** und **-lein** sind immer Neutrum. Die Vokale **a, au, o** und **u** haben immer Umlaut. Suchen Sie in „Die sieben Raben" zwei Wörter mit der Nachsilbe **-chen** und zwei mit der Nachsilbe **-lein** und schreiben Sie die Sätze auf.

diminutive
suffixes

F Märchenszenen. Beschreiben Sie kurz die Situation auf jedem Bild aus dem Märchen „Die sieben Raben" oder schreiben Sie einen Dialog zwischen den Personen.

Was meinen Sie?

G Gruppenarbeit. Schreiben Sie in einer kleinen Gruppe zusammen ein Märchen.

H Zur Diskussion/Zum Schreiben

1. Die Eltern spielen normalerweise eine große Rolle im Leben der Kinder. Welche Rolle spielen die Eltern in „Die sieben Raben"? Wie ist es mit Alexanders Eltern in **Das Versprechen?**

2. Das Mädchen in „Die sieben Raben" fühlt sich für die Brüder verantwortlich. Glauben Sie, dass ein Mensch für seine Geschwister° verantwortlich ist? Warum (nicht)?

3. Vergleichen Sie das Schuldgefühl des Mädchens mit dem Schuldgefühl der Erzählerin in „Eine Postkarte für Herrn Altenkirch". Beschreiben Sie, warum die beiden Schuldgefühle haben. Wie werden sie damit fertig?°

4. Mussten Sie schon einmal die Verantwortung für etwas tragen? Beschreiben Sie die Situation und was Sie gemacht haben. Haben Sie Schwierigkeiten° gehabt? Waren Sie erfolgreich°?

siblings

Wie ... fertig?: How do they cope with it?

difficulties / successful

5. Die Deutsche Märchenstraße ist eine der ältesten und beliebtesten Ferienrouten Deutschlands. Über 600 km von Hanau bis nach Bremen führt sie entlang an den Lebensstationen der Brüder Grimm und an den Orten und Landschaften, wo ihre Märchen spielen. Finden Sie etwas über die Deutsche Märchenstraße heraus und berichten Sie kurz darüber. Sie können in einem Buch nachlesen oder Informationen darüber im Internet suchen.

Mann und Frau

Thema 5

Musik

Texte

BIOGRAFIE: Clara Schumann

SONG: die da!?!

ANZEIGEN: Veranstaltungen

Song

Sag es laut *Xavier Naidoo*

Gedicht/Lied

Der Erlkönig *Johann Wolfgang von Goethe* (Musik von Franz Schubert)

Resources

The following icons indicate additional resources available in the program components:

Online Study Center

Go to the *Kaleidoskop, 7e* Online Study Center at *http://college.hmco.com/pic/kaleidoskop7e* for additional practice and cultural exploration.

VIDEO Watch the *Kaleidoskop* Video.

((► Go to the **In-Text Audio CDs** to listen to the readings.

Die Rockband Sportfreunde Stiller beim Hurricane Open-Air-Festival in Scheeßel.

107

Einstieg in das Thema

Musik verbindet viele Länder miteinander. Ohne Österreich und Deutschland ist klassische Musik fast unvorstellbar°. Österreich brachte Musiker wie Haydn (1732–1809), Mozart (1756–1791), Schubert (1797–1828), Johann Strauß (1825–1899) und Mahler (1860–1911) hervor° und Deutschland ist das Geburtsland von Bach (1685–1750), Beethoven (1770–1827), Schumann (1810–1856), Wagner (1813–1883), Brahms (1833–1897) und Richard Strauss (1864–1949). Heute sind die Wiener Staatsoper und die Wiener Philharmoniker international bekannt.

inconceivable

brachte hervor: *produced*

Zu den Salzburger Festspielen° kommen Menschen aus der ganzen Welt, um die Musik von Mozart und vielen anderen Komponisten zu hören. Bekannt in aller Welt ist die deutsche Geigerin° Anne-Sophie Mutter. Der Deutsche Hans Zimmer hat Filmmusik für über 130 Filme geschrieben, darunter z.B. *Gladiator, Driving Miss Daisy, Thelma and Louise, King Arthur* und *Batman Returns.* Für seine Komposition der Filmmusik von *The Lion King* erhielt er 1994 den Oscar, einen Grammy und den Golden Globe.

Salzburg Festival (of theater and music)

violinist

Auf den Gebieten Jazz, Rock und Pop waren Deutsche, Österreicher und Schweizer lange international nur relativ wenig bekannt. Englische und amerikanische Bands hingegen° waren und sind auch heute noch im deutschsprachigen° Raum sehr populär. Viele deutsche Bands wie zum Beispiel die „Scorpions", die man auch im Ausland kennt, wählten Englisch als ihre Gesangssprache. Aber seit etwa zehn Jahren wächst auf allen Kontinenten das Interesse an deutschsprachiger Rock- und Pop-Musik. Vor allem in den osteuropäischen und skandinavischen Staaten singen einige Gruppen deutsch. Deutschland ist zusammen mit der Schweiz und Österreich mit fast 100 Millionen deutschsprachigen Hörern der drittgrößte Musikmarkt der Welt, nach den USA und Japan.

on the other hand German-speaking

Ein Bereich°, in dem Deutschland in den letzten fünfzehn Jahren eine große Rolle gespielt hat, ist die Technomusik. Auch im Bereich des Rap und Hip-Hop hat sich in den letzten zehn Jahren in Deutschland eine eigenständige° Szene entwickelt. Zu den ersten und inzwischen sehr erfolgreichen° Vertretern° dieser Richtung gehören „Die Fantastischen Vier". Einen ihrer größten Hits, „die da!?!", lernen Sie in diesem Thema kennen.

area

original / successful representatives

Zunächst° gehen wir aber zurück ins 19. Jahrhundert und lernen die weltbekannte Komponistin und Konzertpianistin Clara Schumann kennen.

first of all

VIDEO View video: T5 **Clara Schumann: Ein Porträt zum 100. Todestag.**

Gedankenaustausch

1. Welche Vertreter° klassischer Musik kennen Sie? Welche Pop- und Rock-
   gruppen und Sängerinnen/Sänger kennen Sie aus der deutschsprachigen
   Musikszene?

   representatives

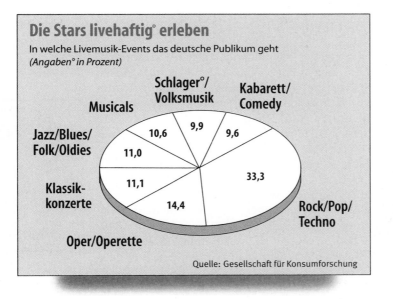

Die Stars livehaftig° erleben
In welche Livemusik-Events das deutsche Publikum geht
(Angaben° in Prozent)

Schlager°/Volksmusik

Musicals

Kabarett/Comedy

Jazz/Blues/Folk/Oldies

Klassik-konzerte

Oper/Operette

Rock/Pop/Techno

10,6   9,9   9,6   11,0   11,1   33,3   14,4

Quelle: Gesellschaft für Konsumforschung

in person

entries

hit tunes

Klassische Musik

2. Die Deutschen gehen gern in Livekonzerte. Welche Livekonzerte sind
   beim deutschen Publikum am beliebtesten°? Wie viel Prozent des
   Publikums interessieren sich für klassische Musik (Klassikkonzerte und
   Oper/Operette)?

   most popular

3. Welche Art von Musik hören Sie gern oder nicht so gern? Wählen Sie
   zwei Musikarten aus der Übersicht° und erklären Sie, warum Sie die
   Musik gern oder nicht gern hören. Wie ist die Musik (laut, leise, langweilig, voller Rhythmus)? Wer macht diese Art von Musik? Wann hören
   Sie die Musik?

   chart

4. Beschreiben Sie das letzte Livekonzert, das Sie besucht haben. Wer hat
   gespielt? Wo hat das Konzert stattgefunden°? Wie teuer waren die Karten?
   Wie viele Leute waren da? Hat es Spaß gemacht?

   took place

Kulturlesestücke

Biografie: Clara Schumann (1819–1896)

Vor dem Lesen   Obwohl sie meist weniger bekannt waren als ihre berühmten männlichen Zeitgenossen°, hat es auch immer Frauen gegeben, die Musik komponiert haben. Allerdings hatten die meisten von ihnen kaum Gelegenheit, ihre Musik zu veröffentlichen und öffentliche Konzerte zu geben. Zwei große Komponistinnen und Pianistinnen aus dem 19. Jahrhundert sind Fanny Mendelssohn-Hensel (1805–1847), die Schwester des bekannteren Komponisten Felix Mendelssohn (1809–1847), und Clara Schumann, die Frau des Musikers Robert Schumann (1810–1856). Claras eigene Kompositionen wurden zu ihren Lebzeiten gespielt. Auch heute findet man sie manchmal in Konzertprogrammen. Während der dreizehnjährigen Ehe mit Robert bekam Clara acht Kinder, aber sie gab trotzdem viele Konzerte in Deutschland. Allerdings machte sie nach der Heirat im Jahr 1840 nur noch drei große europäische Konzertreisen: nach Skandinavien, Russland und Wien. Die folgende kurze Biografie erschien in dem Buch *Große Frauen der Weltgeschichte*.

contemporaries

Machen Sie beim Lesen eine Stichwortliste zu folgenden zwei Themen:

1. die Karriere von Clara Schumann
2. die Liebesgeschichte von Clara und Robert Schumann — *novel "Longing" David Candis*

Clara und Robert Schumann

Wien: Mozartfest

Leipzig: Thomanerchor

CD2–10

Clara Schumann (1819–1896)

Als der junge Rechtsstudent° Robert Schumann in Leipzig den   *law student*
Klavierpädagogen Friedrich Wieck kennenlernte, war er noch nicht
entschlossen°, Musiker zu werden. Erst als er das neunjährige Töchterlein   *determined*
des Pädagogen, das Wunderkind Clara, spielen hörte, nahm er Unterricht
5 bei ihrem Vater. Clara ging schon mit 13 Jahren auf Konzertreisen.
Student und Wunderkind ließen sich nicht aus den Augen, und wenn
Schumann auch 1834 das adelige° Fräulein Ernestine von Frickens zu   *of noble birth*
lieben vermeinte°, so schrieb er schon ein Jahr später an Clara: „Du bist   *believed*
meine älteste Liebe. Ernestine mußte kommen, damit wir vereint wür-
10 den." Vater Wieck wollte jedoch seine gutverdienende Tochter unter   ~~&~~ *second grade musician*
keinen Umständen° diesem Musikus anvertrauen°, und beide Parteien   *circumstances / entrust*
stritten vier Jahre lang vor Gericht°. Erst im Jahre 1840 gab das Gericht   *court*
die Heiratserlaubnis. Schumanns Liebesglück offenbarte sich in vier
herrlichen Liederzyklen. Clara spielte unter Schumanns Augen
15 Beethoven und Chopin, vor allem aber die Werke ihres Gatten° selbst.   *husband*
Sie machte ihn in ganz Europa bekannt. Nach seinem Tode im Wahnsinn°   *madness*
sorgte sie für die Gesamtausgabe° seiner Werke und brachte seine   *complete edition*
Jugendbriefe heraus°. In vielen Städten gab sie aufsehenerregende°   **brachte heraus:**
Konzerte, wohnte in Baden-Baden und Berlin, bis sie im Jahre 1878 als   *published / sensational*
20 Lehrerin an das Frankfurter Konservatorium berufen wurde. Sie schrieb
selber eine Reihe von Kompositionen und verschaffte° Brahms eine   *obtained for*
Stellung am Hofe zu Detmold; Brahms blieb der mütterlichen Frau in
„innerster Liebe" verbunden°, ihr Tod verschlimmerte seinen leidenden   *grateful*
Zustand, er starb ein Jahr nach ihr.[1]

Zum Text

A Zum Inhalt

1. Wie alt war Clara Wieck, als sie Robert Schumann kennen lernte?
2. Was studierte Robert Schumann, bevor er Musiker wurde?
3. Was machte Clara schon mit 13 Jahren?
4. Warum war Claras Vater gegen die Heirat von Clara und Robert?
5. Wie half Clara Schumann ihrem Mann bei seiner Karriere als Komponist?
6. In welchem Beruf arbeitete Clara Schumann nach dem Tod ihres Mannes?
7. Welchem Komponisten half sie eine Stelle zu bekommen?

---

[1]Clara und Robert Schumann lernten den jungen Brahms im Jahre 1853, drei Jahre vor
dem Tod von Robert, kennen. Clara war die einzige Frau, die in Brahms' Leben eine
wichtige Rolle spielte. Sie unterstützte (*supported*) ihn finanziell und spielte seine
Kompositionen in ihren Konzerten. Brahms hat nie geheiratet. Als er 1896 von Claras
Krankheit hörte, reiste er sofort nach Frankfurt. Doch als er ankam, war Clara schon
gestorben. Brahms war zu der Zeit selber sehr krank. Er litt an Krebs (*cancer*) und starb
ein Jahr nach Clara.

1. Clara Schumann lebte vor mehr als 100 Jahren. Welche Ereignisse in ihrem Leben sind typisch für ihre Zeit? Meinen Sie, dass ihre musikalische Karriere und ihre Beziehungen zu ihrem Vater und ihrem Mann heute anders wären als im 19. Jahrhundert? Begründen° Sie Ihre Meinung.

   support

2. Sie haben beim Lesen eine Stichwortliste zu zwei Themen aufgeschrieben. Wählen Sie eins von den beiden und schreiben Sie einen Absatz dazu.

3. Finden Sie etwas über Salzburg oder die Salzburger Festspiele heraus und berichten Sie kurz darüber. Sie können in einem Buch nachlesen oder Informationen darüber im Internet suchen.

Vermischtes

1. Deutschland und Österreich unterstützen das Musikleben durch Subventionen°. In Deutschland gibt es 130 Opern-, Sinfonie- und Kammerorchester° und 40 Festspiele.

   subsidies
   chamber orchestras

2. Im Verhältnis° zur Bevölkerung° hat Deutschland mehr Theater als jedes andere Land in Europa und wahrscheinlich auch in der Welt: 150 Stadt- und Staatstheater, 280 Privattheater und 150 Theater ohne festes Ensemble. Mit nur einer Million Einwohnern hat Hamburg allein 26 staatliche und private Bühnen.

   relationship / population

3. Clara Schumann schrieb 23 Kompositionen, darunter ein Klavierkonzert. Ihre ersten Kompositionen (4 Polonäsen) hat sie schon mit 12 Jahren veröffentlicht.

4. Mit dem international bekannten Fanny-Mendelssohn-Wettbewerb° für Kompositionen möchte die Stadt Unna bei Dortmund jungen Komponistinnen Chancen eröffnen, mit ihren Werken in die Konzertsäle° zu kommen.

   competition

   concert halls

Song: die da!?!

Vor dem Lesen Als die Fantastischen Vier (Fanta 4) etwa 1990 mit ihrer Musikkarriere begannen, gab es in Deutschland noch keinen Hip-Hop. Die Deutschrap-Szene wurde am Anfang eher belächelt°, aber inzwischen sind ihre Interpreten sehr erfolgreich° und haben innerhalb der Musikszene viel an Einfluss gewonnen. Der folgende Auszug° aus einem Artikel der Jugendzeitschrift *Bravo* zeigt den sprachlichen Einfluss des amerikanischen Vorbilds° auf die Musikszene in Deutschland.

laughed at
successful
excerpt
model

Die Fantastischen Vier bei einem MTV-Musikfestival in Neubiberg bei München

Vier Jungs aus der schwäbischen° Provinz zeigten ab 1991, wie man auch auf Deutsch Reime setzt, die flowen. 1992 trafen Smudo (32), Thomas D (31), Hausmarke (32) und And Y (32) ins Schwarze°. Ihre Single „die da!?!" hatte Witz° und eigenständigen° Style. Fanta 4 ebneten° dem Hip-Hop made in Germany den Weg in die Charts. Mit ihrer Firma „Four Music" halfen sie Freundeskreis und anderen Rap-Acts der neuen Generation an den Start. Stuttgart-„Benztown"° zählt inzwischen zu den Hip-Hop-Metropolen.

Schwaben: a region in southwest Germany
bull's-eye
wit / original / paved

Stuttgart is home of Mercedes Benz

In dem Lied „die da!?!" treffen sich die Rapper Smudo und Thomas in einer Bar. Jeder erzählt von seiner neuen Freundin.

CD2–11

die da!?!

hallo thomas hallo alles klar
es ist schon wieder freitag es ist wieder diese bar
und ich muss dir jetzt erzählen was mir widerfahren° ist
jetzt seh ich die zukunft positiv denn ich bin optimist
5 moment was geht ich sags dir ganz konkret
am wochenende hab ich mir den kopf verdreht°
ich traf eine junge frau die hat mir ganz gut gefallen
und am samstag in der diskothek liess ich die korken knallen°
sie stand dann so dabei und wir ham° uns unterhalten
10 und ich hab sie eingeladen denn sie hat sich so verhalten°
wir ham viel spass gehabt viel gelacht und was ausgemacht
ham uns nochmal getroffen und den nachmittag zusammn verbracht
wir gingen mal ins kino hatten noch ein rendezvous
und hast du sie ausgeführt° he° gehört ja wohl dazu
15 sie ist so elegant sie hat auch allerhand°

happened

mir ... verdreht: turned my head
pop
dialect for **haben**
behaved

took out / hey
isn't bad

du solltest sie wirklich mal treffen denn ich find sie sehr charmant *entrance*
ist es die da die da am eingang° steht
oder die da die dir den kopf verdreht
ist es die da die mitm dicken pulli an mann
20 nein es ist die frau die freitags nicht kann

herzlichen glückwunsch smudo toi toi toi° *said for good luck*
du kannst dir sicher sein dass ich ich mich für dich freu
ich selber bin auch froh und falls° es dich interessiert *in case*
mir ist am wochenende was ganz ähnliches passiert
25 es war sonntag und ich trinke tee in nem cafe
und als ich dies schöne wesen° an dem tresen° stehen seh *creature / counter*
gesell° ich mich dazu und habn tee für sie bestellt *joined*
naja ich gebe zu ich hab getan als hätt ich geld
doch alles lief wie geschmiert° was mache ich mir sorgen *without a hitch*
30 denn wir reden und verabreden uns für übermorgen
und ich wollt mit ihr ins kino gehn stattdessen° warn wir essen *instead of that*
denn sie hatte den film schon gesehn ich hielts für angemessen° *appropriate*
sie ins restaurant zu führen separee° mit kerzenlicht° *separate room / candlelight*
he hat sie die rechnung bezahlt natürlich nicht
35 doch sie sagte zu mir noch dass wir jetzt miteinander gehn
und seitdem wart ich darauf sie wiederzusehn
ist es die da die da am eingang steht
oder die da die dir den kopf verdreht
ist es die da die mitm dicken pulli an mann
40 nein es ist die frau die freitags nicht kann

tja° thomas da ham wir beide viel gemeinsam° *well / in common*
seit letztem wochenende sind wir beide nicht mehr einsam
bist du mit ihr zusammen he ich hab mir vorgenommen° *decided*
möglichst bald mit ihr zusammen zu kommen
45 viel spass damit doch eins gibt mir zu denken
warum muss ich ihr die ganze zeit denn nur geschenke schenken
wem sagst du das ich bin schon wieder blank° *broke*
doch dafür hat meine jetzt neue klammotten° im schrank *(coll.) clothes*
he bei mir kam sie neulich mitm neuen teil° an *piece (of clothing)*
50 und dabei hab ich mich noch gefragt wie sie sich das leisten kann
und ich hab frei am freitag und sie ist nicht da
moment mal smudo da ist meine ja
es ist die da die da am eingang steht
was das ist die da um die es sich doch bei mir dreht° **um … dreht:** *the one in question*
55 was die da und wer ist dieser mann
ich glaub das ist der grund warum sie freitags nicht kann

Zum Text

C Zum Inhalt

1. Wann und wo hat Smudo „seine" Freundin kennen gelernt? Was haben sie zusammen gemacht?

2. Wann und wo hat Thomas „seine" Freundin kennen gelernt? Was haben sie zusammen gemacht? Was haben sie nicht gemacht?

3. Was hat Smudo seiner neuen Freundin gegeben?

4. Warum kann sie freitags nicht?

5. Wieso hat sie den Film schon gesehen, in den ihr „Freund" mit ihr gehen will?

6. Woher hat sie wohl die neuen Klamotten?

D Sprache und Rechtschreibung°

spelling

1. In ihren Liedern spielen die Fantastischen Vier gern mit der Sprache und machen gern Reime. Lesen° Sie das Lied laut vor. Wie finden Sie die Reime?

   lesen vor: *read aloud*

2. Die Fantastischen Vier benutzen viele Formen aus Dialekt und Umgangssprache°. Suchen Sie Formen im Text, die der Standardsprache nicht entsprechen°. An welchen Stellen ist die Sprache im Lied anders als das Deutsch, das Sie lernen? Was meinen Sie, warum die Fanta Vier so schreiben?

   colloquial language
   correspond to

3. Die Fantastischen Vier benutzen auch nicht die Standardrechtschreibung. Korrigieren Sie die vier Zeilen des Refrains („ist es die da die da am eingang steht …"). Achten Sie auf Groß- und Kleinschreibung und Interpunktion°. Welche Schreibweise finden Sie leichter zu lesen?

   punctuation

E Zur Diskussion

1. **Rollenspiel.** Wie geht die Geschichte von Smudo, Thomas und der Frau weiter? Stellen° Sie ein mögliches Gespräch zwischen Smudo und Thomas dar.

   stellen dar: *perform*

2. **Gruppenarbeit (Musikvideo).** Bilden Sie eine Gruppe von drei Personen. Was ist für Sie ein gutes Musikvideo? Wenn Sie ein Video von „die da!?!" machen würden, wie sollte es aussehen? An welchen Schauplätzen° könnte „die da!?!" spielen? Was würden die Personen machen?

   scenes

3. Rapmusik ist international. Warum gefällt Menschen in der ganzen Welt diese Art von Musik? Gefällt Ihnen Rap? Warum (nicht)?

4. Weitere Aktivitäten finden Sie auf der **Kaleidoskop** Webseite.

Online Study Center

Vermischtes

Vertreter der verschiedenen modernen Musikrichtungen sind:

1. **Pop:** PUR, Sasha, Enigma, EAV (Erste Allgemeine Verunsicherung°)[2], Wise Guys[3], Gentleman, Mousse T., Nena[4], die Prinzen, Rosenstolz, Sportfreunde Stiller

   uncertainty

Düsseldorf: Die Toten Hosen

2. **Rock:** Scorpions[5], Die Toten Hosen[6], Guano Apes, Fury in the Slaughterhouse, Die Ärzte, Farin Urlaub[7], BAP[8], Peter Maffay, Herbert Grönemeyer[9], Marius Müller-Westernhagen, Udo Lindenberg, Wir sind Helden[10], Notwist, Nina Hagen, Rammstein[11]

3. **Rap/Hip-Hop/R&B:** Die Fantastischen Vier, Xavier Naidoo, Söhne Mannheims[12], Sabrina Setlur, Fünf Sterne Deluxe, Fettes Brot, Freundeskreis, Eko Fresh, Beginner, Sido

4. **Techno:** Sven Väth, Westbam, Scooter

5. **Elektro:** Kraftwerk[13]

6. **Liedermacherinnen/Liedermacher°:** Anni Becker, Wolf Biermann, Franz Joseph Degenhardt, Konstantin Wecker, Klaus Hoffmann, Reinhard Mey

   singer/ songwriter

Sabrina Setlur, Xavier Naidoo

---

[2]Österreichische Popgruppe

[3]Die Wise Guys singen a capella. Bekannt für Selbstironie und Witz.

[4]1984 Hit „99 Luftballons"; 2004 Come-back

[5]Auch in den USA bekannt; Hit: „Wind of Change" 1990. 2004 produzierten sie ihr 20. Album.

[6]Seit über 20 Jahren Deutschlands Punk-Rock-Band Nr. 1

[7]Spielt in der Band „Die Ärzte" und ist ein Beatles- und Johnny Cash-Fan. 2005 erschien sein Album „Am Ende der Sonne" und eine neue Single „Dusche".

[8]Mundart (*dialect*) -Rocker aus Köln

[9]Seit Jahren Lieblingssänger der Deutschen, bekannt auch als Filmschauspieler, z.B. in „Das Boot"

[10]Rock-Gruppe, oben in den Charts in Deutschland und Österreich

[11]Eine der populärsten Bands aus Deutschland

[12]Ein Künstlerkollektiv aus 14 Musikern, vor 10 Jahren von Xavier Naidoo ins Leben gerufen. Ihre Songs haben religiöse Elemente.

[13]Pioniere des Elektro, weltweit bekannt

Anzeigen: Veranstaltungen

Vor dem Lesen Welche Informationen erwarten Sie von einer Anzeige für Musikveranstaltungen°? Stellen Sie eine Liste mit Stichwörtern zusammen (z.B., Wer? usw.).

musical events

Zum Text

F Zum Inhalt

1. Sie haben eine Stichwortliste aufgeschrieben. Zu welchen Stichwörtern haben Sie in den Anzeigen Antworten gefunden?

2. Welche Namen erkennen Sie? Welche Konzerte/Veranstaltungen würden Sie gern besuchen?

3. Welche Veranstaltungen finden in Berlin statt? Welche in Köln? In München?

4. Sie interessieren sich für klassische Musik. Zu welchem Konzert würden Sie gehen?

5. Welche von den deutschen Künstlern würden Sie interessieren?

6. Wo können Sie Informationen über die Loft Konzerte bekommen?

7. Wo können Sie Tickets für Die Fantastischen Vier bestellen?

8. Wie teuer ist die Eintrittskarte für das Schlosskonzert?

G **Meinungsaustausch/Verhandeln**

1. **Rollenspiel:** Rufen Sie eine Partnerin/einen Partner an. Fragen Sie, ob sie/er zu einer bestimmten Veranstaltung gehen möchte. Sagen Sie, wann und wo die Veranstaltung stattfindet.

2. In einer Gruppe entscheiden Sie, zu welcher Veranstaltung Sie gehen wollen. Jede/Jeder in der Gruppe sagt, warum sie/er sich für eine bestimmte Veranstaltung interessiert.

Konzert in der U-Bahn.

Wortschatzübungen 1

Wortschatz

Substantive

die **Erlaubnis** permission
die **Heirat, -en** marriage
die **Kerze, -n** candle
der **Komponist, -en, -en**/die **Komponistin, -nen** composer
das **Leben, -** life
der **Musiker, -/**die **Musikerin, -nen** musician
die **Stellung, -en** position; job
die **Veranstaltung, -en** event
die **Zukunft** future
der **Zustand, ¨e** condition; situation

Verben

aus·machen to arrange, agree
   das macht nichts aus it doesn't matter
sorgen (für) to take care of; to care for
sich verabreden to make an appointment; to have a date

Andere Wörter

ähnlich (+ *dat.*) similar (to)
neulich recently, the other day
öffentlich public

Besondere Ausdrücke

herzlichen Glückwunsch (zum Geburtstag) congratulations; Happy Birthday
vor allem above all

H **Vokabeln.** Ergänzen Sie die Sätze mit Wörtern aus der Vokabelliste.

Clara Schumann war eine bekannte Pianistin. Schon mit 13 Jahren hatte sie (1) _____ Konzerte gegeben. Sie war aber auch (2) _____ und veröffentlichte schon mit 12 Jahren vier Kompositionen. Clara lernte den Rechtsstudenten Robert Schumann kennen, als er Klavierunterricht bei ihrem Vater nahm. Nachdem er Clara hatte spielen hören, entschloss er sich (3) _____ zu werden. Er verliebte sich in Clara, aber ihr Vater war gegen eine (4) _____ von Clara und Robert. Vater Wieck glaubte, dass Claras (5) _____ mit Robert Schumann schwer sein würde. Nach vier Jahren Streit bekamen die jungen Leute vom Gericht die (6) _____ zu heiraten. Sie freuten sich auf ihre gemeinsame (7) _____. Für einige Jahre waren sie in einem kreativen (8) _____ des Liebesglücks: Schumann schrieb vier Liederzyklen und Clara machte einige Konzertreisen. Sie spielte Beethoven und Chopin, aber (9) _____ _____ die Werke ihres Mannes. Und so verhalf sie Schumann zu seiner (10) _____ als einem der bekanntesten Komponisten seiner Zeit. Nach seinem Tod (11) _____ sie für die Gesamtausgabe seiner Werke.

I **Definitionen.** Welche Bedeutung passt zu welchem Wort aus der Vokabelliste?

1. die Situation
2. die Ehe
3. die Position; der Job
4. vor kurzer Zeit
5. jemand, der Musik macht
6. ein Gegenstand°, der mit einer offenen Flamme Licht gibt   *object*
7. verabreden; planen
8. ich gratuliere

J **Verwandte Wörter.** Was bedeuten folgende Wörter? Suchen Sie in der Vokabelliste ein verwandtes Wort.

1. musikalisch
2. leben
3. komponieren
4. erlauben
5. heiraten
6. die Verabredung
7. die Sorge
8. die Ähnlichkeit
9. die Öffentlichkeit

Grammatik im Kontext

Online Study Center

K **Der Dativ.** Der Dativ ist der 3. Fall. Wie der Nominativ und der Akkusativ zeigt der Dativ die Funktion eines Substantivs oder Pronomens an. Lesen Sie Zeile 20–24 in „Clara Schumann" noch einmal und geben Sie die Funktion der folgenden Substantive und Pronomen an. (Siehe *Kapitel 4* und *5.*)

Fälle: Nominativ, Akkusativ, Dativ
Funktionen: a. das Subjekt
b. das direkte Objekt
c. das indirekte Objekt
d. ein präpositionales Objekt

1. Zeile 20: Sie
2. Zeile 21–22: eine Reihe / Kompositionen / Brahms / eine Stellung
3. Zeile 23: ihr Tod
4. Zeile 23–24: seinen Zustand / ihr

Was meinen Sie?

L **Lieblingsmusik.** Welche Musik hören Sie am liebsten? Schreiben Sie fünf Sätze, in denen Sie erklären, welche Musik Ihnen gefällt und warum. Benutzen Sie die Wortliste als Hilfe.

▷ *Ich höre gerne Jazzmusik. Der Rhythmus gefällt mir.*

1.	*2.*	*3.*	*4.*
der Jazz	die Bedeutung	bewegen	sehr
der Reggae	die Freude	gefallen	froh
der Rock	das Gefühl	singen	gemütlich
die Folklore	das Problem	tanzen	langweilig
die klassische Musik	das Tempo	machen	laut
die Popmusik	der Rhythmus	spielen	traurig
die Rapmusik			
die Volksmusik			
das (*oder* der) Gospel			
die Countrymusic			
der Soul			
der Calypso			
der Techno			

M **Meinungsaustausch/Verhandeln.** Bilden Sie eine Vierergruppe. Sie sind Präsidentin/Präsident, Vizepräsidentin/Vizepräsident, Schatzmeisterin/Schatz-meister° und Sekretärin/Sekretär eines Vereins und möchten ein Konzert ver-anstalten°, um Geld zu verdienen. Verhandeln Sie: Was für Musik wollen Sie haben? Welche Gruppen sollen Sie einladen? Die Sekretärin/Der Sekretär macht Notizen, stellt dann der Klasse die Vereinsmitglieder° vor und berichtet, was Sie beschlossen haben und warum.

treasurer
organize

members of the club

Literarische Werke

Song: Sag es laut

Xavier Naidoo

Xavier Naidoo is considered to be one of the most successful German pop singers today. His first album, "Nicht von dieser Welt," sold more than a million copies. He has received almost all important music awards, among them the MTV Europe Award and the German *Echo*.

Naidoo was born in 1971 in Mannheim. He comes from a multicultural background, with a South African mother and a father of Indian heritage. Naidoo first began singing in school and church choirs. He had planned to become a cook but left his apprenticeship for music. In 1992 he was offered a contract by an American record label and went to the United States. However, he was not happy with his experiences in American show business and returned to Mannheim, where he sang in musicals and supported himself with odd jobs. After spending some time as a background singer with the famous German rap star Sabrina Setlur, Naidoo began his career as a solo singer. His great break came with his single "Frei sein," a song written by Sabrina Setlur. With his first full album in 1998, Naidoo assured his popularity.

Further successful albums were "Live" in 1999 and his double CD "Zwischenspiel/ Alles für den Herrn"° in 2002.   *Lord*

As his greatest influence Naidoo names Herbert Grönemeyer, who has been one of Germany's most popular pop singers for over twenty years. Naidoo's music has been called "soulig, farbig, gläubig°". With his powerful soul voice, the uncompro-   *pious* mising statements, and the religious element in some of his texts he is unique among pop singers. Naidoo has been at the top of the hit charts "Hitparaden" for a long time and has found a great following, especially among those who are "searching for spirituality," as a critic put it.

Here is Naidoo's love song "Sag es laut."

Sag es laut

Sag es laut,
wenn Du mich liebst.
Sag es laut,
dass Du mir alles gibst.
5 Sag es laut,
dass ich alles für Dich bin.

Sag es laut,
denn danach steht mir der Sinn°.

Hörst Du, was ich sage?
10 Spürst Du, was ich fühl'?
Hörst Du meine Frage?
Weißt Du, was ich will?
Es wird Dir nichts passieren,
kein Finger Dich berühr'n°.
15 Mein Leben wird Dich schützen°,
Du wirst mich nicht verlier'n.

Sag es laut,
wenn Du mich liebst.
Sag es laut,
20 dass Du mir alles gibst.
Sag es laut,
dass ich alles für Dich bin.
Sag es laut,
denn danach steht mir der Sinn.

25 Ich werde Ketten° sprengen°,
trennt man mich von Dir.
Mein Blut° mit Eisen° mengen°.
Deine Flamme brennt in mir.
Ich werde immer hören,
30 was Dein Herz zu meinem sagt.
Vor tausend Engelschören°
hab' ich Dich gefragt.

Sag es laut,
wenn Du mich liebst.
35 Sag es laut,
dass Du mir alles gibst.
Sag es laut,
dass ich alles für Dich bin.
Sag es laut,
40 denn danach steht mir der Sinn.

danach ... Sinn:
that is what I want

touch

protect

chains / break

blood / iron / mix

choruses of angels

Gedicht/Lied: Der Erlkönig

Johann Wolfgang von Goethe (Gedicht)
Franz Schubert (Musik)

Johann Wolfgang von Goethe (1749–1832) was a universal genius. He was a poet, dramatist, novelist, public administrator, and scientist. He made significant contributions to the fields of optics, comparative anatomy, and plant morphology. A prolific writer, his collected works appeared in 60 volumes before his death. Goethe is one of Germany's greatest lyric poets and his poetry is read and studied today. Modern theaters present his dramas. His most famous single work is **Faust,** on which he worked his entire lifetime, publishing Part I in 1808 and Part II in 1832. Early in his career Goethe was recognized both in Germany and abroad as one of the great figures of world literature. He can confidently hold his place with the select group of Homer, Dante, and Shakespeare.

Goethe was born in Frankfurt am Main. He received his early education at home and began the study of law at the age of 16. In 1773, at the age of 24, his play **Götz von Berlichingen** took Germany by storm, and shortly thereafter, in 1774, his novelette **Die Leiden des jungen Werthers** *(The Sorrows of Young Werther)* captured the attention of all of Europe. In 1775 he became a court administrator for the Duke of Weimar. His presence there, along with other famous writers, caused Weimar, though only a small duchy of 100,000 people, to become the cultural center of Germany.

In his ballad, "Der Erlkönig," Goethe expresses in the figure of a feverish child the power of the imagination and the magical spell that natural forces can exert on human beings.

The "Erlkönig" is one of Schubert's 71 solo settings of poems by Goethe.

Franz Schubert (1797–1828) was born in Vienna and lived there until his death. He wrote his first composition at the age of thirteen and wrote his first symphony at sixteen. Like Mozart, Schubert was a prolific composer. The list of 998 extant works includes 7 masses, 9 symphonies, numerous piano pieces, and 606 songs. In a single year, 1815, at the age of eighteen, he wrote 140 songs, one of which is "Erlkönig" ("The Erl-King" or "King of the Elves"). Only a few of Schubert's works were published in his lifetime. Nor did he profit much from those he did sell. Like Mozart, he suffered from continuous poverty.

Schubert's greatest achievement is the new direction he gave to the song with the solo human voice. He is looked upon as the first great composer of "Lieder," a term used even in the non-German world to describe this type of artistic German song. Rather than having each stanza of the song the same, regardless of the meaning of the words, Schubert made the melodies fit the words of the text. The merging of text and music included the piano accompaniment which he used for sound-imitating effects. In "Erlkönig," one of Schubert's most famous pieces and the best example of pictorial-musical fusions, the piano calls to mind a galloping horse. The horse is carrying a father trying to reach home with his sick child. The running triplets add to the sense of anxiety and urgency as we hear in the music the seducing and threatening tones of the Erlkönig, the anguished cries of the child, and the desperate reassuring words of the father.

Zum Thema

In dieser Ballade sprechen drei Personen – der Vater, der Sohn und der Erlkönig. Beachten Sie bei jeder Aussage, wer spricht und mit wem.

Der Erlkönig

CD2–13

Wer reitet so spät durch Nacht und Wind?
Es ist der Vater mit seinem Kind;
Er hat den Knaben° wohl in dem Arm,
Er faßt ihn sicher, er hält ihn warm.

5 Mein Sohn, was birgst° du so bang° dein Gesicht? –
Siehst, Vater, du den Erlkönig nicht?
Den Erlenkönig mit Kron und Schweif°? –
Mein Sohn, es ist ein Nebelstreif. –

„Du liebes Kind, komm geh mit mir!
10 Gar schöne Spiele spiel ich mit dir;
Manch bunte Blumen sind an dem Strand°,
Meine Mutter hat manch gülden Gewand°."

Mein Vater, mein Vater, und hörest du nicht,
Was Erlenkönig mir leise verspricht? –
15 Sei ruhig, bleibe ruhig, mein Kind;
In dürren° Blättern säuselt° der Wind. –

„Willst, feiner Knabe, du mit mir gehn?
Meine Töchter sollen dich warten schön;
Meine Töchter führen den nächtlichen Reihn°,
20 Und wiegen und tanzen und singen dich ein.°"

Mein Vater, mein Vater, und siehst du nicht dort
Erlkönigs Töchter am düstern° Ort? –
Mein Sohn, mein Sohn, ich seh es genau:
Es scheinen die alten Weiden° so grau. –

25 „Ich liebe dich, mich reizt° deine schöne Gestalt;
Und bist du nicht willig, so brauch ich Gewalt."
Mein Vater, mein Vater, jetzt faßt er mich an!
Erlkönig hat mir ein Leids getan°! –

Dem Vater grausets,° er reitet geschwind°,
30 Er hält in Armen das ächzende° Kind,
Erreicht den Hof mit Mühe und Not;
In seinen Armen das Kind war tot.

Ernst Barlach, Erlkönig I, 1923/24

Knaben *boy* **birgst** *hide* **bang** *afraid* **Schweif** *train of a robe* **Strand** *beach*
Gewand *garment* **dürren** *dry* **säuselt** *rustles, sighs* **Reihn** *dance* **Und … ein** *And will rock and dance and sing you to sleep* **düstern** *gloomy* **Weiden** *willows*
reizt *charms* **hat … getan** *has hurt me* **dem … grausets** *the father shudders*
geschwind *quickly* **ächzende** *moaning*

Zum Text

A Zum Inhalt

1. Was passiert in der ersten Strophe?

2. Lesen Sie die erste Strophe einmal laut. Ist der Rhythmus ruhig oder unruhig? Inwiefern reflektiert der Rhythmus die Handlung?

3. Welche Adjektive in der ersten Strophe zeigen die Sorge des Vaters um seinen Sohn?

4. Was sieht der Sohn in der zweiten Strophe? Wie reagiert der Vater darauf?

5. Wer spricht mit dem Kind in der dritten Strophe? Zu was lädt die Stimme das Kind ein?

6. Das Kind sieht und hört Gestalten. Was sieht und hört der Vater? Mit welchen Worten versucht der Vater, das Kind zu beruhigen?

7. In der 3. (dritten), 5. (fünften) und 7. (siebten) Strophe spricht der Erlkönig mit dem Kind. Wie ändern sich seine Worte von der 3. zu der 7. Strophe?

8. In der 7. Strophe steigert° sich die Angst des Sohnes. In welchem Ausruf erkennen Sie diese Angst besonders deutlich°?

increases

clearly

9. Wie endet der Ritt des Vaters mit seinem fiebernden Kind?

10. In diesem Gedicht werden das Rationale und das Irrationale von Vater und Sohn verkörpert°. Erklären Sie das.

are embodied

11. Warum gibt Goethe seinen Personen keine Namen?

B Die Ballade. „Der Erlkönig" ist eine Ballade. Im folgenden finden Sie einige Merkmale° der Ballade.

characteristics

1. Eine Ballade erzählt eine Geschichte und enthält° oft Dialoge.

   contains

   a. Geben Sie eine kurze Nacherzählung° der Handlung°.

   retelling / action

   b. Welche Stimmen sind in dieser Ballade zu hören?

   c. Wer spricht in der ersten Strophe?

2. Viele Balladen erzählen von einem dramatischen Kampf, der tragisch endet. Wer kämpft in dieser Ballade um das Leben des Kindes? Was ist die Tragik?

3. Eine traditionelle Ballade hat gereimte Strophen von vier oder acht Zeilen. Das Reimschema ist entweder Paarreim° (aa, bb, cc) oder Kreuzreim (abab, cdcd). Welches Reimschema hat „Der Erlkönig"?

also called **Reimpaare**

4. Eine Ballade hat auch lyrische Elemente, d.h. Elemente, die eine Stimmung oder Atmosphäre hervorrufen. In welchen Zeilen finden Sie solche lyrischen Elemente?

5. Balladen erzählen ein schreckliches, geheimnisvolles° oder tragisches Geschehen und bringen Leser oft mit ihrer eigenen Fantasie in Berührung°. In Goethes „Erlkönig" ist es das Geheimnisvolle im Bild der Landschaft, das die Fantasie weckt. In welchen Strophen finden Sie Geheimnisvolles und Magisches, das den Jungen anzieht?

mysterious

touch

C **Schriftliches.** Schreiben Sie eine Prosaversion des „Erlkönigs".

Wortschatzübungen 2

Wortschatz

Substantive

das **Blatt, ¨er**   leaf; sheet (paper)
die **Handlung, -en**   plot, action
der **Kampf, ¨e**   fight; battle; contest
die **Kultur**   culture; civilization
die **Mühe**   trouble; effort; difficulty
der **Nebel**   fog, mist

Verben

an·fassen   to take hold of, seize; touch
beruhigen   to quiet
  sich beruhigen   to calm down
  beruhigt   calm; reassured

Andere Wörter

ängstlich   anxious, fearful; timid
deutlich   clear; evident
schrecklich   horrible; terrible

D **Definitionen.** Welche Bedeutungen passen zu den Wörtern aus der Vokabelliste?

1. klar
2. eine Art von Wolke nah am Boden
3. mit Schwierigkeiten verbundener Versuch; besonders schwere Arbeit
4. die intellektuelle und künstlerische Entwicklung einer Zivilisation oder eines Volkes
5. ein Streit, eine Kontroverse
6. furchtbar
7. das, was in einer Geschichte, einem Drama usw. passiert
8. allmählich° wieder zur Ruhe bringen   *gradually*
9. ein flacher grüner Teil einer Pflanze; ein Stück Papier
10. bei der Hand nehmen; in die Hand nehmen
11. voller Angst

E **Verwandte Wörter.** Übersetzen Sie die Sätze und geben Sie für jedes fett gedruckte Wort ein verwandtes Wort.

1. Eine Routinearbeit ist oft eine **mühsame** Arbeit.
2. Im November haben wir hier am See viele **neblige** Tage.
3. „Der Erlkönig" **handelt** von einem fiebernden Kind, das Angst vor der Natur hat.
4. „Sei ganz **ruhig,** es ist bestimmt nichts passiert."
5. Wenn ich mich langweile, **blättere** ich in einem Journal.
6. Daniel ist arbeitslos. Die Zukunft **ängstigt** ihn.
7. Es gibt viele **kulturelle** Unterschiede zwischen den USA und Deutschland.
8. Robert musste bei Claras Vater darum **kämpfen,** dass sie heiraten durften.

Was meinen Sie?

F **Zur Diskussion/Zum Schreiben**

1. Viele Leute haben Angst vor etwas. Der Sohn im „Erlkönig" hat Angst vor der Natur. Wovor haben Sie Angst?
2. Es ist manchmal im Nebel oder im Dunkeln unheimlich°. Man glaubt, etwas zu sehen oder zu hören, was gar nicht da ist. Benutzen Sie Ihre Fantasie und beschreiben Sie eine wirkliche Situation oder erfinden° Sie eine.
3. Das Übernatürliche spielt eine Rolle in „Der Erlkönig" und in „Die sieben Raben". Vergleichen Sie die Rolle des Übernatürlichen in beiden Werken (Fieber, Erlkönig und seine Töchter, Raben, Sonne, Mond, Morgenstern).
4. Die Texte „Der Erlkönig", „Ich muß für meinen Sohn nachsitzen" und „Die sieben Raben" stellen Situationen zwischen Vätern und Söhnen dar. Welche Gemeinsamkeiten° und welche Unterschiede finden Sie in den Vater-Sohn-Verhältnissen dieser Texte?

eerie

invent

common features

Thema 6

Die Welt der Arbeit

Arbeitsmarkt Europa. Heute suchen junge Leute nicht nur in Deutschland eine Stelle, denn sie könnten auch in Brüssel oder Dublin arbeiten.

Texte

ARTIKEL: „Einmal im Ausland arbeiten"

BIOGRAFIE: Carolin

ÜBERSICHT: Das Schulsystem in Deutschland

Gedicht

Arbeits-Los *Johann Sziklai*

Tagebuchaufzeichnung

Dienstag, der 27. September 1960 *Christa Wolf*

Resources

The following icons indicate additional resources available in the program components:

Online Study Center

Go to the *Kaleidoskop, 7e* Online Study Center at *http://college.hmco.com/pic/kaleidoskop7e* for additional practice and cultural exploration.

VIDEO Watch the *Kaleidoskop* Video.

 Go to the **In-Text Audio CDs** to listen to the readings.

Einstieg in das Thema

Die Deutschen sind in der ganzen Welt für Produkte von hoher Qualität bekannt und Deutschland gehört zu den führenden Exportländern. „Produkt gut – alles gut" ist sozusagen ein Motto auf dem deutschen Arbeitsmarkt, wie Sie in einer Tabelle sehen werden. In einer Umfrage aus der Zeitschrift *Focus* erklären junge Menschen, welche Kriterien für sie bei der Wahl eines Arbeitgebers° am wichtigsten sind.

employer

Die Wirtschaft wird in diesem Jahrhundert durch die Entwicklung der Technik° und das Zusammenwachsen der Länder innerhalb der Europäischen Union immer globaler. Damit wächst auch von Jahr zu Jahr das Interesse an internationalen Arbeitsmärkten. In diesem Thema erfahren Sie in dem Artikel „Einmal im Ausland arbeiten" mehr über internationale Arbeitsmöglichkeiten und darüber, wie sich die Karrierechancen nach Praktika° oder einem Studium im Ausland verbessern.

technology

internships

Laut° dem Schwerbehindertengesetz° müssen mindestens 5 Prozent der Arbeitsplätze in Deutschland mit Schwerbehinderten besetzt° werden. Es ist aber trotzdem für Schwerbehinderte oft schwierig eine Stelle zu bekommen. In diesem Thema lesen Sie etwas über eine körperlich behinderte Diplompsychologin°, die erst nach einigen Schwierigkeiten eine Stelle gefunden hat. Sie erfahren auch etwas über das deutsche Schulsystem, das grundlegend° anders strukturiert ist als das Schulsystem in Ihrem Land.

according to / the law governing the severely disabled / filled

certified psychologist
fundamentally

Gedankenaustausch

VIDEO View video: T6
Ferienjobs für Studenten.

1. Woran denken Sie, wenn Sie die Wörter „Arbeit" oder „arbeiten" hören? Schreiben Sie so viele Wörter auf wie möglich.

2. Sehen Sie sich die Tabelle an und wählen Sie die drei Gründe, die für Sie bei der Arbeitssuche am wichtigsten sind. Vergleichen Sie Ihre Gründe mit den Gründen Ihrer Kommilitoninnen/Kommilitonen.

3. Warum arbeiten Leute? Machen Sie eine Liste von wenigstens drei Gründen. Vergleichen Sie Ihre Gründe mit denen von anderen Studentinnen und Studenten in Ihrem Kurs.

Mögliche Gründe

- soziale Sicherheit
- Geld verdienen
- ausfüllende Tätigkeit°
- mit anderen Menschen zusammenarbeiten
- keine Langeweile haben
- Spaß haben
- Unabhängigkeit°
- Haus und Auto
- Reisen machen

activity, occupation

independence

Warum sich Studenten für einen Arbeitgeber entscheiden
Angaben° in Prozent — *data*

interessante Produkte
22

interessante Arbeitsaufgaben
21

internationale Ausrichtung° — *orientation*
13

Erfolg der Firma am Markt
12

attraktiver Standort° — *location*
6

hohes Einstiegsgehalt° — *starting salary*
5

sichere Anstellung° — *job security*
4

andere Gründe
21

Quelle: trendence-Institut

Kulturlesestücke

Artikel: Einmal im Ausland arbeiten

Vor dem Lesen Ein neuer Arbeitsmarkt innerhalb der Europäischen Union lockt° viele junge Deutsche ins Ausland. Viele Fachbereiche° an Universitäten empfehlen oder erwarten sogar heutzutage ein Praktikum oder einen Aufenthalt im Ausland. 15 Prozent aller Studierenden verbringen mindestens ein Semester im Ausland. Die wichtigsten Zielländer° sind Großbritannien und die USA. Und immer mehr Unternehmen° legen heute großen Wert auf Auslandsaufenthalte – besonders schätzen sie bei jungen Hochschulabsolventen° berufsbezogene° Praktika.

is tempting / departments

countries of choice
companies
college graduates /
profession-related

    In dem Artikel „Einmal im Ausland arbeiten" aus der Zeitschrift *Freundin* lesen wir, welche Erfahrungen Alexandra Wiese, eine 30-jährige Deutsche, bei einem sechsmonatigen Praktikum in London bei der Lufthansa Fluggesellschaft° gemacht hat.

airline

1. Im Deutschen werden viele englische Wörter benutzt, besonders in der Wirtschaft, der Informatik und der Popkultur. Viele Ausdrücke in diesem Text kommen aus dem Englischen. Sogar der Titel ist auf Englisch. Machen Sie eine Liste von den englischen Wörtern im Text.

2. Notieren Sie, was Frau Wiese machte, um das Praktikum zu bekommen.

CD2–14

Flugbegleiterin bei der Lufthansa

Einmal im Ausland arbeiten ...

... und zwar am besten noch bevor Sie mit der Karriere durchstarten. Praktikum. Studium. Sabbatical und mehr. Es gibt viele Möglichkeiten.

Up, up and away nach London

Wie wäre es, ein Land richtig kennen zu lernen, nicht nur im Zweiwochenurlaub? Alexandra Wiese hatte Lust darauf, mal ein anderes Leben auszuprobieren°. Und entschied sich für einen „Zwischenstopp" in London – als Praktikantin bei Lufthansa.

try out

5   „Ich hatte nie gedacht, dass die angeblich so steifen Briten so relaxte Büroleute sind", erinnert sie sich. „Abgabetermine° werden selten eingehalten°. Chaos gab's trotzdem nie, denn die Deadlines sind so kalkuliert, dass die Mitarbeiter Spielraum° haben." Sechs Monate lebte die jetzt 30-Jährige in London, arbeitete dort als Praktikantin bei der Lufthansa.
10 „Ich studierte damals internationales Management in Hamburg, wollte unbedingt mal wieder für längere Zeit ins Ausland."

deadlines
kept
leeway

    Als sie hörte, dass die deutsche Airline einen weltweiten Praktikantenpool hat, bewarb sie sich. „Das Vorstellungsgespräch° war stressig – mittendrin wechselten die Personaler° überraschend ins Englische."
15 Dieser Sprach-Check ersetzte° bei ihr die sonst üblichen offiziellen Sprachtests, die bei Auslandsprogrammen gefordert° werden (Infos z.B. über den „TOEFL°" gibt's an jeder Uni). Alexandras Bewerbung hatte Erfolg. Drei Monate später saß sie schon im Flieger.

(job) interview
(colloquial) people in personnel / replaced
required
Test of English as a Foreign Language

    „Dass ich die Wohnung vor° Ort suchte, war etwas riskant", erzählt sie.
20 „Aber es ging gut. Über eine Zeitung fand ich eine nette WG°: fünf Männer, alles° Schauspielschüler°. Und das Zimmer war bezahlbar°." Bars, Pubs, coole Szeneläden°. Ihre Wohnung lag im Szene-Stadtteil Chelsea, wo einem schon mal die jungen Royals über den Weg laufen: „Mir auch", sagt sie noch immer etwas verblüfft°. „In einem kleinen spanischen
25 Restaurant saß plötzlich Prinz William am Nebentisch."

vor Ort: only after having arrived there / WG = Wohngemeinschaft: people sharing an apartment / all of them / drama students / affordable / "scene stores" / amazed

    Jeden Morgen fuhr sie nach London-Heathrow zum Flughafen, arbeitete dort für 500 Euro im Monat in der PR-Abteilung° der Airline – beantwortete Journalistenanfragen°, dokumentierte Pressetexte, organisierte Events. Ihre Erfahrung: „Die Engländer sind so höflich, dass ich erst
30 dachte, die müssen mich für komplett unkultiviert halten. An das ständige «would», «could» und «may» musste ich mich erst gewöhnen." Heute ist sie als Marketing-Assistentin im Heide-Park angestellt°, einem Erlebnispark° bei Soltau. „Mein Englisch hat seitdem den richtigen Akzent. Ideal für den Job, wir gehören nämlich zu einem britischen Konzern ..."

public relations department
inquiries from reporters

employed / theme park

Zum Text

A **Zum Inhalt.** Die folgenden Sätze sind falsch. Suchen Sie im Text mehr Informationen zu den verschiedenen Punkten und schreiben Sie die Sätze dann so um, dass sie stimmen.

1. Man kann ein Land in zwei Wochen richtig kennen lernen.
2. Es hat Alexandra überrascht, dass die Briten bei der Arbeit so steif sind.
3. In den Büros gibt es immer Chaos, weil die Abgabetermine so streng sind.
4. Als Sprachprüfung musste Alexandra den TOEFL machen.
5. Der Stadtteil, wo Alexandra wohnt, ist sehr langweilig.
6. Die Engländer sind sehr unkultiviert.
7. Die Erfahrung in England hat Alexandra bei ihrer jetzigen Arbeit gar nicht geholfen.

B **Lebenslauf.** Ergänzen Sie den Lebenslauf von Frau Wiese mit Informationen aus dem Text. Für Berufspraxis erwähnen Sie das Praktikum und die jetzige Arbeitsstelle von Frau Wiese. Denken Sie sich logische Jahreszahlen aus.

Lebenslauf

Alexandra Wiese
Heideallee 50
29614 Soltau
Tel. (05192) 7495-61

Persönliche Daten
    Geburtsdatum   15.10.1975
    Geburtsort   Hamburg
    Familienstand   ledig°   *single*
    Staatsangehörigkeit° _____   *citizenship*

Ausbildungsdaten°   *education information*
    Schulausbildung   1987–1994 Alexander-von-Humboldt-Gymnasium
    Studium   _____
    Sprachkenntnisse   _____ fließend

Berufspraxis

    _____   _____
    _____–jetzt   _____

Soltau, den 18.9.2005

Alexandra Wiese

Alexandra Wiese

*Im Berliner Büro der
internationalen
Rechtsanwaltssozietät
Freshfields Bruckhaus
Deringer*

C Zur Diskussion

1. Wie hat sich Frau Wieses Bild der Briten durch ihr Praktikum geändert? Mit welchen Erwartungen würden Sie ein Praktikum in einem deutschsprachigen Land beginnen?

2. **Ein Praktikum im Ausland.** Wie wäre es mit einem Praktikum im Ausland? Diskutieren Sie das Thema. Beachten Sie dabei die folgenden Punkte:

   - Was sind die Vor- und Nachteile eines Praktikums?
   - Wo möchten Sie arbeiten?
   - Was für Arbeit suchen Sie?
   - Wie kann man ein Praktikum finden?

3. Der Text enthält viele englische Wörter. Diese Mischung aus Deutsch mit englischen Wörtern wird manchmal „Denglisch" (Deutsch + Englisch) genannt, oft von Leuten, die diese Mischung kritisieren. Finden Sie es gut, wenn eine Sprache neue Wörter übernimmt, oder schadet das der Sprache? Sehen Sie Ihre Liste von englischen Wörtern im Text an, bevor Sie mit der Diskussion beginnen. Dann stellen Sie eine Liste von deutschen Wörtern auf, die im Englischen benutzt werden.

4. Weitere Aktivitäten finden Sie auf der *Kaleidoskop* Webseite.

Online Study Center

Vermischtes

1. Das Bruttoinlandsprodukt° der deutschsprachigen Länder, der USA und Kanadas in US-Dollar (geschätzt° 2004):

gross domestic product
estimated

	Bruttoinlandsprodukt	**pro Kopf°**
USA	$11,75 Billionen	$40 100
Deutschland	$2,362 Billionen	$28 700
Kanada	$1,023 Billionen	$31 500
Österreich	$255,9 Milliarden	$31 300
Schweiz	$251,9 Milliarden	$33 800

per capita

2. Deutschland ist die größte Exportnation der Welt. Angaben° in Milliarden US-Dollar (geschätzt 2004):

data

Deutschland	$893,3
USA	$795
Kanada	$315,6
Schweiz	$130,7
Österreich	$102,7

3. Deutschland ist in den Augen der internationalen Wirtschaft nach den USA und China auf Platz drei unter den attraktivsten Ländern für Investitionen. In Deutschland haben mehr als 22 000 ausländische Unternehmen° mit mehr als 2,7 Millionen Mitarbeitern und einem Jahresumsatz° von mehr als 1 000 Milliarden Euro ihren Standort°.

companies
annual sales / location

4. In Deutschland haben 1 800 amerikanische Unternehmen Niederlassungen°. Sie haben 80,2 Milliarden Dollar investiert und beschäftigen rund 500 000 Menschen. Einige davon sind:

branch offices

General Motors	IBM	Philip Morris
Hewlett-Packard	Exxon	Motorola
Ford	Coca-Cola	

5. Deutsche Unternehmen haben 148,8 Milliarden Dollar in den USA investiert. Sie leiten° mehr als 2 850 Firmen und beschäftigen mehr als 800 000 Leute.

manage

6. In Deutschland gibt es weltweit die dritthöchsten Arbeitskosten° pro Stunde. Ein Vergleich in Euro aus dem Jahr 2004:

labor costs (wages and fringe benefits)

Norwegen	€ 28,15
Dänemark	€ 27,33
Westdeutschland	€ 27,09
Frankreich	€ 20,15
USA	€ 19,91
Japan	€ 18,28

7. Die Deutschen arbeiten etwa sechseinhalb Monate des Jahres nur für Steuern und Lohnnebenkosten°, die 51,45 Prozent ihres Einkommens ausmachen. Der Spitzensteuersatz° beträgt° 42 Prozent, der Mindeststeuersatz° 15 Prozent.

fringe benefits
top tax rate / amounts to
lowest tax rate

8. Frauen in Deutschland bekommen weniger Geld für ihre Arbeit als Männer. Weibliche Angestellte verdienen etwa 12 Prozent weniger als ihre männlichen Kollegen.

9. Frauen in Managementpositionen:

USA	54,63%	Österreich	28,96%
Deutschland	34,47%	Schweiz	27,67%
Kanada	33,66%		

Universität Leipzig: Vorlesung

Biografie: Carolin

Vor dem Lesen Carolin ist Diplompsychologin. Sie sitz im Rollstuhl°, denn sie hat keine Kraft° zum Stehen und Gehen. Sie wurde mit einer Muskel- und Gelenkerkrankung° geboren, die man auch „Krummgelenkigkeit[1]" nennt. Ihre Kindheit verlebte sie in einem Kinderheim und in Kliniken. In den ersten sechs Jahren sah sie ihre Eltern wegen „angeblicher°" Infektionsgefahr nur durch ein Fenster im Heim. Mit sechs ging Carolin in eine Sonderschule°. Eine Lehrerin der Schule erkannte Carolins Intelligenz und gab ihr nachmittags Privatunterricht, damit sie auf das Gymnasium gehen konnte. So konnte Carolin später an der Universität Psychologie studieren, in eine eigene Wohnung ziehen und in ihrem Traumberuf arbeiten. Der Text stammt aus° einem Buch über Erfahrungen behinderter Frauen.

wheelchair
strength
Muskel- und Gelenkerkrankung: *muscle and joint disease / supposed / special school*

stammt aus: comes from

Bevor Sie den Text lesen, besprechen Sie diese Fragen:

1. Was für Eigenschaften° braucht eine Psychologin/ein Psychologe? Nennen Sie mindestens drei Eigenschaften und erklären Sie, warum sie wichtig für eine Psychologin/einen Psychologen sind.

qualities

2. Haben Schwerbehinderte besondere Probleme bei der Arbeit? Wenn ja, was für Schwierigkeiten haben sie?

Carolin

CD2–15

… Gefragt, was sonst aus ihr geworden wäre, braucht Carolin nicht lange zu überlegen: „Oft war die Rede davon, daß ich Weißnäherin° werden sollte. Vielleicht auch Konfektionsschneiderin°, aber dafür war ich zu ungeschickt°. Oder Telefonistin. Aber wahrscheinlich Weißnäherin." Gelebt
5 hätte die Weißnäherin Carolin auch als Erwachsene in einem Heim.

plain seamstress
dressmaker in ready-to-wear / clumsy

---

[1]*Arthrogryposis multiplex congenita,* "congenital contraction of the limbs." Carolin's elbows are permanently bent and although the joints of the legs are not bent, she lacks the strength to stand or walk.

Der Kontrast zu ihrem heutigen tatsächlichen Leben ist riesig°: Sie lebt nicht in einem Heim, sondern in ihren eigenen vier Wänden. Die Wohnung mit Balkon ist

10 hell, wirkt° für die 56 Quadratmeter° sehr groß und ist mit Kiefernmöbeln° eingerichtet° … Bald wird Carolin umziehen, denn sie hat sich eine Eigentumswohung° in derselben Stadt gekauft. Das Geld dafür

15 verdiente sie sich nicht als Weißnäherin, sondern als Diplompsychologin.

Seit Oktober 1988 füllt sie ihren derzeitigen° Aufgabenbereich° als Angestellte aus. Es war nicht so leicht für Carolin,

20 diese Stelle zu bekommen: Obwohl sie schon etliche° Jahre Berufserfahrung vorzuweisen° hatte, bekam sie auf ihre bundesweiten° Bewerbungen eine Absage° nach der anderen. „Einmal erhob° der Betriebsrat° Einspruch°, weil er fürchtete, man könne mich mit einer Patientin verwechseln", erzählt sie. „Gleichzeitig wollte der Chefarzt mich nicht einstellen,

25 weil er mit einer behinderten Psychologin um sein Renommee° fürchtete … Mindestens vier Stellen hätte ich mit Sicherheit bekommen können, wenn ich nicht behindert wäre." Carolin bewarb sich weiter, denn sie hatte die Erfahrung gemacht, daß sie als Psychologin geeignet° ist und mit den Patienten erfolgreich arbeiten kann.

30 Eines Tages sah sie die Ausschreibung° einer Stelle, die sie inhaltlich° sehr ansprach°. Also bewarb sie sich. Bald stellte sich heraus°, daß niemand von den Bewerbern qualifizierter war als sie. Sie machte sich große Hoffnungen auf diesen Job – da schrieb der Vertrauensmann° für Schwerbehinderte in seinem Gutachten°, daß Carolin als behinderte

35 Psychologin nicht geeignet sei. „Das war sehr kränkend und demütigend° für mich", erinnert sie sich. „Ausgerechnet° der Vertrauensmann der Schwerbehinderten schreibt das – allerdings, ohne mich zu kennen." Carolin war deprimiert und mutlos°. Ein Bekannter wollte ihr helfen und organisierte ein Treffen zwischen Carolin und besagtem° Vertrauens-

40 mann. „Als der mich kennenlernte, war er wegen seines Gutachtens sehr betroffen°. Deshalb setzte er sich für mich ein°, als wieder eine Psychologenstelle zu besetzen war." Sie bekam die Arbeit …

Carolin arbeitet jetzt schon mehrere Jahre auf diesem Arbeitsplatz. Inzwischen hat sie ihren festen Arbeitsbereich°. „Ich weiß rational, daß

45 ich wirklich gebraucht werde. Das erlebe ich ja auch täglich. Aber emotional hat sich das noch nicht ausgewirkt°. Ich lebe immer noch mit dem Gefühl: „Ich muß dankbar sein, daß ich die Stelle habe. Und ich muß mich auch als dankbar erweisen°." …

Wie ich Carolin während unseres Gesprächs erlebe, wie sie

50 entspannt° auf ihrer Couch sitzt, offen von sich erzählt, einfühlsam° und

immense

appears / square meters
pine furniture
furnished
condominium

current / duties

several
to show / nationwide
negative reply / raised /
executive committee /
objection

reputation

suitable

advertisement / as regards
content / appealed /
stellte … heraus:
turned out / spokesman

report
humiliating
of all people

discouraged
aforementioned

*embarrassed / **setzte ein:***
supported

area of work

worked out

show

relaxed / empathetic

interessiert zuhört, kann ich mir gut vorstellen, daß sie intensive Beziehungen zu anderen Menschen aufbauen kann. Aus ihren blaugrünen Augen schaut sie mich durch die dünnen Brillengläser aufmerksam an. Ich hätte wohl auch Vertrauen zu ihr, wenn sie meine Psychotherapeutin wäre. Jedenfalls vermittelt° sie mir das Gefühl, daß sie gut mit ihren Klienten umgehen° kann.

imparts
work with

Carolin bestätigt° meine Vermutung°: „Wenn ich selbstsicher auftrete°, haben die Patienten keine Probleme mit mir. Mitunter° habe ich sogar das Gefühl, daß sie mir mit einem besonderen Vertrauensvorschuß° begegnen, weil sie wahrscheinlich davon ausgehen, daß ich schon einiges durchgemacht habe. Schwieriger ist es manchmal von Kollegen und Vorgesetzten° als gleichberechtigte° Kollegin anerkannt zu werden. Für viele ist es nicht selbstverständlich°, daß eine behinderte Frau durchaus eine kompetente Kollegin sein kann" …

confirms / supposition
act / now and then
trust
supervisors / equal
self-evident

Zum Text

D Zum Inhalt

1. Was für Zukunftspläne hatte man für Carolin, als sie ein Kind im Heim war?
2. Wo lebt Carolin jetzt? Beschreiben Sie ihr Zuhause.
3. Vergleichen Sie Carolins tatsächliches Leben mit dem Leben, das sie hätte, wenn sie im Heim wäre.
4. Welche Erfahrungen machte Carolin, als sie sich um Stellen bewarb?
5. Was empfahl° der Vertrauensmann für Schwerbehinderte in dem ersten Gutachten? Warum änderte er später seine Meinung?

did recommend

6. Warum glaubt Carolin, dass ihre Patienten leicht Vertrauen zu ihr finden?
7. Ist Carolin glücklich in ihrer Arbeit? Suchen Sie Stellen im Text, in denen Carolin ihre Einstellung° zu ihrer Arbeit beschreibt.

attitude

8. Beschreiben Sie Carolin. Was sehen Sie als ihre Haupteigenschaften°?

main attributes

9. Glauben Sie, dass Carolin eine kompetente Psychotherapeutin ist? Warum (nicht)?

E Gefühle ausdrücken. Suchen Sie die Wörter und Ausdrücke im 4. und 5. Absatz°, die Emotionen beschreiben. Erfinden Sie eine Situation, in der eine Person einige dieser Wörter benutzen könnte.

paragraph

F Zur Diskussion. Besprechen Sie die Situation von Schwerbehinderten in Ihrem Land. Benutzen Sie diese Fragen als Anregung°.

stimulus

1. Welche Vorurteile° müssen Schwerbehinderte oft überwinden°?

prejudices / overcome

2. Suchen Sie Beispiele von Personen, die eine Behinderung überwunden haben.
3. Gibt es Gesetze° in Ihrem Land, die Schwerbehinderten helfen? Sind diese Gesetze nötig? Sind sie effektiv? Erklären Sie das.

laws

G **Rollenspiel.** Spielen Sie die Szene.

Die Arbeitgeberin/Der Arbeitgeber: Sie brauchen eine qualifizierte Arbeitskraft°, aber Sie befürchten, dass es zu viele Schwierigkeiten für Carolin gibt.   *employee*

Vertrauensperson für Behinderte: Überzeugen Sie die Arbeitgeberin/den Arbeitgeber von den Qualifikationen Carolins.

Übersicht: Das Schulsystem in Deutschland

Vor dem Lesen   Die folgende Übersicht° ist eine vereinfachte Darstellung des deutschen Schulwesens.   *chart*

Schuljahr			Universitäten und wissenschaftliche Hochschulen	
13				
12	Berufsausbildung in		Gymnasium	Gesamtschule
11	Betrieb° und Berufsschule			
10				
9	Hauptschule	Realschule		
8				
7				
6				
5				
4	Grundschule			
3				
2				
1				
	Kindergarten			

firm, business

Bundesministerium für Bildung und Forschung

Keine halben Sachen machen.
Ganztagsschulen.
Zeit für mehr.

CD2–16

In Deutschland besuchen alle Kinder die Grundschule (1.–4. Klasse), doch danach besuchen sie entweder eine Hauptschule, eine Realschule, eine Gesamtschule oder ein Gymnasium.

Das Gymnasium (5.–12. oder 13. Klasse) bereitet Jugendliche auf
5 das Studium an der Universität vor. Ein solches Studium ist die Voraussetzung° für akademische Berufe wie Arzt, Jurist oder Lehrer. Für das Studium an einer Universität ist das Abitur notwendig°.

Die Realschule (5.–10. Klasse) bereitet Jugendliche auf Berufe in Handwerk°, Handel°, Industrie, Verwaltung° oder Gesundheitswesen°
10 vor. Nach der Mittleren Reife° können sie ihre Berufsausbildung° in einem Betrieb° oder an einer Berufsfachschule° machen.

Die Hauptschule (5.–9. oder 10. Klasse) bereitet Jugendliche auf Berufe in Handwerk oder Industrie vor. Nach der 9. oder 10. Klasse beginnen die meisten Hauptschüler eine Lehre° (Berufsausbildung).
15 Die Lehrlinge oder Auszubildenden („Azubis") arbeiten drei bis vier Tage pro Woche in ihrem Ausbildungsbetrieb und besuchen ein- bis

prerequisite
necessary

trade / business / administration / health fields / diploma from Realschule / vocational or professional training / firm / professional school / apprenticeship

zweimal pro Woche die Berufsschule. Eine Lehre dauert gewöhnlich drei bis dreieinhalb Jahre. Die Ausbildung von „Azubis" ist eine Besonderheit° des deutschen Schul- und Ausbildungssystems. Man *special feature*
20 nennt die Form der Berufsausbildung auch „duales System", weil sie einen praktischen und einen theoretischen Schwerpunkt° hat. *focus*

Neben diesen drei Schulformen gibt es als Sonderform° die *special type* Gesamtschule. Hier trennt das System die Schüler nach der 4. Klasse nicht in drei verschiedene Schultypen. Alle Schüler besuchen vielmehr
25 dieselbe Schule. Sie werden jedoch in den Hauptfächern (Deutsch, Englisch, Mathematik) nach ihrem jeweiligen° Leistungsstand° in *respective / achievement* Kurse eingeteilt (A, B, C). Nur die A-Kurs-SchülerInnen können bis *level* zum Abitur aufsteigen. Das Besondere an dieser Schulform ist die hohe Durchlässigkeit° zwischen den Kursen mit der Möglichkeit auf- oder *interchangeability*
30 abzusteigen. Das so genannte „Sitzenbleiben°" ist an dieser Schulform *repeating a grade* unbekannt. Trotz ihrer Vorteile konnte die Gesamtschule sich in Deutschland bislang nicht als vorrangige° Schulform durchsetzen°. Die *primary / win acceptance* Gesamtschule muss im Augenblick in Deutschland als beliebtes Schulmodell mit Zukunftschancen gesehen und gewertet werden.

35   Werner Kiausch

ANMERKUNG: Die meisten Schulen in Deutschland sind Halbtagsschulen: Das heißt: der Unterricht dauert in der Regel° von morgens bis mittags. *rule*

H **Schule und Beruf.** Entscheiden Sie mit Hilfe der Übersicht und des Texts über das deutsche Schulsystem, welchen Schulabschluss° man für die *degree or diploma* folgenden Berufe braucht.

1. Bäcker/Bäckerin
2. Ingenieur/Ingenieurin
3. Krankenpfleger/Krankenschwester
4. Werkzeugmacher/Werkzeugmacherin°   *tool and die maker*
5. Rechtsanwalt/Rechtsanwältin°   *lawyer*
6. Rechtsanwaltsgehilfe/Rechtsanwaltsgehilfin°   *paralegal*
7. Diplomat/Diplomatin
8. Lehrer/Lehrerin
9. Verkäufer/Verkäuferin
10. Arzthelfer/Arzthelferin°   *physician's assistant*
11. Informatiker/Informatikerin°   *computer specialist*
12. Arzt/Ärztin
13. Bankkaufmann/Bankkauffrau°   *bank employee*
14. Friseur/Friseurin
15. Journalist/Journalistin

Flugbegleiterin bei der Lufthansa

Wortschatz

Substantive

die **Anstrengung, -en**   effort; exertion
der **Arbeitgeber, -** / die **Arbeitgeberin, -nen**   employer
der **Arbeitnehmer, -** / die **Arbeitnehmerin, -nen**   employee
der/die **Behinderte** (*noun decl. like adj.*)   person with a disability
die **Bewerbung, -en**   application
der **Flieger, -** *(coll.)*   airplane; pilot
der **Flughafen,** *pl.* **Flughäfen**   airport
der **Mitarbeiter, -** / die **Mitarbeiterin, -nen**   employee, co-worker
die **Möglichkeit, -en**   possibility
der **Praktikant, -en, -en** / die **Praktikantin, -nen**   intern, trainee
das **Praktikum,** *pl.* **Praktika**   internship, training period
die **Rede, -n**   speech, talk

Verben

an·stellen   to hire, employ
beschäftigen   to employ
　sich beschäftigen   to keep busy
sich bewerben (bewirbt; bewarb, beworben)   to apply
　sich bewerben um   to apply for
　sich bewerben bei   to apply to
fordern   to demand, require
sich gewöhnen an (+ *acc.*)   to get used to
probieren   to try; to taste (food)
überraschen   to surprise
verwechseln   to confuse
wechseln   to change

Andere Wörter

angeblich   alleged(ly), supposed(ly)
angestellt sein   to be an employee
behindert   disabled
beruflich   professional; on business
beschäftigt   employed
　beschäftigt mit   busy with, occupied with
fest   firm; regular, steady
jedenfalls   in any case, at all events
mindestens   at least, no less than
schwierig   difficult; hard
ständig   constant(ly)
steif   stiff
überraschend   surprising
üblich   usual, customary

I Vokabeln. Man kann sich nicht immer so ausdrücken, wie man es gerne möchte. Wie können Sie folgende Sätze anders sagen? Geben Sie die Sätze wieder, indem Sie ein passendes Wort aus der Vokabelliste benutzen.

1. Die meisten **Leute, die einen Job haben,** würden auch ein paar Stunden pro Woche mehr arbeiten.
2. Es ist zurzeit nämlich **nicht leicht** Arbeit zu finden.
3. **Was man so hört,** soll die Atmosphäre in dieser Firma gut sein.
4. Frau Meier hat **die Chance** für ein Jahr in Frankreich zu arbeiten.
5. Das Sushi schmeckt köstlich. **Versuch'** es doch mal!
6. **Die Ansprache** des Managers hat den meisten Leuten gut gefallen.
7. Es **wundert** mich, dass er keinen Job findet.
8. Frau Klein hat **an unsere Firma geschrieben, weil sie eine neue Stelle sucht.**
9. Hier ist es **normal,** dass man immer höflich ist.

J Definitionen. Welche Wörter aus der Vokabelliste passen zu den Bedeutungen?

1. nicht weniger als
2. auf jeden Fall, wenigstens
3. einen körperlichen Defekt haben
4. jemand, der Leute anstellt
5. etwas verlangen
6. etwas für etwas anderes halten
7. kompakt; stabil; sicher
8. jemandem Arbeit geben

Suffix *-ig*

The suffix **-ig** forms adjectives from nouns. Such adjectives show a condition: **der Durst > durstig** *(thirsty)*.

K **Wörter mit -ig.** Welche Wörter sind mit den folgenden Adjektiven verwandt? Geben Sie das englische Äquivalent der Adjektive.

▷ tätig: die Tat; tätig = *active*

1. gewaltig
2. lustig
3. neblig
4. schuldig
5. farbig
6. sonnig
7. hungrig
8. freudig

Was meinen Sie?

L **Zur Diskussion/Zum Schreiben**

1. Wie kann die Gesellschaft Behinderte darin unterstützen°, so selbstständig wie möglich zu sein?   *support*

2. Wie ist die Einstellung° zur Arbeit in Ihrem Land? Können ein Land und seine Bürger von etwas zu viel haben (z.B. zu viel Arbeit, zu viel Geld, zu viel Freizeit)?   *attitude*

3. Beschreiben Sie einen Beruf, der für Sie ideal wäre.

4. Finden Sie etwas über Hamburg oder die Lüneburger Heide heraus und berichten Sie kurz darüber. Sie können in einem Buch nachlesen oder Informationen darüber im Internet suchen.

Literarische Werke

Gedicht: Arbeits–Los

Johann Sziklai

Johann Sziklai was born in Dingolfing in Bavaria in 1947. He studied English, history, and political science in Tübingen and in Bangor, North Wales. Since 1975 he has been teaching at the **Gymnasium** in Plochingen am Neckar. Sziklai writes mainly poetry, fairy tales, and short prose. He has also written song texts for "Us and Them," a German cover band for Pink Floyd, and was awarded the **Karstadt-Kulturpreis** (2000). Of his four volumes of poetry, **Kreideweißheiten** (chalk tales), 1995, is characteristic of his themes and style. As the title suggests, in **Kreideweißheiten** Sziklai takes a hard look at the school system in Germany. Dealing with social and political issues is typical for much of Sziklai's work. His style of clear, brief statements and questions reads like prose and reflects his concerns with the realities of life. In "Arbeits-Los" Sziklai describes a situation that is all too common today of an employee suddenly being let go from a company. The title "Arbeits-Los" is a play on the word **Los,** which has several meanings: 1. lottery ticket; 2. portion, share; 3. bitter fate, hard destiny; 4. **ein Los ziehen:** to draw lots; **durchs Los entscheiden:** to decide by lot. Which meanings are conveyed in this poem?

Arbeits-Los

CD2–17

irgendwann dann
hast du dazugehört
viele lange Jahre lang
deine Pflicht gern getan
5 meistens sogar etwas mehr
Leuten geholfen
die nie eine Hilfe dir waren
hast garnichts von allem
gestohlen
10 nur im Notfall°   **im Notfall:** *if necessary*
gelogen°   *lied*

unentwegt° warst du   *constantly*
immer zur Stelle°   **zur Stelle:** *on the spot*
ganz selbstlos
15 sagen sie dir
alles Gute
dann noch
Ihre Schlüssel
und bitte
20 der Ausgang°   *exit*
für Besucher
ist rechts

Tagebuchaufzeichnung: Dienstag, der 27. September 1960

Christa Wolf

Christa Wolf was born in Landsberg (now located in Poland), in 1929. Between 1949 and 1953 she studied German literature in Jena and Leipzig and worked as an editor. Since 1962 she has devoted herself entirely to writing. Wolf is one of the most important authors to have come out of the German Democratic Republic. Two of her most famous works are **Der geteilte Himmel** *(The Divided Heaven)* and **Nachdenken über Christa T.** *(The Quest for Christa T.)*.

Even though there was no organized women's movement in East Germany, many of Wolf's works address women's search for identity and the emancipation of women and men. Her novels, short prose pieces, and essays reflect her commitment to humanistic socialism. In her works she explores the extent to which society allows people to develop and tries to indicate ways in which individuals can determine their own destiny and at the same time bring about changes in society itself.

Since unification on October 3, 1990, Christa Wolf, along with many other GDR writers, has embarked on the task of coming to terms with forty years of life under a repressive system. These concerns are reflected in many of her essays, short narratives, and autobiographical sketches; in her novel **Medea** (1996), **Hierzulande Andernorts. Erzählung und andere Texte 1994–1998** (*In Our Part of the Country at Another Location. Narrative and Other Texts 1994–1998;* 1999); and the longer narrative **Leibhaftig** (*Incarnate;* 2000). Wolf has been awarded a number of literary awards, including the Sinsheimer Prize in 2005.

Christa Wolf explains in the preface to her volume **Ein Tag im Jahr.** 1960–2000 (2003), that the idea of writing a diary entry on the same day every year goes back to Maxim Gorki. In 1935 he had published an appeal to writers in the Moscow journal *Izvestia* to describe "one day of the world," each one for himself. *Izvestia* repeated the appeal to writers in 1960. This appeal fell on fertile ground especially in the former GDR, where the so-called "Bitterfelder Weg" program in the 1950s advocated a closer relationship between workers and writers. Writers were asked to go into factories and encourage workers to try their hand at writing and to keep journals. Writers, in turn, were charged to learn more about the life of workers in factories so that they could highlight the life and struggle of the labor class in their texts. Note Wolf's trip to the **Waggonwerk** in the following diary entry, "Dienstag, der 27. September 1960" (published in 1974). Her account of this Tuesday allows readers to catch a glimpse of an ordinary day in her life as a mother, wife, and writer. The autobiographical sketch shows the difficulties Wolf encounters in her attempt to combine her domestic duties with her profession as a writer. In the sketch, Wolf refers to her husband and colleague Gerhard Wolf as G., a publishing-house editor, writer, and—in her own words—her "best critic." By also using her daughters' true names, Tinka and Annette, Wolf demonstrates her belief in bringing female subjectivity, authenticity, and personal experience to her writing, a characteristic she developed more fully in later works, such as **Kindheitsmuster** *(Patterns of Childhood)* (1976) and **Störfall** *(Accident/A Day's News)* (1987).

Zum Thema

1. Welche veschiedenen Aufgaben und Pflichten muss eine berufstätige Frau und Mutter manchmal an einem Tag erfüllen?
2. Schriftsteller und Schriftstellerinnen arbeiten oft zu Hause. Was könnte sie bei ihrer Arbeit stören?

Leitfragen

Beim Lesen fragen Sie sich:

1. Was macht die Schriftstellerin an diesem Tag als Mutter, als berufstätige Frau und als Ehefrau? Machen Sie sich beim Lesen Notizen.
2. Für welche ihrer Rollen braucht die Frau an diesem Dienstag die meiste Zeit?

Dienstag, der 27. September 1960

Als erstes beim Er-
wachen° der Ge-
danke: Der Tag wird
wieder anders verlaufen
5 als geplant. Ich werde
mit Tinka wegen ihres
schlimmen Fußes zum
Arzt müssen. Draußen
klappen° Türen. Die
10 Kinder sind schon im
Gange°.

Ditz, Der Brief nach Hause, 1984

waking up

slam

im Gange: up and about

G. schläft noch.
Seine Stirn° ist feucht°,
aber er hat kein Fieber
15 mehr. Er scheint die
Grippe überwunden°
zu haben. Im Kinderzimmer ist Leben. Tinka liest einer kleinen, drecki-
gen° Puppe° aus einem Bilderbuch vor …

forehead / damp

got over

dirty / doll

Sie wird morgen vier Jahre alt. Annette macht sich Sorgen, ob wir
20 genug Kuchen backen werden. Sie rechnet mir vor°, daß Tinka acht
Kinder zum Kaffee eingeladen hat. Ich überwinde einen kleinen
Schreck° und schreibe einen Zettel für Annettes Lehrerin: Ich bitte,
meine Tochter Annette morgen schon mittags nach Hause zu schicken.
Sie soll mit ihrer kleinen Schwester Geburtstag feiern.

rechnet vor: counts up

fright

25 Während ich Brote fertigmache, versuche ich mich zu erinnern, wie
ich den Tag, ehe Tinka geboren wurde, vor vier Jahren verbracht habe
… Vor vier Jahren war es wohl wärmer, und ich war allein. Abends kam
eine Freundin, um über Nacht bei mir zu bleiben. Wir saßen lange
zusammen, es war das letzte vertraute° Gespräch zwischen uns. Sie
30 erzählte mir zum erstenmal von ihrem zukünftigen Mann …
Nachts telefonierte ich nach dem Krankenwagen.

intimate

Annette ist endlich fertig. Sie ist ein bißchen bummelig° und unordentlich, wie ich als Kind gewesen sein muß. Damals hätte ich nie
geglaubt, daß ich meine Kinder zurechtweisen° würde, wie meine
35 Eltern mich zurechtwiesen. Annette hat ihr Portemonnaie° verlegt°. Ich
schimpfe mit den gleichen Worten, die meine Mutter gebraucht hätte:
So können wir mit dem Geld auch nicht rumschmeißen°, was denkst du
eigentlich?

dawdling

reprimand
purse / mislaid

be careless

Als sie geht, nehme ich sie beim Kopf und gebe ihr einen Kuß.
40 Mach's gut! Wir blinzeln uns zu°. Dann schmeißt sie die Haustür unten
mit einem großen Krach° ins Schloß°.

blinzeln zu: wink at
bang / *schmeißt ins
Schloß:* slams

Tinka ruft nach mir. Ich antworte ungeduldig, setze mich versuchs-
weise° an den Schreibtisch. Vielleicht läßt sich wenigstens eine Stunde
Arbeit herausholen …

tentatively

Sie beginnt wieder nach mir zu schreien, so laut, daß ich im Trab° *im Trab: quickly*
zu ihr stürze°. Sie liegt im Bett und hat den Kopf in die Arme vergraben°. *rush / buried*
Was schreist du so?
Du kommst ja nicht, da muß ich rufen.
Ich habe gesagt: Ich komme gleich …

Ich wickle° die Binde° von ihrem zerschnittenen° Fuß. Sie schreit wie *wind / bandage / cut*
am Spieß°. Dann spritzt sie die Tränen mit dem Finger weg°: Beim Doktor *schreit… Spieß: yells*
wird's mir auch weh tun. – Willst du beim Doktor auch so schrein? Da *bloody murder / spritzt*
rennt ja die ganze Stadt zusammen – Dann mußt du mir die Binde *weg: splashes away*
abwickeln. – Ja, ja. – Darf ich heute früh Puddingsuppe? – Ja, ja. – Koch
mir welche! – Ja, ja …

Als ich sie aus dem Bad trage, stößt ihr gesunder Fuß an den Holz-
kasten° neben der Tür. Bomm! ruft sie. Das schlägt wie eine Bombe! – *wood box*
Woher weiß sie, wie eine Bombe schlägt? Vor mehr als sechzehn Jahren
habe ich zum letztenmal eine Bombe detonieren hören. Woher kennt sie
das Wort?

G. liest in Lenins Briefen an Gorki°, wir kommen auf unser altes *Maxim Gorki (1868–*
Thema: Kunst und Revolution, Politik und Kunst, Ideologie und Litera- *1936), Russian writer*
tur. … Es gibt einen Disput über den Plan zu meiner neuen Erzählung.
G. dringt auf die weitere Verwandlung des bisher zu äußerlichen Plans in
einen, der mir gemäß wäre.[2] Oder ob ich eine Reportage° machen wolle? *eye-witness account*
Dann bitte sehr°, da könnte ich sofort loslegen°. Leichte Verstimmung° *Dann … sehr: Go right*
meinerseits, wie immer geleugnet°, wenn ich in Wirklichkeit spüre, daß *ahead / set to work /*
„was Wahres dran ist" … *irritation / denied*
Ich gehe mit Tinka zum Arzt …

Tinka ist ganz still, als der Arzt an der Wunde herumdrückt°. Sie ist *presses around*
blaß, ihre Hand in der meinen wird feucht. Hat's weh getan? fragt der
Arzt. Sie macht ihr undurchdringliches° Gesicht und schüttelt den Kopf. *impenetrable*
Sie weint nie vor Fremden. Draußen, als wir auf den Verband° warten, *bandage*
sagt sie plötzlich: Ich freu mich, daß ich morgen Geburtstag hab! …

Die Post, die ich zu Hause vorfinde, ist enttäuschend, eine
nichtssagende Karte von einem nichtssagenden Mädchen. Dafür halten
ein paarmal Motorräder vor dem Haus, Eil- und Telegrammboten°, *express mail and telegram*
Ersatz° fürs Telefon. Einer bringt die Korrekturfahnen° von G.s Buch *messengers / substitute /*
über Fürnberg°. Während das Essen kocht, lese ich Kinderaufsätze° zu *galley proofs / Louis*
dem Thema „Mein schönster Ferientag", die in der Bibliothek des *Fürnberg (1909–1957),*
Waggonwerks° abgegeben° wurden … *East German poet /*
children's essays / freight
Nach dem Essen fahre ich ins Waggonwerk, zur Parteigruppen- *car company / delivered /*
sitzung° der Brigade°… *party section meeting /*
name of smallest work unit
Im Betrieb° war ich ein paar Wochen nicht. Die Halle steht voller *in GDR / plant /*
halbfertiger Waggons. Anscheinend ist die Produktionsstockung° über- *production stoppage*
wunden. Ich freue mich zu früh …

---

[2]**G … wäre:** G. urges a further change of the plan, up to now too formal, into one more
appropriate to me.

Ich setze mich in den Brigadeverschlag°, den sie selbst „Rinder-offenstall"° nennen. Noch fünfundvierzig Minuten bis Arbeitsschluß, aber drei sitzen schon hier und warten, daß die Zeit vergeht°. Immer
90 noch nicht genug Arbeit? Kopfschütteln. Das Bild in der Halle trog° ... Sie sind mißgelaunt°, resigniert, wütend° – je nach Temperament. Und was das schlimmste ist: Sie hoffen nicht mehr auf die entscheidende Wende zum Besseren ...

Ich gehe schnell nach Hause ...
95 Um diese Jahreszeit ist es gegen Abend schon kalt. Ich kaufe noch ein, was ich zum Kuchenbacken brauche, und nehme ein paar Geburtstagsblumen mit. In den Gärten welken° schon die Dahlien und Astern. Mir fällt der riesige° Rosenstrauß° ein, der damals, vor vier Jahren, im Krankenhaus auf meinem Nachttisch stand. Mir fällt der
100 Arzt ein, den ich sagen hörte: Ein Mädchen. Aber sie hat ja schon eins. Na°, es wird ihr wohl nichts ausmachen ... Seine Erleichterung°, als ich schon den Namen hatte. Die Schwester°, die mich belehrte°, wie unerwünscht manchmal Mädchen noch seien und was man da alles erleben könne, besonders mit den Vätern. Die kommen einfach
105 nicht, wenn es wieder ein Mädchen ist, ob Sie's glauben oder nicht. Darum dürfen wir am Telefon nicht sagen, was es ist, Junge oder Mädchen.

Alle wollen mithelfen beim Kuchenbacken. Die Kinder stehen überall im Wege. Schließlich lege ich ihnen im Zimmer eine
110 Märchenplatte auf, „Peter und der Wolf" ... Der Kuchen geht im Ofen über alle Maßen°. Jetzt, wo es still wird, ist mir, als könnte ich hören, wie er geht. Die Formen waren zu voll, der Teig° geht und geht und tropft in die Röhre° und verbreitet einen Geruch° nach Angebranntem in der ganzen Wohnung.
115 Als ich den Kuchen herausziehe, ist eine Seite schwarz, ich ärgere mich und finde keinen, dem ich die Schuld geben könnte außer mir selbst, und dann kommt noch G. und nennt den Kuchen „etwas schwarz", da sage ich ihm ungehalten°, daß es an den zu vollen Formen und am schlechten Ofen und am zu starken Gasdruck° liegt. Na ja, sagt
120 er und zieht sich zurück ...

Ich muß noch etwas schreiben, aber alles stört mich: das Radio, der Fernseher nebenan°, der Gedanke an den Geburtstagstrubel° morgen und an diesen zerrissenen° Tag, an dem ich nichts geschafft habe. Unlustig° decke ich den Geburtstagstisch, mache den Lichterkranz
125 zurecht°. G. blättert in irgendeinem Büchlein, findet es „gut geschrieben". Aus irgendeinem Grund stört mich auch das.

Ich sehe die Manuskriptanfänge durch, die auf meinem Schreibtisch übereinanderliegen ...

Ich weiß, daß weder die Seiten, die schon daliegen, noch die Sätze,
130 die ich heute schreibe, bleiben werden – nicht ein Buchstabe° von ihnen. Ich schreibe, und dann streiche ich es wieder aus ...

brigade hut
open cattle shed
passes
was deceiving
in a bad mood / furious

are fading
huge / rose bouquet

well / relief
*= **Krankenschwester** / enlightened*

***geht über alle Maßen:** rises too much / batter*
oven / smell

annoyed
gas pressure

in the next room / birthday fuss / disrupted
listlessly
***mache ... zurecht:** prepare the wreath with candles*

letter

Vor dem Einschlafen denke ich, daß aus Tagen wie diesem das Leben besteht. Punkte, die am Ende, wenn man Glück gehabt hat, eine Linie verbindet ...

135   Die ersten Übergänge° in die Bilder vor dem Einschlafen kann ich noch beobachten, eine Straße taucht auf°, die zu jener Landschaft führt, die ich so gut kenne, ohne sie je gesehen zu haben: der Hügel° mit dem alten Baum, der sanft abfallende Hang° zu einem Wasserlauf°, Wiesengelände°, und am Horizont der Wald. Daß man die Sekunden

140 vor dem Einschlafen nicht wirklich erleben kann – sonst schliefe man nicht ein –, werde ich immer bedauern.

passages
taucht auf: *appears*
hill
sanft abfallende Hang: *gently falling hillside / brook / meadow*

Zum Text

A **Was passt zusammen?** Verbinden Sie die Satzteile mit den passenden Namen.

A = Annette   ~~sister~~ daughter
B = Tinka   daughter
C = G.   husband
D = Schreiberin des Tagebuchs
E = Arzt

____ 1. hat einen verletzten Fuß.
____ 2. ist heute ohne Fieber.
____ 3. kann ihr Portemonnaie nicht finden.
____ 4. wurde vor der Geburt ihrer Tochter Tinka von einer Freundin besucht.
____ 5. stößt sich am Holzkasten, als die Mutter sie aus dem Bad trägt.
____ 6. geht mit Tinka zum Arzt.
____ 7. liest in Lenins Briefen.
____ 8. findet schlecht gelaunte Arbeiter im Brigadeverschlag.
____ 9. ist enttäuscht, dass wieder ein Mädchen geboren wird.
____ 10. macht eine Bemerkung über den schwarzen Kuchen.
____ 11. bereitet den Geburtstagstisch vor.
____ 12. liest, während seine Frau den Geburtstagstisch deckt.
____ 13. denkt über den Tag nach.

B **Zum Inhalt**

1. Um welche zwei Familienmitglieder muss sich die Erzählerin an diesem Tag besonders kümmern°? Was ist mit den Personen los?

concern herself

2. Warum soll Tinkas Schwester Annette am nächsten Tag früher aus der Schule kommen?

3. Annette schmeißt die Haustür an diesem Morgen zu. Was ist passiert?

4. Als Annette das Haus verlassen hat, versucht die Mutter zu schreiben. Aber sie wird von Tinka beim Schreiben gestört. Was will Tinka von ihrer Mutter?

5. Was macht der Mann der Erzählerin, während sie für ihre Tochter sorgt?

6. Ihr Mann versucht, als literarischer Partner über ihr Schreiben zu sprechen. Er rät ihr, die eigene Subjektivität stärker in den Text ihrer neuen Erzählung zu bringen. Wie reagiert sie auf seine Vorschläge°? *suggestions*

7. Welche beruflichen und hausfraulichen Pflichten muss die Mutter/ Autorin an diesem Dienstag erfüllen?

8. Als sie Blumen kauft, erinnert sie sich an den Tag der Geburt ihrer zweiten Tochter. Wie haben der Arzt und die Schwestern im Krankenhaus auf die Geburt reagiert?

9. Warum stört sie an diesem Tag, dass ihr Mann ein Buch „gut geschrieben" findet?

10. Beim Einschlafen denkt sie an die Frustrationen des Tages. Welche Dinge haben sie frustriert? Was sieht sie jetzt als positive Seite ihrer Frustrationen?

11. Welche Landschaftsbilder führen sie in den Schlaf? Sind es Wunschbilder oder Bilder aus der Realität ihres Alltags°? *daily routine*

C Zur Diskussion

1. In dieser Skizze° versucht die Schriftstellerin, die Konflikte zwischen Hausfrau, Mutter, Ehefrau und Autorin zu lösen°. Gelingt es ihr? Erklären Sie das. *sketch* / *solve*

2. Welche Zeilen zeigen Gleichberechtigung°/keine Gleichberechtigung in diesem Text? Welche Stellen beziehen sich° auf die Rolle der Frau in der Familie, in der Gesellschaft und im Beruf? *equal opportunity* / **beziehen sich:** *relate to*

3. Wie hätte sie ihre verschiedenen Rollen ändern können? Machen Sie Vorschläge.

4. Was ist nötig – in Deutschland und bei Ihnen – um der Frau die verschiedenen Rollen im Beruf und im Haushalt leichter zu machen?

D Rollenspiel

1. Sie sind die Schriftstellerin und Ihre Partnerin/Ihr Partner ist Redakteurin/Redakteur°. Sie/Er möchte wissen, warum Ihr neues Buch noch nicht fertig ist. Spielen Sie die Szene. *editor*

2. Spielen Sie mit Ihrer Partnerin/Ihrem Partner die Küchenszene, in der der Geburtstagskuchen anbrennt.

E Zum Schreiben. Sie sind G., der Mann der Erzählerin, und führen auch ein Tagebuch. Schreiben Sie Ihre Tagebuchaufzeichnungen für diesen Dienstag.

Basel: Wissenschaftlerin

Wortschatz

Substantive

das **Fieber**   fever
die **Grippe**   flu
der **Krankenwagen, -**   ambulance
der **Kuss, ⁓e**   kiss
die **Partei, -en**   political party
die **Pflicht, -en**   duty; responsibility
der **Schriftsteller, -** / die **Schriftstellerin, -nen**   author, writer
die **Träne, -n**   tear

Verben

bestehen (bestand, bestanden)   to exist
  bestehen aus   to consist of
ein·schlafen (schläft ein; schlief ein, ist eingeschlafen)   to fall asleep
tropfen   to drip

Andere Wörter

anscheinend   apparent(ly)
blass   pale
geduldig   patient(ly)
  ungeduldig   impatient(ly)
ordentlich   tidy; proper; respectable
  unordentlich   sloppy, careless

Besondere Ausdrücke

mach's gut   take it easy, take care of yourself
Schluss machen   to finish, to call it a day

F **Vokabeln.** Ergänzen Sie die Sätze mit Wörtern aus der Vokabelliste.

Eine berufstätige Mutter hat viele (1) _____ im Haus – kochen, backen und putzen. Und wenn sie von Beruf (2) _____ ist, muss sie Zeit finden zu schreiben.

   Montag ist ein typischer Tag für eine Bekannte von mir. Sie steht früh auf und macht Frühstück. Ihr Mann schläft noch, denn er ist krank gewesen. Er hat (3) _____ gehabt, mit hohem (4) _____, und er ist noch schwach. Ihre Tochter Lisa hat einen verletzten Fuß. Als die Mutter die Binde abwickelt, kommen dem Kind (5) _____ in die Augen. Es sieht sehr (6) _____ aus. Laura, die andere Tochter, ist schlecht gelaunt. Sie konnte ihr Portemonnaie nicht finden und die Mutter hat geschimpft. Meine Bekannte will es wieder gutmachen und gibt ihr einen (7) _____. Aber die

Mutter spürt, dass Laura immer noch böse ist. Als sie das Haus verlässt, ruft die Mutter: „(8) _____ _____!" Aber Laura antwortet nicht.

Morgen hat Lisa Geburtstag und die Mutter backt einen Kuchen. (9) _____ ist der Ofen zu heiß, denn der Kuchen brennt an. Ihr Mann, der gerade in die Küche gekommen ist, sagt, dass es nichts ausmacht. Aber sie sagt, dass es ihre Schuld ist. Sie wollte ein paar Seiten schreiben und hat nicht aufgepasst. Sie geht zu Bett und kann nicht (10) _____.

Aus Tagen wie diesem (11) _____ ihr Leben.

G **Verwandte Wörter.** Suchen Sie in der Vokabelliste jeweils ein verwandtes Wort. Übersetzen Sie dann die folgenden Wörter.

1. küssen
2. schließen
3. die Geduld
4. der Schlaf

5. die Blässe
6. unordentlich
7. fiebern
8. das Krankenhaus

Grammatik im Kontext

Präpositionen zeigen das Verhältnis° eines Substantivs oder Pronomens zu einem anderen Wort im Satz an. Die meisten Präpositionen sind mit dem Akkusativ oder Dativ verbunden.

relation

☀ *Online Study Center*

H **Akkusativ oder Dativ?** Lesen Sie nochmal die Zeilen 39–60 im Text „Dienstag, der 27. September 1960". Schreiben Sie zehn Wortverbindungen mit Präpositionen heraus und entscheiden Sie, welcher Fall jeweils benutzt wird: Akkusativ oder Dativ.

I **Mehr Präpositionen.** Vervollständigen Sie die Sätze mit einer passenden Präposition und/oder dem Artikel im richtigen Fall.

Annette geht (1) _____ (2) _____ Schule und die Mutter setzt sich (3) _____ (4) _____ Schreibtisch. Tinka beginnt (5) _____ (6) _____ Mutter zu schreien. Die Mutter bringt sie (7) _____ Bad. Nach (8) _____ Bad gehen sie (9) _____ Arzt. Tinkas Fuß tut weh, aber sie weint nicht (10) _____ Fremden. (11) _____ (12) _____ Essen backt die Mutter einen Kuchen. Sie stellt den Kuchen (13) _____ (14) _____ Ofen. Aber als sie den Kuchen (15) _____ (16) _____ Ofen nimmt, ist er ganz schwarz. Die Mutter geht dann (17) _____ Bett und denkt (18) _____ (19) _____ Tag, an dem sie nichts geschafft hat.

Was meinen Sie?

 J **Zur Diskussion/Zum Schreiben**

1. Zwei Erzählerinnen – zwei Lebenssituationen: Vergleichen Sie das Verhalten° der Dramaturgin in „Eine Postkarte für Herrn Altenkirch" und der Schriftstellerin in „Dienstag, der 27. September 1960" gegenüber anderen Menschen.

   behavior

2. Die Analyse der Erzählperspektive° und der Erzählerin/des Erzählers hilft oft, Erzählungen besser zu verstehen. Fragen der Erzählperspektive haben etwas mit dem Standpunkt, mit der Position der Erzähler zu tun. Solche Fragen sind z.B.: Berichten die Erzähler nur, was sie hören und sehen? Haben sie die Geschichten selbst erlebt? Wissen die Erzähler, was die Personen in der Geschichte denken und fühlen? Kommentieren die Erzähler? Welcher Unterschied besteht zwischen der Erzählperspektive in Christa Wolfs „Dienstag, der 27. September 1960" und Wolf Wondratscheks „Die Mittagspause"?

   narrative perspective

3. Vergleichen Sie die Familiensituationen in „Das Versprechen" und „Dienstag, der 27. September 1960".

Thema 7

Multikulturelle Gesellschaft

Sabrina Setlur – Die Eltern von Deutschlands bekanntester Rapperin kommen aus Indien.

Texte

LESERBRIEF: Ali Sirin: „Schließlich ist Deutschland meine Heimat"

INTERVIEW: Carmen-Francesca Banciu im Gespräch

Gedicht

Ich habe zwei Heimatländer
Sabri Cakir

Erzählung

Geschäftstarnungen *Wladimir Kaminer*

Resources

The following icons indicate additional resources available in the program components:

Online Study Center

Go to the *Kaleidoskop, 7e* Online Study Center at *http:// college.hmco.com/pic/kaleidoskop7e* for additional practice and cultural exploration.

 Watch the *Kaleidoskop* Video.

Go to the **In-Text Audio CDs** to listen to the readings.

Einstieg in das Thema

Heute ist fast jeder zehnte Einwohner der Bundesrepublik Ausländer. Von etwa 82,5 Millionen Einwohnern leben zurzeit etwa 7,1 Millionen Ausländer[1] in Deutschland, ein Drittel davon schon seit zwanzig Jahren. Viele der Ausländer wurden zwischen 1955 und 1973 von Westdeutschland offiziell angeworben°. Sie kamen als so genannte Gastarbeiter aus Italien, Spanien, Griechenland, dem ehemaligen° Jugoslawien, der Türkei und anderen Ländern. Meistens holten° sie nach einiger Zeit ihre Familien nach. Oft übernahmen sie Arbeiten, die die Deutschen nicht wollten, wie z.B. bei der Müllabfuhr°, der Straßenreinigung°, in der Produktion von Asbest°, Gummi° und Kunststoff°. Etwa drei Millionen Ausländer sind heute berufstätig und schon seit Jahrzehnten ein wichtiger Teil der Wirtschaft. Sie arbeiten in qualifizierten Berufen wie Architekt oder Anwalt° und haben leitende° Positionen, auch in der Politik.

Nach dem Zusammenbruch° der kommunistischen Regierungen in Osteuropa Ende der 80er-Jahre kamen viele Ausländer nach Deutschland. Ganz allgemein zog Deutschland so viele Ausländer an, weil es bis 1993 die liberalsten Asylgesetze° hatte und einen hohen Lebensstandard. Das deutsche Grundgesetz° garantiert in Artikel 16: „Politisch Verfolgte° genießen Asylrecht." Ein Hauptgrund für diese liberalen deutschen Asylgesetze war, dass viele Deutsche während des Dritten Reiches° im Exil leben mussten.

Nach der Wende° hatten viele Deutsche selber Schwierigkeiten, Arbeit und Wohnung zu finden. Die hohen Kosten der Sozialhilfe für Asylbewerber° verärgerten einen Teil der Bevölkerung° und es verbreitete sich eine gewisse Ausländerfeindlichkeit. Rechtsradikale, Skinheads und Neonazis verübten° Gewalttaten gegen Ausländer.

Manche Deutsche sehen es nicht gern, dass viele Ausländer, besonders die Muslime, ihre eigene Kultur beibehalten wollen. Nach Meinung dieser Deutschen sind die Immigranten kulturell nicht genug integriert. Auch wenn sie Deutsch sprechen (35 Prozent der 1,8 Millionen Menschen türkischer Herkunft° sind in Deutschland geboren), leben viele nach ihren eigenen traditionellen Sitten° und Bräuchen°. Diese Konflikte haben zu Diskussionen und Integrationsdebatten in der Politik und in den Medien geführt.

Was bedeutet es für Minderheiten°, in der deutschen multikulturellen Gesellschaft zu leben? In einem Text lesen wir über die Erfahrungen eines in Deutschland geborenen Türken, der gerade seinen Wehrdienst° macht. Der zweite Text ist ein Interview mit der bekannten Autorin Carmen-Francesca Banciu, die in Rumänien geboren ist und heute in Berlin lebt. Ihre Werke schreibt sie inzwischen auf Deutsch.

recruited

former

holten nach: *brought over*

trash collection / street cleaning / asbestos / rubber / plastics

attorney / leading

collapse

asylum laws

constitution / persecuted

das Dritte Reich: *The Third Empire (Nazi period 1933–1945) / collapse of the GDR and unification / asylum seekers / population / committed*

background, origin

customs / traditions

minorities

military service

---

[1]**Ausländer:** Die größten Gruppen von Ausländern kommen aus der Türkei: 1,8 Millionen (26%); Italien: 590 000 (8%); Serbien und Montenegro: 512 000 (7%); Griechenland: 345 000 (5%); Polen 319 000 (4%); Kroatien: 235 000 (3%). Es kommen auch 303 400 (4.1%) aus Afrika und 111 000 (1.5%) aus den USA.

Universität Bonn: Medizinstudentinnen

1. Woran denken Sie bei dem Ausdruck „multikulturelle Gesellschaft"? Notieren Sie fünf verschiedene Wörter dazu, wie z.B. Integration, Ausländer, Toleranz, Fremdsprachen lernen ...

2. Leben Sie in einer multikulturellen Umgebung°? Erklären Sie das.

surroundings

3. Was sind die Vorteile einer „multikulturellen Gesellschaft"? Gibt es auch Nachteile?

VIDEO View video: T7.1 **Integration an Schulen** and T7.2 „**Weil ich 'n Türke bin.**"

Kulturlesestücke

Leserbrief: Ali Sirin: „Schließlich ist Deutschland meine Heimat"

Vor dem Lesen Heute leben 1,8 Millionen Türken in Deutschland (das sind 26 Prozent der gesamten Ausländer). 35 Prozent der Türken in Deutschland sind da geboren und sprechen gut Deutsch. Sie gehen auf deutsche Schulen, viele machen Abitur and studieren an einer deutschen Hochschule° oder machen eine Lehre°. Wie fühlt man sich, wenn man als Kind von türkischen Eltern in Deutschland geboren wurde? In einem Leserbrief schreibt Ali Sirin über seine Zugehörigkeitsgefühle°. Der Brief erscheint in einer Ausgabe° der Zeitschrift *PZ* mit dem Thema: Junge Ausländer in Deutschland. In dem Titel: „Fremd und doch vertraut°" sehen wir das Problem der Ausländer, die sich einerseits als Deutsche fühlen und andererseits als Ausländer. Ali macht im Moment seinen Wehrdienst. Alle deutschen Männer über 18 müssen neun Monate lang Wehrdienst leisten. Oder sie dürfen statt dessen neun Monate Zivildienst° machen.

university
apprenticeship

sense of belonging / edition

familiar

civilian service

Beim Lesen

1. Stellen Sie sich vor, Sie schreiben eine Kurzbiografie von Ali Sirin. Welche Tatsachen erfahren wir über Ali Sirins Leben (z.B.: seinen Geburtsort, seine Eltern, seine Arbeit)?

2. Ali Sirin schreibt über seine Zugehörigkeitsgefühle. Notieren Sie während des Lesens alle Wörter und Sätze, die Gefühle beschreiben.

CD3–2

„Schließlich ist Deutschland meine Heimat"

Picknick im Park

Ich bin ein so genannter Jugendlicher mit „ausländischen Eltern". Meine Eltern kommen aus der Türkei. Ich jedoch bin hier in Deutschland auf die Welt gekommen. Noch heute kann ich nicht genau definieren, welcher Nationalität ich überhaupt angehöre. Eigentlich finde ich es traurig, dass überhaupt darauf immer noch so viel Wert gelegt wird.

Ich bin im Besitz der deutschen Staatsbürgerschaft° und leiste zurzeit° meinen Wehrdienst und muss manch enttäuschten Gesichtern sagen, dass ich kein Opfer rechtsradikaler Kameraden wurde. Auf beiden Seiten herrschen° eben zu viele Klischees.

Zurzeit spüre ich aber, wie viele Deutsche abgeneigt° gegen Ausländer sind. Fast für jedes Problem sind anscheinend die „Nichtdeutschen beziehungsweise° die Scheindeutschen°" verantwortlich. Natürlich denken nicht alle so, aber viele plädieren dafür, Deutschland vor der Überfremdung° abzuschotten°. Mir tut es im Herzen weh, wenn ich von einigen zu hören bekomme: Die Arbeitslosenquote kann nur sinken, wenn alle Ausländer ihre Koffer packen, alle Ausländer sind Kriminelle, so etwas dürfte ich in deiner Heimat nicht ... usw.

Es wird nicht gerne gesehen, wenn Ausländer auf einmal sich mehr Luxus leisten können, also gehört man zu einer kriminellen Organisation. Wenn einer von denen etwas Schlechtes begeht°, sind die anderen nicht besser. Nach dem Motto: „Kennt man einen, kennt man alle!" Es ist nun mal so, dass solch negative Erlebnisse manche zu Gruppierungen formieren und sich am Herkunftsland der Eltern orientieren lassen.

Trotz der wenigen Unverbesserlichen° fühle ich mich wohl in Deutschland, welches im Gegensatz zu anderen Ländern liberaler ist. Die Zahl der vernünftig denkenden Menschen in Deutschland überwiegt°. Viele setzen sich für eine Integration ein, wie schwer es auch sein mag!

Schließlich ist Deutschland, das Ruhrgebiet, meine Heimat und ich fühle mich als Teil dessen. Ich wünsche mir eigentlich nur, dass Menschen nach ihrem Charakter beurteilt werden, statt nach ihrer Herkunft. Europa vereint° sich zwar, aber die Menschen scheinen nicht dazu bereit zu sein.

citizenship
at the present time

dominate
averse

or rather / ostensible Germans
being overrun by foreign influences / prevent from

does

incorrigible ones

predominates

is coming together

Zum Text

A **Zum Inhalt**

1. Wo ist Ali Sirin geboren?
2. Woher kamen seine Eltern?
3. Welche Staatsangehörigkeit hat Ali?
4. Was macht Ali zurzeit?
5. Worüber ist Ali traurig?
6. Was sieht Ali als seine Heimat an?

B **Wo steht das im Text?** Positives Urteil° und negatives Urteil. Schreiben *judgment* Sie die Zeilen, wo die Aussagen zu finden sind. Dann notieren Sie, ob die Aussage ein positives Urteil (**p**) oder ein negatives Urteil (**n**) ist.

Die Aussage	Zeile	*p* oder *n*
Während seines Wehrdienstes hatte Ali keine Schwierigkeiten mit Rechtsradikalen.		
Nur kriminelle Ausländer können teure Sachen kaufen.		
Ausländer nehmen Arbeitsplätze weg.		
Deutschland ist liberaler als andere Staaten.		
Die meisten Deutschen sind nicht gegen Ausländer.		
Oft ist die Nationalität wichtiger als der Charakter eines Menschen.		
Ali fühlt sich als ein Teil von Deutschland.		

Nebeneinander

Junge Deutsche treffen mit jungen Ausländern außerhalb von Schule und Studium kaum zusammen: Fast ein Viertel bekundet „überhaupt nichts" mit ihren ausländischen Altersgenossen zu tun zu haben, fast die Hälfte (46,9 Prozent) „weniger häufig".

Shell-Jugendstudie (2000)

C Zur Diskussion

1. Als Türke ist Ali in Deutschland auf die Welt gekommen. Er beschreibt die Schwierigkeiten mit seiner Identität und Zugehörigkeit. Erzählen Sie kurz, wo Sie auf die Welt gekommen sind. Wohnen Sie noch in Ihrem Geburtsort? Beschreiben Sie Ihre Zugehörigkeitsgefühle.

2. Ali Sirin sagt, dass Deutschland und das Ruhrgebiet seine Heimat sind. In einem Interview in derselben Zeitschrift begegnen wir einem anderen Türken, der von Ausländerintegration nichts hält. Für ihn ist Integration gleichbedeutend mit Anpassung°. Er sagt: „Anpassen heißt eben, dass sie [die Ausländer] genauso einen Lebensstil haben wie die Deutschen. Das geht nicht so." Diskutieren Sie mit einer Partnerin/einem Partner diese zwei Standpunkte. *adaptation, fitting in*

3. In Deutschland müssen junge Männer Wehrdienst oder Zivildienst leisten. Was halten Sie von Wehrdienst?

4. Was halten Sie davon, dass junge Männer Zivildienst anstatt Wehrdienst leisten können?

5. Weitere Aktivitäten finden Sie auf der ***Kaleidoskop*** Webseite. *Online Study Center*

6. Finden Sie etwas über das Ruhrgebiet heraus und berichten Sie kurz darüber. Sie können in einem Buch nachlesen oder Informationen darüber im Internet suchen.

Interview: Carmen-Francesca Banciu im Gespräch

Vor dem Lesen Die in Rumänien geborene Autorin Carmen-Francesca Banciu lebt seit 1990 mit ihren Kindern in Berlin. In Rumänien konnte sie fünf Jahre lang ihre Bücher nicht veröffentlichen°, weil ihre Texte gegenüber Regierung und Gesellschaft zu kritisch waren. *publish*

In ihren Werken schreibt sie über ihr Leben und ihre Erfahrung als Schriftstellerin in einem kommunistischen Land und ihre Suche nach einer neuen Heimat. Ihre drei Romane und vier Anthologien mit Erzählungen haben mehrere Preise bekommen. Im folgenden Interview spricht Frau Banciu über ihre Ankunft in Deutschland und Berlin, nachdem sie Rumänien verlassen hatte. Was glauben Sie war für die Autorin zunächst die wichtigste Erfahrung im Westen?

Beim Lesen Frau Banciu schreibt über ihre Erlebnisse und Gefühle als Immigrantin in Deutschland. Machen Sie eine Liste von Wörtern, die Emotionen ausdrücken.

CD3–3

Carmen-Francesca Banciu im Gespräch

Was bedeutet für dich „Ankunft", in Deutschland, in Berlin?

Ich bin 35 Jahre lang nie über die Grenze meines Landes Rumänien hinausgekommen und nach der Revolution war die Welt plötzlich offen und es war möglich, auch für mich, rauszugehen in die Welt und die

Berlin: Ausländische Studenten

5 Welt kennen zu lernen. Und das erste, was ich getan habe, ist nach Deutschland zu kommen, nach Berlin und das war eine Erfahrung, die erst mal mit dem Gewinn der Freiheit etwas zu tun hatte, und ich war berauscht° von diesem Gefühl und es war gar nicht wichtig, wo ich jetzt ankomme, sondern dass ich rauskomme. – Und erst später, als ich als
10 Stipendiatin° für ein Jahr nach Berlin gekommen bin, stellte sich die Frage, wo bin ich hier? – Na ja, ganz so ist es auch nicht, ich bin vorher schon für zwei Wochen hier gewesen und natürlich hatte ich Eindrücke, die sehr prägnant waren. Ich weiß noch, damals haben mich die Farben und die Blumen hier so sehr beeindruckt. Also nicht der Reichtum°,
15 nicht der Luxus, sondern einfach die Farben der Blumen. Das war überwältigend°. Die Blumen, das war, was man mit Freiheit, Freude und Lebenslust verbindet! [...]

    Am Anfang stellt man sich so viele Fragen und dann kommt das Leben und man lebt einfach und dadurch, dass man einfach lebt, klärt°
20 sich so viel. Und man kann hinterher reflektieren. Ich weiß jetzt, dass ein wichtiger Moment war, als ich anfing, auf Deutsch zu schreiben, damit hatte sich sehr, sehr viel für mich geklärt. Es hat sich geklärt, weil ich hier nicht im Ghetto sein wollte, ich wollte nicht isoliert sein, wie am Anfang, wo ich gedacht habe, ich isoliere mich, um an der rumänischen
25 Sprache zu arbeiten. Als ich dann hier bleiben wollte, weil mir Berlin so wichtig wurde, da wusste ich, dass man sich nicht isolieren darf, wenn man etwas über eine Stadt und eine Welt erfahren will, sondern man muss sozusagen in das Wasser springen und schwimmen. Und schwimmen mit dem Strom und nicht gegen den Strom. Was ich eigentlich ja
30 jahrelang tat, in Rumänien zum Beispiel. Mit dem Strom schwimmen, das hieß, sich der Sprache und den Menschen zu nähern°. Das geht ja nur über die Sprache. Und ich wollte die Menschen verstehen, nicht nur auf einer einzigen Ebene°, sondern ich wollte auch ihre Hintergründe, ihre Hintergedanken, ihre Witze, ihren Humor verste-
35 hen. [...]

    Ich glaube, es war noch ein wichtiger Moment, als ich gespürt habe, ich bin ein Teil von hier, als meine Kinder zum Beispiel auf das Gymnasium gekommen sind oder in Momenten, wo meine kleinste Tochter an einer Jugendfeier teilgenommen hatte, an etwas, was ich
40 sonst nicht kannte. Das ist etwas so Ungewöhnliches! Ich hab das in Rumänien nie erlebt und plötzlich gab es etwas, was zu dieser Welt gehörte, wo meine Kinder mitmachten und bei dem ich das Gefühl hatte, das gehört dazu und es ist etwas Neues, es hat eine gewisse Fremde, aber trotzdem macht man es, weil man Teil dieser Welt hier
45 ist. – Das war ein Gefühl von Zugehörigkeit°. Leider kann ich es nicht besser erklären. [...]

intoxicated

holder of scholarship

riches

overwhelming

becomes clear

draw closer to

level

belonging, membership in

Zum Text

D **Zum Inhalt**

1. Wie alt war Frau Banciu, als sie zum ersten Mal nach Berlin kam?

2. Warum war es plötzlich möglich, dass sie Berlin besuchen durfte?

3. War es Frau Banciu wichtig, dass sie Berlin und nicht eine andere Stadt besuchte? Warum?

4. Welche Bedeutung hatten die Blumen für Frau Banciu?

5. Warum ist Frau Banciu das zweite Mal nach Berlin gekommen?

6. Was hat Frau Banciu gemacht, um ihre Isolation zu überwinden°?   *overcome*

7. Was wollte Frau Banciu über die Menschen in Berlin wissen?

8. Wie unterscheidet sich Frau Bancius Leben in Berlin von ihrem früheren Leben in Rumänien?

E **Der Weg zur Zugehörigkeit** Banciu beschreibt ihre „Ankunft" in Berlin und ihren Integrationsprozess in die neue Heimat. Unten finden Sie ein paar Stichworte, die Frau Bancius Entwicklung beschreiben. Ergänzen Sie die Stichwörter mit Beispielen aus dem Text und beschreiben Sie dann Frau Bancius Weg zur Zugehörigkeit.

1. Das erste Gefühl der Freiheit

2. Die deutsche Sprache

3. Mit dem Strom schwimmen

4. Ihre Kinder

Multikulturelles Leben in der Wiener Straße im Berliner Bezirk Kreuzberg. Berlin-Kreuzberg ist die größte türkische Stadt außerhalb der Türkei.

Vermischtes

1. Von den circa 7,1 Millionen Ausländern leben ein Drittel länger als 20 Jahre in Deutschland. Jeder fünfte Ausländer ist heute bereits in Deutschland geboren.

2. Berlin ist fast wie New York Schmelztiegel° der Nationen. In Berlin leben über 450 000 Ausländer und die kommen aus 182 Staaten.

   melting pot

3. Seit Januar 2000 ist es leichter die deutsche Staatsbürgerschaft° zu bekommen. Ausländer können jetzt nach acht Jahren statt bisher nach 15 Jahren Staatsbürger werden. In Deutschland geborene Kinder von Ausländern erhalten automatisch zwei Staatsbürgerschaften, wenn sich ein Elternteil° acht Jahre lang in der Bundesrepublik aufgehalten° hat. Spätestens bis zum 23. Geburtstag müssen sie sich dann für eine Staatsbürgerschaft entscheiden.

   citizenship

   one parent / stayed

4. Die Hälfte aller Deutschen sind Angestellte°; nur 25 Prozent der Ausländer sind Angestellte. Vierzig Prozent der Ausländer sind gelernte oder ungelernte Arbeiter. Andererseits machen sich immer mehr Ausländer selbstständig°. Rund 300 000 sind Arbeitgeber. Sie eröffnen Gaststätten°, Videotheken, Banken, Kaffeehäuser, Computerläden, Speditionen° oder Imbissbuden° und Gemüseläden.

   white-collar workers

   entrepreneurs
   restaurants
   trucking companies / food kiosks / of Turkish origin

5. Emine Demirküken-Wegner wurde 2004 als erste türkischstämmige° Frau in den CDU-Bundesvorstand° gewählt. Die 43-jährige Journalistin gilt als Musterbeispiel° für Integration. Sie hat einen deutschen Mann, ist Mitglied° in einer demokratischen Partei und macht Karriere in Deutschland, ohne den Kontakt zu ihrem Herkunftsland° zu leugnen°. Demirküken-Wegner ist gläubige° Muslimin und setzt sich für Islamunterricht in deutscher Sprache ein.

   executive committee
   model example
   member
   land of origin
   deny / devout

6. Heute leben 103 000 Juden in Deutschland. Die Mehrheit° von ihnen ist aus den ehemaligen° Ostblockländern, vor allem aus Russland, nach Deutschland gekommen. Deutschland hat heute nach Frankreich und England die drittgrößte jüdische Gemeinde° in Westeuropa. Insgesamt gibt es heute in Deutschland wieder ungefähr achtzig jüdische Gemeinden, mit größeren Gemeinden in Städten wie Berlin, Frankfurt (am Main) und München.

   majority
   former

   community

MOHAMMED
von Peter Seligmann/Baggardteatret

Reza ist ein Fremder in Deutschland, er kommt aus einem fremden Land, einer fremden Kultur. Die Versuche seiner Frau und seines Sohnes Mohammed, sich in den deutschen Alltag zu integrieren, empfindet er als drohenden Verlust von nationaler Identität.

Wortschatz

Substantive

die **Ankunft, ⁼e** arrival
der **Ausländer, -**/die **Ausländerin, -nen** foreigner
der **Besitz** *(no pl.)* possession
die **Feindlichkeit** *(no pl.)* hostility
die **Freiheit** *(no pl.)* freedom
der **Gewinn** *(no pl.)* gain; profit
die **Herkunft** *(no pl.)* origin; background
die **Minderheit, -en** minority
das **Opfer, -** victim; sacrifice
der **Strom, ⁼e** large river; current
das **Vorurteil, -e** prejudice

Verben

an·gehören (+ *dat.*) to belong to
beeindrucken to impress
beurteilen to judge
mit·machen to join in
teil·nehmen (nimmt teil; nahm teil, teilgenommen) to participate in
verbinden (verband, verbunden) to connect; to unite

Andere Wörter

ausländisch foreign, from abroad
berufstätig working; gainfully employed
feindlich hostile
hinterher afterwards
jedoch however
vernünftig sensible; reasonable

Besondere Ausdrücke

auf einmal suddenly, all at once
so genannt so-called

F **Vokabeln.** Ergänzen Sie die Sätze mit Wörtern aus der Vokabelliste.

Carmen-Francesca Banciu lebt als (1) _____ mit ihren Kindern in Berlin.
Sie hat ihr Heimatland Rumänien verlassen, weil ihr Staat mit (2) _____
auf ihre Bücher reagiert hat. Seit ihrer (3) _____ in Berlin ist Frau
Banciu viel glücklicher, da sie die (4) _____ hat, überall hin zu reisen
und alles zu sagen und zu schreiben, was sie möchte. Die Autorin denkt
noch oft an ihre rumänische (5) _____ und die Unterschiede der beiden
Gesellschaften. Jetzt schwimmt sie als Autorin nicht mehr gegen den

(6) _____ wie früher, denn sie sieht die Freiheit im Westen als großen (7) _____ für ihr Leben und Schreiben. Auch ihre kleinste Tochter ist sehr glücklich, dass sie an einer Jugendfeier (8) _____ konnte. Frau Bancius Kinder fühlen sich als Teil des Berliner Lebens und haben schon bei vielen Dingen (9) _____. Das Zugehörigkeitsgefühl und die deutsche Sprache sind der Autorin sehr wichtig, damit sie sich als Ausländerin in Deutschland zu Hause fühlen kann.

G **Definitionen.** Welche Wörter aus der Vokabelliste passen zu den Bedeutungen?

1. eine bezahlte Arbeit haben
2. richtig handeln, nachdem man sich Gedanken gemacht hat
3. starke negative Gefühle gegen jemanden oder etwas haben
4. aus einer anderen Kultur, aus einem anderen Land kommen
5. später
6. plötzlich

H **Nicht verwechseln.** Ergänzen Sie.

Vorteil • Nachteil • Vorurteil

1. VIKTOR: Ich finde es toll, dass meine Eltern keine _____ haben, wenn sie Menschen aus anderen Kulturen kennen lernen.

2. INGE: Meine Eltern teilen leider nicht die Meinung deiner Eltern. Sie glauben, dass es ein _____ ist, dass die Hälfte meiner Klassenkameraden Ausländer sind.

3. VIKTOR: Ich habe schon seit vielen Jahren eine Brieffreundin in Brasilien. Diesen Sommer habe ich sie eingeladen uns zu besuchen. Ich finde, es ist ein großer _____, Freunde oder Freundinnen in der ganzen Welt zu haben.

Was meinen Sie?

I **Rollenspiel.** Carmen-Francesca Banciu und Ali Sirin sprechen über ihre Zugehörigkeitsgefühle. Führen Sie eine Konversation zwischen Carmen-Francesca und Ali auf. Was sagt Carmen? Was sagt Ali?

J Zur Diskussion/Zum Schreiben

1. Wann ist es wichtig gegen den Strom zu schwimmen? Wann ist es wichtig mit dem Strom zu schwimmen? Besprechen Sie Beispiele aus Ihrem Leben oder aus der Geschichte.

2. Frau Banciu beschreibt, wie wichtig die deutsche Sprache für sie ist. Erklären Sie die Verbindung zwischen der Sprache und der Kultur eines Landes. Was sind die Nachteile, wenn man die Sprache eines Landes nicht spricht?

3. Wie werden Minderheiten in Ihrem Land behandelt? Gibt es Probleme? Erklären Sie das.

4. Frau Banciu spricht von der Revolution in Rumänien. Finden Sie etwas über die Revolution und über Rumänien heute heraus und diskutieren Sie über das Land.

Literarische Werke

Gedicht: Ich habe zwei Heimatländer

Sabri Cakir

Sabri Cakir, born in 1955 in Denizli, Turkey, came to West Germany in 1978 when he joined family members who had come earlier. He is a teacher of Turkish children in Gelsenkirchen. Cakir has published poems in both Turkish and German magazines. In 1984 an entire collection of his poetry was published in Germany. In his book *We Wanted to Live* (2004), Cakir has written imaginary stories based on the terrorist attacks of September 11, 2001, in the United States. In the poem "Ich habe zwei Heimatländer" Cakir reflects on the situation of many immigrants who have a double identity. On the one hand they are part of the culture in which they were born and raised and in which they are still involved. On the other hand they live in a "foreign" culture and are faced with the problem of how much they are able or even wish to integrate themselves into that culture.

CD3–4

Ich habe zwei Heimatländer

Ich habe zwei Sprachen
die eine spreche ich zu Hause
Sie verstehen mich so besser
meine Frau und mein Sohn

5 Die andere spreche ich auf der Arbeit
beim Einkaufen im Ausländeramt°

*Office for Foreign
Immigrants*

Ich habe zwei Gesichter
das eine benutze ich für die Deutschen
Dieses Gesicht kann alles
10 lachen und weinen
Das andere halte ich
für meine Landsleute bereit

Ich habe zwei Heimatländer
eins in dem ich geboren wurde
15 das andere in dem ich satt werde
Das Land meiner Väter liebe ich mehr
Aber erdulden° muss ich
die Schmerzen° beider

endure

pain and sorrows

Erzählung: Geschäftstarnungen°

disguised businesses

Wladimir Kaminer

Wladimir Kaminer was born in 1967 in Moscow, where he studied dramaturgy. Since 1990 he has lived with his wife and two children and his parents in Berlin, a city that has acquired one of the largest Russian populations in Europe outside of the Russian Federation. After the collapse of the Berlin Wall and the subsequent crumbling of the Socialist regime, about 200,000 immigrants from the former Soviet Union moved to Berlin. They were mostly Russians of German ethnic descent, but also 40,000 Jews like Wladimir Kaminer were granted residence as part of the German government's compensation efforts after the Holocaust. Until 1998, Kaminer worked for various theater companies in Berlin. Since then he has been writing for several different German newspapers and magazines; he is also a radio talk-show host and the author of several best-selling books depicting the life of Russian immigrants in Germany.

His big breakthrough as a writer came in 2000 with the publication of his debut book, **Russendisko,** a collection of short stories, which was a surprise bestseller in Germany. Written as a first-person narrative with a sharp focus on the oddities of everyday life in the new capital, it describes the Russian-German encounter in a series of funny, poignant, satirical vignettes. Other texts soon followed, including a novel, a play, and several collections of stories. Kaminer has been called one of the most creative and popular young authors in contemporary Germany. In an article in the *New York Times* (Dec. 2004) entitled "Writer Captures Soul of Russia in a Multicultural Berlin" we read, "The Russo-German sensibility Mr. Kaminer has come to represent is something Berliners have probably not experienced since before World War II, when Berlin was the center for a Russian émigré culture."

The hybrid and mysterious culture of Berlin and Kaminer's love for the city are captured in the humorous story "Geschäftstarnungen" from **Russendisko.**

Zum Thema

1. Stellen Sie sich vor, Sie sind in ein anderes Land emigriert. Wie würden Sie versuchen mit der neuen Kultur in Kontakt zu kommen?
2. Wie verhalten° Sie sich, wenn Sie mit einer Person oder einer Gruppe aus einer anderen Kultur ins Gespräch kommen?   *conduct yourself*
3. Was für Menschen aus anderen Kulturen haben Sie schon kennen gelernt?
4. Kennen Sie Immigranten aus einem anderen Land? Wie haben die sich in Ihrer Heimat eingelebt?
5. Welche Ecken in Ihrer Stadt würden Sie einem ausländischen Besucher zeigen?

Vor dem Lesen   Lesen Sie den Text so schnell wie möglich durch und geben Sie die Zeile oder den Absatz an, wo die folgenden Inhalte vorkommen.

1. was für Musik die Gäste im türkischen Imbiss hören
2. welche Muttersprache das Bedienungspersonal im italienischen Restaurant sprach
3. aus welchem Land die Sushi-Bars kommen
4. wo man einen Belgier finden kann
5. wo Eisbein mit Sauerkraut angeboten wird

Leitfragen

In der jungen Hauptstadt Berlin ist eine multikulturelle Gesellschaft entstanden, in der viele Immigranten ein neues Heimatgefühl entwickelt haben. Machen Sie beim Lesen zwei Listen.

1. Machen Sie eine Liste der Nationalitäten, denen Wladimir Kaminer begegnet.
2. Welche „Tarngeschäfte" können Sie aufdecken°?   *uncover*

Geschäftstarnungen

CD3–5

Einmal verschlug° mich das Schicksal°
nach Wilmersdorf. Ich wollte meinem
Freund Ilia Kitup, dem Dichter aus Moskau, die typischen Ecken Berlins zeigen.

5   Es war schon Mitternacht, wir hatten
Hunger und landeten in einem türkischen
Imbiss. Die beiden Verkäufer hatten augen-
scheinlich° nichts zu tun und tranken in
Ruhe ihren Tee. Die Musik aus dem Laut-
10 sprecher kam meinem Freund bekannt vor.
Er erkannte die Stimme einer berühmten
bulgarischen Sängerin und sang ein paar
Strophen° mit.

Karl Schmidt-Rottluff, An der
Straßenecke, *1923*

   „Hören die Türken immer nachts bul-
15 garische Musik?" Ich wandte mich mit dieser Frage an Kitup, der in
Moskau Anthropologie studierte und sich in Fragen volkstümlicher°
Sitten gut auskennt°. Er kam mit den beiden Imbissverkäufern ins
Gespräch.

   „Das sind keine Türken, das sind Bulgaren, die nur so tun, als
20 wären sie Türken", erklärte mir Kitup, der auch ein wenig bulgarisches
Blut in seinen Adern° hat. „Das ist wahrscheinlich ihre Geschäftstar-
nung." „Aber wieso tun sie das?", fragte ich. „Berlin ist zu vielfältig°.
Man muss die Lage nicht unnötig verkomplizieren°. Der Konsument°
ist daran gewöhnt, dass er in einem türkischen Imbiss von Türken
25 bedient wird, auch wenn sie in Wirklichkeit Bulgaren sind", erklärten
uns die Verkäufer.

   Gleich am nächsten Tag ging ich in ein bulgarisches Restaurant, das
ich vor kurzem entdeckt hatte. Ich bildete° mir ein, die Bulgaren dort
wären in Wirklichkeit Türken. Doch dieses Mal waren die Bulgaren echt.
30 Dafür entpuppten° sich die Italiener aus dem italienischen Restaurant
nebenan als Griechen. Nachdem sie den Laden übernommen hatten,
waren sie zur Volkshochschule° gegangen, um dort Italienisch zu lernen,
erzählten sie mir. Der Gast erwartet in einem italienischen Restaurant,
dass mit ihm wenigstens ein bisschen Italienisch gesprochen wird. Wenig
35 später ging ich zu einem „Griechen", mein Gefühl hatte mich nicht
betrogen. Die Angestellten erwiesen° sich als Araber.

   Berlin ist eine geheimnisvolle° Stadt. Nichts ist hier so, wie es zunächst
scheint. In der Sushi-Bar auf der Oranienburger Straße stand ein
Mädchen aus Burjatien hinter dem Tresen°. Von ihr erfuhr ich, dass die
40 meisten Sushi-Bars in Berlin in jüdischen Händen sind und nicht aus
Japan, sondern aus Amerika kommen. Was nicht ungewöhnlich für die
Gastronomie-Branche wäre. So wie man ja auch die billigsten Karotten-
konserven° von Aldi° als handgeschnitzte° Gascogne°-Möhrchen° anbietet:
Nichts ist hier echt, jeder ist er selbst und gleichzeitig ein anderer.

sent / fate

evidently

verses

traditional
is acquainted with

veins
diverse
complicate / consumer

***bildete ein:** imagined*

turned out to be

adult education center

proved to be
mysterious

bar

canned carrots / name of
discount food chain /
hand cut / region of SW
France / carrots

INTEGRATION SCHREITET VORAN

45   Ich ließ° aber nicht locker und untersuchte die Lage weiter. Von Tag zu Tag erfuhr ich mehr. Die Chinesen aus dem Imbiss gegenüber von meinem Haus sind Vietnamesen. Der Inder aus der Rykestraße ist in Wirklichkeit ein überzeugter° Tunesier aus Karthago. Und der Chef der afroamerikanischen Kneipe mit lauter° Voodoo-Zeug° an den Wänden –

50 ein Belgier. Selbst das letzte Bollwerk der Authentizität, die Zigarettenverkäufer aus Vietnam, sind nicht viel mehr als ein durch Fernsehserien und Polizeieinsätze° entstandenes° Klischee. Trotzdem wird es von den Beteiligten° bedient, obwohl jeder Polizist weiß, dass die so genannten Vietnamesen mehrheitlich° aus der Inneren Mongolei kommen.

55   Ich war von den Ergebnissen° meiner Untersuchungen sehr überrascht und lief eifrig° weiter durch die Stadt, auf der Suche° nach der letzten unverfälschten° Wahrheit. Vor allem beschäftigte mich die Frage, wer die so genannten Deutschen sind, die diese typisch einheimischen° Läden mit Eisbein° und Sauerkraut betreiben°. Die kleinen gemütlichen

60 Kneipen, die oft „Bei Olly" oder „Bei Scholly" oder ähnlich heißen, und wo das Bier immer nur die Hälfte kostet. Doch dort stieß ich auf eine Mauer des Schweigens. Mein Gefühl sagt mir, dass ich etwas Großem auf der Spur° bin. Allein° komme ich jedoch nicht weiter. Wenn jemand wirklich weiß, was sich hinter den schönen Fassaden einer „Deutschen"

65 Kneipe verbirgt°, der melde sich. Ich bin für jeden Tipp dankbar.

ließ nicht locker: didn't let go

dyed-in-the-wool
*all kinds of / **Zeug:** stuff*

police operations / originated from / participants / for the most part / results

eagerly / search
unadulterated
local
boiled knuckle of pork / operate

trail / however

is hidden

Zum Text

A **Zum Inhalt.** Erzählen Sie, was Wladimir Kaminer über viele der Beliner Geschäfte herausgefunden hat. Verbinden Sie die Sätze im ersten Teil mit den Sätzen im zweiten Teil.

Erster Teil

—— 1. Wladimir ging nach Wilmersdorf, ...
—— 2. Da Wladimir und sein Freund Ilia Hunger hatten, ...
—— 3. Aus dem Lautsprecher im türkischen Geschäft ...
—— 4. Die bulgarischen Imbissverkäufer gaben sich als Türken aus, ...
—— 5. In dem bulgarischen Restaurant ...
—— 6. Die griechischen Angestellten im italienischen Restaurant haben Italienisch gelernt, ...
—— 7. Die meisten Sushi-Bars in Berlin ...
—— 8. Wladimir erfuhr, dass der Chef der afroamerikanischen Kneipe ...
—— 9. Wladimir hat erfahren, dass die Chinesen aus dem Imbiss in seiner Nachbarschaft ...
——10. Wladimir konnte aber nicht erfahren, ob die Besitzer der deutschen Läden ...

Zweiter Teil

    a. weil die Gäste erwarten, dass in einem italienischen Restaurant Italienisch gesprochen wird.
    b. weil Gäste erwarten, dass die Verkäufer in einem türkischen Geschäft Türken sind.
    c. um seinem Freund Ilia etwas Typisches in Berlin zu zeigen.
    d. kommen nicht aus Japan, sondern aus Amerika.
    e. Vietnamesen waren.
    f. gingen sie in einen türkischen Imbiss.
    g. nicht aus Afrika, sondern aus Belgien kam.
    h. wirklich Deutsche sind.
    i. hörten Wladimir und Ilia bulgarische Musik.
    j. waren die Kellner echte Bulgaren.

B **Wer ist wer?** Wladimir sagt über Berlin: „Nichts ist hier echt, jeder ist er selbst und gleichzeitig ein anderer." Inwiefern beschreiben diese Worte die multikulturelle Situation in Berlin und in Deutschland?

C **Zur Diskussion**

    1. Für jede Kultur ist das Essen wichtig. Besprechen Sie die möglichen Bedeutungen des Essens für eine Kultur. Beschreiben Sie dann die Rolle von Essen in Ihrer Kultur und in Ihrer Familie.

2. Welche ausländische Küche essen Sie gern oder nicht gern: chinesisch, deutsch, französisch, griechisch, italienisch, mexikanisch, russisch, spanisch, thailändisch? Eine andere?

3. Was halten Sie von diesen Geschäftstarnungen? Sind sie harmlos oder sollten die Kunden wissen, wem das Geschäft wirklich gehört? Könnte das Betrug° sein?

fraud

Wortschatzübungen 2

Wortschatz

Substantive

das **Blut** blood
der **Dichter, -**/die **Dichterin, -nen** poet
das **Ereignis, -se** event
die **Hälfte, -n** half
der **Imbiss, -e** snack; fast food place
  auf einen Imbiss gehen to go for a snack
  einen kleinen Imbiss nehmen to have a snack
die **Lage, -n** situation; state of affairs; location
der **Lautsprecher, -** loudspeaker
die **Sitte, -n** custom
die **Untersuchung, -en** investigation; examination
die **Wahrheit** truth

Verben

bedienen to serve; (*in restaurant*) to wait on
betrügen (betrug, betrogen) to deceive; cheat
sich melden to report; to inform; to register
übernehmen (übernimmt; übernahm, übernommen) to take over
 (e.g., business); to take on (e.g., work)
schweigen (schwieg, geschwiegen) to be silent
untersuchen to investigate; to examine
vor·kommen (kam vor, ist vorgekommen) to occur, happen; to seem
  es kommt mir bekannt vor it seems familiar to me

Andere Wörter

nebenan next door; close by
typisch typical
zunächst first of all

Besondere Ausdrücke

nur so tun als to act as if
vor kurzem recently

D **Mir fehlt das Wort.** Sie können es erklären, aber das treffende° Wort fehlt   *appropriate*
Ihnen. Ergänzen Sie die Sätze mit einem Wort aus der Vokabelliste.

1. Wenn Menschen einer Person vertrauen, erwarten sie, dass die Person die
   _____ sagt.

2. Ich musste im Juni und Juli arbeiten, und dann war leider schon die
   _____ meines Sommers vorbei.

3. Ich möchte ein ganzes Jahr in der Türkei verbringen, um die _____ des
   Landes kennen zu lernen.

4. Als Mustafa gestern vom Fahrrad gefallen ist, hatte er mehrere Wunden
   mit viel _____ an seinen Armen und Beinen.

5. Viele Deutsche kennen einige Gedichte von Goethe. Er ist sicher
   Deutschlands bekanntester _____.

6. Die Musik aus dem _____ in der Bar war so laut, dass wir sie auch auf
   der Straße hören konnten.

7. Vor dem Konzert sollten wir noch zu einem _____ gehen und schnell
   etwas essen, denn ich bin ziemlich hungrig.

8. Im Restaurant „Bella Napoli" _____ uns ein indischer Kellner.

9. Mein Freund Stefan erzählte mir, er werde die Aufgaben eines kranken
   Kollegen _____ müssen. Das gefällt ihm nicht besonders.

10. Um Arbeitslosengeld zu bekommen, muss man _____ bei dem   *employment office*
    Arbeitsamt° _____.

11. Wegen seines Verkehrsunfalls musste der Polizist zu einer ärztlichen
    _____ ins Krankenhaus fahren.

12. Wir finden die _____ unseres neuen Hauses mit Blick auf den
    Bodensee wunderbar.

13. Ich habe erst _____ gelesen, dass es in Weimar 2004 ein großes Feuer
    gab. Das habe ich vorher nicht gewusst.

14. Wir haben zu viel für unsere Kinokarten bezahlt. Ich glaube, der Verkäufer
    an der Kasse hat uns _____.

15. Oliver ist nicht wirklich krank; er _____ ob er eine schlimme Erkältung
    hätte.

16. Das ist mal wieder _____ für meinen Vater. Er hat vergessen, wo er in
    der Parkgarage sein Auto geparkt hat.

17. Wir müssen heute noch mit unserer Gastfamilie über unsere Ankunft am
    Flughafen telefonieren, aber _____ sollten wir das Ticket kaufen.

18. Den Nachbarn von _____ habe ich sehr gern, aber der im dritten Stock
    ist ziemlich unfreundlich.

19. In italienischen Kneipen in Berlin kann es _____, dass man von
    Griechen bedient wird.

20. Ich kann dir nichts über Kurts Skiunfall in den Alpen sagen, denn ich
    habe ihm versprochen, darüber zu _____.

E **Nicht verwechseln.** Ergänzen Sie die Sätze.

untersuchen • versuchen • suchen

1. Ich fühle mich seit Tagen nicht wohl. Ich glaube, ich muss zum Arzt und mich _____ lassen.

2. Ich habe schon eine halbe Stunde nach meinem Autoschlüssel _____ und der war die ganze Zeit in meiner Tasche.

3. Ich glaube, die Karten für das Sinfoniekonzert morgen sind ausverkauft, aber wir können _____ Karten für übermorgen zu bekommen.

4. Der Autor aus Moskau sagt im Fernsehen, dass er in Deutschland nach einer neuen Heimat _____.

Grammatik im Kontext

F **Adjektive.** In seiner Erzählung „Geschäftstarnungen" benutzt Wladimir Kaminer viele attributive Adjektive. Durch die Adjektive beschreibt Kaminer alles bildhafter° und präziser. Lesen Sie Zeilen 37–44 noch einmal durch und suchen Sie die attributiven Adjektive mit den Substantiven heraus, die dazu gehören. Unterstreichen° Sie die Adjektivendung und notieren Sie den Fall des Substantivs.

more vividly

underline

Online Study Center

G **„Geschäftstarnungen."** Setzen Sie die richtigen Adjektivendungen ein.

Der russisch___ Autor Wladimir Kaminer lebt seit 1990 in Berlin und will sein___ russisch___ Freund typisch___ Ecken der neu___ deutsch___ Hauptstadt zeigen. Die beiden hatten groß___ Hunger und gingen deshalb in ein klein___ türkisch___ Restaurant. Sie setzten sich an einen klein___ Tisch. Sie hörten ein schön___ Lied. Kaminers Freund erkannte die Stimme einer berühmt___ bulgarisch___ Sängerin. Das war also kein türkisches Lied, sondern die Musik war bulgarisch___. Der Freund sprach mit den beid___ Kellnern. Das waren aber keine türkisch___ Kellner, sondern bulgarisch___. Die jung___ Kellner erklärten die Situation so: Wenn Gäste türkisch___ Essen haben wollen, gehen sie in ein türkisch___ Restaurant und nicht in ein italienisch___. Und in einem türkisch___ Restaurant erwarten die meist___ Gäste, dass türkisch___ Kellner sie bedienen und nicht bulgarisch___. Aber das ist nun mal nicht immer so in einer groß___ Stadt wie Berlin, in der es viele verschieden___ Nationalitäten gibt.

JUGENDKUNSTPREIS der LKJ Sachsen e.V. 2001
DEUTSCH SEIN
- IN DEUTSCHLAND LEBEN
Was bedeutet für Dich, deutsch zu sein, in Deutschland und mit Deutschen zu leben? Wo hast Du Deine kulturellen Wurzeln?

Was meinen Sie?

H Was ist wichtig? Was halten Sie bei Freunden und Bekannten für wichtig? Was ist unwichtig? Beschreiben Sie eine Freundin oder einen Freund.

Wortkasten

sieht gut aus	höflich	fleißig	gesund
sauber gekleidet	schlank	humorvoll	intelligent
gut gekleidet	stark	unterhält sich gern	kultiviert
groß	freundlich	nett	informiert

I Meinungsaustausch/Verhandeln. Am besten machen Sie diese Aufgaben mit einer Partnerin/einem Partner oder in einer Gruppe. Dann vergleichen Sie Ihre Reaktionen mit den Reaktionen von den anderen Gruppen.

1. Mit der Zeit ändert sich fast jedes Leben. Vergleichen Sie Ihr Leben vor fünf Jahren mit Ihrem jetzigen° Leben.   *present*

2. Rollenspiel für eine Gruppe zu dritt: Die junge Frau aus der „Mittagspause" besucht mit einer/einem Bekannten ein Restaurant in Berlin. Sie bestellen das Essen bei der Kellnerin/dem Kellner und sprechen über das Restaurant, das Essen usw. Spielen Sie die Szene.

3. „Das Leben in Ihrem Land." Ein kurzes Rollenspiel für zwei Personen: Ein Neuankömmling° in Ihrem Land möchte wissen, was sie/er machen soll, um sich schnell und erfolgreich° anzupassen. Was raten Sie ihr/ihm?   *new arrival* / *successfully*

J Zur Diskussion/Zum Schreiben

1. Was sind die Vorteile und was die Nachteile der Assimilation?

2. Was sollen Emigranten machen oder nicht machen, damit für sie der Übergang° in die neue Gesellschaft leichter wird?   *transition*

3. In „Geschäftstarnungen" lesen wir „Das sind keine Türken, das sind Bulgaren." Finden Sie andere Beispiele von Tarnungen in dieser Geschichte, in „Erlkönig" und in dem Märchen „Die sieben Raben".

4. a. Sie sind der Erzähler aus der Geschichte „Geschäftstarnungen". Schreiben Sie einen Brief an Ihre Verwandten und erzählen Sie von Ihrem neuen Leben in Berlin.

   b. Die Dramaturgin aus „Eine Postkarte für Herrn Altenkirch" hat Herrn Kaminer in Berlin kennen gelernt. Sie schreibt eine Karte an Herrn Altenkirch.

Thema 8

Jung und Alt

*Drei Generationen einer
Familie aus Leipzig machen
Winterurlaub im Erzgebirge*

Texte

SCHAUBILDER: Werte und
Befürchtungen der Jugendlichen

ARTIKEL: Eine Frage der Existenz

FEATURE: Till Raether: „Hilfe – ich
werde immer mehr wie meine
Eltern!"

Gedicht

Die alte Frau *Anne Heitmann*

Kurzgeschichte

Brief aus Amerika *Johannes
Bobrowski*

Resources

The following icons indicate additional resources available in the
program components:

Online Study Center

Go to the *Kaleidoskop, 7e*
Online Study Center at *http://
college.hmco.com/pic/kaleidoskop7e*
for additional practice and cultural
exploration.

 Watch the *Kaleidoskop* Video.

Go to the **In-Text Audio CDs** to
listen to the readings.

Einstieg in das Thema

Die Beziehung zwischen Eltern und Kindern wie auch die Ideale und Werte von Jugendlichen und der älteren Generation sind ein Thema, das immer aktuell ist.

Eine Shell-Jugendstudie, mit der wir dieses Thema beginnen, gibt Aufschluss° über die Ziele und Ängste der Jugendlichen zu Beginn des 21. Jahrhunderts. Der Wunsch nach Erfüllung im privaten und beruflichen Leben ist in dieser Studie deutlich erkennbar. Diesem Wunsch steht die Angst vor Arbeitslosigkeit gegenüber, mit der viele Jugendliche in Deutschland nach der Wiedervereinigung konfrontiert werden.

information

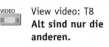 View video: T8
Alt sind nur die anderen.

In dem Artikel „Eine Frage der Existenz" aus dem *Berufswahl-Magazin* erfahren wir, aus welchen Gründen deutsche Studenten neben ihrem Studium jobben. Dabei erfahren wir auch etwas über den Idealismus und die ehrenamtliche° Arbeit junger Menschen.

volunteer

Der Artikel „Hilfe – ich werde immer mehr wie meine Eltern!" gibt auf humorvolle Weise Einblick in die wachsende Annäherung° von Jugendlichen an das Leben ihrer Eltern. Dieses Thema will dazu anregen°, nach neuen Formen des Umgangs° zwischen jungen und alten Menschen zu suchen.

closing the gap
stimulate
contact

Gedankenaustausch

1. Die Wörter „jung" und „alt" sind relativ. Welches Alter halten Sie für „jung"? Welches für „alt"? Warum haben Sie diese Altersgrenzen° gewählt? Vergleichen Sie Ihre Antworten mit den Antworten von anderen Studentinnen/Studenten in Ihrem Kurs.

age limits

2. Diskutieren Sie in einer Gruppe die Bedeutung der Wörter „jung" und „alt". Nutzen Sie diese Anregungen°:

stimuli

   a. Welche Stereotypen verbinden Sie mit den Wörten „jung" und „alt"?

   b. Wie ist die Einstellung° der Gesellschaft jungen Leuten gegenüber? Wie ist sie alten Leuten gegenüber?

attitude

3. Machen Sie Assoziogramme° für die Begriffe „jung" und „alt".

concept maps

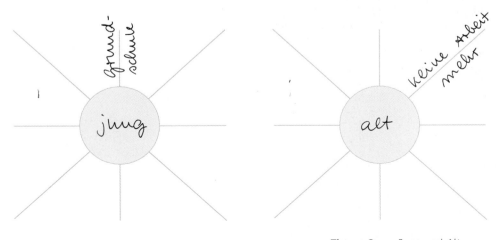

Kulturlesestücke

Werte und Befürchtungen° der Jugendlichen

fears

Vor dem Lesen Wie denkt die Jugend von heute über morgen? Hat die Jugend von heute noch Ideale? Mit welchen Zielen gehen die Jugendlichen ins 21. Jahrundert? Einige Antworten finden wir in der folgenden Shell Jugendstudie.

1. Denken Sie manchmal über die Werte° nach, die für Sie wichtig sind? Machen Sie eine Liste von diesen Werten und ordnen Sie sie nach dem Wichtigkeitsgrad°.

    values

    order of importance

2. Haben Sie Befürchtungen und Ängste, wenn Sie an Ihre Zukunft denken? Was für welche?

Werte der Jugendlichen in Prozent	
Eigene Fähigkeiten° entfalten°	68,8
Das Leben genießen	65,4
Unabhängig° sein	62,0
Durchsetzungsfähig° sein	61,9
Sich selbst verwirklichen	60,9
Etwas leisten	56,3
Pflichtbewusst° sein	55,6
Sich gegen Bevormundung° stellen	54,6
Anderen Menschen helfen	54,2
Ein hohes Einkommen anstreben°	52,1

Befürchtungen der Jugendlichen in Prozent	
Arbeitslosigkeit	45,3
Drogenprobleme	36,4
Probleme mit Personen im Nahbereich°	32,1
Lehrstellenmangel°	27,5
Schul- und Ausbildungsprobleme	27,1
Zukunftsangst, Perspektivlosigkeit	20,9
Gewalt, Banden°, Kriminalität	19,8
Geldprobleme	18,9
Gesundheitsprobleme	18,9
Mangelnde° Freizeitgelegenheiten	16,6

Quelle: Shell-Jugendstudie

Fähigkeiten *abilities* **entfalten** *develop* **unabhängig** *independent* **durchsetzungsfähig** *able to assert oneself* **pflichtbewusst** *conscientious* **Bevormundung** *regimentation (being told what to do)* **anstreben** *strive for* **Nahbereich** *in one's immediate circle* **Lehrstellenmangel** *lack of apprenticeship positions* **Banden** *gangs* **mangelnde** *lack of*

Zum Text

A Zum Inhalt

1. Wie verstehen Sie die Werte der Jugendlichen? Wählen Sie zwei Werte aus der Übersicht und erklären Sie, was Sie darunter verstehen. Überlegen Sie sich eine Situation, in der diese Werte wichtig sein könnten. Zum Beispiel:

▷ Durchsetzungsfähig sein
   Wo: bei der Arbeit
   Mit wem: meinem Chef
   Wann: in einem Notfall (*emergency*)
   Warum: Der Chef hat kein Verständnis, dass ich nicht arbeiten kann.

2. Wovor haben Sie Angst? Sehen Sie sich das Schaubild mit den Befürchtungen der Jugendlichen an. Haben deutsche Jugendliche dieselben Befürchtungen wie Sie und Ihre Freunde?

Artikel: Eine Frage der Existenz

Vor dem Lesen   Die meisten Studierenden jobben, um sich ihr Studium zu finanzieren. Nur einige können sich mit dem verdienten Geld auch noch etwas Luxus leisten. Im folgenden Text berichten zwei Studierende von ihren Nebenjobs.

Bevor Sie den Text lesen, besprechen Sie diese Fragen mit einer Partnerin/einem Partner.

1. Jobben Sie neben dem Studium? Warum oder warum nicht?
2. Wo arbeiten Sie? Was machen Sie?
3. Was sind die Vor- und Nachteile eines Nebenjobs während des Studiums?

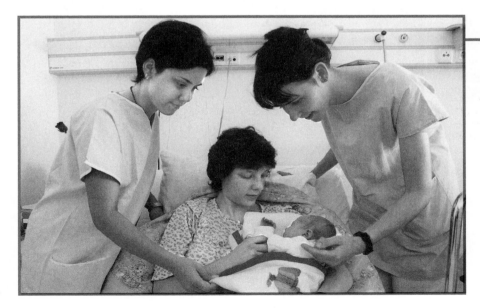

Zwei 17-Jährige bei ihrer Arbeit in ihrem Freiwilligen Sozialen Jahr in einem Krankenhaus in Sachsen

EINE ·FRAGE DER EXISTENZ

BETTINA FURCHHEIM

Baumarkt und Ehrenamt°

Meike Müller möchte Grundschullehrerin werden. Sie studiert an der Bergischen Universität Gesamthochschule° Wuppertal Deutsch, Mathematik und Sachunterricht°. Die 27-Jährige ist im 13. Semester und steht kurz vor ihrem Examen.

„Das Studium dauert auf alle Fälle länger, wenn man nebenher° jobbt", sagt Meike. „Manchmal lässt sich das Jobben mit dem Studium vereinbaren°, häufig wird es aber auch einfach zu viel." Neben ihrem Studium arbeitet sie seit drei Jahren etwa 15 Stunden pro Woche als Kassiererin° in einem Baumarkt°. Einige Semester lang bekam die angehende° Lehrerin BAföG°, später hatte sie kurze Zeit eine Stelle als studentische Hilfskraft° an der Uni.

Neben dem Geldverdienen engagiert sich Meike ehrenamtlich°. In den ersten Semestern machte sie Fachschaftsarbeit°. Zudem° kümmerte sie sich um eine alte Frau. Seit eineinhalb Jahren hilft sie ein paar Stunden pro Woche bei der Flüchtlingsbetreuung° der kirchlichen Initiative „Kein Mensch ist illegal".

„Wir kümmern uns um Leute, die abgeschoben° werden sollen und im Kirchenasyl sind. Etwa 450 Personen befinden° sich zur Zeit im so genannten Wanderkirchenasyl°." Früher hat sich die engagierte Studentin um organisatorische Belange° gekümmert, heute betreut° sie eine Flüchtlingsfamilie.

Neben ihrem Job und der ehrenamtlichen Arbeit macht Meike derzeit ein Praktikum in einem Kinderheim für schwer erziehbare° Kinder – ein Gebiet, auf dem sie später vielleicht arbeiten möchte.

Kino

Dirk Prielke müsste nicht unbedingt neben seinem Studium der Elektrotechnik° jobben. „Ich brauche das Geld, um einen gewissen Luxus aufrechtzuerhalten°", sagt der 25-jährige Student. „Luxus" das hört sich nach mehr an°, als hier gemeint ist. Luxus bedeutet für Dirk die Finanzierung einer eigenen Wohnung – er könnte nämlich auch zu Hause wohnen –, eines Autos und ab und zu eines Urlaubs.

Dirk ist jetzt im siebten Semester. Vor dem Studium an der Fachhochschule° Niederrhein in Krefeld absolvierte° er eine Ausbildung bei der Philips GmbH°.

Während des Semesters arbeitet Dirk als Filmvorführer° im Kino – maximal 19,5 Stunden pro Woche. „Wenn es nötig ist, kann ich den Arbeitseinsatz° aber auch reduzieren auf fünf Stunden pro Woche", sagt er. Trotz dieser Möglichkeit lässt Dirk wegen seines Jobs die eine oder andere Vorlesung ausfallen°.

„Beim Jobben geht schon viel Zeit drauf", räumt der Student ein°. Teilweise arbeite ich bis zwei Uhr nachts. Aber es macht viel Spaß dort zu arbeiten. Man kommt mit ganz anderen Leuten zusammen und kann vom Studium abschalten°." Abschalten? So ganz nun doch nicht. Denn die Zeit, während der Film läuft, nutzt Dirk oft für sein Studium. Dennoch fehlt tagsüber manche Stunde zum Lernen, muss der fehlende Schlaf doch irgendwann nachgeholt° werden.

Ehrenamt *volunteer work* **Gesamthochschule** *polytechnical college* **Sachunterricht** *basic courses for elementary school such as biology, geography, history* **nebenher** *on the side* **vereinbaren** *be compatible* **Kassiererin** *cashier* **Baumarkt** *building materials store* **angehende** *budding* **BAföG** *student loan (see* **Vermischtes***)* **Hilfskraft** *temporary worker* **ehrenamtlich** *as a volunteer* **Fachschaftsarbeit** *work in the university department* **zudem** *in addition* **Flüchtlingsbetreuung** *taking care of refugees* **abgeschoben** *deported* **befinden sich** *are* **Wanderkirchenasyl** *temporary asylum* **Belange** *matters* **betreut** *takes care of* **erziehbare** *educable* **Elektrotechnik** *electrical engineering* **aufrechtzuerhalten** *maintain* **hört sich an** *sounds like* **Fachhochschule** *technical college* **absolvierte** *completed* **GmbH = Gesellschaft mit beschränkter Haftung** *limited company, Ltd.* **Filmvorführer** *projectionist* **Arbeitseinsatz** *workload* **eine Vorlesung ausfallen lassen** *to cut a class* **räumt ein** *concedes* **abschalten** *switch off* **nachgeholt** *made up*

Zum Text

B **Ein Vergleich.** Vergleichen Sie Meike mit Dirk.

	Meike	Dirk
Studienfach und Semester		
Typ der Arbeit		
Arbeitsstunden pro Woche		
Finanzierung des Studiums		
Vor- oder Nachteile der Arbeit		

C **Zum Inhalt**

1. Meike verbringt viel Zeit mit ehrenamtlicher Arbeit. Beschreiben Sie ihre ehrenamtliche Arbeit. Wo arbeitet sie? Bei welchen Organisationen und Initiativen arbeitet sie mit?
2. Warum arbeitet Dirk? Was finanziert er mit dem Geld?
3. Welche Auswirkungen° hat das Jobben auf das Studium von Meike und Dirk?

consequences

 D **Zur Diskussion/Zum Schreiben**

1. Besprechen Sie die Bedeutung von ehrenamtlicher Arbeit für die Gesellschaft. Welche ehrenamtlichen Organisationen gibt es in Ihrer Stadt oder auf Ihrem Campus? Was machen diese Organisationen? Wie wichtig ist ihre Arbeit? Finden Sie es wichtig, dass jeder ehrenamtlich arbeitet?
2. Was ist Luxus? Für Dirk bedeutet Luxus eine eigene Wohnung, ein Auto und ab und zu Urlaub zu machen. Was verstehen Sie unter Luxus? Was halten Sie bei Studenten für Luxus? Wie wichtig ist ein luxuriöses Leben für Sie – jetzt oder in der Zukunft?

vorsorgen: make provisions for

Vermischtes

1. Die deutschen Hochschulabsolventen° zählen zu den ältesten der Welt. Bis sie die Universität verlassen, sind sie im Durchschnitt° 29 Jahre alt und haben mehr als sechs Jahre studiert. Das Durchschnittsalter in den USA ist 27.

college graduates
average

2. In Deutschland erhalten Studierende finanzielle Unterstützung in Form von BAföG[1]. Der monatliche Höchstsatz° bei BAföG ist zurzeit 585 Euro. Ein Teil der Summe wird als Stipendium gezahlt. Die andere Hälfte besteht aus einem zinslosen° Darlehen°, das die Studierenden innerhalb von 20 Jahren nach dem Studium zwar zurückzahlen müssen, jedoch sind das in jedem Fall nicht mehr als insgesamt 10 226 Euro.

maximum amount

interest free / loan

3. In den alten Bundesländern° wird das Studium bei 48 Prozent der Studierenden von den Eltern finanziert. 28 Prozent finanzieren das Studium selber, 13 Prozent bekommen BAföG. 60 Prozent der Studierenden arbeiten während des Semesters.

federal states

4. Nach dem Zivilgesetzbuch° (Artikel 277) haben die Eltern die Pflicht, für den Unterhalt° und die Ausbildung ihrer Kinder aufzukommen°, bis die Kinder eine Ausbildung haben und ihren Lebensunterhalt° selber verdienen können. Diese Pflicht endet nicht, auch wenn das Kind bereits 27–28 Jahre alt ist.

code of civil law
support / come up with
livelihood

5. In Deutschland müssen junge Männer 9 Monate Wehrdienst° leisten. Oder sie können statt Wehrdienst 9 Monate Zivildienst° machen, z.B. in einem Altersheim oder in der Krankenpflege° arbeiten.

military service
community service
nursing field

Feature: Till Raether: „Hilfe – ich werde immer mehr wie meine Eltern!"

Vor dem Lesen „Natürlich hatte er sich geschworen°, niemals in ihre Fußstapfen° zu treten. Aber seit *Brigitte*-Mitarbeiter Till Raether, 31, ein Paar Hausschuhe besitzt und Mittagsschlaf macht, lässt es sich nicht länger leugnen°: Er wird seinen Eltern immer ähnlicher."

swore
footsteps
deny

1. Warum wollen junge Menschen oft nicht gern wie ihre Eltern sein?
2. Stellen Sie eine Liste auf, in der Sie aufschreiben, in welchen Dingen Sie Ihren Eltern ähnlich sind und ob Sie das jeweils gut oder nicht so gut finden.

Ähnlichkeiten	Finde ich gut	Finde ich nicht so gut

Einkaufshilfe

[1]= **das Bundesausbildungsförderungsgesetz:** national law that mandates financial support for students

„Hilfe – ich werde immer mehr wie meine Eltern!"

… In der Pubertät sind die Eltern der schlimmste Feind des Menschen, noch schlimmer als die Lehrer, denen man wenigstens hin und wieder aus dem Weg gehen kann und von denen man sich nicht die ewig gleichen Fragen gefallen lassen muß: „Woher kommst du? Wohin gehst du? Was hast du mit deinen Haaren gemacht?…" Wenn man die Eltern in dieser Zeit überhaupt wahrnimmt°, dann nur als abschreckendes° Beispiel: Nein, so wie die will man ganz bestimmt nicht werden, so angepaßt°, gesetzt° und bürgerlich°.

Für eine Weile mag man mit diesem Vorsatz° ganz gut über die Runden kommen°… So geht alles unbürgerlich eine Weile gut, bis man nach einigen Jahren unweigerlich° anfängt abzugleiten°. Manche müssen nach dem obligatorischen Familienessen am Wochenende plötzlich unbedingt das Rezept haben. Andere fangen an, Stimmen zu hören, die ihnen einflüstern°, es wäre nun langsam an der Zeit, sich auch einmal nach einer „richtig schönen Wohnung" umzusehen. Wie? So wie die Eltern, mit Balkon und Parkett°? „Ja", sagen die Stimmen, „mit Balkon. Und Parkett sowieso." Und ehe man sich's versieht°, hat man ein schönes gemütliches Daheim°. …

Der antrainierte° Impuls ist, alles, was mit den Eltern zu tun hat, spießig° zu finden. An einem gepflegten° Mittagsschlaf aber kann ich beim besten Willen nichts Spießiges finden. Auch nicht daran, mit meinem Vater Anziehsachen° kaufen zu gehen und für meine Mutter zu kochen. Es ist nicht spießig, sich zu vernünftigem Schuhwerk° zu bekennen°. Bequeme Hosen deuten° nicht auf eine reaktionäre Geisteshaltung° hin. Der Verdauungsspaziergang° verdient es ebenso wie der Mittagsschlaf, daß man sich seiner nicht schämt. Ich bekenne, ich habe interessante Sendungen eine Woche im voraus in der Fernsehzeitschrift markiert. Es ist wahr, ich habe kritische Bemerkungen über Falschparker vor dem Haus gemacht. Und ich bin zwar nicht gerade wahnsinnig stolz darauf, aber es lebt sich leichter damit, seit ich dazu stehe°. Die wahren Spießer° sind nämlich die Leute, die sich selbst als Erwachsene noch immer krampfhaft° von ihren Eltern abgrenzen° müssen. Sie führen sich auf wie Dreizehnjährige, die ihre Eltern bitten, sie hundert Meter vor der Schule rauszulassen, damit die coolen Freunde das Abschiedsküßchen nicht sehen. Wacht endlich auf, ihr ewigen Revoluzzer° gegen das Praktische und Angenehme. Eure coolen Freunde sind längst dabei, für den bequemen Sessel die passende Fußstütze° zu suchen.

---

wahrnimmt is aware of ***abschreckendes*** warning ***angepaßt*** conforming ***gesetzt*** settled, steady ***bürgerlich*** middle-class ***Vorsatz*** intention ***über … kommen*** pull through ***unweigerlich*** inevitably ***abzugleiten*** slip ***einflüstern*** whisper ***Parkett*** parquet floor ***ehe … versieht*** before you know it ***Daheim*** home ***antrainierte*** immediate ***spießig*** bourgeois ***gepflegten*** good and long ***Anziehsachen*** things to wear ***Schuhwerk*** footwear ***bekennen*** admit to ***deuten hin*** indicate ***Geisteshaltung*** attitude ***Verdauungsspaziergang*** after-dinner walk to aid digestion ***dazu stehe*** admit to it ***Spießer*** bourgeois ***krampfhaft*** fanatically ***abgrenzen*** distance themselves ***Revoluzzer*** revolutionaries ***Fußstütze*** footstool

Nur nicht so werden wie die Eltern ... Oder doch? Auch junge Leute treffen sich gerne zum typisch deutschen Kaffeetrinken.

Zum Text

E Zum Inhalt

1. Wann sind die Eltern der schlimmste Feind?
2. Warum sind die Eltern noch schlimmer als die Lehrer?
3. Was ist eine „richtig schöne Wohnung"? Wie sieht sie aus? (Was muss sie unbedingt haben?)
4. Über wen macht der Autor kritische Bemerkungen? Was glauben Sie, warum er diese Bemerkungen macht?
5. Wer sind seiner Meinung nach die wahren Spießer?

F Was ist spießig?

Der Autor erwähnt einige Eigenschaften°, die man vielleicht spießig finden könnte. Was meinen Sie? Sind diese Verhaltensweisen° spießig oder vielleicht nur vernünftig, lustig oder ein Zeichen° dafür, dass man erwachsen wird? Wie sehen Sie die Verhaltensweisen, die hier aufgelistet sind? Ergänzen Sie die folgende Liste mit drei weiteren Eigenschaften, die im Text erwähnt werden.

characteristics
ways of behaving
sign

Eigenschaft	Spießig	Nicht spießig	Bemerkung
1. um Familienrezepte bitten			
2. ein Mittagsschlaf			
3. bequeme Schuhe			
4.			
5.			
6.			

G Zur Diskussion/Zum Schreiben

1. Beschreiben Sie einen Lebensstil, der Ihrer Meinung nach nicht spießig, nicht angepasst und nicht gesetzt° ist. Was ziehen Sie an, was machen Sie, wo wohnen Sie, wie sieht Ihre Wohnung aus, was ärgert Sie, was macht Sie glücklich?

   settled

2. Finden Sie auch, dass die Eltern der schlimmste Feind sind? Diskutieren Sie darüber, wie sich das Verhältnis von Eltern zu ihren Kindern in verschiedenen Lebensphasen verändert.

   - Eltern und Baby
   - Eltern und Kind
   - Eltern und Jugendliche
   - Eltern und erwachsene Kinder

Chemnitz: Eislaufen

Vermischtes

1. Das Durchschnittsalter° in Europa is 37,7 aber im Jahr 2050 soll es 52,3 sein. In den USA ist das Durchschnittsalter 35 und soll in den nächsten 50 Jahren dabei bleiben. In den nächsten Jahren werden Deutschland und Österreich Länder mit einem der höchsten Seniorenanteile° der Welt sein. Heute sind 20 Prozent der Deutschen über 60, im Jahr 2015 sollen es 33 Prozent sein und in Österreich 25 Prozent. In den USA sollen es 14,7 Prozent sein und erst 20 Prozent im Jahre 2030.

   average age

   share of seniors

2. Deutschland hat weltweit den geringsten° Bevölkerungsanteil von jungen Menschen unter 20. Heute sind 21 Prozent der Deutschen unter 20; im Jahre 2040 werden es 15 Prozent sein.

   smallest

3. Wenn die gegenwärtige° Geburtenrate° weiter sinkt, wird die Zahl der deutschen Bundesbürger bis zum Jahr 2040 anteilmäßig° um zwölf Millionen abnehmen° – von 82,5 Millionen heute auf 70 Millionen.

   current / birth rate
   proportionally
   decrease

4. Eine steigende Lebenserwartung° auf der einen Seite und weniger Leute im arbeitsfähigen° Alter auf der anderen Seite könnten für die Gesellschaft langfristig° zu einem großen Problem werden, wenn die arbeitende Bevölkerung° die Rentenzahlungen° für die Alten nicht mehr aufbringen° kann. Von den über 55-Jährigen arbeiten in Deutschland nur noch 39 Prozent, in Schweden dagegen rund 60 Prozent.

   life expectancy
   able to work
   in the long term
   population / pension
   *   payments / raise*

Wortschatz

Substantive

der **Abschied, -e** farewell, parting
die **Ausbildung** education; training; instruction
der **Balkon, -s** balcony
die **Bemerkung, -en** comment, remark
der **Flüchtling, -e** refugee
das **Rezept, -e** recipe; prescription
der **Wert, -e** value, worth

Verben

auf·wachen to wake up
jobben to work
sich kümmern (um) to take care of
sich schämen to be ashamed
  er schämt sich seiner *(gen.)* he's ashamed of himself

Andere Wörter

häufig frequent
passend suitable
stolz (auf + *acc.*) proud (of)
tagsüber during the day
wahnsinnig insane, crazy; really
zwar to be sure; its true, but . . .

Besondere Ausdrücke

im Voraus in advance

H **Definitionen.** Welche Wörter aus der Vokabelliste passen zu den
Bedeutungen?

1. aufhören zu schlafen
2. sich auf einen Beruf
   vorbereiten
3. Beschreibung, wie man eine
   Speise zubereiten° soll
4. arbeiten
5. vorher
6. es stimmt aber

7. Trennung von jemandem
   oder etwas
8. oft
9. verrückt
10. jemand, der seine Heimat   *prepare*
    verlassen muss
11. ideal; richtig

I Mir fehlt das Wort. Sie können es erklären, aber das treffende Wort fehlt Ihnen. Ergänzen Sie die Sätze mit einem passenden Wort aus der Vokabelliste.

1. Meike möchte mit schwer erziehbaren Kindern arbeiten, aber erst muss sie eine _____ machen.

2. Meikes Mutter sagt oft, dass sie _____ _____ die Arbeit ihrer Tochter ist.

3. Herr Müller bekommt bei seiner Hausärztin ein neues _____ für seine Herztabletten.

4. Manche Ärzte in Deutschland machen Hausbesuche, um sich besser um ihre Patienten _____ zu können.

5. Frau Müller, eine alte Dame in unserem Haus, machte gestern die _____, dass ihre Kinder sie oft besuchen.

6. Sie erzählte mir, dass auch ein Besuch von ihren Enkelkindern einen hohen _____ für sie hätte.

7. Ich habe meinem früheren Nachbarn nie eine Postkarte geschrieben, obwohl ich es versprochen hatte. Heute _____ ich _____, wenn ich daran denke.

8. Dirks Mutter hat viele Blumentöpfe° auf dem _____ ihrer Stadtwohnung. *flower pots*

9. Dirks Schwester arbeitet vier Tage in der Woche von Mitternacht bis acht Uhr morgens im Krankenhaus, aber _____ schläft sie dann.

Grammatik im Kontext

J Irreale Konditionalsätze. Geben Sie das englische Äquivalent wieder.

Online Study Center

1. Wenn Meike Müller neben dem Studium nicht so viel jobben und ehrenamtlich arbeiten würde, könnte sie mit ihrem Studium für den Lehrberuf schneller fertig werden.

2. Dirk Prielke müsste nicht jedes Semester jobben, aber ohne Arbeit hätte er keine eigene Wohnung, sondern würde bei seinen Eltern wohnen.

3. Nach dem deutschen Zivilgesetzbuch° sollten Eltern sich verpflichtet° fühlen, ihren Kindern finanziell bei der Ausbildung zu helfen. *code of civil law / obligated*

4. Jugendliche würden oft lieber nicht von ihren Eltern zur Schule gebracht werden, denn die Eltern könnten ihnen vielleicht vor den Mitschülern einen Abschiedskuss geben.

5. Wenn Kinder und Eltern zusammen eine Party planen würden, müssten sie eine große Auswahl an Musik haben, denn ihr Geschmack könnte sehr verschieden sein.

K **Rollenspiel.** Spielen Sie mit Ihrer Partnerin/Ihrem Partner Dialoge zu den folgenden Situationen. Verwenden° Sie in Ihrem Gespräch folgende Konjunktivformen: *use*

ich würde gern …	dürfte ich …
ich möchte …	ich würde …, wenn …
ich wollte, ich …	würdest du (mir) bitte …
es wäre interessant/schön, wenn …	hättest du …
vielleicht könnte ich …	könntest du …
wäre es möglich, [dass] …	

1. Sie schlagen vor, was Sie in der Freizeit gemeinsam unternehmen könnten.
2. Sie brauchen Hilfe: bei den Hausaufgaben oder beim Internet.
3. Fragen Sie Ihre Partnerin/Ihren Partner, was sie/er sich unter dem idealen Job vorstellt.
4. Fragen Sie Ihre Partnerin/Ihren Partner, was sie/er sich für ihr/sein Leben in zehn Jahren wünscht.

Was meinen Sie?

L **Zur Diskussion/Zum Schreiben**

1. Schreiben Sie Ihren eigenen Aufsatz zum Thema: „Ich werde immer mehr wie meine Eltern."
2. Argumentieren Sie für oder gegen die folgende Aussage: Jeder Student sollte während des Studiums jobben. Es ist wichtig, um Selbstständigkeit und Verantwortung zu lernen.
3. Beschreiben Sie, wie Ihr Leben sein wird, wenn Sie 65 Jahre alt sind. Wie werden Sie leben, was werden Sie machen?
4. Weitere Aktivitäten finden Sie auf der *Kaleidoskop* Webseite.
5. Zwei interessante und bekannte Städte in Deutschland sind Bremen und Münster. Finden Sie etwas über Bremen oder Münster heraus und berichten Sie kurz darüber. Sie können in einem Buch nachlesen oder Informationen darüber im Internet suchen.

Online Study Center

Postbank
ANLEGEN UND SPAREN

In Ruhe arbeiten.
Und dabei sein Geld für sich arbeiten lassen.

Literarische Werke

Die alte Frau

Anne Heitmann

Born in Münster, Westfalia (Nordrhein-Westfalen), Anne Heitmann moved after her marriage to Frankfurt am Main. Today she lives in Hochheim on the river Main. Since 1980 Heitmann's poetry and prose have appeared in a number of magazines and anthologies. Her interest in political concerns and issues has been long-standing; she was active in local politics for almost two decades. This interest has manifested itself in some of her writings, for in addition to short stories, poems, and contributions to entertainment sections in newspapers she has written socio-political pieces that provide critical commentaries on the age we live in. Heitmann has published three collections of poetry: **Morgen vielleicht kann ich lächeln** (1993), **... auch wenn ich leise bin** (1997), and **Stolpersteine** *(Stumbling Blocks)* (1998). The focus in her poetry is on age, loss, memories, reflections, and politics. In the poem "Die alte Frau" Heitmann describes the attempts of an elderly woman to reach out to a world outside her daily life.

CD3–8

Die alte Frau

```
     sie wartet
     in langen Nächten
     auf den Moment
     in dem das Radio
  5  mit Nachrichten
     den Tag beginnt
     sie wartet bis die
     Zeitung durch den
     Türschlitz° fällt                    mail slot
 10  sie wartet auf
     die Post auf
     einen Brief vielleicht
     sie wartet auf ein
     Läuten° ihrer Nachbarn               ring
 15  auf den Ruf des
     Telefons und auf
     ein wenig Freundlichkeit
     im Supermarkt
     beim Einkauf
 20  sie wartet lange oft
     bis jemand fragt:
     wie geht es Ihnen?
```

Wie geht es alten
Leuten schon
25 an jedem Tage anders
ich schaff° es noch   *manage*
sie sehen's ja
und meinem Sohn
dem geht es gut
30 ich bin so froh
doch wohnt er
weit von hier

Kurzgeschichte: Brief aus Amerika

Johannes Bobrowski

Johannes Bobrowski (1917–1965) was born in Tilsit, East Prussia. He studied art history but soon turned to creative writing. During World War II he served on the Eastern Front, where he was captured by the Russians. After his release from prison camp, Bobrowski settled in East Berlin, resuming his career as a writer. He wrote three volumes of poetry, two novels, and several collections of short stories. "Brief aus Amerika" was published in 1965, the year of his death. Many of Bobrowski's poems and stories are set in the area of the Memel River in East Prussia, a region characterized by its ethnic mixture of Poles, Lithuanians, Russians, and Germans. The old woman in "Brief aus Amerika" is Lithuanian. A letter from her son who has emigrated to America forces her to realize that they belong not only to different generations but to different worlds. Bobrowski describes in clear, direct language what the woman does after she receives the letter. But he adds another dimension of meaning by using contrasts and a central image of fire and burning, a force that destroys but also cleanses.

 ## Zum Thema

In der Geschichte „Brief aus Amerika" ist der Sohn einer alten Frau nach Amerika ausgewandert. Welche Missverständnisse könnte es zwischen den beiden geben?

Leitfragen

Beim Lesen fragen Sie sich:

1. Eine alte Frau hat einen Brief von ihrem Sohn bekommen. Warum beunruhigt° der Brief sie so?   *upset*
2. Die Frau ist auf ihre weißen Arme sehr stolz. Sie haben eine große Rolle in ihrem Leben gespielt. Warum will sie jetzt, dass ihre Arme von der Sonne braun werden?
3. Alles dreht sich° um den Brief. Beachten Sie, was die Frau mit dem Brief   *revolves*
macht. Überlegen Sie sich, was das für ihr Leben bedeuten könnte.

Brief aus Amerika

CD3–9

Brenn mich, brenn mich, brenn mich,
singt die alte Frau und dreht sich
dabei, hübsch langsam und bedächtig°,
und jetzt schleudert° sie die Holzpan-
5 tinen° von den Füßen, da fliegen sie im
Bogen° bis an den Zaun, und sie dreht
sich nun noch schneller unter dem Apfelbäumchen. Brenn mich, liebe Sonne,
singt sie dazu. Sie hat die Ärmel° ihrer
10 Bluse hinaufgeschoben und schwenkt°
die bloßen° Arme, und von den Ästen°
des Bäumchens fallen kleine, dünne
Schatten herab, es ist heller Mittag, und
die alte Frau dreht sich mit kleinen Schritten. Brenn mich, brenn mich,
15 brenn mich.

Käthe Kollwitz: Selbstbildnis (1934)

Im Haus auf dem Tisch liegt ein Brief. Aus Amerika. Da steht zu lesen:
Meine liebe Mutter. Teile Dir mit, daß wir nicht zu Dir reisen werden. Es sind nur ein paar Tage, sag ich zu meiner Frau, dann sind wir
dort, und es sind ein paar Tage, sage ich, Alice, dann sind wir wieder
20 zurück. Und es heißt: ehre° Vater und Mutter, und wenn der Vater auch
gestorben ist, das Grab ist da, und die Mutter ist alt, sage ich, und wenn
wir jetzt nicht fahren, fahren wir niemals. Und meine Frau sagt: hör mir
zu, John, sie sagt John zu mir, dort ist es schön, das hast du mir erzählt,
aber das war früher. Der Mensch ist jung oder alt, sagt sie, und der
25 junge Mensch weiß nicht, wie es sein wird, wenn er alt ist, und der alte
Mensch weiß nicht, wie es in der Jugend war. Du bist hier etwas geworden, und du bist nicht mehr dort. Das sagt meine Frau. Sie hat recht.
Du weißt, ihr Vater hat uns das Geschäft überschrieben°, es geht gut.
Du kannst deine Mutter herkommen lassen, sagt sie. Aber Du hast ja
30 geschrieben, Mutter, daß Du nicht kommen kannst, weil einer schon
dort bleiben muß, weil alle von uns weg sind.

Der Brief ist noch länger. Er kommt aus Amerika. Und wo er zu
Ende ist, steht: Dein Sohn Jons.

Es ist heller Mittag, und es ist schön. Das Haus ist weiß. An der
35 Seite steht ein Stall. Auch der Stall ist weiß. Und hier ist der Garten.
Ein Stückchen den Berg hinunter steht schon das nächste Gehöft°; und
dann kommt das Dorf, am Fluß entlang, und die Chaussee° biegt°
heran und geht vorbei und noch einmal auf den Fluß zu und wieder
zurück und in den Wald. Es ist schön. Und es ist heller Mittag. Unter
40 dem Apfelbäumchen dreht sich die alte Frau. Sie schwenkt die bloßen
Arme. Liebe Sonne, brenn mich, brenn mich.

In der Stube° ist es kühl. Von der Decke baumelt° ein Beifußbusch°
und summt° von Fliegen. Die alte Frau nimmt den Brief vom Tisch, fal-
tet ihn zusammen und trägt ihn in die Küche auf den Herd. Sie geht

deliberately
throws off
wooden clogs
curve

sleeves
swings
bare / branches

honor

signed over

farm
highway / bends

living room / swings /
bunch of wormwood /
hums

45 wieder zurück in die Stube. Zwischen den beiden Fenstern hängt der
Spiegel, da steckt in der unteren Ecke links, zwischen Rahmen und
Glas, ein Bild. Eine Photographie aus Amerika. Die alte Frau nimmt
das Bild heraus, sie setzt sich an den Tisch und schreibt auf die
Rückseite: Das ist mein Sohn Jons. Und das ist meine Tochter Alice. Und
50 darunter schreibt sie: Erdmuthe Gauptate geborene° Attalle. Sie zupft° *née / pulls*
sich die Blusenärmel herunter und streicht sie glatt°. Ein schöner weißer ***streicht glatt:*** *smoothes out*
Stoff mit kleinen blauen Punkten. Aus Amerika. Sie steht auf, und
während sie zum Herd geht, schwenkt sie das Bild ein bißchen durch die
Luft. Als der Annus von Tauroggen gekommen ist, damals, und hierge-
55 blieben ist, damals: es ist wegen der Arme, hat er gesagt, solche weißen
Arme gab es nicht, da oben, wo er herkam, und hier nicht, wo er dann
blieb. Und dreißig Jahre hat er davon geredet. Der Annus.

Der Mensch ist jung oder alt. Was braucht der alte Mensch denn
schon? Das Tageslicht wird dunkler, die Schatten werden heller, die
60 Nacht ist nicht mehr zum Schlafen, die Wege verkürzen sich. Nur noch
zwei, drei Wege, zuletzt einer.

Sie legt das Bild auf den Herd, neben den zusammengefalteten
Brief. Dann holt sie die Streichhölzer aus dem Schaff° und legt sie dazu. *cupboard*
Werden wir die Milch aufkochen°, sagt sie und geht hinaus, Holz holen. *heat up*

Zum Text

A Zum Inhalt

1. Was wissen Sie über die Mutter von Jons?

2. Inwiefern sagt der Name John etwas über das jetzige Verhältnis von
Mutter und Sohn aus?

3. Feuer und Brennen spielen eine zentrale Rolle in der Geschichte. Stellen
Sie eine Liste von Wörtern zusammen, die mit Feuer oder Brennen zu
tun haben.

4. Was brennt oder wird wohl verbrannt? Warum?

B Kontraste.
In der Geschichte gibt es viele Kontraste. Suchen Sie im Text
die Sätze, wo die folgenden Kontraste vorkommen. Die Kontraste sind nicht
immer in einem einzigen Satz zu finden.

▷ dort / zurück
Es sind nur ein paar Tage, … dann sind wir dort, und es sind ein paar Tage, …
dann sind wir wieder zurück.

1. alt / jung
2. heute / früher (damals)
3. hier / dort
4. langsam / schnell
5. heiß / kühl
6. Tag / Nacht
7. hell / dunkel
8. braun gebrannt / weiß
9. Leben / Tod

1. Was macht die Frau? Die Szene wechselt vom Garten zur Stube und schließlich zur Küche. Sagen Sie in drei Sätzen, was die Frau an jedem Ort macht. Machen Sie eine Wortliste, die Sie zum Nacherzählen brauchen.

2. Man hört oft, dass ältere Leute isoliert sind. Finden Sie, dass die alte Mutter isoliert ist?

3. Glauben Sie, dass der Sohn seiner Mutter gegenüber richtig gehandelt hat? Warum (nicht)?

Wortschatzübungen 2

Wortschatz

Substantive

die **Fliege, -n**   fly
das **Grab, ⁻er**   grave
der **Herd, -e**   stove, cooking range
die **Luft, ⁻e**   air, breeze
der **Punkt, -e**   point; dot; period
der **Rahmen, -**   frame
der **Schatten, -**   shadow, shade
das **Streichholz, ⁻er**   match
der **Zaun, Zäune**   fence

Verben

sich drehen   to turn (oneself)
falten   to fold
hinauf·schieben (schob hinauf, hinaufgeschoben)   to push up

Andere Wörter

niemals   never
zuletzt   finally, at last; (for) the last time

D **Vokabeln.** Ergänzen Sie die Sätze mit einem passenden Wort aus der Vokabelliste.

Eine alte Mutter liest einen Brief von ihrem Sohn Jons, der jetzt in Amerika lebt. Sie haben sich (1) _____ vor drei Jahren am (2) _____ des verstorbenen Vaters gesehen. Im Brief teilt er seiner Mutter mit, dass er sie nicht besuchen wird. Seine Frau Alice meint, die Reise ist zu lang und zu teuer. Jung ist jung und alt ist alt. Während sie liest, summen die (3) _____. Die alte Mutter geht zum Spiegel. In der unteren Ecke des Spiegels steckt zwischen (4) _____ und Glas ein Bild von Jons und

Alice. Sie schreibt die Namen darauf und schwenkt das Bild durch die
(5) _____. Dann (6) _____ sie den Brief zusammen, steckt ihn in die
Tasche und geht in den Hof. Ein paar (7) _____ von der Tür steht ein
Apfelbaum. Sie geht aber nicht in den kühlen (8) _____ des Baumes,
sondern in die Sonne. Sie (9) _____ die Ärmel der Bluse (10) _____,
sie (11) _____ (12) _____ wie im Tanz. Die Bluse ist aus schönem
Stoff mit kleinen blauen (13) _____. Aus Amerika. Die Sonne brennt auf
ihre Arme. Nach einer Weile holt sie Holz und geht damit in die Küche.
Sie will Milch aufkochen. Sie setzt die Milch auf den (14) _____, nimmt
den gefalteten Brief aus der Tasche, liest ihn noch einmal und steckt ihn
und das Bild unter das Holz. „Ich mach jetzt Feuer", sagt sie und holt die
(15) _____.

E **Welche Wörter?** Welche Substantive aus der Vokabelliste verbinden Sie
mit den folgenden Wörtern?

1. atmen
2. der Baum
3. das Feuer
4. der Garten
5. das Insekt
6. kochen
7. der Satz
8. der Spiegel
9. sterben

Grammatik im Kontext

F **Der Konjunktiv.** Sprecher verwenden den Konjunktiv, wenn sie ein
Geschehen oder eine Situation nicht als wirklich beschreiben wollen. Sie
drücken einfach eine Möglichkeit oder einen Wunsch aus.

Online Study Center

1. Stellen Sie sich vor, Sie wären die alte Frau im „Brief aus Amerika". Was
   hätten Sie gemacht, wenn Sie so einen Brief von Ihrem Sohn bekommen
   hätten?
2. Was finden Sie, wie sich der Sohn seiner Mutter gegenüber verhalten°
   sollte? Hat er die Pflicht sich um sie zu kümmern, auch wenn er so weit
   weg wohnt? Wie würden Sie sich in so einer Situation Ihren Eltern
   gegenüber verhalten?

conduct himself

Was meinen Sie?

 G **Zur Diskussion/Zum Schreiben**

1. Vergleichen Sie Herrn Altenkirch („Eine Postkarte für Herrn Altenkirch")
   mit der Mutter im „Brief aus Amerika". Beschreiben Sie, wie sie aussehen, wo und wie sie wohnen, wie sie denken und was ihre Situation am
   Ende der Geschichte ist. Welche Rolle spielen die Postkarte bei Herrn
   Altenkirch und der Brief in dieser Geschichte?

2. Wie stehen Sie zu der Darstellung vom Altsein in den Texten, die Sie gelesen haben („Eine Postkarte für Herrn Altenkirch", „Eine alte Frau",
   „Brief aus Amerika")? Finden Sie die Darstellungen realistisch oder über-
   trieben°? Sind sie modern oder überholt°?

   exaggerated / outdated

3. In „Mittagspause", „Das Versprechen", „Die sieben Raben", „Der Erlkönig", „Dienstag, der 27. September 1960", und in „Brief aus Amerika"
   erfahren wir jeweils etwas über die Beziehung zwischen den Generationen
   (Eltern und Kinder). Wählen Sie zwei Situationen und diskutieren Sie
   darüber.

Großvater und Enkel

Thema 9

Stereotypen

Typisch deutsch? In der Frankfurter Innenstadt mit alter deutscher Architektur und modernen Bürohochhäusern

Resources

The following icons indicate additional resources available in the program components:

Online Study Center

Go to the *Kaleidoskop, 7e* Online Study Center at *http://college.hmco.com/pic/kaleidoskop7e* for additional practice and cultural exploration.

VIDEO Watch the *Kaleidoskop* Video.

 Go to the **In-Text Audio CDs** to listen to the readings.

Einstieg in das Thema

Von Kindheit an fällen Menschen Urteile° über die Gewohnheiten°, Erfahrungen, Traditionen und Ansichten von Personen und Personengruppen. Unser Bild von anderen Menschen entwickelt sich schon von früh an. Es wird sowohl durch das Elternhaus als auch in der Schule, bei der Ausbildung und im Beruf geprägt°. Wenn wir diese Urteile verallgemeinern°, sprechen wir von Stereotypen. Wir leben alle mit Stereotypen, seien sie nun von Beziehungen zwischen den Geschlechtern°, gesellschaftlichen Gruppen oder anderen Völkern. Sie können positiv, negativ oder wertneutral sein.

Urteile fällen: make judgments / customs

shaped / generalize

genders

Stereotypen gibt es als Selbstbild und als Fremdbild. Über das Selbstbild der Deutschen erfahren wir in diesem Thema etwas in der Umfrage „Die Deutschen über sich selbst". Beispiele für Fremdbilder zeigen wir anhand° eines Features aus der Wochenzeitung *Die Zeit* mit dem Titel „Unser Ausland!", in dem ein Amerikaner über sein Leben und seine Erfahrungen in Deutschland schreibt, und in einer Skizze aus dem Buch *Die Deutschen pauschal°*, das verschiedene landeskundliche° Aspekte mit Ironie präsentiert. Außerdem lesen Sie zwei Berichte von amerikanischen Austauschstudenten°, die an der Universität Tübingen studiert haben.

by means of

as a group
cultural
exchange students

Gedankenaustausch

1. Was verstehen Sie unter dem Begriff „Stereotypen"? Nennen Sie Beispiele für Gewohnheiten und Ansichten, die Sie für stereotyp halten.

2. Manche meinen, dass man den Gebrauch von Stereotypen vermeiden° sollte. Andere glauben, dass Stereotypen nötig sind, wenn man verallgemeinern muss. Was meinen Sie, sind Stereotypen nützlich°, gefährlich oder beides?

avoid

useful

VIDEO View video: T9.1 **Typisch deutsch, typisch türkisch** and T9.2 **"Ich bin stolz ein Deutscher zu sein."**

Kulturlesestücke

Umfrage: Die Deutschen über sich selbst

Vor dem Lesen   Die folgende Umfrage des Gallup Markt- und Meinungsforschungsinstituts in Wiesbaden wurde mit 1008 jungen Menschen durchgeführt. Diese Menschen haben alle ihren Wohnsitz in Deutschland. Auf die Frage: „Was ist Ihrer Meinung nach typisch deutsch?" zeichnete ein Viertel der Befragten ein eher negatives Selbstbild in ihren Antworten, indem sie Eigenschaften wie z.B. Gefühlskälte, Sturheit°, Passivität und Umständlichkeit° nannten. Aber der größte Teil der Befragten antwortete auf die drei Antwortmöglichkeiten mit positiven Eigenschaften. Es stellte sich aber auch heraus, dass Bier, Sauerkraut und Wurst von den Deutschen selbst als stereotype

stubbornness / fussiness

deutsche Nahrungsmittel° gesehen werden. In diesem Punkt deckt° sich die
Ansicht der Deutschen über sich selbst mit einem Fremdbild, das andere
häufig° von den Deutschen haben.

foods / coincides

frequently

Die Deutschen über sich selbst			
Was ist Ihrer Meinung nach typisch deutsch?			
TOP 10	**Gesamt (N=1008)**	**Männer (N=502)**	**Frauen (N=506)**
Zuverlässigkeit°	20%	48%	52%
Fleiß	10%	50%	50%
Perfektion	10%	52%	48%
Ordnung	9%	41%	59%
Pünktlichkeit	6%	48%	52%
Passivität	6%	65%	35%
Umständlichkeit	6%	53%	47%
Nahrungsmittel	4%	49%	51%
Arbeitseifer°	3%	45%	55%
Disziplin	3%	55%	45%

reliability

zeal for work

Brot und Brötchen

Zum Text

A **Zum Inhalt**

1. Welche Attribute im Schaubild° halten Sie für positiv? Welche finden Sie
   negativ?
2. Welche drei Eigenschaften halten die meisten Männer für „typisch
   deutsch"? Welche vier Eigenschaften sind nach Meinung der Frauen
   „typisch deutsch"?
3. Wessen Bild ist generell positiver, das Bild der Männer oder das der Frauen?
4. Welche Eigenschaften in diesem Schaubild halten Sie für „typisch deutsch"?
5. Als typische Nahrungsmittel haben die Deutschen Bier, Sauerkraut
   und Bratwurst angegeben. Was halten Sie für typische amerikanische
   Nahrungsmittel?

chart

„Es gibt Situationen, die bringen mich in schiere Verzweiflung. Ich breche aus Wut in Tränen aus, wenn der Busfahrer, der mich zur Haltestelle laufen sieht, vor meiner Nase abfährt, weil er den Fahrplan einhalten will."

Canan Topcu.

Canan Topcu ist in der Türkei geboren und kam mit 8 Jahren nach Deutschland. Sie ist Journalistin.

Feature: Randy Kaufman: „Unser Ausland!"

Vor dem Lesen   Die Wochenzeitung *Die Zeit* veröffentlichte vor einigen Jahren ein Interview mit dem Amerikaner Randy Kaufman, der seit 1975 in Deutschland lebt und Archivar° ist. Seine Beobachtungen in Deutschland geben auf humorvolle Art den Einblick eines Ausländers in die deutsche Kultur wieder.   *archivist*

Danach folgt ein Auszug° aus dem Buch *Die Deutschen pauschal*, in dem wir erfahren, wie schwer es den Deutschen fällt, Smalltalk zu machen, und worüber sie eigentlich viel lieber sprechen.   *excerpt*

„Unser Ausland!"

So fing es an: „Entschuldigung, ich möchte lieber englisch sprechen!" – das war der einzige deutsche Satz, den ich auswendig konnte, als ich mich beim Konsulat in Boston um eine Stelle bewarb, für die solide Deutschkenntnisse eigentlich als Voraussetzung° galten. Aber nicht einmal diesen Satz brachte ich fehlerfrei heraus. Zu meinem Erstaunen bekam ich den Job trotzdem. Man schickte mich zunächst als Fremdsprachenassistent nach Essen ... Heute spreche ich, wenn ich in Deutschland bin, sogar mit hier lebenden Amerikanern prinzipiell deutsch, weil ich mich dabei wohler fühle. ...

Die Deutschen organisieren gerne, das entspricht ihrer systematischen Mentalität. Und so sind Vereine als Form der Freizeitorganisation wohl eine typisch deutsche Erscheinung°, egal, ob es Karnevalsvereine oder linke Politgruppen° sind. ...

In Amerika ... gibt es [statt der Vereine] Clubs oder Initiativen, die sich von selbst wieder auflösen°, wenn das gemeinsame Ziel erreicht ist[1]. Manchmal sieht man an Freeways diese lustigen Schilder, die verkünden°, daß die Zahnärztevereinigung diesen Abschnitt° reinigt°, den nächsten die Pfadfinder° oder die örtliche° Synagoge. In den USA kommen gesellschaftliche Bewegungen eher von unten in Gang°, in Deutschland dagegen wartet man oft auf die Initiativen von oben.

Durch dieses andere Verhältnis zum Staat wird hier weitgehend akzeptiert, was mir als Amerikaner wie ein Eingriff° in meine persönliche Sphäre vorkommt: daß man seine Adresse bei der Polizei angeben muß, immer einen Personalausweis bei sich tragen soll und es dem Staat überläßt, Kirchensteuern° einzutreiben°. ...

Wenn in Deutschland der Service vielerorts nicht oder noch nicht funktioniert, hat das vielleicht mit der noch sehr starren° Klassengesellschaft zu tun. Durch Leistung° allein ist es hier nicht so einfach möglich, seine Position zu verbessern. In Amerika könnte ich mit meiner Ausbildung theoretisch Leiter° der Library of Congress werden – in Deutschland dagegen müßte ich, um in eine entsprechende Position zu kommen, erst noch promovieren° und sehr lange warten. Am Ende käme sicher jemand, der mich auf meinen Platz zurückverweist°. Das kann zwar sehr unbefriedigend° sein, sorgt aber andererseits für eine Stabilität, die es in Deutschland noch gibt und die ich sehr schätze°.

Wenn man, wie in den USA, ständig alle Werte wechselt, entsteht das Gefühl, neuen Idealen immer nur hinterherzurennen und etwas zu verpassen. Die Deutschen haben ihre dauerhaften° Prinzipien und gehen passend dazu davon aus, ihre Persönlichkeit immer gleichbleibend präsentieren zu müssen. Deswegen fällt ihnen das *stroking* so schwer, der nette und oberflächliche Small talk mit Kollegen zum Beispiel, der sich einfach nicht verträgt° mit deutschem Tiefsinn°.

Weil ich als Amerikaner darin recht geübt bin, bekomme ich in Gesprächen immer mal wieder zu spüren, daß mich ... [Leute] so von der Seite ansehen, als zweifelten sie daran, daß Amerikaner zu tiefgreifenden° Gedanken überhaupt in der Lage sind.

Interview von DOROTHEE WENNER

Voraussetzung prerequisite   **Erscheinung** phenomenon   **Politgruppen** political groups
auflösen disband   **verkünden** announce   **Abschnitt** section   **reinigt** cleans up
Pfadfinder boy scouts   **örtliche** local   **in Gang kommen** to get going   **Eingriff** intrusion   **Kirchensteuern** church taxes   **einzutreiben** collect   **starren** rigid
Leistung achievement   **Leiter** head   **promovieren** get a Ph.D.   **zurückverweist** send back   **unbefriedigend** unsatisfactory   **schätze** value   **dauerhaften** durable
verträgt goes along with   **Tiefsinn** profundity   **tiefgreifenden** far-reaching

---

[1]Normalerweise gelten in einem Verein folgende Regeln: Leute werden formal Mitglieder, zahlen Mitgliedsbeiträge *(membership dues)* und müssen beim Verlassen des Vereines schriftlich kündigen *(give written notice)*.

Skizze: Zeidenitz-Barkow: „Small Talk"

CD3–11

„Small talk" ist ein Ausdruck, für den es im Deutschen
keine Entsprechung° gibt. Die Vorstellung, daß man eine Äußerung° von
sich geben könnte, die nicht von welterschütternder° Gedankenschwere
wäre, ist schlichtweg° undenkbar.

5 Für die englische Angewohnheit°, sich stundenlang über das Wetter zu
unterhalten, können die Deutschen nur ein müdes Lächeln erübrigen°.

Statt dessen lieben die Deutschen ausgiebige° Diskussionen über
den enormen Streß, dem sie ausgesetzt° sind, und über den Druck, dem
sie andauernd° bei ihrer Arbeit unterliegen°, die Härten des Daseins°
10 allgemein, die zunehmende° Kompliziertheit des Lebens, Krisen, Krankheiten, Weltuntergang° und andere erbauliche° Themen.

Weitere beliebte Gesprächsthemen sind der bevorstehende° Urlaub
und wie sehr man ihn benötigt°, wie hart man letzte Woche arbeiten
mußte, warum man jetzt wirklich einen Urlaub braucht, warum man
15 diese Woche noch härter arbeiten muß …

Die höfliche Frage „Wie geht's?", die in anderen Ländern nur der
Form halber° gestellt wird, beantwortet der Deutsche mit einem
umfassenden° Vortrag über den gesundheitlichen Zustand sämtlicher°
Körperteile und Funktionen in allen medizinischen Einzelheiten. Wer es
20 nicht so genau wissen will, sollte besser gar nicht erst fragen.

Unorganisiert

Ausländische Jugendliche sind weitaus weniger organisiert als die Deutschen: 43 Prozent der jugendlichen Deutschen gehören mindestens einem Verein oder einem Verband an. Bei den Ausländern sind es dagegen 31,8 Prozent.
Shell-Jugendstudie 2000

Entsprechung *equivalent* **Äußerung** *remark* **welterschütternder** *earth-shattering*
schlichtweg *absolutely* **Angewohnheit** *habit* **erübrigen** *manage* **ausgiebige**
extensive **ausgesetzt** *exposed to* **andauernd** *continually* **unterliegen** *are under*
Daseins *existence* **zunehmende** *increasing* **Weltuntergang** *end of the world*
erbauliche *uplifting* **bevorstehende** *approaching* **benötigt** *needs* **halber** *for the
sake of* **umfassenden** *comprehensive* **sämtlicher** *all of the*

Zum Text

B **Zum Inhalt**

1. Wieso kann Randy Kaufman so gut Deutsch? Warum spricht er auch mit Amerikanern deutsch?

2. Randy Kaufman erwähnt einige Eigenschaften und Gewohnheiten, die er für typisch deutsch hält. Suchen Sie die Wörter oder Beschreibungen in seinem Bericht, die folgende Punkte bestätigen°: *bear out*

   a. systematische Mentalität

   b. anderes Verhältnis zum Staat als in den USA

   c. starre Klassengesellschaft

   d. Stabilität

   e. deutscher Tiefsinn

Hallo, was gibt's Neues? Eine Gruppe von Freunden beim Gespräch im Uni-Café in Freiburg

3. Welche Eigenschaften erwähnt Kaufman, die dem Selbstbild der Deutschen im Schaubild ähnlich sind?

4. Kaufman vergleicht manchmal deutsche und amerikanische Gewohnheiten und Eigenschaften. Stellen Sie zwei Listen zusammen – eine Liste mit Eigenschaften und Verhaltensweisen°, die er für typisch deutsch hält, und eine mit Eigenschaften, die seiner Meinung nach typisch amerikanisch sind.

behaviors

5. Warum gibt es im Deutschen keinen Ausdruck für „small talk"? Welche Gründe dafür finden Sie in den beiden Texten?

6. Worüber sprechen die Deutschen? Worüber sprechen die Amerikaner?

C Rollenspiel. Spielen Sie mit Ihrer Partnerin/Ihrem Partner ein Gespräch auf einer Party zwischen Randy Kaufman und einer/einem Deutschen. Randy macht Smalltalk.

Berichte: Tübinger Austauschstudenten berichten

Vor dem Lesen „Wer von außen kommt, hat oft den besseren Überblick über Sitten° und Traditionen eines Landes," heißt es. Diese Ansicht verdeutlicht° auch der folgende Bericht von zwei amerikanischen Austauschstudenten an der Universität Tübingen. Diese Austauschstudenten haben nicht nur eine andere Kultur kennen gelernt, sondern haben sie auch in Beziehung zu den Sitten und Gebräuchen° in ihrer eigenen Heimat gesetzt.

customs

elucidates

customs

Geschlossene Türen in der Wohnung sind ganz typisch in Deutschland.

Unterschiede zwischen Deutschland und den USA

Die Unterschiede zwischen Deutschland und den USA sind nicht groß, aber es gibt manche Unterschiede, die man im Alltag findet. Zum Beispiel: Türen. Als ich zum ersten Mal in mein Wohnheim gekommen bin, habe ich zwei von meinen Mitbewohnern kennengelernt. Sie
5 grüßten mich herzlich und zeigten mir, wo alles war. Ich war sehr müde nach meiner langen Reise und ich mußte eine Checkliste in fünf Minuten ausfüllen und meinem Hausmeister° geben. Ich hatte mich *custodian* entschuldigt und ging in mein Zimmer. Alles war in Ordnung. Ich ging nach unten und wieder nach oben. Als ich nach oben ging, sah ich nie-
10 manden. Der Flur° war leer und still. Die Türen waren geschlossen. Ich *corridor* dachte, vielleicht gab es einen Feueralarm, den ich nicht gehört habe. Nein, kein Alarm. Ich ging in mein Zimmer und packte meine Sachen aus. Meine Tür blieb offen, falls° jemand rein° wollte. Später sah ich *in case / rein = herein* meine Nachbarin in der Küche, und ich fragte sie, warum alle Türen
15 geschlossen waren. Sie meinte, daß ich eine komische Frage gestellt hatte, aber ich meinte es im Ernst.

Sie sagte, daß es normal ist, die Tür immer zu schließen.

Geschlossene Türen, zumindest° für mich, zeigen, daß man in Ruhe *at least* gelassen werden möchte oder daß man etwas zu verstecken hat.
20 Eine offene Tür zeigt Offenheit, Vertrauen und Willkommen. Obwohl es keine Tradition ist, hier die Türen offen zu lassen, lasse ich meine Tür immer offen, um zu zeigen, daß ich für jemanden da bin.

ALEXANDER SÁENZ

Nie war ich so amerikanisch wie in Deutschland

Es kommt mir vor, als ob ich in Deutschland eine hundertprozentig leicht erkennbare Amerikanerin bin. Zu Hause merke ich es kaum. Ich bin nicht besonders patriotisch. Ich trage keine amerikanische Fahne°. *flag* Ich singe in der Dusche nicht die Nationalhymne.
5 Trotz all dieser Punkte identifizieren mich fast alle, die ich hier ken- nenlerne, hauptsächlich als „die Amerikanerin".

Vielleicht die kleine Amerikanerin oder die lustige Amerikanerin, aber trotzdem amerikanisch. Sie finden, daß alles, was ich tue, amerikanisch ist oder sehr typisch aussieht.
10 Die verstehen nicht, daß ich mich mehr als Schwester, Freundin, Germanistikstudentin°, Liberale, Broccoli-Hasser°, Feministin, Ski- *German studies student /* fahrer … oder Schokoladenabhängige° identifiziere. Ich hätte es viel *hater / chocolate addict* lieber, daß sie mich mit einer dieser Eigenschaften verbinden, statt mit so etwas Allgemeinem wie „amerikanisch".
15 Vielleicht haben sie aber auch recht. Ich esse Erdnußbutter° und *peanut butter* Marmeladen-Sandwiches. Ich spreche Deutsch mit einem Akzent und mache natürlich auch Fehler. Ich trage auch amerikanische Kleider.

Ich möchte mich aber wirklich von ihren blöden Stereotypen trennen. Dem lauten, … freundlichen, oberflächlichen Fernseh-Kucker°, an den viele denken, wenn sie das Wort „Amerikaner" hören. Vielleicht wird sich dieser Stereotyp mit der Zeit ja ändern.

20

N. German for **Gucker (gucken)**

KERRY WEST

Zum Text

D Zum Inhalt

1. Welchen Unterschied zwischen Deutschland und den USA versteht Alexander Sáenz nicht?

2. Was bedeuten für Alexander offene Türen? Was bedeuten für ihn geschlossene Türen?

3. Kerry West stellt sich in Ihrem Bericht selbst vor. Beschreiben Sie sie. Denken Sie an: a. ihr Studium; b. Essen; c. Sportinteressen; d. Politik.

4. Warum stört es Kerry West so sehr, wenn Leute sie als „die Amerikanerin" sehen?

5. Aus der Perspektive von Kerry West zeigen die Deutschen ihr gegenüber stereotypes Denken. Welche Stereotypen nennt Kerry?

E Zur Diskussion/Zum Schreiben.
Diskutieren Sie über das Thema: geschlossene Türen zu Hause und bei der Arbeit. Suchen Sie mögliche Gründe, warum so viele Deutsche die Türen schließen und so viele Amerikaner sie offen lassen. Denken Sie an: a. Geografie; b. Einwohnerzahl; c. Häuser; d. Städte. Gibt es andere Gründe?

F Rollenspiel.
Sie sind Austauschstudentin/Austauschstudent in Deutschland. Ihre Partnerin/Ihr Partner ist Deutsche/Deutscher. Sie klagen° beide über das stereotype Bild, das Leute aus anderen Ländern von Ihnen haben. Spielen Sie die Szene.

complain

„Mein Ideal? Frei denken wie eine Deutsche und sich höflich benehmen wie eine Vietnamesin."

Tran Van Ngoc, Berlin.

Tran Van Ngoc ist in Vietnam geboren und kam mit sieben Jahren nach Deutschland.

G **Empfindungswörter.** Lesen Sie sich selbst das folgende Gedicht vor, indem Sie versuchen für jede Zeile den richtigen Ton zu treffen. Schreiben Sie für jede Zeile Ihre Interpretation.

Dortmund: Balkon mit Blumen

CD3-14

empfindungswörter

aha die deutschen
ei die deutschen
hurra die deutschen
pfui die deutschen
5 ach die deutschen
nanu die deutschen
oho die deutschen
hm die deutschen
nein die deutschen
10 ja ja die deutschen

RUDOLF OTTO WIEMER

Autobahn im Spessart

Vermischtes

1. Eine der größten ethnischen Gruppen in den USA sind die 43 Millionen deutschstämmigen° Amerikaner. (15 Prozent der Gesamtbevölkerung°)

with German roots
total population

2. **Eigentumswohnungen°.** Deutschland und die Schweiz haben die niedrigste Eigentumsquote° aller europäischen Länder. 42,8 Prozent aller Haushalte in Deutschland und 36 Prozent in der Schweiz sind in Eigentumswohnungen. In Spanien und Norwegen sind es 86 Prozent. Die Quote in den USA sind 70 Prozent, in Kanada 67,5 Prozent.

condominiums
rate of home ownership

3. **Pünktlichkeit.** Die bekannte deutsche Pünktlichkeit spielt bei der Deutschen Bahn eine Rolle. Bei einer Verspätung° von mehr als 60 Minuten bekommt der Fahrgast 20 Prozent des Fahrpreises zurück.

late arrival

4. **Blumen.** In Deutschland sieht man überall Blumen, ob auf den Balkons, vor den Fenstern oder in den Parks. Die Deutschen geben europaweit das meiste Geld für Blumen aus. In einem Jahr kauft jeder Deutsche Blumen oder Pflanzen für 81 Euro.

5. **Autobahnen.** Deutschland hat nach den USA das größte Autobahnnetz der Welt (11 427 Kilometer).

6. **Staus°.** In Deutschland sind Staus ein Teil des normalen Lebens. Zu Beginn eines Feiertages oder der Schulferien im Juli müssen Autofahrer Staus von 45–50 Kilometern erwarten.

traffic jams

Wortschatz

Substantive

der **Austauschstudent, -en, -en**/die **Austauschstudentin, -nen**   exchange student

der **Ausweis, -e**   identity card

der **Bewohner, -**/die **Bewohnerin, -nen**   inhabitant

der **Druck**   pressure

  unter Druck stehen   to be under pressure

  jemanden unter Druck setzen   to put pressure on someone

die **Eigenschaft, -en**   quality; characteristic

die **Einzelheit, -en**   detail

die **Fremdsprache, -n**   foreign language

der **Mitbewohner, -**/die **Mitbewohnerin, -nen**   fellow occupant

die **Ordnung**   order; routine; rules

die **Persönlichkeit, -en**   personality

das **Schild, -er**   sign

das/der **Stereotyp, -en**   stereotype

das **Verhältnis, -se**   relationship; affair; condition

der **Vortrag, ⸚e**   lecture

das **Wohnheim, -e**   residence hall

Verben

entsprechen (entspricht; entsprach, entsprochen) (+ *dat.*)   to correspond to

entstehen (entstand, ist entstanden)   to come into being; to arise

klagen   to complain

verbessern   to improve; to correct

verstecken   to hide, to conceal

zweifeln   to doubt

  zweifeln an (+ *dat.*)   to have doubts about

  ich zweifle daran   I doubt it

Andere Wörter

auswendig   by heart, by memory

blöd(e)   silly, stupid

erstaunt   astonished, amazed

hauptsächlich   mainly

oberflächlich   superficial

H **Vokabeln.** Ergänzen Sie die Sätze mit Wörtern aus der Vokabelliste. Achten Sie bei den Verben auf die richtige Form.

1. Wenn man im Ausland studieren oder arbeiten möchte, ist es wichtig, dass man mindestens eine _____ lernt.

2. Weil Austauschstudenten viele andere Studenten kennen lernen wollen, mieten sie meistens ein Zimmer in einem _____.

3. Von ihren _____ können sie dann viel über den deutschen Studienalltag erfahren.

4. Ein typisches Fremdbild von den Deutschen ist, dass sie Disziplin und _____ sehr schätzen°.   *value*

5. In Deutschland _____ allerdings auch manche Leute darüber, dass viele Deutsche heute unordentlich und undiszipliniert sind.

6. Das _____ von verschiedenen Minderheiten in einer multikulturellen Gesellschaft ist häufig nicht konfliktlos.

7. Viele Konflikte _____ dadurch, dass die verschiedenen Nationalitäten oft nicht miteinander kommunizieren.

8. Schwere Vokabeln in einer Fremdsprache sollten am besten von den Studenten aufgeschrieben und _____ gelernt werden.

9. Manche Ausländer in Deutschland _____ daran, dass sie Deutsch jemals perfekt schreiben und sprechen können.

I **Definitionen.** Welche Wörter aus der Vokabelliste passen zu den folgenden Bedeutungen?

1. besser machen
2. etwas, das eine Person oder ein Ding charakterisiert
3. ein Klischee
4. die Menschen, die in einem Gebäude, einer Stadt oder einem Land wohnen
5. die Beziehung
6. wenn man etwas nicht zeigt, sondern versucht, dass andere etwas nicht sehen
7. ein kleiner Teil von einem Ganzen, eine Facette, ein Detail
8. eine Rede über ein bestimmtes Thema
9. die charakteristischen Eigenschaften eines Menschen
10. vor allem, besonders
11. ein offizielles Dokument mit Angaben über eine Person
12. eine Reaktion auf etwas Unerwartetes, überrascht
13. dumm; langweilig
14. zu etwas passen oder etwas ähnlich sein
15. nicht sehr tief, nicht sehr intensiv

Grammatik im Kontext

J **Relativsätze.** Suchen Sie im Text „Small talk" und in den Berichten der Tübinger Austauschstudenten die Relativsätze, die den folgenden Sätzen entsprechen. Nennen Sie das Bezugswort, das Relativpronomen und den Fall und die Funktion des Pronomens. *(Siehe Kapitel 9.)*

A. Small talk

1. Zeile 1–2: „Small talk" ist ein Ausdruck im Englischen. Für diesen Ausdruck gibt es im Deutschen keine Entsprechung.

2. Zeile 2–4: Die Deutschen geben nur Äußerungen von welterschütternder Gedankenschwere von sich. Eine andere Art von Äußerung wäre für sie undenkbar.

3. Zeile 7–8: Die Deutschen diskutieren lange über Stress. Sie sind diesem Stress ausgesetzt.

4. Zeile 8–9: Sie sprechen auch gern über den Druck bei der Arbeit. Sie unterliegen diesem Druck andauernd.

B. Tübinger Austauschstudenten berichten

5. Sáenz, Zeile 1–2: Zwischen Deutschland und den USA gibt es manche Unterschiede. Man findet die Unterschiede im Alltag.

6. Sáenz, Zeile 10–11: Ich dachte, vielleicht gab es einen Feueralarm. Ich habe den Alarm aber nicht gehört.

7. West, Zeile 5–6: Ich lerne die Leute hier kennen. Fast alle identifizieren mich als Amerikanerin.

8. West, Zeile 8–9: Ich tue etwas. Die Deutschen finden alles amerikanisch.

K **Geschlossene Türen.** Verbinden Sie die Sätze, indem Sie statt der fett gedruckten Wörter Relativpronomen benutzen.

1. Alexander war Austauschstudent. **Er** verbrachte ein Jahr an der Universität Tübingen.

2. Im Wohnheim war ein Hausmeister. Alexander musste **dem Hausmeister** am ersten Tag eine Checkliste geben.

3. Dann ging Alexander auf den Flur. **Der Flur** war leer und still.

4. Aber die Türen der Studenten waren alle geschlossen. **Das** fand Alexander sehr komisch.

5. Es gibt zwischen Deutschland und den USA doch einige Unterschiede. **Die Unterschiede** findet man im Alltag.

Was meinen Sie?

L Zur Diskussion/Zum Schreiben

1. Eine Austauschstudentin aus Deutschland bereitet sich auf ein Studium an Ihrer Universität vor. In einer E-Mail an Sie möchte sie wissen, was sie zu erwarten hat. Was ist in Ihrer Heimat anders? Entscheiden Sie in einer Gruppe, was Sie der Studentin sagen wollen. Stellen Sie eine Liste von 10 Punkten auf.

2. Stellen Sie eine Liste von deutschen Stereotypen auf, die in Ihrer Heimat verbreitet sind. Was meinen Sie, woher diese Stereotypen kommen?

3. Wie Sie wissen, gibt es stereotypes Denken nicht nur zwischen Nationen, sondern auch innerhalb von Nationen, nämlich zwischen den Geschlechtern°, verschiedenen sozialen Gruppen, Berufssparten°, Generationen usw. Diskutieren Sie in einer Gruppe darüber, was man gegen stereotypes Denken machen kann.

4. Weitere Aktivitäten finden Sie auf der *Kaleidoskop* Webseite.

Stereotypen sind ein Thema der Webseite, The Instant Germanizer (*www.germanizer.com*), die in englischer Sprache und mit viel Humor die Alltagskultur in Deutschland darstellt.

genders / types of work

Online Study Center

Literarische Werke

Gedicht: Anders II

Rose Ausländer

Rose Ausländer was born in 1907 into a German-speaking Jewish family in Czernowitz (at that time in Austria, today in Romania). At the age of 20 she emigrated to the United States and became a U.S. citizen, but she returned to Czernowitz in 1931. In 1941 the Nazis occupied Czernowitz, but Ausländer and her mother were among the ten percent who managed to survive in the Jewish ghetto. The Jews were freed when the Russians occupied Czernowitz in 1944. In 1946 she returned to New York, working as a translator, but went back to Germany in 1965, settling in Düsseldorf, where she died in 1988.

Her work as a lyric poet has brought her considerable recognition and numerous literary prizes. Her ten poetry collections and her short prose texts reflect concerns that are often related to her personal experiences: war and alienation, home and childhood, homelessness and exile, Judaism and the Holocaust, identity and language, love and death.

Anders II

Es ist alles
anders geworden

oder sind wir es
die anders wurden

5 oder ist alles Andere
anders
als wir es sehen

Kurzgeschichte: Die grüne Krawatte

Arthur Schnitzler

Arthur Schnitzler (1862–1931) was trained as a physician, and like his Viennese contemporary, Sigmund Freud, he studied the complexities of human beings and their relationships. He observes human actions carefully and describes them with a certain detachment that leaves judgment and interpretation up to the reader. Although Schnitzler wrote several novels, his talent for describing the subtleties of human thought and action reveals itself best in his short stories and plays.

Schnitzler's world is that of Vienna at the turn of the century, with its atmosphere of overrefinement, an era that was to disappear with the end of World War I.

In "Die grüne Krawatte," a young man's elegant dress causes ambivalent feelings in others—a desire to imitate, but also feelings of envy, mistrust, and dislike of anything that is different. Thus the story reveals the same forces acting on a personal level that operate on a national level to produce prejudice, envy, and mistrust.

Zum Thema

1. Was sind die Vor- und Nachteile des Lebens in einer Kleinstadt, wo jeder jeden kennt?
2. Inwiefern beeinflusst die Kleidung eines Menschen den Eindruck, den man von ihm bekommt?

Leitfragen

In der Geschichte „Die grüne Krawatte" ist Herr Cleophas immer sehr elegant gekleidet. Achten Sie beim Lesen darauf, wie die Leute auf Herrn Cleophas reagieren. Wie reagieren sie, als er zum zweiten Mal eine grüne Krawatte trägt? Wie, als er eine blaue Krawatte trägt? Wie reagieren die Leute, die keine so schöne Krawatte haben wie Herr Cleophas?

Die grüne Krawatte

Ein junger Herr namens Cleophas wohnte zurückgezogen°
in seinem Hause nah der Stadt.
Eines Morgens wandelte ihn die
5 Lust an°, unter Menschen zu
gehen. Da kleidete er sich wohl-
anständig° an wie immer, tat
eine neue grüne Krawatte um°
und begab° sich in den Park. Die
10 Leute grüßten ihn höflich, fanden, daß ihm die grüne Krawatte
vorzüglich° zu Gesicht stehe°,
und sprachen durch einige Tage
mit viel Anerkennung° von der
15 grünen Krawatte des Herren
Cleophas. Einige versuchten, es
ihm gleichzutun°, und legten
grüne Krawatten an wie er –
freilich waren sie aus gemeine-
20 rem° Stoff und ohne Anmut°
geknüpft°.

Max Beckmann: **Selbstbildnis mit steifem Hut,**
1921

Bald darauf machte Herr Cleophas wieder einen Spaziergang durch
den Park, in einem neuen Gewand°, aber mit der gleichen grünen Krawatte. Da schüttelten einige bedenklich° den Kopf und sagten: „Schon
25 wieder trägt er die grüne Krawatte ... Er hat wohl keine andere ...“ Die
etwas nervöser waren, riefen aus: „Er wird uns noch zur Verzweiflung°
bringen mit seiner grünen Krawatte!“

Als Herr Cleophas das nächste Mal unter die Leute ging, trug er
eine blaue Krawatte. Da riefen einige: „Was für eine Idee, plötzlich mit
30 einer blauen Krawatte daher zu kommen?“ Die Nervöseren aber riefen
laut: „Wir sind gewohnt, ihn mit einer grünen zu sehen! Wir brauchen es
uns nicht gefallen zu lassen, daß er heute mit einer blauen erscheint!“
Aber manche waren sehr schlau und sagten: „Ah, uns wird er nicht
einreden°, daß diese Krawatte blau ist. Herr Cleophas trägt sie, und
35 daher ist sie grün.“

Das nächste Mal erschien Herr Cleophas, wohlanständig gekleidet
wie immer, und trug eine Krawatte vom schönsten Violett. Als man ihn
von weitem kommen sah, riefen die Leute höhnisch° aus: „Da kommt
der Herr mit der grünen Krawatte!“

40 Besonders gab es eine Gesellschaft von Leuten, der ihre Mittel
nichts anderes erlaubten, als Zwirnsfäden° um den Hals zu schlingen°.
Diese erklärten, daß Zwirnsfäden das Eleganteste und Vornehmste
seien, und haßten überhaupt alle, die Krawatten trugen und besonders
Herrn Cleophas, der immer wohlanständig gekleidet war und schönere

secluded

*wandelte ... an: he was
seized with the desire*
respectably
tat um: put on
went

*excellently / zu ... stehe:
suited*
appreciation

to imitate

more common / here: flair
knotted

suit of clothes
critically

despair

convince

scornfully

pieces of yarn / twist

45 und besser geknüpfte Krawatten trug als irgendeiner. Da schrie einmal
der Lauteste unter diesen Menschen, als er Herrn Cleophas des Weges°
kommen sah: „Die Herren mit der grünen Krawatte sind Wüstlinge°!"
Herr Cleophas kümmerte sich nicht um ihn und ging seines Weges.

Als Herr Cleophas das nächste Mal im Park spazierenging, schrie
50 der laute Herr mit dem Zwirnsfaden um den Hals: „Die Herren mit der
grünen Krawatte sind Diebe!" Und manche schrien mit. Cleophas
zuckte die Achseln und dachte, daß es mit den Herren, die jetzt grüne
Krawatten trugen, doch weit gekommen sein° müßte. Als er das dritte
Mal wieder kam, schrie die ganze Menge, allen voran° der laute Herr
55 mit dem Zwirnsfaden um den Hals: „Die Herren mit der grünen
Krawatte sind Meuchelmörder°!" Da bemerkte Cleophas, daß viele
Augen auf ihn gerichtet° waren. Er erinnerte sich, daß er auch öfters
grüne Krawatten getragen hatte, trat auf den Gesellen° mit dem
Zwirnsfaden zu und fragte: „Wen meinen Sie denn eigentlich? Am Ende
60 mich auch?" Da erwiderte° jener: „Aber, Herr Cleophas, wie können
Sie glauben –? Sie tragen doch gar keine grüne Krawatte!" Und er
schüttelte ihm die Hand und versicherte ihn seiner Hochachtung°.

Cleophas grüßte und ging. Aber als er sich in gemessener
Entfernung befand°, klatschte der Mann mit dem Zwirnsfaden in die
65 Hände und rief: „Seht ihr, wie er sich getroffen fühlt°? Wer darf jetzt
noch daran zweifeln, daß Cleophas ein Wüstling, Dieb und
Meuchelmörder ist?!"

des Weges: on the way
lechers

weit ... sein: have come to
a fine state of affairs /
led by

assassins
directed
fellow

replied

esteem

sich ... befand: found
himself at a proper
distance / *sich ... fühlt:*
feels he's meant

Zum Text

 Zum Inhalt

1. Wie nennen die Leute Cleophas? Warum?
2. Warum passt der Name nicht so richtig?
3. Warum sind die Leute neidisch auf Cleophas?
4. Warum sehen die Leute nicht mehr, dass Cleophas dann später blaue und violette Krawatten trägt?
5. Wie argumentieren die Leute mit den Zwirnsfäden?
6. Cleophas hat als einziger einen Namen in der Geschichte. Wer sind die anderen? Welche Wörter benutzt der Autor für sie?

B **Suchen Sie die Wörter.**

1. Suchen Sie die Wörter oder Sätze, die das Verhalten von Herrn Cleophas beschreiben.
2. Suchen Sie die Wörter und Sätze, die Cleophas kritisieren.

C Zur Diskussion/Zum Schreiben

1. Warum heißt die Geschichte „Die grüne Krawatte" und nicht „Cleophas"?
2. Warum merkt Herr Cleophas nicht, dass er die Leute verärgert?
3. Wie hätte Herr Cleophas sich kleiden müssen, um den Leuten zu gefallen?
4. Was hat diese Geschichte mit dem Thema Stereotypen zu tun?

   Stichwörter: Vorurteile, Neid°, Misstrauen

envy

Wortschatzübungen 2

Wortschatz

Substantive

die **Achsel, -n**   shoulder
  die **Achseln zucken**   to shrug one's shoulders
der **Dieb, -e**   thief

Verben

aus·rufen (rief aus, ausgerufen)   to exclaim; to call out
erlauben (+ *dat.*)   to permit
hassen   to hate
klatschen   to clap
schreien (schrie, geschrien)   to shout, cry out
schütteln   to shake
versichern (+ *dat.*)   to assure

Andere Wörter

bald darauf   soon afterwards
freilich   of course
gewohnt   usual; accustomed to;
  ich bin es gewohnt   I am used to it
nervös   nervous
schlau   clever, smart; sly
vornehm   distinguished; elegant; fashionable

D Kleider machen Leute. Setzen sie die Vokabeln aus der Vokabelliste ein.

Ein gewisser Herr Meyer war (1) _____ sonntags einen Spaziergang im Park zu machen. Die Leute sahen ihn gern, denn er war höflich und freundlich und war immer einfach gekleidet wie sie. Eines Tages kam er zu etwas Geld. Dieses Geld (2) _____ ihm, sich bessere Kleidung zu kaufen. (3) _____ _____ erschien er elegant gekleidet im Park. Am ersten Sonntag fanden die Leute, dass Herr Meyer sehr (4) _____ aussah. Am nächsten Sonntag erschien er wieder in einem neuen Anzug.

Diesmal (5) _____ einige Leute den Kopf und zuckten die (6) _____.
Andere aber (7) _____ Leute, die anders waren, (8) _____ in die
Hände und (9) _____ _____: „Ach, Herr Meyer, was machen Sie
denn unter gemeinen Leuten?" Herr Meyer wurde (10) _____, denn
ein Mann begann laut zu (11) _____: „Wir sind einfache Leute,
aber wir stehlen nicht. Wir sind keine (12) _____." Herr Meyer
(13) _____ ihnen, er hätte nichts gestohlen. Aber die Leute wollten
nicht auf ihn hören. Und als Herr Meyer später nicht wieder in den Park
kam, sagten die Leute: „Wer zweifelt jetzt noch daran, dass Herr Meyer
sich zu fein ist, um unter einfachen Menschen spazieren zu gehen!"

E **Nicht verwechseln!** Ergänzen Sie die Sätze.

sich gewöhnen an • gewohnt • die Gewohnheit • gewöhnlich

1. Ein komisch gekleideter Mann hatte _____ _____ nachmittags einen
   Spaziergang zu machen.
2. Er ging _____ im Park spazieren.
3. Er war auch _____ eine Weile unter einem bestimmten Baum zu sitzen
   und die Leute zu grüßen.
4. Mit der Zeit _____ _____ die Leute im Park an ihn.

Suffixe *-heit* und *-keit*

The suffix **–heit** can be added mainly to adjectives to form abstract nouns that
designate a condition or characteristic: **sicher > die Sicherheit.** The suffix
–keit is used instead of **–heit** after adjectives ending in **–bar, –ig, –lich,** and
–sam: freundlich / die Freundlichkeit. Nouns ending in **–heit** and **–keit**
are feminine and form the plural by adding **–en.**

F **Wortbildung.** Bilden Sie jeweils ein Substantiv aus den folgenden
Wörtern und nennen Sie englische Äquivalente für die Adjektive und die verwandten Substantive.

1. ähnlich
2. aufmerksam
3. bestimmt
4. deutlich
5. ehrlich
6. ewig
7. höflich
8. regelmäßig
9. schlau

Was meinen Sie?

G **Was ist wichtig?** Was halten Sie bei Freunden und Bekannten für wichtig? Was ist unwichtig? Beschreiben Sie eine Freundin oder einen Freund.

Wortkasten

sieht gut aus	höflich	fleißig	gesund
sauber gekleidet	ehrlich	humorvoll	intelligent
gut gekleidet	stark	unterhält sich gern	kultiviert
groß	freundlich	nett	informiert
hat eine eigene Meinung	sportlich	vorurteilslos	

H **Zur Diskussion/Zum Schreiben**

1. Die Erwartungshaltung° spielt bei stereotypem Denken eine große Rolle. Vergleichen Sie die jeweiligen Erwartungen in den Texten „Geschäftstarnungen" und „Die grüne Krawatte". *attitude based on assumptions*

2. Was haben das Märchen „Die sieben Raben" und „Die grüne Krawatte" gemeinsam?

   a. Was für märchenhafte Elemente erkennen Sie in beiden?

   b. Vergleichen Sie die Reaktion der Menschen im Märchen mit den Reaktionen der Leute in „Die grüne Krawatte".

3. Welche Unterschiede gibt es zwischen Cleophas und Herrn Altenkirch in ihren Beziehungen zu ihren Mitmenschen?

4. Finden Sie etwas über Wien heraus und berichten Sie darüber. Sie können in einem Buch nachlesen oder im Internet suchen.

Thema 10

Umwelt

Wind, eine Energiequelle des 21. Jahrhunderts: Windpark in Sachsen-Anhalt

Texte

ZEITSCHRIFTENARTIKEL: Die Kunst der Mülltrennung

ZEITSCHRIFTENARTIKEL: Wüsten werden wachsen

UMFRAGE: „Umweltschutz geht jeden an"

Gedicht

Ruß *Sarah Kirsch*

Kurzgeschichte

Der Bergarbeiter *Heinrich Böll*

Resources

The following icons indicate additional resources available in the program components:

Online Study Center

Go to the *Kaleidoskop, 7e* Online Study Center at *http://college.hmco.com/pic/kaleidoskop7e* for additional practice and cultural exploration.

 Watch the *Kaleidoskop* **Video.**

Go to the **In-Text Audio CDs** to listen to the readings.

Einstieg in das Thema

Die 6,6 Milliarden Menschen, die heute auf der Erde leben, verseuchen° *pollute*
Wasser, Luft und Boden. Viele Menschen fürchten, dass wir die Erde zerstören.
Über eine Milliarde Menschen haben kein sauberes Trinkwasser. Pestizide
verseuchen das Grundwasser. Die Industrienationen mit nur 20 Prozent der
Weltbevölkerung verbrauchen° 80 Prozent der Weltenergie und 70 Prozent der *consume*
Nahrungsmittel°. Weitere Probleme sind die Zerstörung der Ozonschicht und *foodstuffs*
die Luftverschmutzung°. Die Ozonschicht über Europa hat in den letzten *air pollution*
Jahren um 6 bis 8 Prozent abgenommen°. Ein Resultat der Luftverschmutzung *shrunk*
ist, dass der geliebte deutsche Wald langsam stirbt. Das ist für viele Deutsche
eine nationale Katastrophe. Die Deutschen haben ein Wort dafür: „Waldsterben". Circa zwei Drittel aller Bäume in Deutschland sind krank (2005).

Die EU-Länder erzeugen° jährlich insgesamt 2,2 Milliarden Tonnen Müll°. *produce / garbage*
Die große Frage ist nun: Wohin mit dem Müll? Eine Antwort auf die Müllberge
ist Recycling. Deshalb müssen die Menschen in Deutschland den Abfall° sehr *waste*
genau nach bestimmten Kriterien trennen und in besondere Container werfen,
damit er recycelt werden kann.

In den folgenden Texten lesen Sie einen Artikel über die komplexe
Mülltrennung in Deutschland am Beispiel einer Wohngemeinschaft° (WG). Sie *people sharing an apartment*
lernen auch etwas über die Gefahr des globalen Treibhauseffektes°. Es *greenhouse effect*
gibt einen weiteren Text zum Umweltschutz und zu den Plänen und
Maßnahmen°, mit denen wir die Umwelt schützen° können. *measures / protect*

Gedankenaustausch

1. Sehen Sie sich folgende Liste deutscher Umweltsorgen an. Dann versuchen
   Sie, für diese Umweltprobleme Ursachen° anzugeben. Auf Seite 216 kön- *causes*
   nen Sie mögliche Ursachen finden.

   Luftverschmutzung

   Ozonloch

   zu wenig sauberes Trinkwasser

   zu viel Müll

   Waldsterben

   Erwärmung des Klimas

   Kernkraft° *nuclear power*

   Meeresverschmutzung

   Autofahren

   Bodenverseuchung° *ground contamination*

VIDEO View video: T10.1
Der deutsche Wald and T10.2 **Ein Umweltprojekt.**

Der Bayerische Wald

Mögliche Ursachen sind:

a. Fabriken und Autos verbrennen Kohle, Erdöl und Erdgas.

b. Herbizide, Pestizide und Kunstdünger° — *chemical fertilizer*

c. FCKWs (Fluorchlorkohlenwasserstoffe°); das Chlor (Cl) zerstört das Ozon. — *chlorofluorocarbons*

d. Altpapier, Altglas, Altmetalle

e. Müll

f. radioaktiver Müll/Atommüll

g. Verpackungen

h. Kohlendioxid (CO_2)

i. das Fällen von Bäumen (besonders im Regenwald)

j. Industrie

Basel: Markt

2. Stellen Sie eine Liste mit Ihren Umweltsorgen auf. Was ist Ihrer Meinung nach das Umweltproblem Nummer eins? Welche Umweltprobleme stehen noch auf Ihrer Liste ganz oben?

Kulturlesestücke

Zeitschriftenartikel: ## Die Kunst der Mülltrennung

Vor dem Lesen Dieser Zeitschriftenartikel von Kirsten Schlüter beschreibt wie die drei Mitbewohner einer WG alle sieben Wochen die „Große Hausordnung°" in ihrem Mehrfamilienhaus machen und vor allem, welche Probleme sie haben, wenn sie ihren Hausmüll richtig trennen wollen. Machen Sie bei sich zu Hause auch Mülltrennung? Trennen Sie Zeitungen, Glas, Biomüll und Restmüll° voneinander oder werfen Sie alles in den gleichen Müllcontainer? Was halten Sie von Mülltrennung? — *duties of the tenants* / *residual waste (i.e., trash not fitting the other categories)*

Beim Lesen In diesem Text geht es darum, was man mit dem Müll macht. Notieren Sie während des Lesens, was man mit den verschiedenen Müllsorten macht. Was gehört in den Gelben Sack, in den Container, in den Biomüll oder den Restmüll? Was macht man mit dem Altpapier?

CD3–17

Die Kunst der Mülltrennung

Ein großes Schild steht vor
der Wohnungstür von Katrin,
Sabine und Stefan. „Große
Hausordnung" ist darauf zu
5 lesen.

Ein Stöhnen° geht durch
die WG, denn dieses Schild
bedeutet viel Arbeit. Die drei
wohnen in einem Mehrfami-
10 lienhaus mit sieben Mietpar-
teien°, und deshalb heißt es
alle sieben Wochen: den Dach-
boden° fegen°, das ganze Trep-
penhaus° putzen, die Flure°
15 nass wischen und natürlich –
die Restmülltonne° am Mittwochabend an die Straße stellen. Am Donnerstag werden dann die Gelben Säcke abgeholt, und da die WG Pech
hat, kommt die Papierabfuhr° auch gerade in dieser Woche.

Um einen Streit zu vermeiden, haben sich die drei ihre Aufgaben
20 genau aufgeteilt: Katrin ist für den Rest- und den Biomüll zuständig°,
Stefan für den Gelben Sack und Sabine für das Altpapier. Anfangs noch
gut gelaunt, gehen sie an die Arbeit. Pünktlich stellt Katrin am Mittwochabend die schwarzen Tonnen vor die Tür. Doch schon am nächsten Tag
tauchen° die ersten Probleme auf: Sabine hat keine Schnur° zur Hand,
25 um das Papier zu bündeln. Also holt sie es stapelweise° aus dem Keller
und stellt es einfach so an den Straßenrand°. Ob das wohl gut geht?°

Katrin hat inzwischen Ravioli aus der Dose gegessen und sich dazu
eine Flasche Limonade gegönnt°. Doch wohin nun mit dem Müll?
Kommt die Dose in den Gelben Sack oder wird sie separat aufbe-
30 wahrt°? Eins ist klar: Die grüne Flasche steckt Katrin in eine große Tüte
und wird sie bald mit anderen Glasflaschen zum Container bringen.
Allerdings ist das nur zwischen 9 and 19 Uhr möglich, damit die
Nachbarn durch den Krach° beim Einwerfen nicht geweckt werden.
Noch nicht ganz klar ist Katrin, in welchen Behälter° sie die blaue
35 Sektflasche° schmeißen° soll. Sie kann wählen zwischen einem Container für weißes, grünes oder braunes Glas. Blau ist braun am ähnlich-
sten, und so landet die blaue Flasche im Braunglascontainer.

Stefan ist dagegen° ein ganz akribischer° Mülltrenner. Er kann es nicht
leiden, dass seine Mitbewohnerinnen ihre Joghurtbecher nicht mit Wasser
40 ausspülen°, bevor sie diese in den Gelben Sack werfen. Geduldig nimmt
er sich den Plastikmüll noch einmal vor und befreit alle Teile von ihren
Essensresten. Nachdem alle Plastikbecher sauber sind, erledigt° auch
Stefan seine Aufgabe und stellt die Gelben Säcke an die Straße. Natürlich
hat er sich vorher versichert, dass sie ordnungsgemäß° verschnürt° sind.

Für Recycling ist man nie zu jung. (Basel)

groaning

tenants

attic / sweep
stairwell / halls
container for residual trash

paper pickup

responsible

tauchen auf: *turn up /*
cord / pile by pile / curb /
Ob ... geht: *I wonder if*
that will work

treated herself

stored

noise
container
champagne bottle / throw

on the other hand /
meticulous
rinse out

takes care of

according to the rules / tied
up

45　Sabine hat am Abend noch einen Tee getrunken und ist sich nun
nicht sicher, was mit dem Teebeutel° geschehen soll. Soll sie etwa den
Beutel in den Biomüll schmeißen, den Faden° in den Restmüll und das
Aluminiumteil, das beides verbindet, in den Gelben Sack? Das wäre
doch ein bisschen übertrieben°. Sie beschließt kurzerhand°, den Beutel
50　als Ganzes in den Biomüll zu tun, obwohl Stefan strikt dagegen ist.
Und wie zur Strafe folgt die böse Überraschung schon am nächsten
Tag. Der Papiermüll der WG steht immer noch unberührt° auf der
Straße, während die Abfälle der Nachbarn bereits abgeholt wurden.
Die Müllabfuhr nimmt keine losen° Papierstapel mit! Schlecht gelaunt
55　trägt Sabine die Pappen wieder in den Keller.
　　　Auch in der Küche ist dicke° Luft. Ein Streit in der sonst so
friedlichen WG bahnt° sich an. Stefan und Katrin können sich nicht
einigen° ob Eierschalen° nun in den Restmüll oder in den Biomüll
kommen. „Nur wenn man einen eigenen Komposthaufen° hat, kom-
60　men die Eierschalen in den Restmüll, denn sie würden zu lange zum
Verrotten brauchen", erklärt Sabine, die inzwischen aus dem Keller
hochgekommen ist. Das Altpapier liegt wieder sauber gestapelt° im
Abteil° und wartet jetzt einen Monat lang auf den nächsten
Abholtermin. Für den Frieden in der WG ist nur zu wünschen, dass die
65　Mülltrennung bald abgeschafft° wird.

tea bag
string

*overdone / without further
　ado*

untouched

loose

***dicke Luft:** tense
　atmosphere / is looming*
agree / eggshells
compost heap

stacked
partition

abolished

Zum Inhalt

A Fragen zum Text

1. Für welche Aufgaben im Haus ist die WG verantwortlich? Wie oft müssen
　die drei die Aufgaben machen?
2. Wie haben sich die drei die Aufgaben für den Müll aufgeteilt?
3. Warum stellt Sabine das Altpapier einfach an den Straßenrand?
4. Wann darf man das Altglas nicht in den Container einwerfen? Warum darf
　man das nicht?
5. Was macht Stefan, bevor er den Plastikmüll in den Gelben Sack tut?
6. Warum nimmt die Müllabfuhr den Papiermüll der WG nicht mit?
7. Welche Diskussion gibt es um die Eierschalen?
8. In welchen Behälter hätten Sie die Eierschalen, den Teebeutel und die blaue
　Flasche getan?

Österreich: Gelber Sack

B **Wer macht was? Wann? Wie oft?** Ergänzen Sie die Tabelle mit Informationen aus dem Text.

Aufgabe	wie oft (an welchem Tag)	Wohngemeinschaft (wer)
Dachboden fegen	jede Woche	jede 7. Woche (alle)
Restmüll	jede Woche, Mittwochabend	jede Woche (Katrin)
Flaschen		
Altpapier		
Treppenhaus putzen		
der gelbe Sack		

C **Rollenspiel**

1. **Es gibt Streit in der WG.** Stefan ärgert sich, dass das Altpapier jetzt wieder einen Monat lang im Keller liegt. Sabine sagt, dass Stefan viel zu akribisch ist. Wie geht es weiter? Was sagt Stefan? Was sagt Sabine?

2. **Eine Feier in Deutschland.** Ihre Wohngemeinschaft plant eine Party. Planen Sie, was es zu essen und zu trinken geben wird und was Sie nach der Party mit dem Müll machen.

D **Zur Diskussion**

1. Beschreiben Sie, was Sie mit Ihrem Müll machen.
2. Was halten Sie von der Mülltrennung? Hilft sie der Umwelt oder ist die Mülltrennung übertrieben°?   *exagerrated*
3. Sollte Ihrer Meinung nach die Mülltrennung abgeschafft° werden?   *done away with*
4. Besprechen Sie, was man im eigenen Haushalt für die Umwelt tun kann.

Zeitschriftenartikel: Wüsten° werden wachsen

deserts

Vor dem Lesen Das Verbrennen von Erdöl, Kohle und Gas schädigt° nicht nur die Bäume durch sauren° Regen, sondern es erwärmt auch die Erde durch den Treibhauseffekt. Professor Hartmut Graßl, Klimaforscher° am Max-Planck-Institut für Meteorologie in Hamburg, warnt vor den Folgen dieses Treibhauseffekts. Er macht mehrere Vorschläge, wie wir dieser Gefahr begegnen können.

damages
acid
climatologist

Was hat der Titel des Artikels aus dem Magazin *Stern* mit dem Treibhauseffekt zu tun?

CD3–18

Wüsten werden wachsen

Wenn die Menschheit nichts gegen den … TREIBHAUSEFFEKT unternimmt, steigen die Temperaturen bis Ende des nächsten Jahrhunderts global um durchschnittlich drei Grad. Die Folgen: Die Wüsten werden sich ausdehnen° … und der Meeresspiegel° wird um
5 etwa einen halben Meter steigen. Vor allem werden sich die Klimazonen um Hunderte von Kilometern verschieben°. Dadurch wird sich das Artensterben° noch mehr beschleunigen°. Und weil sich die Wälder und Nutzpflanzen° in den armen Ländern der Welt nicht schnell genug der Klimaveränderung anpassen° können, drohen° Hungersnöte°.
10 Um das zu vermeiden, muß der Ausstoß° von Kohlendioxid (CO_2) schleunigst° verringert° werden – vor allem in den reichen Industriestaaten. Denn CO_2, das beim Verfeuern° von Erdöl, Kohle und Gas entsteht, ist der Hauptschuldige für den Treibhauseffekt …
Wir müssen lernen, sparsamer° mit den fossilen Brennstoffen
15 umzugehen°, etwa durch den Ausbau der Fernwärme°, durch bessere Wärmedämmung° beim Hausbau oder die Verlagerung° von Gütertransporten° auf die Schiene° … **HARTMUT GRASSL**

sich ausdehnen expand   *Meeresspiegel* sea level   *sich verschieben* shift
Artensterben dying of species   *sich beschleunigen* accelerate   *Nutzpflanzen* useful
plants   *sich anpassen* adapt   *drohen* threaten   *Hungersnöte* famines   *Ausstoß* output
schleunigst immediately   *verringert* reduced   *Verfeuern* burning   *sparsamer* more
sparingly   *umzugehen* deal with   *Fernwärme* central heating plants
Wärmedämmung insulation   *Verlagerung* transfer   *Gütertransporten* freight
deliveries   *auf die Schiene* onto rail

Zum Text

E **Zum Inhalt**

1. Welche Folgen wird das Steigen der Temperaturen haben?
2. Was passiert, wenn die Wälder und Nutzpflanzen aussterben?
3. Welche Staaten verursachen° die meisten Probleme? *cause*
4. Welche Energiequellen verursachen den Treibhauseffekt?

F **Zur Diskussion/Zum Schreiben.** Wählen Sie eins der drei Themen.

1. Nicht alle Naturwissenschaftler° stimmen mit Professor Graßl überein. Was halten Sie vom Treibhauseffekt? Finden Sie seine Argumente dafür überzeugend? Erklären Sie das. *natural scientists*

2. Stellen Sie sich vor, Sie halten eine Rede über den Treibhauseffekt und wie er zu vermeiden ist. Machen Sie Notizen für Ihre Rede.

3. Stellen Sie sich vor, wir schreiben das Jahr 2100. Der Treibhauseffekt hat seine volle Wirksamkeit entfaltet°. Wie sieht die Welt aus? Wie hat der Mensch seine Lebensweise ändern müssen? *hat ... entfaltet: has attained its full effect*

Die Dünen und der Strand der Insel Sylt (Schleswig-Holstein) könnten bei einem Ansteigen des Meeresspiegels immer weiter zurückgehen.

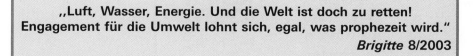

„Luft, Wasser, Energie. Und die Welt ist doch zu retten!
Engagement für die Umwelt lohnt sich, egal, was prophezeit wird."
Brigitte 8/2003

Viele Deutsche gehen mit Baumwolltaschen und Körben einkaufen wie hier auf dem Markt in Offenbach am Main. Plastiktüten werden oft mehrmals zum Einkaufen benutzt und dann recycelt.

Umfrage: „Umweltschutz° geht jeden an"

environmental protection

Vor dem Lesen   Meinen Sie, dass Umweltschutz jeden etwas angeht? In jedem Haushalt in Deutschland spielt der Umweltschutz eine größere Rolle als in Nordamerika. Es beginnt schon mit dem ziemlich genauen Sortieren des Mülls in Altpapier, Glas, Biomüll, recycelbaren Müll und Restmüll, der nicht wieder verwendbar° ist. Für jede Müllart wird dabei ein bestimmter Mülleimer benutzt. Auch Einwegverpackungen, die in Deutschland oft kritisiert werden, sind ein Problem für die Umwelt. Die Herstellung° von Milchtüten, Joghurtbechern und Coladosen kostet Energie und Rohstoffe°. Nach Gebrauch wirft man die Verpackungen einfach weg, die Müllberge wachsen.

reusable

manufacture
raw materials

   Geht der Umweltschutz wirklich jeden etwas an? In der folgenden Umfrage sagen fünf deutsche Jugendliche ihre Meinung zu diesem Thema.

Klimaschutz ist doch ganz einfach. Probieren Sie mal was Neues, um ins Büro zu kommen.

AKTION KLIMA SCHUTZ

Die Bahn **DB**

„Umweltschutz geht jeden an"

Frage: „Wie spart ihr und eure Familie Energie, und was tut ihr für die Umwelt?"

CD3–19 „Meine Eltern fahren auf der Autobahn langsamer. Sie sparen Benzin. Ich bin umweltbewußt° erzogen worden. Wenn ich aus dem Zimmer gehe, mache ich immer das Licht aus. Im Winter drehe° ich die Heizung° ab, sobald ich das Haus verlasse. Beim Einkaufen achte ich auf die Verpackung. Joghurt zum Beispiel kaufe ich im Glas, nicht in Pappbechern."

environmentally aware
drehe ab: *turn off*
heat

Christoph

CD3–20 „Ich bade nicht in der Badewanne°, sondern dusche. Dabei verbrauche ich weniger Wasser. Papier und Glas schmeiße° ich nur in Spezialcontainer, die stehen in jedem Stadtteil. Dafür laufe ich gern ein paar Meter. Meine Mutter denkt auch an die Umwelt. Im Supermarkt macht sie zum Beispiel die Verpackungen ab und läßt sie einfach liegen. Meine Schwester und mein Vater interessieren sich wenig für den Umweltschutz. Sie sind zu bequem."

bathtub
throw

Ines

CD3–21 „Beim Einkaufen denke ich selten an die Umwelt. Außerdem gibt es viele Produkte nur in Dosen. Und mit dem Auto oder Motorrad bin ich schneller als mit dem Bus oder der Straßenbahn. Meiner Meinung nach darf man den Umweltschutz nicht dem Einzelnen überlassen. Man muß ihn erzwingen°. In Hamburg zum Beispiel durfte man vor Weihnachten nicht mehr in die Innenstadt fahren. Nur so kann man die Probleme lösen."

force

Stephan

CD3–22 „Der Einzelne kann nur wenig für die Umwelt tun. Ich kann das kritische Umweltgerede° nicht mehr hören. Es gibt schließlich auch noch andere Themen."

Gerede: *talk*

Tobias

CD3–23 „Wir haben versucht, die Coladosen in der Schule durch Glasflaschen zu ersetzen°. Aber Cola in Glasflaschen ist teurer. Deshalb blieb alles, wie es war. Wir bringen Pappe zu Sammelstellen°, und im Fotokopierer benutzen wir nur Recyclingpapier. Aber auf die wirklich wichtigen Sachen haben wir keinen Einfluß: die Zerstörung des Regenwaldes in der ganzen Welt, das Ozonloch usw."

substitute
collection sites

Anne

Zum Text

G **Zum Inhalt.** Vervollständigen Sie die Sätze im Sinne des Textes.

1. Christophs Eltern fahren langsamer, _____.
2. Christoph _____, um im Winter Energie zu sparen.
3. Ines badet nicht in der Badewanne, weil _____.
4. Wenn Ines' Mutter etwas im Supermarkt kauft, _____.
5. Stephan fährt nicht mit dem Bus, weil _____.
6. Stephan glaubt, dass man Umweltprobleme nur lösen kann, wenn _____.
7. In Annes Schule haben sie versucht, _____.
   Aber alles blieb wie es war, weil _____.
8. Die wirklich wichtigen Probleme der Umwelt sind _____.

Radweg in Deutschland

H **Zur Diskussion/Zum Schreiben**

1. Was tun Sie für die Umwelt? Welche von den Aktivitäten im Text machen Sie für die Umwelt? Welche machen Sie nicht? Warum nicht?
2. Was halten Sie von Stephans Meinung, dass der Einzelne wenig für die Umwelt tun kann?
3. Weitere Aktivitäten finden Sie auf der *Kaleidoskop* Webseite.

Online Study Center

I **Rollenspiel.** Ines versucht ihre Schwester zu überzeugen mehr für die Umwelt zu tun. Welche Vorschläge macht Ines ihrer Schwester? Welche Argumente hat ihre Schwester, um nichts zu tun?

Mit 2962 Meter ist die Zugspitze in den deutschen Alpen der höchste Berg Deutschlands. Aufgrund des Treibhauseffekts kann auch in den westeuropäischen Alpen bereits seit Jahren ein Verschwinden der Gletschermassen beobachtet werden.

Vermischtes

1. Einer Umfrage nach sammelten und sortierten 91 Prozent der Befragten Haushaltsabfälle.

2. In Deutschland zahlt man Pfand° für Dosen, Mehrwegflaschen und Einwegflaschen von Getränken wie Mineralwasser und Cola. Für Dosen und Flaschen bis 1,5 Liter ist das Pfand 25 Cent, für Flaschen über 1,5 Liter ist es 50 Cent. *deposit*

3. Zwei Drittel der weltweit verbrauchten Energie werden aus Kohle, Erdgas und Erdöl gewonnen.

4. Ein Viertel der weltweit verursachten° Treibhausgase wird in den USA erzeugt°. *caused* / *produced*

5. Wissenschaftler fürchten, dass bis 2100 die durchschnittliche° Temperatur um elf Grad Fahrenheit steigen könnte. Folgen dieses Klimawandels° könnten mehr Stürme, Überschwemmungen°, Dürreperioden° und Waldbrände° sein. *average* / *climate change / floods* / *droughts / forest fires*

6. 2005 berichtet die Landwirtschaftministerin Renate Künast, dass der Zustand° des deutschen Waldes so schlecht wie nie zuvor sei. Der Wald leide unter den Folgen des Klimawandels. Nur noch 28 Prozent der Bäume seien frei von sichtbaren° Schäden°. *condition* / *visible / damage*

7. Seit 1980 feiert man jedes Jahr im Juni einen autofreien Sonntag, „Mobil ohne Auto". In Baden-Württemberg gab es im Juni 2005 80 Veranstaltungen an etwa 120 Orten. 250 000 Menschen sind zu Fuß gegangen oder mit Fahrrädern, Inlinern, Bussen, Bahnen und Schiffen gefahren.

8. Wissenschaftler befürchten, dass bis zum Jahr 2050 ein Viertel und bis 2100 sogar die Hälfte der Gletschermasse° verschwunden° sein könnte. Größere Flächen° würden nur in Alaska, Patagonien und im Himalaya übrig bleiben. In den westeuropäischen Alpen seien seit 1850 die Gletscherflächen um 35 bis 40 Prozent geschrumpft°. 2002/2003 gingen 96 Schweizer Gletscher zurück, von einem Meter bis 156,9 Meter. *glacier mass / disappeared* / *surface areas* / *shrunk*

9. In Bonn fand 2004 die „Internationale Konferenz über erneuerbare° Energien" statt. Die Teilnehmer aus 150 Staaten wollen bis zum Jahr 2015 eine Milliarde Menschen mit Strom aus Wind, Sonne, Wasser und Biomasse versorgen°. *renewable* / *supply*

10. In Deutschland werden 15 000 Windräder zur Energieerzeugung° genutzt. Mit 39 Prozent der Weltproduktion von Windenergie liegt Deutschland auf Platz eins. Die USA haben 15 Prozent der Weltproduktion. *energy production*

Wortschatz

Substantive

der **Abfall, ⁻e**   waste, trash
der **Becher, -**   cup, mug
die **Dose, -n**   can
die **Folge, -n**   result
das **Klima**   climate
das **Loch, ⁻er**   hole
die **Mehrwegflasche, -n**   returnable bottle
der **Müll**   garbage, trash
das **Ozon**   ozone
   das **Ozonloch, ⁻er**   hole in the ozone layer
die **Pappe, -n**   cardboard
   der **Pappbecher, -**   paper cup
das **Pech**   bad luck
   Pech haben   to be unlucky
der **Streit, -e**   quarrel
der **Treibhauseffekt**   greenhouse effect
die **Umwelt**   environment
   der **Umweltschutz**   environmental protection
die **Verpackung, -en**   packaging; wrapping
die **Verschmutzung, -en**   pollution

Verben

aus·machen   to turn off (light)
erziehen (erzog, erzogen)   to educate; to bring up (child)
lösen   to solve; to remove
schützen   to protect
verbrauchen   to consume; to use up; to wear out
vermeiden (vermied, vermieden)   to avoid
wischen   to wipe, to mop up
zerstören   to destroy

Andere Wörter

anfangs   at first, initially
bereits   already
friedlich   peaceful
gelaunt: gut/schlecht gelaunt   in a good/bad mood

J **Was ist das?** Wählen Sie aus der Vokabelliste Wörter, die zu den Definitionen passen.

1. eine Flasche, die der Händler zurücknimmt, wenn sie leer ist
2. etwas nass putzen
3. Reste, die man in Haushalt und Industrie wegwirft
4. eine Öffnung
5. die Konsequenzen einer Tat
6. zu Beginn
7. eine große Tasse, aus der man trinken kann
8. schon
9. kein Glück

K **Vokabeln.** Ergänzen Sie die Sätze mit Wörtern aus der Vokabelliste. In den Lesestücken lesen wir Folgendes:

1. Im Geschäft gibt es Cola in Flaschen oder in _____ zu kaufen.
2. Kunden sollten Limonade in _____ kaufen. Sie sind besser für die _____.
3. Recycling von Dosen _____ das Problem nicht, denn auch Recycling _____ viel Energie.
4. Beim Verbrennen von Erdöl, Kohle und Gas steigt Kohlendioxid in die Luft, was das _____ _____.
5. Das ist der so genannte _____.
6. Wenn die Temperaturen steigen, verändert sich das _____ in vielen Gegenden der Welt.
7. Heute werden immer mehr Kinder und Jugendliche umweltbewusst _____.
8. Sie versuchen die Umwelt zu _____.
9. Viele kaufen Produkte wie Joghurt im Glas, nicht in _____.
10. Und die _____ von Produkten wie zum Beispiel Zahnpasta lassen die Kunden° im Supermarkt liegen.
11. Denn Pappe und Papier tragen° auch zur _____ der Umwelt bei.
12. Manchmal haben Mitbewohner einer WG unterschiedliche Meinungen zum Thema Umweltschutz und dann kann es in Diskussionen einen _____ geben.
13. Aber die Diskussionen sind auch oft sehr _____.
14. Wenn es gut geht, dann sind die jungen Leute gut _____.

customers

tragen bei: *contribute to*

Präfix ver-

The prefix **ver-** often indicates that the action expressed by the stem verb is done incorrectly. Many of these verbs are reflexive.

Hast du mit deiner Chefin gesprochen?	*Have you spoken with your boss?*
Ja, aber ich war so nervös, dass ich **mich** immer wieder **versprochen habe.**	*Yes, but I was so nervous that I constantly misspoke.*

The prefix **ver-** can turn certain adjectives (often in the comparative form) into verbs.

größer	*larger*
vergrößern	*to enlarge*
Nächstes Jahr wollen wir unser Haus **vergrößern.**	*Next year we want to enlarge our house.*

L **Verben mit *ver-*.** Geben Sie die englischen Äquivalente der Sätze wieder.

1. Wenn wir unsere Umwelt verbessern wollen, müssen wir strengere° Gesetze machen.   *stricter*
2. Die Geschäfte sollen keine Getränke° in Dosen mehr verkaufen.   *beverages*
3. Man könnte Getränke in Dosen auch einfach verbieten.
4. Doch so eine Politik ist nicht so einfach zu verfolgen.
5. Wir alle dürfen nicht so viele Rohstoffe verbrauchen.
6. Und jeder Einzelne muss versuchen, die Umwelt zu schützen.
7. Nur so können wir die Umweltzerstörung vermeiden.

Grammatik im Kontext

Online Study Center

M **Suchen Sie das Passiv.** In den Lesestücken gibt es sieben Sätze im Passiv. Schreiben Sie fünf davon heraus und unterstreichen Sie das Subjekt einmal und die Verbform zweimal. Die Sätze befinden sich in:

1. „Die Kunst der Mülltrennung": Zeile 6–18; Zeile 27–29; Zeile 30–37; Zeile 50–55; Zeile 56–65
2. „Wüsten werden wachsen", 2. Absatz, Zeile 10–13
3. „Umweltschutz geht jeden an", Christoph

N **Schreiben Sie.** Unterstreichen Sie das Subjekt und die Verbform in den folgenden Sätzen. Schreiben Sie dann die Sätze neu, indem Sie ein Agens° (mit) (durch, von) hinzufügen. (Siehe *Kapitel 10.*)   *agent*

▷ Das Altpapier wird nicht jede Woche abgeholt. (die Müllabfuhr)
Das Altpapier wird nicht jede Woche von der Müllabfuhr abgeholt.

1. Die Gelben Säcke werden gut verschnürt. (Sabine)
2. Die Joghurtbecher werden nicht immer mit Wasser ausgespült. (die Mitbewohner)

3. Ravioli werden manchmal direkt aus der Dose gegessen. (die Studenten)

4. Die Nachbarn werden manchmal beim Einwerfen der Glasflaschen gestört. (der Lärm)

5. Die Mülltonnen werden auf die Straße gestellt. (die Nachbarn)

Deppen: idiots

Was meinen Sie?

0 **Umweltprobleme.** Wie kann man Ihrer Meinung nach Umweltprobleme lösen? Antworten Sie jeweils erst mit ja oder nein. Versuchen Sie dann, Ihre Meinung zu begründen.

1. Mehr Atomkraftwerke bauen.
2. Nichts mehr aus Plastik machen.
3. Nur kleine Autos bauen.
4. Mehr Kohle verbrauchen.
5. Weniger Straßen bauen und mehr Geld für die Bahn ausgeben.
6. Autos in der Innenstadt verbieten.
7. Alle oder die meisten Insektizide verbieten.
8. Keine Flaschen und Dosen zum Wegwerfen mehr verkaufen.
9. Mehr Parks in der Stadt anlegen°.　　　　　　　　　　　*build*
10. Fahrradwege bauen.
11. Keine Kohle verbrennen.
12. In alle Schornsteine° Filter einbauen.　　　　　　　　*smokestacks*
13. Für jeden Baum, den man fällt, einen neuen pflanzen.

P **Rollenspiel.** Sie sind bei Bekannten zu Besuch und finden, dass sie nicht umweltbewusst sind. Spielen Sie in Gruppen die verschiedenen Szenen.

1. Die Bekannten verschwenden° den ganzen Tag über viel Wasser.　*waste*
2. Ihre Wohnung ist im Winter zu warm.
3. Sie sortieren keine Flaschen und werfen alle Kartons weg.
4. Beim Einkaufen achten sie nicht auf die Verpackung. Sie kaufen nichts in Mehrwegflaschen.

Literarische Werke

Gedicht: Ruß° *soot*

Sarah Kirsch

Sarah Kirsch was born in 1935 as Ingrid Bernstein in Limlingerode, eastern Germany. She earned a degree in biology, having also studied forestry. From 1963 to 1965, she attended the Johannes R. Becher Institut für Literatur in Leipzig. She published her first poems in the early 1960s under the pen name Sarah (Kirsch is her married name). Her 1967 poetry collection **Landaufenthalt** (*A Stay in the Country*) received much recognition in the former GDR and was also published in the West. By 1976 she had produced four volumes of poetry and had received several literary prizes in East Germany. In 1977, disillusioned by the expulsion of poet/singer Wolf Biermann from the GDR a year earlier, she joined the exodus of a number of other East German writers to West Germany. In 1983, she moved to Schleswig-Holstein where she lives in a former schoolhouse.

Nature, love, memory, and history are common themes in her poems and short lyric prose pieces. Frequently her nature poems conjure up images of idyllic landscapes whose harmony is disturbed by historical and socio-political references. Many of the titles of her poetry collections reflect her predominant interest in nature and country life. In 1996, Kirsch was awarded the prestigious Georg-Büchner Prize, the first woman to receive the prize since Christa Wolf sixteen years earlier. She is considered one of the greatest living female poets in German-speaking countries. The poem "Ruß" is from her volume **Bodenlos** (*Bottomless*, 1996) and like many of her poems juxtaposes natural and human elements. Given the title of the poem, what do you expect the poem is meant to evoke in readers?

CD3–24

Ruß

Die Touristen sind letztlich
gestorben. Ich habe Lust durch die
Sümpfe° zu gehen. Gänseschwarm°   *swamps / flocks of geese*
Lange gezogen. Schneegestöber°   *snow showers*
5 Aus der Tür offenen Kühlschranks.
Benzin- und Whisky-Büchsen°   *cans*
Pfeifender° redender Wind.   *whistling*

Kurzgeschichte: Der Bergarbeiter

Heinrich Böll

Heinrich Böll (1917–1985) was born in Cologne where he became a bookseller's apprentice after finishing school. In 1939 he was drafted into the army, was eventually taken prisoner, and was released in 1945. He began to write while attending the university. His first novel, **Der Zug war pünktlich,** was published in 1949. From 1951 on he devoted himself full time to writing, producing mainly novels and short stories as well as a few radio plays. Böll was one of Germany's most important postwar writers and his works are also known in the United States. In 1951 he won the prize of Gruppe 47 and in 1972 he was awarded the Nobel Prize for Literature.

His early stories deal mainly with the senselessness of war and with the suffering it causes. In later works, prompted by the economic revival in postwar Germany, he began to criticize the materialistic orientation of modern society. He proposed that people ought to strive for better understanding and love in their relationships instead of being preoccupied with financial gains.

Böll had an eye for realistic detail, and his works are often marked by subtle humor and gentle irony. In his story, "Der Bergarbeiter," a three-year-old girl discovers that something is wrong in her environment. She refuses to accept conditions as she finds them and tries in her naïveté to remedy the problem. While the message to the reader may be obvious, it is still an important one and one that her parents appear not to have understood.

Zum Thema

1. Woran denken Sie, wenn Sie das Wort „Bergarbeiter°" hören? *miner*
2. Warum könnte ein Bergarbeiter seine Liebe zur Natur leicht verlieren?
3. Was kann schon ein Kind über seine Umwelt und die Natur entdecken?
4. Auf welche Weise könnte ein Kind etwas für die Umwelt tun?

CD3–25

Der Bergarbeiter

Es ist Sommer, in den Gärten wird gearbeitet; die Sonne würde scheinen, wenn man sie ließe, aber heute, wie immer an sonnigen Tagen, schwebt° sie
5 nur wie mattes° Gold hinter der Dunstglocke°, seltene Farbtöne werden herausgefiltert: silbriges Schwarz – dunkles Braun – mattes Gold; Ersatz für die weißen Wolken bilden die weißen
10 Rauchfahnen° einer Kokerei°; der Mann sitzt in der Küchentür, raucht, hört Radio, trinkt Bier, liest lustlos° in der Zeitung, beobachtet seine Frau, die hinten im Garten arbeitet, hebt plötzlich

hovers
dull
hazy shade

trails of smoke / smelting plant
listlessly

Paula Modersohn-Becker, Elsbeth, 1902

15 den Kopf und blickt aufmerksam seiner kleinen Tochter zu, der Drei-
jährigen, die schon zweimal mit ihrem kleinen Eimer voll Wasser und
einem Lappen in der Hand an ihm vorbei in die Küche gegangen ist,
nun zum drittenmal mit ihrem Eimer und ihrem Lappen sich an ihm
vorbeidrückt°.

squeezes past

20   „Was machst du denn da?"
„Ich hole Wasser, frisches Wasser."
„Wozu?"
„Ich wasche die Blätter."
„Welche Blätter?"
25   „Von den Kartoffeln."
„Warum?"
„Weil sie schmutzig sind – sie sollen grün sein, grün."
„Blätter braucht man nicht zu waschen."
„Doch – sie müssen grün sein, grün."
30   Kopfschüttelnd blickt der Mann seiner kleinen Tochter nach und
beobachtet, wie sie mit ihrem Lappen die einzelnen Blätter der
Kartoffelpflanzen abwischt: das Wasser in dem kleinen Eimer färbt sich
dunkel; es ist warm, fünf Uhr nachmittags, der junge Mann gähnt.

Zum Text

A **Zum Inhalt.** Beantworten Sie folgende Fragen.

1. Warum kann man im Sommer in dieser Gegend die Sonne kaum sehen?
2. Wer gehört zur Familie des Bergarbeiters?
3. Was macht der Bergarbeiter nach Feierabend oder in seiner Freizeit?
4. Was macht die Mutter an diesem Tag?
5. Was holt die Tochter aus der Küche?
6. Warum gefallen ihr die Kartoffelpflanzen nicht?
7. Was will die Tochter mit dem Lappen im Eimer machen?
8. An welcher Geste erkennen Sie, dass der Vater die Arbeit seiner Tochter nicht ganz ernst nimmt?

B **Ein anderes Ende.** In einer kleinen Gruppe entwickeln Sie ein anderes Ende der Geschichte.

C **Die Mutter.** Schreiben Sie einen Dialog für Mutter, Vater und Tochter. Die Mutter sieht ihre Tochter nicht nur als kindlich naiv, sondern sie lobt, was die Tochter tut, und spricht mit ihr und dem Vater über die Umweltprobleme der Gegend. Spielen Sie die Szene in einer Gruppe zu dritt.

GUT ZUM HIMMEL.
GUT ZUR ERDE.
GUT IM KAMIN:
UNSER erdgas

erdgas

ruhrgas

Wir stehen für Erdgas

Wortschatz

Substantive

der **Eimer, -**   pail
der **Ersatz**   replacement, substitute
der **Feierabend**   after work, time off
der **Lappen, -**   rag; cloth

Verben

ab·wischen   to wipe off
bilden   to form, create, establish
gähnen   to yawn
loben   to praise
rauchen   to smoke

Andere Wörter

aufmerksam   attentive; watchful
sonnig   sunny

D **Vokabeln.** Ergänzen Sie die Sätze mit Wörtern aus der Vokabelliste.

1. Nach einem harten Arbeitstag macht ein Ehepaar _____.

2. Sie sitzen bei schönem Wetter im Garten. Es ist _____.

3. Plötzlich hört ihr kleiner Sohn auf zu spielen. Er steht auf und holt sich einen _____ und Wasser in einem _____.

4. Die Mutter interessiert sich für das, was der Junge macht. Sie schaut ihm _____ zu und fragt ihn, was er vorhat.

5. Er will die schmutzigen Blätter der Pflanzen _____. Sie sollen sauber werden.

6. Die Mutter findet sein Vorhaben gut und _____ ihn.

7. Der Vater interessiert sich nicht dafür, was sein Sohn macht. Er hört Radio, _____ eine Zigarette und _____ aus Langeweile.

Was meinen Sie?

E **Wie reagieren Sie?** Sagen Sie, wie Sie auf Folgendes reagieren. Verwenden Sie einen der folgenden Sätze.

Das ärgert mich wirklich sehr.   Das stört mich etwas.
Das ärgert mich.   Das stört mich nicht.

1. Schmutz auf der Straße

2. Leute, die Papier oder Flaschen auf die Straße werfen

3. Graffiti an Mauern und Wänden

4. Leute, die Graffiti an Mauern und Wände schreiben

5. Leute, die in der Öffentlichkeit (z.B. im Zug oder im Restaurant) laut am Handy sprechen

6. Autofahrer, die bei Grün sofort hupen

7. Autofahrer, die sehr schnell fahren

8. große Autos

9. hohe Benzinpreise

10. Geld für neue Straßen und Autobahnen ausgeben, statt für die Eisenbahn

11. Atomkraftwerke

12. im Winter zu warme Räume in Gebäuden wie Kaufhäusern und Schulen

13. im Sommer zu kalte klimatisierte° Räume in Gebäuden wie Kaufhäusern und Schulen   *air conditioned*

F Gruppenarbeit. Sie organisieren eine globale Umweltkonferenz. Wählen Sie drei wichtige Probleme als Themen aus und entscheiden Sie, was die Nationen der Welt machen können, um die Probleme zu lösen. Vergessen Sie nicht, sowohl Vertreter° aus Industrienationen als auch aus Entwicklungsländern dabei zu haben.   *representatives*

G Zur Diskussion/Zum Schreiben

1. Schreiben Sie fünf Sätze darüber, was Sie alles für die Umwelt tun oder tun würden, wenn Sie …

▷ *Wenn ich mehr Zeit hätte, würde ich Altglas zu einem Container bringen.*

2. Im Jahr 2099 kommen Menschen von einem anderen Planeten auf die Erde. Wie sehen diese Besucher die Erde?

3. Wie sehen Sie die Umweltprobleme? Gibt es zu viel Gerede° darüber? Haben wir keinen Einfluss auf die wichtigen Dinge oder kann jeder Einzelne auch etwas dafür tun?   *talk*

4. Finden Sie etwas über Köln oder Schleswig-Holstein heraus und berichten Sie kurz darüber. Sie können in einem Buch nachlesen oder Informationen darüber im Internet suchen.

5. Weitere Aktivitäten finden Sie auf der ***Kaleidoskop*** Webseite.

 **Online Study Center**

H Vergleichen Sie

1. Die Natur spielt eine Hauptrolle in der Ballade „Der Erlkönig" und in der Kurzgeschichte „Der Bergarbeiter". Vergleichen Sie in den beiden Werken das Verhältnis der Kinder zur Natur.

2. Wählen Sie drei von diesen Geschichten: „Der Bergarbeiter", „Mittagspause", „Dienstag, der 27. September 1960" und „Ein Brief aus Amerika". Vergleichen Sie die Beziehung zwischen Eltern und Kind. Welche Eltern zeigen das meiste Verständnis°? Welche das wenigste?   *understanding*

3. In welcher der Familien aus den Geschichten in Nr. 2 würden Sie am liebsten ein Mitglied sein? In welcher am wenigsten? Geben Sie jeweils zwei bis drei Gründe für Ihre Meinung.

Kapitel 1–10

Grammatik

Present tense
Imperatives
Modal auxiliaries and lassen
Future tense

Online Study Center

1 Infinitive° stems and endings

der Infinitiv

INFINITIVE	STEM + ENDING	ENGLISH EQUIVALENT
arbeiten	**arbeit + en**	*to work*
sammeln	**sammel + n**	*to collect*

The infinitive is the basic form of a verb, the form listed in dictionaries and vocabularies. It is the form used with modals (see Section 9 of this chapter), in the future tense (see Section 15 of this chapter), and in certain other constructions (see *Kapitel 2*). A German infinitive consists of a stem plus the ending **-en** or **-n**.

Note that in this section and throughout this grammar review, the examples and charts generally precede the description of a grammatical feature. This arrangement should enable you to visualize and understand the description more easily.

HINGEHEN.
ANSEHEN.
PROBEFAHREN...

HONDA

2 Basic present-tense° endings

das Präsens

	fragen	arbeiten	heißen	sammeln
ich	frag**e**	arbeit**e**	heiß**e**	samm(e)**le**
du	frag**st**	arbeit**est**	heiß**t**	sammel**st**
er/es/sie	frag**t**	arbeit**et**	heiß**t**	sammel**t**
wir	frag**en**	arbeit**en**	heiß**en**	sammel**n**
ihr	frag**t**	arbeit**et**	heiß**t**	sammel**t**
sie	frag**en**	arbeit**en**	heiß**en**	sammel**n**
Sie	frag**en**	arbeit**en**	heiß**en**	sammel**n**

Most German verbs form the present tense from the stem of the infinitive. Most verbs add the following endings to the stem: **-e, -st, -t, -en**.

1. The verb ending **-st** of the second-person singular (**du**-form) and the ending **-t** of the third-person singular (**er/es/sie**-form) expand to **-est** and **-et** if

   a. the stem of the verb ends in **-d** or **-t**: **arbeiten > du arbeitest, er/es/sie arbeitet**;

   b. the stem of the verb ends in **-m** or **-n** preceded by another consonant: **atmen > du atmest, er/es/sie atmet**.

   EXCEPTION: If the stem of the verb ends in **-m** or **-n** preceded by **-l** or **-r**, the **-st** and **-t** do not expand: **lernen > du lernst, er/es/sie lernt**.

2. The ending **-st** of the second-person singular (**du**-form) contracts to **-t** if the verb stem ends in a sibilant (**-s, -ss, -ß, -tz,** or **-z**): **heißen > du heißt; sitzen > du sitzt**.

3. In many verbs with the stem ending in **-el**, the stem loses the **-e** in the first-person singular (**ich**-form): **sammeln > ich sammle**.

3 Present tense of stem-changing verbs

	tragen (a > ä)	laufen (au > äu)	nehmen (e > i)	lesen (e > ie)
ich	trage	laufe	nehme	lese
du	**trägst**	**läufst**	**nimmst**	**liest**
er/es/sie	**trägt**	**läuft**	**nimmt**	**liest**
wir	tragen	laufen	nehmen	lesen
ihr	tragt	lauft	nehmt	lest
sie	tragen	laufen	nehmen	lesen
Sie	tragen	laufen	nehmen	lesen

German verbs can be categorized as strong, weak, or irregular weak, based on how they form the past tenses.

1. In the present tense, many strong verbs with the stem vowels **a** or **au** take umlaut in the second person (**du**-form) and third person (**er/es/sie**-form): **a > ä (trägt); au > äu (läuft)**.

2. Many strong verbs with the stem vowel **e** also exhibit a vowel change in the second- and third-person singular: **e > i (nimmt)** or **e > ie (liest)**.

For a list of the vowel-change verbs used in this text, see Appendix #25. Some basic stem-changing verbs are listed below.

a > ä		au > äu	e > i		e > ie
anfangen	lassen	laufen	brechen	sterben	befehlen
einladen	raten		essen	treffen	empfehlen
fahren	schlafen		geben	treten	geschehen
fallen	schlagen		helfen	vergessen	lesen
fangen	tragen		nehmen	werden	sehen
gefallen	wachsen		sprechen	werfen	stehlen
halten	waschen				

The verbs **gehen** and **stehen** are strong verbs, but they do not change their stem vowels in the present tense.

4 *Haben, sein, werden,* and *wissen* in the present tense

	haben	sein	werden	wissen
ich	habe	**bin**	werde	**weiß**
du	**hast**	**bist**	**wirst**	**weißt**
er/es/sie	**hat**	**ist**	**wird**	**weiß**
wir	haben	**sind**	werden	wissen
ihr	habt	**seid**	werdet	wisst
sie	haben	**sind**	werden	wissen
Sie	haben	**sind**	werden	wissen

The verbs **haben**, **sein**, **werden**, and **wissen** are irregular in the present tense. Note: The irregular forms appear in boldface in the above table.

ADAC – Wir sind da.

A **Stefanies Tag.** Alex und Stefanie sprechen über Stefanies Tagesablauf°. Ergänzen° Sie das Gespräch mit den richtigen Verbformen.

daily routine
complete

ALEX: Was (1) _____ du zum Frühstück? (trinken)

STEFANIE: Kaffee. Und ich (2) _____ drei Brötchen. (essen)
Das (3) _____ mir Energie für den ganzen Morgen. (geben)

ALEX: (4) _____ du mit dem Fahrrad zur Uni? (fahren)
Oder (5) _____ du den Bus? (nehmen)

STEFANIE: Meistens (6) _____ ich mit dem Fahrrad. (fahren)
Oft mit meinem Freund Gerd. Er (7) _____ immer vor dem Kaufhaus Karstadt. (warten)
Wir (8) _____ meistens sofort in die Bibliothek. (gehen)

ALEX: In der Bibliothek (9) _____ ich euch manchmal. (sehen)
Ihr (10) _____ dort viel. (lesen)
Und ihr (11) _____ immer am Fenster. (sitzen)

STEFANIE: Ja, stimmt. Besonders Gerd (12) _____ viel. (arbeiten)
Heute Nachmittag (13) _____ er zum Beispiel seinen Englischprofessor und sie (14) _____ über sein Referat für diesen Kurs. (treffen / sprechen)

ALEX: Und was (15) _____ dann? (geschehen)

STEFANIE: Dann (16) _____ wir zusammen Kaffee und (17) _____ sicher über unsere Kurse. (trinken / reden)

ALEX: Was (18) _____ du abends? (unternehmen)

STEFANIE: Wenn ich abends nach Hause (19) _____, (20) _____ ich manchmal noch im Park. (kommen / laufen)
Oft (21) _____ ich aber auch so kaputt, dass ich schon um neun ins Bett (22) _____. (sein / fallen)
Und das in meinem Alter!

5 Uses of the present tense

Anna **schreibt** gerade einen Brief. = *Anna **is writing** a letter right now.*

The present tense is used to talk about an event taking place at the same time that it is being described.

Anna **arbeitet** schwer.   =
$\left\{ \begin{array}{l} \text{\textit{Anna \textbf{works} hard.}} \\ \text{\textit{Anna \textbf{is working} hard.}} \\ \text{\textit{Anna \textbf{does work} hard.}} \end{array} \right.$

Arbeitet Michael auch schwer? =
$\left\{ \begin{array}{l} \text{\textit{\textbf{Is} Michael also \textbf{working} hard?}} \\ \text{\textit{\textbf{Does} Michael also \textbf{work} hard?}} \end{array} \right.$

German verbs have one present-tense form to express what English expresses with two or three different forms of the verb.

Jürgen **wohnt** schon lange in München.	*Jürgen **has been living** in Munich for a long time.*
Er **arbeitet** seit September bei BMW.	*He **has been working** for BMW since September.*

The present tense in German can be used to express an action begun in the past that continues into the present (see also *Kapitel 5*, Section 11g).

Lisa **bleibt** heute Abend zu Hause.	*Lisa **is staying** home this evening.*
Sie **schreibt** morgen eine Klausur.	*She's **going to have** a test tomorrow.*

German, like English, can use the present tense to express an action intended or planned for the future if the context or an adverb of time makes the future meaning clear (see Section 15 of this chapter). Examples of adverbs of time are **in einer Woche** *(in a week)*, **heute Abend** *(this evening)*, **bald** *(soon)*, **morgen** *(tomorrow)*.

B **Peter in Hamburg.** Peter hat Ihnen aus Hamburg geschrieben. Erzählen Sie, was er in Hamburg erlebt° hat. Übersetzen Sie die Wörter in Klammern°. *experienced / parentheses*

1. _____ seit vier Wochen in Hamburg. *(Peter has been living)*
2. _____ sechs Monate da. *(He's going to stay)*
3. _____ schon viele Leute. *(He knows)*
4. _____ eine neue Freundin. *(He has)*
5. _____ sie seit ein paar Wochen. *(He has known)*
6. _____ viel Zeit zusammen. *(They're spending)*
7. Nächstes Wochenende _____ ihre Eltern. *(they're going to visit)*

6 Imperative° forms

der Imperativ

	fragen	warten	tragen	laufen	nehmen	lesen
FAMILIAR SINGULAR	frag(e)	wart(e)	trag(e)	lauf(e)	nimm	lies
FAMILIAR PLURAL	fragt	wartet	tragt	lauft	nehmt	lest
FORMAL	fragen Sie	warten Sie	tragen Sie	laufen Sie	nehmen Sie	lesen Sie

Imperatives are verb forms used to express commands such as orders, instructions, suggestions, and wishes. **Bitte** makes a command or request more polite. In written German an exclamation point may be used after a command.

Each German verb has three imperative forms, corresponding to the three forms of address: the familiar singular imperative (**du**-form), the familiar plural imperative (**ihr**-form), and the formal imperative (**Sie**-form), which is the same for both singular and plural.

1. The familiar singular imperative is used when addressing someone to whom you would say **du**. The imperative is formed from the infinitive verb stem.

   a. An **-e** may be added to the imperative form, but it is usually omitted in informal usage: **frag(e)**.

   b. An **-e** is added in written German if the verb stem ends in **-d** or **-t**: **rede, warte**.

   c. An **-e** is always added if the verb stem ends in **-m** or **-n** preceded by another consonant: **atme, öffne**. However, an **-e** need not be added if the verb stem ends in **-m** or **-n** preceded by **-l** or **-r**: **lern(e)**.

   d. An **-e** is always added if the verb stem ends in **-ig**: **entschuldige**.

   Verbs with stems that change from **e > i** or **e > ie** retain the stem-vowel change but do not add **-e**: **nehmen > nimm, lesen > lies**. Verbs with stems that change from **a > ä** do not take umlaut in the familiar singular imperative: **tragen > trag(e), laufen > lauf(e)**.

   The pronoun **du** is occasionally used for emphasis or clarification: **Warum muss ich immer Kaffee holen? Geh du mal.**

2. The familiar plural imperative is used when addressing people to whom you would say **ihr**. It is identical to the present-tense **ihr**-form of the verb.

   The pronoun **ihr** is occasionally used for emphasis or clarification: **Es ist noch Kuchen da. Esst ihr doch!**

3. The formal imperative is used when addressing one or more persons to whom you would say **Sie**. It is identical to the present-tense **Sie**-form of the verb. The pronoun **Sie** is always used in the imperative and follows the verb: **Warten Sie bitte einen Augenblick.**

a The imperative of *sein*

FAMILIAR SINGULAR	**Sei** nicht so nervös.	*Don't be so nervous.*
FAMILIAR PLURAL	**Seid** bitte ruhig.	*Please be quiet.*
FORMAL	**Seien Sie** so gut.	*Be so kind.*

Note especially the **du**-form **sei** and the **Sie**-form **seien Sie**.

b The *wir*-imperative

| DIETER: | Was machen wir heute Abend? | *What'll we do tonight?* |
| JÜRGEN: | **Gehen wir** doch mal ins Kino! | *Let's go to the movies!* |

English imperatives beginning with *let's* can be expressed in German with the first-person plural present-tense form of the verb followed by the pronoun **wir**.

c Flavoring particles with the imperative

Flavoring particles are little words used to express a speaker's attitude about an utterance and are quite common in colloquial German. Flavoring particles are frequently a part of an imperative sentence.

1. **doch**

   Kommen Sie **doch** mit.   *Do come along.*

   The speaker uses doch to persuade the listener to do something.

   Machen Sie es **doch**.   *Go ahead and do it.*

   Doch may also be used to give a sense of impatience.

2. **mal**

   Sag **mal**, schreiben wir   *Say, are we having a test tomorrow?*
   morgen eine Klausur?

   Mal is often used to soften the wish or command.

   Schreib **doch mal**.   *Why don't you write sometime?*

   Mal leaves the time for carrying out a wish or command vague.

3. **nur**

   Glaub mir **nur**.   *Just believe me.*

   Bleib **nur** ruhig.   *Just stay calm.*

   Nur can add reassurance or encouragement.

   Fahrt **nur** nicht zu schnell.   *Don't drive too fast.*

   Bleibt **nur** nicht zu lange weg.   *Don't stay out too long.*

   Nur can also add a sense of insistence or even a warning.

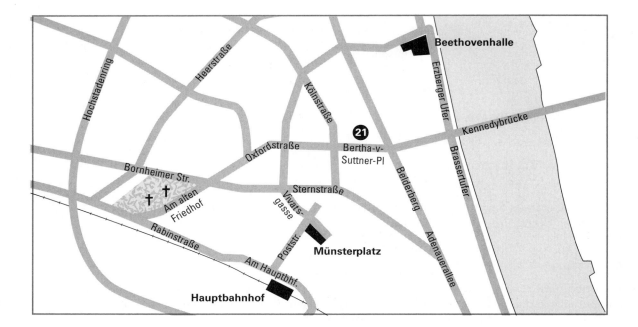

C **Reiseführer.** Sie helfen deutschen Touristen in Bonn und erklären ihnen den Weg von der Beethovenhalle zum Hauptbahnhof.

▷ bis zur Brücke auf diesem Weg bleiben
  Bleiben Sie bis zur Brücke auf diesem Weg.

1. an der Brücke nach rechts gehen
2. geradeaus° bis zur Haltestelle laufen   *straight ahead*
3. dort auf die Straßenbahn warten
4. die 21 nehmen
5. vorher die Fahrkarte am Automaten kaufen
6. bis zum Bahnhof fahren

D **Der Inliner-Profi.** Ihr Freund Klaus ist ein begeisterter Inlineskater. Als Sie ihm erzählen, dass Sie auch Rollschuh laufen wollen, gibt er Ihnen Tipps.

▷ nur keine billigen Skates kaufen
  Kauf nur keine billigen Skates.

1. am Anfang bitte langsam fahren
2. immer die richtige Kleidung tragen
3. doch nur den Bürgersteig° benutzen   *sidewalk*
4. ja den Helm° nicht vergessen   *helmet*
5. nur keine Stunts machen
6. nach Fußgängern und Radfahrern schauen°   **schauen nach** = *to look*
7. ja nicht zu schnell fahren   *for*

E **Der Trip nach Berlin.** Paul, Martin und Gerhard wollen am Wochenende nach Berlin fahren. Martin und Gerhard denken, dass die Reise vielleicht zu teuer wird, doch Paul möchte auf jeden Fall fahren und plant schon alles genau. Bilden Sie Sätze mit dem **wir**-Imperativ.

▷ vergleichen / die Preise / für Hotelzimmer
  Vergleichen wir die Preise für Hotelzimmer!

1. suchen / doch / ein billiges Hotel / übers Internet
2. nehmen / das Auto meiner Mutter
3. kaufen / am Samstag / Souvenirs / im KaDeWe
4. besuchen / mal / das Brandenburger Tor
5. gehen / abends / in einen tollen Berliner Club
6. verbringen / ein paar Stunden / an der East Side Gallery
7. fahren / am Sonntag / wieder nach Hause

7 Separable-prefix verbs°

das trennbare Verb

mitkommen	**Kommst** du heute **mit**?	*Are you coming along today?*
aufpassen	**Pass auf**!	*Watch out!*
anrufen	Ich **rufe** um sieben **an**.	*I'll call at seven.*

A separable-prefix verb consists of a basic verb plus a prefix that is separated from the verb under certain conditions. In the infinitive, a separable prefix° is attached to the base form of the verb. In the present tense, the imperative, and the simple past tense (see *Kapitel 2*), a separable prefix is separated from the base form of the verb and is in last position.

das trennbare Präfix

In spoken German the stress falls on the prefix of the separable-prefix verb: **Willst du mit'kommen? Komm doch mit'.**

Separable prefixes are usually prepositions or adverbs. Some of the most common separable prefixes are listed below:

ab	**bei**	**her**	**nach**	**weg**
an	**ein**	**hin**	**nieder**	**zu**
auf	**entlang**	**los**	**vor**	**zurück**
aus	**fort**	**mit**	**vorbei**	**zusammen**

F **Pläne fürs Wochenende.** Rolf und Sabine treffen sich auf der Straße und sprechen über ihre Aktivitäten am Wochenende. Ergänzen Sie die folgenden Sätze mit den Ausdrücken in Klammern.

ROLF: Was (1) *hast du vor*, Sabine? (du / vorhaben)
Du (2) ___. (so elegant / aussehen) *Du siehst so elegant aus*

SABINE: Ja, Karolin und ich (3) ___. (heute Abend / ausgehen)
Wir (4) ___. (uns / die *Zauberflöte* / ansehen)
Das ist diesen Monat die große Attraktion im Opernhaus. Und was machst du heute?

ROLF: Nichts Besonderes. Vielleicht (5) ___. (ich / ein bisschen / fernsehen)
Oder ich (6) ___. (mal richtig / ausschlafen)
Ich (7) ___, weil ich am Montag eine Klausur habe und viel lernen muss. (zurzeit / immer um sechs Uhr / aufstehen)
Und im Moment bin ich todmüde.

SABINE: Du Ärmster! Dann bist du ja richtig im Stress. Dann (8) ___? (du / am Wochenende / gar nicht / weggehen)

ROLF: Nein, leider nicht. Aber ab Montag kann ich wieder ein bisschen faulenzen. Das ist ja eigentlich meine Lieblingsbeschäftigung.
Ich (9) ___. (dich / nächste Woche / anrufen)
Dann (10) ___. (ich / dich / zum Essen / einladen)

SABINE: Au ja, hoffentlich klappt das! Du kochst doch so gut.

8 Present tense of modal auxiliaries°

das Modalverb

	dürfen	können	mögen	müssen	sollen	wollen
ich	**darf**	**kann**	**mag**	**muss**	**soll**	**will**
du	**darfst**	**kannst**	**magst**	**musst**	**sollst**	**willst**
er/es/sie	**darf**	**kann**	**mag**	**muss**	**soll**	**will**
wir	dürfen	können	mögen	müssen	sollen	wollen
ihr	dürft	könnt	mögt	müsst	sollt	wollt
sie	dürfen	können	mögen	müssen	sollen	wollen
Sie	dürfen	können	mögen	müssen	sollen	wollen

Darf ich Sie zum Essen einladen?

German modal auxiliaries are irregular in that they have no verb endings in the first-person singular (**ich**-form) and third-person singular (**er/es/sie**-form); in addition, five of the six modals show stem-vowel changes in the singular forms of the present tense.

9 Use of modal auxiliaries

Ute und Mark **können** bis zehn Uhr **bleiben**.
*Ute and Mark **can stay** until 10 o'clock.*

Sie **wollen** hier noch **essen**.
*They **want to eat** here still.*

Ich **muss** jetzt leider **gehen**.
*Unfortunately I **have to go** now.*

Modal auxiliaries in both German and English convey an attitude about an action, rather than expressing that action itself. For this reason, modals are generally used with dependent infinitives that express that action. The infinitive is in last position.

DORA: Ich **möchte** als au pair nach Italien (**gehen**).

*I **would like to go** to Italy as an au pair.*

SVEN: **Willst** du **das** wirklich (**machen**)?

***Would** you really **like to do** that?*

Modals may occur without a dependent infinitive if a verb of motion (**fahren, gehen**) or the idea of *to do* (**machen, tun**) is clearly understood from the context. The omitted infinitive can often be replaced by **es** or **das**.

10 Meaning of the modal auxiliaries

dürfen	*permission*	Lisa **darf** heute arbeiten.	*Lisa is **allowed to** work today.*
können	*ability, possibility*	Ich **kann** heute arbeiten.	*I **can (am able to)** work today.*
mögen	*liking, personal preference*	**Magst** du Jazz?	*Do you **like** jazz?*
müssen	*necessity, probability*	Gerd **muss** heute arbeiten.	*Gerd **has to (must)** work today.*
sollen	*obligation*	Paul **soll** heute arbeiten.	*Paul **is supposed to (is to)** work today.*
wollen	*desire, intention, wishing*	Anna **will** heute arbeiten.	*Anna **wants (intends) to** work today.*

NOTE:

1. **Können** has the additional meaning of *to know how to do something*:

   Können Sie Deutsch?

   ***Do you know** German (how to speak, read, etc.)?*

2. **Mögen** usually expresses a fondness or a dislike for someone or something. With this meaning it is usually used without a dependent infinitive:

   Magst du Daniel? — Nein, ich **mag** ihn nicht.

11 The *möchte*-forms

ich **möchte**	*wir* **möchten**
du **möchtest**	*ihr* **möchtet**
er/es/sie **möchte**	*sie* **möchten**
Sie **möchten**	

Möchte and **mögen** are different forms of the same verb. The **möchte**-forms are subjunctive forms of **mögen** and are equivalent to *would like to* (see *Kapitel 8*).

OBER: **Möchten** Sie jetzt bestellen?

***Would** you **like** to order now?*

JENS: Ja, ich **möchte** eine Tasse Kaffee, bitte.

*Yes, **I'd like** a cup of coffee, please.*

12 Negative of *müssen* and *dürfen*

	COMPULSION	
POSITIVE	Ich **muss** heute arbeiten.	*I must work today.* *I have to work today.*
NEGATIVE	Ich **muss** heute **nicht** arbeiten.	*I don't have to work today.*

	PERMISSION	
POSITIVE	Ich **darf** wieder arbeiten.	*I may work again.* *I'm allowed to work again.*
NEGATIVE	Ich **darf** noch **nicht** arbeiten.	*I mustn't work yet.* *I'm not allowed to work yet.*

English *must* and *have to* have the same meaning in positive sentences. They have different meanings in negative sentences and hence different German equivalents.

Ich **muss** heute **nicht** arbeiten.	*I don't have to work today.*
Ich **brauche** heute **nicht zu** arbeiten.	*I don't have to work today.*

In its meaning of *doesn't/don't have to*, **nicht müssen** can be replaced by the construction **nicht brauchen**. The meaning is the same. Note that **brauchen** takes a dependent infinitive preceded by **zu**.

13 *Wollen, dass* and *möchten, dass*

Gisela **will, dass ich** zu ihr **komme**.	*Gisela **wants me to come** to her house.*
Doch Alex **möchte, dass wir** alle zu Michael **gehen**.	*But Alex **would like us** all **to go** to Michael's house.*

The German construction saying that someone wants someone else to do something is either **wollen, dass** or **möchten, dass** (e.g., **Gisela will, dass ich**). To express this same idea English uses a modal plus an infinitive (e.g., *wants me to come*).

G Vorbereitungen. Yvonne und Andreas treffen Vorbereitungen° für eine Party. Bilden Sie ganze Sätze, so dass ein richtiges Gespräch daraus wird.

Vorbereitungen treffen:
make preparations

1. ANDREAS: ich / sollen / einkaufen / im Supermarkt?
2. YVONNE: Ja, bitte, gute Idee. du / können / kaufen / auch / die Getränke°?   *drinks*
3. ANDREAS: ich / müssen / gehen / aber / vorher / zur Bank
4. YVONNE: was / Uwe / sollen / machen?
5. ANDREAS: er / können / decken / den Tisch / und / vorbereiten / die Salatsauce
6. YVONNE: wir / dürfen / ausgeben / aber / nicht zu viel Geld
7. ANDREAS: aber / du / wollen / haben / doch alles schön

H Wim braucht ein Auto. Wim muss zum Flughafen° und bittet Veronika *airport*
um ihr Auto. Ergänzen Sie das Gespräch mit den richtigen Modalverben.
(dürfen, können, mögen, möchten, müssen, sollen, wollen)

WIM: Brauchst du dein Auto heute Nachmittag?

VERONIKA: Warum? (1) _____ du es haben?

WIM: Weißt du, ich (2) _____ um vier am Flughafen sein. Ich
(3) _____ meinen Freund Gerd abholen. Ich (4) _____
ihm eine Freude machen. Und da (5) _____ ich nicht zu
spät kommen. Ich (6) _____ nämlich erst um halb vier
wegfahren. (7) _____ ich dich um dein Auto bitten?

VERONIKA: Aber sicher. Oder (8) _____ ich dich zum Flughafen
bringen?

WIM: Ach, ich (9) _____ gut allein fahren. Du (10) _____
sicher arbeiten. In einer halben Stunde (11) _____ ich es
gut schaffen. Auch wenn ein Stau ist. Aber wenn du gern
(12) _____?

VERONIKA: Natürlich. Fahren wir doch zusammen. Ich (13) _____ die
Atmosphäre auf dem Flughafen. Da (14) _____ man
immer von der weiten Welt träumen°. (15) _____ wir uns *dream*
dann um halb vier hier treffen?

WIM: Ja, das (16) _____ wir machen.

"ICH MAG
MEIN HAAR.
MEIN HAAR
MAG GUHL."
Guhl ist konsequente Pflege.

I Im Café. Helga und Nicole haben Mittagspause und treffen sich im
Café. Ergänzen Sie ihre Konversation mit der richtigen Form von **mögen**
oder **möchten**.

HELGA: (1) _____ du etwas essen, Nicole?

NICOLE: Nein, ich (2) _____ das Essen hier nicht so gern. Ich (3)
_____ nur einen Kaffee trinken.

HELGA: Hast du jetzt eigentlich schon eine Wohnung gefunden? Du (4)
_____ doch in die Stadt ziehen, nicht?

NICOLE: Ja, denn ich (5) _____ das Leben auf dem Lande überhaupt
nicht. Es ist so langweilig und man hat so wenige Möglichkeiten auszugehen.

HELGA: Und was sagen deine Eltern dazu? Sie (6) _____ ihre Tochter
doch über alles. (7) _____ sie denn, dass du ausziehst?

NICOLE: Ich glaube nicht. Aber sie (8) _____ natürlich auch, dass ich
zufriedener bin. Ah, da kommt der Ober. Wir können bestellen.

OBER: Guten Tag, die Damen. Was (9) _____ Sie bitte?

Natürlich können Sie auch einen anderen
Fernseher kaufen. Wenn Sie Antiquitäten mögen.

Nach allen Regeln gegen die Regeln. Loewe Individual.

J **Nach der Vorlesung.** Nadine und Daniel unterhalten sich nach der Vorlesung. Übersetzen° Sie das folgende Gespräch ins Deutsche.   *translate*

1. NADINE: I'd like a cup of coffee. You too? Should we go to a café?

2. DANIEL: I'd like to° but I can't. I have to go to a seminar°. History, you know.   *use **schon** / **ins Seminar***

3. NADINE: Oh, is Professor Lange good?

4. DANIEL: Yes. He's excellent. I like him. We have to work hard, but we can also learn a lot.

5. NADINE: Do you have to write many papers°?   ***die Seminararbeit**, pl. **Seminararbeiten** / **man** / **man** / **ein Referat halten***

6. DANIEL: We are supposed to write two. But if you° want, you° may also give an oral report°.

14 Meanings of *lassen* —) to leave

Tickets

Lass die Schlüssel nicht zu Hause.   *Don't **leave** the keys at home.*

Lass deine Sachen nicht hier **liegen.**   *Don't **leave** your things **lying** here.*

Like the modals, the verb **lassen** can stand alone or take a dependent infinitive (e.g., **liegen**) without **zu**.

Lassen is one of the most commonly used verbs in German. Some basic meanings follow:

a To leave

Ich **lasse** den Schirm zu Hause.   *I'm **leaving** the umbrella at home.*

Aber wo **habe** ich nur meine Regenjacke **gelassen**?   *But where **did I leave** my rain jacket?*

Lassen followed by a direct object without a dependent infinitive means *to leave* or *let something remain in place.*

b To permit

Lasst mich euch doch helfen.   *Do **let** me help you.*

Bitte Tanja, **lass** mich den Koffer tragen.   *Please, Tanja, **let** me carry the suitcase.*

Und wir **lassen** Thomas die Tickets kaufen.   *And we**'ll let** Thomas buy the tickets.*

Lassen used with a dependent infinitive means *to let someone do something.*

c To have something done *or* **cause something to be done**

ANDREA:	**Für das Fest lassen** wir ein Zelt im Garten aufbauen.	*For the party we'll **have** a tent put up in the yard.*
TIM:	**Lasst** ihr eigentlich das Essen kommen?	***Are** you actually **having** the food brought in?*
ANDREA:	Nein, ich **lasse** von jedem etwas mitbringen.	*No, **I'm having** everyone bring something.*

Lassen used with a dependent infinitive can also mean *to have something done.* The context makes it clear whether the meaning is (b) *to permit* or (c) *to have something done.*

d Let's

TRAINER:	**Lasst uns** mit dem Training beginnen!	***Let's** begin with the workout.*
MARKUS:	Bitte, Trainer, **lassen Sie uns** noch etwas trinken!	*Please, coach, **let us** have something to drink.*
TRAINER:	Na gut, dann **lasst uns** in fünf Minuten anfangen!	*OK, then **let's** begin in five minutes.*

The imperative form of **lassen** plus the pronoun **uns** is often used in place of the first-person plural imperative: **Beginnen wir! Trinken wir! Fangen wir an!** (see Section 6 of this chapter).

K Das kaputte Skateboard. Klaus ist zu Besuch bei Doris. Sie wollen Skateboard fahren gehen, doch Klaus' Skateboard ist kaputt. Übersetzen Sie den Dialog ins Englische.

1. KLAUS: Lässt du mich mit deinem anderen Skateboard fahren?

2. DORIS: Warum? Hast du dein Skateboard zu Hause gelassen?

3. KLAUS: Nein, aber irgendwas ist kaputt. Lass uns doch deinen Bruder fragen, ob er es reparieren kann.

4. DORIS: Nein, er kann nicht. Er hat morgen eine schwere Matheklausur. Lass uns lieber zum Sportgeschäft Wester gehen. Dort können wir das Skateboard sicher reparieren lassen.

L Beim Packen. Herr und Frau Meiser wollen übers Wochenende nach London fliegen. Sie treffen die letzten Vorbereitungen. Übersetzen Sie ihre Kommentare ins Deutsche.

1. HERR MEISER: Don't you want to leave the umbrella at home?

2. FRAU MEISER: No, let's take it along°. In London one often needs an umbrella.   *take along:* **mitnehmen**

3. HERR MEISER: Let me carry your suitcase.

4. FRAU MEISER: OK, but please send for a taxi now.

5. HERR MEISER: Yes, let's go. It's already half past eight.

15 Future time: present tense

NADJA: **Gehst** du **morgen** zu Michaels Konzert?

*Are you **going to go** to Michael's concert **tomorrow?***

TINA: Nein, Michaels Band **spielt** doch schon **heute Abend**.

*No, Michael's band **is going to play this evening**.*

German generally uses the present tense (e.g., **gehst du?**, **Michaels Band spielt**) to express future time (see Section 5 of this chapter). English often uses a form of *go* in the present (*I'm going to, are you going to?*) to express future time.

16 Future time: future tense°   *das Futur*

Pia **wird** alles selber **machen**.

*Pia **will do** everything herself.*

Detlev **wird** ihr nicht **helfen**.

*Detlev **will** not **help** her.*

German, like English, does have a future tense, although in German it is not used as often as the present tense to express future time. Future tense is used if it would otherwise not be clear from the context that the events will take place. Future tense is also used to express the speaker's determination that the event will indeed take place.

In both English and German, the future tense is a compound tense. In English, the future tense is a verb phrase consisting of *will* or *shall* plus the main verb (e.g., *Pia will do, Detlev will help*). In German, the future tense is also a verb phrase and consists of a form of **werden** plus an infinitive in final position.

ich **werde** es **sehen**	*wir* **werden** es **sehen**
du **wirst** es **sehen**	*ihr* **werdet** es **sehen**
er/es/sie **wird** es **sehen**	*sie* **werden** es **sehen**
Sie **werden** es **sehen**	

17 Future tense of modals

KATJA: In meinem neuen Job **werde** ich mehr **arbeiten müssen**.

*In my new job I'll **have to work** more.*

INA: Dann **wirst** du nicht mehr so oft **ausgehen können**.

*Then you **won't be able to go out** so often anymore.*

In the future tense a modal is in the infinitive form and is in final position. The modal follows the dependent infinitive.

The future tense of modals is used infrequently; present tense is more common. Although you will probably not use the future tense of modals in your own speech, you may come across this construction in your reading. For this reason you should be able to recognize the structure.

18 Other uses of the future tense

Assumption:

Er **wird** uns sicher **glauben**.   *He'll surely **believe** us.*

Determination:

Ich **werde** es **machen**.   *I **shall do** it.*

The future tense is regularly used to express an assumption or a determination to do something.

Present probability:

Er **wird** sicher müde **sein**.   *He's surely tired.*

Das **wird** wohl **stimmen**.   *That's probably correct.*

Das **wird** schon in Ordnung **sein**.   *That's probably OK.*

The future tense can express the probability of something taking place in the present time. Adverbs such as **sicher**, **wohl**, and **schon** are often used.

M **Sommerferien.** Mit Silvia sprechen Sie über Pläne für die Sommerferien. Setzen Sie das Gespräch ins Futur.

▷ Fährst du mit deiner Familie nach Frankreich?
Wirst du mit deiner Familie nach Frankreich fahren?

1. Nein, dieses Jahr fahre ich auf keinen Fall mit meinen Eltern.
2. Du bleibst doch nicht die ganze Zeit zu Hause, oder?
3. Nein, ich besuche meine Freundin in Florenz.
4. Sie studiert an der Akademie und ich wohne dann bei ihr.
5. Sie zeigt mir Florenz und die Toskana°.   *Tuscany*
6. Das wird bestimmt schön!

N **Keiner hat Zeit.** Sie möchten heute Abend gern ausgehen und versuchen ein paar Freunde anzurufen. Aber sie sind entweder nicht zu Hause oder sie haben keine Zeit. Schließlich erreichen Sie Sibylle und stellen Vermutungen° darüber an,   *speculations* was mit den anderen los sein könnte. Benutzen Sie das Futur und **wohl**.

▷ Wo ist Rainer im Moment? (beim Sport)
Er wird im Moment wohl beim Sport sein.

1. Für wen arbeitet Gabi diese Woche? (für ihre Eltern)
2. Zu wem geht Maria heute? (zu Daniela)
3. An wen schreibt Meike? (an ihren Freund)
4. Wo sind Kurt und Karla? (im Schwimmbad)
5. Wie lange bleibt Claudias Besuch? (das ganze Wochenende)
6. Wo spielt Jan heute Abend? (im Jazz-Club)
7. Rufst du noch jemand anders an? (nein, niemand mehr)
8. Wohin gehst du nun? (zu dir)

0 **Sie entscheiden.** Unterhalten Sie sich über einige der folgenden Situationen. Ihre Partnerin/Ihr Partner beschreibt eine der Situationen. Sie drücken dann Ihre Reaktion auf die Situation aus. Benutzen Sie Futur oder Modalverben.

▷ SITUATION: Sie arbeiten an einem wichtigen Referat, als ein Freund Sie zu einem Kaffee einlädt.

   SIE: *Ich arbeite gerade. Können wir später Kaffee trinken gehen?*
   (oder)
   Ich kann leider nicht. Ich muss das Referat fertig machen.

1. Sie sind beim Essen und das Telefon klingelt°. Jetzt haben Sie keine Zeit, aber Sie versprechen später zurückzurufen.   *rings*

2. Ihr Bruder klagt° immer, dass er sich langweilt.   *complains*

3. Ihre Mutter kritisiert, dass Sie sich immer verspäten. Sie versprechen das zu ändern.

4. Sie sitzen im Café und eine Person am Nebentisch beobachtet Sie die ganze Zeit.

5. Normalerweise fahren Sie mit dem Auto zur Universität, aber Ihr Auto ist kaputt. Was machen Sie?

6. Im Urlaub möchte Ihr Freund am Strand° campen. Doch das ist verboten.   *beach*

7. Sie sind auf eine Party eingeladen, aber Sie haben keine Zeit. Erklären Sie, warum Sie nicht kommen können.

8. Sie machen sich Sorgen um Ihren Freund, weil er viel arbeitet und immer so müde aussieht.

9. Eine Freundin/Ein Freund möchte mit Ihnen inlineskaten gehen. Doch Sie haben keine Lust.

P **Kurze Aufsätze°**   *compositions*

1. Machen Sie Pläne fürs Wochenende. Beschreiben Sie, was Sie gern in Ihrer Freizeit machen. Schreiben Sie im Präsens.

2. Bald kommt eine Austauschstudentin/ein Austauschstudent° für einen Monat zu Ihnen zu Besuch. Schreiben Sie ihr/ihm einen Brief, in dem Sie von Ihrem Tagesablauf° erzählen. Schreiben Sie im Präsens und benutzen Sie Modalverben.   *exchange student*

          daily schedule

Simple past tense
Present perfect tense
Past perfect tense
Infinitives without **zu**

Online Study Center

1 Simple past tense°

das Präteritum

↳ Serien von
events
→ +e

Letzte Woche **arbeitete** Inge nur vormittags. Nachmittags **spielte** sie Tennis oder **besuchte** Freunde. Abends **blieb** sie zu Hause und **sah fern**.

*Last week Inge **worked** mornings only. In the afternoon she **played** tennis or **visited** friends. Evenings she **stayed** home and **watched** TV.*

The simple past tense, often called the narrative past, is used to narrate a series of connected events that took place in the past. It is used especially in formal writing such as literature and expository prose, for example, newspaper and magazine articles.

2 Weak verbs° in the simple past

das schwache Verb

	STEM	TENSE MARKER	SIMPLE PAST
warnen	warn-	**-te**	warnte
arbeiten	arbeit-	**-ete**	arbeitete
öffnen	öffn-	**-ete**	öffnete

A regular weak verb is a verb whose infinitive stem remains unchanged in the past-tense forms. In the simple past a weak verb adds the past-tense marker **-te** to the infinitive stem. The **-te** past-tense marker becomes **-ete** if

1. the verb stem ends in **-d** or **-t**: **arbeiten > arbeitete**.
2. the verb stem ends in **-m** or **-n** preceded by a consonant: **öffnen > öffnete**. EXCEPTION: If the verb stem ends in **-m** or **-n** preceded by **-l** or **-r**, the **-te** past-tense marker does not expand: **warnen > warnte**.

The addition of the **-e** ensures that the **-t**, as signal of the past, is audible.

ich spiel**te**	*wir* spiel**ten**
du spiel**test**	*ihr* spiel**tet**
er/es/sie spiel**te**	*sie* spiel**ten**
	Sie spiel**ten**

All forms except the first- and third-person singular add endings to the **-te** tense marker.

Der Tourist **machte** seinen Koffer **auf** und **holte** eine kurze Hose **heraus**.

*The tourist **opened** his suitcase and **took out** (a pair of) shorts.*

In the simple past, as in the present, the separable prefix is separated from the base form of the verb and is in final position.

A **Der Babysitter.** Martin musste gestern Abend auf seinen kleinen Bruder Hendrik aufpassen. Heute erzählt er seinem Freund davon. Setzen Sie die Verben ins Präteritum°.

simple past

1. Als meine Eltern sich _____, _____ wir uns vor den Fernseher. (verspäten / setzen)
2. Wir _____ uns einen alten Gangsterfilm _____. Eine Szene _____ vielleicht ein bisschen zu viel Gewalt. (anschauen° / zeigen) *to watch*
3. Die Szene war so: Zwei Gangster _____ das Geld von ihrem Bankraub. Auf einmal _____ der eine Gangster eine Pistole aus der Tasche und _____ seinen Komplizen. (teilen / holen / töten)
4. Erst nach ein paar Minuten _____ ich, dass Hendrik _____. (bemerken / weinen)
5. Ich _____ ihm, dass das doch nur ein Film sei. (erklären)
6. Doch Hendrick wurde erst ruhiger, als wir mit seinen Autos _____. (spielen)
7. Als ich ihm dann ein altes Auto von mir _____, _____ er sich sehr. (schenken / freuen)
8. Und bald _____ Hendrik schon wieder. (lachen)

3 Modals in the simple past

	SIMPLE PAST	EXAMPLES	
dürfen	**durfte**	Ali **durfte** nicht zur Party kommen.	
können	**konnte**	Sabine **konnte** auch nicht dabei° sein.	*there*
mögen	**mochte**	Du **mochtest** die Party nicht.	
müssen	**musste**	Wir **mussten** trotzdem beim Aufräumen° helfen.	*cleaning up*
sollen	**sollte**	Wir **sollten** es doch schon abends machen.	
wollen	**wollte**	Ich **wollte** aber lieber ins Bett gehen.	

In the simple past tense, most modals undergo a stem change. Note that the past stem has no umlaut.

English equivalents of the simple past of modals are as follows:

SIMPLE PAST	ENGLISH EQUIVALENT
durfte	*was allowed to*
konnte	*was able to (could)*
mochte	*liked*
musste	*had to*
sollte	*was supposed to*
wollte	*wanted to*

B **Probleme mit dem Computer.** Sabine sollte ihrem Großvater erklären, wie er sein neues Textverarbeitungsprogramm benutzen kann. Sie berichtet ihrer Mutter darüber. Setzen Sie das Modalverb ins Präteritum.

▷ Opa kann das Programm nicht alleine installieren.
  Opa konnte das Programm nicht alleine installieren.

1. Ich soll ihm helfen.
2. Ich will es also versuchen. → try
3. Gut. Ich muss ihm alles genau erklären. → explain
4. Doch er kann einfach nicht verstehen, wie man das Programm benutzt. → use
5. Irgendwie mag er es auch nicht, dass er seiner Enkelin genau zuhören° muss.   *listen to*
6. Ich habe den Eindruck, dass er gar keine Hilfe will.
7. Schließlich darf ich ihm gar keine Tipps mehr geben.
8. Vielleicht soll er besser bei seinem alten Computerprogramm bleiben.

4 **Irregular weak verbs°** + *haben* **in the simple past**   *das unregelmäßige schwache Verb*

	SIMPLE PAST	EXAMPLES
brennen	**brannte**	Das Feuer für die Grillwürstchen **brannte** schon.
kennen	**kannte**	Ich **kannte** fast alle Leute auf der Party.
nennen	**nannte**	Susis Mutter **nannte** mich jetzt „Oliver" und „Sie".
rennen	**rannte**	Susis Hund **rannte** wild durch den Garten.
denken	**dachte**	Ich **dachte** sentimental an unsere Schulzeit.
bringen	**brachte**	Susi **brachte** uns alle mit Anekdoten aus dieser Zeit zum Lachen.
wissen	**wusste**	Ich **wusste** vieles gar nicht mehr.
haben	**hatte**	Wir **hatten** viel Spaß zusammen.

A few weak verbs are irregular in that they have a stem-vowel change in the simple past. **Haben** has a consonant change. The verbs **denken** and **bringen** also each have a consonant change.

5 Strong verbs° in the simple past

das starke Verb

INFINITIVE	SIMPLE-PAST STEM	
sprechen	sprach	*speak*
schreiben	schrieb	*write*
fahren	fuhr	*drive*
ziehen	zog	*pull*
gehen	ging	*go*

A strong verb is a verb that has a stem-vowel change in the simple past: **sprechen > sprach**. A few verbs have a consonant change as well: **ziehen > zog**. The tense marker **-te** is not added to the strong verbs in the simple past. You must memorize the simple-past forms of strong verbs, because the stem change cannot always be predicted. (See Appendix #25 for a list of strong verbs in the simple past.)

ich sprach	*wir* sprach**en**
du sprach**st**	*ihr* sprach**t**
er/es/sie sprach	*sie* sprach**en**
Sie sprach**en**	

In the simple past the first- and third-person singular have no endings.

6 *Sein* and *werden* in the simple past tense

INFINITIVE	SIMPLE PAST	EXAMPLES
sein	**war**	Gestern **war** es noch schön.
werden	**wurde**	Über Nacht **wurde** das Wetter dann schlechter.

Two common verbs in German are **sein** and **werden**. Note their simple-past tense forms.

a Verb *sein*

ich war	*wir* waren
du warst	*ihr* wart
er/es/sie war	*sie* waren
Sie waren	

b Verb *werden*

ich wurde	*wir* wurden
du wurdest	*ihr* wurdet
er/es/sie wurde	*sie* wurden
Sie wurden	

C **Das Lieblingsspielzeug.** Pauls Tante ist zu Besuch und sie wundert sich darüber, dass der sechsjährige Paul am liebsten Computerspiele macht. Sie erzählt, was mit sechs Jahren ihr Lieblingsspielzeug war. Setzen Sie die Verben ins Präteritum.

1. Als ich sechs _____, _____ meine Tante aus Amerika zu Besuch und _____ mir eine Barbiepuppe° _____. (werden / kommen / mitbringen)   *Puppe:* doll

2. Meine Mutter _____ die Puppe hässlich, doch mir _____ sie sehr. (finden / gefallen)

3. Ich _____ sie dauernd° _____ und _____ ihr die Haare. Einmal _____ ich ihr sogar die Haare. (umziehen / waschen / schneiden)   *continually*

4. Die Puppe _____ Jenny.

5. Jenny _____ sogar in meinem Bett und wenn ich _____, _____ sie neben mir auf dem Stuhl. (schlafen / essen / sitzen)

6. Fast niemand außer mir _____ eine Barbiepuppe. Das _____ natürlich toll. (haben / sein)

7. Doch bald _____ dann auch in Deutschland ein richtiger Barbie-Boom und es _____ Barbies in allen Arten. (beginnen / geben)

D **Ein komischer Mensch.** Im Park begegnen Sie einem merkwürdigen Menschen. Erzählen Sie von der Begegnung. Benutzen Sie das Präteritum.

1. Heute fahre ich mit dem Rad durch den Park.
2. Da sehe ich einen Mann.
3. Er sitzt auf einer Bank.
4. Er trägt komische Kleider.
5. Sein Hut ist viel zu klein.
6. Die Hosen sind zu eng.
7. Das Hemd passt nicht.
8. Er hat ganz große Schuhe an.
9. Er liest eine alte, schmutzige Zeitung.
10. Ich spreche ihn an, aber ich bekomme keine Antwort.
11. Er sieht einsam und traurig aus.
12. Später steht er auf und geht weg.

E **Ein schöner Abend.** Gerd erzählt Ihnen, wie er Annette überrascht hat. Schreiben/Sprechen Sie im Präteritum.

1. In the evening I wanted to invite Annette to dinner.
2. But I didn't call her up.
3. I simply picked her up.
4. She opened the door and looked at me curiously.

5. I told her my plan.
6. She didn't think about it very long.
7. She shut her books.
8. She put on her coat, and we left.

7 The present perfect tense°

das Perfekt

Ist Laura schon **gegangen**?	*Has Laura gone already?*
Ja, sie **hat** mir auf Wiedersehen **gesagt**.	*Yes, she said good-bye to me.*
Weißt du, wann sie **gegangen** ist?	*Do you know when she left?*

The present perfect tense consists of the present tense of the auxiliary **haben** or **sein** plus the past participle of the verb. In compound tenses such as the present perfect tense, it is the auxiliary **haben** or **sein** that takes person and number endings, while the past participle remains unchanged. The past participle is in last position, except in a dependent clause (see *Kapitel 3*).

8 Past participles° of regular weak verbs

das Perfektpartizip

INFINITIVE	PAST PARTICIPLE	PRESENT PERFECT TENSE
spielen	**ge** + spiel + **t**	Sonja **hat** im Garten etwas **gemacht**.
arbeiten	**ge** + arbeit + **et**	Reiner **hat** im Keller **gearbeitet**.
öffnen	**ge** + öffn + **et**	Deshalb **hat** dir keiner die Tür **geöffnet**.

The past participle of a weak verb is formed by adding **-t** to the unchanged stem. The **-t** expands to **-et** if the verb stem ends in **-d** or **-t**: arbeiten > **gearbeitet**. The **-t** also expands to **-et** if the verb stem ends in **-m** or **-n** preceded by another consonant: **öffnen** > **geöffnet**. If, however, the verb stem ends in **-m** or **-n** preceded by **-l** or **-r**, the **-t** does not expand: **warnen** > **gewarnt**. The past participle of weak verbs has the prefix **ge-**, with the exception of those verbs with inseparable prefixes and those ending in **-ieren** (see Section 12 of this chapter).

Gut beraten
Gut geplant
Gut gekauft

9 Past participles of irregular weak verbs + *haben*

INFINITIVE	PAST PARTICIPLE	PRESENT PERFECT TENSE
brennen	ge + brann + t	Das Feuer für die Grillwürstchen **hat** schon **gebrannt**.
kennen	ge + kann + t	Ich **habe** fast alle Leute auf der Party **gekannt**.
nennen	ge + nann + t	Susis Mutter **hat** mich jetzt „Oliver" und „Sie" **genannt**.
rennen	ge + rann + t	Susis Hund **ist** wild durch den Garten **gerannt**.
denken	ge + dach + t	Ich **habe** sentimental an diese Zeit **gedacht**.
bringen	ge + brach + t	Susi **hat** uns alle mit Anekdoten aus unserer Schulzeit zum Lachen **gebracht**.
wissen	ge + wuss + t	Ich **habe** vieles gar nicht mehr **gewusst**.
haben	ge + hab + t	Wir **haben** viel Spaß zusammen **gehabt**.

The past participle of an irregular weak verb has the **ge-** prefix and the ending **-t**. Note the changes in the stem vowel and the consonant changes in **bringen** and **denken**.

10 Past participles of strong verbs

INFINITIVE	PAST PARTICIPLE	PRESENT PERFECT TENSE
sprechen	ge + sproch + en	**Hast** du mit Aische **gesprochen**?
schreiben	ge + schrieb + en	Nein, sie **hat** mir **geschrieben**.
fahren	ge + fahr + en	**Ist** sie diesen Sommer in die Türkei **gefahren**?
ziehen	ge + zog + en	Nein, sie **ist** in eine andere Wohnung **gezogen**.
gehen	ge + gang + en	Deshalb **ist** sie nicht in Urlaub **gegangen**.

The past participle of a strong verb is formed by adding **-en** to the participle stem. Many strong verbs have a change in the stem vowel of the past participle, and some verbs also have a change in the consonants. Strong verbs also add the **ge-** prefix in the past participle, with the exception of those verbs with inseparable prefixes (see Section 12 of this chapter).

11 Past participles of separable-prefix verbs

INFINITIVE	PAST PARTICIPLE	PRESENT PERFECT TENSE
abholen	ab + ge + holt	**Hast** du Leonie **abgeholt**?
mitnehmen	mit + ge + nommen	Nein, Giovanni **hat** sie mit dem Auto **mitgenommen**.

The **ge-** prefix of the past participle comes between the separable prefix and the stem of the participle. Both weak and strong verbs can have separable prefixes. In spoken German the separable prefix receives stress: **ab'geholt**.

einbeziehen (klick) → (klack) einbezogen

12 Past participle without *ge-* prefix

PRESENT TENSE	PRESENT PERFECT TENSE
Nadine bezahlt das Essen.	Warum **hat** Nadine eigentlich das Essen für alle **bezahlt**?
Das verstehe ich nicht.	Das **habe** ich auch nicht **verstanden**.

Some prefixes are never separated from the verb stem. Common inseparable prefixes° are **be-**, **emp-**, **ent-**, **er-**, **ge-**, **ver-**, and **zer-**. Inseparable-prefix verbs° do not add the **ge-** prefix. Both weak and strong verbs can have inseparable prefixes. An inseparable prefix is not stressed in spoken German.

das untrennbare Präfix / das untrennbare Verb

PRESENT TENSE	PRESENT PERFECT TENSE
Es passiert nichts.	Es **ist** nichts **passiert**.
Lukas und Eva diskutieren nur etwas lauter.	Lukas und Eva **haben** nur etwas lauter **diskutiert**.

Verbs ending in **-ieren** do not add the **ge-** prefix to form the past participle. They are all weak verbs whose participle ends in **-t**.

13 Use of the auxiliary° *haben*

das Hilfsverb

Hast du **ferngesehen**?

*Did you **watch** TV?*

Nein, ich **habe** ein paar E-Mails **geschrieben**.

No, I wrote a couple of e-mails.

The auxiliary **haben** is used to form the present perfect tense of most verbs.

14 Use of the auxiliary *sein*

Lisa **ist** gerade ins Bett **gegangen**.

*Lisa **has** just **gone** to bed.*

Und Mustafa **ist** auf dem Sofa **eingeschlafen**.

*And Mustafa **fell asleep** on the sofa.*

Some verbs use **sein** instead of **haben** as an auxiliary in the present perfect tense. Verbs that require **sein** must meet two conditions. They must:

1. be intransitive verbs (i.e., verbs without a direct object) and
2. indicate a change in location (e.g., **gehen**) or condition (e.g., **einschlafen**).

Wo **bist** du die ganze Zeit **gewesen**?

*Where **were** you all this time?*

Ich **bin** noch zwei Stunden länger im Internet-Café **geblieben**.

*I **stayed** two hours longer in the Internet café.*

The verbs **bleiben** and **sein** also require the auxiliary **sein**, even though they do not indicate a change of location or condition.

F **Computerspiele.** Thomas besucht seinen Freund Lukas, um mit ihm ein bisschen am Computer zu spielen. Abends erzählt Thomas seiner Freundin Lisa, was er nachmittags gemacht hat. Bilden Sie ganze Sätze und setzen Sie die Verben ins Perfekt.

1. Lukas / bekommen / von seinen Eltern / einen neuen Computer
2. er / einladen / mich / für heute Nachmittag
3. ich / einpacken / meinen Laptop
4. wir / spielen / zusammen am Computer
5. zuerst / wir / runterladen / ein paar Programme für Computerspiele / aus dem Internet
6. ein Spiel / gefallen / uns ganz besonders
7. ich / kennen / dieses Spiel / schon
8. deshalb / ich / gewinnen / dann wohl auch
9. Lukas / sich ärgern / darüber ein bisschen
10. dann / wir / aufhören / mit Computerspielen
11. wir / schreiben / noch eine E-Mail / an unseren Freund Oliver
12. allerdings / Lukas und ich / sprechen / den ganzen Nachmittag / kaum miteinander

G **Eine E-Mail an Gisela.** Monika hat am Freitag eine E-Mail an Ihre Freundin Gisela geschrieben und ihr erzählt, was sie am Wochenende vorhat. Monika hat die E-Mail jedoch nicht abgeschickt, weil sie unterbrochen wurde. Am Montag sitzt Monika wieder am Computer und schreibt° die E-Mail nun um, indem° sie sie ins Perfekt setzt.

schreibt um: rewrites in that

Hallo Gisela,

ich fahre am Samstag mit dem Zug nach Zürich. Am Bahnhof holt mich dann mein Freund Gerhard ab. Am Nachmittag gehen wir dann in die Stadt und ich kaufe ein bisschen ein. Danach schauen wir uns eine Ausstellung° von einer modernen Künstlerin an. Abends besuchen wir meine Großmutter. Dort schlafe ich auch. Am Sonntag treffe ich dann wieder Gerhard und wir essen in einem Restaurant. Ich bleibe bis Sonntagabend in Zürich und Gerhard bringt mich mit seinem Auto zum Bahnhof. Die Fahrt von Mainz nach Zürich dauert fast fünf Stunden, weil der Zug in vielen Städten hält. Und was machst du am Wochenende?

exhibition

H **Urlaub an der Ostsee.** Jan trifft Rita, die gerade von ihrem Urlaub an der Ostsee zurückgekehrt ist. Übersetzen Sie das Gespräch ins Deutsche.

1. JAN: Did you drive to Heiligenhafen?
2. RITA: No, I took the train.
3. JAN: And how was Heiligenhafen?
4. RITA: Very nice. I visited my friend Sabine and we often went to the beach°. The sun was shining every day and it never rained.

   der Strand

5. JAN: That's great! How long did you stay?
6. RITA: I came back yesterday.
7. JAN: Why didn't I get a postcard?
8. RITA: I did° write. Haven't you looked° into your mailbox today?

   use doch / schauen

15 The present perfect versus simple past

Was **habt** ihr gestern **gemacht**?   *What **did** you **do** yesterday?*
Wir **sind** zu Hause **geblieben.**   *We **stayed** home.*

The present perfect tense is often called the conversational past because it is used most frequently in conversation (i.e., a two-way exchange) to refer to events in past time. It is also used in informal writing such as personal letters, diaries, and notes, all of which are actually a written form of conversation.

Gestern **ist** mir etwas Komisches **passiert**. Ich **war** zu Hause und **schrieb** gerade einen Brief an meinen Freund. Plötzlich **klopfte** es an der Tür. Ich **machte** die Tür auf, und da **stand** mein Freund vor mir. Wir **lachten** über den Zufall°. Nun **brauchte** ich den Brief nicht mehr zu **schreiben**.

coincidence

Spoken German is normally a mixture of both present perfect (conversational past) and simple past (narrative past). When the narrator refers to an event in the past, she/he uses the present perfect tense (e.g., **ist passiert**). When she/he describes a series of events, she/he uses the simple past tense (e.g., **schrieb, klopfte**, etc). Note that speakers in Southern Germany, Austria, and Switzerland regularly use the present perfect in conversation, even to narrate events. North Germans would more likely use the simple past to narrate events, even in conversation.

DIETER: Wie **war** die Radtour am Wochenende?
NADINE: Ich **konnte** leider nicht mitfahren.
DIETER: Schade. Das Wetter **war** sehr schön.
NADINE: Ja, aber ich **hatte** keine Zeit.

The simple past tense forms of **sein** (**war**), **haben** (**hatte**), and the modals, e.g., **können** (**konnte**), are used more frequently than the present perfect tense forms, even in conversation.

I **Stell dir vor, was mir passiert ist.** Ingrid erzählt ihrer Mitbewohnerin°, *roommate*
was ihr am Nachmittag passiert ist. Setzen Sie die richtigen Verbformen ein.

1. Stell dir vor, was mir heute Nachmittag _passiert ist_. (passieren; Perfekt)
2. Ich _ging_ die Mozartstraße entlang und da _fährt_ plötzlich ein Auto ganz langsam neben mir her. (gehen / fahren; Präteritum)   *gehen → ging*
3. Na, was will der denn, _fragte_ ich mich. (fragen; Präteritum)
4. Weißt du, wer es _war_? (sein; Präteritum)
5. Michael! Wir _haben_ zusammen in Hamburg _studiert_. (studieren; Perfekt)
6. Er _____ _____ und wir _____ beide herzlich _____. (aussteigen / lachen; Perfekt)
7. Wir _freuten_ uns natürlich sehr! (freuen; Präteritum)
8. Wir _____ uns seit zwei Jahren nicht mehr _____. (sehen; Perfekt)
9. Im Café Mozart _____ wir eine Tasse Kaffee _____ und lange _erzählt_. (trinken / erzählen; Perfekt)
10. Zum Schluss° _____ ich mir seine Adresse und Telefonnummer _____. (aufschreiben; Perfekt)   ***Zum Schluss:*** *finally*

J **Post für Judith.** Stefanie ist umgezogen und sie hat ihrer Freundin Judith einen Brief geschrieben. Bilden Sie aus den Stichworten° ganze Sätze, *cues*
so dass ein richtiger Brief daraus wird.

1. Liebe Judith, ich / ankommen / vor zwei Wochen (Perfekt)   *angekommen*
2. die Reise / gehen / gut (Präteritum)
3. ich / finden / ein schönes Zimmer (Perfekt)
4. ich / müssen / suchen / gar nicht lange (Präteritum)
5. ich / kennen lernen / schon / viele neue Leute (Perfekt)
6. an der Uni / ich / treffen / zwei nette Mädchen (Präteritum)
7. wir / reden / lange (Präteritum)
8. sie / einladen / mich / zu einem Fest (Perfekt)
9. du / hören / schon etwas von Lisa / ? (Perfekt)
Herzliche Grüße
Stefanie.

16 The past perfect tense°

Ich **hatte** schon zwei Tage auf Maries Besuch **gewartet**.	*I **had waited** two days for Marie's visit.*
Herr und Frau Meier **waren** noch nicht nach Hause **gekommen**.	*Mr. and Mrs. Meier **had** not yet **come** home.*

The past perfect tense consists of the simple past of **haben** (**hatte**) or **sein** (**war**) plus the past participle of the main verb. Verbs that use a form of **haben** in the present perfect tense use a form of **hatte** in the past perfect; those that use a form of **sein** in the present perfect use a form of **war** in the past perfect.

Ich wollte am Mittwoch ins Kino gehen. Leider **hatte** mein Freund den Film am Montag schon **gesehen**.	*I wanted to go to the movies on Wednesday. Unfortunately my friend **had** already **seen** the film on Monday.*

The past perfect tense is not used by itself. It is used to report an event or action, either expressed or implied, that took place before another event or action in the past. In the sentence above: *I wanted to go to the movies on Wednesday. Unfortunately my friend had already seen the film on Monday.*

A time-tense line illustrates the relationship clearly:

2nd point earlier in the past	1st point in past time	Present time
Past Perfect	Present Perfect or Simple Past	Present

K **Ein Theaterbesuch mit Schwierigkeiten.** Herr Altenkirch hat von seiner Mieterin Frau Brander eine Freikarte fürs Theater bekommen. Da er selten ausgeht, ist er sehr nervös. Am nächsten Morgen erzählt er seiner Nachbarin, was passiert ist. Setzen Sie das Verb ins Plusquamperfekt.

▷ Ich bin zu spät ins Theater gekommen. Das Stück / anfangen / schon
Das Stück hatte schon angefangen.

1. Ich wollte mit der Straßenbahn fahren. Aber / sie / abfahren / gerade

2. Ich ging in eine Telefonzelle°, um ein Taxi anzurufen. Aber / da / man / stehlen / das Telefonbuch   *telephone booth*

3. Nach 20 Minuten kam die nächste Bahn. Inzwischen / es / beginnen / zu regnen

4. Genau um acht Uhr war ich im Theater. Doch wo war meine Karte? Ich / vergessen / sie / zu Hause

5. Ich musste eine neue Karte kaufen. Die alte Karte / Frau Brander / schenken / mir

17 Infinitives without *zu*

Hendrik **muss** jetzt seine Hausarbeit **tippen**.	*Hendrik **has to type** his homework now.*
Ich **sah** ihn schon seine Bücher **holen**.	*I **saw** him **get** his books.*
Und ich **hörte** ihn den Computer **anmachen**. → to Start	*And I **heard** him **start up** the computer.*
Er **lässt** uns die Arbeit nachher sicher **lesen**.	*He'll certainly **let** us **read** his work afterwards.*

Like modal auxiliaries (see *Kapitel 1*, page 245), the verbs **hören**, **sehen**, and **lassen** can take a dependent infinitive without **zu**.

18 Double infinitive construction with modals, *hören, sehen, lassen*

REGULAR PARTICIPLE	**Hast** du das **gewollt**?	*Did you **want** that?*
DOUBLE INFINITIVE	Ich **habe** es nicht **schreiben wollen**.	*I **didn't want to write** it.*
REGULAR PARTICIPLE	Ich **habe** die Nachbarn **gehört**.	*I **heard** the neighbors.*
DOUBLE INFINITIVE	Ich **habe** die Nachbarn **wegfahren hören**.	*I **heard** the neighbors **drive off**.*
REGULAR PARTICIPLE	Ich **hatte** das Auto nicht **gesehen**.	*I **hadn't seen** the car.*
DOUBLE INFINITIVE	Ich **hatte** das Auto nicht **kommen sehen**.	*I **hadn't seen** the car **coming**.*
REGULAR PARTICIPLE	Sie **hat** uns allein **gelassen**.	*She **left** us alone.*
DOUBLE INFINITIVE	Sie **hat** uns das allein **machen lassen**.	*She **let** us **do** that alone.*

In the present perfect and past perfect tenses and in past-time subjunctive (see *Kapitel 8*), modals and the verbs **sehen**, **hören**, and **lassen** have two forms of the participle: a regular form with the prefix **ge-** (**gewollt, gehört, gesehen, gelassen**), and a form identical to the infinitive (**wollen, hören, sehen, lassen**).

The regular form is used when the modals and **sehen**, **hören**, and **lassen** are used without a dependent infinitive.

The alternate form, identical to the infinitive, is used when these verbs have a dependent infinitive. For obvious reasons this construction is often called the *double infinitive construction*. The double infinitive always comes at the end of the clause, with the modal the very last element. The auxiliary verb **haben** is always used with a double infinitive construction.

You may not have occasion to use this construction, but you should recognize it if you come across it.

Simple past: Ich **wollte** den Brief nicht **schreiben**.	*I didn't want to write the letter.*
Present perfect: Ich **habe** den Brief nicht **schreiben wollen**.	

The simple past tense of modals is used more frequently than the present perfect tense forms, even in conversation. The meaning is the same in both tenses.

L Der Vermieter. Frau Brander spricht mit einer Freundin über ihren früheren Vermieter Herrn Altenkirch. Sie erzählt, was sie gehört und gesehen hat.

▷ Herr Altenkirch saß oft in seinem Sessel. (sehen)
Ich sah Herrn Altenkirch oft in seinem Sessel sitzen.

1. Er blätterte oft in alten Illustrierten. (sehen)
2. Manchmal sprach er mit sich selbst. (hören)
3. Er ging selten aus. (sehen)
4. Er schloss mehrere Male am Tag seinen Briefkasten auf. (hören)
5. Er fragte auch oft den Briefträger nach Post. (hören)
6. Einmal nahm er eine Ansichtskarte aus seinem Briefkasten. (sehen)
7. Und er lächelte° ganz glücklich. (sehen)   *smiled*
8. Danach sang er leise. (hören)

M Das neue Büro. Markus hat eine kleine Firma gegründet° und er hat   *established*
dafür ein Büro eingerichtet°. Er berichtet einem Freund darüber, was er alles   *furnished*
in seinem Büro hat. Übersetzen Sie die folgenden Sätze ins Englische.

1. Die Regale habe ich von meinem Bruder bauen lassen.
2. Den Schreibtisch habe ich billig von einem Bekannten kaufen können.
3. Das Faxgerät habe ich mir aus den USA mitbringen lassen.
4. Die alten Stühle habe ich einfach nicht wegwerfen wollen.
5. Um den Computer billig zu bekommen, habe ich lange telefonieren müssen.
6. Den Scanner habe ich eigentlich gar nicht kaufen wollen, doch ab und zu braucht man ihn wohl doch.
7. Den teuren Drucker habe ich mir von meinen Eltern zum Geburtstag schenken lassen.
8. Das alte Telefon habe ich unbedingt aufheben° wollen.   *keep*

N Was haben Sie gemacht? Fragen Sie Ihre Partnerin/Ihren Partner, was sie/er in den letzten Tagen oder Wochen in der Freizeit schon alles gemacht hat. Fragen Sie genau, d.h. verwenden Sie in Ihrer Frage eine oder mehrere der folgenden Zeitangaben.

Wortkasten

am Anfang des Semesters	heute Morgen
letzte Woche	jeden Tag
nachmittags	gestern
letztes Wochenende	gestern Abend
vor ein paar Tagen	oft
	manchmal

Ihre Partnerin/Ihr Partner antwortet:

Wortkasten

gehen – auf ein Fest / in ein Konzert / ins Kino / in den Fitnessclub / tanzen
spielen – Basketball / in einer Band / Tennis
kaufen – eine neue Hose / viele Bücher / einen Computer / einen Laptop / ein Handy / neue Inlineskates / ein paar neue CDs / eine digitale Kamera / einen elektronischen Organizer
lesen – ein interessantes Buch / ein dickes Buch / die Zeitung / eine Illustrierte
machen – einen Ausflug / eine Fahrradtour / Computerspiele / eine Party / ein tolles Essen
schreiben – einen langen Brief / eine Seminararbeit / E-Mails / eine Ansichtskarte
kennen lernen – eine Chat-Partnerin / einen Chat-Partner / eine nette Frau / einen netten Mann / tolle Leute
verlieren – mein Geld / meinen Schlüssel / mein Herz
sehen – einen spannenden° Film / ein neues Theaterstück / eine *exciting* interessante Sendung
träumen von – einer schönen Reise / dem Ende des Semesters

O Kurze Aufsätze

1. Erzählen Sie Ihrer Freundin/Ihrem Freund von einer Schwierigkeit, die Sie hatten, und wie Sie sie überwunden° haben. Sie können eines der fol- *overcame* genden Beispiele benutzen oder sich selbst etwas ausdenken:

   ■ Sie haben vor der Deutschprüfung Ihr Buch verloren.

   ■ Sie essen in einem Restaurant und haben Ihr Geld vergessen.

2. Führen Sie eine Woche lang Tagebuch°. Benutzen Sie das Präteritum. *diary*

3. Schreiben Sie eine Ansichtskarte aus dem Urlaub und erzählen Sie, was Sie da in den letzten Tagen unternommen haben.

4. Schreiben Sie eine E-Mail an eine Freundin/einen Freund in einer anderen Stadt und berichten Sie von einer tollen Party, auf der Sie gewesen sind.

5. Sie wollen für eine Nachrichtensendung über ein aktuelles politisches oder kulturelles Ereignis berichten. Benutzen Sie dafür das Präteritum.

Kapitel 3

Verb position in statements,
   questions, and clauses
Word order: time, manner,
   place, **nicht**
Independent and dependent
   clauses and conjunctions
Infinitives with **zu**

 Online Study Center

1 Position of the finite verb° in statements°

*die finite Verbform /
der Aussagesatz*

	1	2	3	4
NORMAL	Wir	**trinken**	um vier	Kaffee.
INVERTED	Um vier	**trinken**	wir	Kaffee.
	Kaffee	**trinken**	wir	um vier.

In a German statement, or independent clause, the finite verb (the verb form that agrees with the subject) is always in second position.

   In so-called "normal" word order, the subject is in first position. In so-called "inverted" word order, an element other than the subject is in first position, and the subject follows the verb. For stylistic variety or for emphasis of a particular element, a German statement can begin with an adverb, a prepositional phrase (e.g., **um vier**), or an object (e.g., **Kaffee**).

2 Position of the finite verb in questions°

die Frage

a Informational questions°

die Ergänzungsfrage

Wo **ist** der Sitz des Europäischen Parlaments?	*Where is the seat of the European Parliament?*
Wann **kam** Polen zur EU dazu?	*When did Poland join the EU?*

An informational question asks for a particular piece of information. It begins with an interrogative such as **wie**, **wie viel**, **warum**, **wann**, **wo**, or **wer**. In German the interrogative is followed by the finite verb, then the subject. English often has to use a form of the auxiliary verb *to do* (e.g., *did*) or *to be* plus the main verb (e.g., *join*).

POSTBANK. SCHLIESSLICH IST ES IHR GELD.

b Yes/no questions°   *die Entscheidungsfrage*

> **Sind** Silvias Freunde aus
> Ostberlin? —Ja.

> *Are Silvia's friends from East*
> *Berlin? —Yes.*

> **Hat** Silvia auch in Ostdeutschland
> gelebt? —Nein.

> *Did Silvia also live in East*
> *Germany? —No.*

A yes/no question can be answered with **ja** or **nein**. In German it begins with the finite verb. English often requires a form of the auxiliary verb *to do* (e.g., *did*) or *to be* plus the main verb (e.g., *live*).

A **Der Onkel in Dessau.** Thomas trifft seine amerikanische Freundin Diana in Heidelberg auf der Straße und er erzählt ihr, was er morgen vorhat. Bilden Sie aus den Stichwörtern ganze Sätze. Beachten Sie, dass manche Sätze Fragen sind.

> ▷ ich / besuchen / meinen Onkel
> *Ich besuche meinen Onkel.*

1. DIANA: was / du / machen / morgen / ?

2. THOMAS: ich / fahren / zu meinem Onkel nach Dessau

3. DIANA: wo / sein / Dessau / ?

4. THOMAS: Dessau / liegen / in der früheren DDR

5. DIANA: Dessau / sein / interessant / ?

6. THOMAS: Ja. Dort / es / geben / viele Gebäude im Bauhausstil° // mein Onkel / wohnen / in einem solchen Haus

7. DIANA: was / dein Onkel / sagen / über die Wiedervereinigung / ?

8. THOMAS: er / erzählen / oft / vom Leben zu DDR-Zeiten // manchmal / er / schimpfen / über die Nachteile der Bundesrepublik // viele Dinge / er / finden / aber jetzt besser

Style that emphasizes functional design (school established in 1919 by Walter Gropius)

3 Word order: time°, manner°, place°   *die Zeit | die Art und Weise | der Ort*

	TIME		MANNER	PLACE
	General	Specific		
Wir fahren	heute		mit dem Zug	nach Madrid.
Wir fahren	heute	um acht Uhr	mit dem Zug	nach Madrid.

When adverbs and adverbial prepositional phrases occur in a sentence, they occur in the following sequence: time (when?), manner (how?), place (where?). When a sentence contains two adverbial expressions of time, the general expression (e.g., **heute**) usually precedes the specific (e.g., **um acht Uhr**).

TMP

general then specific

B **In Paris.** Herr Bader fährt oft von Köln nach Paris. Erzählen Sie von seiner Reise dorthin. Benutzen Sie die angegebenen Stichwörter.

> ▷ Herr Bader fährt (nach Frankreich / oft).
> *Herr Bader fährt oft nach Frankreich.*

1. Er fährt (nach Paris / immer / mit dem Zug).
2. Der Zug fährt (vom Hauptbahnhof Köln / um 8.30 Uhr) ab.
3. Nach EU-Recht° muss er (an der Grenze nach Frankreich / seit 2002) keinen Personalausweis° mehr zeigen.   *European law*
   I.D.
4. Herr Bader sitzt (in der Eisenbahn / gern).
5. Er kommt (in Paris / um halb eins / mittags) an.
6. Dort geht er (in ein Café / zuerst / jedes Mal).
7. Er setzt sich (an einen Tisch / gleich) und trinkt (schnell / meistens) einen Kaffee.
8. Herr Bader kann (mit Euro / jetzt immer) bezahlen.

4 Position of *nicht*

The position of **nicht** is determined by various elements in the sentence.

Ruth arbeitet **nicht**.	*Ruth doesn't work.*
Sie macht ihre Arbeit **nicht**.	*She's not doing her work.*
Ich glaube es **nicht**.	*I don't believe it.*
Warum arbeitet sie heute **nicht**?	*Why isn't she working today?*

Nicht always follows:

1. the finite verb (e.g., **Ruth arbeitet**)
2. nouns used as objects (e.g., **ihre Arbeit**)
3. pronouns used as objects (e.g., **es**)
4. specific adverbs of time (e.g., **heute**)

Gerd ist **nicht** mein Freund.	*Gerd is not my friend.*
Er ist **nicht** nett.	*He's not nice.*
Ich arbeite **nicht** gern mit ihm zusammen.	*I don't like to work with him.*
Ich sehe ihn **nicht** oft.	*I don't see him often.*
Ich fahre **nicht** zu ihm.	*I'm not going to him.*
Ich kann ihm **nicht** helfen.	*I can't help him.*
Er hat mir **nicht** geholfen.	*He didn't help me.*
Ich rufe ihn **nicht** an.	*I won't call him.*

Nicht precedes most other kinds of elements:

1. predicate nouns[1] (e.g., **Freund**)
2. predicate adjectives (e.g., **nett**)
3. adverbs (e.g., **gern**)
4. general time adverbs (e.g., **oft**)

---

[1]REMINDER: Predicate nouns and adjectives follow the linking verbs **sein, werden,** and **heißen**.

5. prepositional phrases (e.g., **zu ihm**)
6. elements in final position: infinitives (e.g., **helfen**); past participles (e.g., **geholfen**); separable prefixes (e.g., **an**)

nicht verbaut

Du solltest **nicht ihn** bitten, sondern seine Schwester.	*You shouldn't ask him, but his sister.*

Nicht may also precede any word that is given special negative emphasis (e.g., **ihn**). This use of **nicht** is found especially in contrasts.

Ich gehe **nicht oft** ins Theater.	*I don't often go to the theater.*

If several of these elements occur in a sentence, **nicht** usually precedes the first one.

C **In einer neuen Stadt.** Sonja ist von Jena in der früheren DDR wegen einer neuen Arbeitsstelle nach Hannover gezogen. Nach ein paar Wochen telefoniert sie mit ihrem Freund Wolfgang, der viele Fragen über Sonjas neuen Wohnort hat. Sonja beantwortet alle Fragen negativ.

▷ Kennst du deine Nachbarn?
Nein, ich kenne meine Nachbarn nicht.

1. Kostet deine Wohnung viel?
2. Magst du deinen Job?
3. Ist deine Chefin arrogant?
4. Gehst du oft mit deinen Kollegen aus?
5. Schmeckt das Essen in der Kantine°? *canteen*
6. Hast du beim Sport viele Leute kennen gelernt?
7. Vermisst du deine Freunde in Jena?
8. Möchtest du in Hannover bleiben?

5 **Independent clauses° and coordinating conjunctions°**

der Hauptsatz / die koordinierende Konjunktion

Juliane hat ein neues Buch gekauft, **aber** sie liest es nicht, **denn** sie hat keine Zeit.

An independent, or main, clause can stand alone as a complete sentence. Two or more independent clauses may be connected by coordinating conjunctions. Because coordinating conjunctions are merely connectors and not part of either clause, they do not affect the order of subject and verb. Five common coordinating conjunctions are listed below.[2]

aber	*but*
denn	*because (for)*
oder	*or*
sondern	*but, on the contrary*
und	*and*

---

[2]Doch is also used as a conjunction with the meanings of though or however. It expresses a contrast to the statement made in the preceding main clause.

Sandra geht ins Café, **denn** sie hat eine Verabredung mit einer Freundin.

Sandra geht ins Café **und** ihre Freundin lädt sie zu einem Kaffee ein.

Sandra geht ins Café **und** trinkt einen Kaffee.

Sandra geht heute ins Kino **oder** morgen ins Theater.

In written German, coordinating conjunctions are generally preceded by a comma. However, with the coordinating conjunctions **oder** and **und** a comma is optional. A comma may precede **oder** and **und** to make the various parts of the sentence clear:

Sandra ging ins Café[,] und ihre Freundin, die sie dort traf, lud sie zu einem Kaffee ein.

In German, as in English, elements common to both clauses are not repeated if the sentences have "normal" word order (subject/verb). This is true of clauses introduced by **sondern**, **oder**, and **und**:

Sandra geht ins Café **und** [Sandra] trinkt einen Kaffee.

6 Two-part conjunctions°

die zweiteilige Konjunktion

Entweder hilfst du mir, ⎫
Entweder du hilfst mir, ⎬ **oder** ich mache es nicht.
Either you help me or I won't do it.

Entweder ... oder is a two-part conjunction equivalent to *either . . . or.* **Entweder** can be followed by normal or inverted word order.

Er kann **weder** dir **noch** mir helfen.   *He can help **neither** you **nor** me.*

Weder ... noch is the negative form of **entweder ... oder** and is equivalent to *neither . . . nor.*

D Freunde. Sprechen Sie über Andrea und Frank. Verbinden Sie die beiden Sätze mit der jeweils° angegebenen Konjunktion.

in each instance

▷ Frank arbeitet bei Siemens. Andrea studiert. (und)
  Frank arbeitet bei Siemens und Andrea studiert.

1. Frank mag seine Arbeit nicht besonders. Andrea ist gern an der Uni. (aber)

2. Sie fahren jeden Tag mit der Straßenbahn. Sie haben kein Auto. (denn)

3. Frank isst nicht im Restaurant. Er bringt sein Essen von zu Hause mit. Sie wollen sparen. (sondern / denn)

4. Im Sommer fahren sie nach Italien. Sie fliegen nach Amerika. (entweder ... oder)

5. Dann wird er auf jeden Fall eine neue Stelle suchen. Andrea studiert weiter. (und)

7 The conjunctions *aber* and *sondern*

Maria geht ins Café, **aber** sie bestellt nichts.	*Maria goes into the café, **but** she doesn't order anything.*
Der Kuchen ist nicht teuer, **aber** Sabine kauft ihn trotzdem nicht.	*The cake is not expensive, **but** Sabine still doesn't buy it.*
Jürgen geht nicht ins Café, **sondern** in den Park.	*Jürgen doesn't go to the café, **but** to the park.*

Aber as a coordinating conjunction is equivalent to *but, however, nevertheless;* it may be used after either a positive or negative clause.

~ but

Sondern is a coordinating conjunction that expresses a contrast or contradiction. It connects two ideas that are mutually exclusive. It is used only after a negative clause and is equivalent to *but, on the contrary, instead, rather.*

~ on

Sylvia ist **nicht nur** intelligent, **sondern auch** fleißig.	*Sylvia is **not only** intelligent **but also** industrious.*

The German construction **nicht nur ... sondern auch** is equivalent to *not only . . . but also.*

E **Peters Hauptfach.** [, Major] Ihr Freund Peter hat das Hauptfach gewechselt°. *changed* Erzählen Sie davon. Benutzen Sie **aber** und **sondern**.

1. Peter studiert jetzt nicht mehr Mathematik, _Sondern_ er hat mit Politik angefangen.

2. Mit Politik findet er vielleicht nicht so leicht eine Stelle, _aber_ das Fach interessiert ihn mehr.

3. Sein Ziel° ist es für das Europäische Parlament in Straßburg zu arbeiten, *goal* _____ das ist nicht so einfach.

4. Sehr viele Leute möchten für die EU arbeiten, _aber_ Peter hat den Vorteil, dass er mehrere Fremdsprachen spricht.

5. Er kann nicht nur Englisch und Französisch, _Sondern_ auch Spanisch und Italienisch. [~ not only]

6. In seinem Politikstudium muss er jetzt viel Neues lernen, _aber_ das macht ihm großen Spaß.

7. Er arbeitet nicht nur viel, _Sondern_ auch gern.

8. Und er hofft, dass er für die EU arbeiten wird, _aber_ das ist noch ein langer Weg.

8 Dependent clauses° and subordinating conjunctions°

der Nebensatz / die subordinierende Konjunktion

Main clause	*Dependent clause*
Glaubst du,	**dass Karin morgen kommt?**
Sie kommt bestimmt,	**wenn sie Zeit hat.**

A dependent clause is a clause that cannot stand alone; it must be combined with a main clause to express a complete idea.

A dependent clause is introduced by a subordinating conjunction (e.g., **dass**, **wenn**). In writing, a dependent clause is separated from the main clause by a comma.

Er möchte wissen, ob du heute Volleyball **spielst**.
ob du heute **mitspielst**.
ob du vielleicht Tennis spielen **willst**.
ob du wirklich Tennis spielen **wirst**.
ob du gestern gespielt **hast**.

Unlike coordinating conjunctions, subordinating conjunctions affect word order. In dependent clauses the finite verb is in final position:

1. A simple verb is in final position (e.g., **spielst**).
2. A separable prefix is attached to the base form of the verb, which is in final position (e.g., **mitspielst**).
3. A modal auxiliary follows the dependent infinitive and is in final position (e.g., **willst**).
4. In the future tense the auxiliary **werden** follows the infinitive and is in final position (e.g., **wirst**).
5. In perfect tenses the auxiliary **haben** or **sein** follows the past participle and is in final position (e.g., **hast**).

Da ich zu viel gegessen hatte, **habe** ich schlecht geschlafen.
Obwohl ich müde war, **musste** ich früh aufstehen.

When a dependent clause begins a sentence, it is followed directly by the finite verb of the independent clause (e.g., **habe**, **musste**).

Ich weiß, dass Ruth **hatte kommen wollen**.   *I know that Ruth **had wanted to come**.*

In a dependent clause containing a double infinitive, the auxiliary **haben** is not in final position. Rather, the auxiliary precedes the double infinitive which is always the last element in a clause:

Common subordinating conjunctions are listed below:

als	*when*	**obgleich**	*although*
auch wenn	*even if*	**obwohl**	*although*
bevor	*before*	**seit**	*since (temporal)*
bis	*until*	**seitdem**	*since (temporal)*
da	*because, since (causal)*	**sobald**	*as soon as*
damit	*so that*	**solange**	*as long as*
dass	*that*	**während**	*while; whereas*
ehe	*before*	**weil**	*because*
nachdem	*after*	**wenn**	*if; when, whenever*
ob	*if, whether*		

a *bevor/ehe*

> **Bevor** wir nach München umzogen, hatten wir immer in Leipzig gewohnt.

> *Before we moved to Munich we had always lived in Leipzig.*

Bevor and **ehe** both mean *before* and can be used interchangeably. **Bevor** should not be confused with the preposition **vor**.

b *da/weil*

> **Da** es in Westdeutschland weniger Kindergartenplätze gibt, kam meine Mutter mit.

> *Since there are fewer kindergarten spots in West Germany, my mother came along.*

Da indicates a reason that is assumed to be known or understood. **Da**-clauses usually begin the sentence.

> Meine Mutter freute sich auf München, **weil** ihre Schwester dort wohnt.

> *My mother looked forward to Munich **because** her sister lives there.*

Weil states a reason that is assumed not to be known. In this sense it contrasts with **da**.

c *nachdem*

> **Nachdem** mein Mann und ich einen Job gefunden hatten, suchten wir eine Wohnung.

> *After my husband and I had found a job, we looked for an apartment.*

Nachdem is used only with the present perfect and past perfect tenses. **Nachdem** should not be confused with the preposition **nach**.

d *obwohl/obgleich*

> **Obwohl** Wohnungen in München oft sehr teuer sind, fanden wir etwas Billiges.

> *Although apartments in Munich are often very expensive, we found something inexpensive.*

Obwohl and **obgleich** both mean *although*, but **obwohl** is more common.

e *seitdem/seit*

> **Seitdem** wir in München arbeiten, verdienen wir mehr, aber das Leben ist auch sehr teuer.

> *Since we have been working in Munich we earn more, but life is also very expensive.*

Seitdem and **seit** mean *since* in a temporal sense and should not be confused with **da**, which means *since* in a causal sense.

When used with the present tense, **seitdem/seit** expresses an action that began in the past and is continuing in the present. English uses the present perfect (e.g., *have been working*) to express this idea.

F **Als die Mauer fiel ...** Die Lehrerin Doris Kuhn erzählt, wie sie die Öffnung° der Mauer in Ostberlin erlebt hat. Verbinden Sie die Sätze mit der angegebenen Konjunktion in Klammern. *opening*

1. Ich war todmüde. Ich kam am Abend des 9. November 1989 nach Hause. (als)

2. Ich machte den Fernseher an. Ich musste mich noch für morgen vorbereiten. (obwohl)

3. Ich machte den Ton° ganz leise. Ich musste mich konzentrieren. (weil) *volume*

4. Ich sah nur selten auf den Bildschirm°. Ich tippte an meiner Arbeit. (da) *screen*

5. Das Telefon klingelte°. Ich verstand, was ich im Fernsehen sah. (bevor) *rang*

6. Mein Freund Klaus fragte mich ganz aufgeregt°. Die Mauer ist wirklich offen. (ob) *excited*

7. Ich rannte sofort aus dem Haus zum Brandenburger Tor. Ich hatte mit Klaus telefoniert. (nachdem)

8. Tausende von Menschen waren auf der Straße. Es war spät am Abend (obgleich)

9. Viele Leute hatten mich umarmt°. Ich kam am Brandenburger Tor an. (ehe) *hugged*

10. Ich hatte so eine Stimmung° noch nie erlebt. Ich lebte in Ostberlin. (seit) *atmosphere*

G **Noch einmal.** Schreiben/Sagen Sie die Sätze von Übung F noch einmal und beginnen Sie mit dem Nebensatz°. *dependent clause*

▷ *Als ich am Abend des 9. November 1989 nach Hause kam, war ich todmüde.*

9 Uses of *als*, *wenn*, and *wann*

Als wir letztes Jahr nach Spanien fuhren, hatten wir einen kleinen Unfall.	**When** we went to Spain last year, we had a small accident.
Als ich klein war, haben wir oft Urlaub in Spanien gemacht.	When I was little we often went to Spain on vacation.
Wenn wir nach Spanien reisten, fuhren wir immer mit dem Auto.	**Whenever** we went to Spain we always traveled by car.
Ich weiß nicht, **wann** wir wieder nach Spanien fahren.	I don't know **when** we're going to Spain again.

Als, wenn, and **wann** are all equivalent to the English *when*, but they are not interchangeable.

Als is used to introduce a clause concerned with a single event in the past or to refer to a single block of time in the past (e.g., **als ich klein war**).

Wenn is used to introduce a clause concerned with repeated events (*whenever*) or possibilities (*if*) in past time, or with single or repeated events in present or future time.

Wann (*at what time?*) is used to introduce direct and indirect questions.

specific time

> „Wenn man gewinnen kann, dann sollte man das auch tun, sonst hat man etwas falsch gemacht."
> *Ralf Schumacher,*
> *Formel-1-Pilot*

H **Nachbarn.** Frau Haller spricht mit ihren Kindern über die Nachbarn in ihrem Mehrfamilienhaus in Dresden. Ergänzen Sie die Sätze mit **als**, **wenn** oder **wann**.

MUTTER: Hanna, (1) _____ kommst du heute Abend nach Hause?

HANNA: Ich weiß nicht, (2) _____ der Film zu Ende ist. Aber danach komme ich sofort nach Hause.

MUTTER: Sei bitte leise, (3) _____ du die Treppe hinaufgehst. (4) _____ ich gestern am Briefkasten war, habe ich Frau Scholz aus dem dritten Stock getroffen. Sie ist stehen geblieben und hat darüber geschimpft, dass ihr zu viel Lärm macht. (5) _____ ihr durch die Wohnung rennt, hört sie in ihrer Wohnung anscheinend° jeden Schritt.

apparently

FLORIAN: Na° und? (6) _____ sie letzte Woche mit ihrem Mann gestritten hat, haben wir auch jedes Wort verstanden. Wir sind doch nicht dafür verantwortlich, dass die Wände so dünn sind, nicht? Ich finde die Nachbarn nicht besonders sympathisch° hier.

Na und: *So?*

likeable

HANNA: Das finde ich eigentlich nicht. (7) _____ ich Frau Scholz treffe, lächelt sie immer sehr freundlich. Ich bin allerdings auch immer nett. Ich weiß nicht mehr genau, (8) _____ das war – aber (9) _____ sie einmal schwere Einkaufstaschen hatte, habe ich ihre Tasche getragen und habe sie zu ihrer Wohnung begleitet.

MUTTER: Na ja, Frau Scholz hat viele Probleme. Ihr Mann ist sehr krank und braucht Ruhe. Er kann nicht schlafen, (10) _____ zu viel Lärm ist. Versprecht mir auf jeden Fall so leise wie möglich zu sein.

10 Dependent clauses: indirect statements and questions

a Conjunction introducing indirect statements: *dass*

Direct statement: Ich fahre morgen weg.
Indirect statement: Erika weiß, **dass** du morgen wegfährst.

Indirect statements are introduced by the subordinating conjunction **dass**.

b Conjunction introducing indirect yes/no questions: *ob*

Yes/no question: Habt ihr gewonnen?
Indirect question: Erika fragt, **ob** wir gewonnen haben.

Indirect yes/no questions are introduced by the subordinating conjunction **ob**. **Ob** can always be translated as *whether*. An indirect question begins with an introductory clause such as **Sie fragt, …; Ich weiß nicht, …; Ich möchte wissen, …; Weißt du, …?; Kannst du mir sagen, …?**

„Ich hatte nicht gedacht, dass es
so leicht wird, Deutsch zu lernen“

C Conjunctions introducing indirect informational questions

Informational question: Warum erzählt Rita immer diese
Geschichte?

Indirect question: Ich weiß nicht, **warum** Rita immer diese
Geschichte erzählt.

Indirect informational questions are introduced by the same question words,
or interrogatives, that are used in direct informational questions, for example,
wann, **warum**, **wie**. The question word functions as a subordinating
conjunction.

I Wie war es in Italien? Stefan holt seine italienische Freundin Maria am
Bahnhof ab. Sie war ein paar Wochen bei ihrer Familie in Italien. Berichten
Sie von dem Gespräch in indirekter Rede°. Verwenden Sie **dass** oder **ob**, wenn   *indirect discourse*
möglich.

▷ Stefan fragt Maria: „Wie war es in Italien?“
   Stefan fragt Maria, wie es in Italien war.

1. Sie antwortet: „Es war herrlich.“
2. Natürlich will er wissen: „Was hast du gemacht? Wo warst du? Wen hast
   du besucht?“
3. Er fragt auch: „War das Wetter schön?“
4. Sie sagt: „Es war sonnig und warm.“
5. Er fragt sie: „Was gibt es sonst Neues?“
6. Sie erzählt: „Meine Eltern haben ein neues Haus. Es ist sehr groß und
   sehr schön.“
7. Stefan fragt: „Bist du nach der langen Reise sehr müde?“
8. Maria antwortet: „Ich bin sehr müde und möchte am liebsten zwölf
   Stunden schlafen.“

11 Infinitives with *zu*

Nicole versucht einen Job in Weimar **zu finden.**	*Nicole is trying **to find** a job in Weimar.*
Sie fängt an sich **zu bewerben.**	*She is beginning **to apply.***
Ich habe sie gebeten mir dann oft **zu schreiben.**	*I asked her **to write** me often then.*

Dependent infinitives used with most verbs are preceded by **zu** and are in last position. However, infinitives used with modals, in future tense (see *Kapitel 1*), and with the verbs **sehen**, **hören**, and **lassen** (see *Kapitel 2*) are not preceded by **zu**.

NICOLE:	**Hast du** keine **Lust**[,] mich dann in Ostdeutschland **zu** besuchen?	*Don't you feel like visiting me in East Germany then?*
	Es ist doch **Zeit**[,] mal etwas Neues **zu** sehen.	*It's time to see something new.*

A number of expressions using the verb **haben** (e.g., **Lust haben**) or **sein** (e.g., **es ist Zeit**) are followed by the infinitive with **zu**. An infinitive construction that contains other sentence elements such as objects, prepositional phrases, or adverbs is called an *infinitive clause*° (e.g., **mich ... zu besuchen, mal etwas Neues zu sehen**). In writing, an infinitive clause may be set off by commas for the sake of clarity.

der Infinitivsatz

Nicole hat vor im Sommer um**zu**ziehen.	*Nicole plans **to** move in the summer.*
Es ist sicher schwer allein in einer fremden Stadt an**zu**kommen.	*It's certainly hard **to** arrive alone in a strange city.*

When a separable-prefix verb is in the infinitive form, the **zu** comes between the prefix and the base form of the verb. The construction is written as one word.

Some common expressions requiring infinitives with **zu** are:

Es macht Spaß ...	Es ist Zeit ...
Es ist schwer (leicht) ...	Es ist gut (nett) ...
Es ist schön ...	Hast du Lust ...

> **Es geht nicht darum, wie schnell man ist, sondern dass man sein Ziel erreicht.**

J **Im Ausland leben.** Anna erzählt Alexander von ihren Plänen für die Zukunft.

▷ ANNA: Es ist schon lange mein Wunsch _____. (nach Athen reisen)
ANNA: *Es ist schon lange mein Wunsch nach Athen zu reisen.*

ALEXANDER: Überlegst du dir schon manchmal, wo du einmal studieren und leben willst?

ANNA: Ich habe auf jeden Fall vor (1) _____. (im Ausland studieren)
Und eigentlich möchte ich später auch (2) _____. (in einem anderen Land leben)
Ich finde es langweilig (3) _____. (immer in Deutschland bleiben)
Du nicht?

ALEXANDER: Nein, eigentlich nicht. Ich denke, es ist nicht einfach (4) _____. (in einem fremden Land wohnen)

ANNA: Ich war auf einer Europäischen Schule und das war sehr international. Ich fand es toll (5) _____. (Freundinnen und Freunde aus allen möglichen Ländern haben)

ALEXANDER: Ich will eigentlich nicht (6) _____. (weit weg von meiner Familie und meinen Freunden sein)
Ich hätte Angst (7) _____. (sie sehr vermissen)

ANNA: Ich finde es gerade interessant (8) _____. (immer wieder neue Menschen kennen lernen)
Wenn ich nicht immer wieder etwas Neues mache, habe ich das Gefühl (9) _____. (etwas verpassen)
Ich mag Abenteuer.

12 Expressions *um ... zu, (an)statt ... zu, ohne ... zu*

Nicole ist in Weimar[,] **um** ein Zimmer **zu suchen.**	*Nicole is in Weimar **in order to rent** a room.*
Vielleicht nimmt sie ja auch eine Wohnung[,] **(an)statt** ein Zimmer **zu mieten.**	*Maybe she'll take an apartment **instead of renting** a room.*
Nicole ist weggefahren[,] **ohne** etwas über die Mietpreise in Weimar **zu wissen.**	*Nicole left **without knowing** anything about what the rents are in Weimar.*

The prepositions **um, (an)statt,** and **ohne** may combine with **zu** to introduce an infinitive clause. Such an infinitive clause may be set off by an optional comma to make the sentence clearer or easier to read. However, it is still common practice in newspapers and magazines to set off infinitive clauses beginning with **um, (an)statt,** and **ohne** by commas, even though the sentences may be clear without the commas. In *Kaleidoskop* these infinitive clauses are set off by commas.

The constructions **(an)statt ... zu** and **ohne ... zu** are used with infinitives (e.g., **mieten**, **wissen**). The equivalent English expression has a verb ending *-ing* (e.g., *renting, knowing*).

Note that when followed by a noun, the preposition **(an)statt** takes the genitive case (see *Kapitel* 6):

Nicole hat jetzt eine Wohnung gefunden **(an)statt** ein**es** Zimmer**s**.	*Now Nicole has found an apartment instead of a room.*

When **(an)statt** is used with an infinitive, however, the case of the noun object depends on the infinitive. In the clause **(an)statt ein Zimmer zu mieten**, **Zimmer** is the direct object (accusative) of the verb **mieten**.

Nicole schreibt mir:

Warum kommst du nicht hierher[,] **um** Weimar kennen **zu** lernen?	*Why don't you come here (in order) to get acquainted with Weimar?*
Du hast doch sicher Lust eine Stadt in Ostdeutschland kennen **zu** lernen.	***You surely wish to*** *get acquainted with a city in East Germany.*

The construction **um ... zu** is used to express purpose. It is equivalent to English *in order to*. Do not confuse this structure with the expressions requiring the infinitive with **zu** in Section 11 of this chapter.

(K) **Wien.** Ihr Vetter, ein Mensch mit etwas merkwürdigen Ideen, war in Wien. Erzählen Sie, was er gemacht hat. Verbinden Sie die Sätze mit **um ... zu**, **ohne ... zu** und **statt ... zu**.

▷ Er fuhr mit seinem alten Auto. Er nahm nicht den Zug.
  Er fuhr mit seinem alten Auto, statt den Zug zu nehmen.

▷ Er fuhr nach Wien. Er reservierte kein Hotelzimmer.
  Er fuhr nach Wien, ohne ein Hotelzimmer zu reservieren.

1. Er musste lange suchen. Er fand ein hübsches Zimmer in einer kleinen Pension°.   *bed and breakfast*
2. Er war eine Woche in Wien. Er sah sich kein einziges Mal den Stephansdom an.
3. Er saß jeden Tag im Café. Er ging nicht in ein Museum.
4. Er verbrachte eine Woche in Wien. Er sah kein einziges Bild.
5. Er schaute sich mehrere Filme im Kino an. Er ging auch nicht einmal ins Theater.
6. Er ist wohl nach Wien gefahren. Er wollte nur im Café sitzen und die herrlichen Torten essen.

L **Ein schlechter Tag**

Teil I Beenden Sie diese Geschichte, indem Sie die Sätze ergänzen.

1. Ich bin zu spät aufgewacht°, weil _____.

   bin aufgewacht: woke up

2. Ich zog mich schnell an, ohne _____.
3. Während _____, hat das Telefon geklingelt.
4. Ein Mann fragte, ob _____.
5. Ich antwortete, dass _____.
6. Endlich legte° er auf, und _____.

   legte auf: hung up

7. Sobald _____, wollte mein Chef wissen, warum _____.
8. Ich _____.
9. Als _____, _____.
10. Und deshalb war das wirklich ein schlechter Tag.

Teil II Fragen Sie jetzt Ihre Partnerin/Ihren Partner, was sie/er an diesem Tag gemacht hat. Benutzen Sie in Ihrer Antwort die Sätze aus Teil I oben.

1. Warum bist du zu spät aufgewacht?
2. Was hast du nicht gemacht?
3. _____?

M **Kurze Aufsätze**

Beschreiben Sie, wie Sie etwas tun. Benutzen Sie einen der folgenden Vorschläge oder eine eigene Idee. Verbinden Sie die Sätze mit Adverbien wie **daher, dann, erst, später, zuerst** und mit Konjunktionen wie **aber, als, bevor, da, damit, dass, denn, nachdem, obgleich, sobald, während, weil** und **wenn.**

1. Was machen Sie jeden Morgen?
2. Wie kommen Sie zur Arbeit/zur Uni?
3. Wie bereiten Sie sich auf einen Test vor?
4. Sie wollen eine Party machen. Wie bereiten Sie die vor?
5. Sie waschen Ihr Auto.

Kapitel 4

Nominative case
Accusative case
The expression es gibt

Online Study Center

1 Uses of the nominative case

Subject°: **Dominik** studiert Informatik.

das Subjekt

The subject designates a person, concept, or thing on which the sentence focuses; it is the starting point of the action or statement. It answers the question *who* or *what*. The subject of a sentence is in the nominative case.

Predicate noun°: Der junge Mann heißt **Dominik**. Dominik ist **ein netter junger Mann**. Er wird **Informatiker**.

das Prädikatsnomen

A predicate noun (also called predicate nominative) designates a person, concept, or thing that restates the subject or identifies with it. A predicate noun completes the meaning of linking verbs such as **heißen**, **sein**, and **werden**.

2 Uses of the accusative case

Direct object: **Meinen Bruder Nils** sehe ich zurzeit selten.

Object of prepositions: Er arbeitet jetzt für **unseren Onkel** in Hamburg.

Definite time: Nils ist schon **einen Monat** in Hamburg.

Measure: Morgens um halb sieben joggt er **einen Kilometer** zur Arbeit.

Expression es gibt: Um diese Zeit gibt es noch **keinen Verkehr**.

The accusative case is required for the grammatical features listed above.

3 Direct object°

das direkte Objekt

SUBJECT/PREDICATE NOUN	DIRECT OBJECT
TOM: **Wer** ist denn **der Mann**?	ANNA: Meinst du **den Mann** mit dem roten Wagen?
TOM: Ja, **der rote Wagen** ist schön, nicht?	ANNA: Ich finde **den roten Wagen** etwas zu sportlich.
ANNA: Und **der Mann** ist übrigens **mein Bruder**.	Ich habe **ihn** auch zum Kaffee eingeladen.

The direct object receives or is affected by the direct action of the verb. The direct object answers the questions *whom* (**wen?**) for persons and *what* (**was?**) for things and concepts. A noun or pronoun used as the direct object of a verb is in the accusative case.

Do not confuse:

Wer ist denn **der Mann**? (*predicate noun*)

Meinst du **den Mann** (*direct object*) mit dem roten Wagen?

Ⓐ Nominativ oder Akkusativ? Patrick und Susanne sprechen über einen Kommilitonen. Suchen Sie in ihrem Dialog die Substantive und Pronomen im Nominativ und Akkusativ und erklären Sie ihre Funktion im jeweiligen Satz **(Subjekt, Prädikatsnomen, direktes Objekt, Objekt einer Präposition).**

1. PATRICK: Kennst du den Studenten dort?
2. SUSANNE: Ja, er heißt Kai.
3. Er ist Petras neuer Freund.
4. PATRICK: Was macht er?
5. SUSANNE: Kai studiert Englisch und Französisch.
6. Er arbeitet auch für seine Englischprofessorin.
7. PATRICK: Trifft Petra ihn oft?
8. SUSANNE: Da musst du Petra fragen.
9. Morgen hat Kai Geburtstag.
10. Da lädt Petra ihn zum Essen ein.

4 Definite article°, nominative° and accusative°

der bestimmte Artikel / der Nominativ / der Akkusativ

	MASCULINE	NEUTER	FEMININE	PLURAL
NOMINATIVE	der	das	die	die
ACCUSATIVE	den	das	die	die

Ich will einen besseren Job.

5 Der-words, nominative and accusative

	MASCULINE	NEUTER	FEMININE	PLURAL
NOMINATIVE	**dieser**	**dieses**	**diese**	**diese**
ACCUSATIVE	**diesen**	**dieses**	**diese**	**diese**

6 Meanings and uses of der-words

dieser	*this, these* (pl.), *that, those* (pl.)
jeder	*each, every* (used in singular only)
jener	*that, the one that*
mancher	*many a, several* (used mainly in the plural)
solcher	*such* (used mainly in the plural)
welcher	*which*

some · some!

Ich denke an **jene**, die nicht hier sein können.	*I'm thinking of those (the ones) who can't be here.*

Jener points to something known or previously mentioned.

Der Stuhl **da** ist neu.	*That chair is new.*

Note that the equivalent of *that one* (pl. *those*) is usually expressed by **der (das, die) + da.**

Singular:

So einen Hut würde ich nicht tragen.	*I wouldn't wear such a hat.*

Plural:

Solche Hüte würdest du auch nicht tragen.	*You wouldn't wear such hats either.*

Mancher and **solcher** are used mainly in the plural and replaced by a form of **manch ein** or **so ein** in the singular.

B Familiengespräch. Herr und Frau Baumann sprechen darüber, wie in verschiedenen Familien die Hausarbeit und die Erziehung der Kinder organisiert ist. Ergänzen Sie ihr Gespräch mit der richtigen Form der Wörter in Klammern.

FRAU BAUMANN: Ich finde, (1) _jeder_ Familienvater sollte im Haushalt Aufgaben übernehmen, egal ob seine Frau berufstätig° ist oder nicht. (jeder) *regardless ~approximately °gainfully employed*
Denn (2) _____ Arbeitstag dauert etwa acht oder maximal neun Stunden, doch (3) _____ Frau ist schon nach neun Stunden mit der Hausarbeit fertig, wenn sie zum Beispiel mehrere kleine Kinder hat? (jeder / welcher) *several*

Haushalt Aufgaben chores

HERR BAUMANN: Das stimmt. Doch (4) _____ Ehemänner machen
eben viel im Haushalt und andere machen wenig oder
nichts. (mancher)
(5) _____ Väter wollen auch nicht viel mit der
Erziehung ihrer Kinder zu tun haben. (mancher)
Ich kann (6) _____ Männer gar nicht verstehen.
(solcher)
(7) _____ Vater kann doch gar keine intensive
Beziehung° zu seinen Kindern haben. (so ein)
Und eigentlich sollte man (8) _____ Zeit genießen,
wenn die Kinder klein sind und ihre Eltern brauchen.
(dieser)

FRAU BAUMANN: Meine Freundin Barbara – sie hat drei Kinder und
arbeitet als Produktmanagerin – hatte zum Beispiel
(9) _____ Mann. (so ein)
Abends kam er nach Hause und wollte nur seine Ruhe
haben und nicht gestört werden. Da gab es natürlich
(10) _____ Konflikte. (mancher)
Und (11) _____ Ehe ist daran kaputt gegangen.
(dieser)
Barbara hat sich letztes Jahr scheiden lassen.

HERR BAUMANN: Wenn die Frau (12) _____ Beruf hat, sollte es wirklich klar sein, dass auch der Mann 50 Prozent der
Hausarbeit macht. (so ein)

FRAU BAUMANN: Oh, das höre ich gern. Möchtest du dann nicht heute
ein richtig schönes Mittagessen kochen?

7 The indefinite article° *ein* and *kein,* nominative and accusative

der unbestimmte Artikel

	MASCULINE	NEUTER	FEMININE	PLURAL
NOMINATIVE	ein	ein	eine	—
	kein	kein	keine	keine
ACCUSATIVE	einen	ein	eine	—
	keinen	kein	keine	keine

The German indefinite article **ein** corresponds to English *a, an.* It has no
plural form.

CHRIS: Hast du Geld?
SARAH: Nein, ich habe **kein** Geld dabei.
CHRIS: Aber wir wollten doch **einen** Kuchen zum Muttertag kaufen.
SARAH: Nein, Mutter mag doch **keinen** Kuchen.

The negative form of **ein** is **kein.** It is equivalent to English *not a, not any,* or
no. **Kein** negates a noun that in the positive would be preceded by a form of
ein or by no article at all.

8 Possessive adjectives°

das Possessivpronomen

SUBJECT PRONOUNS	POSSESSIVE ADJECTIVES	ENGLISH EQUIVALENTS
ich	**mein**	*my*
du	**dein**	*your* (fam. sg.)
er	**sein**	*his, its*
es	**sein**	*its, his, her*
sie	**ihr**	*her, its*
wir	**unser**	*our*
ihr	**euer**	*your* (fam. pl.)
sie	**ihr**	*their*
Sie	**Ihr**	*your* (formal, sg. & pl.)

[handwritten: always akkusativ?]

[handwritten:
ich mein
du   dein
er   sein
es   sein
sie ihr
wir unser
ihr euer
sie ihr
Sie Ihr]

Hast du **meinen** Kuli gesehen? —**Deinen** Kuli? Nein.

Possessive adjectives take the same endings as the indefinite article **ein**. They are therefore often called **ein**-words.

Ist Gerd **euer** Bruder und Ilse **eure** Schwester?

Nein, Kurt ist **unser** Bruder und Martha ist **uns(e)re** Schwester.

Note that when **euer** has endings, the **-e** before the **-r** is dropped. In colloquial German, when an ending is added to **unser**, the **-e** is often dropped **(unsre)**.

das Land und **seine** Geschichte   *the country and its history*

die Stadt und **ihre** Geschichte   *the city and its history*

The German equivalent of *its* is either **sein** or **ihr**, depending on the gender of the noun it refers to.

C   **Auf dem Spielplatz.** Katrin und Marie haben beide kleine Kinder. Sie treffen sich manchmal auf dem Spielplatz und duzen° sich. Heute unterhalten sie sich genauer über ihre Familien.

say "du" to each other

KATRIN: Manchmal vermisse ich (1) *Meinen* Job schon sehr. (mein)   *[handwritten: already]*   *[handwritten: der Job]*

MARIE: Nach der Elternzeit bekommst du (2) _____ Stelle doch wieder, nicht? (dein)   *[handwritten: Position]*

KATRIN: Das schon. Aber wir haben uns überlegt, dass wir noch (3) *ein* Kind haben möchten. (ein)
Nach Daniel und David wünschen wir uns noch (4) *eine* Tochter. (ein)

MARIE: Kann denn (5) *dein* Mann (6) *keine* Elternzeit nehmen? (dein / kein)   *[handwritten: die Zeit]*

KATRIN: Doch, das ist (7) *eine* Möglichkeit. (ein)
Oder wir fragen (8) *mein* Mutter, ob sie auf die Kinder aufpassen möchte. (mein)
[handwritten: yet time] Seit (9) *Mein* Vater gestorben ist, ist sie ein bisschen einsam und sie möchte oft (10) *ihre* Enkel° sehen. (mein / ihr)   *grandchildren*

MARIE: (11) *Meine* Eltern wohnen weit weg und wir haben (12) *keine* Hilfe von ihnen. (mein / kein)

KATRIN: Wo wohnen denn (13) _euere eure_ Eltern? (euer)

MARIE: (14) _Meine_ Familie wohnt in Stuttgart und Gerhards Eltern wohnen in Tübingen. Sie sind alle weit weg von Hamburg. (mein)

D **Reisevorbereitungen.** Brigitte, Claudia, Michael, Dieter, Anne und Dorothee wollen verreisen°. Brigitte organisiert gerne und sie fragt alle, ob sie auch nichts vergessen haben.

take a trip

▷ Dieter, nimmst du *deinen* Laptop mit? _forget_

1. Michael, hast du nicht versprochen _deinen_ CD-Spieler mitzunehmen?
2. Hat Anne _ihren_ Fotoapparat dabei°? _euere_ *with her*
3. Dieter und Michael, ihr wolltet doch _ihre_ Kleidung in Rucksäcke packen, nicht?
4. Dorothee, wieso hast du nur _deine_ Wanderschuhe eingepackt?
5. Michael muss auf jeden Fall noch _seine_ Spiele von zu Hause holen.
6. Haben Anne und Dieter dieses Mal wieder _A_ Zahnbürsten vergessen?
7. Claudia, _eure_ Gitarre legen wir am besten auf die Rucksäcke.
8. Oh je, ich habe fast _____ Regenschirm vergessen.
9. Dorothee, _____ Regenschirm werden wir ja hoffentlich nicht brauchen.

9 **Nouns° indicating nationalities and professions** *das Substantiv*

Kathrin ist **Deutsche**.	*Kathrin is (a) German.*
Sie ist **Studentin**.	*She's a student.*
Sie wird **Ingenieurin**.	*She's going to be an engineer.*
Im Sommer arbeitet sie als **Informatikerin**.	*In the summer she works as a computer specialist.*

To state a person's nationality, profession, or membership in a group, German uses the noun directly after a form of the verbs **sein** or **werden** or after **als** *(as)*. The indefinite article **ein** is not used. English precedes such nouns with the indefinite article.

Florian ist **kein Ingenieur**. } *Florian is not an engineer.*
Florian ist **nicht Ingenieur**. }

Either **kein** or **nicht** is used to negate a sentence about someone's nationality, profession, or membership in a group.

Frau Dr. Braun ist **eine bekannte Deutsche**. — *Dr. Braun is a well-known German.*

Sie ist **eine gute Ärztin**. — *She's a good doctor.*

Ein is used with nouns designating professions, nationalities, and membership in a group when the nouns are preceded by an adjective.

Paulo Roberto Rink (27), Brasilien-Deutscher, Fußballprofi bei Bayer 04 Leverkusen und deutscher Nationalspieler

E **Eine internationale Familie.** Übertragen Sie die Sätze ins Deutsche.

1. My sister is German. She is a teacher.
2. Her husband is English. He was a pharmacist. Now he works as a photographer.
3. Oh, I thought he's a doctor.
4. But your husband is American?
5. No, he's German.
6. And what does he do?
7. He's a professor.

10 Masculine *N*-nouns in the accusative case

NOMINATIVE	ACCUSATIVE
FRAU BRAUER: Und wird es ein Junge?	HERR KLAAS: Ja, wir bekommen im Mai einen **Jungen**.
FRAU BRAUER: Und wie soll sein Name sein?	HERR KLAAS: Hmm, wir haben noch keinen **Namen** für ihn.

A number of masculine nouns add **-n** or **-en** in the singular accusative. These nouns are often called masculine **N**-nouns or weak nouns. In this group are:

1. masculine nouns that end in unstressed **-e**, such as **der Gedanke, der Glaube, der Junge, der Kollege, der Name, der Neffe**

2. masculine nouns of foreign origins that are stressed on the last syllable, such as **der Journalist, der Jurist, der Patient, der Polizist, der Präsident, der Soldat, der Student, der Tourist**

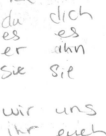

Most natural

3. a few other common nouns denoting males such as **der Bauer, der Herr, der Mensch, der Nachbar**

11 Personal pronouns°, nominative and accusative

das Personalpronomen

NOMINATIVE **ich** *(I)*	**du** *(you, fam. sg.)*	**er** *(he, it)*	**es** *(it)*	**sie** *(she, it)*
ACCUSATIVE **mich** *(me)*	**dich** *(you, fam. sg.)*	**ihn** *(him, it)*	**es** *(it)*	**sie** *(her, it)*

NOMINATIVE **wir** *(we)*	**ihr** *(you, fam. pl.)*	**sie** *(they)*	**Sie** *(you, formal)*
ACCUSATIVE **uns** *(us)*	**euch** *(you, fam. pl.)*	**sie** *(them)*	**Sie** *(you, formal)*

(handwritten notes:)
ich mich
du dich
es es
er ihn
Sie Sie

wir uns
ihr euch
sie sie
Sie sie

HERR HEIBACH: Kennen Sie **unseren Nachbarn** gut?
FRAU LEUTNER: Ja, **er** ist mein Onkel.
HERR HEIBACH: **Sein Wagen** ist schon wieder falsch geparkt.
FRAU LEUTNER: Das kann nicht sein. Er hat **ihn** doch letzte Woche verkauft.

The personal pronouns **er, es, sie** agree in gender and number with the noun to which they refer. Personal pronouns refer to both persons and things.

F **Alles über Oliver.** Kirsten und Sabine haben sich lange nicht gesehen und gehen miteinander ein Glas Wein trinken. Kirsten fragt nach Sabines Freund Oliver. Sie sind jetzt Sabine und antworten jeweils mit **ja** oder **nein**; verwenden Sie dabei ein Personalpronomen.

▷ — Schmeckt dein Wein gut?
  — *Ja (Nein), er schmeckt (nicht) gut.*

▷ — Bestellst du diesen/den Wein?
  — *Ja (Nein), ich bestelle ihn (nicht).*

1. Studiert Oliver in Marburg?
2. Kennst du seinen Bruder? *(negating the whole sentence)* Nein, ich kenne seinen Bruder nicht.
3. Hast du seine Eltern kennen gelernt?
4. Ist seine Familie nett?
5. Hat er sein altes Auto verkauft?
6. Siehst du seine Freunde oft?
7. Laden die euch oft ein?
8. Mag dein Vater Oliver?
9. Liebst du Oliver?
10. Liebt er dich?
11. Willst du Oliver heiraten?

G **Rotkäppchen.** Sie kennen sicherlich eine Version dieses Märchens. Ergänzen Sie die Geschichte, indem Sie jeweils die richtige Form des bestimmten oder unbestimmten Artikels°, des Possessivpronomens oder des Pronomens einsetzen. **Achtung!** Benutzen Sie für **das** Mädchen **es** und **sein**.

definite or indefinite article

Ein Mädchen will seine Großmutter besuchen. (1) Sein Mutter packt (2) den Korb mit Essen (Eiern, Kuchen, Wein, Butter, Wurst) für (3) es und schickt es auf den Weg. Im Wald trifft das Mädchen (4) einen Wolf. Er fragt, wohin (5) es geht. „Zu Oma", bekommt er zur Antwort.

Bei der Großmutter macht das Mädchen (6) die Tür auf, geht ins Schlafzimmer und schaut (7) seine Großmutter an.

„Großmutter", sagt das Mädchen, „was für große Augen du hast."
„Damit ich (8) dich besser sehen kann."
„Großmutter, was für große Ohren du hast."
„Damit ich (9) dich besser hören kann."
„Aber Großmutter, was für (10) einen großen Mund du hast."
„Damit ich (11) dich besser fressen kann." (12) Der Wolf springt aus dem Bett und will das Mädchen fressen. Das Mädchen, es

heißt übrigens Rotkäppchen, nimmt (13) _den_ Korb und wirft (14) _ihn_ dem Wolf an (15) _den_ Kopf. Der Wolf fällt° um und Rotkäppchen bringt (16) _ihn_ hinaus und macht (17) _die_ Tür zu.

fällt um: falls over

„Hilfe, Hilfe", hört Rotkäppchen.

„Oma, bist du's? Ich höre (18) _dich_, aber ich sehe (19) _dich_ nicht. Wo bist (20) _du_ denn?"

„Im Schrank."

Rotkäppchen macht (21) _den_ Schrank auf. Es küsst (22) _seine_ Großmutter und gibt ihr (23) _den_ Korb. Die Großmutter freut sich auf das Essen, macht (24) _den_ Korb auf und schreit°: „Aber Kindchen, was ist denn passiert? Die Eier sind alle kaputt. Das nächste Mal pass bitte besser auf!"

shouts

Die Moral: Einigen Menschen kann man nichts recht machen.

12 Demonstrative pronouns°, nominative and accusative

das Demonstrativ-pronomen

	MASCULINE	NEUTER	FEMININE	PLURAL
NOMINATIVE	**der** *(he, it)*	**das** *(it)*	**die** *(she, it)*	**die** *(they)*
ACCUSATIVE	**den** *(him, it)*	**das** *(it)*	**die** *(her, it)*	**die** *(them)*

Demonstrative pronouns are identical to the definite articles.

Kaufst du den Mantel da?   *Are you going to buy that coat?*
Nein, **der** ist zu teuer.   *No, **it** is too expensive.*

A demonstrative pronoun often replaces a personal pronoun if the pronoun is to be emphasized. Demonstrative pronouns usually occur at or near the beginning of a sentence. The English equivalent is usually a personal pronoun.

Kommt **Ruth** mit?   *Is **Ruth** coming along?*
Nein, **die** hat heute keine Zeit.   *No, **she** doesn't have time today.*

Demonstrative pronouns are also used in colloquial German to indicate familiarity with people or things.

H **Nach dem Familienfest.** Herr und Frau Meier kommen mit ihren beiden Kindern Tim und Laura von einem Familienfest zurück. Ergänzen Sie ihr Gespräch mit der richtigen Form des Demonstrativpronomens.

▷ FRAU MEIER: Onkel Rolf ist eigentlich sehr nett.

HERR MEIER: Findest du? *Den* mag ich eigentlich nicht besonders.

HERR MEIER: Es war schön, mal wieder Tante Hella zu treffen. (1) _____ _Die_ hatte ich, glaube ich, seit acht Jahren nicht mehr gesehen.

FRAU MEIER: Ja, das kann sein. (2) _____ _Die_ war doch von 1998 bis 2006 in den USA.

TIM: Und ihr Sohn Peter ist auch ganz interessant. (3) _____ _Der_ spielt in einer Rap-Band.

LAURA: (4) _____ fand ich eigentlich ziemlich arrogant. Er hat kein Wort mit mir gesprochen.

FRAU MEIER: Aber du hast doch auch die ganze Zeit mit Eva und Juliane geredet und gelacht. (5) _____ sind ja beide auch ziemlich lustig. Hast du (6) _____ eigentlich eingeladen uns mal zu besuchen?

LAURA: Ja, Eva und Juliane fahren in drei Wochen nach Südfrankreich und bleiben dann eine Nacht in München. (7) _____ können doch bei uns übernachten°, nicht? *spend the night*

FRAU MEIER: Natürlich. Kommt nicht auch Julianes Freund Thorsten mit?

LAURA: Nein, (8) _____ macht im Sommer seine Prüfungen. Ich glaube auch, dass Juliane (9) _____ gar nicht mehr so toll findet.

HERR MEIER: Schade, (10) _____ ist doch so ein sympathischer junger Mann!

TIM: Ja, aber (11) _____ war zu ruhig. (12) _____ fand ich bei unserem letzten Besuch ein bisschen langweilig. Im Gegensatz zu ihm hat Juliane so viel Energie.

13 The indefinite pronoun° *man*

das Indefinitpronomen

Vor einigen Jahren hat **man** die Familiengesetze geändert.	*Several years ago **they** changed the family statutes.*
Heute kann **man** leichter Teilzeit arbeiten.	*Today **one (you)** can work part-time more easily.*
Und **man** kann sich die Betreuung der Kinder teilen.	*And one (you) can share the childcare.*

The indefinite pronoun **man** is often used in conversational German. **Man** has various equivalents in English: *one, you, they,* or *people.* However, today *one* is considered formal and stilted.

Ein Job und kleine Kinder können **einen** trotzdem ziemlich anstrengen.	*A job and small children can nevertheless put quite a strain on **one (you).***

Man is nominative and can only be used as a subject. In the accusative, the pronoun **einen** is used.

14 The interrogative pronouns° *wer* and *was*

das Interrogativ-pronomen

NOMINATIVE	**wer** *(who)*	**was** *(what)*
ACCUSATIVE	**wen** *(whom)*	**was** *(what)*

Wer ist die Frau auf dem Bild?   —**Wen** meinst du? Die Frau mit dem Hut?
Was ist das? **Was** sie in der Hand hält?   —Das ist doch ein Korb.

The accusative form of **wer** is **wen**. The accusative of **was** is identical to the nominative form.

Kaleidoskop   Kultur, Literatur und Grammatik

I **Wollen wir ins Kino?** Silvina und ihre Freunde fragen sich, ob sie einen neuen Film sehen wollen. Ergänzen Sie die Diskussion mit einem Interrogativpronomen oder dem Indefinitpronomen **man**. (Achtung: Akkusativ ist **einen**.)

SILVINA: Weißt du, (1) _____ (*wer*) den Film schon (*already*) gesehen hat?
(2) _____ steht in der Zeitung darüber?
ANNA: (3) _____ sagt, dass er sehr lustig sein soll.
SILVINA: Kann (4) _____ das glauben?
DIETER: Klar! Es kann (5) _____ schon überzeugen°, (6) _____ in   *convince*
der Zeitung steht.
ANNA: Manchmal kann (7) _____ aber nicht wissen, was anderen
Leuten gefallen wird.
SILVINA: (8) _____ können wir noch fragen?

15 Prepositions

Detlef arbeitet **für seinen Vater.**   *Detlef works **for his father.***
Er arbeitet gern **für ihn.**   *He likes working **for him.***

A preposition (e.g., **für**) is used to show the relationship of a noun (e.g., **Vater**) or pronoun (e.g., **ihn**) to some other word in the sentence (e.g., **arbeitet**). The noun or pronoun following the preposition is called the object of the preposition. Prepositions may be followed by three cases: accusative, dative, or genitive. Prepositions with accusative case are practiced in this chapter.

16 Prepositions° with the accusative case°

die Präposition / mit dem Akkusativ

PREPOSITION	MEANING	EXAMPLES
bis	*as far as*	Lena kann mit dem Zug nur **bis** Nürnberg fahren.
	by (time)	Sie muss **bis** morgen wissen, ob wir sie dort abholen können.
	until	Lena will dann **bis** nächsten Sonntag bleiben.
durch	*through*	TOBIAS: Gehen wir **durch** die Stadt?
entlang	*along*	SANDRA: Nein, wir spazieren den Fluss **entlang.**
für	*for*	TOBIAS: Ich brauche aber ein Geschenk **für** meinen Bruder.
gegen	*against*	LEA: Was hast du denn **gegen** deinen Onkel?
	about, around (approximately)	Er will dich morgen **gegen** vier Uhr besuchen.
ohne	*without*	PAUL: Hoffentlich kommt er **ohne** seinen Hund.
um	*around*	Da kommen Karolin und Tina ja endlich **um** die Ecke.
	at (time)	Sie sollten doch schon **um** zehn Uhr zu Hause sein.

The prepositions **bis, durch, entlang, für, gegen, ohne,** and **um** take the accusative case.

„Ohne Ehrgeiz geht nichts."

a *bis*

Usually **bis** is followed by other prepositions. The second preposition determines the case of the noun: Er geht **bis an** die Tür. Der Bus fährt nur **bis zum** Bahnhof.

b *entlang*

Note that **entlang** follows the noun or pronoun in the accusative (e.g., **den Fluss entlang**).

c *um*

Morgen fahren wir **um** den
See **herum**.

*Tomorrow we're going to drive
around the lake.*

The adverb **herum** is often used with the preposition **um**.

d Contractions of accusative prepositions

durch das → **durchs**	Sabine geht **durchs** Zimmer.
für das → **fürs**	Frau Lange kauft das **fürs** Geschäft.
um das → **ums**	Der Hund läuft **ums** Haus herum.

Some accusative prepositions contract with the definite article **das**. They are common in colloquial German but are not required.

Für **das** (hässliche) Bild zahle
ich keine 300 Euro.

*I won't pay 300 Euros for **that** (ugly)
picture.*

Contractions are not used when the noun is emphasized or modified.

zusammen durch dick und dünn

J **Schulprobleme.** Nach der Scheidung seiner Eltern ist Nils mit seiner Mutter in eine andere Stadt gezogen. Nils sieht seinen Vater nur selten, weil der geschäftlich viel im Ausland ist. In der neuen Schule ist er oft unkonzentriert und seine Lehrerin spricht deshalb mit ihm. Er beantwortet alle ihre Fragen negativ. Beginnen Sie Ihre Antwort mit **Nein, aber** und setzen Sie die Stichwörter in Klammern in den richtigen Kasus.

▷ Machst du viel für die Schule? (mein Computerkurs)
Nein, aber für meinen Computerkurs.

1. Hast du etwas gegen deine Mitschüler? (der Unterricht)
2. Interessierst du dich für Sport? (mein Computer)
3. Hast du durch die Schule Freunde gefunden? (ein Nachbar)
4. Kümmert° sich deine Mutter viel um dich? (ihr Job) ·   *concerns herself*
5. Bist du traurig ohne deine früheren Freunde? (mein Vater)

17 Time expressions° with the accusative case

die Zeitangabe

| DEFINITE POINT | Sie kommen **nächsten Monat**. | *They're coming next month.* |
| DURATION | Sie bleiben **den ganzen Sommer**. | *They're staying the whole summer.* |

When used without a preposition, noun phrases expressing a definite point in time (answering such questions as **wann? wie oft?**) or a duration of time (answering the question **wie lange?**) are in the accusative case. Examples for common expressions of time are given below.

WANN? / WIE OFT?	WIE LANGE?
nächsten Winter	den ganzen Tag
jedes Jahr	das ganze Jahr
diese Woche	die ganze Woche

das ganze

Note that the expression with **ganz** begins with the definite article (e.g., **den ganzen Tag**). No preposition is used.

K Urlaub an der Côte d'Azur. Eva erzählt Hans von ihrer Reise nach Südfrankreich. Übersetzen Sie die Zeitausdrücke in Klammern.

EVA: Gerade habe ich (1) ———— mit Juliane telefoniert. Wir haben über unseren Urlaub in Südfrankreich gesprochen. (*one hour*)

HANS: Wann fahrt ihr?

EVA: Wir fahren (2) ———— los, entweder am Donnerstag oder Freitag. (*next week*)

(3) ———— werden wir bei meiner Tante in München verbringen. (*one night*)

Dann fahren wir weiter bis Monaco und dort wollen wir (4) ———— bleiben. (*a whole month*)

HANS: Was wollt ihr in Monaco machen?

EVA: Ich möchte (5) _____ an den Strand° gehen und im Meer   beach
schwimmen, aber natürlich nicht (6) _____ . (*every day / the
whole day*)
Man kann dort auch tolle Ausflüge machen. Und Juliane hat vor,
(7) _____ ins Casino zu gehen. (*every evening*)
Ich glaube, sie will reich werden.

HANS: Ach, da werde ich ganz neidisch°. (8) _____ fahre ich auch   envious
wieder in den Süden. (*next summer*)
Da habe ich nämlich keine Prüfungen.

18 Accusative of measure°   *die Maßangabe*

Sophie läuft jeden Tag **einen Kilometer** und macht danach Gymnastik.	*Sophie runs a kilometer every day and does calisthenics afterwards.*
Sie soll das Trainingsprogramm mindestens **einen Monat lang** machen.	*She is supposed to follow the training schedule (for) at least one month.*
Dabei nimmt sie pro Woche etwa **ein halbes Kilo** ab.	*Doing that she'll lose about half a kilo every week.*

Nouns expressing units of measurement, age, or weight are in the accusative case.

19 Units of measurement and quantity

Nils möchte **zwei Stück** Kuchen.	*Nils would like **two pieces** of cake.*
Emine kauft **fünf Pfund** Kartoffeln.	*Emine is buying **five pounds** of potatoes.*

In German, masculine and neuter nouns expressing measure, weight, or number are in the singular.

Ina bestellt **zwei Tassen** Kaffee.	*Ina orders two cups of coffee.*
Mark isst **zwei Scheiben** Toast.	*Mark eats two slices of toast.*

Feminine nouns ending in **-e** form plurals even when they express measure.
Note that in German there is no preposition in expressions of measurement and quantity, whereas in English the preposition *of* is used.

L **Bei der Hausärztin.** Herr Holzwarth ist immer so müde und er geht zu
seiner Hausärztin Frau Dr. König. Die fragt ihn nach seinen Ess- und
Trinkgewohnheiten°. Übersetzen Sie die Stichwörter in Klammern.   *eating and drinking habits*

FRAU DR. KÖNIG: Was essen und trinken Sie morgens?
HERR HOLZWARTH: Morgens trinke ich (1) _____ und dazu esse ich
(2) _____ mit Wurst. (*four cups of coffee / three slices
of bread*)
FRAU DR. KÖNIG: Und mittags und nachmittags?

HERR HOLZWARTH: Weil ich so wenig Zeit habe, esse ich meistens eine Tafel° Schokolade oder (3) _____. (*two pieces of cake*)   *bar*

Am Nachmittag trinke ich dann oft nur noch (4) _____. (*three cups of tea*)

Abends bin ich dann immer sehr hungrig. Aber ich lebe alleine und habe keine Lust nur für mich richtig zu kochen. Also esse ich meistens nur ein großes Steak – das sind oft schon so (5) _____. (*400 grams of meat*)

Und dazu trinke ich etwa (6) _____. (*three bottles of beer*)

FRAU DR. KÖNIG: Hmm, ich glaube, da müssen wir noch ein bisschen über gesünderes Essen sprechen.

20 The expression *es gibt*

Es gibt hier keine guten Restaurants.	***There are*** *no good restaurants here.*
Gibt es einen guten Grund dafür?	***Is there*** *a good reason for that?*

The accusative case always follows the expression **es gibt**. Both singular and plural nouns may follow. The English equivalents are *there is* and *there are*.

Gibt's noch Kaffee?	*Is there any coffee left?*

In questions, the contraction **gibt's** may be used.

M **Urlaub in einem Familienclub.** Familie Kurz möchte Urlaub in einem Club machen. Frau Kurz will von Herrn Meier im Reisebüro° wissen, was es in dem Ferienclub alles gibt. Schreiben Sie die Fragen von Frau Kurz auf, so dass sie zu Herrn Meiers Antworten passen. Benutzen Sie die Konstruktion „Gibt es dort ...?"   *travel agency*

der Arzt • der Golfplatz • der Kindergarten • der Kühlschrank im Apartment • das Lebensmittelgeschäft • der Leseraum

▷ FRAU KURZ: *Gibt es dort einen Kindergarten?*
HERR MEIER: Ja, dort passen Mitarbeiter° des Clubs gerne auf Ihre Kinder auf.   *employees*

1. FRAU KURZ: _____?
   HERR MEIER: Ja, natürlich. Wenn Sie mal nicht im Restaurant essen wollen, können Sie dort einkaufen.

2. FRAU KURZ: _____?
   HERR MEIER: Ja, das ist ein spezieller Service in diesem Club. Es gibt etwa 1000 Bücher.

3. FRAU KURZ: _____?
   HERR MEIER: Ja, so haben Sie immer kalte Getränke in Ihrem Apartment.

4. FRAU KURZ: _____?

  HERR MEIER: Ja, wenn Sie oder Ihre Kinder krank sind, ist der Tag und Nacht für Sie da.

5. FRAU KURZ: _____?

  HERR MEIER: Ja, und Sie können sogar die Golfschläger° dort ausleihen°. Sie müssen sie nicht von zu Hause mitbringen.

  FRAU KURZ: Toll, ich glaube dieser Club ist genau das Richtige für uns.

golf clubs / rent

N **Sollen wir umziehen?** Sie haben eine neue Wohnung gefunden und möchten gern umziehen. Diskutieren Sie die Vor- und Nachteile des Umzugs° mit Ihrer Freundin/Ihrem Freund. Benutzen Sie Informationen aus dem Wortkasten und fügen Sie eigene Argumente hinzu°.

move

fügen hinzu: add

▷ FREUNDIN/FREUND: *Warum sollen wir umziehen?*
  SIE: *Diese Wohnung finde ich nicht schön.*

▷ FREUNDIN/FREUND: *Aber die neue _____*
  SIE: *_____*

Wortkasten

die alte Wohnung	die neue Wohnung
nicht möbliert°	modern
alt	teuer
praktisch	extra Zimmer
klein	der Balkon
in der Innenstadt	der Garten
nur einen Kilometer von einem Park weg	weit von der Uni

furnished

O **Kurze Aufsätze**

1. Sie führen einen Freund, der bei Ihnen zu Besuch ist, in Ihrer Stadt herum. Beschreiben Sie, was Sie sehen, so dass Ihr Freund es interessant findet.

2. Sprechen Sie mit einer Freundin über einige Geschenke, die Sie gekauft haben. Schreiben Sie dieses Gespräch auf.

Kapitel 5

1 Forms of the dative° case

der Dativ

	MASCULINE	NEUTER	FEMININE	PLURAL
DEFINITE ARTICLE	dem Mann	dem Kind	der Frau	den Freunden
DER-WORDS	diesem Mann	diesem Kind	dieser Frau	diesen Freunden
INDEFINITE ARTICLE	einem Mann	einem Kind	einer Frau	—
NEGATIVE **KEIN**	keinem Mann	keinem Kind	keiner Frau	keinen Freunden
POSSESSIVE ADJECTIVES	ihrem Mann	unserem Kind	seiner Frau	meinen Freunden

The chart above shows the dative forms of the definite article, **der**-words, the indefinite article, the negative **kein**, and the possessive adjectives.

2 Nouns in the dative plural

NOMINATIVE	die Freunde	die Eltern	die Radios
DATIVE	den Freunden	den Eltern	den Radios

Nouns in the dative plural add **-n** unless the plural form already ends in **-n** or in **-s**.

3 Masculine N-nouns in the dative case

NOMINATIVE	der Herr	der Student
ACCUSATIVE	den Herrn	den Studenten
DATIVE	dem Herrn	dem Studenten

Masculine **N**-nouns add **-n** or **-en** in the dative as well as in the accusative case. See Appendix #9 for a list of common masculine **N**-nouns.

4 Personal pronouns in the dative case

	SINGULAR					PLURAL			
NOMINATIVE	ich	du	er	es	sie	wir	ihr	sie	Sie
ACCUSATIVE	mich	dich	ihn	es	sie	uns	euch	sie	Sie
DATIVE	mir	dir	ihm	ihm	ihr	uns	euch	ihnen	Ihnen

The chart above shows the personal pronouns in the nominative, accusative, and dative case.

5 Demonstrative pronouns in the dative case

	SINGULAR			PLURAL
NOMINATIVE	der	das	die	die
ACCUSATIVE	den	das	die	die
DATIVE	dem	dem	der	**denen**

The forms of the demonstrative pronouns are the same as the forms of the definite article except in the dative plural, which is **denen**.

6 The interrogative pronoun *wer* in the dative

NOMINATIVE	**Wer** ist das?
ACCUSATIVE	**Wen** meinen Sie?
DATIVE	Mit **wem** sprechen Sie?

The dative form of the interrogative pronoun **wer** is **wem**.

7 Uses of the dative case

Indirect object:	Ich gebe **meiner Schwester** meine Karte für das Popkonzert.
Object of prepositions:	Ich hatte die Karte von **einem Freund** bekommen.
Object of certain verbs:	Meine Schwester dankt **mir** dafür.
Adjectives with the dative:	Und sie fragt mich: „Was bin ich **dir** schuldig?"

Wo Sie Ihren Sonntag verbringen ist egal. Aber nicht, mit wem.

8 Indirect object°

das indirekte Objekt

Anna schenkt **ihrem Freund** eine neue CD.
{ *Anna is giving **her friend** a new CD.*
{ *Anna is giving a new CD **to her friend**.*

The indirect object (e.g., **Freund**) is usually a person and answers the question *to whom* or *for whom* something is done. In German the indirect object is in the dative case. This distinguishes it from the direct object (e.g., **CD**), which is always in the accusative case. To determine in English whether a noun or pronoun is an indirect object, add *to* or *for* before it: *She's giving a CD to her friend.* Unlike English, German never uses a *preposition* to signal the indirect object.

Some verbs that can take both direct and indirect objects are **beschreiben, bringen, empfehlen, erklären, erzählen, geben, kaufen, leihen, sagen, schenken, schreiben,** and **zeigen**.

9 Word order of direct and indirect objects

	INDIRECT OBJECT	DIRECT OBJECT
Anna schenkt	ihrem Freund	eine neue **CD**.
Anna schenkt	ihm	eine neue **CD**.

The form of the direct object determines the order of objects. When the direct (accusative) object is a noun, it usually follows the indirect (dative) object.

	DIRECT OBJECT	INDIRECT OBJECT
Anna schenkt	**sie**	ihrem Freund.
Anna schenkt	**sie**	ihm.

When the direct (accusative) object is a personal pronoun, it always precedes the indirect (dative) object. Note that a pronoun, whether accusative or dative, always precedes a noun.

A **Am Konservatorium°.** Hier werden alle möglichen Dinge gegeben – Noten, Konzerte, auch eine Zugabe°. Was haben die folgenden Personen gegeben?

conservatory
encore

▷ der Professor / der Student / ein Buch über klassische Musik
Der Professor hat dem Studenten ein Buch über klassische Musik gegeben.

1. der Student / sein Professor / das fertige Referat
2. der Lehrer / der Schüler / eine gute Note
3. die Lehrerin / ihre Schülerin / Klavierunterricht
4. Anna / ihr Freund / ihre Gitarre
5. der Musiker / ein Konzert
6. die Geigerin° / eine Zugabe
7. das kleine Mädchen / der Künstler / ein Blumenstrauß°
8. Die Sängerin / das Publikum / ein Luftkuss°

violinist
flower bouquet
blown kiss

B **Open-Air-Festival in Stuttgart.** Mark fährt mit seiner Band zu einem Open-Air-Festival nach Stuttgart, um dort zu spielen. Kurz bevor er losfährt, stellen ihm seine Geschwister alle möglichen Fragen. Er ist ein bisschen genervt° und beantwortet alle Fragen negativ. Verwenden Sie in seinen Antworten Pronomen als indirekte Objekte.

worked up

▷ Kaufst du deiner Freundin ein T-Shirt?
Nein, ich kaufe ihr kein T-Shirt.

▷ Schenkst du uns deine CDs von den Fantastischen Vier?
Nein, ich schenke euch nicht meine CDs von den Fantastischen Vier.

1. Leihst du mir deinen CD-Spieler?
2. Kaufst du Thomas eine Baseball-Mütze°?

baseball cap

3. Schreibst du Mama und Papa eine Karte?

4. Sagst du Xavier Naidoo, dass ich ihn toll finde?

5. Erklärst du dem Publikum euren Song?

6. Gibst du deinen Fans Autogramme°? *autographs*

7. Bringst du deinen Freunden Poster mit?

8. Erzählst du uns danach von dem Festival?

C **Wieder zu Hause.** Mark ist vom Open-Air-Festival zurück und er hat gute Laune. Als er seinen Rucksack auspackt, bestürmen° ihn seine Ge- *bombard* schwister wieder mit Fragen. Jetzt beantwortet er alle Fragen positiv. Ersetzen° Sie das direkte Objekt durch ein Pronomen. *replace*

▷ Gibst du mir dieses Sweatshirt?
Ja, ich gebe es dir.

1. Schenkst du Sandra dieses T-Shirt?

2. Gibst du mir diese Mütze?

3. Hast du Mama und Papa diese Bücher gekauft?

4. Beschreibst du uns den Sänger von den Fantastischen Vier?

5. Schenkst du uns dieses Poster?

6. Gibst du Kathrin die CD von Xavier Naidoo?

7. Schickst du Klaus diese Turnschuhe°? *athletic shoes*

8. Beschreibst du uns die Stimmung° bei eurem Konzert? *atmosphere*

9. Schenkst du uns den Stadtplan von Stuttgart?

10 Dative verbs

CORA: Du musst uns **helfen**.	*You have to help us.*
Unserer Band **fehlt** noch ein guter Sänger.	*Our band is still missing a good singer.*
DAVID: **Tut** mir Leid.	*I'm sorry.*
Es **fehlt** mir total an musikalischem Talent.	*I am totally lacking in musical talent.*

Most German verbs take objects in the accusative, but a few verbs have objects in the dative. This dative object is usually a person. Such verbs are often called dative verbs. Some common dative verbs are **antworten, befehlen, begegnen, danken, dienen, fehlen, folgen, gefallen, gehorchen, gehören, gelingen, glauben, helfen, Leid tun, passen, passieren, raten, schmecken, verzeihen, wehtun**. For a more complete list, see Appendix #18.

Der Film gefällt **meiner Mutter**.	*My mother likes the film.*
Die Filmmusik hat **ihr** auch gefallen.	*She also liked the film score.*

With some German dative verbs the person or thing liked (e.g., **der Film, die Filmmusik**) is the subject of the sentence and the person who does the liking (e.g., **Mutter, ihr**) is in the dative case. In English it is the other way around. The person who does the liking is the subject of the sentence (e.g., *mother, she*).

Note that there are other expressions in which the dative object in German equals the subject in the English equivalent sentence:

Es tut **ihm** Leid.	*He is sorry.*
Es geht **mir** gut.	*I am fine.*

DATIVE	ACCUSATIVE
Leon glaubt **mir** nicht. *Leon doesn't believe **me**.*	Leon glaubt **es** nicht. *Leon doesn't believe **it**.*
Ich kann **ihm** nicht verzeihen. *I can't forgive **him**.*	So **etwas** kann ich nicht verzeihen. *I can't forgive **such a thing**.*

Some of the dative verbs take a dative object with persons but an accusative object with things or impersonal objects (e.g., **es, etwas**): **befehlen, danken, glauben, raten, verzeihen.**

D **Eine Reise nach Hamburg.** Angelika erzählt von ihren Freunden, einer amerikanischen Familie, die Hamburg besucht haben. Ergänzen Sie ihren Bericht, indem Sie jeweils die Wörter in Klammern benutzen.

1. Hamburg hat _____ gut gefallen. (die Familie)
2. Die Leute in Hamburg waren so nett und haben _____ immer geholfen. (die Touristen)
3. Das deutsche Essen hat _____ recht gut geschmeckt. (die Amerikaner)
4. Viele tolle Sachen sind _____ dort passiert. (die Gäste)
5. Mitten in° Hamburg begegneten sie _____. (ein Kollege aus New York)   *in the middle of*
6. Auf der ganzen Reise folgten sie _____ aus einem Reiseführer. (ein Plan)
7. Ich habe _____ geraten ein Konzert mit der bekannten Geigerin Anne-Sophie Mutter zu besuchen. (meine Freunde)
8. Doch leider fehlte _____ die Zeit dazu. (sie, *pl.*)
9. Es tat _____ sehr Leid, dass sie nicht länger bleiben konnten. (ich)
10. Doch ein klassisches Konzert hätte _____ sowieso nicht gepasst. (ihr Sohn Jeff)

„Mir würde alles fehlen, sogar das Essen."

E **Goldene Hochzeit°.** Claudia, Christina und Leon haben ihren Großeltern zur Goldenen Hochzeit eine Freude gemacht – mit einem Kuchen und einem selbst geschriebenen Gedicht. Ergänzen Sie die Sätze, indem Sie jeweils das richtige Personalpronomen einsetzen.

fiftieth wedding anniversary

OMA UND OPA:	Ihr habt (1) _____ eine große Freude gemacht. (wir, uns)
	Das Gedicht ist (2) _____ ja toll gelungen°. (ihr, euch)
CHRISTINA:	Aber ich habe doch meinen Text vergessen. Und das Blatt mit dem Gedicht lag zu Hause.
CLAUDIA:	Ja, ich weiß gar nicht, warum (3) _____ das passiert ist. (dich, dir) Und Leon musste dann noch lachen.
LEON:	Das tut (4) _____ Leid. (mich, mir)
OPA:	Nein, nein, das Gedicht hat (5) _____ sehr gefallen. (wir, uns)
OMA:	Und Leons Kuchen schmeckt (6) _____ auch ganz ausgezeichnet, stimmt's, Friedrich? (wir, uns)
OPA:	Ja, hast du (7) _____ denn beim Backen geholfen, Claudia? (ihn, ihm) Leon ist doch erst sieben.
LEON:	Nein, Claudia und Christina haben (8) _____ gar nicht geholfen. (mich, mir) Aber ich habe (9) _____ beim Gedicht geholfen. (sie, ihnen)
CLAUDIA:	Ja, (10) _____ haben die Ideen gefehlt. (uns, euch) Und Leon hat (11) _____ dann immer gesagt, was wir schreiben sollen. (uns, euch)
OMA UND OPA:	Wir danken (12) _____ allen auf jeden Fall ganz herzlich. (sie, euch) Ihr habt euch solche Mühe gegeben.

was a success

F **Das Mädchen mit der Gitarre.** Cornelia erzählt, was sie auf einem Spaziergang erlebt hat. Übersetzen Sie die Sätze ins Deutsche. Benutzen Sie das Imperfekt.

1. Yesterday I met a girl. She was carrying a guitar.
2. I felt sorry for the girl because the guitar was quite big.
3. I asked her: "Does the guitar belong to you?"
4. She answered: "No, it belongs to my brother. I'm taking° it to him."   *use **bringen***
5. "I'll help you," I said.
6. But the guitar was really big and I dropped° it.   ***fallen lassen***
7. The guitar wasn't broken but the girl did not thank me.

11 Prepositions° with the dative case°

PREPOSITION	MEANING	EXAMPLES
aus	*out of* (location) *from* (place names) *made of*	Die Pianistin kommt gerade **aus** dem Künstlerzimmer. Sie ist **aus** Japan. Ihr Klavier ist **aus** hellem Holz.
außer	*besides, except for* *besides, in addition to*	**Außer** meinem Bruder Jonas spielt keiner ein Instrument. **Außer** Klavier spielt Jonas Trompete.
bei	*at (the home of)*, *with* *near* (with locations) *at* (place of work)	Stefan wohnt nicht mehr **bei** seinen Eltern. Er wohnt in einer großen Wohnung **bei** München. Seit März arbeitet er **bei** der Post.
gegenüber	*opposite, across from* *towards* (relationship)	Schmidts wohnen uns **gegenüber**. Sie sind mir **gegenüber** immer sehr freundlich.
mit	*with* *by* (vehicle)	Ich gehe heute Abend **mit** meinen Eltern in die Oper. Wir fahren **mit** dem Bus in die Stadt.
nach	*to* (cities and countries used without a def. article) *after* (time) *according to*	Eric fliegt im Sommer **nach** Australien. Er fliegt direkt **nach** seiner Prüfung im Juli. Meiner Meinung **nach** sollte er besser im Herbst dahin reisen. Den Reiseführern **nach** regnet es dort im Juli oft.
seit	*since* (a point in past time) *for* (a period of time)	Lars spielt schon **seit** seiner Schulzeit Gitarre. **Seit** einem Jahr spielt er in einer Band.
von	*from* *by* *about, of* *of* (relationship)	Ich habe **von** meiner Tante Karten für „Don Giovanni" bekommen. „Don Giovanni" ist die interessanteste Oper **von** Mozart, nicht? Die Oper erzählt **von** einem skrupellosen Mann. Mozart ist der Lieblingskomponist **von** mir und meiner Tante.
zu	*to* (people or places) *for, at* (holidays and occasions) *to* (attitudes with people)	Sven geht heute Nachmittag **zu** einem Jazzkonzert. Und danach geht er **zu** seiner Freundin. Sie hat ihn **zum** Abendessen eingeladen. Sie ist immer nett **zu** ihm.

The prepositions **aus, außer, bei, gegenüber, mit, nach, seit, von,** and **zu** are always followed by the dative case.

Some of the dative prepositions have additional meanings to those given in the preceding list.

a *außer*

Another meaning of **außer** is *out of*: **außer Gefahr** *(out of danger)*, **außer Atem** *(out of breath)*.

b *bei*

Bei can be used, in a general way, to indicate a situation: **beim Lesen** *(while reading)*, **bei der Arbeit** *(at work)*, **bei diesem Wetter** *(in weather like this)*.

Other uses include *at* (referring to place of business): **beim Arzt** *(at the doctor's)*, **beim Friseur** *(at the hairdresser's*; and *with* (on one's person): **Geld bei sich haben** *(to have money with one)*.

c *bei / mit*

One meaning of both **bei** and **mit** is *with*. They are not interchangeable, however. **Bei** means *at the home of*: **Stefan wohnt nicht mehr bei seinen Eltern. Mit** expresses the idea of doing something together: **Stefan geht mit seinen Eltern Ski laufen.**

d *gegenüber*

Gegenüber always follows a pronoun object: **uns gegenüber** *(across from us)*. While **gegenüber** generally follows a noun object: **dem Bahnhof gegenüber** *(opposite the train station)*, it may also precede the noun object: **gegenüber dem Bahnhof. Von** is often added to an expression with **gegenüber: gegenüber vom Bahnhof.**

   Gegenüber has a second common meaning. It shows a relationship to a person or thing: **Er ist mir gegenüber sehr höflich.**

e *nach*

Note that when **nach** means *according to*, it usually follows the noun: **meiner Meinung nach** *(in my opinion)*. Note the idiom: **nach Hause (gehen)** *([to go] home)*.

f *nach / zu*

One meaning of both **zu** and **nach** is *to*. **Zu** is used to show movement toward people, **zu unseren Nachbarn**, and toward a location, **zur Bank** *(to the bank)*. **Nach** is required with cities and countries used without a definite article: **nach Österreich** *(to Austria)*.

g *seit*

Seit plus the present tense is used to express an action or condition that started in the past but is still continuing in the present: **Lars spielt seit einem Jahr in einer Band.** *(He has been playing in a band for a year.)* Note that English uses the present perfect tense *(has been playing)* with *since* or *for* to express the same idea.

   Compare the use of **seit** as a conjunction (see *Kapitel 3*, Section 8).

MIT EULEN FÄNGT MAN MÄUSE!

BÜRGEL RisikoManagement

www.buergel.de
01805/89 80 80
(0,12 EUR/Min.)

BÜRGEL
Wissen intelligent umsetzen.

0 1 7 8

h von/aus

One meaning of both **von** and **aus** is *from*. They are not interchangeable, however. **Von** is used to express leaving a place: **Die Pianistin fliegt von Japan nach Deutschland.** *(The pianist is flying from Japan to Germany.)* **Aus** is used with place names to express where a person is born or has been living: **Sie ist aus Japan.** *(She is from Japan.)*

i zu

Note the idioms: **zu Hause** *(at home)*, **zu Fuß** *(on foot)*, **zum Beispiel** *(for example)*.

12 Contractions of dative prepositions

bei dem → **beim**	Ich sehe Jörn oft **beim** Sport.
von dem → **vom**	Wir sprechen selten **vom** Studium.
zu dem → **zum**	Heute gehen wir zusammen **zum** Essen in die Mensa.
zu der → **zur**	Danach muss ich schnell **zur** Vorlesung.

The prepositions **bei**, **von**, and **zu** often contract with the definite article **dem**, and **zu** also contracts with the definite article **der**.

While contractions are generally optional, they are required:

1. in certain common phrases

beim Wort nehmen	zum Arzt gehen
vom Arzt kommen	zum Bäcker gehen
zum Beispiel	zur Post gehen
zum Geburtstag	zur Schule gehen

2. for infinitives used as nouns

| beim Essen | zum Essen |

Contractions are not used when the noun is stressed or modified:

Gehen Sie immer noch **zu dem** Bäcker in der Lenzstraße?
Gehen Sie noch **zu dem** alten Arzt?

G Wie heißt dieser Komponist? Sie lesen in einem deutschen Jugendmagazin ein Personen-Rätsel°. Übersetzen Sie die englischen Stichwörter und ergänzen Sie damit die Sätze.   *riddle*

1. Der Komponist kommt _____ in Mitteleuropa. *(from a country)*

2. _____ nahm er Unterricht in Cembalo°, Violine und Orgel. *(with his father)*   *harpsichord*

3. Im Alter von fünf Jahren reiste er _____ durch Europa und gab Konzerte. *(with his father)*

4. _____ kam auch manchmal seine Mutter mit. *(besides his sister)*

5. Er komponierte in seinem Leben 12 Opern, 40 Sinfonien und viele andere Werke – _____ ist zum Beispiel die Oper „Die Zauberflöte"°. *(by him)*   *The Magic Flute*

6. Viele Zeitgenossen° waren _____ aber auch skeptisch, weil er einen rastlosen° kindlichen° Charakter hatte. (*towards the composer*)

7. Der Komponist starb schon mit 35 Jahren, doch seine Musik lebt _____ weiter. (*after his death*)

8. Und _____ gilt° er als einer der größten Komponisten aller Zeiten. (*for many years*) Wie heißt er?

contemporaries

restless / childlike

is regarded as

13 Adjectives with the dative case

MAIA:	Sind euch 20 Euro für das Konzert zu **teuer?**	*Are 20 euros too expensive for the concert?*
CHRISTIAN:	Nein, das ist es mir **wert.**	*No, it's worth it to me.*
TOM UND MIRA:	Uns ist es leider **unmöglich** so viel zu bezahlen.	*Unfortunately it's impossible for us to pay so much.*
	Wir sind unseren Eltern noch 40 Euro vom letzten Konzert **schuldig.**	*We still owe our parents 40 euros from the last concert.*

The dative case is used with many adjectives. Some common ones are:

ähnlich	dankbar	(un)möglich teuer
(un)angenehm	fremd	nahe wert
(un)bekannt	gleich	peinlich (un)wichtig
bewusst	(un)klar	recht
böse	lieb	schuldig

H **Der Vermieter.** Die Musikstudentinnen Karin und Tanja hatten zusammen eine Wohnung bei Herrn Pelzer gemietet. Zuerst sagte Herr Pelzer, dass er Musik mag. Doch nach drei Monaten meint er, dass sie ausziehen müssen, weil ihm das Üben der beiden doch zu laut ist. Karin und Tanja sind ziemlich wütend°. Ergänzen Sie ihr Gespräch, indem Sie die richtige Form der Ausdrücke in Klammern benutzen.

angry

1. Karin und Tanja sind _____ sehr böse. (ihr Vermieter)

2. Denn es ist _____ nicht möglich, schnell etwas anderes nahe _____ zu finden. (die Studentinnen / die Universität)

3. Karin schimpft: „So ein unmöglicher Mensch! Das sieht _____ ähnlich! (er)

4. Er sollte _____ dankbar sein! (wir)

5. Wir waren _____ nie die Miete schuldig." (er)

6. Tanja meint: „Ja, _____ ist das auch nicht recht. (ich)

7. _____ scheint die Musik nicht viel wert zu sein. (manche Leute)

8. Aber eigentlich sollte es _____ egal sein. Die Wohnung war doch hässlich und viel zu teuer!" (wir)

I **Auf Deutsch bitte.** Kims Freund Benno hat neue Pläne, die sie aber etwas komisch° findet. Sagen Sie auf Deutsch, was Kim Ihnen über Benno erzählt.

strange

1. Since the concert Benno wants to become a musician°.
2. That's just like° him.
3. In my opinion he should first° practice.
4. But he has already talked with his parents.
5. He says they like° this idea.
6. Well,° I don't quite° believe him.
7. For his birthday he got a piano.
8. His grandparents gave it to him.
9. Well, I'm curious.

Musiker
ähnlich sehen
erst einmal

gefallen
na / *not quite* = **nicht ganz**

J **Partnerarbeit.** Lernen Sie Ihre Partnerin/Ihren Partner besser kennen. Stellen Sie ihr/ihm folgende Fragen.

▷ SIE: *Mit wem verbringst du gern Zeit?*
PARTNERIN/PARTNER: *Ich verbringe gern Zeit mit meinen Freunden.*

▷ SIE: *Was gefällt dir (nicht)?*
PARTNERIN/PARTNER: *Lange Ferien gefallen mir (nicht) sehr.*

Benutzen Sie in Ihren Antworten folgende Wörter und fügen Sie Ihre eigenen hinzu°.

fügen hinzu: add

Wortkasten

meine Freundin/mein Freund	Ferien
meine Familie	lustige Filme
blöde° Fernsehserien	traurige Geschichten
warme Sommertage	Routinearbeit
Regen	lange Hausaufgaben
Musik hören	klassische Musik, Rock, Rap

silly; stupid

K **Kurze Aufsätze**

1. Erzählen Sie von einer Reise in eine andere Stadt oder ein anderes Land, die Sie mit einer Freundin/einem Freund gemacht haben oder die Sie gern machen würden.
2. Inwiefern ähneln° Sie jemandem aus Ihrer Familie oder inwiefern sind Sie anders?
3. Was gefällt Ihnen? Was gefällt Ihnen nicht? Beschreiben Sie fünf Dinge.
4. Erzählen Sie von einem Konzert, bei dem Sie waren. Beschreiben Sie die Musik. Wie hat Ihnen das Konzert gefallen?

resemble

Two-way prepositions
Time expressions with the dative case
Da- and wo-compounds
Genitive case

Kapitel 6

Online Study Center

1 *Hin* and *her*

Wohin fährst du? ⎫
Wo fährst du **hin**? ⎭   *Where are you going?*

Woher kommen Sie? ⎫
Wo kommen Sie **her**? ⎭   *Where do you come from?*

Komm mal schnell **herunter**!   *Come on down here quickly!*

Leon ist **hingefallen**.   *Leon fell down.*

The adverbs **hin** and **her** are used to show direction. **Hin** indicates motion in a direction away from the speaker, and **her** shows motion toward the speaker. **Hin** and **her** occupy last position in a sentence. They may also be combined with various parts of speech such as adverbs (**dorthin**), prepositions (**herunter**), and verbs (**hinfallen**).

2 Two-way prepositions°

Teresa arbeitet **in der Stadt**.   *Teresa works in town.*
Alex fährt **in die Stadt**.   *Alex is going to town.*

die Präposition mit Dativ oder Akkusativ

German has nine prepositions, called two-way prepositions, that take either the dative or the accusative case. The dative case is used when the verb indicates position (place where), answering the question **wo**? *(where?)*. The accusative case is used when the verb indicates a change of location (movement to a place), answering the question **wohin**? *(where to?)*.

Schwäbisch Hall
Auf diese Steine können Sie bauen

PREPOSITION	MEANING	EXAMPLES
an	*at (the side of)* *to* *on* (vertical surfaces)	Ist da jemand **an der Tür**? Geh doch mal bitte **an die Tür** und schau! Komisch! **An der Tür** hängt ein Stück Papier.
auf	*on top of* (horizontal surfaces) *at* (functions and public buildings) *to*	Professor Müllers Notizen liegen **auf dem Tisch**. Paul legt sein Heft **auf den Tisch**. TANJA: Wann warst du das letzte Mal **auf einer Party**? OLGA: Ich gehe heute Abend **auf eine Party**. Frau Meier geht **auf die Post/auf die Bank/aufs Land/auf den Markt**.
hinter	*behind*	Silke arbeitet **hinter dem Haus**. *at location* Benno geht **hinter das Haus**. *in movement*

in	*inside*
	into
	to (certain locations and
	   countries used with the
	   definite article)
		Jürgen arbeitet **in der Küche**.
		Paula geht **in die Küche**.
		Geht sie **in die Schule/ins Kino/ins Geschäft**?
		Wir fahren **in die Schweiz/in den Iran**.

neben	*beside, next to*	**Neben dem Sofa** steht eine Lampe. Jan stellt eine zweite Lampe **neben das Sofa**.
über	*over, above* *across*	**Über dem Tisch** hängt eine Lampe. Andy hängt eine zweite Lampe **über den Tisch**. Ich gehe **über die Straße**.
unter	*under*	Kurts Schuhe stehen **unter dem Bett**. Er stellt sie jeden Abend **unter das Bett**.
vor	*in front of*	**Vor dem Sofa** steht ein Couchtisch. Lilo stellt einen zweiten **vor das Sofa**.
zwischen	*between*	**Zwischen den Regalen** steht ein Sessel. Jens stellt noch einen kleinen Tisch **zwischen die Regale**.

Note the general differences in uses of **an**, **auf**, and **in** to express English *to*:

> **an** = *to* for vertical surfaces and edges (e.g., **Tür**)
> **auf** = *to* for public buildings (e.g., **Post**) and social events (e.g., **Party**)
> **in** = *to* for locations one can enter (e.g., **Kino**)

3 Contractions of two-way prepositions

ACCUSATIVE	DATIVE
an das → **ans**	an dem → **am**
in das → **ins**	in dem → **im**
auf das → **aufs**	

The prepositions **an** and **in** may contract with **das** and **dem**; **auf** may contract with **das**. Other possible contractions are: **hinters**, **hinterm**, **übers**, **unters**, **unterm**, **vors**, and **vorm**.

While contractions are generally optional, they are required:

1. in idiomatic phrases such as:

   am Leben sein
   ans Telefon gehen
   aufs Land fahren
   im Kino/Theater sein
   ins Kino/Theater gehen

2. for days of the week, times of day, dates, months, seasons, and holidays:

   am Mittwoch
   am Morgen
   am 5. Juli
   im Juli
   im Sommer
   am Valentinstag
   am Muttertag
   am Neujahrstag

4 The verbs *legen/liegen, setzen/sitzen, stellen/stehen, hängen, stecken*

Erika **legt** das Buch **auf den Tisch**.	Das Buch **liegt** jetzt **auf dem Tisch**.
Marta **setzt** das Kind **auf den Stuhl**.	Das Kind **sitzt** jetzt **auf dem Stuhl**.
Paul **stellt** die Lampe **in die Ecke**.	Die Lampe **steht** jetzt **in der Ecke**.
Dieter **hängt** die Uhr **an die Wand**.	Die Uhr **hängt** jetzt **an der Wand**.
Monika **steckt** das Geld **in die Tasche**.	Ihr Geld **steckt in der Tasche**.

In English the all-purpose verb for movement to a position is *to put*: *Erika puts the book on the table*. The all-purpose verb for the resulting positions is *to be*: *The book is on the table*. German uses several verbs to express the meanings *put* and *be*.

To express *put*, German uses:

legen (legte, gelegt)	*to lay*
stellen (stellte, gestellt)	*to stand upright*
setzen (setzte, gesetzt)	*to set*
hängen (hängte, gehängt)	*to hang*
stecken (steckte, gesteckt)	*to stick*

These verbs all take direct objects and are weak. With these verbs the case after the two-way preposition is accusative: Erika legt das Buch **auf den Tisch**.

To express *be* as an indicator of position, German uses:

liegen (lag, gelegen)	*to be lying*
stehen (stand, gestanden)	*to be standing*
sitzen (saß, gesessen)	*to be sitting*
hängen (hing, gehangen)	*to be hanging*
stecken (steckte, gesteckt)	*to be inserted*

These verbs do not take direct objects and, except for **stecken**, are strong. With these verbs the case after the two-way preposition is dative: Das Buch liegt **auf dem Tisch**.

Jessica steckt die Zeitung in die Tasche.

Die Zeitung steckt in der Tasche.

A **Wo sind meine Sachen?** Herr Stark, ein etwas geistesabwesender° Herr, will gerade zur Arbeit gehen und fragt seine Frau nach seinen Sachen. Spielen Sie Frau Stark und antworten Sie ihm. Benutzen Sie die Stichwörter in Klammern.

absent-minded

▷ Wo sind meine Schuhe? (unter / Bett)
Unter dem Bett.

▷ Wohin hab' ich meine Handschuhe gesteckt? (in / Mantel)
In den Mantel.

1. Wo hab' ich meine Brille? (auf / Nase)
2. Wo ist mein Hut? (in / Schrank)
3. Wo ist meine Tasche? (neben / Schreibtisch)
4. Wohin habe ich meine Schlüssel getan? (in / Tasche)
5. Wo hab' ich mein Auto geparkt? (hinter / Haus)
6. Wohin gehen wir heute Abend? (in / Kino)
7. Wo treffe ich dich? (vor / Kino)
8. Wohin gehen wir nach dem Film? (in / Gasthaus)
9. Wo ist das Gasthaus? (an / Marktplatz)

B **Chaos im Büro.** Bernd ist freier° Journalist und er hat sein Büro zu   *freelance*
Hause. Eigentlich sollte er einen Artikel fertig schreiben, doch sein Büro ist
sehr unordentlich – also räumt er auf. Bilden Sie ganze Sätze mit den
Stichwörtern.

1. die Bücher / liegen / auf / der Boden
2. er / stellen / sie / in / das Regal
3. die Lampe / stehen / auf / der Computer
4. er / stellen / sie / auf / der Tisch
5. die Jacke / liegen / auf / das Faxgerät
6. er / hängen / sie / in / der Schrank
7. seine neuen Poster / hängen / hinter / die Tür
8. er / hängen / sie / an / die Wand
9. seine Papiere / liegen / unter / der Stuhl
10. er / legen / sie / auf / der Schreibtisch
11. seine kleine Katze / sitzen / auf / der Schrank
12. er / setzen / sie / auf / das Sofa / in / das Wohnzimmer
13. später / sitzt / er dann / auf / sein Stuhl
14. er / legen / die Füße / auf / der Schreibtisch / und betrachtet froh sein Werk
    Will er nicht seinen Artikel fertig schreiben?

C **Noch einmal.** Erzählen Sie die ganze Geschichte noch einmal, jetzt aber
im Präteritum.

5 Special meanings of two-way prepositions

a *an*

Pia **denkt** oft **an** ihren Freund Tim. (*acc.*)	*Pia often thinks of her friend Tim.*
Tim **studiert** seit Herbst **an** der Universität Hamburg. (*dat.*)	*Tim has been studying at the University of Hamburg since the fall.*
Pia **schreibt** einen Brief **an** ihn. (*acc.*)	*Pia is writing a letter to him.*
Eigentlich **war** er ja mit Schreiben **an der Reihe**. (*dat.*)	*Actually it was his turn to write.*
Na ja, denkt Pia, und **geht an die Arbeit**. (*acc.*)	*Oh well, Pia thinks, and gets to work.*

b *auf*

auf eine Frage antworten (*acc.*)	*to answer a question*
auf die Universität gehen (*acc.*)	*to go to college*
aufs Land fahren (*acc.*)	*to drive out into the country*
auf dem Land wohnen (*dat.*)	*to live in the country*
auf den Bus warten (*acc.*)	*to wait for the bus*
auf Deutsch	*in German*
auf eine Reise gehen (*acc.*)	*to go on a trip*
auf einer Reise sein (*dat.*)	*to be on a trip*

c *in*

ins Theater/Konzert/Kino gehen (*acc.*)	*to go to the theater/concert/movies*
ins Grüne fahren (*acc.*)	*to drive out into nature*
in die Schweiz fahren (*acc.*)	*to drive to Switzerland*
ins Bett gehen (*acc.*)	*to go to bed*
etwas im Fernsehen sehen (*dat.*)	*to see something on TV*
in der Hauptstraße wohnen (*dat.*)	*to live on Main Street*

d *über*

SABINE: **Lachst** du **über** deinen Chef? (*acc.*)	*Are you laughing at your boss?*
LARS: Nein, ich bin nur froh, dass ich **über 20 Euro** pro Stunde bekomme. (*acc.*)	*No, I'm only glad I get over 20 euros an hour.*

e *unter*

Was ich dir jetzt sage, bleibt **unter uns**. (*dat.*)	*What I'm telling you now has to stay between us.*
Frau Hoffmann verdient nur wenig **unter 4 000 Euro** pro Monat. (*acc.*)	*Ms. Hoffmann earns only a little under 4,000 euros a month.*

f *vor*

Phillip **hat Angst vor** der Matheklausur. (*dat.*)	*Phillip is afraid of the math test.*

In addition to their basic meanings, the two-way prepositions have special meanings when combined with specific verbs (e.g., **warten auf**) or in specific verb-noun combinations (e.g., **an der Reihe sein, an die Reihe kommen**). Since there is no way to predict the meaning and case, these expressions must be learned. When **über** means *about, concerning,* it is always followed by the accusative case.

For additional verbs that combine with prepositions and have special meanings, see Appendix #16.

D **Peters alte Freundin.** Erzählen Sie von Peters alter Freundin. Setzen Sie die jeweils richtige Präposition ein.

1. Peter hat Nicole __an__ der Universität Heidelberg kennen gelernt.
2. Peter geht nicht mehr __auf__ die Universität.
3. Er wohnt jetzt __auf__ dem Land.
4. Nicole ist ~~auf~~ __in__ die Schweiz gegangen und studiert in Genf° __an__   *Geneva* der Uni.
5. Peter denkt noch oft __an__ seine Freundin.
6. Er schreibt noch manchmal __an__ sie.
7. Nicole ist Französin und Peter schreibt ihr __auf__ Französisch.
8. Aber sie antwortet nicht mehr __auf__ seine Briefe.
9. Er wartet nicht mehr __auf__ sie.
10. Manchmal muss er schon __über__ seinen Liebeskummer° lachen.   *lover's grief*

6 Time expressions with the dative case

am Tag	*during the day*
am Montag	*on Monday*
am Abend	*in the evening*
in der Nacht	*at night*
in einem Monat	*in a month*
im Januar	*in January*
in ein paar Minuten	*in a few minutes*
heute in einer Woche	*a week from today*
vor einer Woche	*a week ago*
vor dem Essen	*before dinner*

When used in expressions of time, the prepositions **an**, **in**, and **vor** are followed by the dative case. (For accusative expressions of time used without a preposition, see *Kapitel 4*, Section 17.)

7 Da-compounds°   *das da-Kompositum*

Spricht er oft **von seinem Chef**?	Ja, er spricht oft **von ihm**.
Spricht er oft **von seiner Arbeit**?	Ja, er spricht oft **davon**.
Freut er sich **auf die Ferien**?	Ja, er freut sich **darauf**.

In German, pronouns used after prepositions normally refer only to persons (e.g., **von ihm**). To refer to things and ideas, a **da**-compound consisting of **da** plus a preposition is generally used (e.g., **davon**). **Da-** expands to **dar-** when the preposition begins with a vowel: **darauf, darin, darüber**.

8 Wo-compounds°   *das wo-Kompositum*

Von wem spricht sie?	Sie spricht **von ihrem Chef**.
Wovon spricht sie?	Sie spricht **von ihrer Arbeit**.
Worauf freut sie sich?	Sie freut sich **auf die Ferien**.

The interrogative pronouns **wen** and **wem** are used with a preposition to refer only to persons (e.g., **von wem**). The interrogative pronoun **was** refers to things and ideas. As an object of a preposition, **was** is generally replaced by a **wo-**compound consisting of **wo** plus a preposition (e.g., **wovon**). **Wo-** expands to **wor-** when the preposition begins with a vowel: **worauf, worin, worüber**.

Jürgen arbeitet **seit März** bei Siemens.   **Seit wann** arbeitet er bei Siemens?

Wo-compounds are not used to inquire about time (e.g., **seit März**). To inquire about time **seit wann, wie lange,** or **wann** is used.

E **Die Arbeit im Reisebüro.** Evelyn interessiert sich für Steffis Arbeit in einem Reisebüro. Sie spielen Steffi und bestätigen° Evelyns Vermutungen°. *confirm / assumptions* Benutzen Sie eine Präposition mit Pronomen oder wenn nötig ein **da-** Kompositum.

▷ Bist du mit deiner Stelle zufrieden?
Ja, ich bin damit zufrieden.

▷ Bist du mit deiner Chefin auch zufrieden?
Ja, ich bin mit ihr auch zufrieden.

1. Musst du viel über fremde Länder wissen?
2. Arbeitest du jeden Tag mit dem Computer?
3. Arbeitest du gern mit deinen Kollegen?
4. Interessieren sich deine Kollegen für dein Privatleben?
5. Sprichst du oft über deine Freunde?
6. Erzählst du viel von deinem Privatleben?
7. Möchtest du viel von deinen Kollegen wissen?
8. Arbeitest du gern für deine Chefin?

F **Wie bitte?** Susanne erzählt ihrem Großvater von ihrem neuen Freund. Ihr Großvater ist etwas schwerhörig° und kriegt° das Ende des Satzes nie *hard of hearing / **kriegt*** mit. Sie spielen den Großvater und bitten Susanne zu wiederholen, was sie ***mit:** gets* gesagt hat. Benutzen Sie eine Präposition mit Pronomen oder wenn nötig ein **wo-**Kompositum.

▷ Er ist schuld an meiner schlechten Laune.
Woran ist er schuld?

▷ Ich interessiere mich nicht mehr für Heiner.
Für wen interessierst du dich nicht mehr?

1. Heute musste ich eine halbe Stunde auf ihn warten.
2. Ich glaube, er denkt nicht mehr an mich.
3. Er interessiert sich nicht für meine Arbeit.
4. Er denkt nur noch an China.

5. Er schreibt über chinesische Literatur.

6. Ich glaube, er hat auch Angst vor den Prüfungen am Semesterende.

7. Er interessiert sich überhaupt nicht mehr für Spaß, Musik und Tanzen.

8. Ich bin mit Heiner nicht mehr zufrieden.

G **Die Übersetzung.** Brigitte ist Übersetzerin und sie arbeitet an der Übersetzung eines Buches. Allmählich° ist sie sehr erschöpft°, weil sie Tag und Nacht arbeitet, um die Deadline einzuhalten°. Erzählen Sie auf Deutsch, wie es ihr geht.

gradually / exhausted
meet

1. Brigitte is standing at the window.

2. She is looking into the garden.

3. She has to stay in the house because she has to work.

4. Most of the time she sits at the computer.

5. She even eats at her desk.

6. Brigitte is not happy about this.

7. She doesn't want to sit at home any more.

8. But she will be finished in a week.

9. Then she's going to the country.

10. She wants to hike in the mountains and to take it easy.

JUNG JOHANN HAT BRILLEN FÜR MENSCHEN WIE DU UND ICH.

der Optiker

Elke & Hans-Martin Jungjohann
Balgebrückstr. 12 · 28195 Bremen
Telefon 0421 / 32 33 13

9 Forms of the genitive° case

der Genitiv

	MASCULINE	NEUTER	FEMININE	PLURAL
DEFINITE ARTICLE	des Mannes	des Kindes	der Frau	der Freunde
DER-WORDS	dieses Mannes	dieses Kindes	dieser Frau	dieser Freunde
INDEFINITE ARTICLE	eines Mannes	eines Kindes	einer Frau	–
KEIN	keines Mannes	keines Kindes	keiner Frau	keiner Freunde
EIN-WORDS	ihres Mannes	unseres Kindes	seiner Frau	meiner Freunde

The chart above shows the genitive forms of the definite article, **der**-words[1], indefinite article, **kein**, and **ein**-words. The masculine and neuter forms end in **-[e]s** in the genitive, and feminine and plural forms in **-[e]r**.

---

[1]**Der**-words: **der, dieser, jeder, jener, mancher, solcher, welcher** (see *Kapitel 4*).

10 Nouns in the genitive

MASCULINE/NEUTER	FEMININE/PLURAL
der Name **des Mannes**	der Name **der Frau**
ein Freund **des Mädchens**	ein Freund **der Kinder**

Masculine and neuter nouns of one syllable generally add **-es** in the genitive; masculine and neuter nouns of two or more syllables add **-s**. Feminine and plural nouns do not add a genitive ending.

Note that in colloquial German the **-s** ending is often used in place of **-es** for one syllable nouns, e.g., **der Name des Manns/des Mannes**.

11 Masculine *N*-nouns in the genitive

NOMINATIVE	der Herr	der Student
ACCUSATIVE	den Herr**n**	den Student**en**
DATIVE	dem Herr**n**	dem Student**en**
GENITIVE	**des Herrn**	**des Studenten**

Masculine **N**-nouns that add **-n** or **-en** in the accusative and dative singular also add **-n** or **-en** in the genitive. A few masculine nouns add **-ns**: **der Name > des Namens, der Gedanke > des Gedankens, der Glaube > des Glaubens**. (See Appendix #9 for a list of common **N**-nouns.)

12 Proper names in the genitive

Ist das **Ingrids** Schreibtisch?

Nein, das ist **Nils'** Arbeitsplatz.

Und da drüben steht **Moritz'** Computer.

The genitive of proper names is formed by adding **-s**. In writing, if the name already ends in an **s**-sound (**-s, -ss, -ß, -z, -tz**), no **-s** is added and an apostrophe is used. Names ending in a sibilant are often replaced by a phrase with **von**, e.g., **der Arbeitsplatz von Nils** (see Section 19).

13 The interrogative pronoun *wessen*

| **Wessen** Buch ist das? | *Whose book is that?* |
| **Wessen** Jacke trägst du? | *Whose jacket are you wearing?* |

Wessen is the genitive form of the interrogative **wer**; it is equivalent to *whose*.

14 Uses of the genitive case

Das Buch des Jahres

Possession and other relationships: Die Firma **meines Großvaters** ist über 100 Jahre alt.
Der Sitz **der Firma** ist in München.

Object of prepositions: **Wegen eines guten Produktes** sind die Verkaufszahlen gut.

Indefinite time expressions: **Eines Tages** werde ich die Chefin sein.

The genitive case is used to show possession and other close relationships. It is also used for objects of certain prepositions and for expressions of indefinite time.

15 Possession and other close relationships

der Koffer **des Mädchens**	*the **girl's** suitcase*
die Farbe **des Koffers**	*the color **of the suitcase***

English shows possession or other close relationships by adding *'s* to a noun or by using a phrase with *of*. English generally uses the *'s*-form only for persons. For things and ideas, English uses an *of*-construction. German uses the genitive case to show possession or other close relationships. The genitive is used for things and ideas as well as for persons. The genitive expression generally follows the noun it modifies.

Lauras Koffer	*Laura's suitcase*
Tobias' Freund	*Tobias's friend*
Herrn Schneiders Brief	*Mr. Schneider's letter*

Proper names in the genitive generally *precede* the nouns they modify.

Katharina ist **die Freundin meines Bruders**.	*Katharina is **my brother's girlfriend**.*

Possessive adjectives take the case of the noun they modify. Even though a possessive adjective already shows possession (**mein** = *my*), it must itself be in the genitive case when the noun it goes with is in the genitive (**meines Bruders** = *of my brother*).

H **Der Assistent.** Holger arbeitet als Wissenschaftliche Hilfskraft° – kurz Hiwi° – bei seiner Französischprofessorin Frau Weber. Die hat viel zu tun und Holger organisiert fast alles für sie. Beantworten Sie Frau Webers Fragen, indem Sie die Stichwörter in Klammern verwenden.

professor's assistant
= abbrev. for
Hilfswilligelr: *slang for professor's assistant*

▷ Ist das die Liste der Studenten? (die Assistenten)
Nein, das ist die Liste der Assistenten.

1. Arbeiten Sie am Computer des Sekretärs? (Ihr Kollege)
2. Liegt dort die Einladung des Dekans°? (der Präsident)
3. Tippen Sie gerade die Rede der Direktorin? (der Kanzler°)
4. Ist das der Titel des Seminars? (die Vorlesung)
5. Haben Sie Herrn Müllers Brief geöffnet? (Frau Klaas)
6. Sind das die Kopien des Artikels? (das Buch)
7. Ist das die Adresse der Partneruniversität? (eine Sprachschule)
8. Haben wir die Rechnung des Buchladens bekommen? (die Bibliothek)

dean

vice-chancellor

> „Alle Wissenschaft ist nur eine Verfeinerung des Denkens des Alltags."
> Albert Einstein (1879–1955)

I Fragen über Gabi. Paul besucht seine Freundin Nicole bei der Arbeit, um sie zum Mittagessen abzuholen. Nicole sitzt mit ihrer Kollegin Gabi in einem Büro, doch Gabi ist schon zur Mittagspause gegangen. Paul stellt Nicole alle möglichen Fragen über Gabi. Nicole antwortet ausweichend° auf *evasively* seine Fragen.

▷ Sind das Gabis Bücher?
   Vielleicht. Ich weiß nicht, wessen Bücher das sind.

1. Sind das Gabis Fotos?
2. Ist das die Telefonnummer ihres neuen Freundes?
3. Fährt sie mit dem Fahrrad ihres Freundes?
4. Liegt Gabis Bericht auf dem Schreibtisch?
5. Benutzt Gabi den Laptop eures Chefs?

16 Prepositions with the genitive case

PREPOSITION	MEANING	EXAMPLE
(an)statt	*instead of*	Für seine Arbeit braucht Herr Lutz einen Laptop **statt** eines Computers.
trotz	*in spite of*	**Trotz** des Preises nimmt er einen Laptop von Toshiba.
während	*during*	Mit einem Laptop kann er auch **während** eines Fluges E-Mails schicken.
wegen	*on account of*	**Wegen** der vielen Arbeit muss Herr Lutz wirklich jede Minute nutzen.

The prepositions **(an)statt, trotz, während,** and **wegen** are the most commonly used prepositions that are followed by the genitive case. **Statt** is the shortened form of **anstatt** and is less formal than **anstatt**.

Statt Kaffee möchte ich gern   *I'd like coffee instead of tea.*
Tee trinken.

When a genitive preposition is followed by a masculine or neuter noun without an article, the **-s** of the genitive is dropped (e.g., **Kaffee** not **Kaffees**).

Special forms of the possessive pronoun are combined with **wegen**: **meinetwegen, deinetwegen, seinetwegen, unsertwegen/unsretwegen, euertwegen/euretwegen, ihretwegen, Ihretwegen**. Examples of uses and translations are:

1. *for my sake, because of me*

   Er macht das nur **meinetwegen**.   *He's doing that only for my sake.*

2. *as far as I'm concerned*

   Meinetwegen kannst du es   *As far as I'm concerned you can*
   haben.   *have it.*

Some other genitive prepositions you should recognize are:

außerhalb   *outside of*
innerhalb   *inside of*
oberhalb   *above*
unterhalb   *under*
diesseits   *on this side of*
jenseits   *on that side of*

J **Der Job in London.** Christine hat Mathematik studiert und sie arbeitet bei einer Versicherung° in Köln. Nun sucht sie eine Stelle in London. Ihre Freundin Ulrike fragt sie danach. Antworten Sie, indem Sie die Stichwörter in Klammern benutzen.   *insurance company*

▷ Wann warst du in London? (während / mein Urlaub)
  Während meines Urlaubs.

1. Warum möchtest du denn in London arbeiten? (wegen / die Kultur)
2. Gefällt es dir dort so gut? (ja, trotz / das Wetter)
3. Tut es dir Leid, deinen alten Job aufzugeben°? (ja, wegen / meine Kollegen)   *give up*
4. Wann wirst du dich bei der Firma in London bewerben? (während / die Ferien)
5. Beschäftigt diese Firma denn deutsche Angestellte? (ja / wegen / die Auslandskontakte) *Plu.*
6. Hast du vor nach London zu fliegen? (ja, trotz / meine Flugangst)
7. Kommt dein Bruder mit? (ja, statt / mein Freund)
8. Ist dein Freund denn böse mit dir? (ja, wegen / meine Pläne)

K **Der Ferienjob.** Marco arbeitet in den Ferien im Hotel seines Onkels in Italien. Er schreibt einen Brief an seine Freundin Susanne und erzählt ihr davon. Ergänzen Sie die Sätze jeweils mit den deutschen Ausdrücken für die englischen Stichwörter.

Liebe Susanne,

wie geht es dir? Ich bin vor zwei Wochen im Hotel (1) _____ (*of my uncle*) angekommen und ich habe (2) _____ (*in spite of the work*) schon viel gesehen. (3) _____ (*During the day*) gehe ich oft an den Strand° oder ich mache Ausflüge. Ich erlebe viel und die Offenheit (4) _____ (*of the people*) hier ist toll. Das Hotel liegt in der Nähe (5) _____ (*of the sea*) und (6) _____ (*because of the wind*) ist es dort auch nie zu heiß. Und abends arbeite ich dann als Kellner im Restaurant (7) _____ (*of the hotel*). Der Lohn° (8) _____ (*of a waiter*) ist natürlich eher niedrig°, doch (9) _____ (*because of my experience*) verdiene ich ein bisschen mehr als die anderen. (10) _____ (*Instead of a room*) habe ich auch ein kleines Apartment – es ist also alles recht komfortabel. Möchtest du (11) _____ (*during the summer*) auch mal hierher kommen? Mein Onkel sucht auch immer Bedienungen° für das Restaurant. Ich lege dir ein Foto   *beach*   *wages / low*   *waitstaff*

(12) _____ (*of this region/area*) in den Umschlag, dann kannst du ja sehen, ob es dir gefällt. Für heute mache ich Schluss.

Mach's gut und viele liebe Grüße

Marco

17 Expressions of indefinite time

Eines Tages (**Abends, Nachts**) beschloss ich einen neuen Job zu suchen.	*One day (evening, night) I decided to look for a new job.*
Letzten Endes blieb ich aber doch bei meiner Firma.	*In the end, however, I stayed at my company.*

Indefinite time is in the genitive (e.g., **eines Tages**). Remember that definite time is expressed by the accusative (see *Kapitel 4*, Section 17): **Gehst du jeden Tag spazieren?** Note that even though **Nacht** is feminine, it is **eines Nachts** by analogy with **eines Tages** and **eines Abends**.

L **Anruf aus Amerika.** Gisela hat einen Anruf von ihrem amerikanischen Freund bekommen. Ergänzen Sie die Sätze jeweils mit den deutschen Ausdrücken für die englischen Stichwörter.

1. _____ klingelte° mein Telefon. Es war mein Freund aus Amerika. (*one night*)   *rang*

2. Er vergisst _____, dass es hier sechs Stunden später ist. (*every time*)

3. Aber ich erinnere mich immer daran und rufe ihn nie _____ an. (*in the morning*)

4. Am Telefon erzählte ich ihm, dass ich _____ nach Amerika fliege. (*next month*)

5. _____ war ich schon einmal beruflich dort gewesen. (*many years ago*)

6. _____ hatte meine Firma beschlossen in New York eine Filiale° zu eröffnen. (*one day*)   *branch*

7. _____ hatte ich eine Wohnung gefunden, ein Auto gekauft und viele Leute kennen gelernt. (*in one week*)

8. _____ erlebte ich etwas Neues. (*every day*)

9. Ich blieb insgesamt _____. (*zwei Jahre*)

18 Special expressions

HERR OLSEN:	Ich fahre immer **erster Klasse**. **Zweiter Klasse** fahren ist mir zu unbequem.	*I always travel in **first class**. I find traveling in **second class** too uncomfortable.*
FRAU ZELLE:	Ja, da bin ich **ganz Ihrer Meinung**.	*Yes, I agree totally (I am **of your opinion**).*
FRAU KOLB:	Nein, ich bin **anderer Meinung**.	*No, I don't agree (I am **of another opinion**).*

The genitive is also used in a number of idiomatic expressions.

19 Dative as substitute for the genitive

a Possession

DATIVE	GENITIVE
die Freundin **von meinem Bruder**	die Freundin **meines Bruders**
zwei **von ihren Freunden**	zwei **ihrer Freunde**
ein Freund **von Thomas**	**Thomas'** Freund

In spoken German the genitive of possession is frequently replaced by **von** + *dative*.

> die Ideen **von Studenten**
> die Mutter **von vier Jungen**

Von + *dative* is regularly used if the noun of possession is not preceded by a word that shows genitive case (i.e., definite article, **der-**word, etc.).

> ein Freund **von Thomas**

The genitive of proper names ending in a sibilant is often replaced by **von** + the name, e.g., **ein Freund von Thomas** instead of **Thomas' Freund**.

> ein Freund **von mir**
> ein Freund **von Nicole**

Von + *dative* is also used in phrases similar to the English *of mine, of yours*, etc.

b Prepositions

DATIVE	GENITIVE
wegen **dem Wetter**	wegen **des Wetters**
trotz **dem Regen**	trotz **des Regens**

In colloquial language many people use the prepositions **statt**, **trotz**, **wegen**, and sometimes **während** with the dative.

> trotz **ihm**
> wegen **dir**

In colloquial language dative pronouns are frequently used with the prepositions: **statt ihr**, **trotz ihm**, **wegen mir** (compare **meinetwegen**).

M **Hierarchien° am Arbeitsplatz.** Herr Meyer erzählt seiner Frau von seiner Firma. Übersetzen Sie die Sätze ins Deutsche. *hierarchies*

1. Today a collegue of mine, Mrs. Gerau, came to me.
2. She complained° about our boss. *sich beschweren*
3. Mrs. Gerau travels a lot for the company.
4. She always has to travel second class.
5. She would prefer to travel first class though.

6. But our boss is of a different opinion.

7. Because of the money only a few employees may travel first class.

N **Das Zimmer umräumen°.** Sie wollen Ihr Zimmer umräumen, wissen *rearrange*
aber nicht wie und brauchen Hilfe. Beschreiben Sie Ihr Zimmer. Eine
Kommilitonin/Ein Kommilitone macht Ihnen Vorschläge. Benutzen Sie Wörter
aus dem Wortkasten und fügen Sie Ihre eigenen hinzu°. ***fügen hinzu:*** *add*

▷ Wie das Zimmer ist:

    SIE: *Also, das Sofa steht in der Mitte des Zimmers und der Fernseher*
    _____ .

▷ Vorschläge zum Umräumen:

    PARTNERIN/PARTNER: *Ich würde das Sofa an die Wand schieben und den*
                                  Fernseher _____ .

Wortkasten

das Sofa	der Schreibtisch	stehen
der Fernseher	der Computer	liegen
der Sessel	die Wand	Ich würde _____ stellen.
der Tisch	die Tür	Schiebe doch _____ .
die Lampe	das Fenster	Warum stellst du _____
die Blumenvase	die Mitte	nicht _____ ?
der CD-Spieler	die Ecke	

O **Kurze Aufsätze**

1. Beschreiben Sie, wie Ihr Zimmer jetzt eingerichtet° ist und wie Sie es gern *furnished*
anders einrichten würden.

2. Haben Sie einen Job? Oder haben Sie schon einmal gearbeitet? Erzählen
Sie davon.

3. Was ist Ihr Traumberuf? Was ist Ihnen bei Ihrer Arbeit wichtig? Wie soll
Ihr Arbeitsplatz/Büro aussehen? Und wie stellen Sie sich Ihre Kolleginnen
und Kollegen vor°? ***vorstellen:*** *picture*

4. Beantworten Sie eine der folgenden Fragen in wenigen Sätzen:

    a. Wovor haben Sie Angst?

    b. Woran denken Sie oft?

    c. Worüber lachen Sie gern?

Kapitel 7

Preceded and unpreceded adjectives
Adjectives used as nouns
Participles as adjectives
Comparison of adjectives and adverbs

Online Study Center

1 Predicate adjectives°

Der Koch ist **neu**.	*The cook is new.*
Das Restaurant wird jetzt **französisch**.	*The restaurant will now become French.*
Hoffentlich bleibt das Essen **gut**.	*I hope the food remains good.*

Predicate adjectives follow the verbs **sein, werden**, or **bleiben** and modify the subject of the sentence. They never add declensional endings.

2 Attributive adjectives°

Der **neue** Koch kommt aus Paris.	*The new cook comes from Paris.*
Ein **französisches** Restaurant fehlte noch in der Stadt.	*A French restaurant was still lacking in the city.*
Da gibt es **gutes** Essen.	*There is good food there.*

Attributive adjectives precede the nouns they modify. The declensional endings they have depend on the gender, number (singular or plural), and case of the nouns they modify and on whether the adjectives are preceded by (1) a definite article or **der**-word, (2) an indefinite article or **ein**-word, or (3) no article, **der**-word, or **ein**-word.

In der Marktstraße ist ein **neues italienisches** Geschäft.	*On Market Street there is a new Italian store.*
Dort gibt es einen **ausgezeichneten italienischen** Rotwein.	*There is an excellent Italian red wine there.*

Adjectives in a series have the same ending.

3 Adjectives° preceded by the definite article or *der*-words
das Adjektiv

	MASCULINE	NEUTER	FEMININE	PLURAL
NOMINATIVE	der **neue** Hut	das **neue** Hemd	die **neue** Hose	die **neuen** Schuhe
ACCUSATIVE	den **neuen** Hut	das **neue** Hemd	die **neue** Hose	die **neuen** Schuhe
DATIVE	dem **neuen** Hut	dem **neuen** Hemd	der **neuen** Hose	den **neuen** Schuhen
GENITIVE	des **neuen** Hutes	des **neuen** Hemdes	der **neuen** Hose	der **neuen** Schuhe

	M	N	F	PL
NOMINATIVE	e	e	e	en
ACCUSATIVE	en	e	e	en
DATIVE	en	en	en	en
GENITIVE	en	en	en	en

Words preceding a noun indicate the gender and/or case of the noun. If the attributive adjective is preceded by a definite article or **der**-word[1], it does not need to give information about the gender and/or case because the definite article or **der**-word has already done so. Therefore, after the definite article or **der**-word, the adjective ending is non-informational. Non-informational adjective endings are **-e** or **-en**.

Dieser **blaue** Pulli ist schön.

Since **dieser** indicates that **Pulli** is masculine and in the nominative case, the ending on **blau** need not provide that information.

A **Als Computerspezialistin in Deutschland.** Frau Bazrur kommt aus Indien und arbeitet seit einem halben Jahr als Computerspezialistin bei einer kleinen Firma. Sie spricht mit ihrem deutschen Kollegen Herrn Hauser über ihre Erfahrungen. Setzen Sie die Adjektive in Klammern in die richtige Form.

HERR HAUSER: Wie gefällt es Ihnen eigentlich in Deutschland, Frau Bazrur?

FRAU BAZRUR: Ich bin mit meiner Arbeit in dieser (1) _____ Firma sehr zufrieden. (klein)

Und ich bin auch froh, dass ich solche (2) _____ Kolleginnen und Kollegen habe. (nett)

Die Atmosphäre hier ist sehr gut. Jede (3) _____ Angestellte gehört gleich dazu und ist integriert. (neu)

HERR HAUSER: Und wie finden Sie den Alltag° hier in Deutschland?   *everyday life*

FRAU BAZRUR: Im Alltag treffe ich schon manche (4) _____ Leute. (unfreundlich)

Ich glaube, da erlebe ich manche (5) _____ Vorurteile. (verrückt)

HERR HAUSER: Das ist wirklich traurig, dass Ausländer in Deutschland immer noch auf Vorurteile treffen. Welche (6) _____ Erfahrungen haben Sie denn schon gemacht? (schlecht)

---

[1]**Der**-words: **der, dieser, jeder, jener, mancher, solcher, welcher** (see *Kapitel 4*).

FRAU BAZRUR: Zum Beispiel finde ich die (7) _____ Busfahrer oft recht unfreundlich. (deutsch)
Oder wenn ich Straßenbahn fahre, gibt es schon manche (8) _____ Blicke°, oft auch von jungen Leuten. (feindlich)
Ich weiß natürlich nicht, ob das an meiner Kleidung liegt. Aber als Ausländerin denkt man bei jeder (9) _____ Geste°, dass es vielleicht daran liegt. (negativ)

looks

gesture

4 Adjectives preceded by the indefinite article or *ein*-words

	MASCULINE	NEUTER	FEMININE	PLURAL
NOMINATIVE	ein **neuer** Hut	ein **neues** Hemd	eine **neue** Hose	meine **neuen** Schuhe
ACCUSATIVE	einen **neuen** Hut	ein **neues** Hemd	eine **neue** Hose	meine **neuen** Schuhe
DATIVE	einem **neuen** Hut	einem **neuen** Hemd	einer **neuen** Hose	meinen **neuen** Schuhen
GENITIVE	eines **neuen** Hutes	eines **neuen** Hemdes	einer **neuen** Hose	meiner **neuen** Schuhe

	M	N	F	PL
NOMINATIVE	**er**	**es**	**e**	en
ACCUSATIVE	en	**es**	**e**	en
DATIVE	en	en	en	en
GENITIVE	en	en	en	en

Adjectives preceded by an indefinite article or an **ein**-word[2] have the same endings as those preceded by a **der**-word, except in the three instances when the **ein**-word itself has no ending: masculine nominative, neuter nominative, and neuter accusative. Since in these instances **ein** does *not* indicate the gender of the noun, the adjective gives this indication. Note that the adjective ending **-er** resembles the definite article **der** and the adjective ending **-es** resembles the definite article **das**.

Dein **junger** Kollege ist nett.

Since **dein** does not indicate the gender of **Kollege**, the ending on the adjective **jung** must provide that information. The **-er** ending indicates that **Kollege** is masculine and in the nominative case.

Wo ist **euer** neues Büro? —Hier ist **unser** neues Büro. Da hinten war **mein** altes Büro.

As you know, the **-er** of **unser** and **euer** is not an ending but part of the word. They function like other **ein**-words, e.g., **sein**.

---

[2]**Ein**-words: **ein, kein,** possessive adjectives (see *Kapitel 4*).

5 Omission of the noun

Welches Hemd willst du?
Ich nehme **das blaue**. *I'll take the blue one.*

Was für ein Hemd willst du?
Ich möchte **ein blaues**. *I'd like a blue one.*

When a noun is omitted, the adjective is the same as though the noun were there. Note that in English the word *one(s)* is added when the noun is missing.

B **Der neue Freund.** Alexander erzählt Michael von Evas neuem Freund. Verbinden Sie die Sätze wie im Beispiel, so dass der Text flüssiger° wird. *smoother*

▷ Ich erzähle dir eine Neuigkeit°. Sie ist interessant. *piece of news*
Ich erzähle dir eine interessante Neuigkeit.

1. Eva hat einen Italiener kennen gelernt. Er ist sympathisch und lustig.
2. Er heißt Claudio und wohnt in einer Wohnung. Sie ist klein und gemütlich.
3. Claudio arbeitet bei einer Firma hier in Köln. Sie ist groß und bekannt.
4. Er hat eine Stelle als Ingenieur. Sie ist gut.
5. Doch Claudio gefällt sein Job nicht besonders. Er ist anstrengend.
6. Eva soll im Sommer mit ihm seine Geschwister in Rom besuchen. Sie sind nett.
7. Doch Eva hat Angst vor so einer Autofahrt. Sie ist lang.
8. Außerdem sitzt Eva nicht gern in seinem Sportwagen. Er ist schnell.

6 Summary of preceded adjectives

	MASCULINE		NEUTER		FEMININE		PLURAL	
NOMINATIVE	der ein	**neue** **neuer** Hut	das ein	**neue** **neues** Hemd	die eine	**neue** Hose	die meine	**neuen** Schuhe
ACCUSATIVE	den einen	**neuen** Hut	das ein	**neue** **neues** Hemd	die eine	**neue** Hose	die meine	**neuen** Schuhe
DATIVE	dem einem	**neuen** Hut	dem einem	**neuen** Hemd	der einer	**neuen** Hose	den meinen	**neuen** Schuhen
GENITIVE	des eines	**neuen** Hutes	des eines	**neuen** Hemdes	der einer	**neuen** Hose	der meiner	**neuen** Schuhe

If information regarding gender, number, and case is given by the word preceding the adjective (that is, definite or indefinite articles, **der**-words, or **ein**-words) then no further information is required, and the adjective has the non-informational ending **-e** or **-en**.

If the indefinite article or **ein**-word does not give information about gender and/or case, then the adjective requires the informational ending **-er** or **-es**.

C **Aishas Familie.** Aishas Vater ist Türke, ihre Mutter ist Deutsche und Aisha selbst ist in Deutschland aufgewachsen. Sie erzählt ihrer Freundin Hanna von ihrer Familie. Setzen Sie die Adjektive in Klammern in der richtigen Form ein.

AISHA: In den Sommerferien fahre ich zu meinen (1) _____ Großeltern nach Izmir. (türkisch)
Sie haben dort ein (2) _____ Haus. (klein)
Es liegt direkt am Meer.

HANNA: Oh, solche (3) _____ Ferien möchte ich auch haben! (toll)
Hast du denn noch eine (4) _____ Familie in der Türkei? (groß)

AISHA: Nein, eigentlich sind viele hier in Deutschland. Mein Vater lebte als Kind in einem (5) _____ Ort. (klein)
Dort gab es aber keine (6) _____ Arbeitsplätze. (gut)
Und wenn man einen (7) _____ Job haben wollte, musste man ins Ausland gehen. (interessant)
Mein Vater hat dann auch eine (8) _____ Stelle bei einer Autofirma in Stuttgart gefunden und dann bald eine (9) _____ Frau, meine Mutter, getroffen. (sicher / nett)
Wegen meiner (10) _____ Großmutter hatten die beiden viele Probleme. (deutsch)
Die wollte nicht, dass ihre Tochter einen (11) _____ Freund hatte. (ausländisch)
Als sie meinen Vater dann aber richtig kennen lernte und sah, was für ein (12) _____ Mensch er ist, war sie zufrieden. (freundlich)

HANNA: Möchtest du später nicht in der Türkei leben? Das (13) _____ Wetter dort würde dir doch sicher gefallen, nicht? (schön)

AISHA: Die Türkei ist ein (14) _____ Land, um dort Urlaub zu machen. (wunderschön)
Aber Deutschland ist einfach meine (15) _____ Heimat. (richtig)

„Migranten in Deutschland müssen sich für die Verfassung öffnen und die Sprache lernen, aber gleichzeitig auch Freiraum für ihre Kultur behalten."
Rahim Öztürker,
Vorsitzender des Ausländerbeirates°, Bonn

Foreigner Advisory Council

7 Unpreceded adjectives

	MASCULINE	NEUTER	FEMININE	PLURAL
NOMINATIVE	**guter** Wein	**gutes** Brot	**gute** Wurst	**gute** Äpfel
ACCUSATIVE	**guten** Wein	**gutes** Brot	**gute** Wurst	**gute** Äpfel
DATIVE	**gutem** Wein	**gutem** Brot	**guter** Wurst	**guten** Äpfeln
GENITIVE	**guten** Weines	**guten** Brotes	**guter** Wurst	**guter** Äpfel

Adjectives not preceded by a definite article, **der**-word, indefinite article, or **ein**-word have the same endings as **der**-words, except the masculine and neuter genitive, which have the ending **-en** (e.g., **guten Weines**).

D **Essen in Deutschland.** Sonja ist vor dreißig Jahren in die USA gezogen und war lange nicht mehr in Deutschland. Als sie mal wieder in der alten Heimat zu Besuch ist, spricht sie mit ihrer Schwester Susanne darüber, was jetzt alles anders ist. Setzen Sie die Adjektive in Klammern in der richtigen Form ein.

SONJA: Vor dreißig Jahren gab es hier in Mainz fast nur (1) _____ Restaurants. (deutsch)

Ich sehe jetzt überall (2) _____ Geschäfte und Restaurants. (ausländisch)

Als ich vor dreißig Jahren wegging, war (3) _____ Essen gerade ein bisschen „in". (italienisch)

Doch seit wann mögen die Deutschen jetzt so gerne (4) _____ Gerichte°? (exotisch)   *dishes*

SUSANNE: Ja, es ist toll. Durch die Menschen aus anderen Ländern kann man jetzt auch hier (5) _____ Lebensmittel kaufen, die es früher nicht gab. (fremd)

Seit ein paar Jahren sind zum Beispiel (6) _____ Restaurants sehr beliebt. (japanisch)

Und über (7) _____ Fisch ist niemand mehr erstaunt°. (roh)   *surprised*

(8) _____ Dinge wie Pizza und Spaghetti mögen fast alle Leute. (italienisch)

Und abends essen viele (9) _____ Brot mit (10) _____ Schafkäse. (türkisch / griechisch)

Dagegen essen die meisten Leute „typisch" (11) _____ Speisen wie Sauerkraut und Eisbein° gar nicht mehr so oft wie früher. (deutsch)   *knuckle of pork*

8 Adjectives following indefinite adjectives°

das unbestimmte Zahlwort

andere	*other; different*	**viele**	*many*
einige	*a few, several, some*	**wenige**	*few, not many*
mehrere	*several*		

Einige neue Kollegen kommen aus Indien.

In unserer Firma gibt es jetzt **viele qualifizierte Computerspezialisten**.

The indefinite adjectives **andere, einige, mehrere, viele,** and **wenige** are in the plural and suggest indefinite quantities. When these indefinite adjectives are followed by attributive adjectives, they behave like adjectives in a series, i.e., they both have the same ending.

> Die meisten haben **viel** Computerwissen, aber sprechen noch relativ **wenig** Deutsch.

Note that in the singular **viel** and **wenig** have no endings.

alle   *all*

beide   *both*

> Herr Bazrur und Frau Shamir haben **alle nötigen** Papiere[,] um hier arbeiten zu können.
>
> Die Familien **beider indischen** Kollegen kommen bald auch nach Deutschland.

An attributive adjective following the indefinite adjectives **alle** or **beide** has the ending **-en**.

E **Wie war's?** David ist Amerikaner und studiert seit ein paar Jahren Musik an der Freien Universität in Berlin. Jetzt hat er mehrere Städte in Deutschland und Österreich besucht und sein Freund Michael fragt ihn, wie es war. Beantworten Sie Michaels Fragen, indem Sie die Stichwörter in Klammern benutzen. Davids Antworten sind alle positiv außer der letzten Frage.

▷ Hast du Studenten kennen gelernt? (viele / amerikanisch)
Ja, ich hab' viele amerikanische Studenten kennen gelernt.

1. Warst du in Museen? (einige / berühmt)
2. Hast du auch Ausstellungen° gesehen? (andere / ausgezeichnet)   *exhibitions*
3. Hast du Konzerte gehört? (einige / interessant)
4. Waren die Konzerte teuer? (alle / gut)
5. Warst du bei Freunden? (mehrere / alt)
6. Hast du Leute kennen gelernt? (viele / nett)
7. Hast du Jugendherbergen° gefunden? (wenig / billig)   *youth hostels*

9 **Adjectives used as nouns°**   *das Nominaladjektiv*

Das ist ein **Bekannter**. (Mann)	*That's a **friend**. (male)*
Das ist eine **Bekannte**. (Frau)	*That's a **friend**. (female)*
Das sind meine guten **Bekannten**. (Leute)	*Those are my good **friends**. (people)*
Gute **Bekannte** haben wir gern zu Besuch.	*We like to have good **friends** over for a visit.*

Many adjectives can be used as nouns in German. They retain the adjective endings. In writing they are capitalized.

Some common nouns derived from adjectives are: **der/die Angestellte, Behinderte, Bekannte, Deutsche, Erwachsene, Fremde, Jugendliche, Verwandte**.

Das Gute ist, dass dein Auslandssemester in Wien ist.	*The good thing is that your study abroad semester is in Vienna.*
Du wirst in Wien sicher **viel Interessantes** sehen.	*You will certainly see **many interesting things** in Vienna.*
Ich wünsche dir **alles Gute** für dein Studium dort.	*I wish you **all the best** for your studies there.*

Adjectives expressing abstractions *(the good, the interesting)* are considered neuter nouns. They frequently follow words such as **etwas, nichts, viel**, and **wenig** and take the ending **-es** (**etwas Gutes**). Note that adjectives following **alles** have an **-e** (**alles Gute**). Neuter nouns are capitalized, except for **anderes: etwas anderes**.

10 The adjective *hoch* and adjectives ending in *-el* or *-er*

Das ist aber ein **hoher** Preis.	*That is certainly a high price.*
Dabei ist das doch ein ziemlich **dunkles** Haus.	*Besides, it is a rather dark house.*
Aber München ist eben eine **teure** Stadt.	*But Munich is simply an expensive city.*

Hoch becomes **hoh-** when it takes an ending. Adjectives ending in **-el** or **-er** omit the **e** when the adjective takes an ending.

F **Verwandte und Bekannte.** Petra und Mustafa sprechen über ihre Familien und Freunde im Ausland. Weil Mustafas Deutsch noch nicht so gut ist, unterhalten sie sich auf Englisch. Übersetzen Sie das Gespräch ins Deutsche.

1. PETRA: Do you have many relatives in Turkey?

2. MUSTAFA: Yes, all my aunts and uncles live in Turkey.

3. PETRA: My relatives live in Switzerland. They live in a small village on a high mountain. Last year I spent a few wonderful days in that beautiful area.

4. MUSTAFA: In Turkey there are also many high mountains. A friend° of my parents has a big house there. Next year I'll visit him there.   *Bekannter*

11 Ordinal numbers°   *die Ordinalzahl*

1. erst-	**8.** acht-	**100.** hundertst-
2. zweit-	**15.** fünfzehnt-	**101.** hunderterst-
3. dritt-	**16.** sechzehnt-	**105.** hundertfünft-
6. sechst-	**21.** einundzwanzigst-	**1000.** tausendst-
7. siebt-	**32.** zweiunddreißigst-	

Ordinal numbers are used as adjectives. They are formed by adding **-t** to numbers 1 to 19 and **-st** to numbers beyond. Note the special forms **erst-**, **dritt-**, and **siebt-**, and the spelling of **acht-**.

Findet das deutsch-französische Filmfestival ein **zweites** Mal statt?	*Is the German-French film festival taking place a second time?*
Ja, der Termin ist der **achte** Juni.	*Yes, the date is the eighth of June.*

Ordinals take adjective endings. In writing, an ordinal is followed by a period: **der achte Juni = der 8. Juni.** Dates in letter heads or news releases are in the accusative: **Hamburg, den 28. 7.° 2006.** Note that in German dates the day precedes the month: **28. 7. 2006.**

28. 7.: spoken as **achtundzwanzigsten Siebten**

Ⓖ **Der Wievielte?** Wei Zhang ist Chinesin und arbeitet als Biochemikerin bei der Firma Bayer in Leverkusen. Sie möchte alle möglichen Termine° in ihren Kalender schreiben und fragt ihre Freundin nach den genauen Daten. Beantworten Sie Wei Zhangs Fragen, indem Sie die Stichwörter in Klammern benutzen. Schreiben Sie dabei die Zahlen als Wörter.

appointments

1. Den Wievielten haben wir heute? (*today's date*)
2. Wann feiert man den Tag der Arbeit? (am 1. Mai)
3. Wann öffnet man in Deutschland die Weihnachtsgeschenke? (am 24. Dezember)
4. Wann kommt der Nikolaus?[3] (am 6. Dezember)
5. Welcher Tag im Dezember ist der zweite Weihnachtstag? (der 26.)
6. Welcher Sonntag im Mai ist Muttertag? (der 2.)
7. Wann ist der deutsche Nationalfeiertag? (am 3. Oktober)
8. Wann hast du Geburtstag? (am _____)
9. Und – wenn ich das fragen darf: Der wievielte Geburtstag ist das? (der _____)

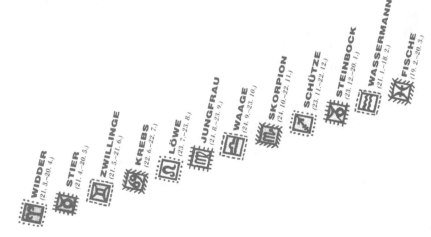

---

[3]Am Nikolaustag bringt Sankt Nikolaus den braven (*good*) Kindern kleine Geschenke z.B. Obst, Schokolade, und den unartigen (*naughty*) Kindern eine Rute (*switch*).

12 Present participles° as adjectives

das Präsensspartizip

INFINITIVE + d	PRESENT PARTICIPLE	ENGLISH
schlafen + d	**schlafend**	*sleeping*
lachen + d	**lachend**	*laughing*

Present participles describe an ongoing action. In German present participles are formed by adding **-d** to the infinitive (e.g., **schlafend**). In English present participles end in *-ing* (e.g., *sleeping*).

die **schlafende** Katze	*the **sleeping** cat*
ein **lachendes** Kind	*the **laughing** child*

Present participles used as attributive adjectives take adjective endings.

German does not use the present participle as a verb (compare English progressive forms): **sie lachte** *she was laughing.*

German uses an infinitive where English uses a participle:

Ich hörte das Kind **lachen**.	*I heard the child **laughing**.*

13 Past participles as adjectives

Nimmst du zu Mehmets Geburtstag einen selbst **gebackenen** Kuchen mit?	*Are you taking a home-baked cake to Mehmet's birthday?*
Nein, ich habe eine **gekaufte** Torte für ihn.	*No, I have a store-bought torte for him.*

Past participles describe a completed action. Past participles used as attributive adjectives take adjective endings.

H Brief an Martin. Beth ist als Austauschstudentin° in Tübingen und die Weihnachtsfeiertage° hat sie bei der Familie ihrer deutschen Freundin Karin verbracht. In einem Brief an ihren Freund Martin erzählt sie davon. Ergänzen Sie die folgenden Sätze aus Beths Brief, indem Sie jeweils die deutschen Ausdrücke für die englischen Wörter in Klammern benutzen.

exchange student
Christmas holidays

Lieber Martin,

heute schicke ich dir nun endlich den (1) _____ (*promised*) Brief. Weihnachten bei Karins Eltern war sehr schön. Am 24. gingen wir nachmittags gegen fünf alle zusammen in die Kirche. Es war ziemlich feierlich°: Überall standen (2) _____ (*burning*) Kerzen und man sah fast nur festlich° (3) _____ (*dressed*) Leute. Ich wurde ein bisschen traurig, als ich die (4) _____ (*singing*) Kinder sah, und ich vermisste meine kleinen Geschwister. Nach der Kirche kam die Bescherung°: Karins jüngere Geschwister Anna und Tobias liefen ganz aufgeregt° ins Wohnzimmer zu den (5) _____ (*wrapped*) Geschenken. Als ich ihnen erzählte, dass bei uns die Kinder die Geschenke erst am (6) _____ (*following*) Tag, nämlich am 25. Dezember morgens bekommen, machten sie (7) _____ (*surprised°*) Gesichter. „Zum Glück sind wir hier geboren", war ihre (8) _____ (*laughing*) Antwort und sie öffneten schnell ihre Geschenke. ...

festive

in their best

giving out of Christmas presents / excited

erstaunt

14 Comparison° of adjectives and adverbs

die Komparation

BASE FORM	**heiß**	*hot*	**schön**	*beautiful*
COMPARATIVE	**heißer**	*hotter*	**schöner**	*more beautiful*
SUPERLATIVE	**heißest-**	*hottest*	**schönst-**	*most beautiful*

Adjectives and adverbs have three forms of degrees: base form (positive°), comparative°, and superlative°. The comparative is formed by adding **-er** to the base form. The superlative is formed by adding **-st** to the base form. The ending **-est** is added to words ending in **-d** (**wildest-**), **-t** (**ältest-**), or a sibilant (**kürzest-**). The superlative of **groß** is **größt-**.

der Positiv
der Komparativ / der Superlativ

Note that unlike German, English has two ways of forming the comparative and superlative. Short adjectives and adverbs add *-er* or *-st*; many longer ones use *more* or *most* with the adjective (e.g., *more beautiful, most beautiful*).

BASE FORM	alt	groß	jung
COMPARATIVE	älter	größer	jünger
SUPERLATIVE	ältest-	größt-	jüngst-

msn Messenger –
der heißeste Draht
zu Ihren Freunden.

Many one-syllable adjectives or adverbs with the stem vowel **a**, **o**, or **u** add an umlaut in the comparative and superlative. These adjectives and adverbs are noted in the end vocabulary as follows: **kalt (ä)**. See Appendix #13 for a list of common adjectives that take umlaut in the comparative and superlative.

BASE FORM	bald	gern	gut	hoch	nah	viel
COMPARATIVE	**eher**	**lieber**	**besser**	**höher**	**näher**	**mehr**
SUPERLATIVE	**ehest-**	**liebst-**	**best-**	**höchst-**	**nächst-**	**meist-**

Several adjectives and adverbs are irregular in the comparative and superlative.

Aisha, sprichst du mit deinen
Eltern **lieber** Türkisch oder
Deutsch?

Aisha, do you prefer to speak Turkish
or German with your parents?

To express preference about doing something, German uses the word **lieber** plus a verb.

Die **meiste** Zeit sprechen wir
zu Hause Türkisch.

Most of the time we speak Turkish
at home.

Note that the adjective **meist-** is preceded by the definite article.

15 Expressing comparisons

München ist nicht **so** groß
wie Berlin.

*Munich is not **as** large **as***
Berlin.

Aber Gülfizer findet es **so**
interessant **wie** Berlin.

*But Gülfizer finds it **as***
*interesting **as** Berlin.*

The construction **so ... wie** is used to express the equality of a person, thing, or activity to another. It is equivalent to English *as . . . as.*

Berlin ist **größer als** München.	*Berlin is **larger than** Munich.*
Anatol findet Berlin **interessanter als** München.	*Anatol finds Berlin **more interesting than** Munich.*

The comparative form plus **als** is used to compare people, things, or activities. **Als** is equivalent to English *than.*

Im Sommer ist es in Berlin **am schönsten**.	*In Berlin it's **nicest** in the summer.*
Anatol geht **am liebsten** in Berlin-Kreuzberg aus.	*Anatol likes to go out in Berlin-Kreuzberg **most of all**.*

> „Phantasie ist wichtiger als Wissen.“
> **Albert Einstein (1879–1955)**

The pattern **am + superlative + -en** (e.g., **am + schönst + en**) is used to express the superlative degree of predicate adjectives and adverbs.

Von den Ausländern in der Bundesrepublik leben **die meisten** [Ausländer] in Berlin.	*Of the foreigners in the Federal Republic, most live in Berlin.*
Von den türkischen Städten außerhalb der Türkei ist Berlin-Kreuzberg **die größte** [türkische Stadt].	*Of the Turkish cities outside of Turkey, Berlin-Kreuzberg is the largest.*

A second superlative pattern in the predicate is one that shows gender and number (**die meisten Ausländer, die größte Stadt**). This construction is used when the noun is understood.

Base: Das ist aber kein **neuer** Computer.

Comparative: Ich brauche einen **neueren** Computer.

Superlative: Ist das denn Ihr **neu(e)ster** Computer?

Attributive adjectives in the comparative and superlative take the same adjective endings as those in the base form.

I **Meinungen und Fakten.** Sabine, Francesca und Mehmet gehen zusammen in eine Klasse und sie sprechen in der Pause über alles Mögliche. Sie lesen einen Satz in der Grundform. Bilden Sie passend dazu Sätze im Komparativ und im Superlativ.

▷ Berlin finde ich schön.
Und Rom? *Rom finde ich schöner.*
Und Istanbul? *Istanbul finde ich am schönsten.*

1. Deutsche Speisen schmecken gut. Und türkische Gerichte°? Und italienische Spezialitäten?   *dishes*

2. Türkische Teenager spielen gern Fußball. Und deutsche Jugendliche? Und italienische Kinder?

3. Die Mieten in der Türkei sind hoch. Und in Italien? Und in Deutschland?
4. Die Schulferien im Sommer in Deutschland sind lang. Und in der Türkei? Und in Italien?
5. Ich esse viel. Und Sabine? Und Mehmet?
6. Die Bäckerei ist nah. Und das türkische Restaurant? Und das italienische Café?

J Im Sprachkurs. Herr Brander unterrichtet einen Kurs Deutsch als Fremdspache. Heute möchte er etwas über deutsche Landeskunde° erzählen. Er macht sich Notizen. Formulieren Sie seine Notizen für den Unterricht aus.

area studies

▷ Die Oder ist ein langer Fluss. (die Elbe / der Rhein)
  Die Elbe ist ein längerer Fluss.
  Der Rhein ist der längste Fluss.

1. Rheinland-Pfalz ist ein großes Bundesland. (Baden-Württemberg / Bayern)
2. Der Brocken ist ein hoher Berg. (der Feldberg / die Zugspitze)
3. Sylt ist eine kleine Insel°. (Föhr / Amrum)
4. Der Chiemsee ist ein tiefer See. (der Ammersee / der Bodensee)
5. Die Frauenkirche in München ist eine alte Kirche. (der Kölner Dom / der Aachener Dom)
6. Stuttgart ist eine teure Stadt. (Hamburg / München)

island

K Persönliche Fragen. Geben Sie persönliche Antworten.

1. Welches Fach finden Sie am schwersten?
2. Was trinken Sie am liebsten?
3. Welche Musik ist am schönsten?
4. Was essen Sie am liebsten?
5. Welche Sprache sprechen Sie am besten?
6. Wer in diesem Kurs spricht am meisten?
7. Wer kommt immer am spätesten?

L Wer ist das? Beschreiben Sie eine Person aus Ihrem Deutschkurs oder eine berühmte Person. Sagen Sie nicht, wen Sie beschreiben. Benutzen Sie so viele beschreibende Adjektive und Vergleiche° wie möglich. Lesen Sie Ihren Text den anderen Studenten vor. Im Wortkasten finden Sie einige Anregungen°.

comparisons

stimuli

▷ SIE: *Sie hat braunes, kurzes Haar und ist größer als ich. ...*

Wortkasten

das Haar	lang	tragen	so ... wie
die Augen	kurz	anhaben	nicht so ... wie
die Nase	lockig°	aussehen	(größer) als
die Hose	glatt°		am (besten)
das Hemd	blond, braun,		
die Bluse	blau, grün,		
der Rock	grau		
die Schuhe			

curly
straight

M Kurze Aufsätze

1. Denken Sie an verschiedene Dinge oder Personen, die Sie miteinander vergleichen können. Vielleicht sind sie ziemlich ähnlich, vielleicht sind sie total verschieden. Schreiben Sie über den Vergleich.

2. Besprechen Sie Vor- und Nachteile moderner Erfindungen° wie Auto, Fernsehen, Computer, Flugzeug, Telefon (Handy).   *inventions*

3. Auch in den USA und in Kanada leben Menschen verschiedener Nationalitäten in einem Land zusammen. In welchen Bereichen° erlebt man da die multikulturelle Vielfalt°? Zeigt sich Ihnen diese Vielfalt auch im Alltag?   *areas*
   diversity

4. Welche Spannungen° können sich daraus entwickeln, dass verschiedene Kulturen in einem Land zusammenleben? Nennen Sie ein paar Beispiele aus Deutschland oder auch aus Ihrem Land.   *tensions*

Kapitel 8

Subjunctive II
Würde-construction
Conditional sentences
Als ob and als wenn constructions

Online Study Center

1 Indicative° and subjunctive°

der Indikativ / der Konjunktiv

INDICATIVE	Anna **kommt** heute wieder nicht.	*Anna isn't coming again today.*
	Vielleicht **kommt** sie morgen.	*Maybe she'll come tomorrow.*
	Und was hat Anna gestern **gemacht**?	*And what did Anna do yesterday?*
SUBJUNCTIVE	Anna **anrufen**? Ja, das würde ich tun.	*Call Anna? Yes, I would do that.*
	Ja, das **täte** ich wirklich.	*Yes, I would really do that.*
	Denn das **hätte** Anna auch **getan**.	*Because Anna would also have done that.*

In both English and German, the indicative mood is used to talk about real conditions or factual situations. It is a fact that Anna is not coming today. It is also a fact that she may (or may not) come tomorrow.

The subjunctive mood indicates a speaker's attitude toward a situation, a feeling that the situation is hypothetical, uncertain, potential, implausible, or contrary to fact. When a speaker says "Call Anna? I would do that," she/he means "I would call Anna if I were you" (or someone else). When the speaker says "Because Anna would also have done that," she/he is postulating a hypothetical situation.

WISHES	Ich **möchte** ein Zimmer mit Bad.	*I would like a room with a bath.*
POLITE REQUESTS	Und **würden** Sie mir bitte mit meinem Gepäck helfen?	*And would you please help me with my luggage?*

The subjunctive is also used to express wishes and polite requests.

German has two ways to express the subjunctive mood. One way is to use the **würde**-construction (e.g., **Das würde ich tun**). The other way is to use the subjunctive form of the main verb (e.g., **Das täte ich**). The meaning of both sentences is the same *(I would do that)*. In colloquial German the **würde**-construction is used much more frequently than the subjunctive form of main verbs, with the exception of a few verbs that are commonly used in the subjunctive (see Sections 5 and 6 of this chapter).

PRESENT-TIME	Wenn Anna nur heute oder morgen **käme**.	*If only Anna **would come** today or*
	Wenn Anna nur heute oder morgen **kommen würde**.	*tomorrow.*
PAST-TIME	Wenn Anna nur gestern **gekommen wäre**.	*If only Anna **had come** yesterday.*

Subjunctive forms can express two time categories: present time, which also can refer to the future (if only Anna would come now or in the future), and past time (if only Anna had come in the past).

2 Subjunctive II°

Konjunktiv II

German has two forms of the subjunctive: *subjunctive II*, also called *general subjunctive*, and *subjunctive I*, also called *special subjunctive*. Present-time subjunctive II is based on the simple-past tense form: **er käme** (from **kam**). (The simple-past stem is the second principal part of the verb, hence the designation subjunctive II). Present-time subjunctive I is based on the infinitive stem: **er komme** (from **kommen**). (The infinitive is the first principal part of the verb, hence the designation subjunctive I.)

In this chapter you will work with subjunctive II, which is the form used to talk about unreal and hypothetical events and to express wishes and polite requests. Both subjunctive II and subjunctive I are used to express indirect discourse, that is, to report what someone has said. Indirect discourse is discussed in *Kapitel 10*.

3 Verb endings in present-time subjunctive II°

der Konjunktiv II der Gegenwart

ich käm**e**	*wir* käm**en**
du käm**est**	*ihr* käm**et**
er/es/sie käm**e**	*sie* käm**en**
Sie käm**en**	

The subjunctive endings above are used for all verbs, strong and weak. Note that the endings are identical to the past tense endings of weak verbs, minus the **-t** (ich spielt**e**, du spielt**est**, etc.). In colloquial German, the endings **-est** and **-et** often contract to **-st** and **-t** if the form is clearly subjunctive, as indicated by the umlaut in strong verbs (**kämst**, **kämt**; see Section 7 of this chapter).

4 The *würde*-construction°

die würde-Konstruktion

TIM:	Ich **würde** gern etwas für euch tun.	*I **would** gladly do something for you.*
UTE:	**Würdest** du uns wirklich helfen?	***Would** you really help us?*

The **würde**-construction consists of a form of **würde** plus the infinitive and is equivalent in meaning to the English construction *would* plus the infinitive.

ich **würde** es machen	*wir* **würden** es machen
du **würdest** es machen	*ihr* **würdet** es machen
er/es/sie **würde** es machen	*sie* **würden** es machen
Sie **würden** es machen	

The verb **würde** is the subjunctive II form of **werden**. It is formed by adding an umlaut to **wurde**, the simple past of **werden**.

A **Das würde ich nicht tun.** Frau Wenninger ist Witwe° und lebt allein. Ihre Kinder wohnen weit weg und sie fühlt sich oft einsam. Sie erzählt ihrer Bekannten Frau Brenner von ihrem Tagesablauf°. Frau Brenner rät Frau Wenninger, alles anders zu machen. Benutzen Sie die **würde**-Konstruktion.

widow

daily routine

▷ Ich warte jeden Tag auf den Briefträger.
  Ich würde nicht jeden Tag auf den Briefträger warten.

1. Ich kaufe nur einmal pro Woche ein.
2. Ich sitze jeden Nachmittag allein auf meinem Balkon.
3. Ich telefoniere jeden Tag mit meiner Tochter.
4. Ich warte immer auf Post von meinem Sohn.
5. Ich sehe jeden Abend fern.
6. Ich mache jeden Tag das Gleiche.

5 Present-time subjunctive II of *sein* and *haben*

a *sein*

ich **wäre**	*wir* **wären**
du **wärest**	*ihr* **wäret**
er/es/sie **wäre**	*sie* **wären**
Sie **wären**	

b *haben*

ich **hätte**	*wir* **hätten**
du **hättest**	*ihr* **hättet**
er/es/sie **hätte**	*sie* **hätten**
Sie **hätten**	

The verbs **haben** and **sein** are more commonly used in their subjunctive II forms, **wäre** and **hätte**, than as part of the **würde**-construction. Notice that the subjunctive II form of **sein** is the past tense **war** plus umlaut and subjunctive endings. The subjunctive II form of **haben** is the past tense form **hatte** with an umlaut.

6 Modals in present-time subjunctive II

INFINITIVE		SIMPLE PAST	PRESENT-TIME SUBJUNCTIVE II
dürfen		durfte	**dürfte**
können		konnte	**könnte**
mögen	*er/es/sie*	mochte	**möchte**
müssen		musste	**müsste**
sollen		sollte	**sollte**
wollen		wollte	**wollte**

The present-time subjunctive II forms of modals are like the simple past-tense forms except that the modals with an umlaut in the infinitive also have an umlaut in the subjunctive. Modals are some of the most commonly used verbs in the subjunctive II.

Könntest du fahren?	***Could*** *you drive?*

The modals are always used in their subjunctive II form rather than as infinitives with the **würde**-construction.

LARS:	**Dürfte** ich dich etwas fragen?	***Might*** *I ask you something?*
LIANE:	Natürlich, was **möchtest** du?	*Of course, what **would** you like?*
LARS:	**Könntest** du mir einen Gefallen tun?	***Could*** *you do me a favor?*
	Sollten wir meinen Freund Andi nicht auch zum Fest einladen?	***Should****n't we also invite my friend Andi to the party?*

The subjunctive II forms of the modals are frequently used to express polite requests or wishes or to soften the tone of a question or statement (e.g., **sollten wir**).

B **Die Heimfahrt.** Hanna ist auf einer Party bei Freunden. Weil sie erst 16 ist, wollen ihre Eltern, dass sie um elf Uhr zu Hause ist. Machen Sie Hannas Aussagen etwas freundlicher, indem Sie die Verben in den Konjunktiv II der Gegenwart° setzen.

▷ Ich muss jetzt eigentlich gehen.
Ich müsste jetzt eigentlich gehen.

1. Ich soll um elf zu Hause sein.
2. Ich muss die Bahn um Viertel nach bekommen.
3. Ich kann ja ein Taxi nehmen.
4. Darf ich mal telefonieren?
5. Ich habe eine Bitte°, Christian.
6. Kannst du mich vielleicht nach Hause fahren?
7. Ich bin dir sehr dankbar.

present-time subjunctive

request

7 Present-time subjunctive II of strong verbs

INFINITIVE		SIMPLE PAST	+ UMLAUT FOR a, o, u	+ SUBJUNCTIVE ENDING	PRESENT-TIME SUBJUNCTIVE II
kommen	*er/es/sie* {	kam	käm	-e	**käme**
gehen		ging	ging	-e	**ginge**

The present-time subjunctive II of strong verbs is formed by adding subjunctive endings to the simple-past stem of the verb. An umlaut is added to the stem vowels **a, o,** or **u.**

Tätest du so etwas? } *Would you do something like that?*
Würdest du so etwas **tun?**

Although the subjunctive II form of the main verb and the **würde**-construction are equivalent in meaning, the **würde**-construction is more common in conversation. Only a few strong verbs are common in their subjunctive form in informal German. The most common in written German are listed on the next page.

fände (finden)	**hieße** (heißen)
gäbe (geben)	**käme** (kommen)
ginge (gehen)	**ließe** (lassen)
hielte (halten)	**täte** (tun)

Of these verbs, **fände**, **gäbe**, **ginge**, and **käme** are also common in spoken German.

In your reading, especially of older texts, you may come across the subjunctive form of other strong verbs. For a list of subjunctive II forms of strong verbs, see Appendix #25.

8 Present-time subjunctive II of regular weak verbs

INFINITIVE		SIMPLE PAST	PRESENT-TIME SUBJUNCTIVE II
sagen		sagte	**sagte**
kaufen	*er/es/sie*	kaufte	**kaufte**
arbeiten		arbeitete	**arbeitete**
baden		badete	**badete**

The present-time subjunctive II forms of regular weak verbs are identical to their simple-past forms. For this reason, with weak verbs the **würde**-construction is frequently used rather than the subjunctive.

9 Present-time subjunctive II of irregular weak verbs

INFINITIVE		SIMPLE PAST	PRESENT-TIME SUBJUNCTIVE II
bringen		brachte	**brächte**
denken	*er/es/sie*	dachte	**dächte**
wissen		wusste	**wüsste**

The present-time subjunctive II forms of irregular weak verbs are like their simple-past forms, but with the addition of an umlaut.

The present-time subjunctive II forms of the irregular weak verbs **brennen**, **kennen**, **rennen**, and **nennen** are written with an **e** instead of **ä**: **brennte**, **kennte**, **rennte**, **nennte**. However, with the exception of **wüsste**, the subjunctive forms of irregular weak verbs are rarely used. The **würde**-construction is more common in colloquial German.

CLAUDIA:	Ich würde Steffen anrufen, wenn ich ihn besser kennen würde.	*I would call Steffen if I knew him better.*
	Aber was würde er dann wohl denken?	*But what would he probably think then?*

But note **wüsste**:

MARTA:	Ich **wüsste** nicht, was du sonst **machen könntest**.	*I wouldn't know what else you could do.*

C **Das wäre schön.** Claudia muss bei ihrer Arbeit furchtbar viel arbeiten. In ihrem Tagebuch° beschreibt sie, wie schön es wäre, wenn sie schon pensioniert° wäre und nicht mehr arbeiten müsste. Übersetzen Sie ihre Gedanken ins Deutsche und setzen Sie das Verb in den Konjunktiv II.

diary
retired

1. There would be no work.
2. I would go for walks every day.
3. I would always have time for my friends.
4. We would go out every night.
5. I would never come home before midnight°.
6. I would find such a life great.
7. Oh, that would be nice.

Mitternacht

D **Brief an die Mutter.** Susanne möchte mit ihren Kindern Julia und Anna zu ihren Eltern nach München fahren und schreibt ihrer Mutter einen kurzen Brief. Als der Brief fertig ist, merkt Susanne, dass er recht unhöflich klingt°. Also schreibt sie ihn nochmal°, indem sie die Sätze in den Konjunktiv II der Gegenwart setzt.

sounds / again

Liebe Mama,

wie findest du das, wenn wir nach München kommen? Ich lasse Dominik bei Gerhard, aber Julia und Anna kommen mit. Ich halte das für eine ganz vernünftige Idee. Habt ihr für Julia denn noch mein altes Kinderbett – im Keller oder auf dem Dachboden°? Weiß Papa das vielleicht? Wir bleiben dann eine Woche bei euch. Geht das?

attic

Viele liebe Grüße

von deiner Susanne

10 Past-time subjunctive II°

> *ich* **hätte** es **getan**   *wir* **hätten** es **getan**
> *du* **hättest** es **getan**   *ihr* **hättet** es **getan**
> *er/es/sie* **hätte** es **getan**   *sie* **hätten** es **getan**
>   *Sie* **hätten** es **getan**

> *ich* **wäre** nicht **gekommen**   *wir* **wären** nicht **gekommen**
> *du* **wärest** nicht **gekommen**   *ihr* **wäret** nicht **gekommen**
> *er/es/sie* **wäre** nicht **gekommen**   *sie* **wären** nicht **gekommen**
>   *Sie* **wären** nicht **gekommen**

Past-time subjunctive II consists of the subjunctive II forms of **haben** (**hätte**) or **sein** (**wäre**) and the past participle of the main verb.

GROSSMUTTER:	Wenn ihr Opa **besucht hättet, hätte** er sich besser gefühlt.	*If you **had visited** Grandpa, he **would have felt** better.*
KATJA UND JÖRG:	Wenn wir das **gewusst hätten, wären** wir natürlich **gekommen**.	*If we **had known** that, we **would have come** of course.*

The past-time subjunctive II is used to express hypothetical conclusions, wishes, and contrary-to-fact conditions in past time (see Section 14). It corresponds to the English construction *would have* plus the past participle. The **würde**-construction is not used when referring to the past.

E   Zwei Wochen später. Bevor Susanne den Brief zur Post bringt, erfährt sie von ihrer Schwester, dass ihre Eltern für ein paar Tage weggefahren sind. Als ihre Mutter wieder zu Hause ist, telefoniert sie mit Susanne. Nun erzählt Susanne ihrer Mutter, was sie eigentlich vorgehabt hatte. Setzen Sie dafür die Sätze in Übung D in den Konjunktiv II der Vergangenheit.

▷ Am Telefon:
   Mama, wie hättest du das gefunden …

F   Zwei Generationen. Christina erzählt ihrer Urgroßmutter°, was sie zurzeit° macht. Es war Krieg, als Christinas Urgroßmutter jung war, und sie hatte viel weniger Möglichkeiten. Sie sagt jedoch, dass sie die gleichen Dinge wie Christina in ihrer Jugend auch gern gemacht hätte. Benutzen Sie dafür den Konjunktiv II der Vergangenheit. Setzen Sie die Worte **auch gern** hinter die Hilfsverben **wäre** und **hätte** wie im Beispiel.

great-grandmother
at the moment

▷ Ich mache eine Ausbildung als Lehrerin.
   Ich hätte auch gern eine Ausbildung als Lehrerin gemacht.

1. Ich studiere an der Universität Heidelberg.
2. Ich wohne in einer modernen Wohnung.

3. Ich mache viele Reisen.

4. Ich fliege manchmal nach Mallorca.

5. Ich habe ein kleines Auto.

6. Ich gehe oft aus.

7. Ich bleibe in Heidelberg.

11 Modals in past-time subjunctive II

In past-time subjunctive II, modals have two forms of the participle: a regular form (**gekonnt**), and a form identical to the infinitive (**können**).

Du **hättest** es **gekonnt**.	*You **could have** (**done** it).*

The regular form of the participle has the **ge**-prefix and the ending **-t** (**gedurft, gekonnt, gemocht, gemusst, gesollt,** and **gewollt**). The regular form is used when the modal is the main verb, that is, without a dependent infinitive. Note the difference between the German and English constructions. In German the verb **machen** or **tun** is implied rather than stated (see *Kapitel 1*, Section 9).

Lisa **hätte mitkommen müssen**.	*Lisa **would have needed to come along.***
Du **hättest** nicht allein **fahren sollen**.	*You **should** not **have driven** alone.*

When a modal is used with a dependent infinitive, an alternative past participle that is identical with the modal infinitive is used (**dürfen, können, mögen, müssen, sollen,** and **wollen**). This construction is often called the *double infinitive construction* (see *Kapitel 2*, Section 18). The subjunctive II form of the auxiliary **haben** (**hätte, hättest,** etc.) is always used with modals in past subjunctive.

Lisa sagte, dass sie **hätte mitkommen müssen**.	*Lisa said, that she **would have needed to come along.***
Ich finde auch, dass du nicht allein **hättest fahren sollen**.	*I also think that you **should** not **have driven** alone.*

The double infinitive is always the last element in a clause, even in a dependent clause. The subjunctive form of the auxiliary verb **haben** precedes the double infinitive (see *Kapitel 3*, Section 8). Although you will probably not use this construction, you should recognize it if you come across it.

G **Verpasste° Chancen.** Herr Köhler gibt seinen Kindern immer viele Tipps, wie sie ihr Leben führen sollen. Er selbst ist allerdings oft sentimental und denkt, dass er vieles verpasst hat. Benutzen Sie dafür den Konjunktiv II der Vergangenheit. °*missed*

▷ Ihr sollt gesünder leben.
Ich hätte auch gesünder leben sollen.

1. Michael, du musst mehr für die Schule tun.
2. Ihr dürft nicht faulenzen.
3. Ihr sollt alle eine Ausbildung machen.
4. Jeder kann eine gute Stelle finden.
5. Man darf nicht aufgeben.
6. Ihr müsst optimistisch sein.
7. Man darf nicht den Mut° verlieren.　　　　　　　　　　　　*courage*
8. Ihr sollt auf euren Vater hören.

12 Conditional sentences°　　　　　　　　　　　*der Konditionalsatz*

A conditional sentence contains two clauses: the condition (**wenn**-clause) and the conclusion. The **wenn**-clause states the conditions under which some event mentioned in the conclusion may or may not take place.

a Conditions of fact

> Wenn ich Zeit **habe, komme** ich **mit.**
>
> *If I **have** time (maybe I will, maybe I won't), I'll come along.*

Conditions of fact are conditions that are capable of fulfillment. Indicative verb forms are used in conditions of fact.

b Conditions contrary to fact°　　　　　　　*der irreale*
　　　　　　　　　　　　　　　　　　　　　　　　Konditionalsatz

PRESENT TIME	**Wenn** ich Zeit **hätte, würde** ich **mitkommen.**　**Wenn** ich Zeit **hätte, käme** ich **mit.**	*If I **had** time [but I don't], I **would come along.***
PAST TIME	**Wenn** ich Zeit gehabt **hätte, wäre** ich **mitgekommen.**	*If I **had had** time [but I didn't], I **would have come along.***

Contrary-to-fact conditions describe a situation that does not exist or will not take place. The speaker only speculates on how something could or would be under certain conditions (if the speaker had time, for example).

To talk about the present, a speaker uses present-time subjunctive II of the main verb (e.g., **hätte**) in the condition clause (**wenn**-clause) and generally uses a **würde**-construction (e.g., **würde mitkommen**) in the conclusion clause. In formal usage the conclusion may contain a subjunctive II form of the main verb instead (e.g., **käme mit**). Formal written German tends to avoid the **würde**-construction in the **wenn**-clause.

To talk about the past, a speaker uses past-time subjunctive II in both clauses. She/He speculates on how something might have been under certain conditions.

Wenn ich es nur gewusst hätte! - Wenn ich nur mehr Geld hätte.

13 Omission of *wenn* in conditional sentences

Hätte ich Zeit, (**dann/so**) würde
ich mitkommen.
Hätte ich Zeit, (**dann/so**) käme
ich mit.

*If I **had time,** I would come
along.*

Hätte ich Zeit gehabt, (**dann/so**)
wäre ich mitgekommen.

*If I **had had time,** I would
have come along.*

Wenn may be omitted at the beginning of the condition-clause (**wenn-clause**). The verb then begins the sentence. The meaning of the sentence is the same as though **wenn** were stated: **Hätte ich Zeit = Wenn ich Zeit hätte.** The words **dann** or **so** are frequently used to begin the conclusion.

14 Uses of the *würde*-construction and subjunctive II

For use of the **würde**-construction versus subjunctive II, see Section 16.

> „Wenn ich mir
> was wünschen
> dürfte …"

a Contrary-to-fact conditions

GROSSVATER: **Wenn** ich jünger **wäre,**
würde ich nach
Australien **fliegen**.

*If I **were** younger, I
would fly to Australia.*

DIRK: **Wenn** ich mehr Zeit **hätte,**
könnte ich **mitkommen**.

*If I **had** more time, I
could come along.*

GROSSVATER: **Wenn** ich früher mehr Geld
gehabt hätte, wäre ich
mehr **gereist**.

*If I **had had** more money
earlier, I **would have
traveled** more.*

For contrary-to-fact conditions, see Section 12 of this chapter.

b Conclusions without stated conditions

KAI: Frank **würde** nie
Drachenfliegen **gehen**.

*Frank **would** never **go**
hang gliding.*

BETTINA: **Würdest** du das **tun?**

***Would** you **do** it?*

KAI: Nein, das **täte** ich nicht.

*No, I **wouldn't do** that.*

BETTINA: Aber Monika **hätte** das
sofort **getan**.

*But Monika **would have
done** it right away.*

The **würde**-construction and subjunctive II are used to express hypothetical situations or conclusions without stated conditions. The unstated conditions are often implied. Saying "I wouldn't do that" may be implying "if I were you (or someone else)."

c Wishes

Wenn er nur leiser **sprechen würde**.	*If only he **would speak** more softly.*
Wenn ich nur mehr Zeit **hätte**.	*If only I **had** more time.*
Wenn er mir nur **helfen würde**.	*If only he **would help** me.*

Wishes that one does not expect to be fulfilled add **nur** and use the **würde**-construction for all verbs except **sein, haben, wissen,** and the modals. **Nur** usually follows the subject and pronoun objects (e.g., **er mir nur helfen würde**). The English equivalent uses *only*.

d Wishes introduced by *ich wollte* or *ich wünschte*

Ich **wollte** (**wünschte**),	*I wish . . .*
ich **könnte** länger bleiben.	*I could stay longer.*
es **würde** regnen.	*it would rain.*
ich **hätte** das gesehen.	*I had (would have) seen that.*

Wishes can be introduced by the present subjunctive forms **wollte** or **wünschte**. The wish itself uses the **würde**-construction for all verbs except **sein, haben, wissen,** and the modals (e.g., **könnte**).

e Polite requests or questions

Würden Sie einen Augenblick **warten**?	***Would** you **wait** a moment?*
Würdest du mir eine Zeitung **mitbringen**?	***Would** you **bring** me **back** a newspaper?*
Möchtet ihr jetzt Kaffee **trinken**?	***Would** you **like to have** coffee now?*
Könnten Sie das Fenster ein bisschen **aufmachen**?	***Could** you **open** the window a little?*

German, like English, uses subjunctive to express polite requests or questions. The **würde**-construction is used with all verbs except **sein, haben, wissen,** and the modals.

H **Viele Klagen°.** Dirk ist Student und jobbt als Filmvorführer° in einem Kino, um sich mehr leisten zu können. Heute hat er allerdings gar keine Freude an seiner Arbeit. Er wünscht sich, dass alles anders wäre. Beginnen Sie die Sätze mit **wenn**.

complaints / film projectionist

▷ Es ist furchtbar heiß.
  Wenn es nur nicht so furchtbar heiß wäre!

1. Der Film ist so lang.
2. Ich habe so großen Durst.
3. Mein Kopf tut so weh.
4. Ich muss arbeiten.

5. Die Arbeit ist so langweilig.
6. Mein Chef kommt gleich.
7. Er ist immer so unfreundlich.
8. Ich muss bis elf hier bleiben.

I **Wenn ich nur … !** Holger hat eine wichtige Prüfung vor sich und lernt die ganze Zeit. An seinem Schreibtisch träumt er davon, was wäre, wenn … Ergänzen Sie die Sätze. Benutzen Sie die **würde**-Konstruktion.

▷ Wenn ich mit der Arbeit fertig wäre, … (ins Kino gehen)
Wenn ich mit der Arbeit fertig wäre, würde ich ins Kino gehen.

1. Wenn die Prüfung nicht wäre, … (joggen gehen)
2. Wenn ich nicht so viel arbeiten müsste, … (jetzt Zeitung lesen)
3. Wenn ich reich wäre, dann … (nicht mehr studieren)
4. Wenn ich Zeit hätte, … (in Urlaub fahren)
5. Wenn das Wetter besser wäre, … (spazieren gehen)
6. Wenn ich nicht studieren müsste, dann … (ein herrliches Leben führen)

J **Vieles muss anders werden.** Thomas ist zurzeit unzufrieden mit sich selbst und er verhält sich zu Hause ziemlich unmöglich. Seine Eltern sagen ihm, was sie gern anders hätten. Setzen Sie **nicht** vor die fett gedruckten° Wörter.

boldfaced

▷ Du kommst nachts **so spät** nach Hause.
Wir wollten, du würdest nachts nicht so spät nach Hause kommen.

▷ Deine Sachen liegen **im ganzen Haus** herum.
Wir wollten, deine Sachen würden nicht im ganzen Haus herumliegen.

1. Du spielst **immer** so laute Musik.
2. Du sitzt **dauernd**° vor dem Fernseher.
3. Du hast **dauernd** Streit° mit deinen Geschwistern.
4. Du telefonierst **dauernd**.
5. Du bist **immer** so ungeduldig.
6. Deine Freunde sind **immer** so unfreundlich.
7. Du hast **dauernd** schlechte Laune.

constantly

hast Streit *= arguing*

> *Wenn Lernen keine Mühe machte,*
> *so würde jedermann geschickt sein.*

15 Clauses introduced by *als ob* and *als wenn*

PRESENT-TIME SUBJUNCTIVE II	Er tut (tat), **als ob** (**als wenn**) er krank **wäre**.	*He acts (acted)* **as if** *he were ill.*
PAST-TIME SUBJUNCTIVE II	Er tut (tat), **als ob** (**als wenn**) er krank gewesen wäre.	*He acts (acted)* **as if** *he had been ill.*

By using a construction with **als ob** or **als wenn** *(as if, as though)*, a speaker is suggesting that something that appears to be true may in his/her opinion not be the case after all.

If the **als ob/als wenn**-clause refers to the same time as the main clause (**tut** or **tat**), the **würde-**construction is used for all verbs except the present-time subjunctive of **sein, haben, wissen**, and the modals (e.g. **wäre**).

If the **als ob/als wenn**-clause refers to something that took place before the action of the main clause (**tut** or **tat**), past-time subjunctive II is used (e.g., **gewesen wäre**).

> Er sieht aus, **als** wäre er krank.   *He looks* **as if** *he were ill.*
>
> Tun Sie, **als** wären Sie zu Hause!   *Act* **as if** *you were at home.*

The conjunction **als** can be used without **ob** or **wenn** to mean *as if*. When **als** means *as if*, the verb follows **als** directly.

K   **Familienfest bei den Großeltern.** Am Wochenende war bei den Groß-eltern ein großes Familienfest. Thomas konnte nicht mitkommen, weil er krank war. Er fragt seine Schwester und seine Eltern wie das Wochenende war. Verwenden Sie **als ob** und **als wenn** mit den Stichwörtern in Klammern.

> ▷ War wieder so viel Verkehr auf den Straßen? (es ist Urlaubszeit)
> *Ja, als ob es Urlaubszeit wäre. / Ja, als wenn es Urlaubszeit wäre.*

1. Geht es Oma und Opa gut? (sie sind 50 Jahre alt)
2. Treibt Opa immer noch so viel Sport? (er will bei der nächsten Olympiade° mitmachen°)   *Olympic Games* *participate*
3. Hat Oma wieder so viel gekocht? (sie hat 20 Gäste eingeladen)
4. War Onkel Dieter wieder so komisch°? (er ist böse auf uns)   *strange*
5. Habt ihr viel mit Tante Christel gesprochen? (wir haben uns seit zwei Jahren nicht mehr gesehen)
6. Seid ihr jetzt müde? (wir haben zwei Nächte nicht geschlafen)

Einfach mal in die Ferne schweifen.

Stellen Sie sich vor,
Sie wären in Indien...

16 The *würde*-construction versus the subjunctive II of the main verb

1. Today the present-time subjunctive form of most German verbs is felt to be stilted and obsolete. However, because you may come across them in your reading the forms are given in Appendix #25: Principal parts of strong and irregular weak verbs. With a few exceptions, the present subjunctive of weak verbs and most strong verbs is usually replaced by the **würde**-construction.

   EXCEPTIONS: The subjunctive form of the following verbs are used regularly:

   wäre (sein)   modals (**dürfte, könnte, möchte,**
   hätte (haben)   **müsste, sollte, wollte**)
   wüsste (wissen)

2. The subjunctive forms of the following verbs are still used, especially in writing. The verbs **fände, gäbe, ginge** and **käme** are also common in spoken German.

   fände (finden)   **hieße** (heißen)
   gäbe (geben)   **käme** (kommen)
   ginge (gehen)   **ließe** (lassen)
   hielte (halten)   **täte** (tun)

3. Formal written German tends to avoid the **würde**-construction in the **wenn**-clause:

   Wenn er täglich Zeitung **läse**,   *If he **read** the newspaper daily,*
   würde er alles besser verstehen.   *he would understand everything better.*

4. Note that in colloquial German, **würde** is often used in a **wenn**-clause.

   Wenn es nur **regnen würde**!   *If only it **would rain**.*

L Das Vorstellungsgespräch°. Ihre Freundin/Ihr Freund hatte ein Vor-   *job interview*
stellungsgespräch. Leider hat sie/er die Stellung nicht bekommen. Sie/Er berichtet, was sie/er gemacht hat. Sagen Sie, was sie/er (nicht) hätte machen sollen.

▷ Ihre Freundin/Ihr Freund berichtet:
  Ich habe meinen Wecker° nicht gestellt und bin zu spät aufgewacht.   *alarm clock*
  Während des Interviews _____
  Deshalb habe ich die Stellung nicht bekommen.

▷ Was hätte Ihre Freundin/Ihr Freund tun sollen?
  SIE: *Wenn du deinen Wecker gestellt hättest, dann wärst* _____
     Du hättest (nicht) _____
     Dann hättest du die Stellung bekommen.

Wortkasten

gähnen°	das T-Shirt	alt	*to yawn*
vergessen	der Anzug	schmutzig°	*dirty*
tragen	die Schuhe	müde	
wissen	der Lebenslauf°	zu spät	*curriculum vitae*
fragen	der Name der Firma		
	der Wecker		

M **Kurze Aufsätze**

1. Stellen Sie sich vor, Sie wären 60 Jahre alt. Wie würden Sie gerne leben? Was würde Ihnen wohl Spaß machen?

2. Was würden Sie tun, wenn Sie weit von Ihrer Familie entfernt° wohnen *apart* würden? Wie würden Sie den Kontakt zu Ihren Eltern/Geschwistern halten?

3. Stellen Sie sich vor, Sie könnten so leben, wie Sie wollten. Wie würde so ein Leben aussehen?

4. Stellen Sie sich vor, Sie könnten einige Dinge ändern, um die Welt zu verbessern°. Was müsste anders sein? *improve*

Kapitel 9

Reflexive pronouns and verbs
Relative pronouns and clauses
Extended modifiers
Objective and subjective use
   of modals

Online Study Center

1 Reflexive pronouns°

das Reflexivpronomen

Zuerst wasche ich **mich**.   *First I'll wash (**myself**).*

Dann mache ich **mir** einen Kaffee.   *Then I'll make (**myself**) a coffee.*

A reflexive pronoun is a pronoun that indicates the same person or thing as
the subject. In this sense it "reflects back" on the subject. In German a reflexive pronoun may be either in the accusative (e.g., **mich**) or dative (e.g., **mir**)
case, depending on its function in the sentence.

PERSONAL (SUBJECT) PRONOUN	ich	du	er/es/sie	wir	ihr	sie	Sie
ACCUSATIVE REFLEXIVE	**mich**	**dich**	**sich**	**uns**	**euch**	**sich**	**sich**
DATIVE REFLEXIVE	**mir**	**dir**	**sich**	**uns**	**euch**	**sich**	**sich**

The first- and second-person reflexive pronouns are identical to the personal
pronouns. The pronoun **sich** is used for all third-person reflexives and for the
Sie-form. In English, reflexive pronouns end in *-self / -selves* (e.g., *myself, himself, themselves*).

2 Accusative reflexive pronouns

DIRECT OBJECT	Ich frage **mich**, warum Michael das tut.	*I ask myself why Michael is doing that.*
OBJECT OF PREPOSITION	Das macht er doch nur für **sich** selbst.	*He's only doing it for himself, of course.*

A reflexive pronoun is in the accusative case when it functions as direct object
or as the object of a preposition that requires the accusative case. For a list of
common verbs with accusative reflexive pronouns, see Section 5.

3 Dative reflexive pronouns

INDIRECT OBJECT	Ich kaufe **mir** den Mantel.	*I'm going to buy myself the coat.*
DATIVE VERB	Ich gefalle **mir** in meinem alten Mantel nicht mehr.	*I don't like myself in my old coat anymore.*
OBJECT OF PREPOSITION	Du bist immer kritisch mit **dir**!	*You are always so critical of yourself!*

A reflexive pronoun is in the dative case when it functions as an indirect object, the object of a dative verb, or the object of a preposition that requires the dative case.

4 Verbs with either accusative or dative reflexive pronouns

ACCUSATIVE	Ich wasche **mich**.	*I wash (myself).*
DATIVE	Ich wasche **mir** die Hände.	*I wash my hands.*

Some verbs can be used with either accusative or dative reflexive pronouns. The dative is used if there is also an accusative object.

Wir machen uns stark für eines der Wirtschafts- zentren der Welt!

FRANKFURTER SPARKASSE
DIE 1822 UND STADTSPARKASSE

5 Reflexive verbs° and verbs used reflexively°

das echte reflexive Verb / das unechte reflexive Verb

Beate fragt sich jeden Tag, ob du das wohl schaffst.	*Beate asks herself every day whether you will accomplish that.*
Aber du kennst dich ja besser.	*But you know yourself better, of course.*

All transitive verbs, i.e., those that take direct objects, can be used reflexively.

Hast du dich im Urlaub gut erholt?	*Did you have a good rest on vacation?*
Nein, ich habe mich erkältet.	*No, I caught a cold.*
Und jetzt muss ich mich beeilen, weil ich zum Arzt muss.	*And now I have to hurry, because I have to go to the doctor.*

Some verbs always have reflexive pronouns. They are called *reflexive verbs*. Such verbs are noted in the end vocabulary as follows: **sich erkälten**.

Die Frau **erinnert** Marta an ihre Mutter.	*The woman reminds Marta of her mother.*
Marta **erinnert sich** an ihre Mutter.	*Marta remembers her mother.*
Was **ärgert** dich so?	*What is making you angry?*
Ich **ärgere mich** über alles.	*I'm mad about everything.*

Gesund leben lohnt sich doppelt.

Techniker Krankenkasse
Gesund in die Zukunft.

Many German verbs are used both reflexively and non-reflexively. Some of these verbs change their meanings when used reflexively. Such verbs are noted in the end vocabulary as follows: (**sich**) **erinnern**.

(sich) anziehen	Marta **zog sich an**.	*Marta got dressed.*
(sich) ärgern	Wir **ärgerten uns** über Kais Worte.	*We were upset by Kai's words.*
(sich) ausziehen	Jörg **zog sich aus**.	*Jörg got undressed.*
sich beeilen	***Beeil dich!***	*Hurry up.*
sich benehmen	Robert **benimmt sich** immer so komisch.	*Robert always acts so strange.*
sich bewerben	Ich habe **mich** für eine Stelle bei Siemens **beworben**.	*I applied for a job at Siemens.*
sich erholen	Hast du **dich erholt**?	*Have you recovered?*
(sich) erinnern	Sabine **erinnerte sich** an unseren Plan.	*Sabine remembered our plan.*
sich erkälten	Ich habe **mich** furchtbar **erkältet**.	*I've caught a bad cold.*
(sich) freuen (über + *acc.*)	Ich freue **mich** über deinen **Erfolg**.	*I am happy about your success.*
(sich) freuen (auf + *acc.*)	**Freust** du **dich** auf deinen Urlaub?	*Are you looking forward to your vacation?*
(sich) fühlen	Ich **fühle mich** gar nicht wohl.	*I don't feel well at all.*
(sich) gewöhnen (an + *acc.*)	Hast du **dich** an deine neuen Kollegen **gewöhnt**?	*Have you gotten used to your new colleagues?*
(sich) hinlegen	Jörg **legte sich** eine halbe Stunde **hin**.	*Jörg lay down for a half an hour.*
(sich) interessieren	Carsten **interessiert sich** nicht für Politik.	*Carsten is not interested in politics.*
sich schämen	**Schämst** du **dich** denn gar nicht?	*Aren't you ashamed?*
(sich) setzen	Cordula **setzte sich** auf das Sofa.	*Cordula sat down on the sofa.*
(sich) treffen	Beates Freundinnen **treffen sich** jeden Tag.	*Beate's friends meet every day.*
(sich) unterhalten	Ihre Freundinnen **unterhalten sich** über ihre Urlaubspläne.	*Her friends talk about their vacation plans.*
sich verabreden	Hat **sich** Dominik schon wieder mit Lena **verabredet**?	*Has Dominik made another date with Lena?*
sich verlieben	Ja, leider. Ich habe **mich** nämlich in sie **verliebt**.	*Yes, unfortunately. I have fallen in love with her.*
(sich) waschen	Mark **wäscht sich** nach der Gartenarbeit.	*Mark washes up after gardening.*
(sich) wundern über	Darüber **wundere** ich **mich** nicht.	*I'm not suprised about that.*

The English equivalents of many German verbs used reflexively are not reflexive.

A **Ein alter Bekannter.** Kathrin spricht mit Reinhard über Frank, einen alten Studienfreund von ihr aus dem Jurastudium. Bilden Sie aus ihrem Gespräch ganze Sätze, indem Sie die Zeitform in Klammern benutzen.

▷ REINHARD: du / sich verabreden / für heute Abend / ? (Perfekt)
  Hast du dich für heute Abend verabredet?

1. KATHRIN: du / sich erinnern an / Frank / ? (Präsens)

2. REINHARD: Natürlich. wir / sich kennen lernen / bei deiner Geburtstagsparty (Perfekt)

3. ihr / sich sehen / denn noch manchmal / ? (Perfekt)

4. KATHRIN: Ja. wir / sich begegnen / gestern / am Bahnhof (Perfekt)

5. wir / sich unterhalten / lange (Perfekt)

6. Frank / sich bewerben für / eine Stelle als Anwalt° bei einer   *corporate lawyer*
   großen Firma (Perfekt)

7. REINHARD: du / sich wundern / nicht darüber / ? (Präsens)

8. Frank / sich benehmen / doch immer so verrückt (Perfekt)

9. er / sich anziehen / denn immer noch so unordentlich / ?
   (Präsens)

10. KATHRIN: Ja, er ist immer noch so nett und chaotisch wie immer. Er entspricht wirklich nicht gerade dem Bild eines typischen Anwalts. Doch ich zweifle nicht daran, dass er gute Arbeit machen würde.

    wir / sich treffen / auf jeden Fall / heute Abend / im „Exil"
    (Präsens)

11. ich / sich freuen / schon sehr darauf (Präsens)

B **„Mein kältester Winter war ein Sommer in San Francisco."** Anja und Susanne studieren für ein Jahr an der San Francisco State University. Ein paar Tage nach ihrer Ankunft° schreiben sie einen Brief an ihren gemeinsamen   *arrival* Freund Michael. Am gleichen Abend schreibt Susanne noch einen Brief an ihre Eltern. Da sie sehr müde ist, schreibt sie das Gleiche wie an Michael, jetzt in der **Ich**-Form. Formulieren Sie den Brief an Michael um, indem Sie statt der **Wir**-Form die **Ich**-Form benutzen.

Lieber Michael,

… eigentlich hatten wir uns ja vorgestellt, dass es in Kalifornien warm ist. Also haben wir uns am ersten Tag sehr sommerlich angezogen – und nur gefroren°.   *froze*

Am nächsten Tag haben wir uns dann wärmere Sachen gekauft. Wir haben uns gewundert, dass Kleidung gar nicht mehr so billig ist. Vieles konnten wir uns gar nicht leisten. Es ist auch nachts so kühl hier, dass wir uns dickere Bettdecken wünschen. Wir haben uns überlegt, ob wir uns neue Decken kaufen sollen, aber die sind hier einfach nicht so gemütlich wie die deutschen.

Heute Abend hatten wir keine Lust uns etwas zu kochen. Also haben wir den Pizza-Service angerufen und uns eine Riesen°-Pizza bestellt. Das Essen schmeckt toll hier und wir probieren° alles. Wir vermissen nur eins: frische Brötchen! Und wir wünschen uns ein ganzes Dutzend!

giant

try

Viele liebe Grüße

deine Susanne und Anja

▷ *Liebe Mama, lieber Papa,*
... eigentlich hatte ich mir ja vorgestellt, dass es in Kalifornien warm ist. Also habe ich mich am ersten Tag sehr sommerlich angezogen ...

C **Elternzeit°.** Thomas hat nach der Geburt seiner Tochter Lea Elternzeit genommen und kümmert sich nun um Lea und den Haushalt. Er spricht mit seinem Freund Helmut darüber, wie manche Leute auf seine Rolle reagieren. Ergänzen Sie das Gespräch, indem Sie die englischen Stichwörter übersetzen.

parents' time (to take care of young children)

HELMUT: Na, wie (1) _____ als Hausmann und Vater? (*do you feel*)

THOMAS: Meistens ganz gut, doch manchmal (2) _____ über die Reaktion von manchen Leuten. (*I am angry*)

Dienstags zum Beispiel (3) _____ immer mit ein paar Müttern und ihren Kindern. (*I meet*)

Und eine der Mütter (4) _____ immer darüber, was für ein fröhliches Kind Lea ist, obwohl „nur" ihr Vater die Bezugsperson° ist. (*is surprised*)

caregiver

Solche Vorurteile (5) _____ ! (*annoy me*)

HELMUT: Das (6) _____ ! (*I can imagine*)

Anna und ich (7) _____ auch, ob ich Elternzeit nehmen soll, wenn im Herbst unser Kind auf die Welt kommt. (*think about*)

Auf jeden Fall (8) _____ , dass wir uns beide um das Baby kümmern werden und jeder von uns Kompromisse im Beruf machen wird. (*I imagine*)

6 Reflexive with parts of body and clothing

Ich muss **mir** noch schnell die Zähne putzen.	*I just quickly have to brush my teeth.*
Dann zieh **dir** aber die Jacke aus!	*Then take off your jacket!*

German often uses a definite article and a dative reflexive pronoun in refer-ring to parts of the body and articles of clothing. The dative reflexive pronoun shows that the accusative object belongs to the subject of the sentence. English uses a possessive adjective (e.g., *my, yours*).

D Männer! Julia möchte heute Abend mit ihrem Bruder Stefan ausgehen. Sie holt ihn zu Hause ab. Ergänzen Sie ihr Gespräch.

▷ JULIA: Kannst du _____ nicht ein bisschen _____? (sich beeilen)
   Kannst du dich nicht ein bisschen beeilen?

JULIA: Du bist ja noch gar nicht fertig!

STEFAN: Ja, ja, ich muss (1) _____ nur schnell _____. (sich duschen)
   Und dann (2) _____ ich _____ noch schnell die Zähne. (sich putzen)
   Das dauert höchstens zehn Minuten.

JULIA: Na ja, das werden wir ja sehen. Wie ich dich kenne, dauert das sicher eine halbe Stunde. Da (3) _____ ich _____ lieber mal den Mantel _____. (sich ausziehen)
   Kann ich (4) _____ dann vielleicht noch einen Kaffee _____? (sich kochen)

STEFAN: Na klar. Und du kannst (5) _____ auch meine neue CD von Radiohead _____. (sich anhören)

… 50 Minuten später; Stefan kommt aus dem Bad.

JULIA: Na endlich! Ich werde (6) _____ nie daran _____, dass du im Bad so ewig lang brauchst. (sich gewöhnen)
   Und da heißt es immer, dass Frauen viel Zeit im Bad verbringen!

STEFAN: Ihr Frauen müsst (7) _____ ja auch nicht _____. (sich rasieren)
   Doch du kannst (8) _____ _____, dass ich schon fertig bin. (sich freuen)
   Wenn ich gebadet hätte, hättest du viel länger warten müssen.

7 Intensifiers *selbst* and *selber*

Das Kind kann sich schon **selbst** (**selber**) anziehen.	*The child can already dress **himself/herself**.*
Du hast es **selbst** (**selber**) gesagt.	*You said it **yourself**.*

The intensifiers **selbst** and **selber** emphasize that someone does something personally. The pronouns **selbst** and **selber** are interchangeable. But in col-loquial German **selber** is more common.

8 Reciprocal use of reflexives and *einander*

Wann sehen sie **sich** wieder?	*When will they see **each other** again?*

Reflexive pronouns may have a reciprocal meaning (*each other*). The subject is normally in the plural.

Wir schreiben **uns** oft. ⎫	*We write **each other** often.*
Wir schreiben **einander** oft. ⎭	

The pronoun **einander** may be used instead of the reflexive to express a reciprocal action. **Einander** is never inflected.

Wir hören oft **voneinander**.	*We hear from each other often.*
Daniel und ich korrespondieren per E-Mail **miteinander**.	*Daniel and I correspond with each other by e-mail.*

Einander and a preceding preposition are written as one word.

E **Die Wohngemeinschaft°.** Sabine sucht eine neue Mitbewohnerin für ihre Wohngemeinschaft. Ihr Nachbar Holger erzählt ihr, dass seine Freundin Isabelle dringend° ein Zimmer sucht. Ergänzen Sie die Sätze, indem Sie jeweils **selbst** (**selber**) oder **einander** benutzen.

people sharing an apartment

urgently

SABINE: Glaubst du, Isabelle würde gut in unsere WG passen?

HOLGER: Ich kenne Isabelle recht gut. Wir besuchen (1) _____ fast jeden Tag. Ich könnte mir schon vorstellen, dass ihr (2) _____ sympathisch wärt. Doch du solltest sie einfach (3) _____ kennen lernen.

SABINE: Was studiert Isabelle denn?

HOLGER: Sie studiert Musik und sie singt in einer Rockband.

SABINE: Ach ja? Ich habe vor ein paar Jahren (4) _____ in einer Band gesungen. Dann hätten wir (5) _____ ja sicher viel zu erzählen. Allerdings zweifle ich daran, dass meine andere Mitbewohnerin gern mit einer Musikerin zusammenwohnen möchte. Vor kurzem hat sie gesagt, dass alle Künstler chaotisch seien. Doch ich muss sagen, dass sie (6) _____ ziemlich unordentlich ist.

HOLGER: Das ist ja wohl ein blödes Vorurteil. Ich weiss, dass Isabelle sehr ordentlich und zuverlässig° ist. Doch – wie gesagt – ihr müsst sie einfach (7) _____ treffen.

reliable

> **für sorge**
> ich für mich
> du für dich
> er für sich
> wir für uns
> ihr für euch
>
> jeder für sich
>
> —*Burckhard Garbe*

9 Relative clauses°

der Relativsatz

Ist das die Kollegin, **die immer so ernst aussieht?**	*Is that the colleague who always looks so serious?*
Ja, aber das ist ein Problem, **das ich mit manchen Kollegen habe.**	*Yes, but that is a problem that I have with lots of colleagues.*

A relative clause provides additional information about a previously mentioned noun (or pronoun). The clause is introduced by a relative pronoun (e.g., **die** or **das**) that refers back to the noun (or pronoun), which is the antecedent (e.g., **Kollegin** or **Problem**).

Der Student, **der** dort sitzt, kommt aus Australien.	*The student (who is) sitting over there comes from Australia.*

In English the relative pronoun (e.g., *who*) may or may not be stated. In German the relative pronoun (e.g., **der**) is always stated.

Australien ist ein Kontinent, den ich gerne kennen lernen **möchte.**	*Australia is a continent (that) I would like to get to know.*

Since a relative clause is a dependent clause, the finite verb (e.g., **möchte**) is in final position. In writing, a comma separates the relative clause from the main clause.

10 Forms of relative pronouns°

das Relativpronomen

	MASCULINE	NEUTER	FEMININE	PLURAL
NOMINATIVE	der	das	die	die
ACCUSATIVE	den	das	die	die
DATIVE	dem	dem	der	**denen**
GENITIVE	**dessen**	**dessen**	**deren**	**deren**

The forms of the relative pronouns are the same as the definite article, except for the dative plural and all genitive forms.

Ist das dein **Freund, der** diese Karte geschrieben hat?	*Is that your friend who wrote this card?*
Die **Karte, die** du meinst, ist nicht von meinem Freund.	*The card (that) you mean is not from my friend.*

In German relative pronouns can refer to either persons (e.g., **Freund**) or things (e.g., **Karte**). In English *who* refers to persons, *which* refers to things, and *that* can refer to either persons or things.

GEOX
Der Schuh der atmet

MASCULINE	Wo wohnt *der Mann*, **der** hier oft spazieren geht?
NEUTER	Wer ist *das Kind*, **das** hier oft spielt?
FEMININE	Wo wohnt *die Frau*, **die** hier oft spazieren geht?
PLURAL	Wer sind *die Leute*, **die** hier oft spazieren gehen?

The *gender* (masculine, neuter, feminine) of a relative pronoun is determined by the gender of the antecedent. In the examples above, **der** is masculine because it refers to **der Mann** and **die** is feminine because it refers to **die Frau**. Whether a pronoun is singular or plural also depends on the noun to which it refers. The pronoun **die** that refers to **die Leute** is plural and therefore requires the plural verb **gehen**.

NOMINATIVE	Ist das der Mann, **der** aus den USA kommt?	*Is that the man who comes from the USA?*
ACCUSATIVE	Ist das der Mann, **den** Frau Müller so nett und freundlich findet?	*Is that the man (whom) Ms. Müller finds so nice and friendly?*
DATIVE	Ist das der Mann, **dem** Paul Deutschunterricht gibt?	*Is that the man to whom Paul is giving German lessons?*
GENITIVE	Ist das der Mann, **dessen** Familie noch in Miami wohnt?	*Is that the man whose family still lives in Miami?*

The *case* of the relative pronoun depends on its function in the relative clause. In the examples above, **der** is nominative because it is the subject of its clause; **den** is accusative because it is the direct object of the verb **findet** in that clause; **dem** is dative because it is an indirect object in the clause; and **dessen** is genitive because it shows a close relationship in the clause.

Ist das die Frau, **für die** Sie arbeiten?	*Is that the woman for whom you work?*
Ist das die Firma, **bei der** Sie arbeiten?	*Is that the firm (that) you work for?*

A preposition followed by a relative pronoun may introduce a relative clause. The case of the relative pronoun then depends on what case the preposition takes. In **für die**, **die** is accusative because of **für**; in **bei der**, **der** is dative because of **bei**.

In German, whenever a relative pronoun is the object of a preposition, the preposition precedes the pronoun. In colloquial English the preposition is often in last position (*[that] you work* **for**).

F **Die Jugend von heute.** Gestern Abend waren Anna, Klaus und Franziska bei einem Vortrag über das Thema „Jugend heute". Am nächsten Tag sprechen sie darüber, wie sie den Vortrag und die Diskussion danach fanden. Suchen Sie die Relativsätze aus dem Text heraus. Nennen Sie das Bezugswort° und das Relativpronomen. Bestimmen° Sie den Fall° und die Funktion (Subjekt, direktes Objekt, indirektes Objekt, Possessiv, Objekt einer Präposition) des Relativpronomens.

antecedent / determine / case

> ANNA: Das war endlich mal eine Veranstaltung°, bei der die Leute richtig diskutiert haben.   *event*

> *bei der die Leute richtig diskutiert haben: Bezugswort =* **Veranstaltung**; *Relativpronomen =* **der**; *Fall = Dativ; Funktion = Objekt einer Präposition*

FRANZISKA: Es waren viele Leute da, die sich sehr für das Thema interessierten.

> *die sich sehr für das Thema interessierten: Bezugswort =* **Leute;** *Relativpronomen = die; Fall = Nominativ; Funktion = Subjekt*

1. ANNA: Wie fandest du eigentlich den Mann, der immer so laut geklatscht hat?

2. FRANZISKA: Meinst du den Herrn im blauen Anzug, mit dem Klaus am Ende noch gesprochen hat? Er war ziemlich aggressiv und voller Vorurteile gegenüber Jugendlichen.

3. KLAUS: Und er kannte wohl nur junge Menschen, deren einzige Ziele Konsum und Erfolg sind. Ich zweifle allerdings daran, dass er überhaupt junge Leute kennt.

4. ANNA: Ich fand die ältere Frau ganz hinten, die man leider nur schlecht verstehen konnte, sehr vernünftig. Sie berichtete von Jugendlichen, die an politischen und sozialen Themen interessiert sind.

5. KLAUS: Und sie konnte auch von gemeinnützigen° Projekten erzählen, für die sich Schüler und Schülerinnen von hier engagieren°.   *charitable*   *commit themselves*

6. FRANZISKA: Auf jeden Fall ist es ein interessantes Thema, über das die Leute ganz unterschiedliche Meinungen haben.

G **Verwandte und Bekannte.** Martin kommt aus München und er ist als Austauschstudent an Ihrer Universität/an Ihrem College. Er erzählt Ihnen von seinen Verwandten und Bekannten in Deutschland. Sagen Sie, ob Ihre eigenen Freunde und Verwandten ähnlich oder anders sind.

> Meine Schwester hat ganz kurze Haare.
> *Ich habe auch eine Schwester, die ganz kurze Haare hat.*
> *Ich habe keine Schwester, die ganz kurze Haare hat.*

1. Mein Freund ist ziemlich unsportlich.
2. Meine Kusine spricht vier Fremdsprachen.
3. Mein Bruder fährt den ganzen Tag Skateboard.
4. Mein Onkel interessiert sich für den Umweltschutz°.   *environmental protection*
5. Meine Tante ist Klavierlehrerin.
6. Meine Großeltern leben auf dem Land.
7. Meine Nachbarn putzen jeden Samstag ihr Auto.

H **Die gute alte Zeit.** John und Greg haben ihr *Junior Year* in Heidelberg verbracht. Ein paar Jahre später sind sie wieder dort und alte Erinnerungen werden wach. Setzen Sie jeweils das richtige Relativpronomen ein.

1. JOHN: Ist das nicht das Hotel, in _____ wir die erste Nacht verbracht haben?

2. GREG: Ja, und da ist die Marktfrau, bei _____ wir unser Obst gekauft haben.

3. JOHN: Lass uns durch die Straße gehen, in _____ wir im Sommersemester gewohnt haben.

4. GREG: Das ist eine gute Idee! Und ich möchte wieder in dem Gasthaus einen Kaffee trinken, in _____ wir samstags immer gegangen sind.

5. JOHN: Sieh mal, dort! Das ist doch der, _____ wir im Hauptseminar°   *advanced seminar*
kennen gelernt haben, nicht?

6. GREG: Richtig. Ich möchte auch wieder den Spaziergang zum Schloss machen, auf _____ wir Barbara getroffen haben.

7. JOHN: Gut. Und was ist wohl aus dem kleinen Café geworden, _____ wir damals immer besucht haben?

I **Stereotypen.** Susan Thompson ist auf einer längeren Geschäftsreise in Deutschland. Nach zwei Wochen besucht sie ihre Kusine Cathy in München, die seit 20 Jahren in Deutschland wohnt. Cathy fragt Susan, ob sie die Deutschen so findet, wie sie es erwartet hatte. Susan erzählt, was sie bisher beobachtet hat. Setzen Sie in die Sätze das passende Relativpronomen ein.

1. Im Hotel gibt es einen Kellner, _____ Gesicht immer ernst ist.

2. In der Firma ist eine Angestellte, _____ Büro so ordentlich ist, dass es unbenutzt° aussieht.   *unused*

3. Ich habe eine Mitarbeiterin, _____ Vorträge sehr abstrakt und trocken sind.

4. Dann gibt es ein paar Kollegen, _____ einziges Thema der Stress bei der Arbeit ist.

5. Ich habe bisher schon einige Leute getroffen, _____ Eigenschaften wohl als „typisch deutsch" gelten.

6. Doch dann begegnet mir auch immer wieder jemand _____ Charakter ganz anders ist.

J **Zum Studium in Tübingen.** Jennifer hat ein Jahr in Tübingen studiert. Als sie zurückkommt, erzählt sie einer Freundin von ihren Erfahrungen. Setzen Sie die richtigen Relativpronomen ein.

▷ Es war ein interessantes Jahr, *an das* ich mich gern erinnern werde.

1. Das Wohnheim, in _____ ich gewohnt habe, lag auf einem Berg etwas außerhalb der Stadt.

2. In der ersten Woche lernte ich einen Kommilitonen° kennen, mit _____   *fellow student*
ich jeden Morgen zur Uni fuhr.

3. Das war auch der Freund, von _____ ich am Wochenende öfter das
Auto ausleihen konnte.

4. Die Leute, mit _____ ich auf einem Stockwerk wohnte, waren alle älter
als ich.

5. Auf jedem Stockwerk gab es eine große Küche, in _____ man sich
abends manchmal traf und zusammen kochte.

6. Alle waren recht freundlich außer einem Studenten, über _____ ich
mich am Anfang oft geärgert habe.

7. Er gab mir irgendwie das Gefühl „die Ausländerin" zu sein, mit _____
man sich über nichts unterhalten kann.

8. Doch auch das war eine wichtige Erfahrung, ohne _____ ich vielleicht
nicht so intensiv versucht hätte mein Deutsch zu verbessern.

11 The relative pronoun *was*

Ich glaube nicht alles, **was** die Leute erzählen.	*I don't believe everything (**that**) the people say.*

The relative pronoun **was** is used to refer to an antecedent that is an indefinite pronoun (**alles**, *everything*; **etwas**, *something*; **nichts**, *nothing*; **viel**, *much*;
vieles, *many things*; **wenig**, *little*). Note the distinction between **viel** (*much*)
and **vieles** (*many things*).

Das ist sicher das Beste, **was** man tun kann.	*That's certainly the best (**that**) one can do.*

Was also refers to a neuter adjective in the superlative used as a noun (e.g.,
das Beste, *the best* [*thing*]; **das Schönste**, *the nicest* [*thing*]; **das Dümmste**,
the most stupid thing).

Klaus hat viele Vorurteile, **was** mich überrascht.	*Klaus has lots of prejudices, which surprises me.*

Was can also be used to refer to an entire clause (e.g., **Klaus hat viele
Vorurteile**).

Er interessiert sich nicht für andere Menschen, **worauf** er auch noch stolz ist.	*He's not interested in other people, which he is even proud of.*
Das ist etwas, **worüber** ich mich sehr ärgere.	*That's something I am very annoyed about.*

Ich sehe was, was
du gleich siehst.

Fotos versenden
mit MMS

When used with a preposition, the relative pronoun **was** is replaced by an
adverbial **wo(r)**-compound, e.g., **worauf**, **worüber** (instead of preposition +
was). Remember that in German, relative pronouns may not be omitted as
they often are in English.

12 The relative pronouns *wer* and *was* with no antecedent

Wer Sara kennen lernt, findet sie arrogant.

Whoever gets to know Sara finds her arrogant.

Wen du auch fragst, jeder sagt das.

Whomever you ask, everyone says that.

Was man aber nach ein paar Wochen über sie denkt, ist ganz anders.

What(ever) you think about her after a few weeks, however, is totally different.

> Was man nicht im Kopf hat, sollte man im Regal haben.

The interrogative pronouns **wer** (**wen**, **wem**, **wessen**) and **was** can be used as relative pronouns to refer to nonspecific persons or things. English uses various relative constructions:

wer = *he who, who, whoever, anyone who*

was = *that which, what, whatever, anything that*

K **Medizinstudium.** Barbara erzählt von ihren Plänen Ärztin zu werden. Setzen Sie die richtige Form von **wer**, **was** oder ein **wo(r)**-Kompositum ein.

▷ Ich habe einen Studienplatz für Medizin bekommen, *worüber* ich sehr glücklich bin.

1. Medizin zu studieren ist etwas, _____ ich schon als Kind geträumt habe.

2. _____ nie an mir gezweifelt hat – auch als ich schlechte Noten hatte –, war meine Mutter.

3. Das war das Beste, _____ sie tun konnte.

4. Der Arztberuf hat auch heute noch ein hohes Prestige, _____ für viele Leute sicher wichtig ist.

5. _____ aber nur viel Geld verdienen möchte, sollte meiner Meinung nach nicht Arzt oder Ärztin werden.

6. _____ ich für sehr wichtig halte, ist der Wunsch anderen Menschen helfen zu wollen.

7. Ich beginne nun im Herbst mit dem Studium, _____ ich mich sehr freue.°   *sich freuen auf*

13 Extended modifiers°   *das erweiterte Attribut*

Relative clause: Sie wollte das Kind, das vor Müdigkeit eingeschlafen war, nicht stören.

Extended modifier: Sie wollte das **vor Müdigkeit eingeschlafene** Kind nicht stören

Relative clause: Er hat sich zu einem Menschen entwickelt, der mechanisch denkt.

Extended modifier: Er hat sich zu einem **mechanisch denkenden** Menschen entwickelt.

In German, relative clauses, which follow nouns, can be replaced by special constructions that precede nouns. These constructions are called extended modifiers or extended participial modifiers. They function like relative clauses but without a relative pronoun and a main verb. Instead they have an adjective or a participle used as an adjective that immediately precedes the noun it modifies. The participle can be a past participle (e.g., **eingeschlafen**) or a present participle (e.g., **denkend**). Note that **mechanisch** is an adverb modifying **denkend**. It therefore has no ending.

Extended modifiers are found mainly in formal writing such as scholarly works, especially scientific articles.

Denken Sie an unser **schwer zu lösendes** Problem.	*Think of our problem **that is difficult to solve**.*

Extended modifiers with a present participle preceded by **zu** indicate something that can (not) or should (not) be done. This construction is similar to a form of **sein** + **zu** + infinitive (see *Kapitel 10*, Section 9).

You will probably not have occasion to use extended modifiers. However, you should recognize and understand them if you come across them.

L **Die Deutschen.** „Wie beliebt sind die Deutschen in Europa" heißt das Thema, über das Frau Dr. Paulson einen Vortrag hält. Übersetzen Sie ein paar ihrer Aussagen ins Englische.

1. „Ist Deutschland innerhalb der EU zu stark?" ist eine oft gestellte Frage.
2. Die Wiedervereinigung Deutschlands war für manche europäische Länder zuerst eine schwer zu akzeptierende politische Entscheidung°.   *decision*
3. Die Art der Deutschen ist innerhalb Europas auch ein viel diskutiertes Thema:
4. Ordnung und Zuverlässigkeit° sind häufig genannte Eigenschaften.   *reliability*
5. Doch auch emotionale Kälte und Sturheit° sind oft erwähnte° Stereotypen.   *stubbornness / mentioned*
6. Meiner Meinung nach ist die Aussage „Die Deutschen sind fleißig" ein weit verbreitetes Klischee.
7. Auf jeden Fall ist das harmonische Zusammenleben aller Europäer kein leicht zu erreichender Zustand.

14 Objective and subjective use of modals

OBJECTIVE	Die Schüler heute **müssen** nicht mehr viel **arbeiten**.	*Students in school today no longer have to work much.*
	Du **sollst** das nicht **sagen**.	*You shouldn't say that.*
SUBJECTIVE	Die Deutschen **müssen** wohl eher ernst **sein**.	*Germans are likely to be rather serious.*
	Ja? Viele Deutsche **sollen** aber auch Humor **haben**.	*Really? But many Germans are also supposed to have a sense of humor.*

Modal auxiliaries can be used either objectively or subjectively. When used objectively, they define a situation as seen or understood by the speaker. (The speaker believes it is a fact that students today don't have to work hard.) When used subjectively, they express the opinion of the speaker about a situation. (The speaker assumes that Germans are likely to be rather serious.)

15 Subjective statements in present time

OBJECTIVE	Cornelia **will** Komponistin **werden**.	*Cornelia intends to become a composer.*
SUBJECTIVE	Ihr Onkel Wolf **will** ein großer Musiker **sein**.	*Her uncle Wolf claims to be a great musician.*

In present time, modal constructions used subjectively have the same form as those used objectively.

16 Subjective statements in past time

OBJECTIVE	Anna **musste** schwer **arbeiten**.	*Anna had to work hard.*
	Anna **hat** schwer **arbeiten müssen**.	*Anna had to work hard.*
SUBJECTIVE	Anna **muss** schwer **gearbeitet haben**.	*Anna must have worked hard.*
	Anna **musste** schwer **gearbeitet haben**.	*Anna had to have worked hard.*

In past time, forms of modals used subjectively differ from forms used objectively. In the objective meaning, the modal is used with a dependent infinitive (e.g., **arbeiten**). In the subjective meaning in past time, the modal is used with a past-infinitive form (e.g., **gearbeitet haben**). The modal itself can be in present (e.g., **muss**) or simple past (e.g., **musste**).

17 Objective and subjective meanings of modals

a *dürfen*

Objective: permission; prohibition (in the negative)

Hanna **darf** heute keinen Ausflug **machen**.	*Hanna isn't **permitted to go** on an outing today.*
Aber ihr **dürft mitkommen**.	*But you **may come along**.*

Subjective: uncertain assumption (in the subjunctive **dürfte**)

Mark **dürfte** Recht **haben**.	*Mark **might be** right.*

b *können*

Objective: ability

Marie **kann** gut Tennis **spielen**.	*Marie **can play** tennis well.*

Subjective: fair degree of certainty; impossibility

Morgen **kann** es zwischen euch beiden schon ganz anders **aussehen**.	*Tomorrow it **could look** completely different between you two.*
Marie **kann** das doch so nicht **gemeint haben**.	*Marie surely **can't have meant** it that way.*

c *mögen*

Objective: liking, personal preference

Magst du klassische Musik?	***Do** you **like** classical music?*

Subjective: possibility that is likely; an estimation

Jonas und Hendrik **mochten** maximal eine Stunde **gewartet haben.**	*Jonas and Hendrik **may have waited** an hour at the most.*
Ja, das **mag stimmen.**	*Yes, that **may be right.***

d *müssen*

Objective: compulsion; obligation; absolute necessity

Mit sechs **müssen** alle Kinder in die Schule.	*At the age of six all children **have to go** to school.*
Das **musst** du mir **erklären.**	*You **will have to explain** that to me.*

Subjective: indicates a firm belief; uncertainty (in subjunctive **müsste**)

Julia **muss** sehr fleißig **sein.**	*Julia **must be** very industrious.*
Wenn du mit ihr studiert hast, **musst** du es eigentlich **bemerkt haben.**	*If you studied with her, you **must have** actually **noticed** it.*
Sie **müsste** ihr Examen jetzt schon **gemacht haben.**	*She **ought to have** already **graduated** by now.*

e *sollen*

Objective: obligation; an order, command, or request

Tim **soll** jetzt nicht Fußball **spielen.**	*Tim **shouldn't be playing** soccer now.*
Er **soll** mir bei meinem Referat **helfen.**	*He's **supposed to help** me with my report.*

Subjective: the speaker has heard something but does not vouch for the truth of the statement; introduces a doubting question (in subjunctive **sollte**)

Frau Kleiber **soll** sehr erfolgreich **sein.**	*Ms. Kleiber **is said to be** very successful.*
Wer **soll** das **gesagt haben?**	*Who **is supposed to have said** that?*
Sollten Sie das wirklich nicht **wissen?**	*(Can it be that) you **don't** really **know** that?*

f *wollen*

Objective: wish, desire, intention

Lukas **will** in den Semesterferien nie **arbeiten.**	*Lukas never **wants to work** during summer vacation.*
Nächsten Sommer **will** er nach Europa **reisen.**	*Next summer he **intends to go** to Europe.*

Subjective: expresses doubt about the claim of the assertion

Anton **will** auf seiner Reise perfekt Japanisch **gelernt haben**.	*Anton **claims to have learned** perfect Japanese on his trip.*
Wie **will** man das denn so schnell **machen**?	*How **can** one **claim to do** that so quickly?*
Na ja, als ich ihn genauer fragte, **wollte** er es nicht mehr **gesagt haben**.	*Well, when I inquired more closely he **claimed** not **to have said** it.*

M **Jazz.** Daniela und Jonathan wollen heute Abend in ein Jazzkonzert gehen. Übersetzen Sie ihr Gespräch ins Englische.

1. DANIELA: Hast du gehört, McCoy Turner soll heute Abend im „Domizil" spielen.
2. JONATHAN: Wirklich? Da muss ich hin(gehen). Er soll sehr gut sein.
3. DANIELA: Amerikanische Jazzmusiker sollen doch sowieso die besten sein, nicht wahr?
4. JONATHAN: Das mag sein. Aber dürfte es nicht schwierig sein Karten zu bekommen?
5. DANIELA: Ich kann meinen Freund Paul fragen, der im „Domizil" arbeitet. Er müsste uns Karten besorgen° können.   *get*

N **How are you?** Steffen hat zwei Wochen in New York City verbracht. Anna und Dieter unterhalten sich darüber, was Steffen Anna über seine Zeit in Amerika erzählt hat. Übersetzen Sie ihr Gespräch ins Englische.

1. ANNA: Steffens Meinung nach sollen die Amerikaner zwar freundlich, aber unverbindlich° sein. Stimmt das?   *noncommittal*
2. DIETER: Will er das in zwei Wochen herausgefunden° haben? Das kann doch gar nicht sein.   *find out*
3. ANNA: Er hat erzählt, dass die Leute oft fragen „How are you?" und dann aber keine lange Antwort hören wollen.
4. DIETER: Das mag sein. Es dürfte aber auch Unterschiede zwischen den Leuten in der Stadt und auf dem Land geben. Als ich zum Beispiel in einem kleinen Ort in Texas war, wollten die Leute immer lange mit mir sprechen. Und ich musste ihnen auch genau erzählen, wie ich es in Amerika finde.
5. ANNA: Na ja, du solltest Steffen vielleicht selbst fragen, wie er das gemeint hat.

> „Die besten Dinge im Leben sind nicht die,
> die man für Geld bekommt."
> Albert Einstein (1879–1955)

O **Ein Ratespiel°.** Sie haben eine Minute zum Nachdenken. Beschreiben   *guessing game*
Sie eine Person oder einen Gegenstand° mit Hilfe eines Relativsatzes. Ihre   *thing, object*
Kommilitoninnen und Kommilitonen müssen erraten°, an wen oder woran   *guess*
Sie denken.

▷ SIE: *Ich denke an einen Schauspieler, der aus Österreich kommt.*
         (Schwarzenegger)
         Ich denke an den Gegenstand, womit ich meine Suppe esse. (der Löffel)

Sie können die folgenden Kategorien benutzen.

Personen	Gegenstände
die Autorin/der Autor	die Möbel
die Sängerin/der Sänger	das Auto
die Schauspielerin/der Schauspieler	das Buch
die Erfinderin/der Erfinder	der Film
die Kommilitonin/der Kommilitone	
die Politikerin/der Politiker	

P **Kurze Aufsätze**

1. Kennen Sie ein Land und seine Bewohnerinnen/Bewohner besonders
   gut? Welche Stereotypen gibt es über dieses Land und die Leute dort?
   Finden Sie, dass die Stereotypen teilweise oder gar nicht stimmen?

2. Verallgemeinerungen° können positiv oder negativ sein. Was meinen Sie?   *generalizations*

   a. Ein guter Freund/Eine gute Freundin ist eine Person, die _____ .

   b. Ein guter Job ist ein Job, _____ .

   c. Eine gute Party ist eine Party, auf _____ .

   d. Ein schlechter Tag ist ein Tag, an _____ .

   e. Eine gute Universität ist eine Universität, an _____ .

3. Erklären Sie einer Freundin/einem Freund, wie Sie es schaffen morgens
   länger zu schlafen. Beschreiben Sie Ihren morgendlichen Zeitplan.
   Benutzen Sie die folgenden reflexiven Verben: **sich anziehen**, **sich kämmen**, **sich die Zähne putzen** – und andere.

Kapitel 10

1 The passive voice°

das Passiv

	SUBJECT	DIRECT OBJECT
ACTIVE VOICE	**Die Firma Müller** baut	unser Haus.
	The firm of Müller is building	*our house.*
	SUBJECT	AGENT
PASSIVE VOICE	Unser Haus wird	**von der Firma Müller** gebaut.
	Our house is being built	*by the firm of Müller.*
	SUBJECT	NO AGENT
	Unser Haus wird im Sommer	gebaut.
	Our house is being built in the summer.	

German and English sentences are in either active voice or passive voice. In active voice the subject is "active"; it is the agent that performs the action expressed by the verb. Active voice focuses attention on the agent, here, *the firm of Müller.*

In passive voice the subject is "passive"; it performs no action. The subject is acted upon by an expressed or unexpressed agent. Passive voice focuses attention on the receiver of the action, namely, *our house.*

The subject (e.g., **die Firma Müller**) of an active sentence corresponds to the agent (e.g., **von der Firma Müller**) in a passive sentence. The direct object (e.g., **unser Haus**) in an active sentence corresponds to the subject (e.g., **unser Haus**) in a passive sentence. The agent is often omitted in a passive sentence, as if the corresponding active sentence had no subject.

The passive is used very often in technical and scientific writing, where an impersonal style is frequently preferred. In conversational German the active voice is much more common. (See *Alternatives to the passive voice*, Section 9 of this chapter.)

2 Tenses in the passive voice

PRESENT	Die Arbeit **wird gemacht.**	*The work **is being done.***
SIMPLE PAST	Die Arbeit **wurde gemacht.**	*The work **was done.***
PRESENT PERFECT	Die Arbeit **ist gemacht worden.**	*The work **has been done.***
PAST PERFECT	Die Arbeit **war gemacht worden.**	*The work **had been done.***
FUTURE	Die Arbeit **wird gemacht werden.**	*The work **will be done.***

In English a passive verb phrase consists of a form of the auxiliary verb *to be* and the past participle of the main verb (e.g., *done*). In German the passive verb phrase consists of a form of the auxiliary **werden** plus the past participle of the main verb (e.g., **gemacht**).

NOTE:

1. The past participle of the main verb, i.e., **gemacht,** does not change.
2. In the present perfect and past perfect tenses, the participle **worden** is used instead of the form **geworden**.
3. Because **werden** requires **sein,** the present and past perfect tenses are formed with **sein,** regardless of the main verb, e.g., **ist/war gemacht worden**.

Passive voice can occur in any tense, but the future tense is rarely used.

Present-time subjunctive:
Die Arbeit **würde gemacht.**   *The work **would be done.***

Past-time subjunctive:
Die Arbeit **wäre gemacht worden**.   *The work **would have been done.***

The passive voice also occurs in the subjunctive.

3 Expressing agent° and means°   *das Agens / das Mittel*

***von** + agent:*
Ein Zeitungsartikel über   *A newspaper article about car noise*
Autolärm wurde **von unserer**   *was written **by our neighbor.***
Nachbarin geschrieben.

***durch** + means:*
Wir werden **durch den starken**   *We are disturbed **by (as a result of)***
Autoverkehr gestört.   ***the heavy traffic.***

A sentence in the passive voice often indicates by what agent or means an action is performed.

The person who causes an event to happen is known as an *agent* (e.g., **unsere Nachbarin**). In the passive voice the role of the agent is of secondary importance to the receiver of the action (*subject*: e.g., **ein Zeitungsartikel**). The agent is the object of the preposition **von** and thus in the dative case.

The *means* (e.g., **Autoverkehr**) by which an event happens is usually impersonal; it is the object of the preposition **durch** and thus in the accusative case. **Durch** + means expresses the idea *as a result of* or *by the means of*.

(A) Umweltkonferenz. Die UNO hat eine große Umweltkonferenz organisiert, bei der die teilnehmenden° Staaten über die Zukunft der Erde diskutieren. Hier ein paar Sätze darüber aus den Medien. Formen Sie die Passivsätze um, indem Sie die angegebenen Zeiten verwenden°.

   participating

   use

▷ Eine große Konferenz zu Umwelt- und Entwicklungsfragen wird von der UNO organisiert. (Perfekt)
Eine große Konferenz zu Umwelt- und Entwicklungsfragen ist von der UNO organisiert worden.

1. Über diese Konferenz wird von allen Fernsehsendern° und Zeitungen berichtet. (Präteritum)   *TV stations*
2. Ein Bericht zur Lage der Welt wird von einer internationalen Kommission vorgestellt: (Perfekt)
3. Große Teile der Regenwälder werden von den Menschen zerstört. (Perfekt)
4. 80 Prozent der Rohstoffe° werden bislang von den Industrienationen verbraucht. (Präteritum)   *raw materials*
5. Neue Ergebnisse° aus der Umweltforschung° werden von Wissenschaftlern° erklärt. (Präteritum)   *results / **Forschung:** research / scientists*
6. Ideen zur Umwelt- und Entwicklungspolitik werden von Politikern und Politikerinnen diskutiert. (Perfekt)
7. Am Ernst der Lage wird hoffentlich von niemandem gezweifelt. (Futur)
8. Die großen Umweltprobleme werden sicher bald von allen Staaten ernst genommen. (Futur)

(B) Die Grünen. Hier sind ein paar Fakten zu der deutschen Partei „Bündnis 90[1]/Die Grünen", die sich ganz besonders intensiv um Umweltfragen kümmert. Setzen Sie alle Sätze ins Passiv und behalten Sie die Zeiten bei.

▷ Im Jahre 1980 gründeten° Umweltschützer die Partei „Die Grünen".   *founded*
Im Jahre 1980 wurde von Umweltschützern die Partei „Die Grünen" gegründet.

1. Am Anfang belächelten° viele Politiker anderer Parteien das unkonventionelle Auftreten° der Grünen.   *regarded with amusement / manner*
2. Doch 1983 wählten die deutschen Wähler die Grünen in den Bundestag.
3. Damit hatten die Grünen das erste große Ziel° erreicht.   *goal*
4. Seitdem nahmen auch die anderen Parteien Umweltthemen ernster.
5. Und der Staat und die Länder gaben für Umweltpolitik mehr Geld aus.
6. 1993 beschlossen die Grünen und das Bündnis 90 den Zusammenschluss°.   *coalition*

---

[1]**Bündnis 90 = Alliance 90**, *a party that in 1989/90 helped bring about the peaceful revolution in East Germany*

7. 1998 gewannen die Sozialdemokraten und das Bündnis 90/Die Grünen die Bundestagswahl°.

Wahl: election

8. Und Bundeskanzler Schröder ernannte° den grünen Politiker Joschka Fischer zum Außenminister°.

appointed

foreign minister

4 Modals and the passive infinitive

PRESENT	Benzin **muss gespart werden**.	Gasoline *has to be conserved.*
PAST	Benzin **musste gespart werden**.	Gasoline *had to be conserved.*
PRESENT-TIME SUBJUNCTIVE II	Benzin **müsste** eigentlich **gespart werden**.	Gasoline really *ought to be conserved.*

Modals are frequently used with a passive infinitive. The passive infinitive (e.g., **gespart werden**) consists of a past participle plus **werden**. Note that only the modal changes in various tenses (e.g., **muss, musste**). The passive infinitive (**gespart werden**) remains the same. Although the modal construction can occur in all tenses, those listed above are the most common, namely present, past, and present-time subjunctive.

C **Ein autofreier Sonntag.** Zum Schutz der Umwelt planen einige Städte einen autofreien Tag. Der Stadtrat° sagt, was getan werden kann, muss und wird. Schreiben Sie die Sätze um. Benutzen Sie die Modalverben in Klammern.

city council

▷ Alle Leute werden informiert. (müssen)
Alle Leute müssen informiert werden.

1. Autos werden nicht gefahren. (dürfen)
2. Fahrräder werden benutzt. (können)
3. Die Straßen werden vom Autoverkehr frei gehalten. (sollen)
4. Auch Motorräder werden zu Hause gelassen. (müssen)
5. Energie wird gespart. (müssen)
6. Die Polizisten werden in Urlaub geschickt. (können)
7. Auf den Straßen wird getanzt. (dürfen)
8. Statt Benzin wird an den Tankstellen Limonade verkauft. (sollen)

5 Impersonal passive construction°

das unpersönliche Passiv

ACTIVE VOICE	Jeder arbeitet jetzt.	Everyone is working now.
PASSIVE VOICE	**Es** wird jetzt gearbeitet. Jetzt wird gearbeitet.	*(There is work going on now.)*

Unlike English, German can have a passive construction without a subject or agent. Such a construction is called an impersonal passive construction. The pronoun **es** often begins an impersonal passive construction. **Es** is a dummy or apparent subject. The **es** is omitted, however, if the sentence begins with another element (e.g., **jetzt**). An English equivalent of the impersonal passive often uses an introductory phrase such as *there is* or *there are.*

Since you will not have occasion to use the impersonal passive construction very often, it is probably best simply to learn the meaning of any expression you come across, e.g., **Hier wird nicht geraucht** (*No smoking here*).

6 Dative verbs in the passive voice

ACTIVE VOICE	Ich habe **ihm** nicht geholfen.	*I didn't help **him**.*
PASSIVE VOICE	**Ihm** wurde nicht geholfen.	***He** wasn't helped.*
	Es wurde **ihm** nicht geholfen.	***He** wasn't helped.*

In German only the accusative (direct) object in an active sentence may become the subject of a sentence in passive voice. The dative object (e.g., **ihm**) in an active sentence remains unchanged when used in a passive sentence. The resulting passive sentence has no subject. **Es** may be used as a dummy or apparent subject.

Since English makes no distinction between the dative and accusative, the object of the active sentence (e.g., *him*) corresponds to the subject of the passive sentence (e.g., *he*).

These constructions are infrequent in German, and you may not have occasion to use them. You should recognize them if you come across them, however.

D **Ein Tankerunglück.** Vor kurzem hat ein Tankerunglück in Nordeuropa die Menschen schockiert. Übertragen Sie den folgenden Zeitungsbericht ins Englische.

▷ Dem Kapitän des Schiffes wurde nicht geglaubt.
  The captain of the ship was not believed.

1. Nach dem Unfall ist viel diskutiert worden.
2. Es wurde behauptet, dass der Öltanker in schlechtem Zustand war.
3. Und es wurde vermutet°, dass 10 000 Tonnen Rohöl ins Meer geflossen sind. *assumed*
4. Dabei wurden viele tausend Fische getötet und weite Teile der Küste° verschmutzt. *coast*
5. Den Bewohnern dieser Region wurde finanzielle Hilfe angeboten.
6. Die Reederei° wurde angeklagt°, doch ihr konnte nichts bewiesen werden. *shipping company / accused*
7. Die Verantwortlichen wurden gesucht, sind aber noch nicht gefunden worden.
8. Bald wurde nicht mehr über das Unglück berichtet, weil über neue wichtige Ereignisse geschrieben wurde.

7 Past participle in passive vs. past participle as predicate adjective

Passive:
Das Auto **wird** jetzt **repariert**.   *The car is being repaired now.*

Predicate adjective:
Das Auto **ist** schon **repariert**.   *The car is already repaired.*

Passive voice expresses a process. Something happens to the subject (e.g., **Auto**): *The car is being repaired.* Passive voice uses a form of **werden** and the past participle (e.g., **repariert**).

The past participle can also be used with the verb **sein** to express the state or condition of the subject that results from some action upon it: *The car is already repaired.* The participle then functions like a predicate adjective. Because of its similarity to the passive, the construction **sein** + participle is often referred to as an *apparent passive* or *statal passive*.

In English the verb *to be* is used both for the passive (e.g., *is being repaired*) and for predicate adjectives (e.g., *is repaired*). For this reason the difference between the passive and predicate adjective is sometimes not clear. In German the difference between the passive (**werden** + participle) that expresses a process and the predicate adjective (**sein** + participle) that expresses a condition or state is distinct.

E **Müllabfuhr°.** Bei Familie Werner kommt morgen die Müllabfuhr, deswegen muss der Müll noch sortiert werden. Frau Werner sagt ihrer Tochter Tina, was noch alles gemacht werden muss. Tina sagt ihrer Mutter, dass alles schon erledigt ist°.

trash collection

erledigt ...: *taken care of*

▷ Die Pappe muss noch gefaltet werden.
  Die Pappe ist doch schon gefaltet.

1. Die Glasflaschen müssen noch ausgespült werden.
2. Die Alufolie° muss noch gesammelt werden. *tin foil*
3. Die Einwegflaschen müssen noch weggebracht werden.
4. Der andere Müll muss noch getrennt werden.
5. Die Batterien müssen noch abgegeben° werden. *turned in*
6. Der Hof muss noch gekehrt° werden. *swept*
7. Die Müllcontainer müssen noch rausgestellt werden.

Rauchen verboten

8 Summary of uses of *werden*

a Active voice: main verb°

das Vollverb

Herr Meier **wird** alt.	*Mr. Meier **is growing** old.*
Er **wurde** gestern beim Spaziergang sehr müde.	*He **got** very tired during the walk yesterday.*
Heute **ist** er dann richtig krank **geworden**.	*Today he then **became** really ill.*

Werden as a main verb is equivalent to the English *to grow*, *get*, or *become*.

b Active voice: auxiliary verb in future tense°

das Hilfsverb im Futur

NILS: Mark **wird** mir bei der Arbeit **helfen**.
*Mark **will help** me with the work.*

KAI: Wirklich? Dann **wird** er wohl doch ein guter Freund von dir **sein**.
*Really? Then he **is** probably a good friend of yours.*

Werden is used with a dependent infinitive to form the future tense. The future tense also expresses present probability.

c Passive voice: auxiliary verb°

das Hilfsverb im Passiv

Bei Eberts **wird** jeden Samstag **gefeiert**.	***There's a party** at the Eberts' every Saturday.*
Letzten Samstag **wurde** viel **gelacht**.	*Last Saturday **there was** a lot of laughing.*
Wir **sind** auch **eingeladen worden**.	*We **were** also **invited**.*

> **Wer lange lebt, hat mehr Zeit, krank zu werden.**

A form of **werden** is used with a past participle to form the passive voice. Passive voice can occur in any tense.

F **Alternative Energien.** Wie wird die Form von **werden** in den folgenden Sätzen verwendet: (a.) Als Vollverb? (b.) Als Hilfsverb im Futur? (c.) Als Hilfsverb im Passiv?

Übertragen Sie die Sätze dann ins Englische.

▷ Die Sonnenenergie wird immer noch nicht genug genutzt.
Hilfsverb im Passiv; *Solar energy is still not being used enough.*

1. Heute wird nur ein kleiner Teil der Energie aus alternativen Energien gewonnen.
2. Doch in Zukunft werden die Menschen mehr alternative Energien nutzen.
3. Bislang° werden hauptsächlich Kohle, Erdöl und Erdgas verbraucht°.

   so far / used
4. Doch das wird sich ändern.
5. Die Menschen werden auch immer besorgter° wegen der Gefahren der Kernkraft°.

   worried
   nuclear power

6. Seit 1989 werden in Deutschland keine neuen Atomkraftwerke gebaut.

7. Es wird geplant, bis 2021 alle Atomkraftwerke in Deutschland stillzulegen.

8. Deshalb wird der Ausbau° von Wind- und Wasserkraft und Sonnenenergie weiter zunehmen°.

development
increase

9 Alternatives to the passive voice

In German, other constructions can be used instead of passive voice. Four possible alternatives follow of which you will need to actively learn only the one that uses **man** as the subject.

a *Man* as subject

Batterien soll **man** nicht wegwerfen.	**You** *shouldn't throw batteries away.*
(*Passive:* Batterien sollen nicht weggeworfen werden.)	(*Batteries should not be thrown away.*)
So etwas tut **man** nicht.	**One** *doesn't do that.*
(*Passive:* So etwas wird nicht getan.)	(*That's not done.*)

The pronoun **man** as the subject of an active sentence is the most common alternative to the passive voice. English equivalents for the pronoun **man** are *one, you, we, they,* or *people.*

b *Sein … zu* + infinitive

Das **ist** leicht **zu lernen.**	*That **is** easy **to learn.***
(*Passive:* Das kann leicht gelernt werden.)	(*That can be easily learned.*)
Diese Aufgabe **ist** noch **zu machen.**	*This assignment **is** still **to be done.***
(*Passive:* Diese Aufgabe muss noch gemacht werden.)	(*This assignment still has to be done.*)

A form of **sein … zu** + infinitive is often used instead of a passive verb phrase. The **sein … zu** + infinitive construction expresses the possibility (e.g., **leicht zu lernen**) or necessity (e.g., **noch zu machen**) of doing something.

c *Sich lassen* + infinitive

Das **lässt sich machen.**	*That **can be done.***
(*Passive:* Das kann gemacht werden.)	(*That can be done.*)
Diese Verpackung **lässt sich recyceln.**	*This packaging **lends itself to recycling.***
(*Passive:* Diese Verpackung kann recycelt werden.)	(*This packaging can be recycled.*)

A form of **sich lassen** + infinitive can be used in place of a passive verb phrase. This construction expresses the possibility of something being done.

d Reflexive constructions

Benzinsparende Autos **verkaufen sich** gut.	*Gas-saving cars **sell** well.*
(*Passive:* Benzinsparende Autos können gut verkauft werden.)	*(Gas-saving cars can be sold well.)*
Der Markt **öffnet sich** generell für solche Produkte.	*The market **is becoming wide open** for such products.*
(*Passive:* Der Markt wird generell für solche Produkte geöffnet.)	*(The market is opening wide for such products.)*

A reflexive construction is sometimes used as an alternative to passive voice.

Passive Voice	Deutsch **kann** leicht **gelernt werden**.	*German can be learned easily.*
a. **man**	Deutsch kann **man** leicht lernen.	*One can learn German easily.*
b. **sein … zu** + *infinitive*	Deutsch **ist** leicht **zu lernen**.	*German is easy to learn.*
c. **sich lassen** + *infinitive*	Deutsch **lässt sich** leicht **lernen**.	*German can be learned easily.*
d. *reflexive construction*	Deutsch **lernt sich** leicht.	*German is easy to learn.*

G **Umweltbewusst° leben.** Eine kleine Gemeinde° in Norddeutschland hat sich das Ziel gesetzt, möglichst umweltbewusst zu leben. Formen Sie die folgenden Sätze um, indem Sie wie im Beispiel **man** benutzen.

environmentally aware / community

▷ Obst und Gemüse werden frisch auf dem Markt gekauft.
Man kauft Obst und Gemüse frisch auf dem Markt.

1. Verpackungsmüll wird vermieden.
2. Einkaufstaschen werden immer von zu Hause mitgebracht.
3. Nahrungsmittel werden in selbst mitgebrachte Plastikcontainer gepackt.
4. Die Milch wird vom Bauernhof° geholt.
5. Joghurt und Quark° werden in den Geschäften offen° angeboten.
6. Für Getränke in Dosen wird Pfand° verlangt.

farm

food similar to cottage cheese / unpackaged / deposit

10 Indirect discourse°: Statements

die indirekte Rede

DIRECT DISCOURSE	
Uwe sagte: „Ich **habe** keine Zeit.“	*Uwe said, "I don't have time."*

	INDIRECT DISCOURSE	
SUBJUNCTIVE II	Uwe sagte, er **hätte** keine Zeit.	*Uwe said he had (coll.: has) no time.*
SUBJUNCTIVE I	Uwe sagte, er **habe** keine Zeit.	

Direct discourse or direct quotation is used to repeat the exact words of another person. In writing, the direct quotation is set off by quotation marks.

Indirect discourse is used to report what someone else has said. The pronouns change in indirect discourse to correspond to the perspective of the speaker. Uwe speaks of himself and says "**ich**." When you report his message, you refer to Uwe as "**er**." Indirect quotation is used more frequently than direct quotation to report what someone has said.

Uwe sagte, er hätte/habe keine Zeit. → Uwe sagte, **dass** er keine Zeit **hätte/habe**.

The conjunction **dass** may or may not be stated in indirect discourse. Usually indirect quotations are not introduced by **dass**. When **dass** is stated, the finite verb is in last position.

To report what someone else has said, German speakers may use one of two possible subjunctive forms: subjunctive II (e.g., **er hätte**) or subjunctive I (e.g., **er habe**). In everyday speech many German speakers frequently use the indicative instead of the subjunctive: Uwe sagte, er **hat** keine Zeit.

11 Subjunctive II

Present-Time: Karen sagte, sie **könnte** zur Umweltschutz-Demonstration nicht mitkommen.
Karen said she couldn't come along to the demonstration for protection of the environment.

Past-Time: Fügen sagte, Karen **hätte sich** noch nie für Umweltschutz **interessiert.**
Fügen said Karen had never been interested in environmental protection (matters).

In colloquial German, speakers may use subjunctive II (see *Kapitel 8*) to report what someone else has said, i.e., for indirect discourse.

Paul sagte, er **würde** zur Demonstration **mitgehen,** wenn er könnte.   *Paul said he would go along to the demonstration if he could.*

However, in everyday spoken German the **würde**-construction is used with most verbs. The exceptions are: **wäre, hätte, wüsste,** and the modals (**dürfte, könnte, möchte, müsste, sollte, wollte**).

12 Subjunctive I°

Der Polizist behauptete, er **habe** es **gesehen**.	*The policeman claimed he had seen (coll.: saw) it.*

German also uses subjunctive I (also called the special subjunctive) for indirect discourse. Subjunctive I usually occurs in formal German, which is used in newspapers, official statements, TV reporting, and literary works. Subjunctive I is also used in certain kinds of wishes and commands (see Section 17 of this chapter).

13 Present-time subjunctive I°

ich gehe	*wir* gehen
du gehest	*ihr* gehet
er/es/sie gehe	*sie* gehen
Sie gehen	

Present-time subjunctive I is composed of the infinitive stem plus the above subjunctive endings. Note that the endings are the same for both subjunctive I and II (see *Kapitel 8*, Section 3).

Most subjunctive I forms are the same as the indicative forms. Subjunctive I forms that are identical to the indicative are never used (e.g., **ich gehe, wir/sie gehen**). Instead subjunctive II forms must be used. The use of subjunctive I is generally limited to the third-person singular, since that form is clearly distinct from the indicative.

Note that the subjunctive I second-person singular and plural (**du gehest, ihr gehet; du gebest, ihr gebet**) are also distinct from the indicative, but these forms are considered literary and in colloquial German are usually replaced by subjunctive II.

INFINITIVE	SUBJUNCTIVE I (**er/es/sie**-form)	INDICATIVE (**er/es/sie**-form)
dürfen	**dürfe**	darf
können	**könne**	kann
mögen	**möge**	mag
müssen	**müsse**	muss
sollen	**solle**	soll
wollen	**wolle**	will
haben	**habe**	hat
sein	**sei**	ist
werden	**werde**	wird
geben	**gebe**	gibt
schlafen	**schlafe**	schläft
sehen	**sehe**	sieht
wissen	**wisse**	weiß

Modals and verbs that have stem-vowel or other changes in the second- and third-person singular forms of the indicative do not undergo vowel change in subjunctive I.

> Paul sagte, er **habe** keine Zeit, aber seine Kollegen meinten, sie dagegen **hätten** sehr viel Zeit.

The subjunctive II form (e.g., **hätten**) must be used in the above sentence because the subjunctive I **haben** is identical to the indicative, and such identical forms are never used.

14 Subjunctive I of *sein*

ich **sei**	*wir* **seien**
du **sei(e)st**	*ihr* **sei(e)t**
er/es/sie **sei**	*sie* **seien**
Sie **seien**	

Note that **sei** (subjunctive I form of **sein**) does not have the **-e** ending characteristic of the **ich-** and **er/es/sie**-forms in subjunctive I.

Meine Freunde sagten, sie **seien** zufrieden.	*My friends said they **were** satisfied.*
Doris sagte, sie **sei** nicht zufrieden.	*Doris said she **was** not satisfied.*

Sei occurs frequently in indirect discourse, since the forms are clearly different from the indicative.

15 Past-time subjunctive I°

Konjunktiv I der Vergangenheit

Ein Journalist meinte, das Fernsehen **habe** zu negativ über die Demonstration **berichtet**.	*A journalist said TV **had reported** too negatively about the demonstration.*
Eine Polizistin sagte, die Demonstration **sei** friedlich **gewesen**.	*A policewoman said the demonstration **had been** peaceful.*

Past-time subjunctive I consists of the subjunctive I forms of the auxiliaries **haben** (**habe**) or **sein** (**sei**) plus the past participle of the main verb.

16 Future-time subjunctive I°

Konjunktiv I der Zukunft

Die Wissenschaftlerin sagte, man **werde** die Umweltprobleme bald **lösen müssen**.	*A scientist said one **would have to solve** the environmental problems soon.*
Der Politiker versprach, seine Partei **werde** offen darüber **diskutieren**.	*The politician promised his party **would discuss** them (the matters) frankly.*

Future-time subjunctive I consists of the subjunctive I forms of the auxiliary **werden** (**werde**) plus a dependent infinitive.

17 Subjunctive I in wishes, commands, and requests

Certain wishes:

Gott **gebe** es!	*May God grant that.*
Möge er noch lange leben!	*May he live long.*
Gott **sei** Dank!	*Thank God.*

Certain commands and wishes:

Nehmen wir als Beispiel ...	*Let's take as an example . . .*
Essen wir!	*Let's eat!*
So **sei** es!	*So be it!*
Seien wir froh, dass alles vorbei ist.	*Let's be glad it's all over.*

Subjunctive I is used in certain standard wishes, commands, or requests.

18 Indirect discourse: Tenses

a Indirect discourse in present time

Dieter sagte, er **könnte/könne** heute nicht arbeiten.	*Dieter said he couldn't work today.*
Er sagte, er **wäre/sei** krank.	*He said he was ill.*

The present-time subjunctive, either II (**könnte, wäre**) or I (**könne, sei**), shows that the action or event was happening at the same time the speaker was telling about it. Dieter was ill when he commented on it. The verb in the introductory statement can be in any tense and does not affect the time category of the indirect quotation. In the sentences above, the verb **sagte** is simple past indicative.

b Indirect discourse in past time

Lore sagte, sie **hätte/habe** gestern **angerufen**.	*Lore said she had called yesterday.*
Lucy erklärte, sie **hätte/habe** das nicht **wissen können**.	*Lucy explained she couldn't have known that.*

The past-time subjunctive, either II (**hätte angerufen, hätte wissen können**) or I (**habe angerufen, habe wissen können**), shows that the action or event happened at a time prior to the moment when the statement was made. In the examples above, Lore called the day before she talked about it, and Lucy explained she did not know that previously. The verb in the introductory statement can be in any tense and does not affect the time category of the indirect quotation.

C Indirect discourse in future time

Anton sagte, er **würde/werde** es   *Anton said he would do it later.*
später **machen**.

The future-time subjunctive, either II (**würde machen**) or I (**werde machen**), shows that the action or event will happen at a time after the statement was made. The verb in the introductory statement can be in any tense and does not affect the time category of the indirect quotation.

H **Schwere Stürme in Europa.** Nach den schweren Winterstürmen der letzten Jahre in Europa wird viel über Treibhauseffekt und Klimaveränderungen diskutiert. An der Universität München führen ein Wissenschaftler und eine Politikerin eine öffentliche Diskussion über dieses Thema. Anja erzählt ihrem Freund Michael von der Veranstaltung°. Benutzen Sie den Konjunktiv II oder Konjunktiv I der Gegenwart.

event

▷ Frau Dr. Haller sagt: Der Treibhauseffekt hat einen großen Einfluss auf unser Klima.
  Frau Dr. Haller sagt, der Treibhauseffekt hätte (habe) einen großen Einfluss auf unser Klima.

1. Frau Dr. Haller meint: Die Atmosphäre ist heute 0,7° Celsius wärmer als 1850.
2. Frau Dr. Haller warnt: Schwere Stürme und lange Hitzeperioden° sind sicher bald der normale Zustand.

heat waves

3. Frau Dr. Haller sagt auch: Man muss den Ausstoß° von Kohlendioxid° drastisch reduzieren.

emission / carbon dioxide

4. Herr Dr. Ziegler erwidert°: Klimaveränderungen sind nichts Ungewöhnliches in der Geschichte der Erde.

responds

5. Herr Dr. Ziegler sagt: Man darf nicht nur den Treibhauseffekt dafür verantwortlich machen.
6. Herr Dr. Ziegler meint weiter: Man weiß heute noch viel zu wenig über das Klima.

I **Kleine Umweltsünden°.** Hendrik erzählt seiner Freundin Claudia, dass er bis vor kurzem nicht sehr umweltbewusst gelebt hat. Claudia berichtet ihrer Freundin Susanne davon. Benutzen Sie den Konjunktiv II oder Konjunktiv I der Vergangenheit.

environmental sins

▷ Ich habe nie den Bus oder den Zug genommen.
  Hendrik erzählte, dass er nie den Bus oder den Zug genommen hätte (habe).

1. Ich bin auch kurze Strecken° immer mit dem Auto gefahren.

stretches

2. Ich bin selten zu Fuß gegangen.
3. Ich habe die Heizung° immer ganz hoch gestellt.

heating

4. Dabei° habe ich die Fenster offen gelassen.

At the same time

5. Die Lichter habe ich manchmal auch nachts nicht ausgemacht.
6. Doch mein Bruder hat mich zu umweltbewussterem Verhalten erzogen.

J **Unsere Zukunft.** Sandra malt sich aus°, wie unsere Welt wohl in 100 Jahren aussehen wird. Erzählen Sie, wie sie sich die Zukunft vorstellt. Benutzen Sie Konjunktiv II oder Konjunktiv I der Zukunft.

sich ausmalen: to imagine

▷ Man wird sicher nicht mehr in Autos fahren.
Sandra sagte, man würde (werde) sicher nicht mehr in Autos fahren.

1. Man wird Nahrungsmittel° sicher synthetisch herstellen.

food

2. Die Medizin wird sicher viele Krankheiten heilen°.

cure

3. Die Menschheit° wird wohl neue Planeten entdecken.

mankind

4. Vielleicht wird man sogar auf anderen Planeten leben.

5. Hoffentlich wird unsere Umwelt wieder intakt sein.

19 Indirect yes/no questions

Werner fragte Antje: „**Hast** du den Schlüssel **gefunden**?"	Werner asked Antje, "**Did you find** the key?"
Werner fragte Antje, **ob** sie den Schlüssel **gefunden hätte/habe**.	Werner asked Antje **if** (whether) she **had found** the key.

An indirect yes/no question is introduced by **ob** (*if, whether*). In colloquial German the verb is usually in subjunctive II (e.g., **gefunden hätte**); in formal written German it is in subjunctive I (e.g., **gefunden habe**). Indicative is also possible (e.g., **ob sie den Schlüssel gefunden hat**). Note that the verb in indirect yes/no questions is in final position.

20 Indirect informational questions

Werner fragte Antje: „Wo **hast** du den Schlüssel **gefunden**?"	Werner asked Antje, "Where **did you find** the key?"
Werner fragte Antje, **wo** sie den Schlüssel **gefunden hätte/habe**.	Werner asked Antje **where** she **had found** the key.

An indirect informational question, which elicits specific information, is introduced by an interrogative that functions like a subordinating conjunction. In colloquial German the verb is usually in subjunctive II (e.g., **gefunden hätte**); in formal written German it is in subjunctive I (e.g., **gefunden habe**). Indicative is also possible (e.g., **wo sie den Schlüssel gefunden hat**). Note that the verb in indirect informational questions is in final position.

Questions in indirect discourse, like statements, may occur in present, past, or future time.

K **Reise nach Österreich.** Paul ist nach Österreich gefahren und hat dort einen Naturpark besucht. Erzählen Sie, was Sie ihn nach seiner Rückkehr° *return* alles gefragt haben. Sprechen Sie im Konjunktiv II oder Konjunktiv I der Vergangenheit.

▷ Bist du mit dem Zug gefahren?
Wir fragten ihn, ob er mit dem Zug gefahren wäre (sei).

1. Bist du allein gefahren?
2. Welchen Naturpark hast du besucht?
3. Bist du viel gewandert?
4. Hast du schwierige Bergtouren gemacht?
5. Bist du in einem Gebirgssee geschwommen?
6. Warum bist du nicht länger geblieben?

21 Indirect commands

DIRECT	Kai sagte zu mir: „**Komm** doch **mit**.“	*Kai said to me, "Come along."*
INDIRECT	Kai sagte zu mir, ich **sollte/solle** doch **mitkommen**. Kai sagte mir,	*Kai told me that I should come along. Kai told me to come along.*

In German, an indirect command uses the subjunctive II (e.g., **sollte**) or I (e.g., **solle**) form of the modal **sollen** plus infinitive. The English equivalents can be expressed in two ways: with *should* plus the main verb, or with an infinitive (e.g., *to come along*).

L **Eine Hitzewelle°.** Seit Wochen hat es nicht geregnet und es ist sehr heiß. *heat wave* Die Leute werden dazu angehalten° Wasser zu sparen. Frau Weigand gibt *urged* ihrem Mann Tipps, wie er Wasser sparen kann. Sie sind jetzt Herr Weigand und erzählen, was Ihnen Frau Weigand geraten hat. Benutzen Sie Konjunktiv II oder Konjunktiv I.

▷ Nimm kein Bad, sondern lieber eine Dusche.
Marianne hat gesagt, ich sollte (solle) kein Bad, sondern lieber eine Dusche nehmen.

1. Dusch aber nicht so lange.
2. Lass beim Zähneputzen nicht das Wasser laufen.
3. Wasch nicht so oft dein Auto.
4. Verbrauch° nicht so viel Wasser bei der Gartenarbeit. *use*
5. Putz nicht unnötig oft das Aquarium.

22 Summary: Indirect discourse

1. The subjunctive in indirect discourse may occur in two forms:

Subjunctive II: Karla sagte, sie **hätte** keine Zeit.
Subjunctive I: Karla sagte, sie **habe** keine Zeit.

Subjunctive II is more common in colloquial German.

2. The English equivalent of subjunctive II and subjunctive I is the same.

II: Dieter sagte, **er wäre** zufrieden. ⎫
I: Dieter sagte, er **sei** zufrieden. ⎭ *Dieter said he was content.*

3. In everyday speech, the indicative is often used in indirect quotations:

Karla sagt, sie **hat** keine Zeit.

4. In spoken German, some speakers use indicative and subjunctive II or I interchangeably in indirect discourse:

Indicative: Karin sagte, sie **kann** es nicht **verstehen.**
Subjunctive: Karin sagte, sie **könnte/könne** es nicht **verstehen.**

5. In formal German found in official statements, media reports, and literature, subjunctive I is generally required in indirect discourse.

Der Fahrer behauptet, er **sei** nur 80 Stundenkilometer **gefahren.**

6. Subjunctive II always replaces subjunctive I when the subjunctive I forms are identical to the indicative forms. Compare the following sentences:

Subjunctive II: Der Redner sagte, die Leute **hätten** es nicht **verstanden.**
Not subjunctive I: Der Redner sagte, die Leute **haben** es nicht **verstanden.**

7. Indirect discourse occurs in three time categories: present-time, past-time, and future-time. The time used depends on the tense used in the direct quotation.

(M) Mehr Umweltschutz. Als Reporterin oder Reporter berichten Sie über einen Informationsabend der Grünen. Schreiben Sie in Ihrem Zeitungsartikel, was einer der Redner gesagt hat. Benutzen Sie Konjunktiv I.

▷ Man muss mehr öffentliche Verkehrsmittel benutzen.
Der Redner sagte, man müsse mehr öffentliche Verkehrsmittel benutzen.

1. Die Luft soll reingehalten werden.
2. Es muss mehr Energie gespart werden.
3. Jeder soll weniger Auto fahren.
4. Jeder Einzelne trägt Verantwortung für die Zukunft.
5. Wir haben schon zu viel Zeit verloren. (Benutzen Sie Konjunktiv II).
6. Unsere Seen sind schmutzig.
7. In den Flüssen sind schon viele Fische gestorben.

(N) Kurze Aufsätze

1. Sie hatten ein Interview mit einer bekannten Persönlichkeit. Berichten Sie in einem kurzen Zeitungsartikel, was diese Person gesagt hat. Benutzen Sie indirekte Rede.

2. Für welche Umweltthemen interessieren Sie sich? Gibt es Umweltprobleme, um die Sie sich Sorgen machen? Wird heute schon etwas dagegen unternommen? Beschreiben Sie, wie man diese Umweltprobleme vielleicht richtig lösen könnte.

Reference Section

Appendix of Grammatical Tables

1 Personal pronouns

NOMINATIVE	ich	du	er	es	sie	wir	ihr	sie	Sie
ACCUSATIVE	mich	dich	ihn	es	sie	uns	euch	sie	Sie
DATIVE	mir	dir	ihm	ihm	ihr	uns	euch	ihnen	Ihnen

2 Reflexive pronouns

	ICH	DU	ER/ES/SIE	WIR	IHR	SIE	SIE
ACCUSATIVE	mich	dich	sich	uns	euch	sich	sich
DATIVE	mir	dir	sich	uns	euch	sich	sich

3 Interrogative pronouns

NOMINATIVE	wer	was
ACCUSATIVE	wen	was
DATIVE	wem	
GENITIVE	wessen	

4 Relative and demonstrative pronouns

	MASCULINE	NEUTER	FEMININE	PLURAL
NOMINATIVE	der	das	die	die
ACCUSATIVE	den	das	die	die
DATIVE	dem	dem	der	denen
GENITIVE	dessen	dessen	deren	deren

5 Definite articles

	MASCULINE	NEUTER	FEMININE	PLURAL
NOMINATIVE	der	das	die	die
ACCUSATIVE	den	das	die	die
DATIVE	dem	dem	der	den
GENITIVE	des	des	der	der

6 *Der*-words

	MASCULINE	NEUTER	FEMININE	PLURAL
NOMINATIVE	dieser	dieses	diese	diese
ACCUSATIVE	diesen	dieses	diese	diese
DATIVE	diesem	diesem	dieser	diesen
GENITIVE	dieses	dieses	dieser	dieser

The **der**-words are **dieser, jeder, jener, mancher, solcher,** and **welcher.**

7 Indefinite articles and *ein*-words

	MASCULINE	NEUTER	FEMININE	PLURAL
NOMINATIVE	ein	ein	eine	keine
ACCUSATIVE	einen	ein	eine	keine
DATIVE	einem	einem	einer	keinen
GENITIVE	eines	eines	einer	keiner

The **ein**-words include **kein** and the possessive adjectives: **mein, dein, sein, ihr, unser, euer, ihr,** and **Ihr.**

8 Plural of nouns

TYPE	PLURAL SIGNAL	SINGULAR	PLURAL	NOTES
1	Ø (no change) ¨ (umlaut)	das Zimmer der Mantel	**die Zimmer** **die Mäntel**	masc. and neut. nouns ending in **-el, -en, -er**
2	**-e** **¨e**	der Tisch der Stuhl	**die Tische** **die Stühle**	
3	**-er** **¨er**	das Bild das Buch	**die Bilder** **die Bücher**	Stem vowel **e** or **i** cannot take umlaut Stem vowel **a, o, u** takes umlaut
4	**-en** **-n** **-nen**	die Uhr die Lampe die Freundin	**die Uhren** **die Lampen** **die Freundinnen**	
5	**-s**	das Radio	**die Radios**	Mostly foreign words

9 Masculine *N*-nouns

	SINGULAR	PLURAL
NOMINATIVE	der Herr	die Herren
ACCUSATIVE	den Herr**n**	die Herren
DATIVE	dem Herr**n**	den Herren
GENITIVE	des Herr**n**	der Herren

Some other masculine **N**-nouns are **der Bauer, der Journalist, der Junge, der Jurist, der Kollege, der Komponist, der Kunde, der Mensch, der Nachbar, der Neffe, der Patient, der Pilot, der Polizist, der Präsident, der Psychologe, der Soldat, der Student, der Tourist, der Zeuge.**

A few masculine **N**-nouns add **-ns** in the genitive: **der Name > des Namens; der Gedanke > des Gedankens; der Glaube > des Glaubens.**

10 Preceded adjectives

	MASCULINE	NEUTER	FEMININE	PLURAL
NOM.	der **alte** Tisch ein **alter** Tisch	das **alte** Buch ein **altes** Buch	die **alte** Uhr eine **alte** Uhr	die **alten** Bilder keine **alten** Bilder
ACC.	den **alten** Tisch einen **alten** Tisch	das **alte** Buch ein **altes** Buch	die **alte** Uhr eine **alte** Uhr	die **alten** Bilder keine **alten** Bilder
DAT.	dem **alten** Tisch einem **alten** Tisch	dem **alten** Buch einem **alten** Buch	der **alten** Uhr einer **alten** Uhr	den **alten** Bildern keinen **alten** Bildern
GEN.	des **alten** Tisches eines **alten** Tisches	des **alten** Buches eines **alten** Buches	der **alten** Uhr einer **alten** Uhr	der **alten** Bilder keiner **alten** Bilder

11 Unpreceded adjectives

	MASCULINE	NEUTER	FEMININE	PLURAL
NOMINATIVE	kalt**er** Wein	kalt**es** Bier	kalt**e** Milch	alt**e** Leute
ACCUSATIVE	kalt**en** Wein	kalt**es** Bier	kalt**e** Milch	alt**e** Leute
DATIVE	kalt**em** Wein	kalt**em** Bier	kalt**er** Milch	alt**en** Leuten
GENITIVE	kalt**en** Weines	kalt**en** Bieres	kalt**er** Milch	alt**er** Leute

12 Nouns declined like adjectives

a Preceded by definite articles or *der*-words

	MASCULINE	NEUTER	FEMININE	PLURAL
NOMINATIVE	der Deutsche	das Gute	die Deutsche	die Deutschen
ACCUSATIVE	den Deutschen	das Gute	die Deutsche	die Deutschen
DATIVE	dem Deutschen	dem Guten	der Deutschen	den Deutschen
GENITIVE	des Deutschen	des Guten	der Deutschen	der Deutschen

b Preceded by indefinite article or *ein*-words

	MASCULINE	NEUTER	FEMININE	PLURAL
NOMINATIVE	ein Deutsch**er**	ein Gutes	eine Deutsche	keine Deutschen
ACCUSATIVE	einen Deutschen	ein Gutes	eine Deutsche	keine Deutschen
DATIVE	einem Deutschen	einem Guten	einer Deutschen	keinen Deutschen
GENITIVE	eines Deutschen	—	einer Deutschen	keiner Deutschen

Other nouns declined like adjectives are **der/die Angestellte, Behinderte, Bekannte, Erwachsene, Fremde, Jugendliche, Reisende, Verwandte.**
NOTE: **der Beamte** but **die Beamtin.**

13 Comparative and superlative

Some one-syllable adjectives that take umlaut in their comparative and superlative forms, e.g., **alt, älter, ältest-.**

alt	**kalt**	**oft**
arm	**klug**	**scharf**
dumm	**krank**	**schwach**
hart	**kurz**	**stark**
jung	**lang**	**warm**

14 Comparison of irregular adjectives and adverbs

BASE FORM	bald	gern	gut	hoch	nah	viel
COMPARATIVE	eher	lieber	besser	höher	näher	mehr
SUPERLATIVE	am ehesten	am liebsten	best-	höchst-	nächst-	meist-

15 Prepositions

WITH ACCUSATIVE	WITH DATIVE	WITH EITHER ACCUSATIVE OR DATIVE	WITH GENITIVE
bis	aus	an	(an)statt
durch	außer	auf	trotz
entlang	bei	hinter	während
für	entgegen	in	wegen
gegen	gegenüber	neben	diesseits
ohne	mit	über	jenseits
um	nach	unter	innerhalb
wider	seit	vor	außerhalb
	von	zwischen	oberhalb
	zu		unterhalb

16 Verbs and prepositions with special meanings

abhängen von
achten auf (+ *acc.*)
anfangen mit
anrufen bei
antworten auf (+ *acc.*)
arbeiten bei (at a company)
aufhören mit
beginnen mit
sich beschäftigen mit
bestehen aus
bitten um
blicken auf (+ *acc.*)
danken für
denken an (+ *acc.*)

diskutieren über (+ *acc.*)
sich erinnern an (+ *acc.*)
erkennen an (+ *dat.*)
erzählen über (+ *acc.*) or **von**
fahren mit (by a vehicle)
fliehen vor (+ *dat.*)
fragen nach
sich freuen auf (+ *acc.*)
sich freuen über (+ *acc.*)
sich fürchten vor (+ *dat.*)
sich gewöhnen an (+ *acc.*)
glauben an (+ *acc.*)
halten für
halten von

helfen bei
hoffen auf (+ *acc.*)
sich interessieren für
klettern auf (+ *acc.*)
sich kümmern um
lachen über (+ *acc.*)
lächeln über (+ *acc.*)
leiden an (+ *dat.*)
mitmachen bei (with a group)
reden über (+ *acc.*) or **von**
riechen nach
schicken nach
schimpfen auf (+ *acc.*)
schreiben an (+ *acc.*)

schreiben über (+ *acc.*)
sorgen für
sprechen über (+ *acc.*) or **von**
sterben an (+ *dat.*)
studieren an or auf (+ *dat.*)
suchen nach

teilnehmen an (+ *dat.*)
vergleichen mit
sich vorbereiten auf (+ *acc.*)
warnen vor (+ *dat.*)
warten auf (+ *acc.*)
sich wenden an (+ *acc.*)

werden aus
wissen über (+ *acc.*) or **von**
wohnen bei
zeigen auf (+ *acc.*)
zweifeln an (+ *acc.*)

17 Idiomatic combinations of nouns and prepositions

Angst vor (+ *dat.*)   fear of
Freude über (+ *acc.*)   joy over/in; **Freude an** (+ *dat.*)   pleasure in/from
Interesse an (+ *dat.*); **Interesse für**   interest in
Lust an (+ *dat.*)   pleasure in; **Lust auf** (+ *acc.*)   feel like, desire for
Mitleid mit   sympathy with
Schuld an (+ *dat.*)   guilty of
Sehnsucht nach   longing for

18 Dative verbs

antworten	erlauben	gelingen	Leid tun	schmecken
befehlen	fehlen	genügen	nützen	trauen
begegnen [ist]	folgen [ist]	geschehen [ist]	passen	verzeihen
danken	gefallen	glauben	passieren [ist]	wehtun
dienen	gehorchen	gratulieren	raten	zuhören
einfallen [ist]	gehören	helfen	schaden	zusehen

The verbs **glauben, erlauben,** and **verzeihen** may take an impersonal accusative object: **ich glaube es, ich erlaube es.**

19 Adjectives with the dative case

ähnlich	(un)bewusst	(un)gleich	nahe	teuer
(un)angenehm	böse	(un)klar	peinlich	wert
(un)bekannt	(un)dankbar	lieb	(un)recht	(un)wichtig
(un)bequem	fremd	(un)möglich	(un)schuldig	willkommen

20 Present tense

	lernen[1]	arbeiten[2]	tanzen[3]	geben[4]	lesen[5]	fahren[6]	laufen[7]	auf·stehen[8]
ich	lerne	arbeite	tanze	gebe	lese	fahre	laufe	stehe … auf
du	lernst	arbeitest	tanzt	gibst	liest	fährst	läufst	stehst … auf
er/es/sie	lernt	arbeitet	tanzt	gibt	liest	fährt	läuft	steht … auf
wir	lernen	arbeiten	tanzen	geben	lesen	fahren	laufen	stehen … auf
ihr	lernt	arbeitet	tanzt	gebt	lest	fahrt	lauft	steht … auf
sie	lernen	arbeiten	tanzen	geben	lesen	fahren	laufen	stehen … auf
Sie	lernen	arbeiten	tanzen	geben	lesen	fahren	laufen	stehen … auf
IMPER. SG.	lern(e)	arbeite	tanz(e)	gib	lies	fahr(e)	lauf(e)	steh(e) … auf

1. The endings are used for all verbs except the modals and **wissen, werden,** and **sein.**
2. A verb with a stem ending in **-d** or **-t** has an **-e** before the **-st** and **-t** endings. A verb with a stem ending in **-m** or **-n** preceded by another consonant has an **e** before the **-st** and **-t** endings, e.g., **es regnet (regnen).**

   EXCEPTION: If the stem of the verb ends in **-m** or **-n** preceded by **-l** or **-r,** the **-st** and **-t** do not expand, e.g., **lernst, lernt (lernen).**
3. The **-st** ending of the second person contracts to **-t** when the verb stem ends in a sibilant **(-s, -ss, -ß, -z,** or **-tz).** Thus the second and third persons are identical.
4. Some strong verbs have a stem-vowel change **e > i** in the second- and third-person singular and the imperative singular.
5. Some strong verbs have a stem-vowel change **e > ie** in the second- and third-person singular and the imperative singular. The strong verbs **gehen, heben,** and **stehen** do not change their stem vowel, e.g., **er/sie geht, hebt, steht.**
6. Some strong verbs have a stem-vowel change **a > ä** in the second- and third-person singular.
7. Some strong verbs have a stem-vowel change **au > äu** in the second- and third-person singular.
8. In the present tense, separable prefixes are separated from the verb and are in last position.

21 Simple past tense

	WEAK VERBS		STRONG VERBS
	lernen[1]	arbeiten[2]	geben[3]
ich	lernte	arbeitete	gab
du	lerntest	arbeitetest	gabst
er/es/sie	lernte	arbeitete	gab
wir	lernten	arbeiteten	gaben
ihr	lerntet	arbeitetet	gabt
sie	lernten	arbeiteten	gaben
Sie	lernten	arbeiteten	gaben

1. Weak verbs have the past-tense marker **-te** plus endings.
2. A weak verb with a stem ending in **-d** or **-t** has a past-tense marker **-ete** plus endings. A weak verb with a stem ending in **-m** or **-n** preceded by another consonant has a past-tense marker **-ete** plus endings, e.g., **regnete.**

   EXCEPTION: If the verb stem ends in **-m** or **-n** preceded by **-l** or **-r,** the **-te** past-tense marker does not expand, e.g., **lernte.**
3. Strong verbs have a stem-vowel change plus endings.

22 Auxiliaries *haben, sein, werden*

ich	habe	bin	werde
du	hast	bist	wirst
er/es/sie	hat	ist	wird
wir	haben	sind	werden
ihr	habt	seid	werdet
sie	haben	sind	werden
Sie	haben	sind	werden

Imperative of *sein* and *werden*

	IMPERATIVE	
FAMILIAR SINGULAR	sei	werde
FAMILIAR PLURAL	seid	werdet
FORMAL	seien Sie	werden Sie

23 Modal auxiliaries: present, simple past, and past participle

	dürfen	können	mögen	(möchte)	müssen	sollen	wollen
ich	darf	kann	mag	(möchte)	muss	soll	will
du	darfst	kannst	magst	(möchtest)	musst	sollst	willst
er/es/sie	darf	kann	mag	(möchte)	muss	soll	will
wir	dürfen	können	mögen	(möchten)	müssen	sollen	wollen
ihr	dürft	könnt	mögt	(möchtet)	müsst	sollt	wollt
sie	dürfen	können	mögen	(möchten)	müssen	sollen	wollen
Sie	dürfen	können	mögen	(möchten)	müssen	sollen	wollen
SIMPLE PAST	durfte	konnte	mochte		musste	sollte	wollte
PAST PARTICIPLE	gedurft	gekonnt	gemocht		gemusst	gesollt	gewollt

24 Verb conjugations: strong verbs *sehen* and *gehen*

a Indicative

	PRESENT		SIMPLE PAST	
ich	sehe	gehe	sah	ging
du	siehst	gehst	sahst	gingst
er/es/sie	sieht	geht	sah	ging
wir	sehen	gehen	sahen	gingen
ihr	seht	geht	saht	gingt
sie	sehen	gehen	sahen	gingen
Sie	sehen	gehen	sahen	gingen

	PRESENT PERFECT				PAST PERFECT			
ich	habe		bin		hatte		war	
du	hast		bist		hattest		warst	
er/es/sie	hat		ist		hatte		war	
wir	haben	gesehen	sind	gegangen	hatten	gesehen	waren	gegangen
ihr	habt		seid		hattet		wart	
sie	haben		sind		hatten		waren	
Sie	haben		sind		hatten		waren	

FUTURE				
ich	werde		werde	
du	wirst		wirst	
er/es/sie	wird		wird	
wir	werden	} sehen	werden	} gehen
ihr	werdet		werdet	
sie	werden		werden	
Sie	werden		werden	

b Imperative

IMPERATIVE		
FAMILIAR SINGULAR	sieh	geh
FAMILIAR PLURAL	seht	geht
FORMAL	sehen Sie	gehen Sie

c Subjunctive

PRESENT-TIME SUBJUNCTIVE				
	Subjunctive II		Subjunctive I	
ich	sähe	ginge	(sehe)★	(gehe)★
du	sähest	gingest	sehest	gehest
er/es/sie	sähe	ginge	sehe	gehe
wir	sähen	gingen	(sehen)★	(gehen)★
ihr	sähet	ginget	sehet	gehet
sie	sähen	gingen	(sehen)★	(gehen)★
Sie	sähen	gingen	(sehen)★	(gehen)★

PAST-TIME SUBJUNCTIVE							
	Subjunctive II				Subjunctive I		
ich	hätte		wäre		(habe)★		sei
du	hättest		wärest		habest		seiest
er/es/sie	hätte		wäre		habe		sei
wir	hätten	} gesehen	wären	} gegangen	(haben)★	} gesehen	seien	} gegangen
ihr	hättet		wäret		habet		seiet
sie	hätten		wären		(haben)★		seien
Sie	hätten		wären		(haben)★		seien

FUTURE-TIME SUBJUNCTIVE							
	Subjunctive II				Subjunctive I		
ich	würde		würde		(werde)★		(werde)★
du	würdest		würdest		werdest		werdest
er/es/sie	würde		würde		werde		werde
wir	würden	} sehen	würden	} gehen	(werden)★	} sehen	(werden)★	} gehen
ihr	würdet		würdet		(werdet)★		(werdet)★
sie	würden		würden		(werden)★		(werden)★
Sie	würden		würden		(werden)★		(werden)★

★The subjunctive I forms in parentheses are replaced by subjunctive II forms.

d Passive voice

	PRESENT PASSIVE	PAST PASSIVE
ich	werde	wurde
du	wirst	wurdest
er/es/sie	wird	wurde
wir	werden ⎫ gesehen	wurden ⎫ gesehen
ihr	werdet	wurdet
sie	werden	wurden
Sie	werden ⎭	wurden ⎭

	PRESENT PERFECT PASSIVE	PAST PERFECT PASSIVE
ich	bin	war
du	bist	warst
er/es/sie	ist	war
wir	sind ⎫ gesehen worden	waren ⎫ gesehen worden
ihr	seid	wart
sie	sind	waren
Sie	sind ⎭	waren ⎭

	FUTURE PASSIVE
ich	werde
du	wirst
er/es/sie	wird
wir	werden ⎫ gesehen werden
ihr	werdet
sie	werden
Sie	werden ⎭

25 Principal parts of strong and irregular weak verbs

The following list includes all the strong verbs and irregular weak verbs used in this book. Compound verbs like **hereinkommen** and **hinausgehen** are not included since the principal parts of those compound verbs are identical to the basic forms **kommen** and **gehen.** Inseparable-prefix verbs like **beweisen** are included only when the basic verb **(weisen)** is not listed elsewhere in the table. Basic English equivalents are given for all verbs in this list. For additional meanings consult the German-English end vocabulary.

REMINDER: The subjunctive II forms of most verbs listed below are felt today to be stilted and many are obsolete. The **würde**-construction is used in place of the subjunctive forms. For the few exceptions see *Kapitel 8*, Sections 7 and 16.

INFINITIVE	PRESENT-TENSE VOWEL CHANGE	SIMPLE PAST	PAST PARTICIPLE	SUBJUNCTIVE II	MEANING
anfangen	fängt an	fing an	angefangen	finge an	*to begin*
backen	bäckt/backt	backte	gebacken	backte	*to bake*
befehlen	befiehlt	befahl	befohlen	befähle (beföhle)	*to command*
beginnen		begann	begonnen	begänne (begönne)	*to begin*
beißen		biss	gebissen	bisse	*to bite*
betrügen		betrog	betrogen	betröge	*to deceive*
beweisen		bewies	bewiesen	bewiese	*to prove*
sich bewerben	bewirbt	bewarb	beworben	bewürbe	*to apply for*

INFINITIVE	PRESENT-TENSE VOWEL CHANGE	SIMPLE PAST	PAST PARTICIPLE	SUBJUNCTIVE II	MEANING
biegen		bog	gebogen	böge	to bend
bieten		bot	geboten	böte	to offer
binden		band	gebunden	bände	to bind
bitten		bat	gebeten	bäte	to request
bleiben		blieb	ist geblieben	bliebe	to remain
braten	brät	briet	gebraten	briete	to roast
brechen	bricht	brach	gebrochen	bräche	to break
brennen		brannte	gebrannt	brennte	to burn
bringen		brachte	gebracht	brächte	to bring
denken		dachte	gedacht	dächte	to think
einladen	lädt ein	lud ein	eingeladen	lüde ein	to invite
empfangen	empfängt	empfing	empfangen	empfinge	to receive
empfehlen	empfiehlt	empfahl	empfohlen	empföhle (empfähle)	to recommend
empfinden		empfand	empfunden	empfände	to feel
entscheiden		entschied	entschieden	entschiede	to decide
erschrecken	erschrickt	erschrak	erschrocken	erschräke	to be frightened
essen	isst	aß	gegessen	äße	to eat
fahren	fährt	fuhr	ist gefahren	führe	to drive; to travel
fallen	fällt	fiel	ist gefallen	fiele	to fall
fangen	fängt	fing	gefangen	finge	to catch
finden		fand	gefunden	fände	to find
fliegen		flog	ist geflogen	flöge	to fly
fliehen		floh	ist geflohen	flöhe	to flee
fließen		floss	ist geflossen	flösse	to flow
fressen	frisst	fraß	gefressen	fräße	to eat (of animals)
frieren		fror	gefroren	fröre	to freeze
geben	gibt	gab	gegeben	gäbe	to give
gefallen	gefällt	gefiel	gefallen	gefiele	to please
gehen		ging	ist gegangen	ginge	to go
gelingen		gelang	ist gelungen	gelänge	to succeed
gelten	gilt	galt	gegolten	gälte	to be valid
genießen		genoss	genossen	genösse	to enjoy
geschehen	geschieht	geschah	ist geschehen	geschähe	to happen
gewinnen		gewann	gewonnen	gewönne (gewänne)	to win
graben	gräbt	grub	gegraben	grübe	to dig
greifen		griff	gegriffen	griffe	to grab
haben	hat	hatte	gehabt	hätte	to have
halten	hält	hielt	gehalten	hielte	to hold
hängen		hing	gehangen	hinge	to hang
heben		hob	gehoben	höbe	to lift
heißen		hieß	geheißen	hieße	to be called
helfen	hilft	half	geholfen	hülfe (hälfe)	to help
kennen		kannte	gekannt	kennte	to know
klingen		klang	geklungen	klänge	to sound
kommen		kam	ist gekommen	käme	to come
laden	lädt	lud	geladen	lüde	to load
lassen	lässt	ließ	gelassen	ließe	to let, permit
laufen	läuft	lief	ist gelaufen	liefe	to run
leiden		litt	gelitten	litte	to suffer
leihen		lieh	geliehen	liehe	to lend
lesen	liest	las	gelesen	läse	to read
liegen		lag	gelegen	läge	to lie
lügen		log	gelogen	löge	to tell a lie
nehmen	nimmt	nahm	genommen	nähme	to take

[handwritten note, right margin:] not a strong verb – use –tending

[handwritten note, right margin:] if verb not here

INFINITIVE	PRESENT-TENSE VOWEL CHANGE	SIMPLE PAST	PAST PARTICIPLE	SUBJUNCTIVE II	MEANING
nennen		nannte	genannt	nennte	to name
pfeifen		pfiff	gepfiffen	pfiffe	to whistle
raten	rät	riet	geraten	riete	to advise
reiten		ritt	ist geritten	ritte	to ride
rennen		rannte	ist gerannt	rennte	to run
riechen		roch	gerochen	röche	to smell
rufen		rief	gerufen	riefe	to call
schaffen		schuf	geschaffen	schüfe	to create
scheinen		schien	geschienen	schiene	to shine
schieben		schob	geschoben	schöbe	to push
schießen		schoss	geschossen	schösse	to shoot
schlafen	schläft	schlief	geschlafen	schliefe	to sleep
schlagen	schlägt	schlug	geschlagen	schlüge	to hit
schließen		schloss	geschlossen	schlösse	to shut
schneiden		schnitt	geschnitten	schnitte	to cut
schreiben		schrieb	geschrieben	schriebe	to write
schreien		schrie	geschrie(e)n	schriee	to cry out, scream
schweigen		schwieg	geschwiegen	schwiege	to be silent
schwimmen		schwamm	ist geschwommen	schwömme (schwämme)	to swim
sehen	sieht	sah	gesehen	sähe	to see
sein	ist	war	ist gewesen	wäre	to be
senden		sandte	gesandt	sendete	to send
singen		sang	gesungen	sänge	to sing
sinken		sank	ist gesunken	sänke	to sink
sitzen		saß	gesessen	säße	to sit
sprechen	spricht	sprach	gesprochen	spräche	to speak
springen		sprang	ist gesprungen	spränge	to spring
stehen		stand	gestanden	stünde (stände)	to stand
stehlen	stiehlt	stahl	gestohlen	stähle	to steal
steigen		stieg	ist gestiegen	stiege	to climb
sterben	stirbt	starb	ist gestorben	stürbe	to die
stoßen	stößt	stieß	gestoßen	stieße	to push
streiten		stritt	gestritten	stritte	to quarrel
tragen	trägt	trug	getragen	trüge	to carry, wear
treffen	trifft	traf	getroffen	träfe	to meet
treiben		trieb	getrieben	triebe	to drive
treten	tritt	trat	ist getreten	träte	to step; to kick
trinken		trank	getrunken	tränke	to drink
tun	tut	tat	getan	täte	to do
unterscheiden		unterschied	unterschieden	unterschiede	to distinguish
vergessen	vergisst	vergaß	vergessen	vergäße	to forget
verlieren		verlor	verloren	verlöre	to lose
verschwinden		verschwand	ist verschwunden	verschwände	to disappear
verzeihen		verzieh	verziehen	verziehe	to pardon
wachsen	wächst	wuchs	ist gewachsen	wüchse	to grow
waschen	wäscht	wusch	gewaschen	wüsche	to wash
wenden		wandte	gewandt	wendete	to turn
werden	wird	wurde	ist geworden	würde	to become
werfen	wirft	warf	geworfen	würfe	to throw
wiegen		wog	gewogen	wöge	to weigh
wissen	weiß	wusste	gewusst	wüsste	to know
ziehen		zog	gezogen	zöge	to pull, move
zwingen		zwang	gezwungen	zwänge	to compel

German-English Vocabulary

The German-English end vocabulary includes all words used in **Kaleidoskop** except common function words such as articles, pronouns, and possessive adjectives; days of the week; names of the months; numbers; obvious cognates; and words that are glossed in the margins but not used in exercises.

Words included in the basic list of 1,200 are marked with an asterisk (★). These words occur in the three standard frequency lists: *Das Zertifikat Deutsch als Fremdsprache* (Deutscher Volkshochschul-Verband and Goethe-Institut), *Grundwortschatz Deutsch* (Heinz Oeler), and *Grunddeutsch: Basic (Spoken) German Word List* (J. Alan Pfeffer).

The following abbreviations are used in this vocabulary:

abbr.	abbreviation	*conj.*	conjunction	*inf.*	infinitive
acc.	accusative	*dat.*	dative	*pl.*	plural
adj.	adjective	*decl.*	declined	*pron.*	pronoun
adv.	adverb	*fam.*	familiar		
coll.	colloquial	*gen.*	genitive		

A

★ab off, down, away; **~ und zu** now and then 2

ab·biegen (o, [ist] o) to turn off

ab·brechen (i; a, o) to break off

★der Abend, -e evening; **am ~** in the evening

★das Abendessen, - dinner, supper

★abends in the evening

das Abenteuer, - adventure 3

★aber but, however; *(flavoring particle)* really, certainly

★ab·fahren (ä, u, [ist] a) to depart; to drive off

der Abfall, ⸚e waste, trash 10

ab·geben (i; a, e) to deliver; to give up; to give some of

ab·hängen (i, a) (von) to depend (upon); **es hängt von dir ab** it depends on you

abhängig (von) dependent (on)

★ab·holen to fetch; to pick up

das Abitur final comprehensive examination at **Gymnasium**

der Absatz, ⸚e paragraph

ab·schalten to turn off

ab·schicken to send off

der Abschied, -e departure, farewell; **beim ~** on leaving 8

der Abschluss, ⸚e degree or diploma; end; conclusion

die Absicht, -en intention, purpose

abstrakt abstract

die Abteilung, -en section, department

★ab·trocknen to dry off; to dry dishes

ab·waschen (ä; u, a) to wash (dishes)

ab·wickeln to unwind

ab·wischen to wipe off 10

★ach oh

die Achsel, -n shoulder; **die Achseln zucken** to shrug one's shoulders 9

achten to respect; **~ auf** to pay attention to

die Achtung attention; **~!** Watch out!

das Adjektiv, -e adjective; **attributives ~** attributive adjective

★die Adresse, -n address

adressieren to address

afrikanisch *(adj.)* African

das Agens agent (passive)

★aggressiv aggressive

ähnlich (+ *dat.*) similar to 5; **die Ähnlichkeit, -en** similarity

der Akkusativ, -e accusative

die Aktion, -en action, operation; **der Aktion[s]film, -e** action film

★aktiv active

aktivieren to activate

die Aktivität, -en activity

aktuell current; latest 2

der Akzent, -e accent

★akzeptieren to accept

das Album, Alben album

★alle all, everybody; all gone

★allein(e) alone

allerdings certainly; of course; though 2

★alles everything

*allgemein general; **im Allgemeinen** in general
allmählich gradual(ly)
der Alltag everyday life; daily routine
die Alpen alps
*als when; than; * ~ ob as if
*alt (ä) old; der/die Alte *(noun decl. like adj.)* old person; der/die Ältere *(noun decl. like adj.)* the elder
das Alter age 1; old age; das Altersheim, -e senior citizens' home
das Altpapier paper for recycling; waste paper
*(das) Amerika America, USA
*der Amerikaner, -/die Amerikanerin, -nen American
*amerikanisch American
*an (+ *dat./acc.*) at; on *(vertical surface)*; to
die Analyse, -n analysis
die Ananas pineapple
*an·bieten (o, o) to offer
an·blicken to look at
an·brennen (a, [ist] a) to burn; to scorch
*andere other; different; etwas anderes something different
andererseits on the other hand
*ändern to change
*anders different
die Änderung, -en alteration, change
die Anekdote, -n anecdote
an·erkennen (a, a) to recognize; to acknowledge
*der Anfang, ̈e beginning, start; am ~ in the beginning
*an·fangen (ä, i, a) (mit) to start, begin (with)
der Anfänger, -/die Anfängerin, -nen beginner
anfangs initially 10
an·fassen to touch; to take hold of, seize 5
die Anfrage inquiry
das Anführungszeichen, - quotation mark
die Angabe, -n detail, *(pl.)* data
angebaut (anbauen) grown
an·geben (i; a, e) to indicate; to provide
angeblich alleged(ly); supposed(ly) 6
das Angebot, -e offer
angegeben provided
an·gehen (ging, [ist] gegangen) to concern; das geht (mich) nichts an that doesn't concern (me) 4
an·gehören (+ *dat.*) to belong to 7

*angenehm *(dat.)* comfortable; es ist mir ~ it's agreeable to me
angenommen assumed
angepasst suitable; conforming; adjusted
angestellt employed, to be an employee 6
der/die Angestellte *(noun decl. like adj.)* salaried employee; white-collar worker; clerk
*die Angst, ̈e fright, anxiety; ~ haben vor (+ *dat.*) to be frightened of
ängstigen to frighten; to alarm
ängstlich (wegen) anxious (about), fearful, timid 5
an·haben to be wearing, to have on
an·halten (ä; ie, a) to stop
sich an·hören to listen; to sound; das hört sich gut an that sounds good
an·klagen to accuse; jemanden wegen etwas ~ to accuse someone of something
*an·kommen (kam, [ist] o) to arrive; ~ auf (+ *acc.*) to depend on
die Ankunft, ̈e arrival 7
an·legen to put on
an·machen to turn on 1
an·melden to announce; to notify; to register
*an·nehmen (nimmt; a, genommen) to accept; to assume
anonym anonymous
sich an·passen (+ *dat.*) to conform; adapt (to)
die Anregung, -en idea to think about; stimulus
der Anruf, -e phone call
der Anrufbeantworter, - answering machine
*an·rufen (ie, u) (bei) to call up, telephone
an·schaffen to purchase, acquire
an·schauen to look at, contemplate
anscheinend apparent(ly) 6
der Anschluss, ̈e connection
*an·sehen (ie; a, e) to look at
die Ansicht, -en view, opinion; die Ansichtskarte, -n picture postcard 2
die Ansprache, -n speech
an·sprechen (i; a, o) to speak; to please; to address
*anstatt (+ *gen.*) instead of
an·stellen to hire, employ 6
anstrengend exhausting, strenuous 1
die Anstrengung, -en exertion, effort 6
die Anthologie, -n anthology
antrainiert trained
*die Antwort, -en answer

*antworten (+ *dat.*) to answer; ~ auf (eine Frage) to reply to (a question)
der Anwalt, ̈e/die Anwältin, -nen lawyer
die Anweisung, -en instruction(s)
die Anzeige, -n advertisement; notice
an·zeigen to indicate
*an·ziehen (zog, gezogen) to put on; to attract; sich ~ to get dressed; ich ziehe mir (die Schuhe) an I put on (my shoes)
*der Anzug, ̈e suit, clothes
*der Apfel, ̈ apple
*der Appetit appetite; guten ~ enjoy your meal
das Äquivalent, -e equivalent
der Araber, -/die Araberin, -nen Arab
*die Arbeit, -en work; exam; *arbeiten (bei) to work (at a company); *der Arbeiter, -/die Arbeiterin, -nen worker; der Arbeitgeber, -/die Arbeitgeberin, -nen employer 6; der Arbeitnehmer, -/die Arbeitnehmerin, -nen employee 6; die Arbeitsaufgabe, -en work assignment; arbeitslos unemployed; der/die Arbeitslose *(noun decl. like adj.)* unemployed worker; die Arbeitslosigkeit unemployment; der Arbeitsmarkt, ̈e job market; der Arbeitsplatz, ̈e place of work, employment; die Arbeitsstelle, -n place of work; job, position
der Architekt, -en, -en/die Architektin, -nen architect
der Ärger anger
ärgerlich annoying, angry 4; (über + *acc.*) annoyed, irritated (about, over)
*ärgern to annoy, make angry; sich ~ to be angry, become angry
das Argument, -e reason, proof
argumentieren to argue; to maintain
*arm (ä) poor
der Arm, -e arm
der Ärmel, - sleeve
Ärmster: du ~ /du Ärmste you poor thing
*die Art, -en manner, kind; species; ~ und Weise manner
*der Artikel, - article; item, *(pl.)* goods; bestimmter ~ definite article; unbestimmter ~ indefinite article
*der Arzt, ̈e/die Ärztin, -nen medical doctor

der Arzthelfer, -/die Arzthelferin, -nen doctor's assistant
ärztlich medical
(das) Asien Asia
die Assimilation, -en assimilation
der Assistent, -en, -en/die Assistentin, -nen assistant
das Assoziogram concept map
die Aster, -n aster
das Asyl asylum (political)
der Asylant, -en, -en/die Asylantin, -nen asylum seeker
der Atem breath, respiration
*****atmen** to breathe
die Atmosphäre, -n atmosphere; mood
das Atomkraftwerk, -e nuclear power plant
der Atommüll nuclear waste
attraktiv attractive
das Attribut, -e descriptive adjective
attributiv attributive
*****auch** also, too, likewise; indeed; **~ wenn** even if 3
*****auf** (+ *dat./acc.*) on, upon (horizontal surface); to; open
auf·bauen to erect; to set up; to build (up)
der Aufenthalt, -e stay
*****auf·fallen (ä; fiel, [ist] a)** to be noticeable, attract attention
auf·führen to perform; to stage
*****die Aufgabe, -n** task; assignment
*****auf·geben (i; a, e)** to give up
aufgeregt excited; upset
auf·heben (o, o) to keep, save 2
*****auf·hören** to stop, quit
auf·kochen to bring to a boil
auf·legen to hang up (telephone)
*****auf·machen** to open
*****aufmerksam (auf + *acc.*)** attentive (to); watchful 10; **die Aufmerksamkeit** attention
*****auf·passen** to pay attention; **~ auf** (+ *acc.*) to look after someone
auf·räumen to clear/tidy up 4
sich auf·regen to get excited; to get alarmed
der Aufsatz, ⸚e compositon
auf·schließen (schloss, geschlossen) to unlock; to open 2
auf·schreiben (ie, ie) to write down 2
auf·setzen to put on
*****auf·stehen (stand, [ist] gestanden)** to get up; to rise; to stand open
auf·teilen to divide up
das Auftreten appearance
auf·wachen [ist] to wake up 8
*****das Auge, -n** eye
*****aus** (+ *dat.*) out of; from; made of
aus·bilden to educate, train 3

die Ausbildung, -en education; training 8
die Ausdauer stamina
aus·denken (dachte, gedacht) to imagine; to think up
aus·diskutieren to discuss fully, resolve
*****der Ausdruck, ⸚e** expression
aus·drücken to express, utter
sich auseinander·setzen to explain; to come to terms; to have it out
aus·fallen (ä; ie, [ist] a) to fall out; to be dropped, omitted; to be canceled
*****der Ausflug, ⸚e** excursion
aus·führen to take out; to carry out; to execute
aus·füllen to fill out
die Ausgabe, -n edition; expense
der Ausgang exit
*****aus·geben (i; a, e)** to spend; to give out
aus·gehen (ging, [ist] gegangen) to go out; to start out (from); to turn out (e.g., well)
*****ausgezeichnet** excellent
aus·kommen (a, [ist] o) (mit) to get along with
*****das Ausland** foreign country; **der Ausländer, -/die Ausländerin, -nen** foreigner, alien 7; **ausländerfeindlich** xenophobic; **die Ausländerfeindlichkeit** xenophobia
ausländisch foreign 7
aus·leihen (ie, ie) to lend
aus·machen to arrange; to agree 5; to turn off (light) 10; **das macht (mir) nichts aus** it doesn't matter (to me) 5
aus·packen to unpack
aus·probieren to try out
der Ausruf, -e cry, shout
aus·rufen (ie, u) to exclaim; to call out; to proclaim 9
die Aussage, -n statement
aus·sagen to say, state
aus·schlafen (ä; ie, a) to have a good sleep 1
aus·schließen (schloss, geschlossen) to exclude
aus·schneiden (schnitt, geschnitten) to cut out
*****aus·sehen (ie; a, e)** to look, appear; **das Aussehen** appearance
außen outside, outer
der Außenminister, -/die Außenministerin, -nen foreign minister
*****außer** (+ *dat.*) except
*****außerdem** besides, moreover
*****außerhalb** (+ *gen.*) outside

äußerlich outside, beyond
äußern to express; **sich ~ (zu)** to express one's opinion (about)
die Aussicht, -en view
aus·sprechen (i; a, o) to express; to pronounce 1
aus·spülen to rinse out
*****aus·steigen (ie, [ist] ie)** to get out/off (of a vehicle)
die Ausstellung, -en exhibition
aus·sterben (i; a, [ist] o) to die out
aus·streichen (i, i) to delete; to erase
der Austausch exchange
aus·tauschen to exchange
der Austauschstudent, -en, -en/die Austauschstudentin, -nen exchange student 9
die Auswahl selection
aus·wählen to choose, select
aus·wandern [ist] to emigrate
der Ausweis, -e identity card 9
auswendig by heart, from memory 9
die Auswertung evaluation
aus·ziehen (zog, [ist] gezogen) to move out; *****sich ~ (zog, gezogen)** to undress; **ich ziehe mir (die Schuhe) aus** I take off (my shoes)
der/die Auszubildende, -n (*noun decl. like adj.*) apprentice, trainee
der Auszug, ⸚e excerpt
*****das Auto, -s** car; **die Autobahn, -en** superhighway; **der Autohändler, -/die Autohändlerin, -nen** car dealer; **die Autokarawane, -n** car caravan; **das Automobil, -e** automobile
die Autobiografie, -n (*also* **Autobiographie**) autobiography
autofrei no cars allowed
das Autogramm, -e autograph
der Automat, -en, -en vending machine
automatisch automatic
der Autor, -en/die Autorin, -nen author
der/die Azubi, -s (*abbr. of* **Auszubildender**) apprentice, trainee

B

*****backen (backte, gebacken)** to bake
*****der Bäcker, -/die Bäckerin, -nen** baker
*****die Bäckerei, -en** bakery
*****das Bad, ⸚er** bath; *****das Badezimmer, -** bathroom
*****baden** to bathe, to swim
die Badewanne, -n bathtub

das BAföG (= das Bundesausbildungsförderungsgesetz) national law that mandates financial support for students

*****die Bahn, -en** train; track; railroad

*****der Bahnhof, ⸚e** train station

*****bald (eher, ehest)** soon; **~ darauf** soon after 9

der Balkon, -s or **-e** balcony 8

die Ballade, -n ballad

das Band, ⸚er cord; ribbon; tape

die Band, -s band (music)

*****die Bank, ⸚e** bench

*****die Bank, -en** bank

der Bankraub bank robbery

die Bar, -s bar

die Batterie, -n battery

der Bau, -ten building, construction; *****bauen** to build, construct

*****der Bauer, -n, -n/die Bäuerin, -nen** farmer

*****der Baum, ⸚e** tree

(das) Bayern Bavaria

beachten to observe; to notice

*****der Beamte** *(noun decl. like adj.)***/die Beamtin, -nen** official, civil servant

beantworten to answer 1

der Becher, - mug; container; cup 10

sich bedanken to express one's thanks

bedauern to regret 1; to pity

bedecken to cover

*****bedeuten** to mean, point out

*****die Bedeutung, -en** meaning, importance

bedienen to serve, wait on 7

die Bedienung server, service (restaurant)

die Bedingung, -en condition, stipulation

*****sich beeilen** to hurry

beeindrucken to impress 7

beeinflussen to influence

beenden to finish

befehlen (ie; a, o) *(+ dat. of person)* to command

sich befinden (a, u) to be located; to feel (health)

befragen to question, poll; **der/die Befragte** *(noun decl. like adj.)* person asked

befreien to free

befürchten to fear

die Befürchtung fear

begabt gifted, talented

*****begegnen [ist]** *(+ dat.)* to meet

die Begegnung, -en meeting

begehen (beging, begangen) to commit

begeistern to enthuse, inspire with enthusiasm; **begeistert (von)** enthused, enthusiastic (about)

die Begeisterung enthusiasm

der Beginn beginning

*****beginnen (a, o)** to begin

begleiten to accompany 3

begreifen (begriff, begriffen) to grasp; to understand

der Begriff, -e concept, idea

begründen to justify; to support

die Begrüßung, -en welcome, greeting

behandeln to deal with; to treat (patient, topic)

die Behandlung, -en treatment

*****behaupten** to assert; to claim

behindert disabled 6

der/die Behinderte *(noun decl. like adj.)* disabled person 6; **das Behindertenheim, -e** home for the disabled

die Behinderung, -en disability

*****bei** *(+ dat.)* at; near; at the home of; **beim (Lesen)** while (reading)

bei·behalten (ä; ie, a) to keep

*****beide** both

*****das Bein, -e** leg

*****das Beispiel, -e** example; **zum ~** for example; **beispielsweise** for example

der Beitrag, ⸚e article; contribution

bei·tragen (ä; u, a) to contribute

bejahen to affirm, answer in the affirmative

bekämpfen to fight against

*****bekannt** familiar; **~ für** known (for); **mir ~** known to me

*****der/die Bekannte** *(noun decl. like adj.)* acquaintance, friend; **der Bekanntenkreis, -e** circle of friends

sich beklagen (über + acc.) to complain (about)

*****bekommen (bekam, bekommen)** to get, receive

belächeln to smile at with disdain

der Belgier, -/die Belgierin, -nen Belgian

beliebt popular, well liked

bemalen to paint

*****bemerken** to mention; to notice; to realize

die Bemerkung, -en comment; observation 8

sich bemühen to exert oneself

benachteiligen to put at a disadvantage

*****sich benehmen (benimmt; a, benommen)** to behave

das Benehmen behavior, conduct

beneiden to envy

*****benutzen/benützen** to use

der Benutzer, -/die Benutzerin, -nen user

*****das Benzin** gasoline; fuel

beobachten to observe; to watch 1

die Beobachtung, -en observation

*****bequem** comfortable

der Berater, -/die Beraterin, -nen advisor

der Bereich, -e area

*****bereit (zu)** ready, prepared (for)

bereits already 10

*****der Berg, -e** mountain; **der Bergarbeiter, -/die Bergarbeiterin, -nen** miner, coal worker; **die Bergleute** *(pl.)* miners

*****der Bericht, -e** report

*****berichten** to report

*****der Beruf, -e** profession; **die Berufsausbildung, -en** education, training for a profession; **die Berufsfachschule, -n** (full-time) vocational school; **das Berufsleben** professional life; **das Berufsorchester, -** professional orchestra; **der Berufsplan, ⸚e** career plan; **die Berufsschule, -n** (part-time) vocational school

berufen (ie, u) to appoint; to have a vocation for

beruflich professional; on business 6

berufstätig working, (gainfully) employed 7

beruhigen to quiet; **sich ~** to calm down 5; **beruhigend** soothing; reassuring; comforting; **beruhigt** calm; reassured 5

*****berühmt (wegen)** famous (for)

berühren to touch; to move

beschäftigen to employ; **sich ~ (mit)** to occupy oneself (with); to work at; to think about 6; **beschäftigt (mit)** busy 6

die Beschäftigung, -en activity; occupation 1

die Bescherung giving out of Christmas presents

beschimpfen to swear at

*****beschließen (beschloss, beschlossen)** to decide; to conclude

*****beschreiben (ie, ie)** to describe

die Beschreibung, -en description

sich beschweren to complain; **~ über etwas** to complain about something; **~ bei jemandem** to complain to someone

sich besehen (ie; a, e) to look at

besetzen to occupy; to fill; **besetzt** occupied 1

die Besichtigung, -en sightseeing

der **Besitz** possession 7
***besitzen (besaß, besessen)** to own; to possess
besondere (r, s) special; **etwas Besonderes** something special; **die Besonderheit, -en** unusual quality
***besonders** especially
besprechen (i; a, o) to discuss, talk about
***besser** better
(sich) bessern to improve
best best; **der/die/das Beste** the best
bestehen (bestand, bestanden) to exist 6; to pass (exam); ~ **auf** (+ *dat.*) to insist upon; ~ **aus** to consist of 6
***bestellen** to order
besten: am ~ best
bestimmen to determine; to define
***bestimmt** sure; definite; particular; **die Bestimmtheit** certainty
die Bestrafung, -en punishment
***der Besuch, -e** visit; ~ **haben/bekommen** to have/get guests; **zu ~** for a visit
***besuchen** to visit; to attend
der Besucher, -/die Besucherin, -nen visitor
betrachten to view; to inspect; to regard; to consider
betreffen (i; betraf, o) to concern
betreiben (ie, ie) to carry on; to operate
der Betrieb, -e firm, business
betroffen embarrassed
betrügen (o, o) to deceive, cheat 7
***das Bett, -en** bed; **die Bettdecke, -n** blanket
beurteilen to judge 7
der Beutel, - bag; purse
die Bevölkerung, -en population
***bevor** *(conj.)* before
***(sich) bewegen** to move
die Bewegung, -en movement
***beweisen (ie, ie)** to prove
sich bewerben (i; a, o) (um/bei) to apply (for/to) 6
der Bewerber, -/die Bewerberin, -nen applicant
die Bewerbung, -en application 6
der Bewohner, -/die Bewohnerin, -nen inhabitant 9
bewusst *(dat.)* conscious, aware
bezahlbar affordable
***bezahlen** to pay
die Bezahlung, -en payment
bezeichnen to designate; to name
sich beziehen (bezog, bezogen) (auf + *acc.*) to relate (to), refer (to)

die Beziehung, -en relation, relationship; connection
beziehungsweise respectively
das Bezugswort, ¨er antecedent
***die Bibliothek, -en** library
***das Bier, -e** beer
***bieten (o, o)** to offer; to show
***das Bild, -er** picture
(sich) bilden to form, create, educate 10
der Bildschirm, -e screen
die Bildung education
***billig** cheap
die Billion, -en trillion
die Binde, -n bandage
***binden (a, u)** to bind, tie
der Biochemiker, -/die Biochemikerin, -nen biochemist
die Biografie, -n *(also* **Biographie)** biography
der Biologe, -n, -n/die Biologin, -nen biologist
der Biomüll organic waste
das Biotop, -e biotope
***bis** (+ *acc.*) until; as far as; by *(time)*; ~ **auf** up to; ~ **dann** until then (later)
bisher so far; as yet; up to now 1
bislang so far
***bisschen: ein ~** a little bit
***bitte** please!; I beg your pardon
***bitten (bat, gebeten) (um)** to beg; to ask (for)
blass (vor + *dat.*) pale (with) 6
die Blässe paleness
das Blatt, ¨er leaf; sheet of paper 5
blättern (in + *dat.*) to leaf (through) 1
***blau** blue
***bleiben (ie, [ist] ie)** to stay, remain
***der Bleistift, -e** lead pencil
der Blick, -e look; glance
blicken to look; to glance 4
die Blockade, -n blockade
blöd(e) stupid; silly 9
bloß bare; only
***die Blume, -n** flower; **der Blumenstrauß, -sträuße** flower bouquet
***die Bluse, -n** blouse
das Blut blood 7; **blutig** bloody
***der Boden, ¨** ground; floor; attic
die Bohne, -n bean
die Bombe, -n bomb
der Boom, -s boom
borgen to borrow; to lend
***böse (auf** *or* **über** + *acc.*) angry; mean; **mir ~ sein** to be angry with me
die Branche, -n line of business, trade
der Brandanschlag, ¨e arson attack

***braten (ä; ie, a)** to fry; to roast
der Brauch, ¨e tradition, custom
brauchbar useful
***brauchen** to need
***braun** brown
die BRD (Bundesrepublik Deutschland) Federal Republic of Germany
***brechen (i; a, gebrochen)** to break
***breit** broad, wide
***brennen (brannte, gebrannt)** to burn
der Brennstoff, -e fuel
***der Brief, -e** letter; **der blaue ~** warning letter from school; **der Briefkasten, ¨** mailbox 2; ***die Briefmarke, -n** stamp; **der Briefträger, -/die Briefträgerin, -nen** letter carrier 2; **der Briefumschlag, ¨e** envelope 4
***die Brille, -n** eyeglasses
***bringen (brachte, gebracht)** to bring
der Brite, -n, -n/die Britin, -nen Briton
die Broschüre, -n brochure
***das Brot, -e** bread; sandwich
***das Brötchen, -** roll
***die Brücke, -n** bridge
***der Bruder, ¨** brother
die Brutalität, -en brutality
***das Buch, ¨er** book; **der Buchladen, ¨** bookstore
das Bücherregal, -e bookshelf
die Büchse, -n tin can
der Buchstabe, -ns, -n letter of alphabet
die Bühne, -n stage
bündeln to bundle
der Bundesbürger, -/die Bundesbürgerin, -nen citizen of Germany
der Bundeskanzler, -/die Bundeskanzlerin, -nen German Chancellor
das Bundesland, ¨er federal state
der Bundespräsident, -en, -en/die -präsidentin, -nen President of the Federal Republic of Germany
die Bundesregierung, -en federal government
***die Bundesrepublik Deutschland** Federal Republic of Germany
der Bundestag lower house of the German Parliament
***bunt** multicolored; colorful
die Burg, -en castle
***der Bürger, -/die Bürgerin, -nen** citizen; **bürgerlich** middle-class

der **Bürgermeister, -/die Bürgermeisterin, -nen** mayor
*das **Büro, -s** office
*der **Bus, -se** bus
*die **Butter** butter; das **Butterbrot, -e** slice of bread and butter

C

*das **Café, -s** café
campen to camp 1
*das **Camping** camping out; *der **Campingplatz, ⸚e** campground
die **CD, -s** CD, compact disk; die **CD-Rom, -s** CD/ROM; der **CD-Spieler** CD player
Celsius centigrade
die **Chance, -n** opportunity
das **Chaos** chaos
chaotisch chaotic
der **Charakter, -e** character
charakterisieren to characterize
charmant charming
der **Chatpartner, -/die Chatpartnerin, -nen** chat partner
chatten to chat (Internet)
*der **Chef, -s/die Chefin, -nen** boss; der **Chefarzt, ⸚e/die Chefärztin, -nen** head of department in a hospital
die **Chemie** chemistry; **chemiefrei** containing no chemicals
die **Chemikalie, -n** chemical
der **Chemiker, -/die Chemikerin, -nen** chemist
chinesisch Chinese
das **Chlor** chlorine
der **Chor, ⸚e** choir
chronologisch chronological
circa approximately
der **Club, -s** club
die **Coladose, -n** can of cola
*der **Computer, -** computer
der **Container, -** container
die **Couch, -(e)s** couch
*der **Cousin, -s/die Cousine, -n** cousin

D

*da (adv.) there; then; ~ **drüben** over there
*da (conj.) as; since; because
dabei thereby; near, moreover
*das **Dach, ⸚er** roof
der **Dachboden, -böden** attic
dadurch thereby; by that
dafür therefore; for it
dagegen against it; on the other hand
*daher therefore
*dahin there; away; gone

die **Dahlie, -n** dahlia
das *da*-**Kompositum, -Komposita** *da*-construction
*damals at that time; then
*die **Dame, -n** lady
*damit in order that; with that
danach after that; accordingly
dank (+ gen. or dat.) thanks to
*der **Dank** reward; thanks
*dankbar (für) grateful (for); mir ~ grateful to me; die **Dankbarkeit** gratitude
*danke thank you, thanks
*danken (dat. of person) to thank
*dann then
daran at, on; about
darauf thereupon; afterward
*dar·stellen to represent; to depict, portray
die **Darstellung, -en** portrayal
darüber over it; across it, about it
*darum therefore; around it
darunter under it; among them
*dass (conj.) that
die **Datei, -en** file (computer)
die **Daten** (pl.) data, information
der **Dativ, -e** dative
das **Datum, Daten** date
*dauern to last
dauernd continually
*dazu to this; in addition; for this purpose
dazu·gehören to belong to; to be included in
die **DDR (Deutsche Demokratische Republik)** German Democratic Republic (1949–1990; name of East Germany before unification)
die **Debatte, -n** debate
*die **Decke, -n** blanket; ceiling
decken to cover; den **Tisch ~** to set the table
der **Defekt, -e** defect
definieren to define
der **Dekan, -e** dean
demnächst in the near future
das **Demonstrativpronomen, -** demonstrative pronoun
demonstrieren to demonstrate
*denken (dachte, gedacht) to think; ~ **an** (+ acc.) to think of
das **Denkmal, ⸚er** monument, memorial
*denn (conj.) for, because; (flavoring particle in question)
dennoch yet, however
deprimiert depressed
*deren whose
*derselbe/dasselbe/dieselbe the same
*deshalb therefore, for that reason
*dessen whose

*desto: je (mehr) ... ~ (besser) the (more) . . . the (better)
*deswegen for that reason, therefore
detonieren to detonate
deutlich clear; evident 5; die **Deutlichkeit, -en** distinctness; clearness
*deutsch German; auf **Deutsch** in German
*der/die **Deutsche** (noun decl. like adj.) German (person)
die **Deutschkenntnisse** (pl.) knowledge of German
*(das) **Deutschland** Germany
deutschsprachig German-speaking
der **Dialekt, -e** dialect
der **Dialog, -e** dialog
der **Dichter, -/die Dichterin, -nen** poet 7
*dick big; fat; thick
der **Dieb, -e/die Diebin, -nen** thief 9
dienen (+ dat.) to serve
*dies (-er, -es, -e) this, these
diesmal this time
*diesseits (+ gen.) on this side (of)
*das **Ding, -e** thing
das **Diplom, -e** diploma; der **Diplompsychologe, -n, -n/die Diplompsychologin, -nen** certified psychologist
der **Diplomat, -en, -en/die Diplomatin, -nen** diplomat
direkt direct
*der **Direktor, -en/die Direktorin, -nen** director
der **Dirigent, -en, -en/die Dirigentin, -en** conductor
die **Diskette, -n** (also Disco), die disk, diskette
*die **Disko, -s** (also Disco), die **Diskothek, -en** dance club
die **Diskriminierung, -en** discrimination
die **Diskussion, -en** discussion
*diskutieren to discuss
der **Disput, -e** dispute
distanziert distant towards other people
die **Disziplin** discipline
*DM (Deutsche Mark) Deutschmark, German currency before 2002
*doch however; yet; surely
das **Dokument, -e** document
dokumentieren to document
*der **Dom, -e** cathedral
doppelt double, twice
*das **Dorf, ⸚er** village
*dort there
*dorther from there
*dorthin to that there
die **Dose, -n** can 10
dramatisch dramatic

der Dramaturg, -en, -en/die
  Dramaturgin, -nen theatrical
  advisor
drastisch drastic
*draußen outside
dreckig dirty
das Drehbuch, ⸚er screenplay,
  script
sich drehen to turn (around) 8
dreifach threefold, triple
dringend urgent
dritt: zu dritt in/by threes
das Dritte Reich The Third
  Empire (period of National
  Socialism, 1933–1945)
*das Drittel, - third
die Droge, -n drug
*die Drogerie, -n drugstore
*drüben over there
der Druck, ⸚e pressure 9; unter ~
  stehen to be under pressure;
  jemanden unter ~ setzen to put
  pressure on someone
drucken to print
der Drucker, - printer
*dumm (ü) stupid; foolish
*dunkel dark; das Dunkel the
  dark(ness)
*dünn thin
*durch (+ acc.) through; by means
  of
durchaus definitely, absolutely
durch·führen to execute; to carry
  out
durch·lesen (ie; a, e) to read
  through, peruse
durch·machen to experience
durch·nehmen (nimmt; a,
  genommen) to go through
der Durchschnitt, -e average; im
  ~ on the average; durchschnittlich on the average
durch·sehen (ie; a, e) to see
  through
durchsuchen to search (through)
*dürfen to be permitted
*der Durst thirst
*durstig thirsty
*die Dusche, -n shower
*(sich) duschen to shower
*das Dutzend, -e dozen
(sich) duzen to address someone
  (each other) with the du-form

E

*eben even; smooth; exactly,
  precisely; just
die Ebene, -n plain, plateau
ebenfalls equally; also
ebenso just as
*echt genuine, real; (coll.) very;
  really
*die Ecke, -n corner

der Effekt, -e effect
effektiv effective
*egal equal, even; das ist mir ~
  it's all the same to me
*ehe (conj.) before
die Ehe, -n marriage 4; die
  Ehefrau, -en wife; der
  Ehemann, ⸚er husband; das
  Ehepaar, -e married couple 4
ehelich marital; legitimate (child)
ehemalig former
*eher earlier, sooner; rather
ehestens as soon as possible; above
  all
ehrenamtlich honorary;
  charitable; as a volunteer
der Ehrgeiz ambition
ehrlich honest; sincere; open; die
  Ehrlichkeit honesty
*das Ei, -er egg
*eigen own; individual
die Eigenschaft, -en quality;
  characteristic 9
eigenständig independent
*eigentlich actually, really
die Eigentumswohnung, -en
  owner-occupied apartment
eilen [ist] to hurry
eilig speedy, hurried; urgent; es ~
  haben to be in a hurry 4
der Eimer, - pail; bucket 10
*einander one another
ein·bauen to build in
der Einblick, -e insight
ein·brechen (i; a, o) to break into
ein·dämmen to restrain
der Eindruck, ⸚e impression 2
eindrucksvoll impressive
eineinhalb one and a half
die Ein-Eltern-Familie, -n
  single-parent family
*einfach simple
die Einfahrt, -en entrance way;
  driveway
ein·fallen (ä; fiel, [ist] a) (+ dat.) to
  occur to; es ist mir gerade
  eingefallen it just occurred to me 3
der Einfluss, ⸚e influence
ein·führen to introduce; to import
der Eingang, Eingänge entrance;
  entry
ein·gehen (ging, [ist] gegangen)
  to enter; to perish
eingeschränkt restricted, limited
die Einheit, -en unit; unity
einig agreed; united
*einige a few, several, some
der Einkauf, ⸚e shopping,
  purchase; die Einkaufstasche, -n
  shopping bag; das
  Einkaufszentrum, -zentren
  shopping center
*ein·kaufen to shop
das Einkommen, - income

*ein·laden (ä; u, a) to invite
die Einladung, -en invitation
die Einleitung, -en introduction
*einmal one time; auf ~
  suddenly 7; nicht ~ not even
ein·packen to pack up; to wrap 2
die Einreise, -n entry
ein·richten to furnish; to arrange
*einsam lonely; die Einsamkeit
  loneliness
ein·schalten to turn on
ein·schlafen (ä; ie, [ist] a) to fall
  asleep 6
ein·sehen (ie; a, e) to perceive; to
  understand
einst formerly, at one time; some
  day (future)
*ein·steigen (ie, [ist] ie) to get in,
  enter
ein·stellen to hire
die Einstellung, -en position;
  attitude; view
der Einstieg, -e access; lead-in (to
  a subject, topic)
ein·treten (tritt; a, [ist] e) to
  enter; to come in 4
der Eintritt entry
einwandfrei perfect, flawless
die Einwegflasche, -n
  nonreturnable bottle
die Einwegverpackung disposable
  wrapping
ein·werfen (i; a, o) to throw into
*der Einwohner, -/die
  Einwohnerin, -nen inhabitant;
  citizen; resident
Einzelheit, -en detail 9
*einzeln single; individual; die
  der/die Einzelne (noun decl. like
  adj.) individual
*einzig only; unique
*das Eis ice; ice cream; eisig icy
das Eisbein knuckle of pork (eaten
  with sauerkraut)
das Eisen iron
*die Eisenbahn, -en railroad;
  railroad train
die Elektrizität electricity
elektronisch electronic; der
  elektronische Organizer PDA
  (personal digital assistant)
die Elektrotechnik electrical
  engineering
das Element, -e element
*die Eltern (pl.) parents; der
  Elternteil parent; die Elternzeit
  parental leave to raise a young child
die E-Mail, -s e-mail
emanzipieren to emancipate;
  emanzipiert emancipated
der Emigrant, -en, -en/die
  Emigrantin, -nen emigrant
emigrieren to emigrate
empfangen (ä; i, a) to receive

empfehlen (ie; a, o) to recommend

empfinden (a, u) to feel; to experience

die Empörung indignation

*das Ende, -n end; limit; **zu ~** over

enden to end; ***endlich** finally

die Endung, -en ending

endgültig final, definitive 2

die Energie, -n energy

*eng narrow

das Engagement, -s (theater) engagement

sich engagieren to commit oneself; **engagiert** committed

der Engel, - angel

*(das) England England; **der Engländer, -/die Engländerin, -nen** English person

englisch English

der Enkel, - grandchild; **das Enkelkind, -er** grandchild

enorm enormous

entdecken to discover; to find out 3

entfernt distant (from)

die Entfernung, -en distance

entgegen (+ *dat.*) against; opposite; toward

entgegengesetzt opposite

entgegen·kommen (kam, [ist] o) to come toward; to meet 4

entgegen·wirken to work against

enthalten (ä; ie, a) to contain

*entlang (+ *acc.*) along; **die Straße ~** down the street

entlassen (ä; entließ, a) to dismiss

*entscheiden (ie, ie) to decide

die Entscheidung, -en decision

sich entschließen (entschloss, entschlossen) to make up one's mind, decide

*entschuldigen to excuse

*die Entschuldigung, -en excuse

sich entspannen to relax; **zum Entspannen** for relaxation

die Entspannung, -en relaxation; **entspannt** relaxed

entsprechen (i; a, o) (+ *dat.*) to correspond to 9; **entsprechend** corresponding; appropriate

die Entsprechung equivalent; correspondence

entstehen (entstand, [ist] entstanden) to come into being; to emerge 9; **~ aus** to arise from

*enttäuschen to disappoint

die Enttäuschung, -en disappointment

*entweder ... oder either . . . or

*(sich) entwickeln to develop

die Entwicklung, -en development 1; **das Entwicklungsland, ̈er** developing or third-world country

die Enzyklopädie, -n encyclopedia

*die Erde, -n earth; soil

das Erdgas natural gas

das Erdöl oil

sich ereignen to happen, take place

das Ereignis, -se event 7

*erfahren (ä; u, a) to experience; to hear about

*die Erfahrung, -en experience

*erfinden (a, u) to invent; to make up

der Erfinder, -/die Erfinderin, -nen inventor

*die Erfindung, -en invention; fabrication 4

*der Erfolg, -e success; **erfolglos** unsuccessful; **erfolgreich** successful

erfüllen to fill; to fulfill, to achieve

die Erfüllung fulfillment

ergänzen to complete; to add

sich ergeben (i; a, e) to result in

das Ergebnis, -se result

ergehen (erging, [ist] ergangen) to go out; **über sich ~ lassen** to let something wash over one, to submit

*erhalten (ä; ie, a) to receive, get

erheben (o, o) to raise; to lift

erhellen to light up

sich erholen to recover; to take a rest; **erholt** rested

die Erholung recuperation; relaxation

erinnern to remind; ***sich ~ (an + *acc.*)** to remember

die Erinnerung memory; remembrance

*sich erkälten to catch a cold; **erkältet** to have a cold

*die Erkältung, -en cold

erkennbar recognizable

*erkennen (erkannte, erkannt) (an + *dat.*) to recognize

*erklären to explain

*die Erklärung, -en explanation; declaration

erlauben (+ *dat. with persons*) to permit, allow 9

die Erlaubnis permission 5; permit

erleben to experience 2

das Erlebnis, -se experience

erledigen to deal with

ermorden to murder

ernennen (ernannte, ernannt) to appoint

*ernst serious

der Ernst seriousness

eröffnen to open

erraten (ä; ie, a) to guess (correctly)

*erreichen to achieve, reach 1

der Ersatz replacement, substitute 10

*erscheinen (ie, [ist] ie) to seem; to appear; to be published

erschrecken (i; erschrak, [ist] o) to be startled; to be frightened

ersetzen to replace

*erst first; not until; previously; **das erste Mal** (*old spelling* **erstemal**) first time; **zum ersten Mal** (*old spelling* **zum erstenmal**) for the first time

erstaunen to surprise; **das Erstaunen** astonishment; **erstaunlich** surprising; **erstaunt** (**über** + *acc.*) astonished, amazed (at, by) 9

erwachen [ist] to wake up

erwachsen adult, grown-up; ***der/die Erwachsene** (*noun decl. like adj.*) adult

erwähnen to mention

die Erwärmung warming up

*erwarten to expect

die Erwartung, -en expectation

erwidern to reply

erwischen to catch

*erzählen to tell, report

der Erzähler, -/die Erzählerin, -nen narrator

die Erzählperspektive, -n narrative point of view

*die Erzählung, -en story

erziehbar educable

erziehen (erzog, erzogen) to raise, rear; to educate 10

die Erziehung, -en upbringing; education 4; **das Erziehungsgeld, -er** financial aid for raising a child

eskalieren to escalate

der/das Essay, -s essay

*essen (i; aß, gegessen) to eat

*das Essen, - meal; **zum ~** to dinner, for dinner

*etwa about, nearly

*etwas something; a little

der Euro euro (currency)

*(das) Europa Europe; **der Europäer, -/die Europäerin, -nen** European; **europäisch** European 3; **das Europäische Parlament** European Parliament; **die Europäische Union (EU)** European Union

eventuell possible, perhaps

ewig eternal 1

die Ewigkeit eternity

*das Examen, - final examination at university

das **Exemplar, -e** specimen; piece; example

das **Exil, -e** exile

die **Existenz** existence

der **Experte, -n, -n**/die **Expertin, -nen** expert

exportieren to export

das **Exportland, ⁔er** exporting country

F

*die **Fabrik, -en** factory

*das **Fach, ⁔er** subject; specialty; der **Facharbeiter -/**die **Facharbeiterin, -nen** skilled worker; die **Fachleute** *(pl.)* specialists; die **Fachschule, -n** technical school

der **Faden, ⁔** thread

die **Fähigkeit, -en** ability

die **Fahne, -n** flag

die **Fahrbahn, -en** lane (road)

*fahren **(ä; u, [ist] a) (mit)** to drive (a vehicle); to go (by)

*der **Fahrer, -/**die **Fahrerin, -nen** driver

*die **Fahrkarte, -n** ticket (bus, train)

der **Fahrplan, ⁔e** schedule, timetable *(bus, train)*

*das **Fahrrad, ⁔er** bicycle; der **Fahrradweg, -e** bicycle path

die **Fahrschule, -n** driving school

Fahrstunde, -n driving lesson

*die **Fahrt, -en** tour, trip

das **Fahrzeug, -e** vehicle

der/das **Fakt, -en** fact

der **Fall, ⁔e** case 1; **auf jeden ~** definitely 1; **auf keinen ~** in no case 1; **auf alle Fälle** in any case 1

*fallen **(ä; fiel, [ist] a)** to fall

fällen to cut down

falls in case

*falsch** false, wrong; deceitful

falten to fold 8

familiär familiar; informal

*die **Familie, -n** family; das **Familientreffen, -** family gathering

der **Fan, -s** fan

der **Fang** catch

die **Fantasie, -n** imagination; fantasy

fantastisch fantastic

*die **Farbe, -n** color; **sich färben** to change color; **farbig** colorful, colored; der **Farbton, ⁔e** color shade, tint

die **Fassade, -n** facade

fassen to touch; to seize, grasp; to hold; to understand; **ich kann es nicht ~** I can't understand it

*fast** almost

*faul** lazy; rotten; die **Faulheit** laziness

faulenzen to be lazy, take it easy 1

das **Fax** fax; das **Faxgerät, -e** fax machine

fegen to sweep

*fehlen **(+ *dat.*)** to miss; to be lacking; **das fehlte noch!** that's all I need

*der **Fehler, -** fault; mistake; **fehlerfrei** flawless; error free

*die **Feier, -n** party; celebration; der **Feierabend, -e** time after work, time off 10

feierlich festive

*feiern** to celebrate

*der **Feiertag, -e** holiday

*fein** fine, delicate, thin; nice

*der **Feind, -e** enemy; **feindlich** hostile 7; die **Feindlichkeit** hostility 7

*das **Feld, -er** field

feminin feminine

*das **Fenster, -** window

*die **Ferien** *(pl.)* vacation; der **Ferientag, -e** vacation day

*fern** far, distant; remote

*der **Fernsehapparat, -e** TV set; das **Fernsehprogramm, -e** TV program; der **Fernsehsender, -** TV station; die **Fernsehserie, -n** TV series

*fern·sehen **(ie; a, e)** to watch television

*das **Fernsehen** television

*der **Fernseher, -** TV set

*fertig** ready; done

*das **Fest, -e** festival; party; celebration

fest firm; solid; regular, steady 6; **fester Freund/feste Freundin** steady boyfriend/girlfriend; **~ gehen** to go steady

fest·halten (ä; ie, a) to keep hold of

das **Festival, -s** festival

die **Festplatte, -n** hard drive

das **Festspiel, -e** festival

fest·stellen to find out; to observe 1

fett gedruckt in boldface

feucht moist; humid

*das **Feuer, -** fire; light (cigarette); der **Feueralarm, -e** fire alarm

das **Fieber** fever 6

fiebern to have a fever

*der **Film, -e** film, movie; die **Filmmusik** film score; der **Filmschauspieler, -/**die **Filmschauspielerin, -nen** movie actor/actress

der **Filter, -** filter

die **Finanz, -en** finance; **finanziell** financial

finanzieren to finance

die **Finanzierung, -en** financing

*finden **(a, u)** to find

*der **Finger, -** finger

*die **Firma, Firmen** firm, company

*der **Fisch, -e** fish

fischen to fish

fit fit

die **Fitness** fitness; das **Fitness-Center, -s** fitness center, gym; das **Fitness-Studio** fitness center; das **Fitnesstraining** fitness exercise

*flach** flat, even

die **Fläche, -n** surface

die **Flamme, -n** flame

*die **Flasche, -n** bottle

*das **Fleisch** meat; flesh

der **Fleiß** diligence

*fleißig** industrious

die **Fliege, -n** fly 8

*fliegen **(o, [ist] o)** to fly

der **Flieger, -** airplane; pilot 6

fliehen (o, [ist] o) (+ *dat.*) to escape, flee

*fließen **(floss, [ist] geflossen)** to flow

flowen (made-up word from English *to flow*)

die **Flucht** flight

flüchten [ist] to flee

flüchtig hasty

der **Flüchtling, -e** refugee 8

*der **Flug, -e** flight; *der **Flugbegleiter, -/**die **Flugbegleiterin, -nen** flight attendant; die **Fluggesellschaft, -en** airline; der **Flughafen, ⁔ häfen** airport 6; *die **Flugkarte, -n** plane ticket; *das **Flugzeug, -e** airplane

der **Flur, -e** hall

*der **Fluss, ⁔e** river

fluten to flood; to stream

die **Folge, -n** consequence; result; sequence

*folgen **[ist] (+ *dat.*)** to follow; to obey; **folgend** following; **Folgendes** the following

fordern to demand, require 6

die **Form, -en** form

formieren to form

formulieren to formulate

die **Formulierung, -en** formulation, wording

*fort** away; on, forward

fort·fahren (ä; u, [ist] a) to continue

fort·laufen (ä; ie, [ist] au) to run away

*das **Foto, -s** photograph; das **Fotoalbum, -alben** photo album; der **Fotoapparat, -e** camera; der **Fotograf, -en, -en**/die **Fotografin, -nen** photographer

fotografieren to photograph, take a picture

der Fotokopierer, - photocopier

***die Frage, -n** question; **eine ~ stellen** to ask a question

***fragen** to ask; **~ nach** to ask about

***(das) Frankreich** France; **der Franzose, -n, -n/die Französin, -nen** French person; **französisch** French

***die Frau, -en** woman; Mrs., Ms.; wife

***das Fräulein** Miss

***frei** free; **~ haben** to be off from work; **~ sein** to be unoccupied; **die Freiheit, -en** freedom 7

freilich admittedly; of course 9

freiwillig voluntary

die Freizeit leisure time 1; **die Freizeitbeschäftigung, -en** leisure-time activity

***fremd** foreign; strange; **das ist mir ~** (dat.) that is foreign to me; **das Fremdbild, -er** view of people and culture by outsiders; **der/die Fremde** (noun decl. like adj.) foreigner, stranger; **die Fremde** foreign country; **die Fremdsprache, -n** foreign language 9

***fressen (i; fraß, e)** to eat (used for animals); to eat like an animal

***die Freude, -n** joy; **freudig** joyful; **~ machen** (+ dat.) to cause joy

freuen to make happy, please 2; **sich freuen** to rejoice, be glad; **sich ~ auf** (+ acc.) to look forward to 2; **sich ~ über** (+ acc.) to be happy about 2

***der Freund, -e/die Freundin, -nen** friend; **ein fester Freund/eine feste Freundin** a steady boyfriend/girlfriend; **der Freundeskreis, -e** circle of friends; ***freundlich (gegen, zu)** friendly (to); **die Freundlichkeit** friendliness; **die Freundschaft, -en** friendship

der Frieden peace

friedlich peaceful 10

frieren (o, o) to be or get cold

***frisch** fresh

***der Friseur, -e** barber, hairdresser; ***die Friseuse, -n/die Friseurin, -nen** hairdresser

***froh (über + acc.)** glad (about)

***fröhlich** happy; merry

***früh** early; **früher** former(ly); earlier

***das Frühstück, -e** breakfast; ***frühstücken** to eat breakfast

die Frustration, -en frustration

frustrieren to frustrate

***(sich) fühlen** to feel

***führen** to lead, guide; **ein Gespräch ~** to conduct a conversation; **führend** leading

die Führung, -en guidance; direction; guided tour

***der Führerschein, -e** driver's license

füllen to fill

funktionieren to function

***für (+ acc.)** for

die Furcht fear, anxiety; ***furchtbar** terrible; ***fürchten** to fear; **sich ~ (vor + dat.)** to be afraid (of); **fürchterlich** terrible

***der Fuß, ̈e** foot

***der Fußball, ̈e** soccer ball; soccer game; **die Fußballmannschaft, -en** soccer team

***der Fußgänger, -/die Fußgängerin, -nen** pedestrian

das Futur future (tense)

G

gähnen to yawn 10

***ganz** complete, whole; quite

***gar** entirely; cooked; **~ nicht** not at all

garantieren to guarantee

***der Garten, ̈** garden

das Gas, -e gas; natural gas

die Gasse, -n alley; lane; street

***der Gast, ̈e** guest; **der Gastarbeiter, -/die Gastarbeiterin, -nen** guest worker; **der Gastgeber, -/die Gastgeberin, -nen** host/hostess; ***das Gasthaus, -häuser** inn, hotel

der Gatte, -n, -n/die Gattin, -nen spouse

***das Gebäude, -** building

***geben (i; a, e)** to give; **es gibt** there is (are)

***das Gebiet, -e** region; subject

***das Gebirge, -** mountains

der Gebirgssee, -n mountain lake

***geboren** born

***der Gebrauch, Gebräuche** use; custom

***gebrauchen** to make use of; **gebraucht** used; second-hand; needed

***die Geburt, -en** birth

***der Geburtstag, -e** birthday; **die Geburtstagsfeier, -n** birthday party; **die Geburtstagskarte, -n** birthday card

das Gedächtnis memory

***der Gedanke, -ns, -n** thought;

der Gedankenaustausch exchange of ideas; **die Gedankenschwere** weighty thoughts

das Gedicht, -e poem; **der Gedichtband, ̈e** volume of poems, verses

die Geduld patience; **geduldig** patient(ly) 6

***die Gefahr, -en** danger

***gefährlich** dangerous

***gefallen (ä; gefiel, a) (+ dat.)** to please, like

das Gefängnis, -se prison

***das Gefühl, -e** feeling, emotion

***gegen (+ acc.)** against; approximately

***die Gegend, -en** area, region

die Gegenrichtung, -en opposite direction

der Gegensatz, ̈e contrast; the opposite; **im ~ (zu)** in contrast (to) 4

gegenseitig mutual

der Gegenstand, ̈e thing; object; subject

das Gegenteil, -e opposite; **ganz im ~** just the reverse

***gegenüber (+ dat.)** opposite; against; with regard to

die Gegenwart the present time; presence

das Gehalt, ̈er salary

das Geheimnis, -se secret; **geheimnisvoll** secretive; mysterious

***gehen (ging, [ist] gegangen)** to go; to work; **das geht mich nichts an** that does not concern me; **das geht nicht** that won't do; **es geht darum** it concerns that; **wie geht's?** how are you?

der Gehilfe, -n, -n/die Gehilfin, -nen assistant

***gehorchen (+ dat.)** to obey

***gehören (+ dat.)** to belong

der Gehweg, -e sidewalk; footpath

der Geiger, -/die Geigerin, -nen violinist

geil (slang) great; cool; marvelous

der Geist, -er ghost; spirit; mind

gekleidet dressed

gelangweilt bored

gelaunt: schlecht/gut ~ sein to be in a bad/good mood 10

***gelb** yellow

***das Geld, -er** money

***die Gelegenheit, -en** opportunity

gelernt trained; educted; skilled

geliebt dear; beloved

der/die Geliebte (noun decl. like adj.) lover

***gelingen (a, [ist] u) (+ dat.)** to succeed

*gelten (i; a, o) to be of value; to be valid; to be in effect; **~ als** to be regarded as

gemein common, general

die Gemeinde, -n community

gemeinsam joint(ly); common; mutual 4

die Gemeinschaft, -en group; community

*das Gemüse, - vegetable

*gemütlich comfortable; cozy; **die Gemütlichkeit, -en** coziness

*genau exact, accurate; that's right; **genauso (wie)** as well (as)

die Generation, -en generation

das Genie, -s genius

*genießen (genoss, genossen) to enjoy

der Genitiv, -e genitive

*genug enough

genügen (+ dat.) to be sufficient; **genügend** sufficient, enough

die Geografie (also Geographie) geography

*das Gepäck luggage

*gerade straight; just; **geradeaus** straight ahead

das Gerät, -e appliance; equipment

das Gerede gossip; chatter; talk

gereimt rhymed

das Gericht, -e court; dish (food)

gering little, small; negligible

*gern(e) (lieber, liebst-) gladly, with pleasure

gesamt whole, entire; **die Gesamtausgabe, -n** complete edition

*das Geschäft, -e business; store; **geschäftlich** business; **der Geschäftsbrief, -e** business letter; **der Geschäftsführer, -/die Geschäftsführerin, -nen** CEO/manager

*geschehen (ie; a, [ist] e) (+ dat.) to happen

das Geschehen happening, event

gescheit smart

*das Geschenk, -e gift, present

*die Geschichte, -n story; history

geschieden divorced

*das Geschirr, -e dishes (pl.); **~ spülen** to wash dishes; **der Geschirrspüler, -** dishwasher; **die Geschirrspülmaschine, -n** dishwasher

das Geschlecht, -er sex, gender; **die Geschlechterrolle, -n** gender role

der Geschmack taste

die Geschwindigkeit, -en speed; **die Geschwindigkeitsbegrenzung, -en** speed limit

die Geschwister (pl.) brother(s) and sister(s), siblings 4

der Geselle, -n, -n/die Gesellin, -nen journeyman/journeywoman; fellow

*die Gesellschaft, -en society; company; group; **~ haben** to have (some) company

gesellschaftlich social, societal

das Gesetz, -e law

gesetzt staid, steady; set in one's ways

*das Gesicht, -er face

der Gesichtspunkt, -e point of view

gespannt curious; eager 1; in suspense

*das Gespräch, -e talk, conversation; **ein ~ führen** to converse; **der Gesprächspartner, -/die Gesprächspartnerin, -nen** conversation partner

die Gestalt, -en form, shape, figure 4

die Geste, -n gesture

*gestern yesterday; **~ Abend** last night

die Gestik gestures

*gesund healthy; **die Gesundheit** health; **gesundheitlich** having to do with (one's) health

*das Getränk, -e drink, beverage

die Gewalt, -en power; violence 2; **die Gewalttat, -en** act of violence 2; **gewalttätig** violent

das Gewicht, -e weight; importance; **Gewichte heben** to lift weights

der Gewinn, -e gain, profit 7

*gewinnen (a, o) to win; to produce

*gewiss sure, certain; probable

sich gewöhnen an (+ acc.) to get used to 6

die Gewohnheit, -en habit, custom

*gewöhnlich normally, common

gewohnt usual; **~ sein** to be used to 9

gewöhnt used to, accustomed to

das Gift, -e poison; **giftig** poisonous, toxic

ging: dann ging's los then it took off

*die Gitarre, -n guitar

*das Glas, ̈-er glass

glatt smooth; level; slippery; **~ gehen** run smoothly 1

*glauben (an + acc.) to believe (in); **~ (dat. of person)** to believe someone

gläubig religious; trusting

*gleich soon; equal; same; immediately; presently; **das ist mir ~** it's all the same to me; **der/die/das Gleiche** the same

gleichberechtigt having equal rights; **die Gleichberechtigung, -en** equality, equal rights

gleichgültig indifferent

gleichzeitig at the same time; simultaneous 4

die Globalisierung globalization

*das Glück luck, fortune; **zum ~** luckily; **der Glückwunsch, ̈-e** congratulations; **herzlichen Glückwunsch** congratulations 5

*glücklich (über + acc.) happy (about)

der/die Glückliche (noun decl. like adj.) fortunate one; happy one

die GmbH (abbreviation for **Gesellschaft mit beschränkter Haftung**) limited liability company

das Gold gold; **golden** golden

der Golfplatz, ̈-e golf course

*der Gott; ~ sei Dank thank goodness; **gottlos** godless

das Grab, ̈-er grave 8

der Grad, -e degree; rank

die Graffiti (pl.) graffiti

*das Gramm gram

die Grammatik, -en grammar

*das Gras, ̈-er grass

gratulieren (+ dat.) to congratulate

greifen (griff, gegriffen) to seize, grasp

die Grenze, -n border, frontier; limit 1

der Grenzübergang, ̈-e border crossing; checkpoint

der Grieche, -n, -n/die Griechin, -nen Greek; **griechisch** Greek

grillen to grill

die Grippe flu 6

*groß (ö) big, great; tall (people)

*die Größe, -n height, size; greatness

*die Großeltern (pl.) grandparents

*die Großmutter, ̈ grandmother

die Großschreibung capitalization

die Großstadt, ̈-e city

*der Großvater, ̈ grandfather

großzügig generous; spacious

*grün green; **im Grünen** out in nature; **ins Grüne** into nature

*der Grund, ̈-e reason; bottom; **die Grundform** basic form; **das Grundgesetz** Basic Law (= constitution of Germany); **die Grundschule, -n** elementary school

gründen to found

die Gründung, -en founding; foundation

die Grünen the Greens (environmental party)

die Gruppe, -n group; **die Gruppenarbeit, -en** team work

die **Gruppierung** grouping
***der Gruß, ⸚e** greeting 2;
 herzliche Grüße kind regards 2
***grüßen** to greet
gucken to look; to peek 2
gülden *(poetical)* golden
der Gummi rubber; **das**
 Gummiband, ⸚er rubber band
***gut (besser, best-)** good, well;
 ~ machen to make up for; **~ tun**
 to have a good effect
das Gute *(noun decl. like adj.)* the
 good
der Gymnasiast, -en, -en/die
 Gymnasiastin, -nen pupil at
 Gymnasium
***das Gymnasium, Gymnasien**
 college preparatory high school
die Gymnastik rhythmic physical
 exercise; **~ treiben** to do
 gymnastics

H

***das Haar, -e** hair; ***der**
 Haartrockner, - hair dryer
***haben** to have; to possess
der Hafen, ⸚ harbor, port
***halb** half; **halbjährig** every six
 months
der Halbbruder, ⸚ half-brother
die Halbschwester, -n half-sister
die Hälfte, -n half 7
die Halle, -n hall
hallo hello, hi
***der Hals, ⸚e** neck, throat
***halten (ä, ie, a)** to hold; to stop;
 ~ für to regard as; **~ von** to
 think of 3
***die Haltestelle, -n** (bus) stop
die Haltung, -en attitude; position
***die Hand, ⸚e** hand; **zur ~** at
 hand
der Handel trade, business; **der**
 Handelspartner, -/die
 Handelspartnerin, -nen trading
 partner
handeln to act; to treat; **es**
 handelt sich um it's about, it
 deals with; **es handelt von** to be
 about, deal with 4
der Händler, -/die Händlerin,
 -nen trader, dealer
die Handlung, -en plot; action 5
die Handschrift handwriting;
 handschriftlich handwritten
***der Handschuh, -e** glove
***die Handtasche, -n** purse,
 pocketbook
das Handwerk, -e craft; trade; **der**
 Handwerker, -/die
 Handwerkerin, -nen
 craftsperson
das Handy, -s cell phone 2

***hängen (i, a)** to hang
***hängen (+ *direct object*)** to hang
harmlos harmless
harmonisch harmonious
***hart (ä)** hard, solid; difficult
die Härte, -n hardness
der Hass hate
hassen to hate 9
***hässlich** ugly
der Haufen, - pile, heap
häufig often, frequent; common 8
das Haupt, Häupter head; chief;
 Haupt- *(used in compounds)*
 main, leading; **der**
 Hauptbahnhof, ⸚e main train
 station; **das Hauptfach, -fächer**
 major subject; **der Hauptgrund,**
 ⸚e basic reason; **die Hauptrolle,**
 -n main role; **die Hauptsache,**
 -n main thing, main point 3;
 hauptsächlich essentially, mainly
 9; **der Hauptsatz, ⸚e** main
 clause; **der/die Hauptschuldige**
 (noun decl. like adj.) main
 offender; **die Hauptschule, -n**
 classes 1–9 meant for students
 intending to learn a trade; **das**
 Hauptseminar, -e advanced
 seminar; ***die Hauptstadt, ⸚e**
 capital; **die Hauptstraße, -n**
 main street
***das Haus, Häuser** house; **die**
 Hausarbeit, -en housework;
 homework; **die Hausaufgabe, -n**
 homework 3; **der Hausbau**
 house construction; **der Hausflur,**
 -e hallway, staircase; **die**
 Hausfrau, -en housewife;
 hausfraulich housewifely; **der**
 Haushalt, -e household;
 housekeeping 4; **der Hausmann,**
 ⸚er househusband; **der**
 Hausmeister, -/die
 Hausmeisterin, -nen custodian;
 der Hausschuh, -e slipper; **die**
 Haustür, -en front door
die Haut, ⸚e skin; **die Hautfarbe,**
 -n skin color
***heben (o, o)** to lift
***das Heft, -e** notebook; **das**
 Heftchen, - little notebook
heftig violent(ly); vigorous; intense 3
heilen to heal
heim home 4; **das Heim, -e**
 home; institution
die Heimat native country 2
heimlich secret; secretive
die Heirat, -en marriage;
 wedding 5
heiraten to marry 4, to get married
***heiß** hot
***heißen (ie, ei)** to be called,
 mean; **das heißt** that means; **es**
 heißt it says

heizen to heat
***helfen (i; a, o) (+ *dat.*) (bei)** to
 help (with)
***hell** bright, light
der Helm, -e helmet
***das Hemd, -en** shirt
***her** here
heran·wachsen (ä; u, [ist] a) to
 grow up
herauf up
heraus out
heraus·bringen (brachte,
 gebracht) to bring out; to publish
heraus·filtern to filter out
heraus·finden (a, u) to find out
heraus·holen to get out; to achieve
heraus·kommen (a, [ist] o) to be
 published; to come out; appear
heraus·nehmen (nimmt; a,
 genommen) to take out
heraus·schreiben (ie, ie) to copy
 out *(text)*
heraus·stellen to come to light; to
 prove to be
heraus·suchen to search; to find
heraus·ziehen (zog, gezogen) to
 pull out
das Herbizid, -e herbicide
***der Herbst, -e** autumn, fall
der Herd, -e stove, range 8
***herein** in, into, inside
herein·brechen (i; a, [ist] o) to
 descend upon
her·fahren (ä; u, [ist] a) to drive
 here
her·kommen (kam, [ist] o) to
 come here; to come from
die Herkunft origin 7
***der Herr, -n, -en** Mr.; gentleman
***herrlich** magnificent
herrschen to prevail; rule
her·stellen to produce; to establish
die Herstellung production;
 manufacture
herüber over (here); across
herum around; about
herum·führen to take or show
 around
herum·liegen (a, e) to lie around
herum·reichen to pass around 3
herunter down
herunter·laden (ä; u, a) to
 download (computer)
hervor·bringen (brachte,
 gebracht) to bring out; to
 produce
hervor·rufen (ie, u) to call forth
***das Herz, -ens, -en** heart;
 herzlich cordial; warm;
 herzliche Grüße *(letter closing)*
 kind regards 2; **herzlichen**
 Glückwunsch congratulations 5
***heute** today; **~ Nachmittag**
 this afternoon

heutig today's
heutzutage nowadays
***hier** here
hierher here
***die Hilfe, -n** help; **hilfsbereit** helpful; **das Hilfsverb, -en** auxiliary verb
***der Himmel, -** heaven, sky
***hin** there; away; gone; **~ und wieder** now and then
hinauf up there
hinauf·gehen (ging, [ist] gegangen) to go up
hinauf·schieben (o, o) to shove up 8
hinauf·steigen (ie, [ist] ie) to climb up
hinaus out; beyond
hin·bringen (brachte, gebracht) to take there
hin·deuten (auf + *acc.*) to point to; to indicate
hinein in; inside; into
hinein·gehen (ging, [ist] gegangen) to go in
hin·fallen (ä; fiel, [ist] a) to fall down
hingegen however, on the other hand
hin·gehen (ging, [ist] gegangen) to go there
hin·halten (ä; ie, a) to hold out something to someone
sich hin·setzen to sit down
***hinten** in the rear
***hinter** (*acc./dat.*) behind; **hinterher** afterward 7
der Hintergrund background
hinüber over (there)
hinunter down; below
hin·weisen (ie, ie) (auf + *acc.*) to hint at, refer to
hinzu in addition; moreover; besides
hinzu·fügen to add
historisch historical
der Hit, -s hit song; **die Hitliste, -n** list of latest hits
***das Hobby, -s** hobby
die Hitze heat
hitzig passionate, hot-headed
***hoch (höher, höchst-)** high
Hochdeutsch High German
die Hochschule, -n university, academy, college; **der Hochschullehrer, -/die Hochschullehrerin, -nen** university professor
***höchst** highest; utmost; **höchstens** at the most
die Hochzeit, -en wedding
hoch·ziehen (zog, gezogen) to draw up; to raise
***der Hof, ̈e** farm; court

***hoffen** to hope
***hoffentlich** I (we) hope
***die Hoffnung, -en** hope; **hoffnungslos** hopeless
***höflich (gegen)** polite (to); **die Höflichkeit, -en** politeness
***hoh-** high (the form of **hoch** used before nouns)
die Höhe, -n height; hill 4; ***der Höhepunkt, -e** high point, climax
die höhere Schule, -n secondary school
***holen** to get, fetch
***das Holz, ̈er** wood
***hören** to hear; to listen to
der Hörer, - listener
der Horizont, -e horizon
der Hörsaal, Hörsäle lecture hall, auditorium
***die Hose, -n** pants; **kurze ~** shorts
***das Hotel, -s** hotel
***hübsch** pretty
der Hügel, - hill
***das Huhn, ̈er** chicken
der Humor humor; **humorvoll** humorous
***der Hund, -e** dog
***hundert** hundred
***der Hunger** hunger; **die Hungersnot, ̈note** famine
***hungrig** hungry
hupen to honk 3
***husten** to cough
***der Hut, ̈e** hat; **unter einen ~ kriegen** to accommodate; to fit in
die Hydroelektrik hydroelectricity
hydroelektrisch hydroelectric
die Hymne, -n national anthem; hymn
hypothetisch hypothetical

I

das Ideal, - ideal
der Idealismus idealisms
***die Idee, -n** idea
identifizieren to identify
die Ideologie, -n ideology
das Idol, -e idol
illusorisch illusory
die Illustrierte, -n, -n illustrated magazine 2
der Imbiss snack; snack bar; café 7
***immer** always; **~ größer** larger and larger; **~ mehr** more and more; **~ noch** still; **~ wieder** again and again 3; **immerhin** after all; nevertheless; still
der Immigrant, -en, -en/die Immigrantin, -nen immigrant

der Imperativ, -e imperative; **der Imperativsatz, ̈e** imperative sentence
importieren to import
der Impuls, -e impulse; impetus
***in** (*acc./dat.*) in; at; into; to
das Indefinitpronomen, - indefinite pronoun
indem while; in that
der Indikativ, -e indicative
indirekt indirect
indisch Indian
***die Industrie, -n** industry; **das Industrieland, ̈er** industrialized country; **die Industrienation, -en** industrial nation
die Infektion, -en infection
der Infinitiv, -e infinitive
infolge because of; **infolgedessen** because of that, consequently
die Informatik information technology
der Informatiker, -/die Informatikerin, -nen computer specialist
die Information, -en information
informieren to inform; **informiert** informed
***der Ingenieur, -e/die Ingenieurin, -nen** engineer
***der Inhalt, -e** content
***die Initiative, -n** initiative
das Inland home, domestic
der Inliner, - inline skate
der Inliner-Profi, -s professional inline skater
der Inlineskate, -s inline skate
das Inlineskating inline skating
innen inside, in; **die Innenstadt, ̈e** center of city, innercity
inner interior, inner; ***innerhalb** (+ *gen.*) inside of
innerst innermost
insbesondere particularly, especially
die Insel, -n island
insgesamt altogether, all in all 3
installieren to install
das Institut, -e institute
inszenieren to direct; to produce
die Integration, -en integration
integrieren to integrate; **integriert** integrated
die Intelligenz intelligence
intensiv intensive
interaktiv interactive
***interessant** interesting
das Interesse, -n (an + *dat.*) interest (in)
***sich interessieren (für)** to be interested (in); **interessiert (an + *dat.*)** interested (in)
das Internet Internet
die Interpretation, -en interpretation

interpretieren to interpret
die Interpunktion punctuation
das Interrogativpronomen, -
interrogative pronoun
das Interview, -s interview
interviewen to interview
**der Interviewer, -/die
Interviewerin, -nen** interviewer
der/die Interviewte *(noun decl. like
adj.)* interviewee
inwiefern in what respect
***inzwischen** meanwhile
***irgend** some; any; at all;
***irgendein** some; any;
***irgendwann** sometime;
***irgendwas** something;
irgendwelch (-er, -es, -e) some,
any; ***irgendwie** somehow;
***irgendwo** somewhere
irreal unreal, imaginary; **der
irreale Konditionalsatz, ⸚e**
condition-contrary-to-fact sentence
isolieren to isolate; to insulate
***(das) Italien** Italy; **der Italiener,
-/die Italienerin, -nen** Italian
person; **italienisch** Italian

J

***ja** yes; *(flavoring particle)* indeed,
of course
***die Jacke, -n** jacket
jagen (+ nach) to chase (after)
***das Jahr, -e** year; **jahrelang**
lasting for years
die Jahreszeit, -en season (of the
year)
***das Jahrhundert, -e** century
-jährig ...-year-old 2
jährlich annual, yearly
das Jahrzehnt, -e decade
japanisch Japanese
der Jazz jazz
***je** each; for each case; **je ... desto**
the ... the
jedenfalls in any case, at all events 6
***jed- (-er, -es, -e)** each; every;
everyone
***jedermann** everyone
***jedesmal** every time
jedoch however; nevertheless 7
jemals ever
***jemand** somebody
***jen- (-er, -es, -e)** that; the former
***jenseits (+ gen.)** on the other side
of; beyond
jetzig present
***jetzt** now
jeweilig respective; in each case
jeweils at any given time, from
time to time; in each instance;
respectively
***der Job, -s** job; **jobben** to work,
have a job 8

***joggen** to jog
das Jogging jogging
der Joghurt *(also* **Jogurt***)* yogurt
das Journal, -e journal, magazine
***der Journalist, -en, -en/die
Journalistin, -nen** journalist,
reporter
jubeln to rejoice
der Jude, -n, -en/die Jüdin, -nen
Jew
jüdisch Jewish
***die Jugend** youth; **die
Jugendherberge, -n** youth
hostel; **die Jugendsprache** young
people's slang
der/die Jugendliche *(noun decl. like
adj.)* young person 2
***jung (ü)** young
***der Junge, -n, -n** boy; **Jungs**
(coll.) boys
die Jura *(pl.)* law; **das
Jurastudium** study of law
**der Jurist, -en, -en/die Juristin,
-nen** lawyer; law student

K

***der Kaffee** coffee
der Kalender, - calendar
kalkulieren to calculate
kalt (ä) cold; **die Kälte**
cold(ness)
***die Kamera, -s** camera; **die
digitale ~** digital camera
**der Kamerad, -en, -en/die
Kameradin, -nen** companion
***der Kamm, ⸚e** comb
***(sich) kämmen** to comb (one's
hair)
der Kampf, ⸚e fight; battle;
contest 5
***kämpfen** to fight
der Kanal, ⸚e canal; channel
die Kantine, -n canteen, cafeteria
der Kanzler, -/die Kanzlerin, -nen
chancellor
die Kapazität, -en capacity
der Kapitalismus capitalism
**der Kapitän, -e/die Kapitänin,
-nen** captain
das Kapitel, - chapter
***kaputt** broken; exhausted
**der Karikaturist, -en, -en/die
Karikaturistin, -nen** cartoonist;
caricaturist
der Karneval carnival, Mardi Gras
die Karriere, -n career 4
***die Karte, -n** card; menu; ticket
***die Kartoffel, -n** potato
der Karton, -s box; cardboard
***der Käse** cheese
***die Kasse, -n** box office; cashier;
der Kassenraum, -räume
cashier's office

die Kassette, -n cassette; ***der
Kassettenrecorder, -** cassette
recorder
der Kasten, ⸚ box 2
der Kasus, - case (grammar)
die Katastrophe, -n catastrophe
die Kategorie, -n category
***die Katze, -n** cat
der Kauf, ⸚e purchase; **die
Kauffrau, -en/der Kaufmann,
⸚er** or **Kaufleute** *(pl.)* merchant;
das Kaufhaus, ⸚er department
store 1
***kaufen** to buy
***kaum** hardly
kehren to sweep
***kein** no, not a; none, not any
keinesfalls in no case, on no
account
***der Keller, -** cellar, basement
***der Kellner, -/die Kellnerin, -nen**
server
***kennen (a, a)** to know; to be
acquainted with; ***kennen
lernen** to meet; to become
acquainted with
die Kenntnis, -se knowledge,
information
die Kernkraft, ⸚e nuclear power
die Kerze, -n candle 5
die Kette, -n chain; necklace
***das Kilogramm** kilogram
***der Kilometer, -** kilometer
***das Kind, -er** child; **das
Kindchen, -** little child; baby;
das Kinderbett, -en crib; **der
Kindergarten, ⸚** kindergarten;
das Kindergeld child benefits;
das Kinderheim, -e children's
home; **kinderlos** childless; **die
Kindheit** childhood; **kindlich**
childlike
***das Kino, -s** cinema; movie
theater
***die Kirche, -n** church; **kirchlich**
church; religious
klagen to complain; to lament 9;
klaglos without complaint
die Klammer, -n parentheses;
bracket
die Klamotten *(pl.)* *(slang)*
clothes
klappen to run smoothly; to bang;
das klappt that works 1
***klar** *(dat.)* clear; certainly
sich klären to be clarified
***die Klasse, -n** class; **erster ~**
first class; **Klasse!** *(coll.)* Great!;
**der Klassenkamerad, -en,
-en/die Klassenkameradin, -nen**
school classmate
klassifizieren to classify
klassisch classical
klatschen to clap, applaud 9

*die Klausur, -en university examination

*das Klavier, -e piano; **das Klavierkonzert, -e** piano concerto; piano recital; **die Klavierstunde, -n** piano lesson; **der Klavierunterricht** piano lessons

*das Kleid, -er dress

kleiden to dress

*die Kleidung clothing; **das Kleidungsstück, -e** piece of clothing

*klein small; short (people)

die Kleinschreibung use of lower case letters

klettern [ist] to climb

klicken to click

der Klient, -en, -en/die Klientin, -nen client

das Klima, -s climate 10; **die Klimazone, -n** climate zone

klimatisiert air-conditioned

klingeln to ring

klingen (a, u) to sound

die Klinik, -en clinic

das Klischee, -s cliché

*klopfen to knock

*klug (ü) clever, intelligent

km (abbr. of **Kilometer**) kilometer

der Knabe, -n, -n boy

die Kneipe, -n pub, bar

das Knöchelchen, - little bone 4

der Knochen, - bone 4

der Knopf, ̈e button

der Koch, ̈e/die Köchin, -nen cook

*kochen to cook

*der Koffer, - suitcase; **das Kofferradio, -s** portable radio

die Kohle, -n coal

das Kohlendioxid, -e carbon dioxide

kohlschwarz pitch-black

*der Kollege, -n, -n/die Kollegin, -nen colleague

das Kollektiv, -e collective

kollektivieren to collectivize

die Kolumne, -n column

komfortabel luxurious; comfortable

*komisch strange, odd; comical, funny

*kommen (kam, [ist] o) to come

der Kommentar, -e commentary

kommentieren to comment

kommerziell commercial

der Kommilitone, -n, -n/die Kommilitonin, -nen fellow student

die Kommission, -en commission, committee

die Kommunikation, -en communication; **das Kommunikationsmittel, -** communication medium

der Kommunismus communism

kommunistisch communist

kommunizieren to communicate

kompakt compact

die Komparation, -en comparison

der Komparativ, -e comparative

kompetent competent

komplett complete

der Komplize, -n, -n/die Komplizin, -nen accomplice

die Kompliziertheit complexity

komponieren to compose

der Komponist, -en -en/die Komponistin, -nen composer 5

die Komposition, -en composition

der Kompromiss, -e compromise

der Konditionalsatz, ̈e conditional sentence

die Konditorei, -en pastry shop

die Konferenz, -en conference

konfrontieren to confront

der Kongress, -e convention

die Konjunktion, -en conjunction; **koordinierende ~** coordinating conjunction; **subordinierende ~** subordinating conjunction

der Konjunktiv, -e subjunctive; **~ der Gegenwart** present-time subjunctive; **~ der Vergangenheit** past-time subjunctive, **~ I** subjunctive I, **~ II** subjunctive II

konkret concrete

*können can, to be able to

die Konsequenz, -en consequence

das Konservatorium, Konservatorien conservatory

die Konstruktion, -en construction

das Konsulat, -e consulate

der Konsum consumption

der Konsument, -en, -en/die Konsumentin, -nen consumer

konsumtiv consuming

die Kontaktbörse, -n bulletin/message board (Internet)

der Kontinent, -e continent

kontrollieren to control

die Kontroverse, -n controversy

das Konzentrationslager, - concentration camp

konzentrieren to concentrate

der Konzern, -e combine, group of companies

*das Konzert, -e concert; concerto

*der Kopf, ̈e head; **den ~ verdrehen** to turn someone's head

die Kopie, -n copy

*der Korb, ̈e basket

der Korken, - cork, stopper

*der Körper, - body; **körperlich** bodily; **der Körperteil, -e** part of the body

*korrigieren to correct

*kosten to cost; to try a food; **die Kosten** (pl.) cost(s)

der Krach noise; quarrel

die Kraft, ̈e energy; strength; power

kräftig strong, powerful 4

das Krafttraining strength training; body building

der Kragen, - collar

*krank (ä) ill, sick; **kränkend** hurtful, hurting one's feelings; ***das Krankenhaus, ̈er** hospital; **die Krankenkasse, -n** medical insurance; **der Krankenpfleger, -** (male) nurse; ***die Krankenschwester, -n** (female) nurse; **der Krankenwagen, -** ambulance 6; **die Krankheit, -en** illness, sickness

*die Krawatte, -n tie

kreativ creative

der Krebs cancer

der Kredit, -e credit

*die Kreide chalk

der Kreis, -e circle; group 3

kreisen [ist] (+ um) to revolve (around)

der Kreuzreim, -e alternating rhyme

*der Krieg, -e war

kriegen to receive, get 4

der Krimi, -s detective story or film

der Kriminalfilm, -e detective film, cop movie

die Kriminalität criminality

der/die Kriminelle (noun decl. like adj.) criminal

die Krise, -n crisis

die Kritik criticism; **~ üben an** (+ dat.) to make a criticism of

kritisch critical

*kritisieren to criticize

die Krone, -n crown

der Krug, ̈e pitcher, mug 4

*die Küche, -n kitchen; **die Küchenreste** kitchen leftovers

*der Kuchen, - cake

*der Kugelschreiber, - ballpoint pen

*die Kuh, ̈e cow

*kühl cool, chilly

*der Kühlschrank, ̈e refrigerator

*kühn bold

*der Kuli, -s ballpoint pen

kultiviert cultivated

die **Kultur, -en** culture, civilization
5; **kulturell** cultural
sich kümmern (um) to be
concerned about, care 8
**der Kunde, -n, -n/die Kundin,
-nen** customer
***die Kunst, ̈e** art; **die
Kunstpostkarte, -n** postcard
with art; **das Kunstwerk, -e**
work of art
der Kunstdünger, - chemical
fertilizer
***der Künstler, -/die Künstlerin,
-nen** artist 2; **künstlerisch**
artistic
***der Kurs, -e** course; **der
Kursteilnehmer, -/die
Kursteilnehmerin, -nen**
student in college course/class
***kurz (ü)** short; **vor kurzem**
recently 7; **~ danach** shortly
after; **(nicht) zu ~ kommen**
(not) to be short-changed;
(not) to get a bad deal; (not)
to be disadvantaged; **die
Kurzgeschichte, -n** short story
kürzlich recently
***die Kusine, -n** cousin (female)
der Kuss, ̈e kiss 6
küssen to kiss

L

das Labor, -s lab, laboratory
lächeln (über + acc.) to smile
(about) 3
***lachen (über + acc.)** to laugh
(about)
laden (ä; u, a) to load
***der Laden, ̈** store
die Lage, -n situation; state of
affairs; position 7
das Lager, - camp
***die Lampe, -n** lamp
***das Land, ̈er** country, land; state;
auf dem ~ in the country(side);
aufs ~ to the country
landen [ist] to land
die Landkarte, -n map
***die Landschaft, -en** countryside,
landscape
die Landstraße, -n highway
die Landwirtschaft, -en
agriculture, farming
***lang (ä)** long
***lange** a long time
die Langeweile boredom
***langsam** slow
längst long ago; for a long time 2
sich langweilen to be bored
***langweilig** boring
der Lappen, - rag; cloth 10
der Laptop, -s laptop computer
der Lärm noise 3

***lassen (ä, ließ, a)** to let; to leave
die Last, -en load
der Lauf, Läufe course; run; **im ~**
during the course of 8
***laufen (äu; ie, [ist] au)** to run
***die Laune, -n** mood; **in (guter)
~ sein/gute ~ haben** to be in a
(good) mood; **launisch** moody
***laut** loud, noisy; **lautlos** silently
lauter clear; pure; nothing but
der Lautsprecher, - (loud)speaker
7
***leben** to live; **lebend** live, living
das Leben life, existence 5; **das
Lebensalter** age; **der
Lebenslauf, ̈e** curriculum vitae;
***die Lebensmittel (pl.)** food;
groceries; **der Lebensstandard**
living standard; **die Lebensweise,
-n** way of life
die Lebzeiten (pl.) lifetime
ledig single (unmarried)
***leer** empty
***legen** to lay, put
der Lehrberuf, -e teaching
profession
die Lehre, -n apprenticeship
***lehren** to teach
***der Lehrer, -/die Lehrerin, -nen**
teacher, instructor; **das
Lehrerzimmer, -** teachers' room
die Lehrkraft, ̈e teacher;
professor
***der Lehrling, -e** apprentice
der Lehrplan, ̈e curriculum
die Lehrstelle, -n apprenticeship
position
***leicht** easy; light
die Leichtathletik track and field
***das Leid, -en** pain, suffering,
torment; **Leid tun (a, a) (+ dat.)**
to feel sorry, to pity; **er tut mir
Leid** I feel sorry for him
***leiden (litt, gelitten)** to suffer;
ich kann ihn nicht ~ I can't
stand him
***leider** unfortunately
***leihen (ie, ie)** to lead; to borrow;
to rent
***leise** soft, quiet
leisten to perform; to render; **sich
(dat.) ~** to afford 3
die Leistung, -en performance
der Leiter, -/die Leiterin, -nen
director, head, manager
die Leiter, -n ladder
die Leitfrage, -n study question
***lernen** to learn; to study
***lesen (ie; a, e)** to read
der Leser, -/die Leserin, -nen
reader; **der Leserbrief, -e** letter
to the editor
der Leseraum, -räume reading
room

das Lesestück, -e reading
selection
***letzt** last
***die Leute (pl.)** people
das Lexikon, Lexika
encyclopedia, lexicon
***das Licht, -er** light
***lieb** dear; **~ haben** to be fond;
~ sein (+ dat.) to be dear to a
person
***die Liebe** love; **der Liebesbrief,
-e** love letter; **der Liebesfilm, -e**
romance movie; **die
Liebesgeschichte, -n** love story;
das Liebesglück happiness of love
***lieben** to love
***lieber** rather
liebevoll loving
Lieblings- (prefix for noun) favorite
1; **die Lieblingsbeschäftigung,
-en** favorite activity 1
***liebsten: am ~** best liked, most of
all
***das Lied, -er** song
**der Liedermacher, -/die
Liedermacherin, -nen**
singer/song writer
der Liederzyklus, -zyklen song
cycle
liefern to deliver, supply
***liegen (a, e)** to lie; to be located;
~ an (+ dat.) to be the cause of;
der Liegestütz, -e push-up
***die Limonade, -n** soft drink
die Linie, -n line
link (adj.) left
***links (adv.)** left
der Lippenstift, -e lipstick
die Liste, -n list
***der Liter, -** liter
literarisch literary
die Literatur, -en literature
loben to praise 10
das Loch, ̈er hole 10
lockig curly (hair)
***der Löffel, -** spoon
logisch logical
der Lohn, ̈e reward; wages
***los** released; loose; **was ist ~?**
what's wrong? **~ sein** to be rid of;
los·werden to get rid of
lösen to solve 10
los·gehen (ging, [ist] gegangen)
to start; **jetzt geht's los** it's
starting now
die Lösung, -en solution
die Luft, ̈e air, breeze 8; **die
Luftpost** airmail; **die
Luftverschmutzung** air pollution
lügen (o, o) to tell a lie
***die Lust** desire; pleasure; **~ an
(+ dat.)** pleasure in; **~ auf
(+ acc.)** desire for; **~ haben** to
be in the mood, feel like

*lustig amusing, funny; sich über etwas ~ machen to make fun of something
lustlos listless
luxuriös luxurious
der Luxus luxury
die Lyrik poetry; der Lyriker, -/die Lyrikerin, -nen poet
lyrisch lyrical

M

*machen to make; to do; mach's gut take it easy, take care of yourself 6
*das Mädchen, - girl
das Magazin, -e magazine
magisch magic
das Magister-Examen M.A. exam
*mal once; (flavoring particle that softens a command and leaves the time indefinite)
*das Mal, -e time; (drei)mal (three) times; einige Male several times
*malen to paint
*man one (indefinite pron.)
der Manager, -/die Managerin, -nen manager
*manch (-er, -es, -e) many a; some
*manchmal sometimes
*der Mann, ¨er man; husband; männlich male, masculine
*der Mantel, ¨ coat
das Manuskript, -e manuscript
*das Märchen, - fairy tale
*die Mark mark (German monetary unit before 2002)
markieren to mark
*der Markt, ¨e market; die Marktfrau, -en market woman; der Marktplatz, -plätze market place; die Marktwirtschaft, -en market economy
*die Marmelade, -n jam
*die Maschine, -n machine
die Masse, -n mass; quantity
das Material, -ien material
die Mathe math
*die Mathematik mathematics
matt dull; weak
*die Mauer, -n wall
maximal maximum
*der Mechaniker, -/die Mechanikerin, -nen mechanic
das Medikament, -e medication
das Medium, Medien medium, media
*die Medizin field of medicine; medizinisch medical; der Medizinprofessor, -en/die Medizinprofessorin, -nen professor of medicine

*das Meer, -e sea, ocean; der Meeresspiegel, - sea level
*mehr more; immer ~ more and more; nicht ~ no more, no longer
*mehrere several
das Mehrfamilienhaus, -häuser multi-family dwelling
die Mehrheit, -en majority
die Mehrwegflasche, -n returnable bottle 10
*meinen to be of the opinion; to intend; to mean
meinerseits as far as I'm concerned
*meinetwegen as far as I'm concerned
*die Meinung, -en opinion; meiner ~ nach in my opinion; ich bin deiner ~ I agree with you; anderer ~ sein to have a different opinion
*meist most
*meistens mostly
der Meister, -/die Meisterin, -nen master; master craftsperson; foreperson; das Meisterwerk, -e masterpiece
(sich) melden to report; to inform 7
die Melodie, -n melody
*die Menge, -n (great) quantity; amount; crowd
*der Mensch, -en, -en human being; das Menschenfleisch human flesh; das Menschentum humankind; die Menschheit mankind, humanity; menschlich human
die Mentalität mentality
*merken to notice; to realize
das Merkmal, -e mark; sign; feature
*merkwürdig strange; weird
*das Messer, - knife
das Metall, -e metal
die Meteorologie meteorology
*der Meter, - meter
die Metropole, -n metropolis
*der Metzger, -/die Metzgerin, -nen butcher; die Metzgerei, -en meat market
*die Miete, -n rent; mieten to rent 2; der Mieter, -/die Mieterin, -nen tenant
*die Milch milk
mild mild
die Milliarde, -n billion
*die Million, -en million
die Minderheit, -en minority 7
mindestens at least, no less than 6
der Minister, -/die Ministerin, -nen cabinet member

*die Minute, -en minute
(sich) mischen to mix
die Mischung, -en mixture
missgelaunt ill-tempered
misstrauen (+ dat.) to mistrust
das Missverständnis, -se misunderstanding
*missverstehen (missverstand, missverstanden) to misunderstand
*mit (+ dat.) with; at; by
der Mitarbeiter, -/die Mitarbeiterin, -nen employee; co-worker 6
mit·bekommen (bekam, o) to get it (understand); to realize
der Mitbewohner, -/die Mitbewohnerin, -nen roommate 9
mit·bringen (brachte, gebracht) to bring along
*miteinander together; with each other
mit·geben (i; a, e) to send along with
*das Mitglied, -er member
mit·helfen (i; a, o) to assist
mit·kommen (kam, [ist] o) to come along
mit·laufen (äu; ie, [ist] au) to run (with); run in (race)
das Mitleid pity; sympathy
mit·machen (bei) to join (in)
der Mitmensch, -en, -en fellow human being
mit·nehmen (nimmt; nahm, genommen) to take along
der Mitschüler, -/die Mitschülerin, -nen classmate
mit·singen (a, u) to sing along
mit·surfen to participate in surfing
*der Mittag, -e noon; *das Mittagessen, - lunch; *mittags at noon; die Mittagspause, -n lunch break; der Mittagsschlaf afternoon nap
*die Mitte center, middle
mit·teilen to inform; to communicate 4
die Mitteilung, -en notification; communication
*das Mittel, - means
(das) Mitteleuropa Central Europe
der Mittelpunkt, -e center
die Mittelschule, -n (Realschule) school for grades 5 through 10
mitten in (+ dat.), mitten drin in the middle of 3
die Mitternacht midnight
mittlerweile in the meantime
das Möbel, - (usually pl.) furniture

möbliert furnished
das Modalverb, -en modal verb
die Mode, -n fashion 1; das Modejournal, -e fashion magazine
das Model, -s (fashion) model
das Modell, -e model
das Modem, -s modem
modifizieren to modify
*mögen to like
*möglich possible; es ist mir ~ (dat.) it is possible for me; die Möglichkeit, -en possibility, chance, opportunity 1
möglichst: ~ bald as soon as possible
*der Moment, -e moment
*der Monat, -e month; monatlich monthly
*der Mond, -e moon
die Mongolei Mongolia
der Monolog, -e monologue
monoton monotonous
die Moral morals; moral (of a story)
der Mord, -e murder
*morgen tomorrow
*der Morgen, - morning; morgendlich morning
*morgens in the morning
das Motiv, -e motive; theme
*der Motor, -en motor; engine
*das Motorrad, ¨er motorcycle
das Motto, -s motto
*müde tired; die Müdigkeit tiredness
die Mühe, -n effort; trouble; difficulty 5; mühelos effortless; mühsam laborious
der Müll garbage, trash 10; die Müllabfuhr, -en garbage removal; der Mülleimer, - garbage can
multikulturell multicultural; multi-kulti (short for) multikulturell
*der Mund, ¨er mouth
*das Museum, Museen museum
das Musical, -s musical
*die Musik music; musikalisch musical; der Musikant, -en, -en/die Musikantin, -nen instrumentalist in a band, musician; der Musiker, -/die Musikerin, -nen musician 5; die Musikszene, -n music scene
der Muskel, -n muscle
*müssen (muss; musste, gemusst) must, to have to
das Muster, - pattern
der Mut courage; spirit; mutig courageous; mutlos discouraged; despondent

*die Mutter, ¨ mother; mütterlich motherly; der Mutterschutz legal protection of expectant mothers; die Muttersprache, -n mother tongue
die Mutti (fam.) Mom
die Mütze, -n hat, cap

N

na well, come on; ~ ja well; ~ klar of course; ~ und? so?
*nach (+ dat.) after; according to; to; ~ und ~ little by little
*der Nachbar, -n, -n/die Nachbarin, -nen neighbor
nach·blicken to watch someone, to gaze after someone
*nachdem (conj.) after
*nach·denken (dachte, gedacht) (über + acc.) to think about, to reflect
nach·erzählen to retell
die Nacherzählung, -en retelling (of a story); summary
nach·gehen (ging, [ist] gegangen) to follow; meine Uhr geht nach my watch is slow
*nachher later
nach·holen to fetch; to make up for something
nach·kommen (kam, [ist] o) to follow later
*der Nachmittag, -e afternoon; *nachmittags in the afternoon
die Nachricht, -en news, report 2; das Nachrichtenmagazin news magazine; die Nachrichtensendung, -en radio/TV news report
nach·schauen to watch; to have a look at, to check
nach·schlagen (ä; u, a) to look up
das Nachschlagewerk, -e reference book
die Nachsilbe, -n suffix
nach·sitzen (saß, gesessen) to have detention; usually used with müssen: er musste ~ he had to stay after school 4
*nächst next
*die Nacht, ¨e night
der Nachteil, -e disadvantage 3
nächtelang night after night
*der Nachtisch dessert
nachts at night
*nah(e) (näher, nächst-) (+ dat.) near; close
die Nähe nearness, proximity; vicinity; in der ~ near
sich nähern to approach
das Nahrungsmittel, - food
naiv naive
*der Name, -ns, -n name; namens by name of, called

*nämlich of course, namely, you see
*die Nase, -n nose
*nass wet; nasskalt wet and cold
die Nation, -en nation
die Nationalität, -en nationality
der Nationalsozialismus national socialism
*die Natur, -en nature; disposition; der Naturpark, -s national park
*natürlich natural; of course; die Natürlichkeit, -en naturalness
die Naturwissenschaft, -en natural or physical science; der Naturwissenschaftler, -/die Naturwissenschaftlerin, -nen natural or physical scientist
der Nebel, - fog, mist 5; neblig foggy; der Nebelstreif strip of fog
*neben (+ acc./dat.) next to, beside; nebenan close by, next door 7; nebenbei by the way; at the same time; additionally; incidentally; nebenher on the side; in addition; der Nebensatz, ¨e dependent clause; der Nebentisch, -e neighboring table; die Nebenwohnung, -en apartment next door; das Nebenzimmer, - neighboring room
*der Neffe, -n, -n nephew
negativ negative
*nehmen (nimmt; a, genommen) to take
der Neid envy; neidisch (auf + acc.) envious (of)
*nennen (nannte, genannt) to call
der Neonazi, -s neonazi
der Nerv, -en nerve; es geht mir auf die Nerven it gets on my nerves
nerven to get on someone's nerves
nervös nervous 9
*nett nice; kind; pleasant
das Netz, -e net
*neu new; die Neuigkeit, -en news; neulich lately; recently 5
*neugierig (auf + acc.) curious (about)
das Neutrum neuter (grammar)
das Newsboard, -s bulletin board (Internet)
*nicht not; nicht mehr no more; no longer; ~ nur ... sondern auch not only . . . but also; ~ wahr? isn't that so?
*die Nichte, -n niece
nichtehelich unmarried; illegitimate (children)
*nichts nothing
*nie never
nieder down

nieder·schreiben (ie, ie) to write down

niedrig low

niemals never 8

*****niemand** nobody

*****nirgends** nowhere

nirgendwo nowhere

*****noch** still, yet; in addition; ~ **einmal** again; ~ **etwas** something else; ~ **immer** still; ~ **nie** never

nochmal once more

der Nominativ, -e nominative

*****der Norden** the North; **das Norddeutschland** North Germany; **nördlich** northern

die Norm, -en norm

normalerweise normally

die Not, ⁓e distress; difficulties; need; emergency

die Note, -n grade 3

das Notebook, -s notebook (computer)

notieren to note down (writing)

*****nötig** necessary

die Notiz, -en note; **das Notizbuch, ⁓er** notebook

*****die Null, -en** zero

*****die Nummer, -n** number

*****nun** now

*****nur** only

nutzen/nützen (+ dat.) to use; to be of use

nützlich (dat.) profitable; useful

die Nutzpflanze, -n useful plant

O

*****ob** if; whether; **und** ~ of course, you bet

*****oben** above; upstairs; at the head

*****der Ober, -** waiter

oberflächlich superficial 9

*****oberhalb (+ gen.)** above

die Oberschule, -n high school

obgleich (conj.) although

obig above; foregoing

das Objekt, -e object; **direktes/indirektes** ~ direct/indirect object

obligatorisch obligatory

*****das Obst** fruit

*****obwohl (conj.)** although

*****oder (conj.)** or

*****der Ofen, ⁓** oven; stove

*****offen** open; frank

offenbaren to reveal

die Offenheit openness

öffentlich public 5; **die Öffentlichkeit** public

*****öffnen** to open

die Öffnung, -en opening

offziell official

*****oft (ö)** often

öfter often; **öfters** several times

oh oh; ~ **je** oh dear

*****ohne (+ acc.)** without; ~ **dass** without; ~ **weiteres** without further ado; ~ **...** **zu** (+ inf.) without . . . -ing

*****das Ohr, -en** ear

öko (prefix) eco, ecological; **der Ökogarten, ⁓** ecological or organic garden; **ökologisch** ecological

das Öl oil; **der Öltanker, -** oil tanker

die Olympiade, -n Olympics

*****die Oma, -s** grandma

*****der Onkel, -** uncle

online online

*****der Opa, -s** grandpa

die Oper, -n opera; **das Opernhaus, Opernhäuser** opera house

die Operette, -n operette

das Opfer, - victim 7

der Optimist, -en, -en/die Optimistin, -nen optimist; **optimistisch** optimistic

die Orange, -n orange

das Orchester, - orchestra

ordentlich tidy; proper; respectable 6

die Ordinalzahl, -en ordinal number

ordnen to order, arrange

die Ordnung, -en order; arrangement 9; **ordnungswidrig** against the rules

die Organisation, -en organization

organisatorisch organizational

organisch organic

organisieren to organize

sich orientieren to orientate oneself, to inform oneself

*****der Ort, -e** place; spot

der Ossi, -s (coll.) expression for a person from former East Germany

das Ostblockland, ⁓er eastern bloc country

ostdeutsch East German; **der/die Ostdeutsche (noun decl. like adj.)** East German

(das) Ostdeutschland East Germany

*****der Osten** East; **östlich** eastern

*****(das) Österreich** Austria

das Osteuropa Eastern Europe; **osteuropäisch** Eastern European

die Ostsee Baltic Sea

der Osttürke, -n, -n (derogatory) West German name for an East German who is considered as foreign as a Turk

das Ozon ozone 10; **das Ozonloch, ⁓er** ozone hole 10; **die Ozonschicht** ozone layer

P

*****paar: ein** ~ a few

*****das Paar, -e** pair; couple

paarmal several times

der Paarreim, -e couplet

*****packen** to pack up; to grab

der Pädagoge, -n, -n/die Pädagogin, -nen pedagogue

pädagogisch pedagogical

*****das Paket, -e** package

der Panzer, - tank

*****das Papier, -e** paper; document; **die Papiervariante, -n** paper variant

der Pappbecher, - paper cup

die Pappe, -n cardboard 10

die Parallelität, -en parallelism

*****der Park, -s** park

*****parken** to park

der Parkplatz, ⁓e parking space, lot

das Parlament, -e parliament

die Partei, -en party (political) 6

die Partikel, -n particle

das Partizip, -ien participle; ~ **Präsens/Perfekt** present/past participle

die Partizipialgruppe, -n participial group

*****der Partner, -/die Partnerin, -nen** partner; **die Partnerarbeit, -en** partner work; **die Partnerschaft, -en** partnership

*****die Party, -s or -ies** party

der Pass, ⁓e passport

der Passagier, -e/die Passagierin, -nen passenger

der Passant, -en, -en/die Passantin, -nen passer-by

*****passen (+ dat.)** to fit; to suit; **passend** suitable; fitting 8

*****passieren [ist] (+ dat.)** to happen to, take place

das Passiv passive

die Passivität passivity

*****der Patient, -en, -en/die Patientin, -nen** patient

patriotisch patriotic

die Pause, -n pause, break; intermission; recess

das Pech bad luck, misfortune; ~ **haben** to be unlucky 10

peinlich embarrassing

der Pelz, -e fur

die Pension, -en pension; small hotel

per by

perfekt perfect; **die Perfektion** perfection

das Perfekt perfect tense
das Pergament, -e parchment
*die Person, -en person
der Personalausweis, -e identity card
das Personalpronomen, - personal pronoun
persönlich personal; **die Persönlichkeit, -en** personality 9
die Perspektive, -n perspective; **die Perspektivlosigkeit** lack of perspective
pessimistisch pessimistic
das Pestizid, -e pesticide
*das Pferd, -e horse
*die Pflanze, -n plant; **die Pflanzenart, -en** plant species
pflanzen to plant
pflegen to be accustomed to
die Pflicht, -en duty; responsibility 6; **das Pflichtfach, ⸚er** required subject
*das Pfund, -e pound
die Phantasie, -n (*new spelling* **Fantasie**) imagination; fantasy; **phantastisch** fantastic
die Phase, -n phase
die Philharmoniker (*pl.*) Philharmonic orchestra
das Photo, -s (*new spelling* **Foto**) photograph
die Photographie, -n (*also* **Fotografie, -n**) photograph
die Physik physics; **der Physiker, -/die Physikerin, -nen** physicist
der Pianist, -en, -en/die Pianistin, -nen pianist
*das Picknick, -s picnic
die Pistole, -n pistol
die Pizza, -s (*also pl.* **Pizzen**) pizza
plädieren to plead
das Plakat, -e poster
*der Plan, ⸚e plan
planen to plan
die Planung, -en planning
das Plastik plastic
*die Platte, -n record; ***der Plattenspieler, -** record player
*der Platz, ⸚e space; seat
*plötzlich suddenly
plus plus
das Plusquamperfekt past perfect
die Pogromnacht, ⸚e night of a pogrom
*die Politik politics; policy; **der Politiker, -/die Politikerin, -nen** politician; **politisch** political
*die Polizei police
*der Polizist, -en, -en/die Polizistin, -nen police officer
die Polonäse, -n polonaise
Pop pop (music); **die Popgruppe, -n** pop band; **die Popmusik** pop music; **der Popstar, -s** pop star

populär popular
das Portemonnaie, -s wallet
positiv positive
das Possessivpronomen, - possessive adjective/pronoun
*die Post post office; mail; **die Postkarte, -n** postcard
*das/der Poster, - poster
*die Postkarte, -n postcard
das Prädikatsnomen, - predicate noun
das Präfix, -e prefix; **trennbares/untrennbares ~** separable/inseparable prefix
der Praktikant, -en, -en/die Praktikantin, -nen trainee, intern 6
das Praktikum, Praktika internship, practical training 6
*praktisch practical
die Präposition, -en preposition; **präpositional** prepositional
das Präsens present tense
präsentieren to present
der Präsident, -en, -en/die Präsidentin, -nen president
das Präteritum simple (*narrative*) past tense
*der Preis, -e price; prize
die Presse, -n the press
das Prestige prestige
*prima great; first-rate
das Prinzip, Prinzipien principle
prinzipiell on principle
privat private; **der Privatbrief, -e** personal letter
privatisieren to put into private ownership
*pro per; for
die Probe, -n rehearsal 2; test
probieren to try; to taste (food) 6
*das Problem, -e problem; **problematisch** problematic; **problemlos** without problems
das Produkt, -e product
der Produzent, -en, -en/die Produzentin, -nen producer, manufacturer
produzieren to produce
*der Professor, -en/die Professorin, -nen professor
*das Programm, -e program; TV channel
das Projekt, -e project
das Pronomen, - pronoun
die Prosa prose
protestieren to protest
die Provinz, -en province; backwoods (*derogatory*)
das Prozent, -e percent; percentage; **prozentig** percent; **der Prozentsatz, ⸚e** percentage
*prüfen to test; to check

*die Prüfung, -en test; examination; **eine ~ machen** to take an exam
die Psychoanalyse, -n psychoanalysis
der Psychologe, -n, -n/die Psychologin, -nen psychologist
die Psychologie psychology
die Pubertät puberty
pubertierend pubescent
das Publikum audience, public
die Puddingsuppe a thin soup-like pudding, usually eaten warm
der Pulli, -s, *der Pullover, - pullover, sweater
der Punkt, -e dot; point; period 8; **Punkt** (*used without article*) exactly, on the dot; **~ 3 Uhr** 3 o'clock sharp
*pünktlich on time; punctual; **die Pünktlichkeit** punctuality
die Puppe, -n doll, puppet
der Putzeimer, - cleaning bucket
*putzen to clean; to polish

Q

der Quadratkilometer, - square kilometer
die Qual, -en torment; agony
die Qualifikation, -en qualification
qualifizieren to qualify
die Qualität, -en quality
der Quatsch nonsense
die Quelle, -n spring; source 4
die Quote, -n quota

R

der Rabe, -n, -n raven
*das Rad, ⸚er wheel; bicycle; **~ fahren (ä; u, [ist] a)** to ride a bike; **die Radtour, -en** bike trip
*das Radio, -s radio
radioaktiv radioactive
der Rahmen, - frame 8
der Rand, ⸚er edge, rim
der Rang, ⸚e rank, order; **die Rangliste, -n** ranking list; **die Rangordnung** ranking
der Rap rap; **die Rapband, -s** rap band; **die Rapmusik** rap music
der Rapper, -/die Rapperin, -nen rap singer
*der Rasierapparat, -e shaver
*(sich) rasieren to shave
der Rassismus racism
*der Rat advice, suggestion; council
*raten (ä; ie, a) (+ *dat. of person*) to advise; to guess
das Ratespiel, -e guessing game

das **Rathaus,** ⸚er city hall
der **Ratschlag,** ⸚e piece of advice;
  Ratschläge erteilen to give
  advice
der **Rauch** smoke
rauchen to smoke 10
rauf (*coll. for* **herauf** *and* **hinauf**)
  up, up there
***der Raum,** ⸚e room; space; district
raus (*coll. for* **heraus** *and* **hinaus**)
  out, outside
raus·stellen to put out; **sich ~** to
  prove to be
reagieren to react
die **Reaktion, -en** reaction
reaktionär reactionary
realisieren to realize; to carry out
realistisch realistic
die **Realität, -en** reality
die **Realschule, -n** school from
  5th to 10th grade that leads to the
  degree of **Mittlere Reife** and
  prepares students for careers in
  trade, industry, etc.
rechnen to calculate; **~ auf**
  (**+** *acc.*) to count on; **~ mit**
  to reckon with
die **Rechnung, -en** bill 2
***das Recht, -e** right; law; justice;
  ~ haben to be right
***recht** right; just; **das ist mir ~** it
  suits me
***rechts** to or on the right side;
  nach ~ to the right
***der Rechtsanwalt,** ⸚e/**die**
  Rechtsanwältin, -nen lawyer
die **Rechtschreibung** spelling
der/die Rechtsextreme (*noun decl.
  like adj.*) right extremist
rechtsradikal right-wing extremist
der **Rechtsstudent, -en, -en/die**
  Rechtsstudentin, -nen law
  student
recyclebar recyclable
recyceln to recycle
das **Recycling** recycling
der **Redakteur, -e/die**
  Redakteurin, -nen editor
die **Rede, -n** speech, talk 6;
  direkte/indirekte ~
  direct/indirect speech/discourse
***reden** (**über +** *acc.* or **von**) to
  talk (about *or* of)
reduzieren to reduce
***das Referat, -e** report, essay
reflektieren to reflect
die **Reflexion, -en** reflection
reflexiv reflexive; **(echtes)**
  Reflexivverb (genuine) reflexive
  verb; **das Reflexivpronomen, -**
  reflexive pronoun
das **Reformhaus, -häuser** health
  food store
der **Refrain, -s** refrain, chorus

***das Regal, -e** shelf
die **Regel, -n** rule, regulation
regelmäßig regularly 1; **die**
  Regelmäßigkeit regularity
***der Regen** rain; **der saure ~**
  acid rain; ***der Regenschirm, -e**
  umbrella; **der Regenwald,** ⸚er
  rain forest
***die Regierung, -en**
  administration; government
das **Regime, -** or **-s** regime
die **Region, -en** region
***regnen** to rain
***reich** rich; **~ an** (**+** *dat.*) rich in
reichen to reach; to pass; to hand
  3; to suffice 1; **es reicht nicht** it's
  not enough 1
der **Reichtum** wealth
***reif** ripe
***die Reihe, -n** row; **du bist an**
  der ~ it's your turn; **reihen** to
  line up; **die Reihenfolge, -n**
  sequence
der **Reim, -e** rhyme; **(sich)**
  reimen to rhyme; **das Reimpaar,**
  -e rhyming couplet; **das**
  Reimschema, -s rhyme scheme
***rein** clean, pure; **~ halten** (**ä; ie,**
  a) to keep clean
rein (*coll. for* **herein**) in, into, inside
***die Reise, -n** journey, travel;
  ***das Reisebüro, -s** travel
  agency; **der Reiseführer, -** guide
  book; ***reisen [ist]** to travel;
  der/die Reisende (*noun decl. like
  adj.*) traveler; passenger; **das**
  Reiseziel, -e destination
***reiten** (**ritt, [ist] geritten**) to
  ride (a horse)
die **Reklame, -n** advertisement
das **Relativpronomen, -** relative
  pronoun
der **Relativsatz,** ⸚e relative clause
das **Rendezvous, -** rendezvous
***rennen** (**rannte, [ist] gerannt**)
  to run; to race
renovieren to renovate
die **Rente, -n** pension; **der**
  Rentner, -/die Rentnerin, -nen
  retiree, senior citizen
die **Reparation, -en** reparation
die **Reparatur, -en** repair
***reparieren** to repair
der **Report, -e** report; **die**
  Reportage, -n on-the-spot
  account; **der Reporter, -/die**
  Reporterin, -nen reporter
repräsentativ representative
die **Repression, -en** repression
***reservieren** to reserve
die **Resignation** resignation
resigniert resigned
der **Respekt** respect; **respektlos**
  without respect

der **Rest, -e** rest; remains; **restlich**
  remaining, rest of the; **der**
  Restmüll trash not suitable for
  recycling
***das Restaurant, -s** restaurant
das **Resultat, -e** result
***retten** to save
die **Revolution, -en** revolution
das **Rezept, -e** recipe; prescription
  8
rhythmisch rhythmic
der **Rhythmus, -men** rhythm
der **Richter, -/die Richterin, -nen**
  judge
***richtig** correct; thoroughly;
  properly
***die Richtung, -en** direction
***riechen** (**o, o**) (**+ nach**) to smell
  (of)
der **Riese, -n, -n** giant
riesig gigantic, immense
der **Ring, -e** ring
der **Ritt, -e** ride
***der Rock,** ⸚e skirt; coat; jacket
***der Rock** rock music; **die**
  Rockband, -s rock band
***roh** raw
das **Rohöl** crude oil
der **Rohstoff, -e** raw material
***die Rolle, -n** role; wheel; roller;
  das Rollenmuster, - role
  pattern; **das Rollenspiel, -e** role
  play
rollen [ist] to roll
der **Rollschuh, -e** roller skate; **der**
  Rollschuhfahrer, -/die
  Rollschuhfahrerin, -nen roller
  skater; **das Rollschuhlaufen**
  roller skating
der **Rollstuhl,** ⸚e wheelchair
romantisch romantic
die **Romanze, -n** romance
***rot** (**ö**) red; **~ werden** to blush 1
die **Routine, -n** routine; **die**
  Routinearbeit, -en routine
  work
rüber (*coll. for* **herüber** *and*
  hinüber) over
rüber·gehen (**ging, [ist] gegangen,**
  (*coll. for* **herübergehen**) to go
  over there
***der Rücken, -** back
der **Rucksack, -säcke** rucksack
die **Rückseite, -n** back
die **Rücksicht** consideration;
  ~ nehmen to have consideration
  for
rudern to row
der **Ruf, -e** call; reputation
***rufen** (**ie, u**) to call
die **Ruhe** rest; quiet; peace; **in ~**
  calmly 3; **in ~ lassen** to leave
  alone 3
ruhen to rest

der Ruheständler, -/die Ruheständlerin, -nen retired person
*ruhig calm; quiet
die Ruine, -n ruin
rum (*coll. for* **herum**) around
rum·liegen (a, e) to lie around
*rund round; around; **~ um** round about
die Rundfahrt, -en city tour
runter (*coll. for* **herunter** *and* **hinunter**) down
runter·laden (ä; u, a) (*coll. for* **herunter·laden**) to download (computer) 2; **etwas vom Internet ~** to download something from the Internet
(das) Russland Russia
rutschen to slide

S

der Saal, Säle hall, room
*die Sache, -n matter, thing; **Sachen** (*pl.*) clothes
der Sack, ⸚e sack, bag
*der Saft, ⸚e juice
*sagen to say, tell
*die Sahne cream
*der Salat, -e salad; lettuce
*sammeln to collect
die Sammlung, -en collection
sanft gentle; easy; smooth
der Sänger, -/die Sängerin, -nen singer
*satt full (*with food or drink*)
*der Satz, ⸚e sentence; **der Satzteil, -e** part of a sentence
die Sau, Säue sow
*sauber clean
sauber machen to clean up
*sauer sour; angry; acid(ic); tart
das Sauerkraut sauerkraut
der Scanner, - scanner
*das Schach chess
*schade (um) what a pity (about); **der Schaden, ⸚** damage; harm; defect
*schaden (+ dat.) to harm; to hurt
schädigen to damage
*schaffen to provide; to get it done
der Schafskäse (*also* **Schafkäse**) cheese made of sheep's milk
*die Schallplatte, -n record
sich schämen to be ashamed; **~ (+ gen.)** to be ashamed of 8
*scharf (ä) hot; sharp
der Schatten, - shadow, shade 8
schätzen to value; to estimate
der Schatzmeister, -/die Schatzmeisterin, -nen treasurer
das Schaubild, -er graph, chart, diagram
*schauen to look

der Schauplatz, ⸚e scene
das Schauspiel, -e drama, play; **der Schauspieler, -/die Schauspielerin, -nen** actor/actress 2
die Scheibe, -n slice
scheiden (ie, ie) to separate 4; **sich ~ lassen** to get a divorce 4
die Scheidung, -en divorce 4
scheinbar apparently; seemingly
*scheinen (ie, ie) to shine; to seem
*schenken to give (as a present)
die Schicht, -en layer; (work) shift
*schick chic
*schicken to send
das Schicksal fate, destiny
*schieben (o, o) to push
die Schiene, -n track; rail
*schießen (schoss, geschossen) to shoot
*das Schiff, -e ship
das Schild, -er sign
schimpfen to scold; to swear; to grumble; **er schimpft über ihn** he complains about him 3
*der Schirm, -e umbrella; screen
der Schlaf sleep; ***schlafen (ä; ie, a)** to sleep; **der Schläfer, -/die Schläferin, -nen** sleeper; **schläfrig** sleepy; **das Schlafzimmer, -** bedroom
*schlagen (ä; u, a) to hit; to beat
der Schlager, - hit song; pop song
die Schlagzeile, -n headline
*schlank slender
schlau clever, smart, shrewd 9; **die Schlauheit** cleverness; cunning
schlecht bad; spoiled; **mir wird (ist) ~** I'm getting (I feel) sick
*schließen (schloss, geschlossen) to shut
*schließlich finally; after all
*schlimm bad; severe
*das Schloss, ⸚er lock; castle
der Schluck, -e swallow; sip 4
das Schlückchen, - small sip 4
der Schluss, ⸚e end; conclusion 4; **~ damit** that's it 4; **~ machen** to call it a day 6; **zum ~ kommen** to conclude
*der Schlüssel, - key
*schmal narrow; slim, slender
*schmecken (+ dat.) to taste; **schmeckt es (dir)?** do you like it?
schmeißen (schmiss, geschmissen) to throw
der Schmerz, -en pain, hurt
schmerzen to hurt; **schmerzlich** painful
der Schmutz dirt; ***schmutzig** dirty

*der Schnee snow
*schneiden (schnitt, geschnitten) to cut
*schneien to snow
*schnell quick, fast; **der Schnell-Imbiss, -e** fast food place
der Schnitt, -e cut; *also coll. for* **Durchschnitt** average; **im ~** on the average
die Schnur, ⸚e string, cord
*die Schokolade, -n chocolate
der Schokoriegel, - chocolate bar
*schon already
*schön beautiful; nice; pretty; OK; **die Schönheit, -en** beauty
schonen to spare, to be easy on
der Schornstein, -e chimney
schräg gedruckt italicized
*der Schrank, ⸚e cabinet; closet
der Schreck, -e; der Schrecken, - fright, horror
schrecken to frighten; to startle; **schrecklich** horrible; terrible 5
*schreiben (ie, ie) to write
die Schreibmaschine, -n typewriter 1
*der Schreibtisch, -e desk
die Schreibweise style; spelling
schreien (ie, ie) to scream; to shout 9
schriftlich in writing, written 4
der Schriftsteller, -/die Schriftstellerin, -nen author, writer 6
der Schritt, -e step; pace 3
*der Schuh, -e shoe
die Schuld, -en debt; fault, guilt 4; **schuldbewusst** feeling guilty; **die Schulden** (*pl.*) debts; **schuld: ~ sein (an + dat.)** to be guilty (of) 4; **ich bin (nicht) daran ~** it's (not) my fault 4
*schuldig guilty; **er ist mir Geld ~** he owes me money
*die Schule, -n school; **die Schularbeit, -en** homework; **schulen** to school; to train; ***der Schüler, -/die Schülerin, -nen** pupil, student; **die Schultasche, -n** schoolbag
die Schulter, -n shoulder
schütteln to shake 9; **einem die Hand ~** to shake someone's hand
schütten to pour; to spill
der Schutz protection
schützen to protect 10
*schwach weak
die Schwachheit weakness
die Schwangerschaft pregnancy
*schwarz black; **das schwarze Brett** bulletin board
schweigen (ie, ie) to be silent 7
*das Schwein, -e pig

*die Schweiz Switzerland; ***der Schweizer, -/die Schweizerin, -nen** Swiss; **Schweizerdeutsch** Swiss German
*schwer heavy; difficult; **das fällt ihm ~** he finds it difficult
der/die Schwerbehinderte *(noun decl. like adj.)* seriously disabled person
schwer·fallen (ä; fiel, [ist] a) *(+ dat.)* to find difficult
*die Schwester, -n sister
schwierig difficult; hard 6; **die Schwierigkeit, -en** difficulty; problem
*das Schwimmbad, ⁻er swimming pool
*schwimmen (a, [ist] o) to swim
Schwyzerdütsch Swiss German dialect
*der See, -n lake
*die See, -n sea, ocean
die Seele, -n soul
*segeln [ist] to sail
*sehen (ie; a, e) to see
die Sehenswürdigkeit, -en place or thing worth seeing
die Sehnsucht, ⁻e (nach) longing (for)
*sehr very; greatly, much
*die Seife, -n soap
*sein (ist; war, ist gewesen) to be
*seit (+ dat.) since
*seit *(conj.)* since *(temporal)*; for *(temporal)*
*seitdem *(conj.)* since; *(adv.)* since then
*die Seite, -n page, side
*der Sekretär, -e/die Sekretärin, -nen secretary
der Sekt champagne
die Sektion, -en section
*die Sekunde, -n second
*selber oneself
*selbst oneself; even; **selbstbewusst** self-confident; **das Selbstbild, -er** view of oneself or compatriots; **selbstlos** altruistic, unselfish; **selbstsicher** self-confident; **selbstständig** (*also* **selbständig**) self-reliant; self-employed; independent; **die Selbstständigkeit** independence, self-reliance; **selbstverständlich** obvious(ly); of course
*selten rare, seldom
seltsam strange, odd
*das Semester, - semester; **erstes ~** first-semester student
*das Seminar, -e seminar; **die Seminararbeit, -en** term paper
*senden (sandte, gesandt) to send; **~ (sendete, gesendet)** to broadcast

die Sendung, -en broadcast; TV or radio program 2
die Senioren *(pl.)* elderly people
die Serie, -n TV serial
der Service, -s service
*der Sessel, - armchair
*setzen to set; to place; **sich ~** to sit down
der Sex sex
die Show, -s show
sich *(pron.)* oneself
*sicher secure; sure; **die Sicherheit, -en** safety; security; **sicherlich** surely
sichern to protect; to safeguard
sichtlich obvious
siegen to win
das Signal, -e sign; signal
silbrig silvery
die Sinfonie, -n (*also* **Symphonie**) symphony
*singen (a, u) to sing
die Single, -s single (record); **der Single, -s** single (no partner)
sinken (a, [ist] u) to sink
der Sinn, -e sense; mind; meaning; purpose; **in den ~ kommen** to come to mind; **sinnlos** foolish; meaningless; **sinnvoll** meaningful; reasonable
die Sitte, -n custom 7
die Situation, -en situation
der Sitz, -e seat; headquarters (business)
*sitzen (saß, gesessen) to sit
die Sitzung, -en meeting, conference
die Skala scale
(das) Skandinavien Scandinavia
der Skate, -s skate
das Skateboard, -s skateboard; **~ fahren** to ride a skateboard
skaten to skate
der Skater, -/die Skaterin, -nen skater
skeptisch sceptical
*der Ski, -er ski; **~ laufen, ~ fahren (ich fahre Ski; ich bin Ski gefahren)** to ski; **der Skifahrer, -/die Skifahrerin, -nen** skier
die Skizze, -n sketch
(das) Slowakien Slovakia
*so so; **~dass** (*also* **so dass**) so that; **~ genannt** (*abbr.* **sog.**) so-called 7; **~ viel** as much; so much; ***~ ... wie** as . . . as
*sobald as soon as
*die Socke, -n sock
*das Sofa, -s couch, sofa
*sofort immediately; **sofortig** immediate
die Software, -s software
*sogar even

*sogleich at once
*der Sohn, ⁻e son
solange as long as
*solch (-er, -es, -e) such
*der Soldat, -en, -en/die Soldatin, -nen soldier
die Solidarität solidarity
*sollen to be obliged to; to be supposed to
*der Sommer, - summer; **sommerlich** summery
*sondern but; on the contrary
der Song, -s pop song, often satirical, with social critical content
*die Sonne, - sun; **die Sonnenbrille, -n** sunglasses 1; **sonnig** sunny 10
der Sonntagabend, -e Sunday evening
sonntags (on) Sundays
*sonst else, otherwise
*die Sorge, -n sorrow; care; **sich Sorgen machen** to worry about
sorgen (für) to take care of; to care for 5
sorglos carefree; careless
die Sorte, -n kind
sortieren to sort
soulig having soul (music)
das Souvenir, -s souvenir
*soviel as far as
sowie as soon as; as well as
*sowieso anyhow
sowjetisch Soviet
*sowohl ... als auch not only . . . but also
sozial social; **der Sozialarbeiter, -/die Sozialarbeiterin, -nen** social worker; **der Sozialberater, -/die Sozialberaterin, -nen** social worker; **der Sozialberuf, -e** occupation in social work; **die Sozialhilfe** welfare; **der Sozialpädagoge, -n, -n/die Sozialpädagogin, -nen** social worker (with university degree)
der Sozialismus socialism; **sozialistisch** socialist
der Soziologe, -n, -n/die Soziologin, -nen sociologist
sozusagen so to speak
die Spalte, -n column; crack
spannend suspenseful; exciting
*sparen to save
sparsam frugal; saving, thrifty
*der Spaß fun; joke; **es macht ~** it's fun; **~ am Skaten** fun skating
*spät late; **spätabends** late in the evening; **spätestens** at the latest
*spazieren gehen (ging, [ist] gegangen) to go for a walk
*der Spaziergang, ⁻e walk, stroll

die Speise, -n food; meal; **die Speisekarte, -n** menu
der Spezialcontainer, - special container
der Spezialist, -en, -en/die Spezialistin, -nen specialist
die Spezialität, -en specialty
speziell specific; special
die Sphäre, -n sphere
*****der Spiegel, -** mirror
*****das Spiel, -e** game, play; *****spielen** to play
der Spielfilm, -e feature film; **der Spielplatz, ̈e** playground; **die Spiel-Show** game show; **die Spielzeit** theater season
das Spielzeug, -e toy, plaything 1
der Spießer, -/die Spießerin, -nen bourgeois, Philistine
spießig bourgeois, like a Philistine
spontan spontaneous
*****der Sport** sport; **~ treiben** to engage in sports; **die Sportart, -en** kind of sport; **der Sportler, -/die Sportlerin, -nen** athlete; **sportlich** athletic; *****der Sportverein, -e** sports club; **der Sportwagen, -** sports car
*****die Sprache, -n** language; **die Sprachkenntnisse** *(pl.)* knowledge of languages; **die Sprachschule, -n** language school
der Sprechakt, -e function or purpose of a phrase
*****sprechen (i; a, o)** to speak; **~ über** (+ *acc.*) to speak about; **~ von** to speak of
der Sprecher, -/die Sprecherin, -nen speaker
die Sprechstunde, -n consultation; office hour 4
sprengen to blow up; to break open; to water; to sprinkle
das Sprichwort, ̈er proverb
*****springen (a, [ist] u)** to jump; to leap
spritzen to spray
der Spruch, ̈e motto; saying
der Sprung, ̈e jump; leap
die Spüle, -n sink
*****spülen** to rinse; to wash (dishes)
*****die Spülmaschine, -n** automatic dishwasher
die Spur, -en track; trace
spüren to feel; to sense; to perceive 1
*****der Staat, -en** state; country; **staatlich** governmental; **die Staatsangehörigkeit** nationality; **der Staatsbürger, -/die Staatsbürgerin, -nen** citizen; **die Staatsbürgerschaft** citizenship; **das Staatstheater, -** state (-supported) theater

stabil sturdy; solid; **die Stabilität** stability
das Stadion, Stadien stadium
*****die Stadt, ̈e** town; city; **der Stadtplan, ̈e** city map; **der Stadtrat, ̈e/die Stadträtin, -nen** member of the city council; **der Stadtteil, -e** district of a town or city; neighborhood; **das Stadtzentrum, -zentren** city or town center; downtown
der Stall, ̈e stable; stall
stammen aus to originate (from)
der Standard, -s standard; **die Standardsprache, -n** standard language
ständig constantly 6
der Standpunkt, -e point of view; opinion
*****stark (ä)** strong
starten to start
die Stasi (der Staatssicherheitsdienst) state security force in the former German Democratic Republic
die Statistik, -en statistics
*****statt** (+ *gen.*) instead of; **~dessen** instead; **~ ... zu** instead of
die Stätte, -n place; location
*****statt·finden (a, u)** to take place, happen
der Stau, -s traffic jam 1
der Staub dust; **~ saugen (saugte Staub, hat Staub gesaugt)** *or* **staubsaugen (staubsaugte gestaubsaugt)** to vacuum; **~ wischen** to dust
das Steak, -s steak
*****stecken** to stick; to put
*****stehen (stand, gestanden)** to stand; to be situated; **~ bleiben (ie, [ist] ie)** to stop; to remain standing 3
*****stehlen (ie; a, o)** to steal
steif stiff 6
steigen (ie, [ist] ie) to climb; to rise 4; **auf einen Berg ~** to climb a mountain; **ins Auto ~** to get in the car
steigern to intensify; to increase
*****der Stein, -e** stone
*****die Stelle, -n** place; position; **an ~ von** in place of; **an dritter ~** in third place; **das Stellenangebot, -e** job offering; vacant position
*****stellen** to put; **eine Frage ~** to ask a question
die Stellung, -en job; position 5
*****sterben (i; a [ist] o)** to die
*****das Stereo, -s** (*abbrev. for* **die Stereoanlage, -n**) stereo set
das Stereotyp, -e *also* -en stereotype 9; **stereotyp** stereotypical

*****der Stern, -e** star
die Steuer, -n tax
das Stichwort, ̈er *or* -e key word, cue
der Stiefel, - boot
der Stil, -e style
*****still** calm, quiet, secret; **die Stille** quiet(ness); silence
still·legen to shut down
*****die Stimme, -n** voice; vote
*****stimmen** to be correct; **das stimmt** that's right
die Stimmung, -en atmosphere; mood; **in guter ~** in high spirits
die Stirn(e), -en forehead; front
der Stock, ̈e stick, walking stick
*****der Stock/das Stockwerk, die Stockwerke** floor of building
*****der Stoff, -e** material; topic
stolz (auf + *acc.***)** proud (of) 8; **der Stolz** pride
stören to disturb 1; to interrupt; to annoy
die Störung, -en disturbance; interruption
*****stoßen (ö; ie, o)** to push; to hit; **~ auf** (+ *acc.*) to run into
*****die Strafe, -n** punishment; fine
der Strand, ̈e beach; **das Strandbad, ̈er** bathing beach
*****die Straße, -n** street; road; *****die Straßenbahn, -en** streetcar; **das Straßencafé, -s** sidewalk café; **der Straßenrand, ̈er** side of the road
die Strecke, -n stretch; road, track
streichen (i, i) to cancel, delete
das Streichholz, ̈er match 8
der Streik, -s strike
*****streiken** to strike
der Streit, -e argument; quarrel
(sich) streiten (stritt; gestritten) to quarrel; to dispute; to litigate; **sie streiten sich** they quarrel 3
streng strict; harsh
der Stress stress; **stressig** stressful
stressen to put under stress; **gestresst sein** to be under stress
der Strom, ̈e current; large river 7
die Strophe, -n verse; stanza
die Struktur, -en structure
*****der Strumpf, ̈e** stocking
die Stube, -n parlor; room
*****das Stück, -e** piece; (theater) play
*****der Student, -en, -en/die Studentin, -nen** student; *****das Studenten(wohn)heim, -e** dormitory
die Studie, -n study; scientific investigation
das Studienfach, -fächer branch of study, subject

das Studienjahr, -e academic year

der Studienplatz, -̈e spot (acceptance) at a university

*studieren (an + *dat.*) to study; to attend (a university)

der/die Studierende *(noun decl. like adj.)* student

das Studium, -ien studies; university education 3

*der Stuhl, -̈e chair; **das Stühlchen, -** little chair

*die Stunde, -n hour; lesson; **der Stundenlohn, -̈e** hourly wage; **der Stundenplan, -̈e** class schedule; **die Klavierstunde, -n** piano lesson; **stundenlang** for hours

der Stunt, -s stunt

der Sturm, -̈e storm

stürmen [ist] to storm; to rush

stürzen [ist] to fall, plunge; to rush

das Subjekt, -e subject; **die Subjektivität** subjectivity

das Substantiv, -e noun

die Subvention, -en subsidy

subventionieren to subsidize

die Suche, -n search

*suchen (nach) to look for, search (for)

der Sucher, -/die Sucherin, -nen seeker; **die Suchmaschine, -n** search engine (Internet)

*der Süden South; **südlich** southern

summen to buzz

die Sünde, -n sin

der Superlativ, -e superlative

*der Supermarkt, -̈e supermarket

*die Suppe, -n soup

surfen (durch) to surf (through)

der Surfer, -/die Surferin, -nen surfer

*süß sweet; cute

das Symbol, -e symbol

sympathisch likable, engaging

die Symphonie, -n *(also* **Sinfonie)** symphony

die Synagoge, -n synagogue

synthetisch synthetic

das System, -e system; **systematisch** systematic

die Szene, -n scene

T

das T-Shirt, -s T-shirt

der Tabak tobacco

die Tabelle, -n chart, table

*die Tablette, -n tablet, pill

*die Tafel, -n blackboard; chart; plaque; bar (of chocolate)

*der Tag, -e day

das Tagebuch, -̈er diary; **~ führen** to keep a diary; **die Tagebuchaufzeichnung, -en** diary entry

der Tagesablauf, -̈e daily routine

das Tageslicht daylight

*täglich daily

tagsüber during the day 8

*tanken to refuel, fill up

*die Tankstelle, -n service station

*die Tante, -n aunt

*der Tanz, -̈e dance

tanzen to dance

*die Tasche, -n pocket; bag; **das Taschenbuch, -̈er** paperback; **das Taschentuch, -̈er** handkerchief

*die Tasse, -n cup

die Tastatur, -en keyboard

*die Tat, -en deed, act

*tätig active; busy; working; **die Tätigkeit, -en** activity; occupation; work

die Tatsache, -n fact; **tatsächlich** real, actually; indeed, really 4

taufen to baptize

*tausend thousand

*das Taxi, -s cab; ***der Taxifahrer, -/die Taxifahrerin, -nen** cab driver

das Teamprojekt, -e team project

die Technik, -en technology

das *or* der Techno techno (music)

*der Tee, -s tea

*der Teenager, - teenager

*der Teil, -e part, section; **zum ~** partly

*teilen to divide; **sich etwas ~** to share; **teilweise** partly

teil·nehmen (nimmt; a, genommen) (an + *dat.*) to participate (in)

der Teilnehmer, -/die Teilnehmerin, -nen participant

die Teilung, -en division, separation

die Teilzeitarbeit part-time work

teilzeitig part-time

*das Telefon, -e telephone; **der Telefonbeantworter, -** answering machine; **der Telefonist, -en, -en/die Telefonistin, -nen** telephone operator

*telefonieren to phone

das Teleskop, -e telescope

*der Teller, - plate

das Temperament, -e temperament

*die Temperatur, -en temperature

das Tempo speed, tempo

die Tendenz, -en tendency

*das Tennis tennis; **das Tennismatch, -s** tennis match; **der Tennisplatz, -̈e** tennis court

*der Teppich, -e carpet, rug

der Termin, -e appointment; date; **der Terminkalender, -** appointment book

der Test, -s test

testen to test

*teuer expensive; **das ist mir zu ~** that is too expensive for me

der Text, -e text; **die Textsorte, -n** text type; **die Textverarbeitung** word processing; **das Textverarbeitungsprogramm, -e** word processing program

*das Theater, - theater; **ins ~** to the theater; **der Theatersaal, -säle** theater auditorium; **das Theaterstück, -e** theater play; **die Theatertruppe, -n** theater company

die Theke, -n bar; counter

das Thema, Themen subject; theme

theoretisch theoretical

die Theorie, -n theory

*das Ticket, -s ticket

*tief deep; **die Tiefe, -n** depth

*das Tier, -e animal

der Tipp, -s hint; tip

tippen to type

*der Tisch, -e table; **den ~ decken** to set the table

der Titel, - title

tja well (let me think)

*die Tochter, -̈ daughter

*der Tod, -e death; **todmüde** dead tired

*die Toilette, -n toilet

die Toleranz tolerance

tolerieren to tolerate

*toll marvelous; great

der Ton, -̈e sound, tone

*das Tonband, -̈er tape; ***das Tonbandgerät, -e** tape recorder

die Tonne, -n ton; container

*das Tor, -e gate

*die Torte, -n cake (in layers)

*tot dead; **der/die Tote** *(noun decl. like adj.)* dead person

totalitär totalitarian

die Totalität totality

*töten to kill

*die Tour, -en tour, trip

*der Tourist, -en, -en/die Touristin, -nen tourist

die Tradition, -en tradition; **traditionell** traditional

*tragen (ä; u, a) to carry; to bear; to wear; **tragbar** portable

die Tragik tragedy; **tragisch** tragic

der Trainingsanzug, -̈e warm-up suit, sweat suit

die Träne, -n tear 6

*trauen (+ *dat.*) to trust

die Trauer sadness; mourning

*der Traum, ⸚e dream; der Traumberuf, -e dream job
*träumen (von) to dream (of)
*traurig (über + acc.) sad (about)
*treffen (i; traf, o) to meet; to hit; sich ~ to meet with somebody
das Treffen, - meeting
treffend apt; appropriate
*treiben (ie, ie) to push, set in motion; to occupy oneself with
der Treibhauseffekt greenhouse effect 10
*trennen to separate
die Trennung, -en separation
*die Treppe, -n stairs
*treten (tritt; a, [ist] e) to step
*treu faithful, loyal
*trinken (a, u) to drink
das Trinkwasser, - drinking water
der Trip, -s trip
*trocken dry
tropfen to drip 6
der Trost comfort, consolation 4
trösten to comfort
*trotz (+ gen.) in spite of
*trotzdem nevertheless
die Truppe, -n company; company (theater)
der Tscheche, -n, -n/die Tschechin, -nen Czech
die Tschechische Republik Czech Republic
*tschüss so long
*das Tuch, ⸚er cloth; das Tüchlein, - little piece of cloth
*tüchtig capable, qualified
*tun (tat, getan) to do; nur so ~ als to act as if 7
der Tunesier, -/die Tunesierin, -nen Tunisian
*die Tür, -en door
der Türke, -n, -n/die Türkin, -nen Turk
die Türkei Turkey
türkisch Turkish
der Turm, ⸚e tower
turnen to do gymnastics; der Turnschuh, -e athletic shoe; die Turnstunde, -n gym class; der Turnunterricht gym class/instruction
*die Tüte, -n bag
der Typ, -en type; character
typisch typical 7

U

*die U-Bahn, -en subway
*üben to practice
*über (+ acc./dat.) over; above; across; more than; by way of
*überall everywhere
der Überblick general view; summary; survey

übereinander on top of each other
überein·stimmen (mit jemandem) to agree with (someone)
überflüssig superfluous
die Überfremdung foreign infiltration, too many foreign influences
überfüllen to overfill; to jam; überfüllt overcrowded
*überhaupt generally; really; at all
überholen to pass, overtake
überlassen (ä; überließ, a) to let have; to leave up to
(sich) (dat.) überlegen to reflect on; to think about, consider 3
*übermorgen the day after tomorrow
übernachten to stay overnight; to stay in a hotel
übernatürlich supernatural
übernehmen (übernimmt; a, übernommen) to take; to take on (e.g., work); to take over (e.g., business) 7
überraschen to surprise 6
die Überraschung, -en surprise
überreden to persuade
übersetzen to translate
die Übersetzung, -en translation
die Übersicht, -en chart, table
übertragen (ä; u, a) to translate
übertreiben (ie, ie) to exaggerate
überwältigend overwhelming
überwiegen to predominate; to outweigh
überwinden to overcome
überzeugen to convince 3; überzeugend convincing; überzeugt (von) convinced (of) 3
üblich usual, customary 6
*übrig remaining
*übrigens by the way
*die Übung, -en practice, exercise
*das Ufer, - shore, bank
*die Uhr, -en clock, watch; die ~ geht nach (vor) the watch is slow (fast)
*um (+ acc.) about; around; approximately; near; *~ ... zu in order to . . .
um·arbeiten to alter
umarmen to embrace, hug
um·bringen (brachte, gebracht) to kill; to murder
sich um·drehen to turn around
um·fallen (ä; ie, [ist] a) to fall down
um·formen reshape, transform
um·formulieren to rephrase, reword
die Umfrage, -n poll
die Umgangssprache, -n colloquial language

die Umgebung, -en environs; surroundings
um·gehen (ging um, [ist] umgegangen) (mit) to handle
umgehen (umging, umgangen) to go around; to detour
um·kehren [ist] to turn back, to turn around 2
der Umlaut umlaut
umliegend surrounding
um·räumen to rearrange
der Umschlag, ⸚e envelope
um·schreiben (ie, ie) to rewrite
(sich) um·sehen (ie; a, e) to look around
umsonst in vain; free of charge
der Umstand, ⸚e circumstance; trouble, fuss; die Umständlichkeit formality; ponderousness; fussiness
um·steigen (ie, [ist] ie) to change, switch (bus, train)
um·tauschen to exchange
die Umwelt environment 10; umweltbewusst environmentally aware; das Umweltbewusstsein environmental awareness; umweltfeindlich ecologically harmful, damaging to the environment; umweltfreundlich environmentally sound; die Umweltpolitik ecological policy; der Umweltschutz environmental protection 10; der Umweltschützer, -/die Umweltschützerin, -nen environmentalist; die Umweltsorge, -n environmental concern; die Umweltverschmutzung environmental pollution
um·werfen (i; a, o) to knock over
*um·ziehen (zog, [ist] gezogen) to move (change residence); sich ~ (zog, gezogen) to change clothes
unabhängig independent; die Unabhängigkeit independence
unangenehm (+ dat.) disagreeable
unbedingt unconditional; absolute 2
unbekannt unknown
unbeliebt unpopular
unbenutzt unused
unbequem uncomfortable; inconvenient
unbestimmt vague, undetermined; indefinite
unbürgerlich unconventional, not conforming to middle-class life style
*und and; ~ so weiter and so on; etc.
undenkbar unthinkable
uneben uneven
unendlich endless

unerwartet unexpected; **etwas Unerwartetes** something unexpected

*der Unfall, ⸚e accident

unfreundlich unfriendly

(das) Ungarn Hungary

die Ungeduld impatience; **ungeduldig** impatient 6

*ungefähr about; approximate

ungefährlich not dangerous

ungelernt untrained; unskilled

ungenügend insufficient; not enough

ungern reluctantly

ungeschickt clumsy; awkward

*ungesund unhealthy

ungewöhnlich unusual; **etwas Ungewöhnliches** something unusual

*das Unglück, -e misfortune; accident

unglücklich unhappy

unheimlich eerie; sinister

*unhöflich impolite

*die Uni, -s (*abbr. for* **Universität**) university

*die Universität, -en university; **an die ~ gehen** to attend a university

unkompliziert uncomplicated

unkonventionell unconventional

unkonzentriert lacking in concentration

unkultiviert uncultured

*unmöglich impossible; **die Unmöglichkeit** impossibility

unnötig unnecessary

die UNO the UN (United Nations)

unordentlich sloppy; careless 6

unpersönlich impersonal

das Unrecht injustice; wrong

unruhig restless

unschuldig innocent

der Unsinn nonsense

unsportlich unathletic

*unten down; downstairs

*unter (+ *acc./dat.*) under, below, underneath; **~ ander[e]m, ~ ander[e]n** among other things; **~ uns** between us

*unterbrechen (i; a, o) to interrupt

unterdessen meanwhile; in the meantime

untereinander among each other

*unterhalb (+ *gen.*) under; beneath

*unterhalten (ä; ie, a) to entertain; **sich ~** to have a conversation

die Unterhaltung, -en entertainment; conversation

unternehmen (unternimmt; a, unternommen) to undertake; to attempt 1

unterordnend subordinating

der Unterricht instruction; lesson; classes 4; **Klavierunterricht** piano lessons

unterrichten to teach

unterscheiden (ie, ie) to distinguish; **sich ~** to differ

der Unterschied, -e difference 3; **unterschiedlich** different

unterstreichen (i, i) to underline

unterstützen to support

die Unterstützung, -en support

untersuchen to examine; to investigate 7

die Untersuchung, -en investigation; examination 7

unterwegs on the way, underway

unübersehbar inestimable; immense

unverbindlich not binding

unverheiratet unmarried

das Unverständnis lack of understanding

unwichtig unimportant; insignificant

unwirklich unreal

unzufrieden dissatisfied; **die Unzufriedenheit** dissatisfaction

*der Urlaub, -e vacation; **auf/in ~** on vacation; **in ~ fahren** to go on vacation; **der Urlauber, -/die Urlauberin, -nen** vacationer

die Ursache, -n cause; reason; motive

das Urteil, -e judgment

urteilen to judge

*die USA (*pl.*) United States of America

*usw. (*abbr. for* **und so weiter**) et cetera

V

die Variante, -n variant

die Vase, -n vase

*der Vater, ⸚ father

sich verabreden to have a date; to make an appointment 5

die Verabredung, -en date; appointment

sich verabschieden (von) to say good-bye (to a person) 2

verallgemeinern to generalize

verändern to change; **sich ~** to change for the better/worse

die Veränderung, -en change

veranlassen to initiate

veranstalten to organize; to arrange

die Veranstaltung, -en event

verantwortlich (für) responsible (for) 3; **der/die Verantwortliche** (*noun decl. like adj.*) person responsible

die Verantwortung, -en responsibility

verärgern to annoy, upset

das Verb, -en verb; **finites ~** finite verb; **intransitives/transitives ~** intransitive/transitive verb; **schwaches/starkes ~** weak/strong verb; **unregelmäßiges ~** irregular verb

verbannen to ban

(sich) verbessern to improve 9

die Verbesserung, -en improvement

die Verbform, -en verb form

*verbieten (o, o) to forbid

verbinden (a, u) to unite; to tie; to connect 7

die Verbindung, -en connection

verbrauchen to consume; to use up; to wear out 10

der Verbraucher, -/die Verbraucherin, -nen consumer

das Verbrechen, - crime

verbreiten to spread

verbrennen (verbrannte, verbrannt) to burn

*verbringen (verbrachte, verbracht) to spend (time)

verdeutlichen to make clear

verdienen to earn; to deserve

*der Verein, -e club

vereinen to unify

vereinfacht simplified

vereinigen to unify; **vereinigt** united

die Vereinigung, -en unification 3

verfolgen to follow; to pursue

vergangen past; **die Vergangenheit** past (time)

vergehen (verging, [ist] vergangen) to pass (away); to go by

*vergessen (i; vergaß, e) to forget

der Vergleich, -e comparison

vergleichen (i, i) (mit) to compare (with) 1

das Vergnügen, - pleasure, fun; **Viel ~ !** Have a good time!; **vergnügt** pleased, cheerful

vergnügend enjoyable, pleasurable

die Vergnügung, -en pleasure

das Verhalten behavior, conduct

sich verhalten (ä; ie, a) to behave; to conduct oneself

das Verhältnis, -se relations; relationship; situation 9

verhandeln to negotiate

sich verheiraten to get married; **~ mit** to get married to someone; **verheiratet** married 4

verhindern to prevent

*verkaufen to sell

*der Verkäufer, -/die Verkäuferin, -nen salesperson

die Verkaufsverpackung, -en
product containers like tubes and
cans

*der Verkehr traffic; **das
Verkehrsmittel, -** vehicle; means
of transportation

verkomplizieren to make
(unnecessarily) complicated

(sich) verkürzen to shorten

*verlangen to demand

*verlassen (ä; verließ, a) to leave,
abandon

verlaufen (äu; ie, [ist] au) to run;
sich ~ to get lost

verleben to spend (time)

*verletzen to injure; to violate

sich verlieben (in + *acc.*) to fall in
love (with) 1; **verliebt** in love

*verlieren (o, o) to lose

der Verlust; -e loss 4

vermeiden (ie, ie) to avoid 10

vermieten (an + *acc.*) to rent
(out) 2; **der Vermieter, -/die
Vermieterin, -nen** landlord

vermischt mixed

Vermischtes miscellaneous

vermissen to miss
(someone/something) 3

vernetzt connected to the Internet

vernünftig sensible, reasonable 7

veröffentlichen to publish

die Verordnung, -en regulation

die Verpackung, -en packaging;
wrapping 10; **der Verpackungsmüll**
superfluous packaging

verpassen to miss (opportunity;
train) 3

verraten (ä; ie, a) to betray, to
reveal

verreisen [ist] to go on a trip

*verrückt crazy

der Vers, -e verse

*verschieden different

**verschließen (verschloss,
verschlossen)** to lock up

verschlimmern to grow worse

verschmutzen to soil; to pollute

die Verschmutzung pollution 10

verschwenden to waste

die Verschwendung, -en
wastefulness

verschwinden (a, [ist] u) to
disappear; to vanish 4

verseuchen to infect; to
contaminate

die Verseuchung contamination

versichern to assure, to affirm 9

die Version, -en version

sich verspäten to be late 1

verspätet late; **er ist ~
angekommen** he arrived late

die Verspätung, -en lateness;
delay; **der Zug hat 2 Minuten ~**
the train is 2 minutes late

*versprechen (i; a, o) to promise
3; **sich ~** to misspeak

das Versprechen, - promise;
~ halten to keep a promise

verständlich understandable

das Verständnis, -se
understanding

verstärken to reinforce; to increase

(sich) verstecken to hide 9

*verstehen (verstand, verstanden)
to understand; **es versteht sich**
that is obvious; **sich ~** to get along

verstorben deceased

der Versuch, -e attempt, try;
*versuchen to try

verteilen to distribute

*vertrauen (+ *dat.*) to trust; **das
Vertrauen** trust, confidence

die Vertrauensperson, -en
spokesperson

vertraut familiar

**der Vertreter, -/die Vertreterin,
-nen** representative

verunglücken [ist] to have an
accident

verursachen to bring about, cause

vervollständigen to complete

die Verwaltung, -en administration

verwandt (mit) related (to);
*der/die Verwandte *(noun decl. like
adj.)* relative; **die
Verwandtschaft, -en**
relationship, relatives

verwechseln to confuse 6

verweigern to refuse

der Verweis, -e reprimand

verwenden to use

verwundert astonished

die Verwünschung, -en spell

verzeihen (ie, ie) (+ *dat.*) to
pardon, forgive 2

*die Verzeihung pardon

verzichten to do without

*der Vetter, -n cousin *(m.)*

das Video, -s video; **der
Videofilm, -e** video film; **die
Videothek, -en** video store

das Vieh cattle

*viel a lot, much

*vielleicht maybe, perhaps

vielsprachig multilingual

*das Viertel, - fourth; quarter

das Violett purple, violet

die Violine, -n violin

das Vitamin, -e vitamin

**der Vizepräsident, -en, -en/die
Vizepräsidentin, -nen** vice
president

*der Vogel, ⸚ bird

die Vokabel, -n word; **die
Vokabelliste, -n** vocabulary list

*das Volk, ⸚er people; nation; **das
Volkslied, -er** folk song; **die
Volksmusik** folk music

*voll (von) full (of); complete;
voller (+ *gen.*) full

das Vollbad, -bäder full bath

vollenden to complete, finish

*der Volleyball volleyball

vollständig complete

der Vollzeitjob, -s full-time job

das Volumen, - volume

*von (+ *dat.*) of, about, from; by

voneinander from one another

*vor (+ *acc./dat.*) before; previous;
in front of; **~ allem** above all 5;
~ Jahren years ago; **~ kurzem**
recently; **~ zwei Wochen** two
weeks ago

voran·kommen (kam, [ist] o) to
make progress, to get on

voraus ahead; **im Voraus** in
advance

die Voraussetzung, -en
prerequisite, condition

*vorbei over; gone; past

vorbei·fahren (ä; u, [ist] a) to
go/drive past

vorbei·fliegen (o, [ist] o) to fly by

**vorbei·gehen (ging, [ist]
gegangen)** to go by

*vor·bereiten to prepare;
vorbereitet (auf + *acc.*) prepared
for

die Vorbereitung, -en preparation

vorder- front; **der Vordergrund**
foreground

vor·finden (a, u) to find,
discover

*vorgestern the day before
yesterday

*vor·haben to intend

*der Vorhang, ⸚e curtain; drape

*vorher before; beforehand

*vorig former; preceding

vor·kommen (kam, [ist] o) to
occur, happen (often unexpectedly)
7; **es kommt mir bekannt vor**
it seems familiar to me; **es kam
mir so vor, als ob …** it felt like
I was . . .

vor·lesen (ie; a, e) to read aloud;
to lecture

*die Vorlesung, -en lecture

die Vorliebe, -n preference

*der Vormittag, -e morning;
vormittags in the morning

vorn(e) in front; **nach vorne**
forwards

der Vorname, -ns, -n first name

vornehm distinguished, refined 9

der Vorschlag, ⸚e suggestion

*vor·schlagen (ä; u, a) to
propose, suggest

vorsichtig careful; cautious

*vor·stellen to introduce; **sich
(*dat.*) ~** to imagine; **stell dir mal
vor** just imagine

die Vorstellung, -en performance; introduction; idea
das Vorstellungsgespräch, -e interview (for a job)
der Vorteil, -e advantage 3
der Vortrag, Vorträge lecture, talk 9
vor·treten (tritt; a, [ist] e) to step forward
vorüber gone, over, past
das Vorurteil, -e prejudice 7; **vorurteilslos** without prejudice
***vorwärts** forward
vorwärts·kommen (kam, [ist] o) to get ahead
vor·ziehen (zog, gezogen) to prefer; **ich ziehe Jazz dem Rap vor** I prefer jazz to rap

W

***wach** awake; alert
***wachsen (ä; u, [ist] a)** to grow
wagen to dare
***der Wagen, -** car
die Wahl, -en choice; election; **der Wähler, -/die Wählerin, -nen** voter
***wählen** to choose; to elect
der Wahn madness; illusion; **der Wahnsinn** madness; **wahnsinnig** insane, crazy 8
***wahr** true; real; correct; ***die Wahrheit, -en** truth 7
***während (+ gen.)** during
***während (conj.)** while
***wahrscheinlich** probably; likely; plausible
die Währung, -en currency; **die Währungsunion** (European) monetary union
***der Wald, -̈er** forest, woods; **das Waldsterben** dying forests
***die Wand, -̈e** wall
***wandern [ist]** to hike, go on foot
der Wanderschuh, -e walking shoe
***die Wanderung, -en** hike
***wann** when
***die Ware, -n** article; goods (pl.)
wäre (subjunctive of **sein**) were, would be
***warm (ä)** warm; **die Wärme** warmth
wärmen to warm
warnen (vor + dat.) to warn (of)
***warten (auf + acc.)** to wait (for)
***warum** why
***was** what; ***~ für** what sort of; what kind of
***die Wäsche** laundry
***waschen (ä; u, a)** to wash
***die Waschmaschine, -n** washing machine

***das Wasser** water; **die Wasserkraft** water power
***das WC** toilet
die Website, -s website
der Wechsel change; alteration
wechseln to exchange; to change 6
***wecken** to wake
der Wecker, - alarm clock
***weder ... noch** neither . . . nor
***weg** gone; away; lost
***der Weg, -e** way; road; path
weg·bringen (brachte, gebracht) to take away
***wegen (+ gen.)** because of, owing to
***weg·fahren (ä; u, [ist] a)** to drive (go) away
***weg·gehen (ging, [ist] gegangen)** to go away
weg·lassen (ä; ließ, a) to leave out; to not use
***weg·laufen (äu; ie, [ist] au)** to run away
weg·schieben (o, o) to push away
***weg·werfen (i; a, o)** to throw away
weh woe; **oh ~** alas
der Wehrdienst military service
***weh·tun (+ dat.)** to hurt
weiblich female; feminine
***weich** soft
sich weigern to refuse
***das Weihnachten** Christmas; **der Weihnachtsbaum, -̈e** Christmas tree; **das Weihnachtsgeschenk, -e** Christmas present
***weil** because; since
die Weile while
***der Wein, -e** wine
***weinen** to cry
die Weise, -n manner; way; **auf diese ~** in this way
***weiß** white
***weit** wide; far; distant; **von weitem** from afar
***weiter** further; additional; **das Weitere** (noun decl. like adj.) further details; **ohne Weiteres** without hesitation
weiter·gehen (ging, [ist] gegangen) to go on
weiterhin from now on
weiter·machen to continue
weiter·ziehen (zog, gezogen) to pull along/further
***welch (-er, -es, -e)** which
die Welle, -n wave
***die Welt, -en** world, earth; **weltbekannt** world famous; **der Weltkrieg, -e** world war; **weltweit** worldwide
die Wende, -n change; 1989 revolution in German Democratic Republic
***(sich) wenden (wandte, gewandt) (an + acc.)** to turn (to)

die Wendung, -en turnaround; expression
***wenig** little; slightly; not much; ***ein ~** a little bit
***wenigstens** at least
***wenn** when; whenever; if
wer (pron.) who
der Werbespruch, -̈e advertising slogan
die Werbung, -en advertisement; commercial
***werden (wird; wurde, [ist] o)** to become; **~ aus** to become of
***werfen (i; a, o)** to throw
das Werk, -e work; deed; ***die Werkstatt, -̈en** workshop; garage; **der Werkzeugmacher, -/die Werkzeugmacherin, -nen** tool and die maker
der Wert, -e value 8; ***wert (+ dat.)** valued; worth; **Werte** (pl.) results; **wertlos** worthless; **wertneutral** value free; nonjudgmental; **wertvoll** valuable; precious
wesentlich essential
***weshalb** why
***wessen** whose
der Wessi, -s (coll.) expression for a person from former West Germany
***der Westen** West; **westlich** western
***das Wetter** weather; **der Wetterbericht, -e** weather report
***wichtig** important
***wider·spiegeln** to reflect
***wie** how; **~ viel** how much; **~ viele** how many
***wieder** again; **immer ~** again and again
der Wiederaufbau reconstruction; rebuilding
wieder·bekommen (bekam, o) to get back
wieder·finden (a, u) to find again
wieder·geben (i; a, e) to give an account of; to give back
***wiederholen** to repeat
wieder·kommen (kam, [ist] o) to come back
***das Wiedersehen** reunion; **auf ~** good-bye, see you later
sich wieder·treffen (i; traf, o) to meet again
die Wiedervereinigung reunification
wiegen (o, o) to weigh
Wien Vienna
die Wiese, -n meadow
wieso why; how come 3
der Wille, -ns, -n will; determination; **beim besten Willen** with the best will in the world

willig willing
*willkommen (+ *dat.*) welcome
*der Wind, -e wind
windsurfen (to go) windsurfing
*winken to wave
*der Winter, - winter
wirken to bring about; to do
*wirklich really; true; *die
Wirklichkeit, -en reality
wirksam effective; die
Wirksamkeit effectiveness
die Wirkung, -en effect
wirkungsvoll effective
*die Wirtschaft, -en economy;
trade and business; wirtschaftlich
economical; das
Wirtschaftssystem, -e economic
system
wischen to wipe, mop up
*wissen (weiß; wusste, gewusst)
(über + *acc.* or von) to know
(about)
*die Wissenschaft, -en science;
*der Wissenschaftler, -/die
Wissenschaftlerin, -nen
scientist; scholar; wissenschaftlich
scientific
*der Witz, -e joke
*wo where; in which
*die Woche, -n week; in einer ~
in one week, next week; vor einer
~ a week ago; der
Wochenarbeitsplan weekly
schedule; das Wochenende, -n
weekend; wöchentlich weekly;
3-wöchig for 3 weeks
wofür what for
*woher where from
*wohin where to, where
*wohl well; probably
*wohnen to live, reside
die Wohngemeinschaft, -en (*abbr.*
WG) people sharing an apartment
das Wohnheim, -e dormitory,
residence hall 9
der Wohnort, -e place of residence
der Wohnsitz residence
*die Wohnung, -en apartment
das Wohnzimmer, - living room
das *wo*-Kompositum
wo-construction
der Wolf, ⁻e wolf
*die Wolke, -n cloud
*wollen to want, wish; to intend
*das Wort, ⁻er word; Worte (*pl.*)
words (in context); die
Wortbildung, -en word
formation; das Wörterbuch, ⁻er
dictionary; der Wortkasten, -, die
Wortkiste, -n word box, word
chest; die Wortliste, -n list of
words
worüber about what; over what;
of, about, over which

wozu to what purpose; why
die Wunde, -n injury; wound
wunderbar wonderful
das Wunderkind, -er wunderkind,
prodigy
*sich wundern (über + *acc.*) to
be surprised (at); to wonder
wunderschön very beautiful; very
nice
*der Wunsch, ⁻e wish; das
Wunschkind, -er planned child
*wünschen to wish; sich etwas ~
to wish for something
die *würde*-Konstruktion, -en
construction with *would*
*die Wurst, ⁻e sausage; das
Würstchen, - frankfurter
die Wurzel, -n root
die Wüste, -n desert
wütend (auf + *acc.*) furious (with,
at)

Z

*z.B. (*abbr. for* zum Beispiel) for
example
zäh tough; dogged; tenacious
*die Zahl, -en number
zahlen to pay
zählen to count
zahlreich numerous
das Zahlwort, ⁻er numeral;
unbestimmtes ~ indefinite
numeral
*der Zahn, ⁻e tooth; ich putze
mir die Zähne I brush my teeth;
der Zahnarzt, ⁻e/die Zahnärztin,
-nen dentist; *die Zahnbürste,
-n toothbrush; *die Zahnpasta/
paste, -pasten toothpaste
das Zähneputzen brushing one's
teeth
der Zaun, Zäune fence 8
das Zeichen, - sign, symbol
die Zeichenserie, -n comic strip
der Zeichentrickfilm, -e cartoon,
animated movie
zeichnen to draw, sketch
die Zeichnung, -en drawing
*zeigen (auf + *acc.*) to show, point
(to); sich ~ to reveal
*die Zeile, -n line
*die Zeit, -en time; tense; lass
dir ~ take your time; vor kurzer ~
a short while ago; das Zeitalter, -
age; die Zeitangabe, -n date;
time (of day); der Zeitausdruck,
⁻e time expression; die
Zeitform, -en (verb) tense;
der Zeitgenosse, -n, -n/die
Zeitgenossin, -nen
contemporary; zeitlos timeless;
der Zeitplan, ⁻e schedule,
timetable

*die Zeitschrift, -en magazine;
der Zeitschriftenartikel, -
magazine article
*die Zeitung, -en newspaper; der
Zeitungsartikel, - newspaper
article
*das Zelt, -e tent
zelten to camp
zentral central
das Zentrum, Zentren center
zerschlagen (ä; u, a) to smash (to
pieces)
*zerstören to destroy
die Zerstörung, -en destruction
der Zettel, - note; slip of paper 4
*ziehen (zog, gezogen) to pull; to
move
das Ziel, -e goal; ziellos aimless
*ziemlich rather; quite
*die Zigarette, -n cigarette
*das Zimmer, - room
das Zitat, -e quotation
der Zivildienst community
service (as alternative to military
service)
die Zivilisation, -en civilization
die Zone, -n zone
*zu (+ *dat.*) to; too; shut; ~ Hause
at home; ~ viel too much
zu·blicken (+ *dat.*) to look at
someone
zucken to twitch
*der Zucker sugar
zudem moreover, in addition
zueinander to each other
*zuerst first; at first
der Zufall, ⁻e chance; coincidence;
zufällig by chance; accidental
*zufrieden content
*der Zug, ⁻e train
zu·geben (i; a, e) to admit; to
confess 1
zu·gehen (ging, [ist] gegangen)
auf (+ *acc.*) to go toward
das Zuhause home
zu·hören (+ *dat.*) to listen (to);
ich höre ihr zu I listen to her
die Zukunft future 5; zukünftig
future
zuletzt at last, finally 8
*zu·machen to close
zumindest at least
zunächst first of all 7
die Zunahme, -n increase
zu·nehmen (nimmt; a,
genommen) to increase, gain
zu·nicken (+ *dat.*) to nod toward,
give a nod
zurecht·kommen (kam, [ist] o)
to cope
*zurück back; backward; behind
zurück·kehren [ist] to return
zurück·kommen (kam, [ist] o) to
come back, to return

zurück·nehmen (nimmt; a, genommen) to take back

zurück·treten (tritt; a, [ist] e) to resign

zurück·ziehen (zog, [ist] gezogen) to withdraw; to move back

zu·rufen (ie, u) to call something out to someone

zurzeit at this point

*zusammen together

die Zusammenarbeit cooperation

zusammen·arbeiten to cooperate

zusammen·brechen (i; a, [ist] o) to cave in; to collapse

zusammen·bringen (brachte, gebracht) to bring together

zusammen·falten to fold up

zusammen·fassen to summarize

die Zusammenfassung, -en summary

zusammen·gehören to belong together

die Zusammengehörigkeit feeling of solidarity

zusammengesetzt put together; **zusammengesetztes Wort** compound word

der Zusammenhalt solidarity, cohesion (in a group)

der Zusammenhang connection; context

das Zusammenleben living together

zusammen·passen to fit together; to suit each other; to go together

der Zusammenschluss, ⸚e merger; amalgamation

zusammen·stellen to put together; to draw up (list)

zu·schauen to watch; to look on

der Zuschauer, -/die Zuschauerin, -nen spectator

zu·schließen (o, o) to lock

der Zustand, ⸚e condition, situation 5

zuständig responsible

zu·stimmen (+ *dat.*) to agree; **ich stimme dir zu** I agree with you 1

zu·treten (tritt; a, [ist] e) to step up to

zuverlässig reliable

zuvor previously; **je ~** ever before

*zwar to be sure, of course, indeed 8

*der Zweck, -e purpose

*der Zweifel, - doubt; **zweifellos** doubtless

zweifeln (an etwas) to doubt (something); **ich zweifle daran** I doubt it 9; **der/die Zweifelnde** *(noun decl. like adj.)* doubter; someone who is not sure

zweimal twice

der Zwerg, -e dwarf

*zwingen (a, u) to compel, force

*zwischen (+ *acc./dat.*) between; **der Zwischenstopp, -s** intermediate stop; **die Zwischenzeit** interim; (in the) meantime

zynisch cynical

English-German Vocabulary

The English-German end vocabulary contains the words needed in the grammar exercises that require students to express English sentences in German. The definitions provided are limited to the context of a particular exercise. Strong and irregular weak verbs are indicated with a raised degree mark (°). Their principal parts can be found in the Appendix. Separable-prefix verbs are indicated with a raised dot: **an·fahren°**. Adjectives and adverbs that take an umlaut in the comparative and superlative are indicated as follows: **groß (ö)**.

A

about über; **~ this** darüber
acquaintance der/die Bekannte *(noun decl. like adj.)*
across über; **~ the street from us** uns gegenüber
act as if tun, als ob
actually eigentlich
after nach *(prep.)*; nachdem *(conj.)*
afternoon der Nachmittag, -e; **this ~** heute Nachmittag
again wieder
ago: years ~ vor Jahren
agree: I ~ with [you] ich bin [deiner] Meinung
airplane das Flugzeug, -e
all all, alle; **~ day** den ganzen Tag; **~ the same to me** mir gleich; **not at ~** gar nicht
alone allein
along entlang; **~ the river** den Fluss entlang; **to bring ~** mit·bringen°; **to come ~** mit·kommen°
already schon
also auch
although obwohl
always immer

amazed: to be ~ (at) sich wundern (über + *acc.*)
American der Amerikaner, -/die Amerikanerin, -nen; amerikanisch *(adj.)*
angry böse; **to be ~** sich ärgern; **to make ~** ärgern
annoy ärgern
answer antworten; **to ~ a question** auf eine Frage antworten
anymore: not ~ nicht mehr
anything etwas
apartment die Wohnung, -en
apple der Apfel, ̈
area die Gegend, -en
around um
arrive kommen°; an·kommen°
as als; **~ if** als ob
ask fragen
astonished erstaunt
at [seven] um [sieben]; **~ home** zu Hause; **~ the movies** im Kino; **~ the post office** auf der Post; **~ the railroad station** am Bahnhof; **~ work** bei der Arbeit; **working ~ a company (BMW)** bei BMW arbeiten
aunt die Tante, -n
Austria Österreich

B

back zurück; **to come ~** zurück·kommen°
bad schlecht; **too ~** schade
beach der Strand, ̈e; **to the ~** an den Strand
beat schlagen°
beautiful schön
because weil, da; denn; **~ of** wegen
become werden°; **to ~ of** werden aus
bed das Bett, -en
beer das Bier, -e
before ehe, bevor *(conj.)*
begin beginnen°, an·fangen°
behind hinter
believe glauben
belong gehören (+ *dat.*)
beside neben
besides außerdem
best best-
better besser
between zwischen
bicycle das Fahrrad, ̈er
big groß (ö)
biking: to go ~ Rad fahren°; **I go ~** ich fahre Rad
bird der Vogel, ̈

birthday der Geburtstag, -e; **for [his] ~** zum Geburtstag

book das Buch, ¨-er

boring langweilig

boss der Chef, -s/die Chefin, -nen

bottle die Flasche, -n

box office die Kasse; **at the ~** an der Kasse

boy der Junge, -n, -n; **boyfriend** der Freund, -e

bread das Brot, -e

bring bringen°; **to ~ along** mit·bringen°

broken kaputt

brother der Bruder, ¨-

building das Gebäude, -

burn brennen°; **burning** brennend

bus der Bus, -se

but aber; sondern

buy kaufen

by: ~ Sunday bis Sonntag

C

café das Café, -s; **to a ~** ins Café

cake der Kuchen, -

call (up) *(telephone)* an·rufen°

can können; **it ~ not be helped** es lässt sich nicht ändern

car das Auto, -s; der Wagen, -

carry tragen°

cellar der Keller, -

certain sicher

certainly bestimmt

change (sich) ändern

cheese der Käse, -

city die Stadt, ¨-e; **into the ~** in die Stadt; **~ hall** das Rathaus, ¨-er

class die Klasse, -n; **to travel [first] ~** [erster] Klasse fahren°

close schließen°

clothes die Kleidung; die Sachen *(pl.)*

coat der Mantel, ¨-

coffee der Kaffee

cold kalt; die Erkältung; **to catch a ~** sich erkälten

colleague der Kollege, -n, -n/die Kollegin, -nen

collect sammeln

comb der Kamm, ¨-e

come kommen°; **~ with me** komm doch mit; **to ~ along** mit·kommen°; **to ~ back** zurück·kommen°

command befehlen° (+ *dat.*)

company die Firma, Firmen

compare vergleichen°

complain sich beschweren

completely ganz

computer der Computer, -; **at the ~** am Computer

concert das Konzert, -e

cook kochen

corner die Ecke, -n

cost kosten

could könnte

country das Land, ¨-er; **in the ~** auf dem Land; **to the ~** aufs Land

couple: a ~ of ein paar

course: of ~ selbstverständlich, natürlich

cream die Sahne

cup die Tasse, -n; **~ of coffee** Tasse Kaffee

curious(ly) neugierig

cut schneiden°

D

day der Tag, -e; **every ~** jeden Tag; **one ~** eines Tages

describe beschreiben°

desk der Schreibtisch, -e; **at the ~** am Schreibtisch

different andere; anders; **to be of a ~ opinion** anderer Meinung sein

difficult schwer

dinner das Essen, -; **for** *or* **to ~** zum Essen

dishes das Geschirr

do machen, tun°

doctor der Arzt, ¨-e/die Ärztin, -nen

dog der Hund, -e

door die Tür, -en

dream (of) träumen (von)

dressed gekleidet, angezogen

drink trinken°

drive fahren°

during während

E

each jed- (-er, -es, -e)

ear das Ohr, -en

earlier früher

easy leicht; **to take it ~** faulenzen

eat essen°

either: isn't [bad] ~ ist auch nicht [schlecht]

elegant elegant

English (person) der Engländer, -/die Engländerin, -nen

enough genug

even sogar

evening der Abend, -e; **in the ~** am Abend, abends; **this ~** heute Abend

every jed- (-er, -es, -e)

everything alles

excellent ausgezeichnet

expensive teuer

experience die Erfahrung, -en; erleben

express aus·drücken

eye das Auge, -n

F

face das Gesicht, -er

famous berühmt, bekannt

father der Vater, ¨

feel sich fühlen; **I ~ better** es geht mir (ich fühle mich) besser; **I ~ sorry for (her)** (sie) tut mir Leid

few wenige; **a ~** einige; ein paar

film der Film, -e

finally endlich

find finden°

finished fertig

first erst; **~ of all** erst einmal; **to travel ~ class** erster Klasse fahren°

fish der Fisch, -e

floor der Boden, ¨

flower die Blume, -n

fly fliegen°

follow folgen (+ *dat.*); **following** folgend

food das Essen, -

for für; **~ a long time** lange; **~ a week** seit einer Woche; **~ [his] birthday** zum Geburtstag

foreigner der Ausländer, -/die Ausländerin, -nen

forget vergessen°

fortunately zum Glück

France (das) Frankreich

freeze frieren°

frequently häufig, oft

Friday der Freitag; **on ~** am Freitag

friend der Freund, -e/die Freundin, -nen; der/die Bekannte *(noun decl. like adj.)*; **boy~** der Freund, -e; **girl~** die Freundin, -nen

friendly freundlich

from von

front: in ~ of vor

funny lustig, komisch

furniture das Möbel, - *(usually pl.)*

G

garden der Garten, ¨

German der/die Deutsche *(noun decl. like adj.)*; **he is ~** er ist Deutscher; **~ (language)** (das) Deutsch

Germany Deutschland

get bekommen°; **to ~ from Hamburg to Berlin** von Hamburg nach Berlin kommen; **to ~ in** ein·steigen°; **to ~ off** *(from work/school)* frei bekommen°; **to ~ tired** müde werden; **to ~ up** auf·stehen°

gift das Geschenk, -e

girl das Mädchen, -; **girlfriend** die Freundin, -nen

give geben°; *(as present)* schenken; **to ~ a report** ein Referat halten

glass das Glas, ¨er
go *(on foot)* gehen°; *(by vehicle)* fahren°; **to ~ out** aus·gehen°; **to ~ for a walk** spazieren gehen
good gut
grandparents die Großeltern *(pl.)*
grateful dankbar
great toll
grill grillen
guest der Gast, ¨e
guitar die Gitarre, -n
gym das Fitnesscenter, -; das Fitness-Studio, -s

H

had: ~ to musste
hair das Haar, -e
half halb; **~ past eight** halb neun
happen passieren (+ *dat.*); geschehen° (+ *dat.*)
happy froh; glücklich
hard schwer; hart (ä)
hasn't: ~ it? nicht? nicht wahr?
have haben°; **to ~ to** müssen; **she would ~ to** sie müsste; **to ~ [the electrician] come** [den Elektriker] kommen lassen; **to ~ [me] do it** [mich] tun lassen
hear hören
help helfen° (+ *dat.*); **it can't be helped** es lässt sich nicht ändern
here hier; **around ~** hier
hey! du! *(informal)*
hi Tag!
high hoch (höher, höchst); hoh- *(used before nouns)*
hike wandern
history die Geschichte, -n
hold halten°
home: at ~ zu Hause; **~** *(direction)* nach Hause
hope hoffen; **I ~** hoffentlich
hour die Stunde, -n; **in an ~** in einer Stunde
house das Haus, ¨er
how wie; **~ nice** wie schön
hurry (up) sich beeilen
hurt weh·tun° (+ *dat.*); schmerzen (+ *dat.*)
husband der Mann, ¨er; Ehemann, ¨er

I

idea die Idee, -n
if wenn; *(whether)* ob; **~ only** wenn nur
ill krank (ä)
imagine sich *(dat.)* vorstellen
immediately sofort
information die Information, -en
inn das Gasthaus, ¨er; der Gasthof, ¨e

instead anstatt
intend wollen
interest interessieren; **to be interested (in)** sich interessieren (für)
into in
invite ein·laden°

J

jacket die Jacke, -n
job der Job, -s; die Arbeit, -en
just gerade; **~ like** ähnlich; genau (so) wie

K

key der Schlüssel, -
knife das Messer, -
know *(to know a fact)* wissen°; *(to be acquainted with)* kennen°

L

lake der See, -n
last letzt; vorig-; **~ night** gestern Abend
later später; nachher
laugh lachen; **laughing** lachend
learn lernen
leave lassen°; gehen°; weg·gehen°; weg·fahren°; verlassen°
let lassen°; **let's** lass(t) uns [doch]; **~ me** lass mich
letter der Brief, -e
lie liegen°
life das Leben, -
like mögen; **~** *(similar to)* wie; ähnlich; **~ [him]** das sieht [ihm] ähnlich; **I would ~ to help** ich würde gern helfen°; **to ~ someone** gern haben; **to ~ something** gefallen° (+ *dat.*); **to speak ~ him** so sprechen wie er; **would [you] ~** möchten [Sie]
liter der Liter, -
live wohnen; leben
long lang(e) (ä); **a ~ time** lang
longer: no ~ nicht mehr
look schauen; **to ~ as if** aus·sehen°, als ob ...; **to ~ (at)** an·schauen; an·sehen°; **to ~ for** suchen
lose verlieren°
lot: a ~ viel

M

mad: to be ~ (at) sich ärgern (über)
mailbox der Briefkasten, ¨
man der Mann, ¨er
many viele
married couple des Ehepaar, -e

may dürfen; können
maybe vielleicht
mean meinen
meat das Fleisch
meet kennen lernen; begegnen (+ *dat.*); treffen°, sich treffen° mit
midnight die Mitternacht
milk die Milch
mine mein; **of ~** von mir
minute die Minute, -n
money das Geld, -er
month der Monat, -e; **next ~** nächsten Monat
more mehr; **no/not any ~** nicht mehr
morning der Morgen, -; **in the ~** am Morgen, morgens
most meist; **~ of the time** meistens
mother die Mutter, ¨
mountain der Berg, -e
move *(change residence)* um·ziehen°
movies das Kino, -s; die Filme; **at the ~** im Kino; **to the ~** ins Kino
museum das Museum, Museen; **to the ~** ins Museum
musician der Musiker, -/die Musikerin, -nen
must müssen

N

natural(ly) natürlich
necktie die Krawatte, -n
need brauchen
neighbor der Nachbar, -n, -n/die Nachbarin, -nen
never nie
new neu
next nächst; **~ to** neben; **~ week** nächste Woche
nice nett; schön; toll; **how ~** wie schön
night die Nacht, ¨e; **every ~** jeden Abend; **one ~** eines Nachts
no nein; kein; **~ thanks** nein, danke
not nicht; **~ at all** gar nicht; **~ yet** noch nicht
nothing nichts; **~ more** nichts mehr
notice merken, bemerken
now jetzt

O

of course natürlich, selbstverständlich
off frei; **get ~** *(from work/school)* frei bekommen°
often oft (ö)
oh o; oh; ach

okay gut; gern; **is it ~ (with you)?** ist es [dir] recht?
old alt (ä)
on an; auf; **~ Sunday** am Sonntag; **~ the street** auf der Straße
once einmal
one *(pron.)* man
only nur; **if ~ it** wenn es nur
open öffnen; auf·machen
opera die Oper, -n; **to the ~** in die Oper
opinion die Meinung, -en; **in [my] ~** [meiner] Meinung nach; **to be of a different ~** anderer Meinung sein
or oder
otherwise sonst
ought sollen; **he ~ to** er müsste
out aus; **~ of** aus
outdoor pool das Freibad, ¨er
outside draußen
over über
own *(verb)* besitzen°; *(adj.)* eigen

P

pack packen; ein·packen
paper die Seminararbeit, -en
parents die Eltern *(pl.)*
park der Park, -s
party die Party, -s; das Fest, -e; die Feier, -n; **to have (give a) ~** ein Fest machen (geben)
pay bezahlen
people die Leute *(pl.)*
pharmacist der Apotheker, -/die Apothekerin, -nen
photographer der Fotograf, -en, -en/die Fotografin, -nen
piano das Klavier, -e
pick up ab·holen
picture das Bild, -er
piece das Stück, -e
plan der Plan, ¨e
play spielen
please bitte
pocket die Tasche, -n
pool (swimming) das Freibad, ¨er; das Schwimmbecken, -, der Swimmingpool, -s, das Schwimmbad, ¨er
postcard die Postkarte, -n
post office die Post; **at the ~** auf der Post; **to the ~** auf die Post
practice üben
prefer vor·ziehen°; lieber; **to ~ [to travel]** lieber [fahren]
prepare (for) (sich) vor·bereiten (auf + *acc.*)
probably wohl, wahrscheinlich

professor der Professor, -en/die Professorin, -nen
promise versprechen°
purchase kaufen
put stellen; stecken; setzen; legen; **to ~ on (clothing)** an·ziehen°

Q

question die Frage, -n
quick(ly) schnell
quite ganz; ziemlich; **not ~** nicht ganz

R

railroad station der Bahnhof, ¨e
rain regnen; der Regen
raincoat der Regenmantel, ¨
rather ziemlich
read lesen°
ready fertig
realize merken, bemerken
really wirklich
regards: many ~ viele Grüße
region das Gebiet, -e
relative der/die Verwandte *(noun decl. like adj.)*
remember sich erinnern an (+ *acc.*)
remind erinnern
repair reparieren
report das Referat, -e; **to give a[n] [oral] ~** ein Referat halten°
restaurant das Restaurant, -s; **to a ~** ins Restaurant
right recht; **to be ~** Recht haben
river der Fluss, ¨e
run laufen°

S

sad traurig
salad der Salat, -e
same gleich; **it's all the ~ to [me]** es ist [mir] gleich
sandwich das Brot, -e
say sagen
sea das Meer, -e; die See, -n
seat der Platz, ¨e
second zweit-; **to travel ~ class** zweiter Klasse fahren°
see sehen°; *(to visit)* besuchen; **to come to ~ (someone)** zu Besuch kommen
sell verkaufen
seminar das Seminar, -e; **to the ~** ins Seminar; **~ paper** die Seminararbeit, -en
send schicken; **to ~ for** kommen lassen°
several einige

shelf das Regal, -e
shine scheinen°
should sollen; **~ go** sollte gehen
shut zu·machen; schließen°
shy schüchtern
sick krank (ä)
simply einfach
since seit
sing singen°
singer der Sänger, -/die Sängerin, -nen
singing singend
sister die Schwester, -n
sit sitzen°
sleep schlafen°
slow(ly) langsam
small klein
smile lächeln
so so; **~ that** damit
some manche, einige, ein paar
something etwas
sometimes manchmal
son der Sohn, ¨e
soon bald
sorry: I feel ~ for [her] [sie] tut mir Leid; **I'm ~** es tut mir Leid; **she'll be ~** es wird ihr Leid tun; sie wird traurig sein
speak (to *or* **with)** sprechen° (mit); reden (mit)
spend (time) (Zeit) verbringen°
spite: in ~ of trotz
stand stehen°
station (train) der Bahnhof, ¨e
stay bleiben°; **to ~ at a hotel** übernachten
still noch
store der Laden, ¨, das Geschäft, -e
story die Geschichte, -n
street die Straße, -n
stressful anstrengend
student der Student, -en, -en/die Studentin, -nen
study studieren
stupid dumm (ü); doof; blöd
such solche *(pl.)*; **~ a** solch ein, so ein
sudden: all of a ~ plötzlich
suddenly plötzlich
suitcase der Koffer, -
summer der Sommer, -
sun die Sonne, -n
Sunday der Sonntag, -e; **on ~** am Sonntag
supermarket der Supermarkt, ¨e
supposed: to be ~ to sollen
sure sicher
surely sicher, bestimmt, wohl
surprised erstaunt, überrascht; **to be ~** sich wundern
sweet süß
swim schwimmen°

swimming pool   das Freibad, ⸚er; das Schwimmbecken, -, der Swimmingpool, -s, das Schwimmbad, ⸚er
Switzerland   die Schweiz; **in ~**   in der Schweiz; **to ~**   in die Schweiz

T

table   der Tisch, -e
take   nehmen°; bringen°; **to ~ along**   mit·bringen°; mit·nehmen°
talk (to)   sprechen°, reden (mit)
taxi   das Taxi, -s
tea   der Tee, -s
teacher   der Lehrer, -/die Lehrerin, -nen
tell   erzählen
tennis   das Tennis
than   als
thank   danken (+ *dat.*)
thanks   danke
that   das; dies (-er, -es, -e); *(conj.)* dass
theater   das Theater, -; **to the ~** *(to see performance)*   ins Theater
then   dann
there   dort; da; **~ is/are**   es gibt; **~ would be**   es gäbe
these   diese
think   denken°; **to ~ about** nach·denken° (über); überlegen
this   dies (-er, -es, -e)
though   obwohl; jedoch
through   durch
ticket   die Karte, -n; das Ticket, -s
time   die Zeit; **every ~**   jedes Mal; **for a long ~**   lange
tired   müde
to   auf; in; nach; zu; **~ the city**   in die Stadt; **~ Germany**   nach Deutschland; **~ the movies**   ins Kino; **~ the opera**   in die Oper; **~ the post office**   auf die Post; **~ Switzerland**   in die Schweiz
today   heute
together   zusammen
tomorrow   morgen; **~ evening** morgen Abend
tonight   heute Abend

too   zu; **~** *(also)*   auch; **~ bad** schade
towards   gegen; **~ evening**   gegen Abend
train   der Zug, ⸚e; **~ station**   der Bahnhof, ⸚e; **from the ~ station** vom Bahnhof
travel   fahren°; reisen
tree   der Baum, ⸚e
Turkey   die Türkei
TV   das Fernsehen; **~ set**   der Fernseher, -; **to watch ~** fern·sehen°

U

umbrella   der Regenschirm, -e
uncle   der Onkel, -
under   unter
understand   verstehen°
unfortunately   leider
until   bis
upset: to get ~   sich ärgern
use   benutzen, verwenden, verbrauchen, gebrauchen

V

vacation   die Ferien *(pl.)*; der Urlaub
very   sehr
village   das Dorf, ⸚er
visit   besuchen; der Besuch, -e; **for a ~**   zu Besuch

W

wait (for)   warten (auf + *acc.*)
walk   gehen°; der Spaziergang, -gänge; **to go for a ~**   spazieren gehen°
wall   die Wand, ⸚e
want   wollen; möchten
warm   warm (ä)
was   war
watch TV   fern·sehen°
water   das Wasser
way   der Weg, -e; **by the ~** übrigens

wear   an·ziehen°, tragen°
weather   das Wetter
week   die Woche, -n; **in a ~**   in einer Woche; **next ~**   nächste Woche
weekend   das Wochenende, -n; **on the ~**   am Wochenende
weird   seltsam; komisch
well, . . .   na; **well** *(health)*   gut, wohl
what   was
when   als, wenn, wann
where   wo; **~ from**   woher; **~ to** wohin
whether   ob
which   welch (-er, -es, -e)
whose   wessen
why   warum; **~ not**   warum nicht
wife   die Frau, -en; Ehefrau, -en
window   das Fenster, -
wine   der Wein, -e
wish   wünschen; **I ~**   ich wünschte, ich wollte
with   mit; bei; **~ [friends]**   bei [Bekannten]
without   ohne
woman   die Frau, -en
wonderful   wunderbar; wunderschön
woods   der Wald, ⸚er
word   das Wort, ⸚er
work   arbeiten; die Arbeit; **at ~** bei der Arbeit; **to do the ~**   die Arbeit machen; **working at a company (BMW)**   bei BMW arbeiten
would   würde; **I ~ like to help**   ich würde gern helfen; **it ~ be nice**   es wäre schön; **~ like**   möchten
wrapped   eingepackt
write   schreiben°

Y

year   das Jahr, -e; **a ~ ago**   vor einem Jahr
yes   ja
yesterday   gestern
yet   schon; noch

Index

Permissions and Credits

The authors and editors would like to thank the following authors, publishers, and others for granting permission to use copyrighted material.

Text

Thema 1: p. 24: Bertolt Brecht, "Vergnügungen." From *Gesammelte Werke*, copyright © Suhrkamp Verlag, Frankfurt am Main, 1967; p. 26: Wolf Wondratschek, "Mittagspause." Reprinted by permission of the author; p. 29: Ernst Jandl, "die zeit vergeht." Mit freundlicher Genehmigung des Luchterhand Literaturverlags, Hamburg.

Thema 2: p. 34: "Jeanette und ihr Handy." Excerpted from www.geolino.de; p. 38: Kurt Marti, "Umgangsformen." From Rudolf Otto Wiemer, *Bundesdeutsch: Lyrik zur Sache Grammatik*, copyright © 1974. Reprinted by permission of Peter Hammer Verlag GmbH; p. 39: "Gewalt im Fernsehen." From *Nordamerikanische Wochen-Post*, 15. August 1992; p. 42: Graffiti reprinted from *Jugendscala* 2/87. Reprinted by permission of TSB Tiefdruck Schwann-Bagel GmbH – Bereich Jugendmagazin – Frankfurter Straße 128, 5000 Köln 80 – Mülheim; p. 44: Hans Magnus Enzensberger, "Nicht Zutreffendes streichen." From *Furie des Verschwindens, Gedichte*, copyright © Suhrkamp Verlag, Frankfurt am Main, 1980; pp. 45–47: Barbara Honigmann, "Eine Postkarte für Herrn Altenkirch." From *Roman von einem Kinde, Sechs Erzählungen*, copyright © Helmann Luchterhand Verlag GmbH & Co KG, Darmstadt und Neuwied (Now: Luchterhand Literaturverlag GmbH, München), 1986, 1989.

Thema 3: pp. 56–59: Almut Hielscher, "Bei den Wessis ist jeder für sich." From *Der Spiegel*, October, 1999. Reprinted with permission from Almut Hielscher; p. 64: "Kontinent im Kleinformat: Die Europäische Schule in München." From *Deutschland*, Nr. 3/99, pp. 36–37. Reprinted with permission from *Deutschland* Magazine, May, 1999; p. 71: Wolf Biermann, "Berliner Liedchen." From *Alle Lieder von Wolf Biermann*, copyright © Verlag Kiepenheuer & Witsch, Köln, 1991; pp. 74–79: Margarethe von Trotta / Peter Schneider, excerpt from "Das Versprechen oder Der lange Atem der Liebe," copyright © Verlag Volk und Welt, Berlin, 1994. Used with permission.

Thema 4: pp. 87–88 "Einstellungen zur Familie." In: Zeit-lupe Nr. 37 „Familie", März 1999, p. 5; pp. 92–93: Michael Kneissler (text), Trutta Bauer (cartoon), "Ich muß für meinen Sohn nachsitzen." From *Brigitte*, Nr. 18, 21. August 1996, copyright © Michael Kneissler (text) and Trutta Bauer (cartoon). By permission of *Brigitte*; p. 98: Erich Fried, "Dich." Copyright © 1979. Reprinted by permission of Verlag Klaus Wagenbach GmbH, Berlin.

Thema 5: p. 111: "Clara Schumann" (13.IX.1819–20.V., 1896) from *Große Frauen der Weltgeschichte*, Verlag Sebastien Lux, Murnau vor München; pp. 113–114: Die Fantastischen Vier, "die da!?!" From the album "Vier Gewinnt," copyright © 1992. Text and Music: Michael B. Schmidt/DJ Michael Beck/Andreas Rieke/Thomas Duerr. Copyright © EMI Music Publishing, Germany, GmbH & Co KG, Hamburg. Reprinted by permission of EMI Music Publishing Germany; pp. 121–122: Xavier Naidoo, "Sag es laut." From the album "Nicht von dieser Welt," copyright © 1998. Reprinted by permission of Universal Music Publishing.

Thema 6: p. 131: "Einmal im Ausland arbeiten ...," from *Freundin*, October 2004. pp. 135–137: Sigrid Arnade, "Carolin." From *Weder Küsse noch Karriere; Erfahrungen behinderter Frauen*. Copyright © Fischer Taschenbuch Verlag, 1992. Reprinted by permission of the author; p. 143: "Arbeits-Los" by Johann Sziklai from SCHLAGZEILEN: EINE ANTHOLOGIE NEUERER ZEITKRITISCHER LYRIK, (Hockenheim: Edition L, 1996). By permission of Edition L and the author; pp. 145–148: Christa Wolf, "Dienstag, der 27. September 1960." Excerpted from *Gesammelte Erzählungen*, copyright © Luchterhand Verlag, Darmstadt, 1981.

Thema 7: p. 156: Ali Sirin, "Schließlich ist Deutschland meine Heimat," from *PZ*, Juni 2000; pp. 158–159: Christel Blumensath, "Carmen-Francesca Banciu im Gespräch." Excerpt from *Glossen*, published by Dickinson College, Carlisle, PA; pp. 164–165: Reprinted by permission of Sabri Cakir; pp. 167–168: Wladimir Kaminer, "Geschäftstarnungen." From *Russendisko*, Taschenbuchausgabe, copyright © 2000 by Wladimir Kaminer.

Thema 8: p. 178: Bettina Furchheim, "Eine Frage der Existenz." From *Berufswahl-Magazin*, April 2000. Reprinted by permission of the author; p. 181: Reprinted by permission of BRIGITTE/Picture Press; p. 187: Anne Heitmann, "

Die alte Frau." Reprinted by permission of the author; pp. 189–190: Johannes Bobrowski, "Brief aus Amerika." From *Böhlendorff und andere Erzählungen, Mäusefest und andere Erzählungen*, copyright © 1967 by Union Verlag, Berlin. Reprinted with permission.

Thema 9: p. 198: Dorothee Wenner, "Unser Ausland!" (interview with Randy Kaufman). From *Die Zeit*, Nr. 11, 14. März 1997. Reprinted with permission; p. 199: Stefan Zeidenitz and Ben Barkow, "Ausgesprochenes und Unausgesprochenes." From *Die Deutschen pauschal*, copyright © 1997. Reprinted with permission of Fischer Taschenbuch Verlag GmbH, Frankfurt am Main; p. 203: Rudolf Otto Wiemer, "empfindungswörter." From *Anspiel: Konkrete Poesie im Unterricht Deutsch als Fremdsprache;* Reprinted by permission of Wolfgang Fietkau; p. 208: Rose Ausländer, "Anders II." Reprinted by permission of S. Fischer Verlag GmbH, Frankfurt am Main; pp. 209–210: Arthur Schnitzler, "Die grüne Krawatte." From *Gesammelte Werke, Die erzählenden Schriften, Bd. 1*, copyright © 1961. Reprinted with permission of S. Fischer Verlag GmbH, Frankfurt am Main.

Thema 10: pp. 217–218: Kirsten Schlüter, "Die Kunst der Mülltrennung." Excerpted from *Willkommen*, Heft 3, p. 25, January 5, 2002; p. 223: Artikel, "Umweltschutz geht jeden an," from JUMA 4/1991. Reprinted with permission from JUMA 4/1991; p. 230: Sarah Kirsch, "Ruß." From *Bodenlos*. Copyright © 1996; pp. 231–232: Heinrich Böll, "Der Bergarbeiter." From *Essayistische Schriften und Reden. Bd. 1,* copyright © Verlag Kiepenheuer & Witsch, Köln, 1979.

Kapitel 9: p. 362: Burckhard Garbe, "für sorge." From *Bundesdeutsch: Lyrik zur Sache Grammatik.* Copyright © 1974.

Color Photos

Freizeit: top: Adam Woolfitt/Corbis; *center:* Kindra Clineff/The Picture Cube; *bottom:* dpa/ipol; *Kommunikation: all:* Ulrike Welsch; *Deutschland im 21. Jahrhundert: top:* Michael Schwarz/The Image Works; *center:* Sean Gallup/Getty Images; *bottom:* Jost/Ullstein; *Familie: top:* Ulrike Welsch; *center:* Kevin Galvin; *bottom:* Ulrike Welsch; *Musik, p. 1, top:* David R. Frazier Photolibrary; *center:* dpa/ipol; *bottom:* KPA/Ullstein; *p. 2, top:* G. Rancinan/Sygma; *center:* s.e.t.; *bottom:* Schläger/Visum/The Image Works; *Die Welt der Arbeit: top:* KPA/Ullstein; *center:* ddp/Ullstein; *bottom:* Ulrike Welsch; *Multikulturelle Gesellschaft: top:* Grabowsky/Ullstein; *center:* Ulrike Welsch; *bottom:* dpa/ipol; *Jung und Alt: top:* dpa/ipol; *center:* Grabowsky/Ullstein; *bottom:* Breuel-Bild/Ullstein; *Stereotypen: top:* Oberhäuser/Caro/Ullstein; *center:* Ulrike Welsch; *bottom:* Oberhäuser/Caro/Ullstein; *Umwelt, p. 1, top:* Pflaum/Visum/The Image Works; *center:* IVB-Report/Ullstein; *bottom:* Ulrike Welsch; *p. 2, top:* Ulrike Welsch; *center:* Ulrike Welsch; *bottom:* Wodicka/Ullstein.

Black and White Photos

Page 3: dpa/ipol; p. 5: Klaus Rose/Peter Arnold, Inc.; p. 6: Adam Woolfitt/Corbis; p. 7: Ina Fassbender/Reuters/Corbis; p. 9: Kindra Clineff/The Picture Cube; p. 15, *top left:* Wecker/Ullstein; *bottom left:* Sean Gallup/Getty Images; *bottom right:* dpa/ipol; p. 16, *top:* dpa/ipol; *center:* Franz Schwechten/Corbis; *bottom:* dpa/ipol; p. 24: German Information Center; p. 25: Ullstein Bilderdienst; p. 26: Titus Felixmüller; p. 31: Grabowsky/Ullstein; p. 32, *top:* Hechtenberg/Caro/Ullstein; *bottom, all:* Ulrike Welsch; p. 36: Ausserhofer/Ullstein; p. 40: joko/Ullstein; p. 43, *top:* Oberhäuser/Caro/Ullstein; *bottom:* Jens Schicke/Ullstein; p. 44: Isolde Ohlbaum; p. 46: Art Resource; p. 52: Röhrbein/Ullstein; p. 54: dpa/ipol; p. 56: A. Schicker/Reflex, Berlin; p. 58: Michael Schwarz/The Image Works; p. 62: Sean Gallup/Getty Images; p. 63, *top:* Winkler/Ullstein; *bottom:* Jan Gruene; p. 66: Ihlow/Ullstein; p. 67: Jost/Ullstein; p. 70: dpa/ipol; p. 72, *top:* dpa/ipol; *bottom:* Joachim Schulze/Ullstein; p. 79: Michael Lange/Visum/The Image Works; p. 85: Grabowsky/Ullstein; p. 87–88, *all:* Zeitlupe, Bundeszentrale für politische Bildung, Berlin; p. 87, *top right:* Ulrike Welsch; p. 88: Ulrike Welsch; p. 89: Ulrike Welsch; p. 98: Friedrich/Ullstein; p. 99, *top:* Mike Massachi/Stock Boston; *bottom:* Brüder Grimm Kassel; p. 107: Malzkorn/Ullstein; p. 109: KPA/Ullstein; p. 110, *top:* Ullstein Bilderdienst; *bottom left:* dpa/ipol; p. 118: David R. Frazier Photolibrary; *middle:* G. Rancinan/Sygma; *bottom right:* Schläger/Visum/The Image Works; p. 113: dpa/ipol; p. 116: *top:* s.e.t.; *bottom:* dpa/ipol; p. 121: Dagmar Scherf/Ullstein; p. 123, *all:* Ullstein Bilderdienst; p. 124: Ernst Barlach Nachlassverwaltung; p. 128: Ulrike Welsch; p. 131: KPA/Ullstein; p. 132: Courtesy Alexandra Wiese; p. 133: Uli Gersiek; p. 135: ddp/Ullstein; p. 136: Sigrid Arnade; p. 135: KPA/Ullstein; p. 142: Johann Sziklai; p. 143: Ullstein Bilderdienst; p. 145: Bridgeman Art Library; p. 149: Ulrike Welsch; p. 153: Röhrbein/Ullstein; p. 154: Barbowsky/Ullstein; p. 156: Ulrike Welsch; p. 158: dpa/ipol; p. 160: dpa/ipol; p. 164: Sabri Cakir; p. 165: Andree/Ullstein; p. 167: Sprengel Museum Hannover; p. 174: dpa/ipol; p. 177: dpa/ipol; p. 180: Grabowsky/Ullstein; p. 182: Stuart Cohen/The Image Works; p. 183: dpa/ipol; p. 187: Anne Heitmann; p. 188: Ullstein Bilderdienst; p. 189: Art Resource, NY; p. 193: Breuel-Bild/Ullstein; p. 194: Rörnerberg/Visum/The Image Works; p. 196: Oberhäuser/Caro/Ullstein; p. 197: dpa/ipol; p. 200, *top:* Stuart Cohen/The Image Works; *bottom:* Ulrike Welsch; p. 202: *PZ,* Bundeszentrale für politische Bildung, Berlin; p. 203: *top:* Oberhäuser/ Caro/Ullstein; *bottom:* Ulrike Welsch; p. 207: dpa/ipol; p. 208: dpa/ipol; p. 209: Max Beckmann, *Self-Portrait with Hat.* Drypoint print, 33.2 cm x 24.7 cm. Courtesy of the Fogg Art Museum, Harvard University Art Museums, Museum funds. Image copyright © President and Fellows of Harvard College; p. 214: dpa/ipol; p. 215: Pflaum/Visum/The Image Works; p. 216: Ulrike Welsch; p. 217: Wodicka/Ullstein; p. 218: Wodicka/Ullstein; p. 221: Ruffer/Caro/Ullstein; p. 222: Ulrike Welsch; p. 224, *top right:* IVB-Report/Ullstein; *bottom:* Ulrike Welsch; p. 230: Bonn-Sequenz/Ullstein; p. 231, *top:* Ullstein Bilderdienst; *bottom:* Paula Modersohn-Becker Stiftung.

Realia

Page 6, *top right:* courtesy Nautilus Fitness, Mannheim; p. 9: courtesy ITS Reisen/LTU Touristik GmbH, Köln; p. 10: courtesy Green City e.V./Landeshauptstadt München; Schul- und Kulturreferat Sportamt; p. 14: courtesy KaDeWe; p. 17: courtesy GEO, Verlagshaus Gruner + Jahr AG; p. 23: courtesy holidayautos, Germany; p. 35: courtesy Nokia

Deutschland; p. 37, *middle right:* courtesy CeBIT/ Deutsche Messe AG; *bottom left:* Süddeutscher Verlag; p. 38: courtesy Vodafone D2 GmbH; p. 61: courtesy Karl-Heinz Schoenfeld © Hamburger Abendblatt; p. 62: Klaus Stuttmann/FTD; p. 69: courtesy of Christine Dölle, Leipzig; in J. Serwuschok und Chr. Dölle: Der bessere Wessi, © Forum Verlag; p. 71: Walter Hanel; p. 73: Verlag Volk u. Welt, Berlin; p. 83, *bottom left:* Story of Berlin GmbH & Co. Ausstellungs KG, Berlin; *bottom right:* Story of Berlin GmbH & Co. Ausstellungs KG, Berlin; p. 88: courtesy Fleurop AG, Berlin; p. 90: © Peter Gaymann/Siegfried Liebrecht Agentur u. Verlag; p. 97: Marie Marcks, Darf ich zwischen Euch?, Diogenes Verlag, Zürich, 1982; p. 106: © Peter Gaymann/Siegfried Liebrecht Agentur u. Verlag; p. 109: Klavier-Zimmermann, Darmstadt; p. 117, *top left:* Loft Concerts GmbH, Berlin; *top middle:* Deutsches Theater München Betriebs-GmbH; *top right:* New Berlin Konzerte GmbH; *bottom right:* Prime Entertainment GmbH, Köln; *bottom left:* Verein Musik in Brandenburgischen Schlössern e.V., Berlin; p. 138: Bundesministerium für Bildung und Forschung; p. 141: Zweckverband Verkehrsverbund Oberlausitz-Niederschlesien; p. 151: Deutsche Bundesbahn, DB Vertrieb GmbH, Berlin; p. 161: Theater Bagage, Leipzig; p. 163: Stadtwerke Leipzig; p. 166: Der Hauptstadt Imbiss, Berlin; p. 168: Thomas Plaßmann; p. 172: Landesvereinigung Kulturelle Jugendbildung Sachsen e.V.; p. 177: Bundesverband der Deutschen Volksbanken u. Raiffeisenbanken e.V.; p. 179: Bundesverband der Deutschen Volksbanken u. Raiffeisenbanken e.V.; p. 186: Postbank IVS, Saarbrücken; p. 219, *all:* Universitätsstadt Gießen, Stadtreinigungs- und Fuhramt; p. 222: Deutsche Bundesbahn, DB Vertrieb GmbH, Berlin/Aktion Klimaschutz, Deutsche-Energie-Agentur GmbH, Berlin; p. 229: Deike Press Germany, Konstanz; p. 232: Erdgas Information, Essen/ Leipzig & E.ON Ruhrgas AG, Essen; p. 236: courtesy Werbeagentur Lintas, Hamburg; p. 238: courtesy ADAC; p. 243: courtesy Berlindirekt; p. 247: courtesy Guhl Kosmetik AG, Münchenstein; p. 248: Loewe AG; p. 261: courtesy Sony; p. 268: Postbank IVS, Saarbrücken; p. 279: courtesy of FRANKFURT TRUST; p. 294: Simone Klages, Der bunte Hund 14., Bildermagazin für Kinder in den besten Jahren. Beltz Verlag, Weinheim und Basel, 1986. Programm Beltz und Gelberg, Weinheim; p. 306: Bürgel Wirtschaftsinformationen GmbH & Co. KG; p. 313: Hapag-Lloyd Express GmbH; p. 318: Jungjohann Optiker, Bremen; p. 327: KLAFS Saunas, Orbey, France; p. 331: courtesy HARO/Hamberger Industriewerke GmbH; p. 336: courtesy msn Messenger; p. 343: O$_2$ Germany, GmbH, München; p. 344: courtesy Hülstawerke, Postfach 1212, 48693 Stadtlohn, Germany; p. 345: courtesy CARGLASS GmbH, Köln; p. 346: courtesy PHILIPS Consumer Electronics, Hamburg; p. 357, *center:* courtesy Frankfurter Sparkasse, Frankfurt am Main; *bottom right:* courtesy Techniker Krankenkassse; p. 360: courtesy Rank Xerox GmbH, Düsseldorf, Germany; p. 363: courtesy GEOX; p. 367: courtesy Vodafone D2 GmbH; p. 382: courtesy Schuster + Partner Werbeagentur GmbH, Breite Str. 159, 41460 Neuss.

Illustrations

Tim Jones: page 290.
Anna Veltfort: pages 108 and 313.
Garison Weiland: pages 22, 33, and 105.

Europa

0 200 400 600 km
0   200   400 mi

ISLAND
Reykjavik

ATLANTISCHER OZEAN

Europäisches Nordmeer

FINNLAND

NORWEGEN
Oslo

SCHWEDEN
Stockholm

Helsinki

RUSSLAND

ESTLAND
Tallinn

Riga
LETTLAND

Moskau

Nordsee

IRLAND
Dublin

DÄNEMARK

Ostsee

LITAUEN
Wilna

Minsk
BELARUS

GROSSBRITANNIEN
London

NIEDERLANDE
Den Haag Amsterdam

Kopenhagen

Berlin

Warschau
POLEN

Kiew

UKRAINE

Brüssel
BELGIEN

DEUTSCHLAND

Luxemburg
LUXEMBURG

Paris

Prag
TSCH. REP.

SLOWAKEI
Wien Bratislava

Vaduz

MOLDAWIEN
Kischinew

FRANKREICH

Bern
SCHWEIZ

ÖSTERREICH

Budapest
UNGARN

LIECHTENSTEIN
SLOWENIEN
Ljubljana Zagreb
KROATIEN

Wojwodina

RUMÄNIEN

Bukarest

PORTUGAL
Lissabon

ANDORRA
Madrid

ITALIEN

BOSNIEN-HERZEGOWINA
Sarajevo

Belgrad
Serbien
JUGOSLA-WIEN

Schwarzes Meer

SPANIEN

Rom

Monte-negro **Kosovo**
Titograd

BULGARIEN
Sofia

Skopje
MAZEDONIEN

Tirana
ALBANIEN

GRIECHENLAND

TÜRKEI

Mittelmeer

Athen

MAROKKO   **ALGERIEN**   **TUNESIEN**